■2025年度中学受験用

富士見中学校

4年間スーパー過去問

●収録内容一覧

入試問題と解説・解答の収録内容

2024年度　１回	算数・社会・理科・国語	実物解答用紙DL
2024年度　２回	算数・社会・理科・国語	実物解答用紙DL
2024年度 算数１教科	算数 （解答のみ）	実物解答用紙DL
2023年度　１回	算数・社会・理科・国語	実物解答用紙DL
2023年度　２回	算数・社会・理科・国語	実物解答用紙DL
2023年度 算数１教科	算数 （解答のみ）	実物解答用紙DL
2022年度　１回	算数・社会・理科・国語	実物解答用紙DL
2022年度　２回	算数・社会・理科・国語	実物解答用紙DL
2022年度 算数１教科	算数 （解答のみ）	実物解答用紙DL
2021年度　１回	算数・社会・理科・国語	

～本書ご利用上の注意～　以下の点について，あらかじめご了承ください。

★別冊解答用紙は巻末にございます。実物解答用紙は，弊社サイトの各校商品情報ページより，一部または全部をダウンロードできます。

★編集の都合上，学校実施のすべての試験を掲載していない場合がございます。

★当問題集のバックナンバーは，弊社には在庫がございません（ネット書店などに一部在庫あり）。

★本書の内容を無断転載することを禁じます。また，本書のコピー，スキャン，デジタル化等の無断複製は著作権法上での例外を除き禁じられています。

合格を勝ち取るための『スーパー過去問』の使い方

本書に掲載されている過去問をご覧になって，「難しそう」と感じたかもしれません。でも，多くの受験生が同じように感じているはずです。なぜなら，中学入試で出題される問題は，小学校で習う内容よりも高度なものが多く，たくさんの知識や解き方のコツを身につけることも必要だからです。ですから，初めて本書に取り組むさいには，点数を気にしすぎないようにしましょう。本番でしっかり点数を取れることが大事なのです。

過去問で重要なのは「まちがえること」です。自分の弱点を知るために，過去問に取り組むのです。当然，まちがえた問題をそのままにしておいては意味がありません。

本書には，長年にわたって中学入試にたずさわっているスタッフによるていねいな解説がついています。まちがえた問題はしっかりと解説を読み，できるようになるまで何度も解き直しをしてください。理解できていないと感じた分野については，参考書や資料集などを活用し，改めて整理しておきましょう。

このページも参考にしてみましょう！

◆どの年度から解こうかな　「入試問題と解説・解答の収録内容一覧」

本書のはじめには収録内容が掲載されていますので，収録年度や収録されている入試回などを確認できます。

※著作権上の都合によって掲載できない問題が収録されている場合は，最新年度の問題の前に，ピンク色の紙を差しこんでご案内しています。

◆学校の情報を知ろう!!「学校紹介ページ」

このページのあとに，各学校の基本情報などを掲載しています。問題を解くのに疲れたら息ぬきに読んで，志望校合格への気持ちを新たにし，再び過去問に挑戦してみるのもよいでしょう。なお，最新の情報につきましては，学校のホームページなどでご確認ください。

◆入試に向けてどんな対策をしよう？「出題傾向＆対策」

「学校紹介ページ」に続いて，「出題傾向＆対策」ページがあります。過去にどのような分野の問題が出題され，どのように対策すればよいかをアドバイスしていますので，参考にしてください。

◇別冊「入試問題解答用紙編」

本書の巻末には，ぬき取って使える別冊の解答用紙が収録してあります。解答用紙が非公表の場合などを除き，（注）が記載されたページの指定倍率にしたがって拡大コピーをとれば，実際の入試問題とほぼ同じ解答欄の大きさで，何度でも過去問に取り組むことができます。このように，入試本番に近い条件で練習できるのも，本書の強みです。また，データが公表されている学校は別冊の１ページ目に過去の「入試結果表」を掲載しています。合格に必要な得点の目安として活用してください。

本書がみなさんの志望校合格の助けとなることを，心より願っています。

株式会社　声の教育社　編集部

富士見中学校

所在地	〒176-0023 東京都練馬区中村北4-8-26
電　話	03-3999-2136
ホームページ	https://www.fujimi.ac.jp/
交通案内	西武池袋線「中村橋駅」より徒歩3分／西武新宿線「鷺ノ宮駅」，JR中央線「阿佐ヶ谷駅」「荻窪駅」より関東バス15～30分「中村橋」下車徒歩2分

トピックス

★2020年度入試より，算数1教科入試が新設されました。
★第1回入試の受験者は「第一志望者」とみなし，複数回受験（算数1教科はのぞく）時に得点優遇があります。

創立年 大正13年 ｜ 女子校 ｜ 高校募集なし

▌応募状況

年度	募集数	応募数	受験数	合格数	倍率
2024	①100名	314名	290名	122名	2.4倍
	② 80名	430名	317名	141名	2.2倍
	算 20名	234名	178名	73名	2.4倍
	③ 40名	303名	206名	58名	3.6倍
2023	①100名	308名	302名	115名	2.6倍
	② 80名	441名	348名	139名	2.5倍
	算 20名	216名	158名	67名	2.4倍
	③ 40名	312名	207名	59名	3.5倍
2022	①100名	333名	322名	126名	2.6倍
	② 80名	488名	394名	148名	2.7倍
	算 20名	237名	186名	61名	3.0倍
	③ 40名	334名	227名	64名	3.5倍

▌入試情報（参考：昨年度）

試 験 日：［第1回］2024年2月1日午前
　　　　　［第2回］2024年2月2日午前
　　　　　［算数1教科］2024年2月2日午後
　　　　　［第3回］2024年2月3日午前
選抜科目：［第1～3回］
　　　　　国語・算数（各50分，各100点満点）
　　　　　社会・理科（各40分，各60点満点）
　　　　　［算数1教科］算数（60分，100点満点）

▌学校説明会等日程（※予定）

【学校説明会A】小6優先〔要web予約〕
9月7日／10月5日／10月26日／11月9日／11月30日／12月7日
いずれも10：30～12：30
【学校説明会B】全学年対象〔要web予約〕
10月12日／11月16日
いずれも14：00～15：00
＊Zoomによるライブ配信です。
【受験生のための事前準備会】小6限定〔要web予約〕
12月14日　14：00～15：30
＊Zoomによるライブ配信です。
【受験生のための何でも相談会】小6限定〔要web予約〕
1月18日　14：00～15：00
＊Zoomによるライブ配信です。
【芙雪祭】〔予約不要〕＊入試相談コーナーあり。
9月28日・29日
※その他に，個別見学を実施（要web予約）。

▌2024年春の主な大学合格実績（現役生のみ）

＜国公立大学・大学校＞
東京大，一橋大，筑波大，東京外国語大，横浜国立大，東京医科歯科大，東京学芸大，東京農工大，お茶の水女子大，防衛医科大，東京都立大

＜私立大学＞
慶應義塾大，早稲田大，上智大，国際基督教大，東京理科大，明治大，青山学院大，立教大，中央大，法政大，学習院大，津田塾大，東京女子大，日本女子大，昭和大，東京女子医科大

編集部注―本書の内容は2024年7月現在のものであり，変更されている場合があります。正式な情報は，学校のホームページ等で必ずご確認ください。

算数 出題傾向＆対策

◆基本データ(2024年度１回)

試験時間／満点	50分／100点
問題構成	・大問数…４題 計算・応用小問１題(８問) ／応用問題３題 ・小問数…22問
解答形式	解答のみを記入するものが大半だが，考え方も書かせる問題が１問出されている。
実際の問題用紙	Ａ４サイズ，小冊子形式
実際の解答用紙	Ａ４サイズ

◆出題傾向と内容

▶過去３年の出題率トップ３
１位：角度・面積・長さ14%　２位：四則計算・逆算，体積・表面積10%

▶今年の出題率トップ３
１位：角度・面積・長さ13%　２位：体積・表面積11%　３位：四則計算・逆算８％

１題めは計算・応用小問で，計算問題，計算のくふう，逆算，特殊算(和差算，つるかめ算，時計算，植木算など)が出され，後半では，平面図形や立体図形から図形問題が２～３問ほど出題されます。２題め以降の応用問題では，図形のほか，特殊算，規則性の単元からの出題が多くなっています。

全体的に，基礎的で素直な問題が多く，いわゆる難問・奇問のないオーソドックスな出題で取り組みやすいでしょう。参考書や問題集などの基本問題をひと通りマスターしておけば，心配はいりません。

◆対策～合格点を取るには？～

まず，計算力を毎日の計算練習で身につけましょう。計算の過程をきちんとノートに書き，答え合わせのときに，どんなところでミスしやすいかを発見するようにつとめること。

数の性質，割合と比では，はじめに教科書にある重要事項を整理し，類題を数多くこなして，基本的なパターンを身につけましょう。

図形では，はじめに求積問題を重点的に学習しましょう。

特殊算については，参考書などにある「○○算」の基本を学習し，公式をスムーズに活用できるようになりましょう。

分野＼年度		2024			2023		
		１回	２回	算数	１回	２回	算数
計算	四則計算・逆算	◎	○		○	◎	
	計算のくふう		○		○		
	単位の計算						
和と差	和差算・分配算				○		
	消去算						
	つるかめ算		○				
	平均とのべ				○	○	
	過不足算・差集め算						
	集まり						
	年齢算				○		
割合と比	割合と比			○			○
	正比例と反比例						
	還元算・相当算	○					
	比の性質				○	○	
	倍数算		○				
	売買損益	○					
	濃度	○	○				
	仕事算						
	ニュートン算						
速さ	速さ	○	○		○		○
	旅人算	○					
	通過算						
	流水算						
	時計算						
	速さと比					○	
図形	角度・面積・長さ	◎	◎	○	◎	●	
	辺の比と面積の比・相似						○
	体積・表面積	○	●		●	○	○
	水の深さと体積			○			
	展開図						
	構成・分割		○		○	○	
	図形・点の移動	○	○		○		○
表とグラフ			○	○			○
数の性質	約数と倍数					○	
	N進数						
	約束記号・文字式		○	○			○
	整数・小数・分数の性質		●		○		
規則性	植木算						
	周期算		○				
	数列					○	
	方陣算						
	図形と規則	○				○	
場合の数					○		
調べ・推理・条件の整理		○		◎	○		○
その他							

※　○印はその分野の問題が１題，◎印は２題，●印は３題以上出題されたことをしめします。

社会 出題傾向＆対策

◆基本データ(2024年度１回)

試験時間／満点	40分／60点
問題構成	・大問数…２題 ・小問数…21問
解答形式	記号選択と用語の記入がほとんどだが，漢字指定も多く，記述問題も数問見られる。
実際の問題用紙	Ａ４サイズ，小冊子形式
実際の解答用紙	Ｂ４サイズ

◆出題傾向と内容

本校の社会は，あるテーマに沿って，それに関連することがらをはば広く問う総合問題となっています。また，地図，写真，資料，グラフが数多く見受けられます。全体的に見て，分野にかかわらずはば広く正確な知識が問われており，さらに思考力を必要とする問題が多く出されていますから，単純に知識を暗記するだけの中途はんぱな学習では，合格点を取るのは難しいでしょう。

●地理…日本の自然，国土，各地域や日本全体の農業のようす，日本の各地域の産業の特色，日本の貿易，交通網，地形図の読み取りなど，はば広く出題されています。

●歴史…水資源の歴史，土木技術の歴史，通信の歴史，日本語の歴史など，特定のテーマ，あるいは人物についてのやや長めの文章による出題が見られます。

●政治…憲法，基本的人権，三権のしくみ，地方自治，議院内閣制と大統領制，環境問題，社会保障制度，国際連合などが出題されています。

分野＼年度		2024		2023		2022	
		1回	2回	1回	2回	1回	2回
日本の地理	地図の見方		○	○	○	○	
	国土・自然・気候	○	○	○	○	○	○
	資源	○	○				
	農林水産業	○	○	○	○	○	○
	工業	○		○	○		○
	交通・通信・貿易	○	○	○			○
	人口・生活・文化				○	○	
	各地方の特色		○	○	○	○	
	地理総合						
世界の地理							
日本の歴史（時代）	原始～古代	○	○	○	○	○	○
	中世～近世	○	○	○	○	○	○
	近代～現代	○	○	○	○	○	○
日本の歴史（テーマ）	政治・法律史						
	産業・経済史						
	文化・宗教史						
	外交・戦争史						
	歴史総合						
世界の歴史							
政治	憲法	○			○	○	○
	国会・内閣・裁判所	○	○	○	○	○	○
	地方自治	○	○	○	○	○	○
	経済		○	○		○	
	生活と福祉		○	○		○	○
	国際関係・国際政治				○		
	政治総合						
環境問題		○			○	○	○
時事問題							○
世界遺産			○			○	
複数分野総合		★	★	★	★	★	★

※　原始～古代…平安時代以前，中世～近世…鎌倉時代～江戸時代，近代～現代…明治時代以降

※　★印は大問の中心となる分野をしめします。

◆対策～合格点を取るには？～

全分野に共通することとして，形式面では，①基礎的知識としての数字(地理では，国土の面積，歴史では，重要なできごとが起こった年，政治では，重要事項を規定した憲法の条文の番号など)にかかわる問題，②地名，人名，憲法上の用語などを漢字で書く問題，③基本的な資料の空所を補充させる問題などに慣れておくことが必要です。内容面では，基本的事項はもちろんのこと，時事とからめたものや，わが国と諸外国との国際関係まで視野を広げ，整理しておきましょう。

地理的分野については，ふだんから地図に親しんでおき，学習した地名は必ず地図で確認しておきましょう。また，表やグラフを利用する問題にも取り組んでおきましょう。

歴史的分野については，歴史の流れを大まかにとらえる姿勢が大切です。そのためには，つねに年表を見ながら勉強する態度を日ごろから身につけておくべきです。重要な事件が起こった年の前後の流れを理解するなど，単純に暗記するだけでなく，くふうして覚えていきましょう。

政治的分野では，日本国憲法や国の政治が中心になります。主権，戦争の放棄，基本的人権，三権分立などの各事項を教科書で理解するほか，憲法の条文を確認しておくとよいでしょう。

理科 出題傾向＆対策

◆基本データ（2024年度１回）

試験時間／満点	40分／60点
問題構成	・大問数…４題 ・小問数…34問
解答形式	記号選択や適語・数値の記入，短文記述，グラフの完成などバラエティーに富んでいる。
実際の問題用紙	Ａ４サイズ，小冊子形式
実際の解答用紙	Ｂ４サイズ

分野＼年度		2024		2023		2022	
		1回	2回	1回	2回	1回	2回
生命	植物						
	動物	★	★	★	○		★
	人体	○			★	★	
	生物と環境	○					
	季節と生物						
	生命総合						
物質	物質のすがた			★			
	気体の性質	○	★		○	★	
	水溶液の性質				○		
	もののとけ方						○
	金属の性質						
	ものの燃え方	○					
	物質総合	★			★		★
エネルギー	てこ・滑車・輪軸		○	★			
	ばねののび方					○	
	ふりこ・物体の運動		★				★
	浮力と密度・圧力			○			○
	光の進み方						
	ものの温まり方	○					
	音の伝わり方				★	★	
	電気回路	★					
	磁石・電磁石						
	エネルギー総合						
地球	地球・月・太陽系			○			
	星と星座				○		
	風・雲と天候	○	○		○		
	気温・地温・湿度		○	○			
	流水のはたらき・地層と岩石	○	○		○		★
	火山・地震	○		○		★	
	地球総合	★	★	★	★		
実験器具							
観察							
環境問題							
時事問題							
複数分野総合							

※　★印は大問の中心となる分野をしめします。

◆出題傾向と内容

内容的には，基礎的なことがらを問うものもありますが，思考力の必要な問いが多く設けられており，油断できません。

●生命…こん虫のからだ，魚の生態，動物の分類，生物の個体数の推定，生物と環境，ヒトのからだのつくりとはたらきといったものが取り上げられています。

●物質…気体や水溶液の性質，気体の発生，状態の変化，中和などが出題されており，その設問の多くには計算問題がふくまれます。実験結果から数値の関係を見つけだし，それを利用して解き進める必要があります。

●エネルギー…力のつり合い（ばねののび，滑車と輪軸，てこ），物体の運動，音の伝わり方，電気回路などから，計算問題をまじえて取り上げられています。どれも難問ではありませんが分量が多いのが特ちょうです。

●地球…太陽と月の動き，星の動きと見え方，日食，風，雲のでき方，地層，地震，環境問題などあらゆる単元から出されています。

◆対策～合格点を取るには？～

思考力の必要な問題が多いので，基礎的な知識をはやいうちに身につけ，そのうえで問題集などの演習をくり返しながら実力アップをめざしましょう。

「生命」は身につけなければならない基本知識の多い分野ですが，確実に学習する心がけが大切です。ヒトのからだ，動物や植物のつくりと成長などを中心に知識を深めていきましょう。

「物質」では，気体や水溶液，金属の性質に重点をおいて学習してください。中和反応や濃度など，表やグラフをもとに計算させる問題にも積極的に取り組みましょう。

「エネルギー」は，光と音の進み方，熱の伝わり方，浮力と密度，てんびんとものの重さ，てこ，輪軸，ふりこの運動などについて，さまざまなパターンの問題にチャレンジしてください。また，かん電池のつなぎ方や方位磁針のふれ方，磁力の強さなども学習計画から外すことのないようにしておきましょう。

「地球」では，太陽・月・地球の動き，月の動きと満ち欠け，季節と星座の動き，天気と気温・湿度の変化，流水のはたらき，地層のでき方などが重要なポイントです。

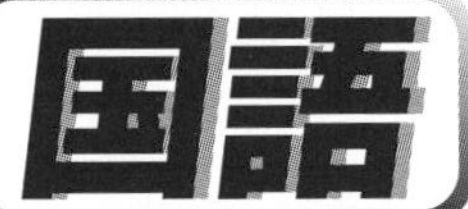

国語 出題傾向＆対策

◆基本データ（2024年度１回）

試験時間／満点	50分／100点
問題構成	・大問数…３題 文章読解題２題／知識問題１題 ・小問数…29問
解答形式	記号選択と適語・適文の書きぬきのほかに，自分の言葉で説明する記述問題も数問出題されている。
実際の問題用紙	Ｂ５サイズ，小冊子形式
実際の解答用紙	Ｂ４サイズ

◆出題傾向と内容

▶近年の出典情報（著者名）
説明文：和泉　悠　山本和博　石田光規
小　説：森沢明夫　近藤史恵　瀬尾まいこ

●読解問題…説明文・論説文が１題，小説・物語文が１題という出題が定着しています。設問は，小説・物語文の場合には情景や登場人物のはあくとその心情の理解，説明文・論説文の場合には要旨や主題のはあくを中心として，接続語や副詞の適語補充問題などが出されます。また，50字程度の記述問題も出題されています。

●知識問題…文学作品の知識，語句の意味，慣用句，熟語，漢字の読みと書き取り，主語と述語，ことばのかかり受け，表現技法などが出題されています。

◆対策～合格点を取るには？～

試験問題で正しい答えを出せるようにするためには，なるべく多くの読解題にあたり，出題内容や形式に慣れることが大切です。問題集に取り組むさいは，指示語の内容や接続語に注意しながら，文章がどのように展開しているかを読み取るように心がけましょう。また，答え合わせをした後は，漢字やことばの意味を辞書で調べるのはもちろん，正解した設問でも解説をしっかり読んで解答の道すじを明らかにし，本番でも自信をもって答えられるようにしておきましょう。

知識問題については，語句の意味，慣用句・ことわざ，ことばのきまりなどを，短期間に集中して覚えるのが効果的です。ただし，漢字は毎日少しずつ練習することが大切です。

分野＼年度			2024		2023		2022	
			1回	2回	1回	2回	1回	2回
読解	文章の種類	説明文・論説文	★	★	★	★	★	★
		小説・物語・伝記	★	★	★	★	★	★
		随筆・紀行・日記						
		会話・戯曲						
		詩						
		短歌・俳句						
	内容の分類	主題・要旨	○		○	○	○	○
		内容理解	○	○	○	○	○	○
		文脈・段落構成		○		○	○	
		指示語・接続語	○	○	○	○	○	
		その他	○	○	○	○	○	○
知識	漢字	漢字の読み	○	○				
		漢字の書き取り	○	○	★	★	★	★
		部首・画数・筆順						
	語句	語句の意味	○	○	○		○	
		かなづかい						
		熟語	○			○		
		慣用句・ことわざ	○	○		○	○	○
	文法	文の組み立て						
		品詞・用法						
		敬語						
	形式・技法							
	文学作品の知識							
	その他							
	知識総合							
表現	作文							
	短文記述							
	その他							
放送問題								

※　★印は大問の中心となる分野をしめします。

カコを追いかけ
ミライをつかめ

「今の説明、もう一回」を何度でも

web過去問

ストリーミング配信による入試問題の解説動画

もっと古いカコモンないの?

カコ過去問

「さらにカコの」過去問をHPに掲載(DL)

声の教育社

詳しくはこちらから

2024年度

富士見中学校

【算　数】〈第１回試験〉(50分)〈満点：100点〉

(注意) (1) **4**には説明を必要とする問いがあります。答えだけでなく考え方も書いてください。

(2) 円周率が必要な場合には3.14として計算しなさい。

1 □に当てはまる数を求めなさい。

(1) $3\frac{1}{3}-\left(3.2\div1\frac{3}{5}-\frac{1}{6}\right)=\square$

(2) $53-\left\{33-\left(\square+4\right)\times\frac{3}{5}\right\}=41$

(3) 姉と妹の持っているお金の合計は3840円です。姉の持っているお金の $\frac{1}{4}$ を妹にあげたところ，２人の持っているお金は同じになりました。最初に姉が持っていたお金は□円です。

(4) 12％の食塩水を４日間置いていたところ，水分だけが蒸発して15％の食塩水になっていました。このままあと１日放置すると，□％の食塩水になります。ただし，１日あたりに蒸発する水分の量はいつも同じとします。

(5) 仕入れ値が１kgあたり1000円であるお米を何kgか仕入れて，３割５分増しの値段をつけて売り出しました。仕入れたお米のちょうど８割にあたる100kgが売れたところで，残りのお米をそれまでの値段の４割引きで売ることにしました。全部売り切ると，利益は□円です。

(6) 長方形の紙を下の【図１】のように折りました。このとき，角 x は□度です。

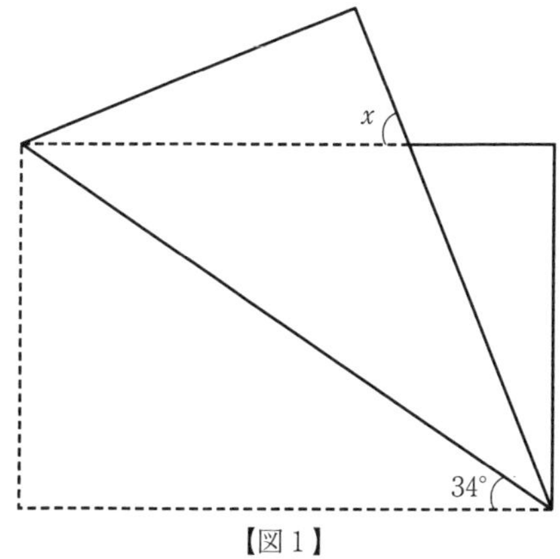

【図１】

(7) 次のページの【図２】は，直方体の箱に３枚の正方形のおりがみを▒部分のようにはりつけたものです。１枚のおりがみの面積が18cm² であるとき，直方体の体積は□cm³ です。

(8) 次のページの【図３】の▒部分は，同じ大きさの直角二等辺三角形です。これらを直線

l の周りに１回転させてできる立体の体積は[　　　]cm³ です。ただし，直線 l と直線 m は垂直に交わっています。

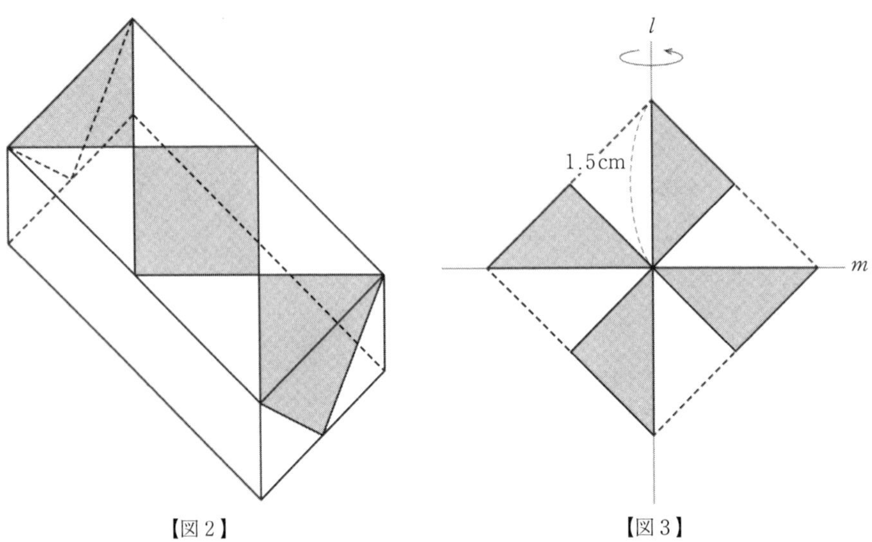

【図２】　【図３】

2　〔A〕 半径２cm の円Oが，【図１】から【図３】の図形の外側を１周します。次の問いに答えなさい。

(1)　【図１】は半径６cm の円です。円Oが通過する部分の面積は何 cm² ですか。

(2)　【図２】は縦４cm，横６cm の長方形と半径４cm で中心角 90° のおうぎ形を２個組み合わせた図形です。円Oが通過する部分の面積は何 cm² ですか。

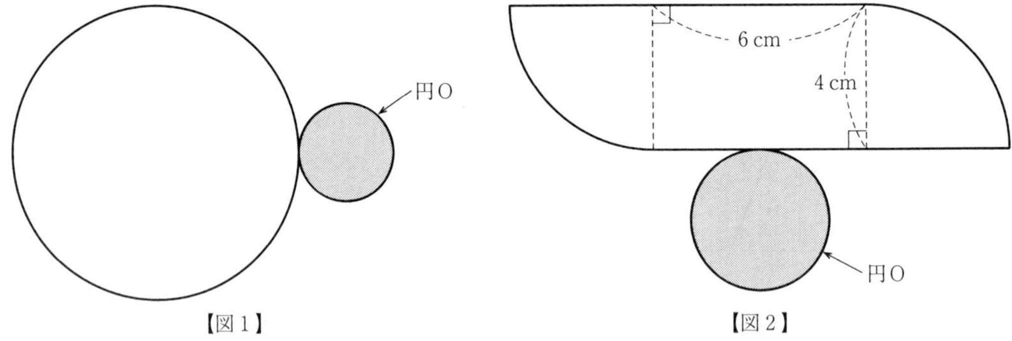

【図１】　【図２】

(3)　【図３】は正方形です。円Oが通過する部分の面積が 162.24cm² となりました。この正方形の１辺は何 cm ですか。

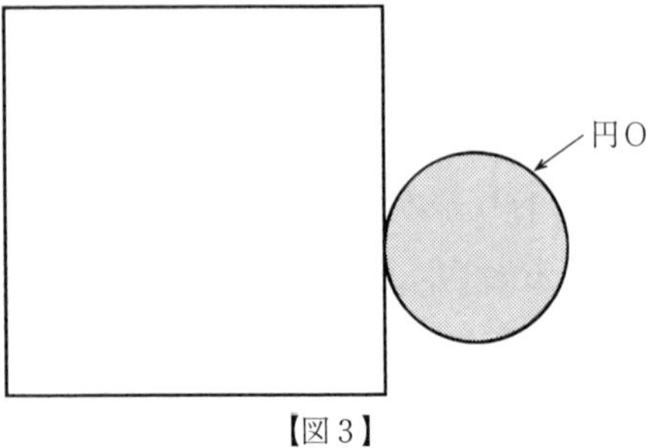

【図３】

〔B〕　１辺が１cmの正方形を「図形１」とします。下の図のように，「図形１」に１辺が２cmの正方形をくっつけた図形を「図形２」とします。同じように，「図形２」に１辺が３cmの正方形をくっつけた図形を「図形３」とし，その後，「図形４」，「図形５」を作っていきます。また，「図形○」の周の長さを《○》(cm)とします。例えば，《１》＝４，《２》＝10です。

　このとき，次の問いに答えなさい。

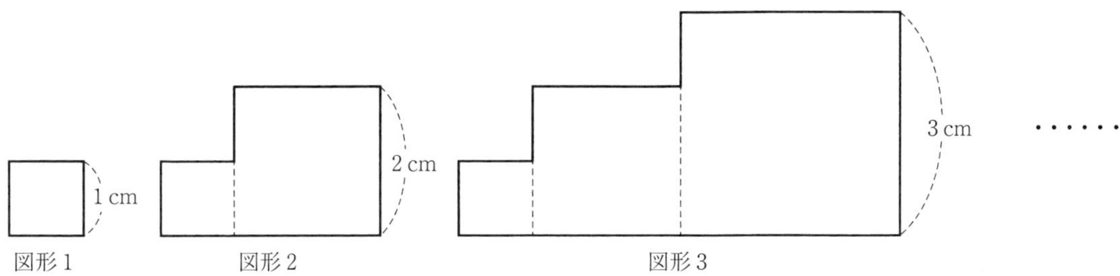

(1)　《４》を求めなさい。

　次に《○》÷○を計算した値を[○]とします。

(2)　[１]，[２]，[３]の値をそれぞれ求めなさい。

(3)　[□]＝2024であるとき，□に入る数を求めなさい。

3　ある通信販売(はん)のお店では，次の２種類の商品を売っています。どちらの商品のパッケージも直方体で，「パッケージの大きさ」は「縦×横×高さ」を表します。

商品名	パッケージの大きさ	価格
おとめぐさ栽培(さいばい)キット	10cm×26cm×10cm	2000円
純真ふじじかのスマホケース	15cm×10cm×２cm	200円

　商品を発送するために，内側の寸法が縦30cm，横30cm，深さ20cmである直方体の箱を使用します。箱の内側の寸法と商品の寸法がちょうど等しくても，商品は箱に収まるものとします。また，商品はどのような向きで箱に入れてもよいものとします。

　このとき，次の問いに答えなさい。

(1)　おとめぐさ栽培キットは，１つの箱で最大何個まで発送できますか。

(2)　純真ふじじかのスマホケースは，１つの箱で最大何個まで発送できますか。

(3)　２種類の商品を何個か組み合わせて１つの箱で発送し，商品の価格の合計が最も大きくなるとき，価格の合計はいくらですか。

(4)　３個のおとめぐさ栽培キットと何個かの純真ふじじかのスマホケースをまとめて１つの箱で発送するとき，純真ふじじかのスマホケースは最大何個まで発送できますか。

4　区間①は60m，区間②は120m，区間③は240mです。３人がそれぞれの区間を走るリレーを行います。

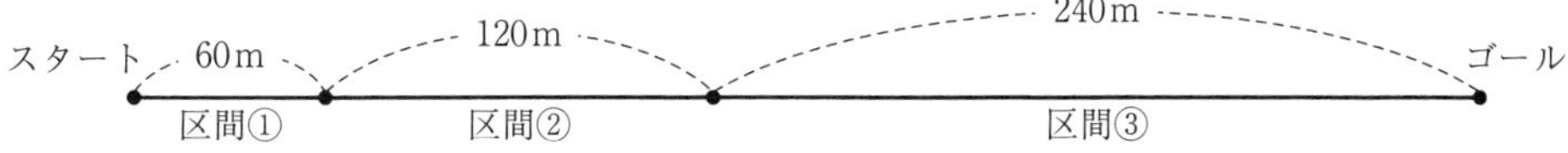

また，各走者の速さは以下の通りです。

走者Ａ：秒速２m	走者Ｂ：秒速３m	走者Ｃ：秒速４m
走者Ｄ：秒速５m	走者Ｅ：秒速６m	走者Ｆ：秒速８m

このとき，次の問いに答えなさい。

(1) 走者Ａ，Ｂ，Ｃが様々な順番でリレーをします。最も早いタイムでゴールをしたとき，何秒かかりましたか。

(2) 走者ＡからＦのうち，３人が走ったところ，区間①，②，③にかかった時間はどれも同じでした。どの走者が，どのような順番で走ったか求めなさい。また，かかった時間は合計で何秒ですか。

次に，走者Ｂ，Ｃ，ＥをチームＸ，走者Ａ，Ｄ，ＦをチームＹとします。チームＸはＢ，Ｃ，Ｅの順番で走ります。チームＹは，様々な順番で走ります。どちらのチームも同時にスタートをするとき，次の問いに答えなさい。

(3) チームＸは，区間③で初めてチームＹに追い抜(ぬ)かれました。チームＹの走者順と，追い抜かれたのがスタートしてから何秒後か求めなさい。考え方や途中(とちゅう)の式も書きなさい。

(4) チームＸは，区間③でチームＹを追い抜きました。このとき，考えられるチームＹの走者順をすべて求めなさい。

【社　会】〈第１回試験〉（40分）〈満点：60点〉

1　**次の文章を読んで，あとの問いに答えなさい。**

(1)**日本**の住居はどのような歴史を歩んできたのでしょうか。代表的な住居をみながらふり返ってみましょう。

日本の歴史のなかで，最も古い住居は竪穴住居です。日本全国の(2)**縄文時代**・弥生時代・古墳時代の遺跡(いせき)から発見された住居のほとんどがこれにあたります。地面を掘(ほ)って半地下式の床にすることで外気と接する面積が少なくなり，夏はすずしく，冬は暖かいつくりになっていました。柱で支えた屋根の上には茅(かや)やアシなどの草をかけました。

弥生時代，西日本を中心に本格的な(3)**稲作**がはじまると，生産量のちがいから貧富の差や階級の差がうまれ，社会のしくみも急速に変わりました。集落をまとめる首長があらわれ，彼らのなかには(4)**農作物**などを湿気(しっけ)から守るために高床住居(たかゆかじゅうきょ)を利用する者もいました。

平安時代，平安京で生活する貴族は「寝殿造り」という形式の邸宅(ていたく)に暮らしました。また，この時代，平安京周辺で暮らす庶民(しょみん)の生活の場は竪穴住居から平地住居にかわりました。平地住居は，地面をそのまま床にして，壁を厚い板や草で覆(おお)います。竪穴住居がひとつの部屋しかなかったのに対し，平地住居は炊事(すいじ)や作業をおこなう場と食事や団らんの場が分かれていることが特徴(とくちょう)です。

(5)**鎌倉時代**，武士を中心とした社会になると，「武家屋敷(ぶけやしき)」がうまれました。敵を監視(かんし)できるよう小高い丘(おか)の上に建て，侵入(しんにゅう)を防ぐため周囲に堀(ほり)をつくるなど実用面を重視しました。

(6)**室町時代**，武士と貴族の暮らしの両方を取り入れた「書院造り」がうまれました。書物を読む小部屋を「書院」といい，武士の住居では客人をもてなす場としても取り入れられました。畳(たたみ)をしきつめて，襖(ふすま)で仕切る「書院造り」は現代の和室の原型にもなっています。

(7)**江戸時代**，人口が増加した商人や職人が暮らす江戸の町人地では棟割長屋(むねわりながや)とよばれる建物が増えました。江戸は武士が政治をおこなうことを目的につくった都市のため，町人や商人は武家地以外の狭(せま)い敷地(しきち)で暮らすことになりました。そこで考えられたのが，ひとつの屋根の下を数軒(すうけん)の住居に仕切った家屋をつくれる棟割長屋でした。

(8)**明治時代**，ヨーロッパの科学技術を積極的に導入した結果，一部の人々の暮らしにも西洋風の住居が取り入れられました。洋式の部屋は和風住宅の別棟(べっとう)として建築され，(9)**貿易**や外交でやってくる外国人を招待(しょうたい)し，もてなすときに利用されました。貿易港の居留地には多くの洋館が建築されました。

(10)**昭和時代**，都市部では中流家庭を中心に木造住宅を建築するようになりました。縁側(えんがわ)(部屋の外側に設けられた板張りの通路)のある和室と瓦(かわら)の屋根を基本とし，部屋と部屋の間を襖で仕切りました。ひとつひとつの部屋は普段(ふだん)個室としても利用でき，大人数で食事をするときは襖をあけて大部屋として利用しました。戦後の高度経済成長期に復興が進み，住居は急速に近代化しました。都市部で人口が増加したため，郊外で団地などの集合住宅の建設が進められました。

住居の歴史をひもとくと，先人たちが(11)**気候**や社会状況(じょうきょう)に合わせてさまざまな工夫をしてきたことがわかります。

問１　下線部(1)について，日本の制度や工業に関する次の問いに答えなさい。

(1)　次の文は，日本の選挙制度について説明したものです。空らんにあてはまる語句は何ですか。それぞれ漢字で答えなさい。

現在，衆議院議員の選挙は，国民が候補者に投票して，各選挙区から１人が選出される（ **A** ）制と，国民が政党に投票して，得票に応じて各政党へ議席が配分される（ **B** ）制の２つの選挙制度を組み合わせた制度でおこなわれている。

(2) 次の３枚のカードは，ある生徒が基本的人権を学習する際に作成したものです。３つのカードでのべている権利や考え方に**ふくまれないもの**はどれですか。下から１つ選び，記号で答えなさい。

カード１	カード２	カード３
人種，信条，性別，社会的身分または門地による差別をしない	慎重かつ適切な判断が必要な社会全体の利益	だれからも制限されない思想と身体と財産

ア．自由権
イ．社会権
ウ．平等権
エ．公共の福祉

(3) 次のグラフは，中京工業地帯，京葉工業地域，瀬戸内工業地域のいずれかの出荷額の割合(2019年)をしめしたものです。グラフと工業地帯，地域の組み合わせとして正しいものはどれですか。下から１つ選び，記号で答えなさい。

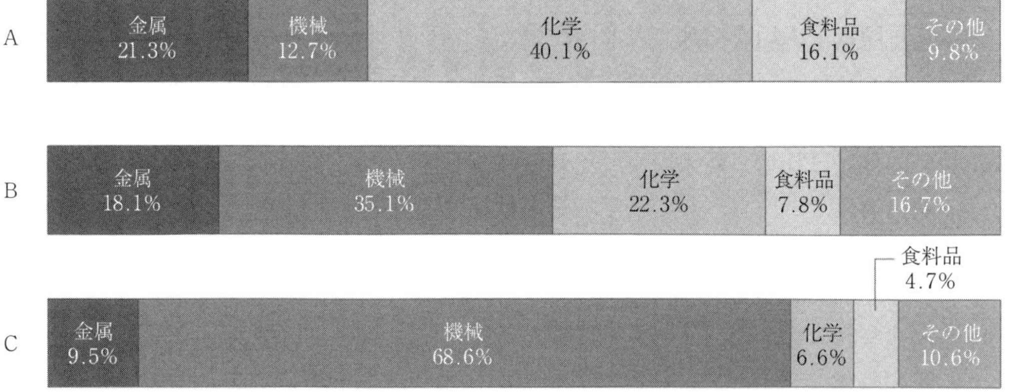

『日本国勢図会 2023/24』より作成

	A	B	C
ア	瀬戸内工業地域	中京工業地帯	京葉工業地域
イ	瀬戸内工業地域	京葉工業地域	中京工業地帯
ウ	中京工業地帯	瀬戸内工業地域	京葉工業地域
エ	中京工業地帯	京葉工業地域	瀬戸内工業地域
オ	京葉工業地域	瀬戸内工業地域	中京工業地帯
カ	京葉工業地域	中京工業地帯	瀬戸内工業地域

問２　下線部(**2**)について，次の会話文は縄文時代をテーマにした授業における先生と生徒のものです。これを読んで，あとの問いに答えなさい。

生徒：縄文時代は今から１万年以上も前の社会なのに，どうして生活のようすがわかるのですか。
先生：この時代を記録した書物はないですが，(A)**縄文時代の人たちが使っていたモノ**から手がかりをつかめるからです。
生徒：たとえば，どういうモノがありますか。
先生：獲物（えもの）を射とめるための弓矢の先や，毛皮をはぎとるための黒曜石などです。これらのモノから縄文時代の人たちが黒曜石を加工して利用したことがわかっています。
生徒：道具を手がかりにして縄文時代の生活を推測できるのですね。
先生：また，黒曜石や※ひすいという石を手がかりにすると，(B)**縄文時代の人びとが交易をおこなっていた**と考えられます。

※ひすい…縄文時代の人たちが腕輪（うでわ）や耳輪，首飾（くびかざ）りとして利用した宝石のこと

(1)　下線部(**A**)について，次の写真は，東京大学総合研究博物館で撮影（さつえい）した縄文時代の遺跡から出土した遺物です。これについてのべた文として正しいものはどれですか。下から１つ選び，記号で答えなさい。

ア．漁労がおこなわれたことをしめす道具である。
イ．農耕が本格化したことをしめす鉄器である。
ウ．争いが本格化したことをしめす武器である。
エ．朝鮮半島とつながりがあったことをしめす土器である。

(2)　下線部(**B**)について，縄文時代の人たちが交易をおこなっていたと考えられる理由は何ですか。次の図を参考にして説明しなさい。

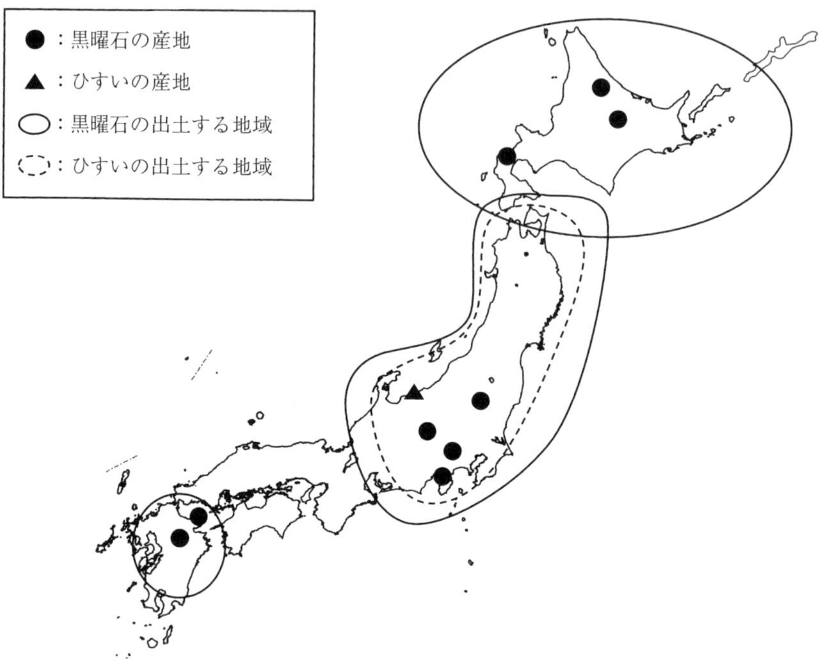

問３　下線部(3)について，山形県の庄内平野で稲作をいとなむ人たちは，夏に吹（ふ）くあたたかく乾（かわ）いた風を「宝の風」とよんでいます。この風が吹くと，ぬれた稲の葉が乾いて病気にかからず，丈夫（じょうぶ）な稲が育つことからこの名前がつきました。「宝の風」が吹く方向と風の名称（めいしょう）の組み合わせとして正しいものはどれですか。下から１つ選び，記号で答えなさい。

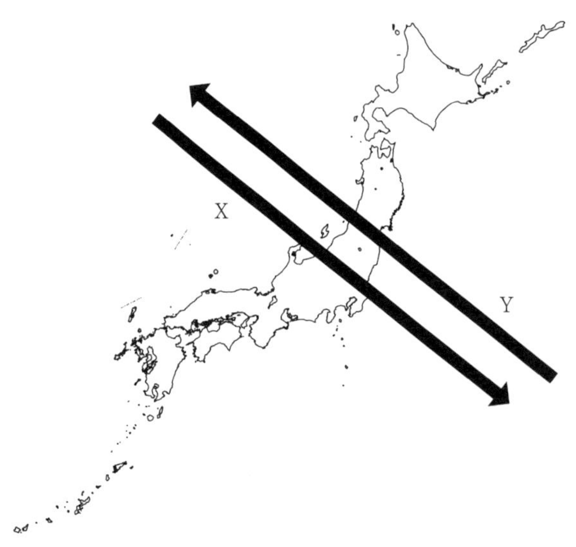

	風の方向	風の名称
ア	X	やませ
イ	X	季節風
ウ	Y	やませ
エ	Y	季節風

問４　下線部(**4**)について，次の問いに答えなさい。

(1)　次のグラフは，にんじん，キャベツ，ねぎ，レタスの生産量の都道府県別割合と生産量(2018年)をあらわしています。グラフから読み取ることができる内容として正しいものはどれですか。下から１つ選び，記号で答えなさい。

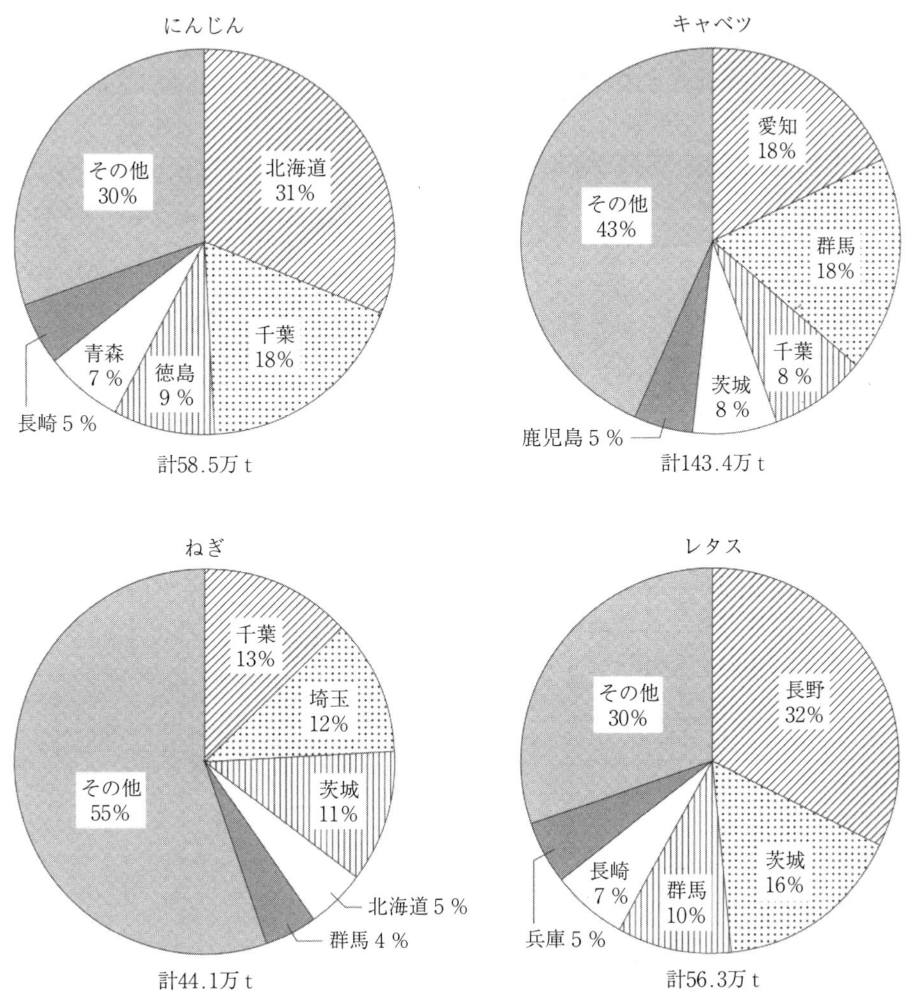

農林水産省「野菜生産出荷統計」(2020年)より作成

ア．北海道のにんじんの生産量は約６万ｔである。

イ．キャベツの生産量上位５県のうち，関東地方の県の生産量をあわせた割合は，全体の生産量の50%をこえる。

ウ．茨城県は，キャベツの生産量よりねぎの生産量の方が少ない。

エ．群馬県のねぎとレタスそれぞれの全体の生産量にしめる割合を比べると，ねぎの割合が高い。

(2)　次のグラフは，富山県，長野県，鹿児島県の農業産出額にしめる畜産(ちくさん)，野菜，米などの産出額の割合(2020年)をあらわしています。Ⅰ～Ⅲの組み合わせとして正しいものはどれですか。下から１つ選び，記号で答えなさい。

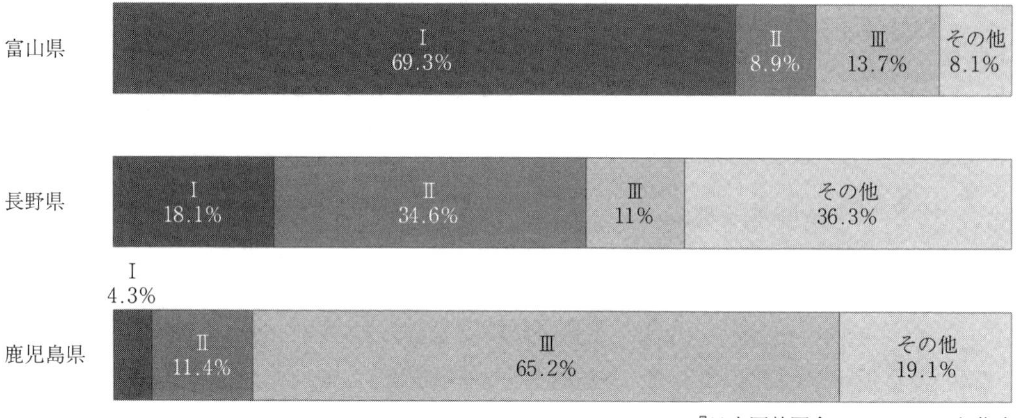

『日本国勢図会 2023/24』より作成

ア．Ⅰ－野菜　Ⅱ－米　Ⅲ－畜産
イ．Ⅰ－野菜　Ⅱ－畜産　Ⅲ－米
ウ．Ⅰ－畜産　Ⅱ－米　Ⅲ－野菜
エ．Ⅰ－畜産　Ⅱ－野菜　Ⅲ－米
オ．Ⅰ－米　Ⅱ－野菜　Ⅲ－畜産
カ．Ⅰ－米　Ⅱ－畜産　Ⅲ－野菜

(3)　宮崎県や高知県のピーマンやなすの農家がさかんに取りいれている栽培(さいばい)方法と，その栽培方法により出荷されている農作物の出荷時期の組み合わせとして正しいものはどれですか。次から１つ選び，記号で答えなさい。

	栽培方法	出荷時期
ア	促成栽培	冬～春
イ	促成栽培	夏～秋
ウ	抑制栽培	冬～春
エ	抑制栽培	夏～秋

問５　下線部(5)について，次の文章は，鎌倉幕府の政治に関して説明したものです。空らんにあてはまる語句の組み合わせとして正しいものはどれですか。下から１つ選び，記号で答えなさい。

鎌倉幕府の初代将軍であった源頼朝が亡くなった後，幕府の実権は北条氏がにぎった。北条氏は初代時政を筆頭に，将軍を補佐する（　A　）という立場から幕府の政治を導いた。1232年，３代（　A　）の北条泰時は武家社会での慣習や道徳をもとに（　B　）という御家人のきまりを制定した。

ア．A－管領　B－御成敗式目　　イ．A－管領　B－武家諸法度
ウ．A－執権　B－御成敗式目　　エ．A－執権　B－武家諸法度

問６　下線部(6)について，室町時代には室町幕府将軍のあとつぎ問題や守護大名の対立などをめぐって，応仁の乱がおこりました。あとつぎ問題のきっかけとなった８代将軍はだれですか。漢字で答えなさい。

問７　下線部(7)について，1866年，薩摩藩と長州藩は密約を結んで，幕府に対抗(たいこう)する態度を固めました。これに対して将軍徳川慶喜は，1867年に政権を朝廷に返す方針を表明しました。この方針を何といいますか。漢字で答えなさい。

問８　下線部(8)について，次の文は，明治時代に建設された八幡製鉄所に関して説明したものです。空らんにあてはまる語句の組み合わせとして正しいものはどれですか。下から１つ選び，記号で答えなさい。

> 福岡県に八幡製鉄所が建設された理由は，当時日本有数の（ **A** ）の産地が県内にあり，日本で産出量が少ない（ **B** ）の輸入先であった中国が近かったからである。

ア．Ａ－石油　　Ｂ－石炭　　イ．Ａ－石油　　Ｂ－鉄鉱石
ウ．Ａ－石炭　　Ｂ－石油　　エ．Ａ－石炭　　Ｂ－鉄鉱石
オ．Ａ－鉄鉱石　Ｂ－石炭　　カ．Ａ－鉄鉱石　Ｂ－石油

問９　下線部(9)について，次の表は，日米修好通商条約締結(ていけつ)後，貿易が本格化した1860年以降の貿易額のうつりかわりを貿易港ごとにまとめたものです。この表に関してのべた下の文の正しい・まちがいの組み合わせとして正しいものはどれですか。あとから１つ選び，記号で答えなさい。

	輸出高(単位：万ドル)				輸入高(単位：万ドル)			
年	全国	長崎	箱館	横浜	全国	長崎	箱館	横浜
1860	471.4	60.0	15.9	395.4	165.9	70.0	1.3	94.6
1862	791.8	144.0	17.3	630.5	421.5	112.9	1.2	307.4
1864	1057.2	116.0	41.5	899.7	810.2	241.0	13.8	565.4
1866	1661.7	199.5	52.1	1410.0	1577.1	400.5	3.1	1173.5

『図説日本の歴史13　世界情勢と明治維新』より作成

> Ａ　貿易額が高いのは横浜で，すべての年で輸出高・輸入高ともに全国の半分以上である。
> Ｂ　長崎は箱館より輸出入とも取引高が高く，どの年も輸出高が輸入高を上回っている。

ア．Ａ－正しい　　Ｂ－正しい
イ．Ａ－正しい　　Ｂ－まちがい
ウ．Ａ－まちがい　Ｂ－正しい
エ．Ａ－まちがい　Ｂ－まちがい

問10　下線部(10)について，次のメモは，ある生徒が歴史の授業の宿題で，おばあさんに昭和時代のできごとをインタビューしてまとめたものです。年代の古いものからならべて記号で答えなさい。

ア．

> 日中平和友好条約が結ばれる時に中国の副総理が日本に来たのをニュースで見た。

イ．

> 朝鮮戦争がおこり，父の勤めていた車の整備工場に戦車の修理が殺到(さっとう)した。

ウ．

沖縄が日本に返還され，沖縄へ旅行するのにパスポートが不要になった。

エ．

東京オリンピック開会直前に東海道新幹線が開通して，大きな話題になった。

問11　下線部⑾について，次の雨温図は，金沢市，長野市，静岡市，神戸市のものです。このうち，神戸市にあたるものはどれですか。次から１つ選び，記号で答えなさい。

ア．

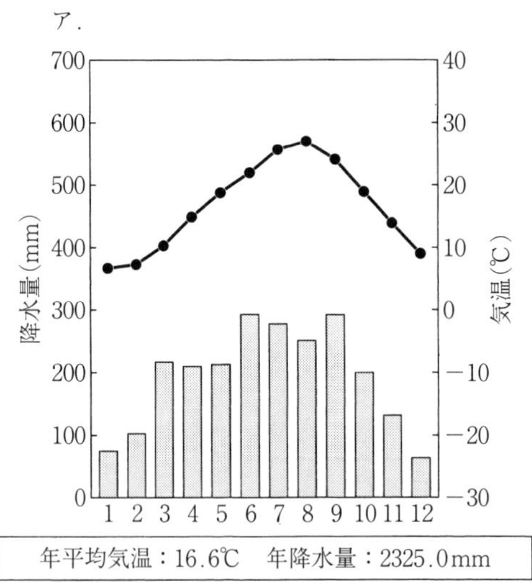

年平均気温：16.6℃　年降水量：2325.0mm

イ．

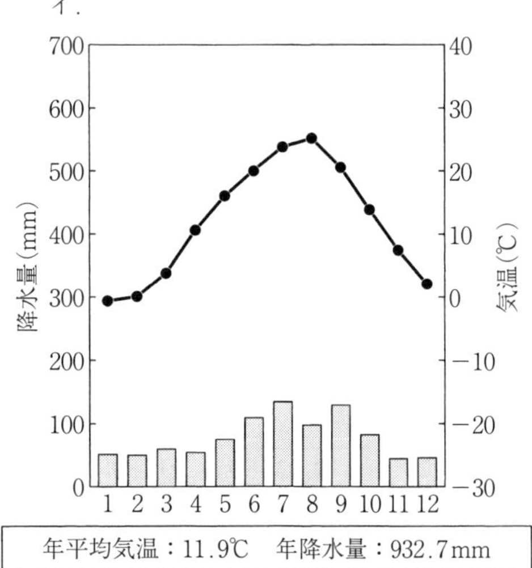

年平均気温：11.9℃　年降水量：932.7mm

ウ．

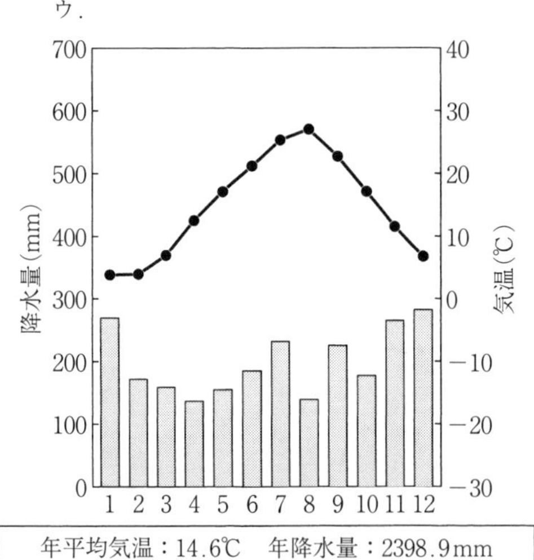

年平均気温：14.6℃　年降水量：2398.9mm

エ．

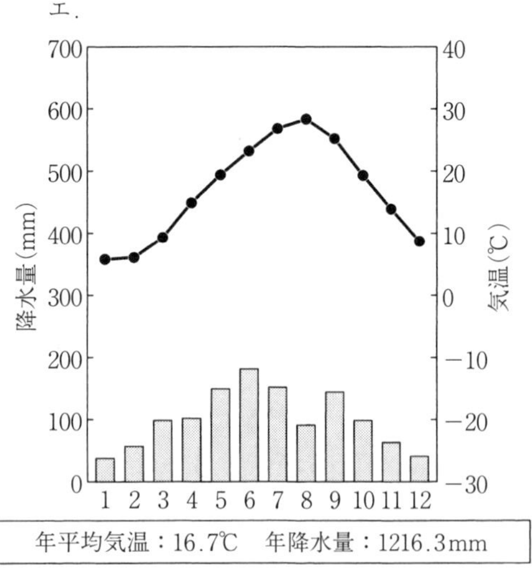

年平均気温：16.7℃　年降水量：1216.3mm

2　**次の会話文は，社会の課題図書『巨大おけを絶やすな！　日本の食文化を未来へつなぐ』(竹内早希子著，岩波書店，2023年)を読んだ生徒Ｘと生徒Ｙのものです。これを読んで，あとの問いに答えなさい。**

生徒Ｘ：社会の授業でこの本が紹介されたとき，「なんで巨大おけ？」と思ったけど，読んでみたらとても面白かった。

生徒Ｙ：この本を読んで，木おけをつくる技術にびっくりしたよ。(1)**板と板を，竹くぎでとめて，たが(竹でつくった輪)で締めている**だけなのに，なかの液体をもらさないってすごい。しかも，(2)**100年以上**も使えるなんて。

生徒Ｘ：でも，(3)**木おけでつくられていた酒やしょうゆが，ステンレス製やプラスチック製のタンクでつくられるようになって**，木おけ職人の数が激減してしまったんだよね。

生徒Ｙ：うん。そして(4)**日本最後のおけ屋さん**も廃業することになり，本当に木おけをつくれる人がいなくなってしまう…というなかで立ち上がったのが，(5)**香川県の小豆島**でしょうゆをつくっている山本康夫さん。

生徒Ｘ：山本さんは，自分たちで木おけをつくろうと仲間とともにおけ屋さんに修行に行ったんだよね。

生徒Ｙ：技術を身につけるのも，材料となる巨大な(6)**杉**や竹の調達も大変そうだったけど，諦めないところがすごいと思ったよ。

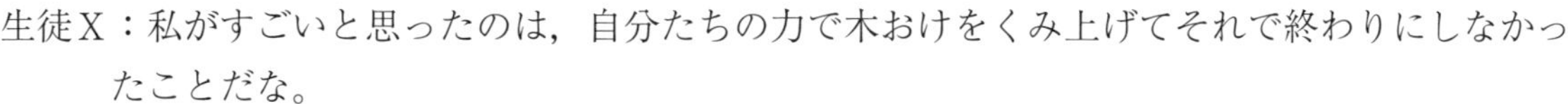

生徒Ｘ：私がすごいと思ったのは，自分たちの力で木おけをくみ上げてそれで終わりにしなかったことだな。

生徒Ｙ：全国のしょうゆ屋さんにみんなで木おけをつくろうとよびかけて，木おけづくりの技術や木おけ仕込みの価値を広めているんだよね。

生徒Ｘ：2020年には，福島県郡山市の人たちとの交流からチーム福島が誕生して，木おけづくりは(7)**東北**や(8)**北海道**にも広がっているね。

生徒Ｙ：山本さんたちは，2021年に木おけ仕込みのしょうゆを海外に(9)**輸出**するための団体をスタートさせてもいるよ。

生徒Ｘ：日本でも海外でも木おけ仕込みのしょうゆを買う人が増えれば，木おけを使ってしょうゆをつくるしょうゆ屋さんがきっと増えるね。

生徒Ｙ：本には，新たに木おけ仕込みに挑戦するしょうゆ屋さんがでてきたね。このしょうゆ屋さんの(10)**木おけはSDGsにもつながる**という話，たしかにと思ったよ。

生徒Ｘ：木おけからいろいろなことにつながっていくね。私たちでもっと調べてみよう。

問１　木おけは奈良時代からありましたが，木の幹をくりぬいたり，薄い板を筒状にまげたりしてつくられました。下線部(1)のようなおけづくりの技術が各地に広まったのは室町時代以降です。この技術は，日本の食文化や流通のしくみを変え，経済を発展させたといわれています。次の問いに答えなさい。

(1)　次の文章は，下線部(1)のような技術によって経済が発展した理由をまとめたものです。空らんにあてはまる語句を〈資料１〉を参考にして答えなさい。

> この技術により，［　　　　　　］ことができるようになって，酒やしょうゆ，みそ，酢などの発酵調味料を大量生産できるようになった。生産が増えたことで輸送も活発になり，経済が発展した。

〈資料１〉

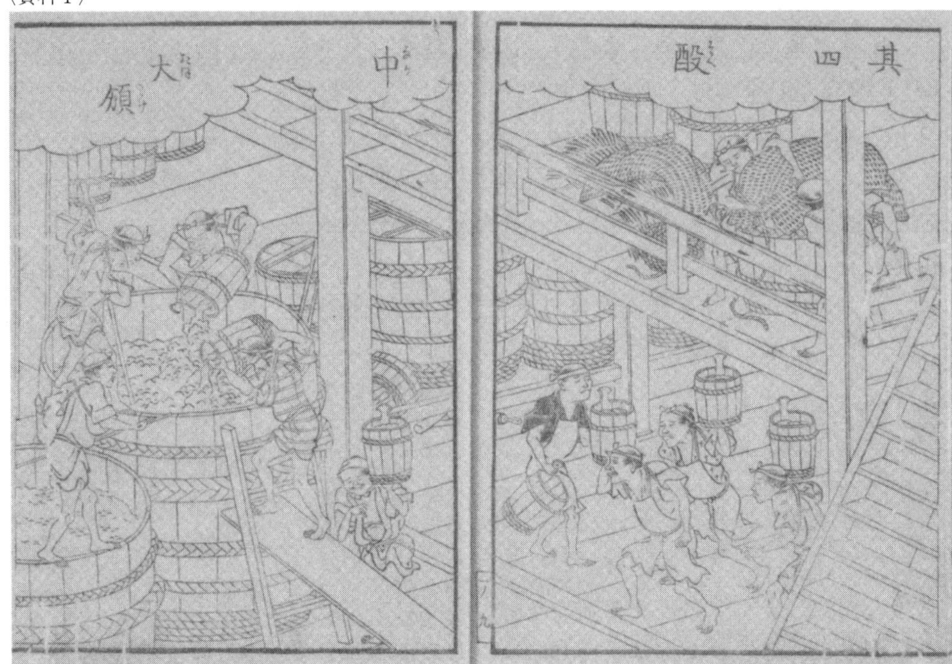

江戸時代の伊丹(いたみ)酒造での酒づくりの様子。『日本山海名産図会』より

(2)　次の文章は，〈資料２〉についてのべたものです。空らんにあてはまる語句の組み合わせとして正しいものはどれですか。下から１つ選び，記号で答えなさい。

〈資料２〉は，化政文化のころに（　**A**　）がおけ職人の仕事の様子をえがいた浮世絵(うきよえ)である。このような浮世絵は，（　　**B**　　）。

〈資料２〉

東京富士美術館 HP より

ア．A－葛飾北斎　B－城のふすまや屏風(びょうぶ)の装飾(そうしょく)に使われた

イ．A－葛飾北斎　B－版画として大量につくられた

ウ．Ａ－狩野永徳　Ｂ－城のふすまや屏風の装飾に使われた

エ．Ａ－狩野永徳　Ｂ－版画として大量につくられた

問２　下線部**(2)**について，今から約100年前の1923年９月１日に，相模湾を震源とするマグニチュード7.9の大地震が発生しました。次の問いに答えなさい。

(1)　この大地震により，関東一円に被害をおよぼした災害を何といいますか。漢字で答えなさい。

(2)　(1)の混乱のなかで，多くの朝鮮人や中国人，社会主義者が殺されました。この原因のひとつにデマがあります。現在，だれもがSNSなどで情報を発信できるようになり，災害時には被害状況の把握などで役立つ一方，デマが流れる危険性は高まっているといわれています。災害時のSNSの情報で気をつけるべきこととして**適切ではないもの**はどれですか。次から１つ選び，記号で答えなさい。

ア．災害の状況はどんどん変化するので，情報の発信日時を確認し，最新のものをえるようにする。

イ．情報の発信者が信頼できるかどうか確認するため，プロフィールが実名か，過去にあやしい投稿をしていないか見るようにする。

ウ．自分が重要だと思った情報はすぐに拡散し，多くの人に知らせるようにする。

エ．SNSだけではなく，国や地方公共団体などの公的機関やテレビ，新聞などの情報も確認するようにする。

問３　下線部**(3)**について，この変化の背景を説明した次の文章を読んで，あとの問いに答えなさい。

　アジア・太平洋戦争中，そして戦後と，酒蔵はきびしい状況に置かれた。食べるものがなくて飢え死にする人がたくさんいるなかで，米を発酵させてアルコールにする酒はとてもぜいたくなものだった。そのため，**酒をつくる量を極端に制限しなければならなかった**。新しいおけもつくられなくなった。

　戦争が終わり，［　　　］の統治がはじまったが，彼らには日本の酒やしょうゆづくりがおかしなものにうつった。「木おけは木の肌で酒を吸うので酒蔵が損をする」「木おけは不潔で時代遅れなもの」と考え，木おけを使わないように指導したりした。こうして木おけ仕込みの酒やしょうゆの生産量が激減し，現在はほとんどがステンレス製やプラスチック製のタンクでつくられるようになった。

(1)　下線部について，この時代の酒の生産量の制限に直接的にかかわるできごととして正しいものはどれですか。次から１つ選び，記号で答えなさい。

ア．教育勅語が制定された。　　イ．治安維持法が制定された。

ウ．世界恐慌がおこった。　　エ．国家総動員法が制定された。

(2)　空らんにあてはまる語句は何ですか。答えなさい。

問４　下線部**(4)**について，この製桶所は大阪府堺市にありました。次の問いに答えなさい。

(1)　堺市は，大阪府にかわって福祉や行政などの多くの事務をおこなうことができると指定された都市です。このような都市を何といいますか。漢字で答えなさい。

(2)　堺市は，古くから商業，工業のまちとして発展しました。堺市についてのべた文として

まちがっているものはどれですか。次から１つ選び，記号で答えなさい。

ア．戦国時代は，大名の支配を受けず有力な商人がおさめる自由都市として知られた。堺を訪れた宣教師ザビエルが「日本第一の市場」とたたえたといわれる。

イ．江戸時代になると，それまで堺でさかんに生産された火縄銃の需要が減り，鉄砲鍛冶職人から包丁をつくる者が増えた。現在も堺の地場産業として包丁は有名である。

ウ．高度経済成長期には，内陸部に位置する堺市に大規模な製鉄所や石油化学コンビナートができて重化学工業が発達した。一方で，地盤沈下などの公害が発生した。

エ．1980年代以降，工場の空き地が目立つようになった。しかし，2000年代に入ると，堺市の働きかけなどにより，液晶パネルなどの大工場が次々とつくられた。

問５　下線部(5)について，小豆島はしょうゆだけでなく，オリーブの産地としても有名です。小豆島の気候の特色から，オリーブの栽培にはどのような条件が適していると考えられますか。答えなさい。

問６　下線部(6)について，おけづくりに使われる杉として吉野杉が有名です。次の問いに答えなさい。

(1)　吉野杉の生産地がふくまれる山地として正しいものはどれですか。右の地図から１つ選び，記号で答えなさい。

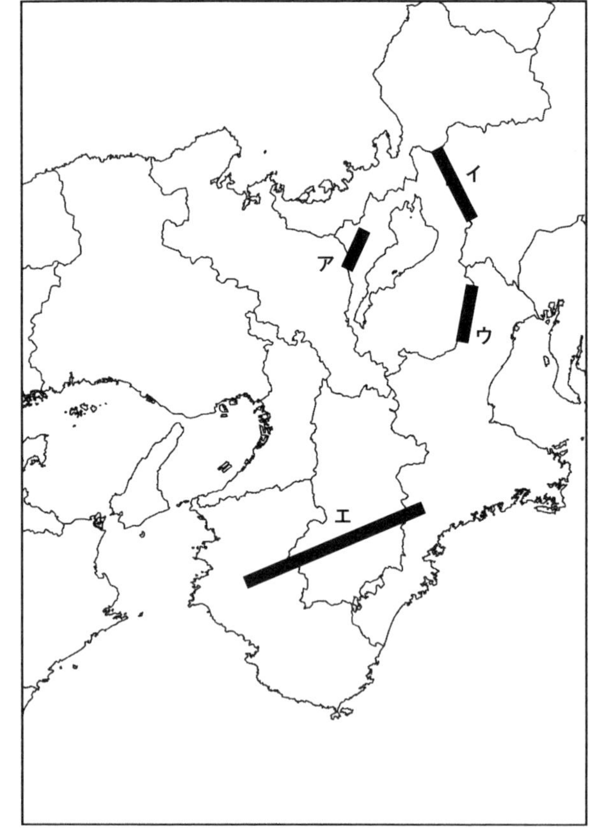

(2)　吉野杉は，年輪がつまっていて強く，まっすぐで色が美しいことで知られています。こうした吉野杉の特徴は，ほかの林業地域よりも苗木を密に植えることで生み出されています。木と木の間がせまいため，木が若い時には太くなりすぎることがありません。木が育つと，だんだん山林が暗くなるので，木を切り倒して風通しや日当たりをよくします。この作業を何度もおこなって残った木は年輪が細かく均一になります。この作業を何といいますか。答えなさい。

(3)　日本の林業についてのべた文として**まちがっているもの**はどれですか。次から１つ選び，記号で答えなさい。

ア．日本は国土のおよそ３分の２が森林で，かつては豊かな森林資源を利用した林業がさかんにおこなわれた。

イ．国産の木材の価格が外国産と比べて高くなったため，現在は外国産の安い木材を輸入することが多い。

ウ．林業につく人口は急速に減少しているが，農業や水産業よりは従事する人が多い。

エ．近年は災害や気候変動を防ぐなど環境面から林業が注目され，企業が森づくりに協力するなどの取り組みがみられる。

問７　下線部(7)について，次の問いに答えなさい。

(1)　次の表は，東北地方６県の産業についてまとめたものです。空らんには宮城県，山形県，福島県のいずれかがあてはまります。空らん（Ａ）・（Ｂ）にあてはまる県名の組み合わせとして正しいものはどれですか。下から１つ選び，記号で答えなさい。

県名	果実産出額（2020年）（億円）	漁業産出額（2020年）（億円）	製造品出荷額等（2019年）（億円）	年間商品販売額（2015年）（十億円）
青森県	906	454	17504	3380
（Ａ）	299	99	51232	4901
岩手県	142	306	26435	3501
秋田県	89	27	12998	2396
（Ｂ）	30	718	45590	12151
（Ｃ）	729	22	28679	2588

『データでみる県勢 2023』より作成

ア．Ａ—宮城県　Ｂ—山形県　　イ．Ａ—宮城県　Ｂ—福島県

ウ．Ａ—山形県　Ｂ—宮城県　　エ．Ａ—山形県　Ｂ—福島県

オ．Ａ—福島県　Ｂ—宮城県　　カ．Ａ—福島県　Ｂ—山形県

(2)　東北地方では，再生可能エネルギーの活用が各地で進められています。次の地図は，ある再生可能エネルギーの発電所をしめしたものです。この再生可能エネルギーとして正しいものはどれですか。下から１つ選び，記号で答えなさい。

ア．風力　　イ．太陽光　　ウ．地熱　　エ．水力

問８　下線部(8)について，次の文章は2022年９月27日の日本経済新聞の記事です（出題の関係上，一部変更してあります）。これを読んで，あとの問いに答えなさい。

> 北海道網走市の水谷洋一(A)**市長**は（　B　）省で葉梨康弘（　B　）大臣に会い，網走刑務所（網走市）の(C)**受刑者**が作った木桶で仕込んだ日本酒「網走　木桶仕込み」を渡した。葉梨大臣は「皆さんの創意工夫で素晴らしい取り組みになっている。再犯防止と地域創生に協力してもらい感謝している」と述べた。
>
> 日本酒は上川大雪酒造（北海道上川町）が帯広畜産大学構内に持つ「碧雲蔵」（北海道帯広市）で醸造した。６月末から仕込みを始め，720ミリリットル入りのビン約1000本分ができた。木桶製作には香川県小豆島で製作技術を受け継ぐ活動をしている職人が携わった。

(1)　下線部(A)について，市長についてのべた文として**まちがっているもの**はどれですか。次から１つ選び，記号で答えなさい。

ア．市議会は市長に不信任の議決をおこなうことができる。

イ．市長は市議会を解散させることができない。

ウ．市長の被選挙権は満25歳以上の日本国民に認められている。

エ．市長の任期は４年である。

(2)　空らん（**B**）にあてはまる，刑務所を管轄している省庁はどれですか。次から１つ選び，記号で答えなさい。

ア．国土交通　　イ．厚生労働

ウ．法務　　　　エ．文部科学

(3)　下線部(C)について，犯罪をおこなった疑いのある人を調べ，有罪か無罪か，有罪ならばどのような刑を科すかを決める裁判を何といいますか。解答らんに合う形で答えなさい。

問９　下線部(9)について，次の問いに答えなさい。

(1)　次のグラフは，日本のおもな港の貿易額（2020年）をしめしたものです。図中の空らんには東京国際空港，東京港，成田国際空港のいずれかが，**A**・**B**には輸入額と輸出額のいずれかがあてはまります。空らん（**あ**）と（**う**）と**A**にあてはまるものの組み合わせとして正しいものはどれですか。下から１つ選び，記号で答えなさい。

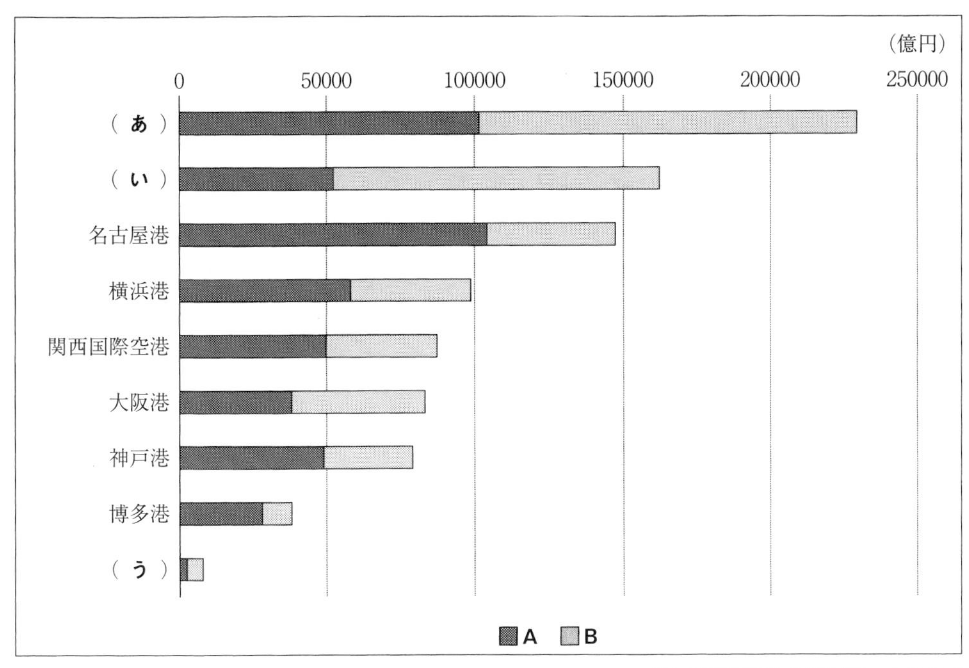

『日本国勢図会 2022/23』より作成

ア．あ－成田国際空港　う－東京国際空港　Ａ－輸入額
イ．あ－成田国際空港　う－東京国際空港　Ａ－輸出額
ウ．あ－東京港　　　　う－東京国際空港　Ａ－輸入額
エ．あ－東京港　　　　う－東京国際空港　Ａ－輸出額
オ．あ－東京国際空港　う－成田国際空港　Ａ－輸入額
カ．あ－東京国際空港　う－成田国際空港　Ａ－輸出額

(2)　自由な貿易を拡大することを目的に，貿易のルールづくりなどをおこなう，1995年に設立された国際機関を何といいますか。答えなさい。

問10　下線部⑽について，次のメモは，生徒Ｙが課題図書『巨大おけを絶やすな！　日本の食文化を未来へつなぐ』を読んで，SDGsに関係しそうだと思った文章を書き出したものです。

〈メモ１〉

p40－41
「江戸時代，数ある職業の中で，かせぎが良かったのは酒蔵でした。大桶づくりにはお金がかかりますが，まず，お金を持っている酒蔵が新桶を注文します。ここが木桶のサイクルのスタートです。
　酒蔵が新しい桶でお酒を醸(かも)しているうちに，二〇年から三〇年たつと木桶からお酒がしみ出すようになってきます。
　そうなったら，大桶を一度解体し，ばらした板を削(けず)って組み直し，次は醬油(しょうゆ)屋に引き取られます。醬油には塩分があるので，塩の効果で木桶は腐(くさ)りにくく，塩分が固まって隙間(すきま)をうめるためにもれづらくなり，技術の高い桶職人がつくった桶であれば，さらに一〇〇年近く使うことができます。」

〈メモ２〉

p196
(2022年に新たに木おけを買ったしょうゆ屋さんの話)
「うちの蔵で主に使っているのはコンクリート槽です。コンクリートは，年月が経って劣化すると処分が大変です。産業廃棄物になってしまう。
　息子たちが跡をついでくれるという話が出たとき，長い目で考えると木桶が良いね，という話になりました。SDGs(持続可能な開発目標)じゃないですが，長く使えて自然に還せるという。」

〈メモ３〉

p203－204
(吉野で林業をしている人の話)
「杉が育つまでに一〇〇年かかります。桶づくりの技術が残っても，一〇〇年後に桶材が出せないかもしれません。そんな状況は良くないって思ってます。桶文化が続いていくしかけをしないと。(中略)
　今，吉野の仲間のなかで，小さな山でもいいので，一〇〇年後につなぐ吉野杉の山をつくって苗木を植えよう，という話が出てます。これは，必ずやらないかんと思ってます」

　これらのメモから，木おけの技術を守ることと関係が深いと考えられるSDGsの目標はどれですか。次から**２つ**を選び，記号で答えなさい。

ア．

イ．

ウ．

エ．
12
つくる責任
つかう責任

オ．

カ．

【理　科】〈第１回試験〉（40分）〈満点：60点〉

1　**次のⅠ～Ⅲの問いに答えなさい。**

Ⅰ

問１　北半球において，台風の中心付近での風のふき方として正しいものはどれですか。次の中から１つ選び，記号で答えなさい。

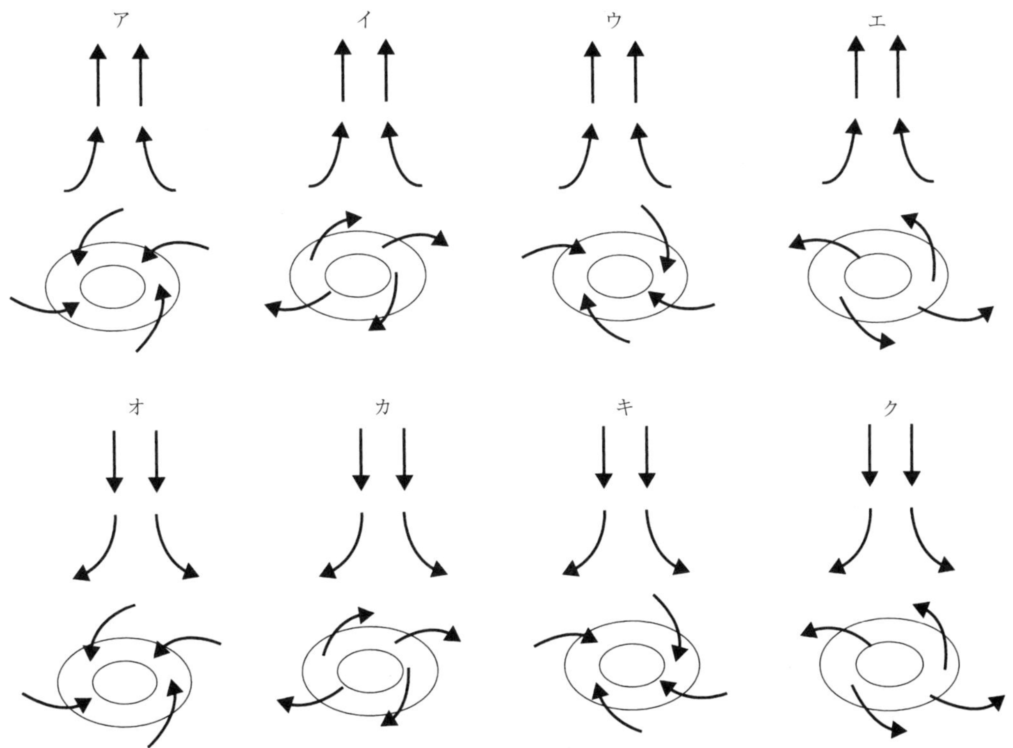

問２　台風はどこで発生しますか。また，気圧はどのようになっていますか。次の中から１つ選び，記号で答えなさい。

ア．日本付近で発生し，まわりより気圧が高い。

イ．日本付近で発生し，まわりより気圧が低い。

ウ．熱帯地方で発生し，まわりより気圧が高い。

エ．熱帯地方で発生し，まわりより気圧が低い。

Ⅱ　下の表１はマグマが冷え固まってできた火成岩の特ちょうをまとめたものです。火成岩はその形成過程や組成によってさまざまな種類があります。

表１

岩石名	火山岩	①	②	げんぶ岩
	深成岩	花こう岩	③	④
岩石の特ちょう	色	⑤ ⟷ ⑥		
	マグマの粘(ねば)り気	⑦ ⟷ ⑧		

問３　表の①～④の岩石名を正しく組み合わせているものを次の中から１つ選び，記号で答えなさい。

	①	②	③	④
ア	りゅうもん岩	せんりょく岩	はんれい岩	あんざん岩
イ	りゅうもん岩	あんざん岩	せんりょく岩	はんれい岩
ウ	あんざん岩	はんれい岩	りゅうもん岩	せんりょく岩
エ	はんれい岩	あんざん岩	せんりょく岩	りゅうもん岩

問4　表の⑤～⑧の岩石の特ちょうについて正しいものを次の中から1つ選び，記号で答えなさい。

	⑤	⑥	⑦	⑧
ア	黒っぽい	白っぽい	粘り気が弱い	粘り気が強い
イ	黒っぽい	白っぽい	粘り気が強い	粘り気が弱い
ウ	白っぽい	黒っぽい	粘り気が弱い	粘り気が強い
エ	白っぽい	黒っぽい	粘り気が強い	粘り気が弱い

Ⅲ　地震(じしん)が発生すると，震源で小さなゆれを起こす地震波と大きなゆれを起こす地震波の2種類の波が発生し，それぞれが一定の速さで地中を伝わっていきます。そして地上の観測地点に小さなゆれが伝わってから大きなゆれが伝わるまでの時間を初期微動継続時間(しょきびどうけいぞくじかん)といいます。

問5　小さなゆれを起こす地震波の速さが秒速6km，大きなゆれを起こす地震波の速さが秒速4kmのとき，震源から120km離(はな)れた観測地点では初期微動継続時間は何秒になりますか。答えが割り切れない場合は小数第2位を四捨五入して小数第1位までで答えなさい。

問6　初期微動継続時間について説明した文として最も適切なものを1つ選び，記号で答えなさい。

ア．マグニチュード(地震の規模)が小さいほど，初期微動継続時間は長くなる。

イ．マグニチュード(地震の規模)が大きいほど，初期微動継続時間は長くなる。

ウ．観測地点と震源の距離(きょり)が短いほど，初期微動継続時間は長くなる。

エ．観測地点と震源の距離が長いほど，初期微動継続時間は長くなる。

2　**富士子さんと弟の太郎くんはお父さんに動物園に連れてきてもらいました。次の会話文を読み，以下の問いに答えなさい。**

富士子　あの$_A$ホッキョクグマを見て！　大きくてすごい迫力(はくりょく)ね。

お父さん　そうだね。オスのホッキョクグマの体重は約400kgほどあり，頭の先からおしりまでの長さ(頭胴長(とうどうちょう))は約300cmもあるそうだよ。最近の動物園は展示の仕方も工夫されていて，動物たちのいろいろな行動を見ることができるね。

太郎　ねえ，あっちにもクマがいるよ。

富士子　このクマはヒグマですって。北海道に生息しているみたいよ。

太郎　まだ他のクマもいるよ。

富士子　本当ね。本州に生息しているツキノワグマとマレーシアに生息しているマレーグマもいるわね。

太郎　マレーグマはみんな子どもなのかな？　ホッキョクグマに比べてどれも小さいよ。

お父さん　この動物園にいる４種類のクマはどれも大人のクマだよ。
富 士 子　同じクマなのにどうしてこんなに大きさに差が出るのかな？
お父さん　それはね，住んでいる地域の気温が関係しているんだよ。
太　　郎　どういうこと？
お父さん　クマの種類と生息地域の年間平均気温をまとめると次のようになるよ。(表１)

表１

	マレーグマ	ツキノワグマ	ヒグマ	ホッキョクグマ
生息地域	マレーシアなど	本州など	北海道など	北極など
年間平均気温	約27℃	約15℃	約７℃	約 −6℃
頭胴長	約 140cm	約 150cm	約 230cm	約 300cm
体重	約 65kg	約 150kg	約 250kg	約 400kg

富 士 子　寒い地域に住んでいるホッキョクグマはからだが小さい方が，寒い空気に触(ふ)れる表面積が少ないからいいように思うけど違(ちが)うのかな？

お父さん　確かに体温である熱はからだの表面から空気中に抜(ぬ)けていくから富士子がそう考えるのも分かるよ。でもね，B体温はからだの中で食べ物をもとに作られて，からだが大きいと食べものをたくさん食べるから，からだの体積と表面積の両方を同時に考えなければいけないんだ。

富 士 子　なんだか難しいわ。太郎にもわかるように教えて。

お父さん　それでは，動物をサイコロのような立方体として考えてみよう。１辺の長さが１の生物Aと，１辺の長さが２の生物Bがいるとしよう(図１)。

生物Bの体積は生物Aの体積の［　ア　］倍になるね。そして生物Bの表面積は生物Aの表面積の［　イ　］倍になる。体温は体表面から抜けていくから，一定の体積当たりどれくらい熱が抜けていくかを考えると，「表面積÷体積」で表すことができるよ。すると生物Aの値は６で，生物Bは［　ウ　］になる。この値が大きいほど熱がからだから抜けていきやすく，値が小さいほど熱が抜けにくいということなんだ。

生物A

生物B

図１

同じ材質のコップとお風呂ほどの大きさの直方体の入れ物を用意して，コップと入れ物にお湯を入れたとすると，お湯の量が多い方が冷めにくいんだよ。

富 士 子　なるほど。ホッキョクグマはからだを大きくした方が熱が抜けにくく，寒さに耐(た)えやすいということなのね。生きもののからだってよくできているわね。

お父さん　クマ以外にも，屋久島に生息しているヤクシカと北海道に生息するエゾシカも同じように大きさの違いを見ることができるよ。

太　　郎　じゃあ次はシカを見に行こう。

問1　下線部Aについて，ホッキョクグマは背骨のある動物です。このように背骨のある動物のなかまを何といいますか。

問2　ホッキョクグマは常に体温が一定のこう温動物です。次の生物のグループにおいて，こう温動物と変温動物の境目はどこですか。①～④のうち正しいものを1つ選び，記号で答えなさい。

魚類 ｜① 両生類 ｜② は虫類 ｜③ 鳥類 ｜④ ほ乳類

問3　下線部Bについて，ご飯を食べ体内に吸収するためには，食べ物を消化しなければなりません。消化とはどのようなことか説明しなさい。

問4　ヒトにおいて，だ液に含まれるデンプンに作用する消化酵素の名前を答えなさい。

問5　図2はヒトの器官を示したものです。口から入った食物が便としてこう門から排出されるまでに通る道を図2のア～カから選び，順に並べなさい。

問6　図2のイの消化液で消化される栄養素をもっとも多く含むものを次の中から1つ選び，記号で答えなさい。

ア．米
イ．パン
ウ．バター
エ．うどん
オ．ダイズ
カ．オリーブオイル

図2

問7　食べたものを体内に吸収する主な器官は図2のア～カのうちどこですか。正しいものを1つ選び，記号で答えなさい。また，その器官の名前を答えなさい。

問8　問7の器官の内部の表面は，表面積を広げるためにひだ状になっており，さらにその表面には図3のような小さな突起がたくさんあります。この突起の名前を答えなさい。また，表面積を広げる理由を簡単に答えなさい。

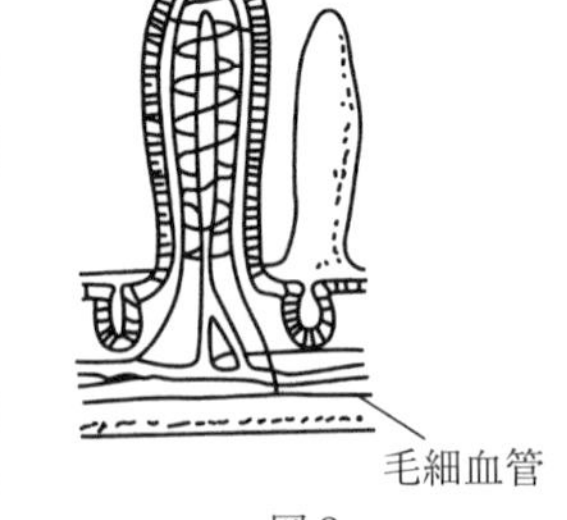

図3

問9　会話文中の空らん ア ～ ウ に当てはまる数値を答えなさい。

問10　今後も地球温暖化がすすむと仮定すると，同じ地域に生息する動物のからだには数十年後にどのような変化が起こると考えられますか。会話文をもとに述べなさい。

問11　下の表2はいろいろな動物の体重と，1日の食事の量をまとめたものです。

表2

	ハツカネズミ	ウサギ	イヌ	ブタ	ゾウ
体重	30g	3kg	30kg	300kg	7t
1日の食事の量	7g	175g	900g	4.5kg	230kg

それぞれの動物の体重と，体重1kgあたりにおける食事の量を正しく表しているグラフを選び，番号で答えなさい。

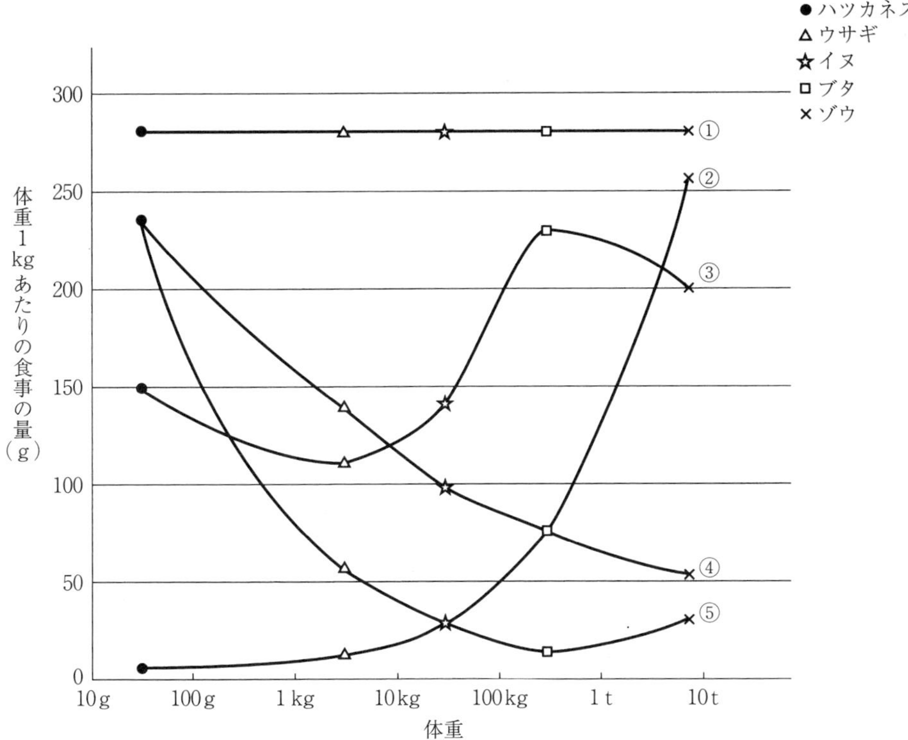

3 **次のⅠ・Ⅱの文章を読んで，以下の問いに答えなさい。**

Ⅰ　富士子さんは，家族でトルコのカッパドキアへ行き，気球ツアーに参加しました。気球ツアーの参加者は夜明け前から準備をし，静まり返った雰囲気の中，熱気球へと乗り込みます。目の前に広がる美しい岩石，たくさんのカラフルな気球，朝焼けによる空のグラデーションの組み合わせは，富士子さんを虜にしました。

熱気球が気に入ったので，そのしくみについて調べてみたところ，バーナーを用いて気球内の空気を温め，上下に移動していることがわかりました。家でもそのしくみを使ってミニ気球を作成できることを知り，図１のようなミニ気球を作りました。

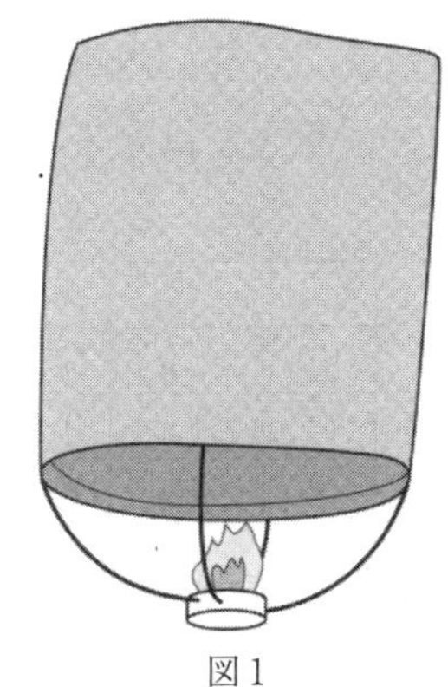
図１

問１　空気の流れとして正しいものはどれですか。次の中から１つ選び，記号で答えなさい。

ア．温まった空気は重いため上に，冷たい空気は軽いため下に移動しやすい。
イ．温まった空気は重いため下に，冷たい空気は軽いため上に移動しやすい。
ウ．温まった空気は軽いため上に，冷たい空気は重いため下に移動しやすい。
エ．温まった空気は軽いため下に，冷たい空気は重いため上に移動しやすい。

問２　夏と冬ではどちらの方が熱気球は浮かびやすいと考えられますか。理由とともに答えなさい。

問３　ミニ気球は，アルコールを燃やすことで空気を温め，上下に移動しています。アルコールにはメタノールやエタノールなどいろいろな種類がありますが，富士子さんはエタノールを使用することにしました。

(1)　次の二酸化炭素に関する文のうち，正しいものはどれですか。次の中から１つ選び，記号で答えなさい。

ア．どんな物質でも燃やすと必ずできる気体である。

イ．光合成によって植物から出される気体である。

ウ．卵のからにお酢をかけると発生する気体である。

エ．物を燃やすときに必要な気体である。

オ．空気より軽い気体である。

(2)　46gのエタノールを空気中で完全に燃やすと，二酸化炭素が88gと水が54gできます。92gのエタノールを空気中で完全に燃やすと，何gの二酸化炭素と水ができますか。

(3)　44gの二酸化炭素には炭素が12g含まれていて，18gの水には水素が２g含まれています。92gのエタノールには，炭素と水素がそれぞれ何gずつ含まれていますか。

(4)　エタノールは炭素・水素・酸素だけからできている物質です。92gのエタノールには，酸素が何g含まれていますか。

Ⅱ　銅粉を用いてＡ班からＥ班の班ごとに次の実験をおこないました。表１は各班の結果をまとめたものです。

〔実験〕

①　ステンレス皿の重さをはかる。

②　それぞれの班で担当する銅粉の重さをはかる。

③　②の銅粉を図２のようにステンレス皿全体にうすく広げてガスバーナーで加熱する。

④　十分に冷めた後，ステンレス皿ごと加熱後の物質の重さをはかる。

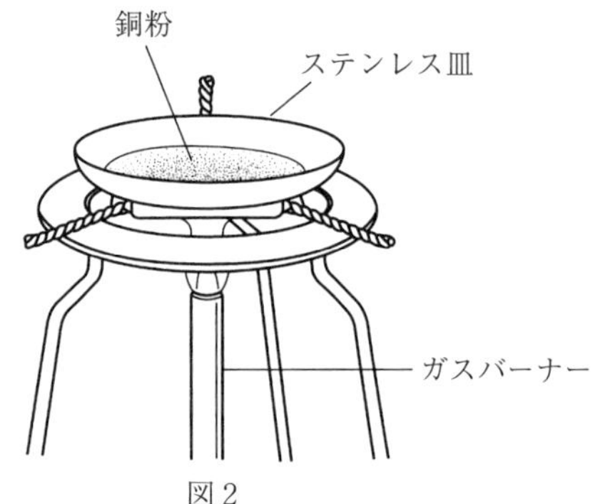

図２

表１

	Ａ班	Ｂ班	Ｃ班	Ｄ班	Ｅ班
①の重さ(g)	19.9	20.3	20.1	20.2	20.3
②の重さ(g)	0.8	0.4	1.2	2.0	1.6
④の重さ(g)	20.9	20.8	21.6	22.6	22.3

問４　銅粉を加熱し，反応してできた物質の名称(めいしょう)を答えなさい。

問５　表１において，銅粉が十分に反応しなかった班が１つあります。Ａ班からＥ班のどの班ですか。

問６　銅粉が完全に反応した場合，銅粉の重さと，反応してできた物質の重さの関係を示すグラフを解答用紙に描(えが)きなさい。

問７　問５の班のすべての銅粉が反応していた場合，④の重さは何gになりますか。

問８　問５の班で反応しなかった銅粉の重さを答えなさい。

4　**かん電池，豆電球，LED(発光ダイオード)，電熱線などを使って回路を作り，さまざまな実験をしました。これについて，以下の問いに答えなさい。**

図１のようにかん電池１個と豆電球１個で回路を作りました。このときの豆電球の明るさと，ア～エの回路の豆電球の明るさを比べます。ただし，かん電池と豆電球はすべて同じものとし

ます。

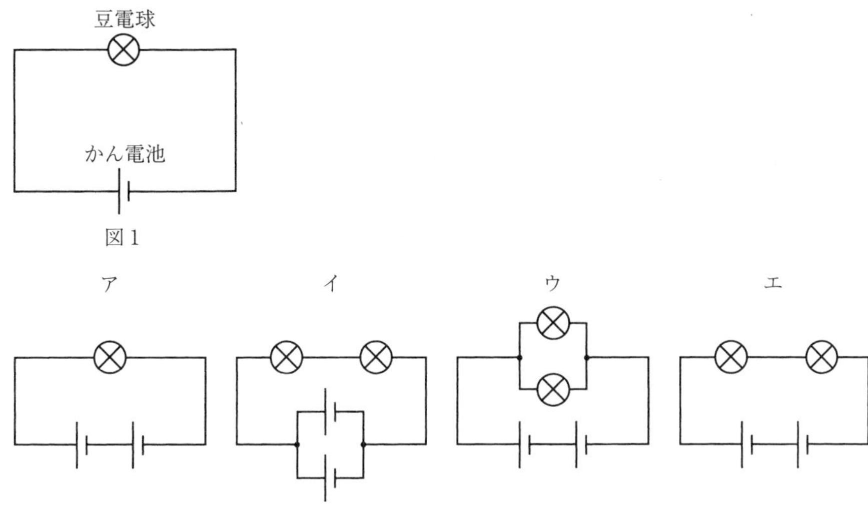

問１　豆電球１個の明るさが図１と同じになる回路を１つ選び，記号で答えなさい。

問２　豆電球１個の明るさが図１よりも暗くなる回路を１つ選び，記号で答えなさい。

問３　豆電球の点灯し続ける時間が最も短くなる回路を１つ選び，記号で答えなさい。

次に，オ～クのような回路を作り，豆電球が点灯するかを調べました。

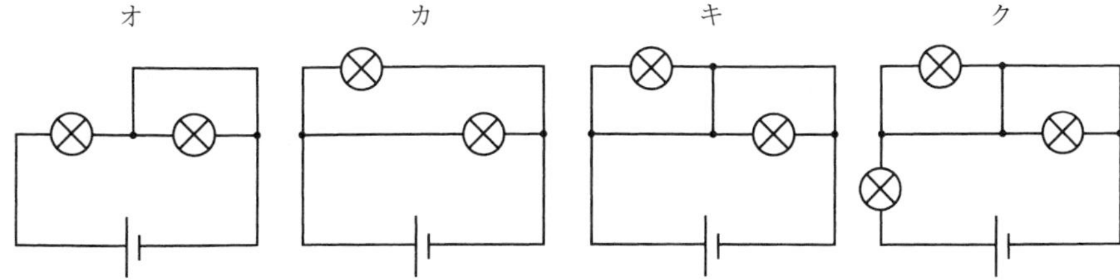

問４　豆電球が１つも点灯しない回路を１つ選び，記号で答えなさい。

次に，LEDを使って回路を作りました。LEDには図２のように２本の足がついていて，長さが異なっています。そして，長い足をかん電池の＋極に，短い足をかん電池の－極にそれぞれつないだときに電流が流れて点灯します。逆につなぐと点灯しません。以下では，LEDを図３のように表すこととし，電流は矢印の向きにのみ流れ，逆方向には流れないものとします。

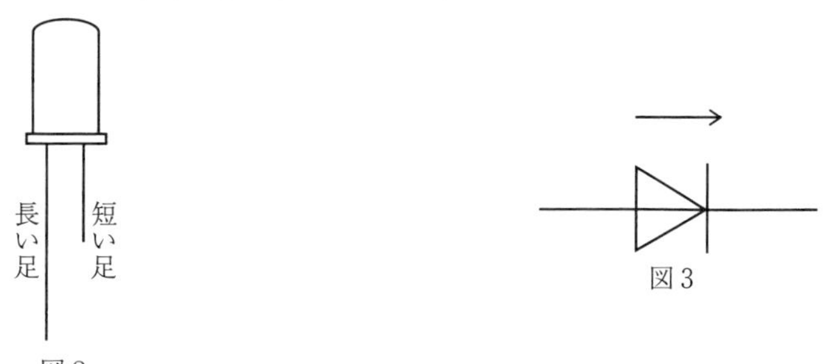

問５　次のケ～シの回路のうち，AのLEDが点灯するものを１つ選び，記号で答えなさい。

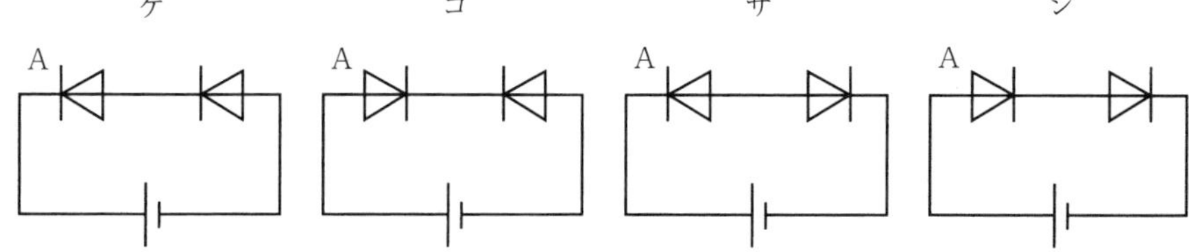

問６　図４の回路で，点灯しないLEDをすべて選び，記号で答えなさい。

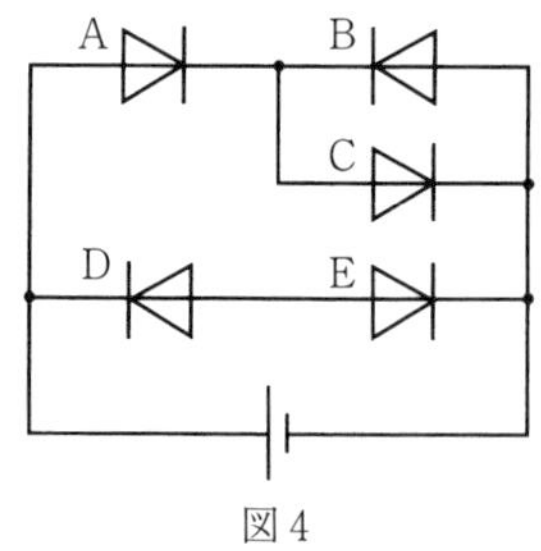

図４

次に，図５のようなスイッチを使って回路を作りました。このスイッチは接点を１つ選んで導線をつなげることができます。

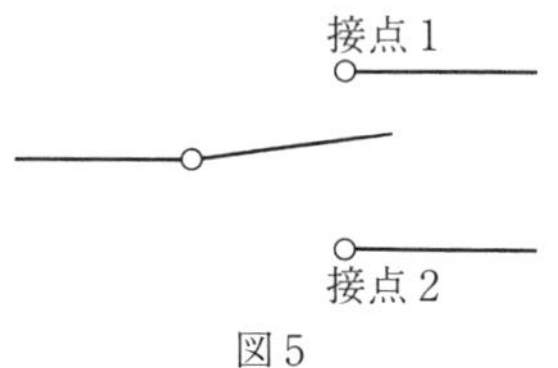

図５

問７　図６の回路では，点線で囲まれた部分①～④に４つのLEDを特定の向きにつなぐことで，スイッチを接点１，接点２のどちらにつないでも，AのLEDが点灯する回路を作ることができます。

４つのLEDをそれぞれどのようにつなげばよいでしょうか。ア，イの記号で答えなさい。

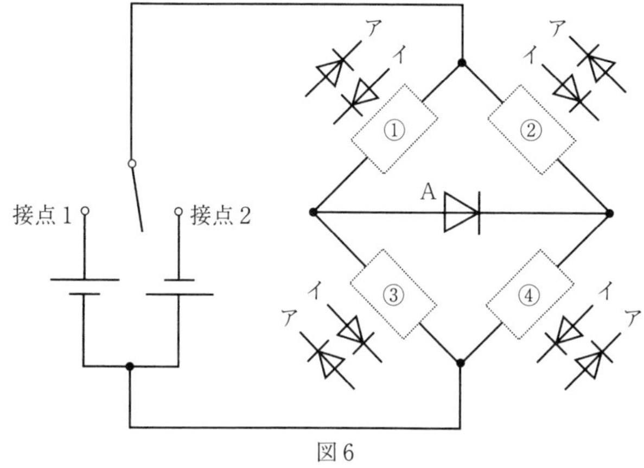

図６

次に，電熱線を用いた回路を作りました。電熱線を水に入れ，電流を流すと水を温めることができ，電熱線１つあたりの水を温める作用は，仮に電熱線が豆電球だった場合の明るさと同じになります。豆電球をつないだときに，より明るくなるつなぎ方の方が，水を温める作用が大きいということです。以下では，使う電熱線はすべて同じものとし，図７のように表すことにします。

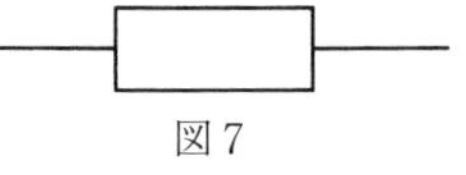
図７

図８のように電熱線を水に入れて電流を流したところ，図９のグラフのように水の温度が変化しました。

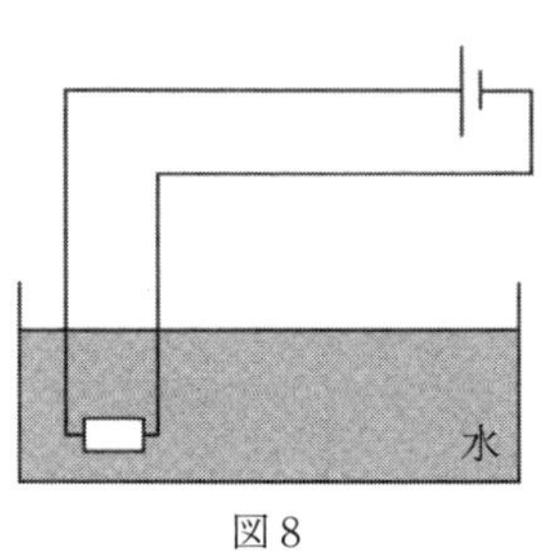

図８

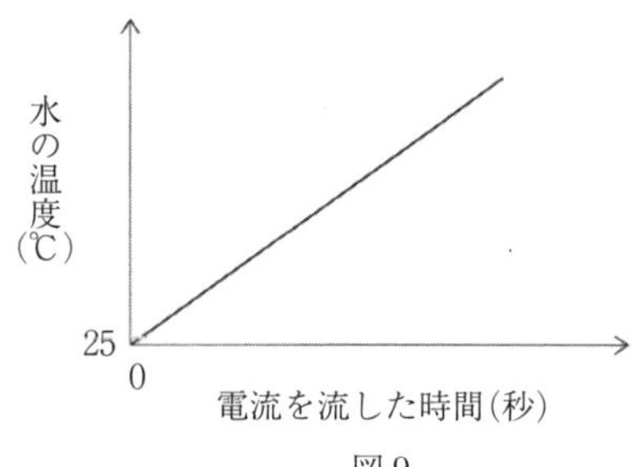

図９

問８　ここで，図10のように回路を組み変えて同様に実験をした場合，グラフはどのように変化しますか。図11のグラフの中から正しいものを１つ選び，記号で答えなさい。ただし，グラフ内の点線は図９のグラフを示しており，水の量は図８と同じとします。

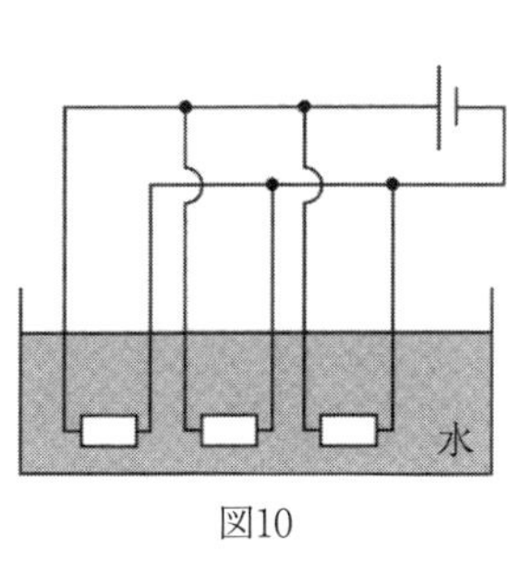

図10

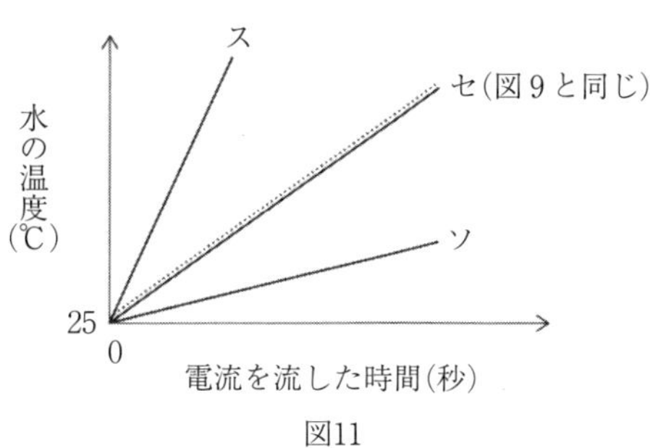

図11

次に，温度センサーを使って回路を作りました。温度センサーは温度が設定でき，その温度をこえたとき電流が流れなくなるものとします。以下では温度センサーを図12のように表すことにします。

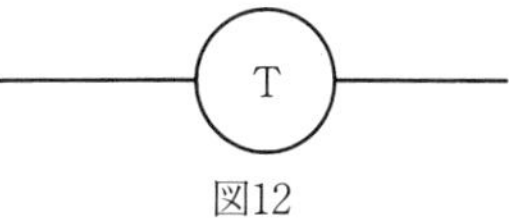

図12

問９　図13のように回路を作り電流を流したとき，十分に時間がたつと水の温度は一定になりました。電流を流し始めてから温度が一定になるまでのグラフはどのようになりますか。解答用紙のグラフに書きこみなさい。ただし，グラフでは水の温度が35℃になるまでの水の温度の変化がすでに書かれています。

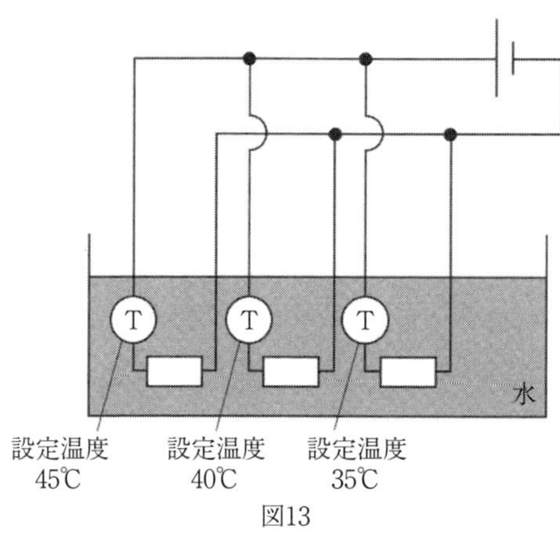

図13

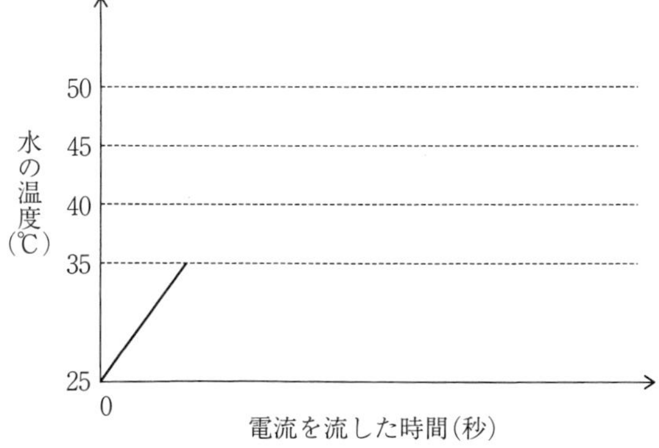

れこれとたずねられ、気遣いが足りていないと少女の家族に腹を立てているから。

ウ　自分が帰省したところで、全く会ったこともない祖父が実際に喜ぶかどうか分からないが、それをわざわざ説明するのは面倒だと思っているから。

エ　久しぶりに会う祖父が自分の帰省を喜んでくれるか分からず緊張しているので、今は笑うことで不安な気持ちを紛らわせようと思っているから。

問7　空欄 Y に入る語として最も適切なものを次の中から選び、記号で答えなさい。

ア　緊張感　イ　罪悪感　ウ　孤独感　エ　無力感

問8　空欄 Z に入る表現として最も適切なものを次の中から選び、記号で答えなさい。

ア　うわべの但し書き　イ　不満げな文句

ウ　内緒の注意書き　エ　腹黒い本音

問9　――⑤「まぶしいものでも見るような目」は、父親のどんな様子を表していますか。最も適切なものを次の中から選び、記号で答えなさい。

ア　七色のチョコを混ぜて光の味にしようという、斬新な発想をする娘に驚いている様子。

イ　光の色を食べたいという子どもらしい好奇心をもつ、純真な娘を慈しんでいる様子。

ウ　光の味を食べようとするいたいけな娘を見て、自分の子供時代を懐かしく思い出す様子。

エ　光の色についての作り話を聞きながら目の色を輝かせる、娘の素直な心に感動する様子。

問10　――⑥「もしも、この少女がまた『お姉ちゃん、何色が好き？』とわたしに訊ねたなら、今度は迷いなく『茶色』と答えようと思う」について、6人の生徒が話し合っています。空欄 A 、 B に入る言葉をそれぞれ指定に従って書きなさい。

松村：「わたし」は、なぜそう思ったのかな。

竹川：「茶色」が、文中でどのような意味をもつ色なのかを読み取ることが大切そうだね。

梅原：茶色は虹色に含まれない色だと言った父親に、少女は「茶色は A（五字以内でぬき出し） の色」だとがっかりしていたね。

菊池：虹色は「光の色」だけど茶色はその一員になれないんだね。

桜井：「わたし」は、その茶色のチョコに、 B（十五字以内で説明） のではないかな。

桃田：なるほど、それで「わたし」は茶色、つまり自分の色を好きだと答えたいと思ったんだね。

光の話をする父親は、⑤まぶしいものでも見るような目で少女を見ていた。

「茶色があると、駄目なの？」

「うん、そうだね」

「茶色、仲間はずれ？」

「仲間はずれというか、まあ、茶色は、虹の七色のひとつではないからね」

父親の言葉を聞いた少女は、あからさまにがっかりした顔をして、茶色のチョコだけつまみ上げた。そして、それを口に入れようとした刹那、わたしはひとり心のなかで、「ちょっと待って、一緒に食べてあげて」とつぶやいていた。

でも、少女は落胆した顔のまま、光の成分を含まない仲間はずれの茶色いチョコだけを食べてしまった。

わたしは、少女の手のひらに残された、赤、青、黄色、緑、紫、オレンジのチョコを見た。どれも、人目を惹くような鮮やかなチョコばかりだ。

⑥もしも、この少女がまた「お姉ちゃん、何色が好き？」とわたしに訊ねたなら、今度は迷いなく「茶色」と答えようと思う。

快速列車の速度が落ちてきた。

駅が近づいてきたようだ。

（森沢明夫『エミリの小さな包丁』より）

問１　——①「快速列車のボックス席は四人掛けだった」とありますが、「わたし」から見て斜向かいに座っているのは誰ですか。次の中から選び、記号で答えなさい。

ア　少女　　イ　少女の父

ウ　少女の母　　エ　誰も座っていない

問２　═══Ⅰ・Ⅱの意味として最も適切なものをそれぞれ後の中から選び、記号で答えなさい。

Ⅰ「心もとない」

ア　胸が躍る　　イ　退屈な　　ウ　不注意な　　エ　不安な

Ⅱ「無垢な」

ア　けがれのない　　イ　あどけない

ウ　かわいらしい　　エ　透きとおった

問３　——②「この少女の家族」に対して、「わたし」はどのような印象を持っていますか。最も適切なものを次の中から選び、記号で答えなさい。

ア　自分には家族がいないのに素敵な家族像を見せつけてくるので、嫌みな人々だと思っている。

イ　明るく優しい両親に存分に愛されて娘は朗らかに育っており、理想的な家族だと思っている。

ウ　家族旅行を邪魔してしまって申し訳ないのに、逆に気遣ってくれる優しい家族だと思っている。

エ　初対面の自分にも話しかけるほど社交的で快活だが、反面ややおせっかいな家族だと思っている。

問４　——③「青と黄色のふたつのチョコ」とありますが、少女はなぜこのふたつのチョコをくれたのですか。五十字以内で説明しなさい。

問５　空欄 X に入る適切な漢字一字を答えなさい。

問６　——④「わたしは、また笑ってごまかす」とありますが、なぜですか。最も適切なものを次の中から選び、記号で答えなさい。

ア　久しぶりに帰省したところで喜ぶような家族はいないが、それをわざわざ説明したくはないので、とりあえず適当にあしらおうと思っているから。

イ　他人にあまり踏み込まれたくない自分の家庭事情についてあ

議と［Y］を増長させた。

　本当はね、わたし、逃げてるの。

　自分の居場所もお金もなくなって……、頼れる友達も家族もいなくて、それでいま、どんな人かも覚えていないような祖父の家に逃げていくところなの。あなたたちみたいなやさしい家族は、わたしにはいないの。うちの母はね、丁寧に髪をといて、きれいなビーズのついたゴムで結ってくれるようなお母さんじゃなかったんだよ。お父さんは、やさしかったけれど、わたしが子供の頃に離婚して出ていっちゃったんだよ。

「ご兄弟は？」と、父親が訊く。

「兄がいます」

　アメリカに、ですけど――。

「お仕事は？」と、母親が訊く。

「都内のレストランでフロア担当を……」

　失職したばかりですけど――。

「網棚にウクレレがありましたけど、弾くんですか？」また、父親だ。

「ちょっとだけ……」

　母に隠れて、こっそり練習をしていました――。

　質問の答えには、いちいち［Z］が付く。

　幸せそうな家族を相手に、幸せなフリをし続けるのは、とても疲れる行為だった。つまらない嘘をつきとおすことも、作り笑顔でいることも、それなりの労力が必要なのだ。いっそのこと、途中ですべてぶちまけてしまいたいような気にさえなってくる。

　そう思ったとき、少女が久しぶりに声を出した。

「ねえ、虹になったよ」

　え、虹？　わたしは正面を見た。少女の小さな手の上に、いろいろな色のチョコがひとつずつのせられていた。よく見ると、赤、青、黄色、緑、紫、オレンジ、そして茶色がある。

　茶色は、さすがに虹の七色には含まれないはずだ。ってことは、茶色の代わりは、いったい何色だったっけ？

　考えていたら、少女がわたしを見て言った。

「これ、ぜんぶいっしょに食べたら、何色の味になるの？」

　黒じゃない？　真っ黒だよ、きっと。

　わたしは、そう思った。色というのは、まぜればまぜるほどにそれぞれの色を打ち消し合って、どんどん濁っていき、そして最後は黒になってしまう。たしか、中学の美術の時間にそう習った気がする。

　しかし、幸せそうな少女の父は、まったく違った答えを口にしたのだ。

「光の味だよ。太陽の光」

「え？　光るの？」

　少女の唇は、わたしが思ったことをそのまま代弁した。

「太陽の光を分けていくと、虹の七色になるんだよ。だから、分かれた七色をまぜたら、また元どおりの透明な光になるんだ」

　父親のちょっと素敵な話に、少女の目がきらきらと光りはじめた。

「じゃあ、ぜんぶいっしょに食べてみる」

　少女が七つのチョコをまとめて口に入れようとしたとき、母親が横から口をはさんだ。

「ああ、駄目よ。そんなに一度にたくさん食べて、喉につっかえたらたいへんでしょ」

「大丈夫だよ、チョコちっちゃいもん」

　少女は頬をふくらます。

「あはは。食べても大丈夫かも知れないけどね、残念ながら、虹の七色に茶色は含まれていないんだよ。だから、それをいっぺんに食べても、元の光にはならないよ」

「うん。あのね、青と黄色をまぜると、お姉ちゃんになるから」
少女はなぜか「うふふ」と笑って、わたしのお腹のあたりを指差した。それに釣られて、わたしは自分の着ている服を見た。なるほど、緑色に白いプリント柄の入ったTシャツを着ている。青と黄色をまぜて、緑色のわたしになるというわけか。
「どうもありがとう」わたしは少女に「いくつ？」と訊ねる。少女は「四歳」と答えながら、ちっちゃな指を四本立ててみせた。わたしの予想したとおりの年齢だった。
「なんか、すみません」
母親が眉毛を X の字にしてみせた。
「いえ、わたしの方こそチョコを頂いちゃって」
言いながら、少女の方を見たら、小さな手のひらの上に青と黄色のチョコをのせて、こっちを見ていた。
「うふふ。おんなじ色」
ふた粒のチョコをわたしに見せて、少女は愉しげに笑う。そして、パクリとふたついっぺんに口に入れた。
わたしも、「ほんと、おんなじだね」と言って、もらったふたつのチョコを口に入れる。
「緑の味、するね」
「え？　うん、するかも」
もちろん、そんな味はしない。でも、なんだか、切ないくらいに甘い。そう思っていたら、隣から男性の声がした。
「一人旅ですか？」
少女の父親は、角のないやさしい声色をしていた。
その声を耳にしたとたん、わたしの意識は頭上の網棚にのせてあるウクレレとつながった。
「えっと……、旅というか。帰省みたいな感じ、です」
わたしは親族の家に向かっている途中だった。もう十五年も会っていない母方の祖父の家に。
「いいですね。ご実家は、どちらなんですか？」
少女の母親が、少女とよく似たぷっくりとした唇を開いた。
わたしは、少し控えめに「龍浦というところです」と答えた。田舎の漁師町だから、きっと知らないと思ったのだ。ところが、その地名に少女の父が反応した。
「龍浦か。あそこはいいところですよね。静かで、海がきれいで」
正直、わたしは、龍浦という土地のことをあまり覚えていない。だから、とりあえず曖昧に笑ってごまかした。
「帰省する田舎があるって、いいですね」
また、少女の母が口を開く。どうやらこの家族は、三人そろって、とても社交的らしい。あるいは、四人がけのボックス席のなか、ひとりぼっちになっていたわたしを気遣ってくれているのだろうか。だとしたら、それは少しばかり余計なお世話だ。
「ええ。帰るのは久しぶりなんですけど」
「じゃあ、ご家族が喜びますね」
④わたしは、また笑ってごまかす。
「お姉ちゃんも夏休み？」
「うん」
子供に嘘をついたとき、チクリと胸が痛んだ。
「うちも、早めの夏休みで」と、父親が言う。
「お盆は混むから」と、母親。
「そうですよね」と、作り笑顔のわたし。
それからわたしは、この人懐こい家族とあれこれしゃべり続けるハメになり、ひたすら嘘に嘘の上塗りをし続けた。嘘を吐き出す口のなかには、まだ青と黄色をまぜたチョコの味が残っていて、それが不思

り前の発想であり、それぞれの集団には異なる特徴があるため、しかたがない。

三

次の文章を読み、後の問いに答えなさい。

①快速列車のボックス席は四人掛けだった。

進行方向、後ろ向きの窓側に座ったわたしは、ひんやりとした窓枠に頬杖をついて、外の景色をぼんやりと眺めていた。

後ろ向きの席だから、車窓越しの風景は手前からどんどん遠ざかっていく。なんだか、これまでのわたしの人生そのものが遠くなっていくようで、Ⅰ心もとないような気持ちになる。青々とした田んぼ。まばらな家々。まっすぐな道路。その道路に沿って規則正しく立ち並ぶ電信柱。ブロッコリーみたいにこんもりとした鎮守の森と古びた鳥居。自転車に乗った子供たち。ふと視線を上げると、虚ろなほど青い空が広がっていた。その空のいちばん遠いところ——見渡す風景の果てからは、ふちを銀色に光らせた入道雲がもこもこと高く盛り上がっていた。この快速列車のなかにまで、うるさい蝉の声が聞こえてきそうな夏の風景だ。

梅雨が明けたのは、ほんの三日前のことだった。そして、その日からいきなり世界はぎらついた光であふれ出した。オセロの駒をひっくり返したみたいに、わたしの周りは突如として夏になったのだった。

夏、か……。

考えて、また、ため息をつきそうになる。

わたしは頬杖をやめて顔をあげた。しばらく頭の重さを支えていた手首が痺れて痛い。ふと、ボックス席の向かいを見ると、四歳くらいの少女と目が合った。楽しげに座席から脚をぶらぶらさせ、チョコレートの小袋を手にしている。わたしと違って少しタレ目の、とても可愛らしい少女だった。つやつやした黒髪は、両耳の上で丁寧にゴムで結ばれたツインテールだ。きっと、少女の隣に座っている若い母親が結ってあげたのだろう。わたしの隣の席には、この少女の父親が静かに座っていた。ようするに、四人がけのボックス席のうちの三人は、②この少女の家族なのだ。

「ねえ、チョコ食べる？」

ふいに可愛らしい声に話しかけられて、わたしは「え？」と目を丸くしてしまった。

「美味しいよ」

少女は赤、緑、黄色など、色とりどりのコーティングをされたチョコを食べていた。どうやら、それをくれるらしい。

「あ、えっと……」

「お姉ちゃん、何色が好き？」

少女が小首を傾げると、隣から母親が「あ、すみません、この子、人見知りをしなくて……」と、いかにも申し訳なさそうな顔をしたけれど、その表情の裏側には、うちの娘、可愛いでしょ——という腹心も少しばかり読み取れる。

「いえ……」わたしは小さく首を横に振ってみせると、再びにっこり微笑む少女を見た。Ⅱ無垢な鳶色の瞳が、敵意のなさを伝えてくる。

「わたしは、青が好きかな」

いま見ていた夏空を想ってそう答えた。すると少女は嬉しそうに目を細めて、小袋のなかから青い粒を探しはじめた。

「あ、あった。はい」

少女の小さな手が、こちらに向かって伸びてきた。わたしは手のひらを上にして差し出す。平べったいチョコがころりと手渡された。

「あれ、黄色も？」

わたしの手の上には、③青と黄色のふたつのチョコがのっていたのだ。

エ　現在の自分が目指せる状況ではない

問４　空欄[A]・[B]にあてはまる語句として最も適切なものをそれぞれ後の中から選び、記号で答えなさい。

[A]
ア　一期一会　　イ　温故知新
ウ　一心不乱　　エ　切磋琢磨

[B]
ア　井の中の蛙大海を知らず　　イ　縁の下の力持ち
ウ　職業に貴賤なし　　エ　好きこそものの上手なれ

問５　――③「シャルル・ボネが表した、直線的な『自然物の階梯』」について、筆者はどのようなことを述べていますか。**適当でない**ものを次の中から一つ選び、記号で答えなさい。

ア　「自然物の階梯」は客観的な根拠がなく決められたものである。
イ　「自然物の階梯」は人間同士の序列にも影響を及ぼしているものだ。
ウ　「自然物の階梯」はシャルル・ボネの価値観に基づいて定められたものである。
エ　「自然物の階梯」の序列は基本的に変わらず、めったに入れ替わらない。

問６　空欄[１]～[４]にあてはまる語として最も適切なものをそれぞれ次の中から選び、記号で答えなさい。（ただし、同じものは二度使わないこと。）

ア　あるいは　　イ　したがって　　ウ　たとえば
エ　まず　　オ　しかし　　カ　なぜなら

問７　――④「『人間は人間自身や人間の文化に価値を見出すよね』『人間は人間を大事にするよね』以上のことを言う」とはどういうことですか。その説明として最も適切なものを次の中から選び、記号で答えなさい。

ア　人間が他の生き物を支配するために上下関係を作り、世界を分類すること。
イ　多種多様な人間の文化を、その内容にかかわらずどれも尊重すること。
ウ　人間は他の動植物よりも本来的に価値があり、それを客観的に説明すること。
エ　人間の価値を決めるたくさんの基準から良いものをひとつ選んで評価すること。

問８　空欄〔X〕〔Y〕にあてはまる最も適切な語を漢字二字で本文からぬき出して答えなさい。

問９　本文の内容にあてはまるものを次の中から**二つ**選び、記号で答えなさい。

ア　人間が生み出したさまざまなランキングの違いを考えることにより、私たちの目標や価値観はそれぞれ定まってくるのだといえる。
イ　同じ目標や価値観で競い合う者どうしの中で、事実に良し悪しをつけることは問題がなく、その中で優れている人は評価されるべきだ。
ウ　シャルル・ボネの生きた十八世紀とわたしたちの現代では人間と動物についての「存在のランキング」の考え方が大きく異なっている。
エ　「人種」には科学的な根拠がなく、もしその区分された集団に異なる特徴があったとしてもどちらかが従属的な立場に置かれるものではない。
オ　相手の職業によって対応を変えるのは人間にとってごく当た

シズム（人種差別主義）であり、セクシズム（性差別主義）です。レイシズムもセクシズムもいろいろな形がありますが、たとえば、「黒人」／「女性」という種類の人間は、「白人」／「男性」という種類の人間より劣っているのだから、「従属的立場」にあって――つまり言うことに従って――当然だ、とする考えや態度はその一種です。

　現代の生物学において、「黒人」や「黄色人種」といった、いわゆる「人種」の概念にもとづいた区分は、そもそも科学的に根拠のあるものではありません。たとえもし、特定の人間集団を区分する根拠が十分にあり、その集団の特徴と別の集団の特徴を計測することができたとしても（たとえば、「男性」集団と「女性」集団を、おおまかに区分することができたとして、その二つの集団間では、平均握力が異なっているかもしれません）、それは〔Ｘ〕のランキングであって、〔Ｙ〕のランキングではありません。ましてや、存在のランキングは導かれません。

　私たちは、人種や性別だけでなく、居住地、出身地、親の仕事や学歴や年収、そういった基準で人々を分類し、この連中は自分たちより上だ、下だと存在のランキングを作成してしまいます。あるいは、それを意識したことがなくても、まるで、そういうランキングを認めるような行動を取ってしまうのです。たとえば、「［Ｂ］」とさんざん言われているのにもかかわらず、職種によって人に接する態度をがらりと変える人がいます。誰に対してもずーっとぶっきらぼう、とかではなく、市会議員に対してはすごく丁寧なのに、喫茶店の店員さんには当たりが強い、といった人です。一貫しておらず、人によって扱いを変えているのです。

（和泉　悠『悪口ってなんだろう』より）

※ムーブ…ここでは、立ち居ふるまいや動きのこと。

問１　――①「ランキングにすぐ価値を読み込んでしまう」とありますが、どういうことですか。「ランキング」という語を使わずに、三十字以内で説明しなさい。

問２　＝＝ａ「水もの」・ｂ「折れ（る）」の本文中と同じ使い方として最も適切な例文をそれぞれ後の中から選び、記号で答えなさい。

ａ「水もの」

ア　あのチームが勝つとは、まさに勝負は水ものだ。

イ　あなたとわたしは長い付き合いで、水ものの関係といえる。

ウ　水ものをあまり多くとるとおなかをこわすよ。

エ　兄は将来をしっかり見すえて水ものの人生を送ろうとしている。

ｂ「折れ（る）」

ア　難しい仕事を任されて非常に骨が折れたが、何とかやりとげることができた。

イ　台風の影響で大木の枝が折れてしまった。

ウ　駅前の大通りは海に行き当たるとゆるく右に折れていく。

エ　けんか相手がいつまでたっても口をきかないので、わたしから折れることにする。

問３　――②「自分自身がそうではないかもしれない」とありますが、どういうことですか。それを説明した次の文について、空欄Ａは指定された字数を本文中からぬき出し、Ｂはあてはまるものを後のア～エから選び、記号で答えなさい。

> 背の高さや偏差値の数字などのさまざまな事実やその評価は、自分自身の［Ａ　六文字］によっては［Ｂ］かもしれないということ。

ア　必ずしも自分にとって重要ではない

イ　自分自身は優れたグループに入れない

ウ　自分が優劣を判断できるとは限らない

存在のランキングは、歴史的に、特にものの種類を分類するために用いられ、私たちの住む世界がどうなっているのかという、世界観の一部にもなってきました。一八世紀スイスの博物学者③シャルル・ボネが表した、直線的な「自然物の階梯」（図1）を見てください。「階梯」とは階段やはしごのことを指します。はしごですので、必ず上下があります。一番「上」には人類が置かれ、そしてオランウータン、猿などが続き、ヘビやなめくじ、昆虫の後に植物が置かれ、最後には岩石などの物質がはしごの「下」の方に置かれます。単なる順番ではなく、上にあるものの方がまさに「上」であり支配的存在で、下にあるものの方が「下」であり従属的、つまり支配されるべき存在なのです。

この「存在のランキング」の特徴をいくつか述べます。[1]、存在のランキングは記述のランキングと違い、特定の側面についての計測値が多い／少ないを表しているわけではなく、何らかの価値観に従ってそれそのものに優劣をつけ、並べています。[2]握力で言うなら、人間よりもクマの方がよっぽど強いわけで、人間の方が下にくるはずです。[3]、生態の複雑さで言えば、クラゲはその生涯の間に何度も姿を大きく変化させます。中には幼体に若返ることにより、不老不死だとみなされるクラゲの種類もあるそうです。すると、生き物としてある意味クラゲは人間の上だと言ってもよいでしょう。[4]、ボネがこれでb折れて、クラゲをナンバーワンに持ってくることはないでしょう。すると、存在のランキングは客観的な値にもとづいて順番をつけたものではなく、「より価値がある」とか「より人間らしい」といった一種の価値観を表しているに過ぎません。

存在のランキングのもうひとつの特徴は、序列が固定化されている、あるいは少なくとも、めったなことではランクが入れ替わらない点です。毎週の人気曲ランキングは、毎週変わります。しかし、博物学者のボネが「今週はウナギが人間を超えてきたな」などとランキングを変えたことはないでしょう。存在のランキングは世界の秩序、世界の仕組みの一部だとすらみなされてきました。その考え方によると、人間は「本来的に」猿より上で、それが変わることはないのです。

ここにさらにキリスト教的な世界観を組み入れるなら、神や天使が人間のさらに上位の存在として位置づけられ、神や天使に似ているとされる人間は、人間ではない他の生き物を支配する存在なのだ、と言われるでしょう。存在のランキングは、「そういうふうになっている」「それが自然だ」「それが普通だ」という、変わらない世界のあり方を示しているのです。

キリスト教的な世界観を持たなくても、人間の方が他の哺乳動物や植物より価値がある、と思わない人はとても少ないでしょう。ここで、「価値がある」というのは、単に私たちが同じ人間を他の種類の生き物より大事にしがちだ、という事実を述べているだけではなく、客観的にそうなのだ、実際に価値があるのだ、ということを意味します。それは心に染みついた発想ですが、なぜそう言えるのか説明するのは簡単ではありません。人間の何に本来的な価値があるのでしょうか。文化でしょうか。言語でしょうか。どうしてそれにクラゲの生よりも価値があるのでしょうか。私たちは価値があると思う、というのはその通りで、当たり前のことです。しかし、④「人間は人間自身や人間の文化に価値を見出すよね」「人間は人間を大事にするよね」以上のことを言うのはとても難しいのです。

いずれにせよ、このように上下関係によって世界を分類するのは、私たちにとってごく当たり前の発想です。もっと分類を細かくして、人間の中にも段階を見出そうとするのも、ごく自然な※ムーブかもしれません。人間は人間同士にも「種類」を見出して、この種類の人はこの種類の人よりも上だ、下だと考えてきました。その代表例がレイ

ありません。しかし私たちはすぐに、いつでもどこでも、背は高い方が良い、足は長い方が良い、目は大きい方が良い、偏差値は高い方が良い、給料は高い方が良い、などと思ってしまいます。状況次第ではそうではない、そして②自分自身がそうではないかもしれないのにです。

　順位をつけたり、競争したりしない方がよい、などとは言っていません。競技も［Ａ］も大歓迎です。同じ評価軸で素晴らしい結果を出す人が誉められる、賞賛されることも大事です。重要なのは、すごい人だから「評価する」ことと、同じ人間だから「尊重する」ことの区別です。これから見ていくように、すごい人だろうがすごくない人だろうが、人間として同じように尊重されるべきだからです。

　記述のランキングは特定の事実や側面についてのみ教えてくれます。人には無数の側面があるので、ひとつのランキングで上位だったとしても、他のランキングでそうとは限りません。クラスの足の速さランキングナンバーワンの人は、身長ランキングナンバーナインかもしれませんし、成績ランキングナンバーサーティかもしれません。しかし、私たちはそうした違いを一切無視して、人物そのもののランキングを作成することがあります。これが「存在」のランキングです。「人として上」「人間として下」といった言い方で表されるような考えです。

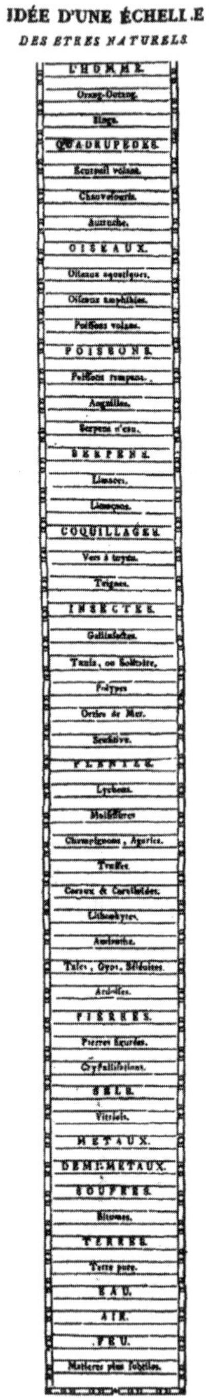

IDÉE D'UNE ÉCHELLE DES ETRES NATURELS	自然物の階梯の観念
L'Homme	人類
Ourang-Outang	オランウータン
Singe	猿
QUADRUPÈDES	四足類
Écureuil volant	ムササビ
Chauve-souris	コウモリ
Autruche	ダチョウ
OISEAUX	鳥類
Oiseaux aquatiques	水鳥
Oiseaux amphibies	水陸両用の鳥
Poissons volans	トビウオ
POISSONS	魚類
Poissons rampants	カレイ
Anguilles	ウナギ
Serpens d'eau	水蛇
SERPENS	蛇
Limaces	ナメクジ
Limaçons	カタツムリ
COQUILLAGES	貝類
Vers à tuyau	管棲蠕虫
Teigne	白癬
INSECTES	昆虫
Gall insects	虫こぶ昆虫
Tænia, ou Solitaire	サナダムシ
Polypes	ポリープ
Orties de mer	イラクサ
Sensitive	知覚がある
PLANTES	植物
Lichens	地衣類
Moisissures	カビ
Champignons, Agaries	キノコ、アガリクス
Truffes	トリュフ
Coraux et Coralloïdes	サンゴ
Lithophytes	岩性植物
Amianthe	石綿
Talcs, Gypse, Sélénites	滑石，石膏，セレナイ
Ardoise	粘板岩
PIERRES	岩石
Pierres figurées	姿石
Crystallisations	結晶
SELS	塩
Vitriols	ミョウバン
MÉTAUX	金属
DEMI-MÉTAUX	半金属
SOUFREES	硫黄
Bitumes	瀝青
TERRES	土地
Terre pâte	土
EAU	水
AIR	空気
FEU	火
Matières plus subtiles	微細物質

図１　ボネ「自然物の階梯」

三中信宏・杉山久仁彦『系統樹曼荼羅――チェイン・ツリー・ネットワーク』NTT 出版、p. 33 より

2024年度 富士見中学校

【国語】〈第一回試験〉（五〇分）〈満点：一〇〇点〉

（注意）句読点等は字数に数えて解答してください。

一 次の傍線部について、二重傍線の漢字は読みをひらがなで書き、傍線のカタカナは漢字に直しなさい。

① ひいおばあさんは大往生を遂げた。
② 弟がわたしにしてきたいたずらは、枚挙にいとまがない。
③ アッカンの演技を見せるフィギュアスケーター。
④ ゲキヤクを扱った実験を行う。
⑤ テッキンコンクリートのマンションに住む。
⑥ 久しぶりに小学校からのキュウユウと会った。
⑦ 弁慶は、源義経のコウシンのひとりだった。
⑧ 裁判では、事実よりもリョウケイが主な争点となった。
⑨ 災害からのフッコウを果たした。
⑩ 入社してはじめて、重要なアンケンを任された。

二 次の文章を読み、後の問いに答えなさい。（作問の都合上、小見出しを省略してあります。）

それぞれの人が特定の身長を持っている、そしてそれらの身長の値を比較できる、というのは単なる事実です。単なる事実を記して、述べる方法のひとつなので、身長のランキングは「記述」のランキングです。期末テストの成績や、八〇〇メートル走のタイムや、さくらんぼの種を口から飛ばせる距離など、これらはすべて単なる事実ですので、これらの値にもとづいて記述のランキングを作成することができます。

「単なる事実」と強調しているのは、私たちはこれら記述のランキングをすぐに「良し悪し」や「優劣」のランキングと混同してしまうからです。そう、なぜか①ランキングにすぐ価値を読み込んでしまうのです。

単なる事実と価値が異なる、あるいは、事実の記述と、価値の判断が異なるというのは、哲学・倫理学における基本の発想です。「Gさんの身長は一七〇センチだ」は単なる記述ですが、「Gさんの身長は一七〇センチあった方がいい」と良し悪しの要素を加えるのが価値判断です。

ほとんどの事実の良し悪しは、そのときどきの状況や目的によって変化します。良し悪しはａ水ものなのです。たとえば、身長は高い方が良い、と思われるかもしれませんが、そうとは限りません。競馬の騎手やボートレーサーになりたい人たちにとっては、あまり身長が高いと体重の調整が難しく、不利になりますので、むしろ低い方が良いかもしれません。身長自体に良し悪しが含まれているわけではなく、私たちがそこに何らかの意義を見つけて、身長の違いを優劣として解釈するのです。期末テストの成績も、高い方が良い場面があれば、そうでない場面もあるでしょう。医師になることを目標としている人と、パン職人になることを目標としている人では、成績をどう評価するかがまったく違っていいはずです。

これまでの議論をまとめると、記述のランキングは単なる事実関係に過ぎませんが、そこになんらかの価値を加えると、優劣のランキングが重なって見えます。記述のランキングは事実にもとづいているので、誰にでも共通するものですが、優劣のランキングは、それぞれの人の価値観や目標によって異なりますので、どこでも一律に同じでは

2024年度
富士見中学校　▶解説と解答

算　数　＜第１回試験＞（50分）＜満点：100点＞

解　答

1 (1) $1\frac{1}{2}$　(2) 31　(3) 2560円　(4) 16％　(5) 30250円　(6) 68度　(7) 216 cm^3　(8) 7.065 cm^3　**2**〔A〕(1) 200.96 cm^2　(2) 180.48 cm^2　(3) 7 cm　〔B〕(1) 28　(2) [1] 4　[2] 5　[3] 6　(3) 2021　**3** (1) 6個　(2) 60個　(3) 13600円　(4) 34個　**4** (1) 130秒　(2) **順番**…ACF／**かかった時間**…90秒　(3) **走者順**…ADF／66秒後　(4) AFD，DFA，FDA

解　説

1 **四則計算，逆算，相当算，濃度，売買損益，角度，体積**

(1) $3\frac{1}{3}-\left(3.2\div1\frac{3}{5}-\frac{1}{6}\right)=3\frac{1}{3}-\left(3\frac{1}{5}\div\frac{8}{5}-\frac{1}{6}\right)=3\frac{1}{3}-\left(\frac{16}{5}\times\frac{5}{8}-\frac{1}{6}\right)=3\frac{1}{3}-\left(2-\frac{1}{6}\right)=3\frac{1}{3}-\left(\frac{12}{6}-\frac{1}{6}\right)=\frac{10}{3}-\frac{11}{6}=\frac{20}{6}-\frac{11}{6}=\frac{9}{6}=\frac{3}{2}=1\frac{1}{2}$

(2) $53-\left\{33-(\square+4)\times\frac{3}{5}\right\}=41$より，$33-(\square+4)\times\frac{3}{5}=53-41=12$，$(\square+4)\times\frac{3}{5}=33-12=21$，$\square+4=21\div\frac{3}{5}=21\times\frac{5}{3}=35$　よって，$\square=35-4=31$

(3) 姉が妹にお金をあげた後に２人の持っているお金が同じになったとき，２人は，3840÷２＝1920(円)ずつ持っている。姉が最初に持っていたお金を１とすると，1920円は最初に持っていたお金の，$1-\frac{1}{4}=\frac{3}{4}$にあたる。よって，最初に姉が持っていたお金は，$1920\div\frac{3}{4}=2560$(円)とわかる。

(4) 水分が蒸発しても食塩水にふくまれる食塩の量は変わらない。はじめの12％の食塩水にふくまれる食塩の量を１とすると，濃度が12％だったときの食塩水の量は，$1\div0.12=\frac{25}{3}$，濃度が15％のときの食塩水の量は，$1\div0.15=\frac{20}{3}$と表せるから，４日間で蒸発した水分の量は，$\frac{25}{3}-\frac{20}{3}=\frac{5}{3}$となる。よって，１日あたりに蒸発する水分の量は，$\frac{5}{3}\div4=\frac{5}{12}$だから，あと１日放置すると，食塩水の量は，$\frac{20}{3}-\frac{5}{12}=\frac{25}{4}$になる。したがって，そのときの食塩水の濃度は，$1\div\frac{25}{4}\times100=16$(％)と求められる。

(5) 仕入れたお米の８割が100kgなので，仕入れたお米は，100÷0.8＝125(kg)である。また，最初に売った100kgのお米の値段は仕入れ値の３割５分増しで，１kgあたり，1000×(１＋0.35)＝1350(円)，残りの，125－100＝25(kg)のお米の値段はそれまでの４割引きの，１kgあたり，1350×(１－0.4)＝810(円)で売る。よって，全部売り切ったときの売り上げの合計は，1350×100＋810×25＝135000＋20250＝155250(円)で，仕入れ値の合計は，1000×125＝125000(円)だから，利益は，155250－125000＝30250(円)になる。

(6) 下の図１で，角ADBの大きさは角ADCと同じ34度なので，角CDBの大きさは，34×２＝68(度)となる。また，ABとCDは平行だから，角xの大きさは，角CDBと等しくなり，68度とわかる。

図１

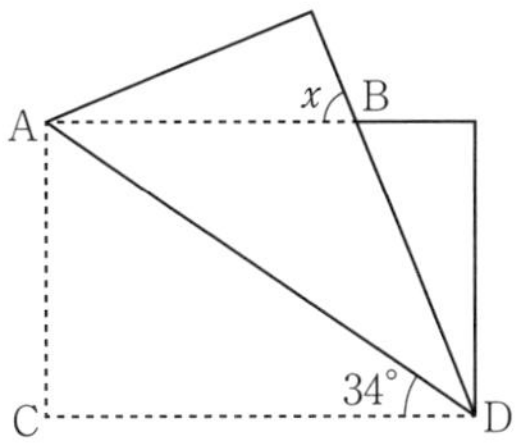

A　x　B　34°　C　D

図２

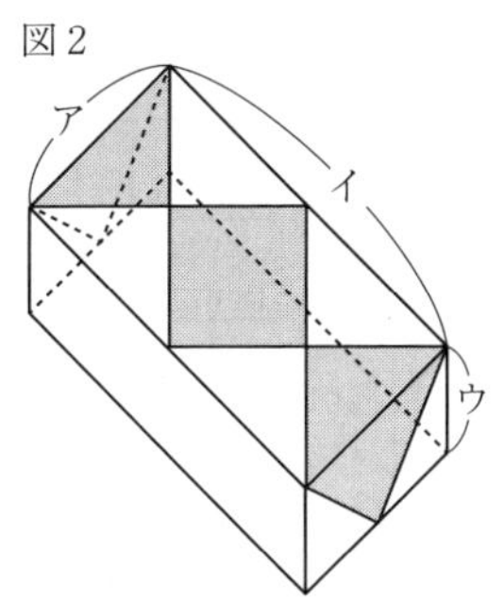

図３

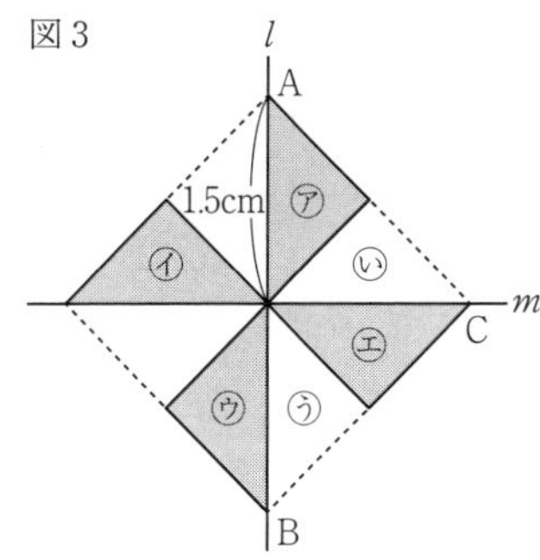

(7)　上の図２で，正方形のおりがみの対角線の長さを□cmとすると，□×□÷２＝18(cm^2)だから，□×□＝18×２＝36より，□＝６(cm)とわかる。よって，アの長さは6cmである。また，対角線の長さの半分は，６÷２＝３(cm)だから，イの長さは，３＋６＋３＝12(cm)で，ウの長さは３cmとなる。したがって，直方体の体積は，６×12×３＝216(cm^3)と求められる。

(8)　上の図３で，㋑の部分を１回転させると，いの部分を通り，㋒の部分を１回転させると，うの部分を通るから，㋐，㋑，㋒，㋓の部分を１回転させてできる立体は，三角形ABCを１回転させてできる立体と同じになる。これは，底面の半径が1.5cmで，高さが1.5cmの円すいを２つ合わせた形の立体だから，その体積は，(1.5×1.5×3.14)×1.5÷３×２＝2.25×3.14＝7.065(cm^3)とわかる。

2　図形の移動，面積，図形と規則

〔A〕(1)　円Oが通過する部分は，下の図①のかげをつけた部分で，半径が，６＋２×２＝10(cm)の円から半径が6cmの円を取り除いた形だから，面積は，10×10×3.14－６×６×3.14＝100×3.14－36×3.14＝64×3.14＝200.96(cm^2)となる。

図①

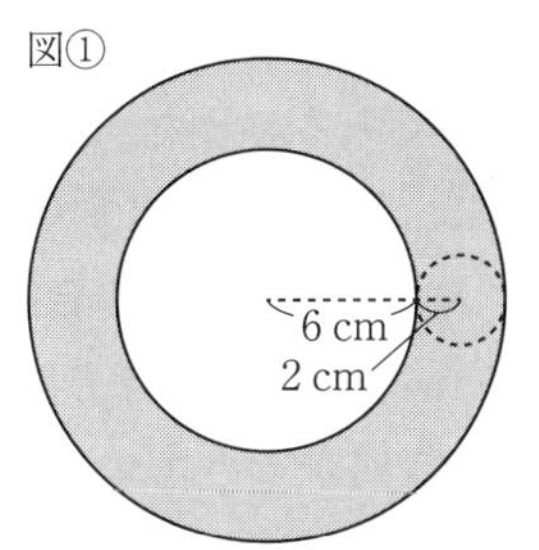

図②

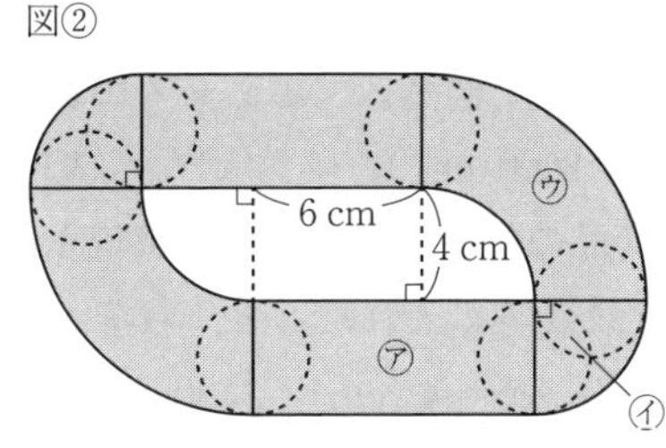

図③

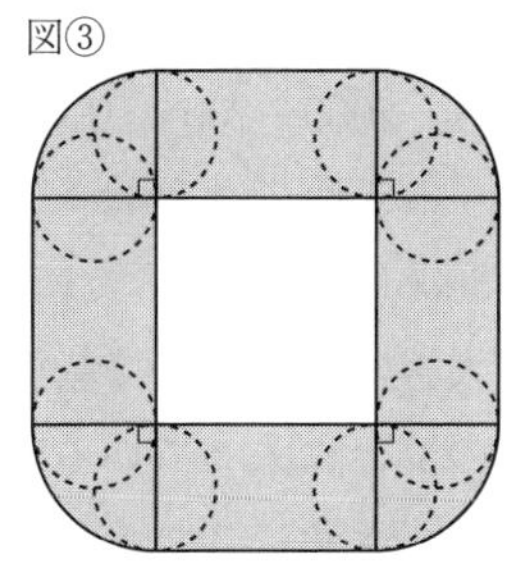

(2)　円Oが通過する部分は，上の図②のかげをつけた部分で，その面積は図②の㋐，㋑，㋒の面積の合計の２倍になる。まず，㋐は縦が，２×２＝４(cm)，横が，６＋４＝10(cm)の長方形だから，面積は，４×10＝40(cm^2)である。また，㋑と㋒の面積の合計は半径，４＋４＝８(cm)の円の$\frac{1}{4}$と等しく，８×８×3.14×$\frac{1}{4}$＝50.24(cm^2)となる。よって，円Oが通過する部分の面積は，(40＋50.24)×２＝90.24×２＝180.48(cm^2)と求められる。

(3)　円Oが通過する部分は，上の図③のかげをつけた部分で，４つのおうぎ形の部分と４つの長方形の部分に分けられる。４つのおうぎ形の部分は１つに集めると半径が，２×２＝４(cm)の円になるので，それらの面積の合計は，４×４×3.14＝50.24(cm^2)となる。よって，４つの長方形の面積の合計は，162.24－50.24＝112(cm^2)だから，長方形１つの面積は，112÷４＝28(cm^2)である。したがって，正方形の１辺の長さは，28÷４＝７(cm)とわかる。

〔B〕 (1) 図形２と図形３について，右の図④のように，周の一部を移動して考えると，図形２の周の長さは，縦が２cm，横が，１＋２＝３(cm)の長方形の周と等しいので，(２＋３)×２＝10(cm)，図形３の周の長さは，縦が３cm，横が，１＋２＋３＝６(cm)の長方形の周と等しいので，(３＋６)×２＝18(cm)となる。同様に考えると，図形４の周の長さは，縦が４cm，横が，１＋２＋３＋４＝10(cm)の長方形の周と等しく，(４＋10)×２＝28(cm)だから，《４》＝28とわかる。

図④

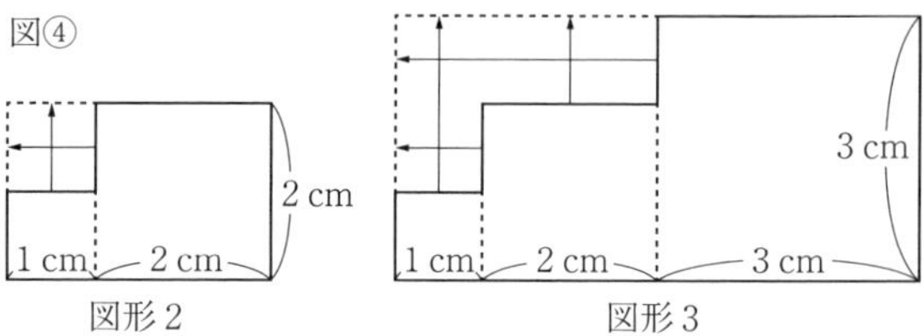

図形２　図形３

(2) 図形１の周の長さは，１×４＝４(cm)だから，《１》＝４より，［１］＝４÷１＝４となる。また，(1)より，《２》＝10，《３》＝18だから，［２］＝10÷２＝５，［３］＝18÷３＝６となる。

(3) (2)と，［４］＝28÷４＝７より，［□］は□より３大きいと考えられる。よって，［□］＝2024のとき，□＝2024－３＝2021である。

3 条件の整理

(1) 箱は縦30cm，横30cm，深さ20cmで，栽培（さいばい）キットの寸法は，(10cm×26cm×10cm)だから，栽培キットの26cmの辺は縦または横にする必要がある。26cmの辺を縦にすると，縦方向には，30÷26＝１余り４より，１個だけ入れることができ，横方向には，30÷10＝３(個)，深さ方向には，20÷10＝２(個)入れることができる。よって，最大で，１×３×２＝６(個)発送できる。

(2) スマホケースの寸法は，(15cm×10cm×２cm)だから，15cmの辺を縦，10cmの辺を横，２cmの辺を高さにすると，縦方向に，30÷15＝２(個)，横方向に，30÷10＝３(個)，深さ方向に，20÷２＝10(個)，すき間なく入れることができる。よって，最大で，２×３×10＝60(個)発送できる。

(3) 2000÷200＝10より，栽培キット１個とスマホケース10個の価格が同じである。また，栽培キット１個の体積は，10×26×10＝2600(cm^3)，スマホケース10個の体積は，(15×10×２)×10＝3000(cm^3)だから，箱に入れる商品の体積が同じとき，栽培キットを多く入れる方が価格の合計は大きくなる。(1)で栽培キットを最も多く入れたとき，栽培キットは縦26cm，横30cm，深さ20cmの部分に入っているから，縦，30－26＝４(cm)，横30cm，深さ20cmのすき間ができている。このすき間にスマホケースを入れていくと，スマホケースの縦を２cm，横を15cm，高さを10cmにすれば，縦方向に，４÷２＝２(個)，横方向に，30÷15＝２(個)，深さ方向に，20÷10＝２(個)，すき間なく入れることができる。このとき，入れるスマホケースの個数は，２×２×２＝８(個)だから，最も大きい価格の合計は，2000×６＋200×８＝13600(円)と求められる。

(4) 箱の中の栽培キットを３個にするには，(3)のときから栽培キットを，６－３＝３(個)減らせばよい。(3)のとき，栽培キットは縦方向に１個，横方向に３個，深さ方向に２個入っているから，横に並んだ３個を取り出したところに，縦26cm，横30cm，深さ10cmのすき間ができる。よって，そのすき間にスマホケースを，縦２cm，横15cm，高さ10cmにして入れると，縦方向に，26÷２＝13(個)，横方向に，30÷15＝２(個)，深さ方向に，10÷10＝１(個)，すき間なく入れることができる。したがって，発送できるスマホケースの個数は(3)のときから，13×２×１＝26(個)増えるので，８＋26＝34(個)とわかる。

4 速さ，旅人算

(1)　最も早いタイムでゴールするのは，最も速い走者Ｃが最も長い区間③を走り，２番目に速い走者Ｂが２番目に長い区間②を走り，最も遅(おそ)い走者Ａが最も短い区間①を走る場合となる。また，Ａが区間①でかかる時間は，60÷２＝30(秒)，Ｂが区間②でかかる時間は，120÷３＝40(秒)，Ｃが区間③でかかる時間は，240÷４＝60(秒)である。よって，最も早いタイムでゴールするとき，30＋40＋60＝130(秒)かかる。

(2)　区間①，②，③の距離(きょり)の比は，60：120：240＝１：２：４なので，区間①，②，③にかかる時間がどれも同じになるのは，区間①，②，③を走る走者の速さの比が１：２：４の場合となる。よって，Ａ，Ｃ，Ｆの速さの比が，２：４：８＝１：２：４だから，ACFの順番で走ったとわかる。また，かかった時間は，60÷２＋120÷４＋240÷８＝30＋30＋30＝90(秒)である。

(3)　チームＸについて，Ｂは区間①で，60÷３＝20(秒)，Ｃは区間②で，120÷４＝30(秒)，Ｅは区間③で，240÷６＝40(秒)かかる。一方，チームＹについて，Ａ，Ｄ，Ｆが区間①でかかる時間はそれぞれ，60÷２＝30(秒)，60÷５＝12(秒)，60÷８＝7.5(秒)であり，区間②では区間①の，120÷60＝２(倍)，区間③では区間②の，240÷120＝２(倍)の時間がかかるので，区間①，②，③でかかる時間をまとめると，右の図のようになる。チームＸが区間③で初めてチームＹに追い抜(ぬ)かれるとき，区間①でかかる時間はチームＸの方が短いから，チームＹの区間①の走者はＡとなる。また，区間①，②でかかる時間の合計もチームＸの方が短いので，チームＹが区間①，②でかかる時間の合計は，20＋30＝50(秒)より長い。よって，チームＹの区間②の走者はＤ，区間③の走者はＦである。このとき，３つの区間でかかる時間の合計は，チームＸが，20＋30＋40＝90(秒)，チームＹが，30＋24＋30＝84(秒)だから，チームＸはチームＹに区間③で追い抜かれるという条件に合う。したがって，チームＹの走者順は，ADFである。また，Ｆが区間③を走り始めるのは，Ｅが区間③を走り始めてから，(30＋24)－50＝４(秒後)で，そのとき，ＥはＦよりも，６×４＝24(m)前方にいる。そこで，Ｆは走り始めてから，24÷(８－６)＝12(秒後)にＥを追い抜く。これはスタートしてから，30＋24＋12＝66(秒後)とわかる。

	区間①	区間②	区間③
チームＸ	20秒	30秒	40秒
Ａ	30秒	60秒	120秒
Ｄ	12秒	24秒	48秒
Ｆ	7.5秒	15秒	30秒

(4)　チームＸが区間③でチームＹを追い抜くとき，チームＹが区間①，②にかかる時間の合計は，チームＸの50秒より短い。これにあてはまるチームＹの走者順は，AFD，DFA，FDAが考えられる。３つの区間でかかる時間の合計は，AFDの場合が，30＋15＋48＝93(秒)，DFAの場合が，12＋15＋120＝147(秒)，FDAの場合が，7.5＋24＋120＝151.5(秒)となり，いずれの場合もチームＸの90秒より長いから，チームＸは区間③でチームＹを追い抜くことになる。よって，考えられるチームＹの走者順は，AFD，DFA，FDAとなる。

社　会　＜第１回試験＞（40分）＜満点：60点＞

解　答

1　**問１**　(1)　**Ａ**　小選挙区　**Ｂ**　比例代表　(2)　イ　(3)　オ　**問２**　(1)　ア　(2)（例）　産地の限られている黒曜石やひすいが広い範囲から出土しているから。　**問３**　エ　**問４**　(1)　ウ　(2)　オ　(3)　ア　**問５**　ウ　**問６**　足利義政　**問７**　大政奉還　**問**

8　エ　**問9**　イ　**問10**　イ→エ→ウ→ア　**問11**　エ　**2**　**問1**　(1)　(例)　巨大な木おけをつくる(さまざまな大きさの木おけをつくる)　(2)　イ　**問2**　(1)　関東大震災　(2)　ウ　**問3**　(1)　エ　(2)　GHQ(アメリカ)　**問4**　(1)　政令指定都市　(2)　ウ　**問5**　(例)　温暖であることに加えて雨が少なく晴天日数や日射量が多いこと。　**問6**　(1)　エ　(2)　間ばつ　(3)　ウ　**問7**　(1)　オ　(2)　ウ　**問8**　(1)　イ　(2)　ウ　(3)　刑事　**問9**　(1)　イ　(2)　世界貿易機関(WTO)　**問10**　エ，カ

解　説

1　日本の住居に関わることがらについての問題

問1　(1)　衆議院議員選挙は，１つの選挙区から１名だけが当選する小選挙区制と，全国を11のブロックに分け，有権者は政党名を書いて投票し，その得票数で議席を配分する比例代表制を組み合わせた小選挙区比例代表並立制で行われている。　(2)　人種や性別などで差別しないことを述べたカード１の考え方はウの平等権，社会全体の利益について述べたカード２はエの公共の福祉，思想と身体と財産が制限されないことを述べたカード３はアの自由権なので，イの社会権がふくまれていない。　(3)　Ａは化学の割合が約40％と高いので京葉工業地域，Ｂは化学の割合が20％を超えているので瀬戸内工業地域，Ｃは機械が70％近くを占めているので中京工業地帯とわかる。なお，化学の割合が20％以上であるのは，京葉工業地域と瀬戸内工業地域のみである(2019年)。

問2　(1)　写真の遺物は釣針，銛などの骨角器で，漁のときに使う漁具であったと考えられている。(2)　黒曜石は，北海道白滝，長野県和田峠など，ひすいは新潟県糸魚川と産地が限られているが，産地から離れた広い範囲で出土しているため，縄文時代には交易が行われていたと推測される。

問3　大陸と海洋の温度差によって発生し，季節によって吹く向きの違う風を季節風といい，日本では，南東の方角から太平洋をわたって吹く夏の季節風(Ｙ)が太平洋側に多くの雨を降らせ，北西の方角から日本海をわたって吹く冬の季節風(Ｘ)が日本海側の地域に多くの雪をもたらす。

問4　(1)　茨城県のキャベツの生産量は，143.4(万トン)×0.08＝11.472(万トン)，ねぎの生産量は，44.1(万トン)×0.11＝4.851(万トン)であるので，キャベツよりねぎの生産量が少ない(ウ…○)。なお，北海道のにんじんの生産量は約18万トンである(ア…×)。キャベツの生産量上位５県のうち関東地方の県(群馬県・千葉県・茨城県)の生産量の合計は34％である(イ…×)。ねぎとレタスのそれぞれの全体の生産量に占める群馬県の割合は，ねぎが４％，レタスが10％で，レタスの割合の方が高い(エ…×)。　(2)　Ⅰは北陸地方に位置し，水田単作地帯の広がる富山県において割合が約70％と高いので，米である。Ⅲは豚や肉用牛の飼養頭数の多い鹿児島県において占める割合が大きいので畜産，残ったⅡは野菜となる。　(3)　促成栽培は，温暖な地域でビニールハウスや温室を利用し，通常より早い時期に収穫して出荷する方法である。宮崎平野ではきゅうりやピーマン，高知平野ではなすやピーマンの促成栽培が行われ，冬～春に出荷されている。

問5　執権は，鎌倉時代の将軍を補佐する役職で，源頼朝の妻であった北条政子の実家である北条氏が代々この職についた。御成敗式目(貞永式目)は，1232年に鎌倉幕府の第３代執権北条泰時によって制定された51か条からなる最初の武家法である。源頼朝以来の武家の慣習や道徳をもとに，御家人の権利や義務，所領関係の裁判の基準などについて定めている。

問6　室町幕府の第８代将軍足利義政のあと継ぎをめぐって，弟の足利義視と，妻の日野富子の子

である足利義尚との間で争いが生じ，そこに守護大名であった細川勝元と山名持豊の対立なども加わって，諸国の有力大名が東西両軍に分かれて争う応仁の乱が1467年に起こった。

問７　1867年，薩摩・長州両藩が倒幕の密勅を手に入れ，武力によって倒幕を行うことを決意すると，江戸幕府の第15代将軍徳川慶喜は前土佐藩主山内豊信のすすめを受け入れ，政権を幕府から朝廷に返す方針を表明した。この方針を大政奉還という。

問８　八幡製鉄所は，日清戦争の下関条約によって清(中国)から手に入れた賠償金の一部をもとに，現在の福岡県北九州市に建設され，1901年に操業を開始した。この地が選ばれたのは，付近に石炭の産地として知られる筑豊炭田があり，鉄鉱石の輸入先であった中国に近かったためである。

問９　表より，横浜は，全ての年で輸出高・輸入高ともに全国の半分以上であり，特に輸出高は全国の８割ほどを占めていた(Ａ…正)。長崎は箱館より輸出入とも取引高が高いが，1860年，1864年，1866年は輸出高が輸入高を下回っている(Ｂ…誤)。

問10　アは1978年(日中平和友好条約)，イは1950年(朝鮮戦争勃発)，ウは1972年(沖縄返還)，エは1964年(東海道新幹線開通)のことなので，年代の古い順に，イ→エ→ウ→アとなる。

問11　神戸市は瀬戸内海に面しているため，１年を通して降水量が少なく，冬は比較的温暖である。よって，エとなる。なお，アは夏の降水量が多いので太平洋側に位置する静岡市，イは夏と冬の気温差が大きいので中央高地の長野市，ウは冬の降水量が多いので日本海側に位置する金沢市である。

２　木おけを題材とした総合問題

問１　(1)　江戸時代に木をまっすぐけずれるカンナが登場し，おけや樽づくりの技術がさらに発達すると，さまざまな大きさのおけや樽，巨大なおけや樽をつくれるようになった。　(2)　葛飾北斎は，化政文化のころに歌川広重らとともに活躍した世界的に知られる浮世絵師で，『富嶽三十六景』が代表作である。このような浮世絵は，このころに生まれた錦絵と呼ばれる多色刷り版画として，大量につくられた。

問２　(1)　1923年９月１日，相模湾北西部を震源とするマグニチュード7.9の大地震が発生した。これにともなって発生した火災により，焼死する人や火を逃れようとして川に飛び込んで水死する人などが多く，約10万５千人の死者・行方不明者を出す大惨事となった。この災害を関東大震災という。　(2)　SNSなどで得られる情報は必ずしも正確であるとは限らないため，その情報が正しいかどうか見極めてから発信するようにしなければならない。

問３　(1)　議会が承認しなくても天皇の命令で戦争に必要な物資や人を動かすことのできる国家総動員法が1938年に制定されると，国民を戦時体制に協力させるためにあらゆる経済活動が統制を受けるようになった。これにより，酒は1940年に切符制または配給制となり，つくる量も制限された。
(2)　1945年８月14日，日本は無条件降伏を求めるポツダム宣言を受け入れることを連合国に伝えると，アメリカのマッカーサーを最高司令官とするGHQ(連合国軍最高司令官総司令部)の占領下で民主化が進められ，日本政府が最高司令官の指令にもとづいて政治を行うという間接統治の方法がとられた。

問４　(1)　政令指定都市は，政府が指定する人口50万人以上の市で，大都市に関する特例という規定によって，都道府県に代わって，市民に関する事務や都市計画に関する事務などを行うことができる。　(2)　大阪府堺市は大阪湾沿岸に位置している。重化学工業が発達したが，地下水のくみあげなどにより，地盤沈下が問題となった。

問５　小豆島(香川県)は，日本で初めてオリーブの栽培に成功した場所で，年平均気温が14～16℃の温暖な気候であること，年間降水量が少なく(1000mm程度)日射量が多いことがオリーブ栽培に適しているといわれる。

問６　⑴　奈良県中央部の吉野川(紀の川の上流)流域を中心に生育している杉を吉野杉といい，この辺りは紀伊山地にふくまれている。なお，アは比良山地，イは伊吹山地，ウは鈴鹿山脈である。
⑵　苗木を植えてから15～20年ぐらいたつと，木々の枝や葉が重なりあったり根が十分に張れなくなったりするため，適当な間かくで木を抜いたり切ったりし，風通しや日当たりをよくする作業が必要となる。この作業を間伐という。　⑶　林業に従事している人は約4.4万人(2020年)，農業に従事している人は約130.2万人，水産業に従事している人は約12.9万人(2021年)で，林業についている人口が最も少ない。

問７　⑴　果実産出額が特に多いＣは，さくらんぼや西洋なしなどの果樹栽培がさかんな山形県である。ＡとＢはともに製造品出荷額等が多いが，Ａは果実産出額が多く，Ｂは漁業産出額が多いという特徴があるので，Ａがももやりんごの生産量が上位に入っている福島県，Ｂが石巻港や気仙沼港などの漁港を有する宮城県とわかる。また，Ｂは年間商品販売額が多いことからも，東北地方で唯一の政令指定都市である仙台市がある宮城県が当てはまるとわかる。　⑵　地熱発電は，火山や温泉などがある地域の地中深くから得られた蒸気で，直接タービンを回して電気を起こすもので，発電所は火山活動がさかんな東北地方や九州地方に多く立地している。

問８　⑴　首長(都道府県知事や市町村長)は条例や予算の議決について，議会に対して拒否権を行使することができ(ただし議会の３分の２以上の賛成で再議決することができる)，議会が首長の不信任を議決したさいには議会に対して解散権を行使することができる。　⑵　法務省は，国籍や登記に関する事務や国民の人権を守ることを仕事とし，刑事施設である刑務所，少年刑務所，拘置所を管轄している。　⑶　刑事裁判は，殺人や盗みなど，犯罪をおかした疑いのある人について裁く裁判で，検察官が裁判所に訴えることで始まる。刑法などの法律にもとづいて無罪か有罪かの判決が下され，有罪の場合には刑の種類や重さが言いわたされる。

問９　⑴　輸出港として知られる名古屋港の額が多いＡが「輸出額」である。その名古屋港と同等の輸入額があり，貿易額が日本一である「あ」は成田国際空港，貿易額が非常に少ない「う」は貨物よりも人の運搬を主としている東京国際空港と判断できる。　⑵　世界貿易機関(WTO)は，自由貿易を促進するために1995年に発足した国際連合の関連機関で，国際的な貿易に関するさまざまなルールの策定をしている。

問10　メモ１に「技術の高い桶職人がつくった桶であれば，さらに一〇〇年近く使うことができます」とあり，メモ２では，産業廃棄物となってしまうコンクリート槽ではなく木桶を採用していることから，エの「つくる責任　つかう責任」と関係が深いとわかる。メモ３に「一〇〇年後につなぐ吉野杉の山をつくって苗木を植えよう」と書かれているので，カの「陸の豊かさも守ろう」につながる。

理　科　＜第１回試験＞（40分）＜満点：60点＞

解　答

1　**問１**　ア　**問２**　エ　**問３**　イ　**問４**　エ　**問５**　10秒　**問６**　エ　**2**　**問１**　せきつい動物　**問２**　③　**問３**　（例）　小腸で吸収できるくらいまで分解すること。**問４**　アミラーゼ　**問５**　(口→)イ→オ→カ(→こう門)　**問６**　オ　**問７**　**記号**…オ　**名前**…小腸　**問８**　**名前**…柔毛(柔突起)　**理由**…(例)　栄養分を吸収しやすくするため。**問９**　**ア**　8　**イ**　4　**ウ**　3　**問10**　(例)　からだが小さくなっていく。　**問11**　⑤

3　**問１**　ウ　**問２**　**季節**…冬　**理由**…(例)　温度差が大きいため。　**問３**　(1)　ウ　(2)　**二酸化炭素**…176ｇ　**水**…108ｇ　(3)　**炭素**…48ｇ　**水素**…12ｇ　(4)　32ｇ　**問４**　酸化銅　**問５**　Ｄ班　**問６**　解説の図を参照のこと。　**問７**　22.7ｇ　**問８**　0.4ｇ

4　**問１**　エ　**問２**　イ　**問３**　ウ　**問４**　キ　**問５**　シ　**問６**　Ｂ，Ｄ，Ｅ　**問７**　①　イ　②　ア　③　ア　④　イ　**問８**　ス　**問９**　解説の図を参照のこと。

解　説

1　台風，火成岩，地震についての問題

問１　地球の自転の影響を受けて，台風のまわりでは中心付近に向かって反時計回りにうずを巻くように風が流れ込んでおり，中心付近では強い上昇気流が発生している。

問２　日本のはるか南の熱帯地方で発生した熱帯低気圧が勢力を増し，中心付近の最大風速が秒速約17m以上になったものを台風とよぶ。台風は低気圧が発達したものだから，中心付近の気圧はまわりより低い。

問３　火成岩は，マグマが地上や地下の浅いところで急に冷え固まってできた火山岩と，マグマが地下深いところでゆっくり冷え固まってできた深成岩に分けられる。ともに，含まれる鉱物の割合などによって，火山岩はりゅうもん岩，あんざん岩，げんぶ岩，深成岩は花こう岩，せんりょく岩，はんれい岩に分類される。

問４　花こう岩は無色の鉱物を多く含むため白っぽく，げんぶ岩は黒っぽい鉱物を多く含むので黒っぽく見える。また，花こう岩は冷え固まる前のマグマの粘り気が強く，げんぶ岩はマグマの粘り気が弱い。

問５　震源から120km離れた観測地点では，地震が発生してから小さなゆれが伝わるまでに，120÷６＝20(秒)，大きなゆれが伝わるまでに，120÷４＝30(秒)かかる。よって，初期微動継続時間は，30－20＝10(秒)である。

問６　問５の値を用いて考えると，震源からの距離が２倍の240kmになれば，初期微動継続時間は，(240÷４)－(240÷６)＝20(秒)となり，120kmのときの２倍になることがわかる。同様に，震源からの距離が３倍，４倍，…になると，初期微動継続時間も３倍，４倍，…となるので，観測地点と震源の距離が長いほど初期微動継続時間も長くなることがわかる。

2　ヒトと動物のからだについての問題

問１　からだの中心に背骨をもち，背骨を中心にした骨格とそのまわりの筋肉で動く動物をせきつい動物という。せきつい動物は魚類，両生類，は虫類，鳥類，ほ乳類の５種類に分類される。

問２　せきつい動物のうち，魚類，両生類，は虫類は，周囲の温度変化にともない体温が変化する変温動物である。一方，鳥類とほ乳類は，周囲の温度に関係なく常に体温が一定であるこう温動物である。

問３　食べ物に含まれる栄養素は，そのつぶが大きすぎて，そのままでは小腸から吸収することができない。そこで，体内では消化液を出して栄養素を分解し，つぶを小さくしている。これを消化という。

問４　だ液にはアミラーゼという消化酵素が含まれていて，でんぷんを麦芽糖に変える。

問５　図２で，アはかん臓，イは胃，ウはたんのう，エはすい臓，オは小腸，カは大腸である。口から入った食べ物は，食道を通過したあと，胃，小腸，大腸を通り，こう門から排出される。

問６　胃で出される消化液を胃液といい，たんぱく質をペプトンに変える。よって，たんぱく質を多く含む食品のダイズがあてはまる。なお，米，パン，うどんは炭水化物(でんぷん)，バターとオリーブオイルは脂肪を多く含む。

問７　食べ物が消化されてできた栄養分は，水分とともに小腸から吸収される。

問８　小腸内部のかべはひだ状になっていて，その表面には柔毛(柔突起)が非常にたくさんある。このようなつくりで表面積を広げていて，栄養分を吸収しやすくなっている。

問９　**ア**　図１で，生物Ａの体積は，１×１×１＝１，生物Ｂの体積は，２×２×２＝８なので，生物Ｂの体積は生物Ａの体積の，８÷１＝８(倍)である。　**イ**　生物Ａの表面積は，１×１×６＝６，生物Ｂの表面積は，２×２×６＝24だから，生物Ｂの表面積は生物Ａの表面積の，24÷６＝４(倍)となる。　**ウ**　「表面積÷体積」の値は，生物Ａが，６÷１＝６，生物Ｂが，24÷８＝３になる。この結果から，からだが大きいと熱が抜けにくいことがわかる。

問10　表１より，年間平均気温が高くなるほど，生息するクマのからだが小さいことがわかる。したがって，今後も地球温暖化がすすむと仮定すると，年間平均気温が高くなっていくから，同じ地域に生息する動物のからだの大きさは小さくなっていくと考えられる。

問11　表２より，体重１kgあたりにおける食事の量を求めると，ハツカネズミは，７÷(30÷1000)＝233.3…(ｇ)，ウサギは，175÷３＝58.3…(ｇ)，イヌは，900÷30＝30(ｇ)，ブタは，4.5×1000÷300＝15(ｇ)，ゾウは，230×1000÷(７×1000)＝32.8…(ｇ)となる。よって，⑤のグラフが適切である。

3　熱気球とエタノールの燃焼，金属と酸素の反応についての問題

問１　温められた空気はぼう張して軽くなるので上に移動しやすく，逆に冷たい空気は重いので下に移動しやすい。

問２　熱気球は，気球の中にバーナーで熱して軽くなった空気を入れ，その軽い空気が上に移動しようとするはたらきで浮かぶ。軽い空気が上に移動しようとするはたらきは，周囲の空気との温度差が大きくなるほど強くはたらくので，熱気球は冬の方が浮かびやすい。

問３　(1)　ア　たとえばスチールウール(鉄)を燃やしたときには二酸化炭素が発生しない。　イ　光合成によって植物から出されるのは酸素である。二酸化炭素は光合成の材料として吸収される。　ウ　卵のからは主に炭酸カルシウムでできていて，炭酸カルシウムはお酢に含まれる酢酸に反応して二酸化炭素を発生する。　エ　ものを燃やすときに必要な気体は酸素である。　オ　二酸化炭素は空気の約1.5倍の重さがある。　(2)　92ｇは46ｇの，92÷46＝２(倍)なので，92ｇのエタ

ノールを燃やしたときに発生する二酸化炭素と水の重さは，46ｇのエタノールを燃やしたときの２倍になる。つまり，二酸化炭素は，88×２＝176(ｇ)，水は，54×２＝108(ｇ)できる。　(3)　92ｇのエタノールを燃やしたときにできた二酸化炭素176ｇには炭素が，$176\times\frac{12}{44}=48$(ｇ)含まれている。また，できた水108ｇには水素が，$108\times\frac{2}{18}=12$(ｇ)含まれている。　(4)　(3)より，92ｇのエタノールには，炭素が48ｇ，水素が12ｇ含まれているから，酸素は，92－(48＋12)＝32(ｇ)含まれている。

問４　銅を加熱して酸素と反応させると，酸化銅という物質ができる。

問５　表１で，④の重さから①の重さを引いた値が，加熱後の物質の重さとなる。よって，加熱後の物質の重さは，Ａ班が，20.9－19.9＝1.0(ｇ)となり，同様に計算すると，Ｂ班が，20.8－20.3＝0.5(ｇ)，Ｃ班が，21.6－20.1＝1.5(ｇ)，Ｄ班が，22.6－20.2＝2.4(ｇ)，Ｅ班が，22.3－20.3＝2.0(ｇ)とわかる。ここで，加熱前の銅粉の重さ(②の重さ)と加熱後の物質の重さの比を調べると，Ａ班では，0.8：1.0＝４：５になり，同様にＢ班，Ｃ班，Ｅ班も４：５となるが，Ｄ班だけは，2.0：2.4＝５：６(＝４：4.8)となる。このことから，Ｄ班では銅粉が十分に反応しなかったと考えられる。

問６　十分に反応している，Ｄ班以外の結果をもとにすると，右のようなグラフがかける。

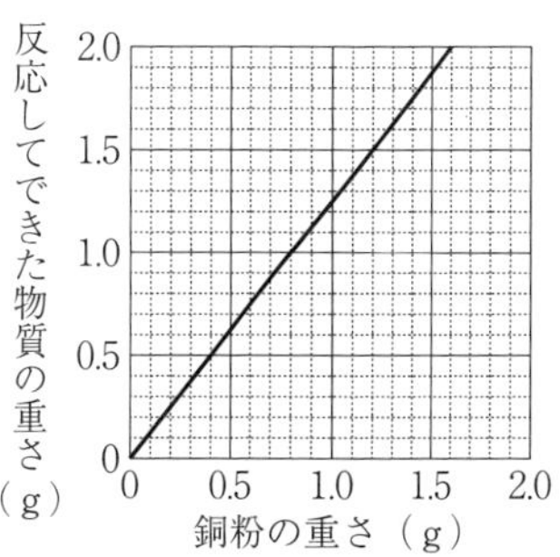

問７　Ｄ班が用意した銅粉2.0ｇが十分に反応していれば，加熱後の物質の重さは，$2.0\times\frac{5}{4}=2.5$(ｇ)になる。したがって，これにステンレス皿の重さを加えた④の重さは，20.2＋2.5＝22.7(ｇ)となる。

問８　反応してできる酸化銅の重さは，加熱前の銅粉の重さとそれに結びついた酸素の重さの和となり，その比は，(銅)：(酸素)＝４：(５－４)＝４：１である。ここで，Ｄ班では，銅粉に結びついた酸素の重さが，2.4－2.0＝0.4(ｇ)であり，この0.4ｇの酸素と結びついた銅粉の重さは，$0.4\times\frac{4}{1}=1.6$(ｇ)とわかる。したがって，反応しなかった銅粉の重さは，2.0－1.6＝0.4(ｇ)である。

4　電流回路についての問題

問１，問２　図１の豆電球に流れる電流の大きさを１とすると，アの豆電球には２，イのそれぞれの豆電球には0.5，ウのそれぞれの豆電球には２，エの豆電球には１の大きさの電流が流れる。よって，エの豆電球は図１の豆電球と同じ明るさで点灯し，イのそれぞれの豆電球は図１の豆電球よりも暗く点灯する。

問３　図１のかん電池から流れ出る電流の大きさを１とすると，アのそれぞれのかん電池からは２，イのそれぞれのかん電池からは0.25，ウのそれぞれのかん電池からは４，エのそれぞれのかん電池からは１の大きさの電流が流れ出る。このことから，最も大きい電流が流れ出るウのそれぞれのかん電池が，最も早く切れる。つまり，ウの回路が，豆電球の点灯し続ける時間が最も短くなる。

問４　オでは左側の豆電球だけが点灯する。カでは両方の豆電球が点灯する。キはショート回路となっていて，どちらの豆電球にも電流が流れず点灯しない。クは左下の豆電球だけが点灯する。

問５　LEDの性質や図３の表し方を参考にすると，シの回路だけが点灯する(LEDは両方とも点灯する)。なお，コの回路やサの回路のように，一方は正しい向きであっても，もう一方が逆向きになっている場合は，回路全体に電流が流れないため，LEDは両方とも点灯しない。

問６　図４では，ＡとＣがかん電池の向きに対して正しい向きになっており，かん電池の＋極→Ａ→Ｃ→かん電池の－極の順に電流が流れ，それらが点灯する。かん電池の向きに対して正しい向きとなっていないＢとＤは点灯せず，Ｄに電流が流れないため，Ｄと直列につながっているＥも電流が流れず点灯しない。

問７　図６で，スイッチを接点１につないだときには，①→Ａ→④の順に電流が流れるとよい。よって，①も④もLEDをイの向きにする。同様にスイッチを接点２につないだときに③→Ａ→②の順に電流が流れるように，②と③はLEDをアの向きにする。

問８　図10の回路では，３本の電熱線を並列につないでいる。それぞれの電熱線には図８の回路の電熱線と同じ大きさの電流が流れるので，全体の発熱量は図８の３倍になる。よって，一定時間あたりの水の温度の上がり方は図10の方が大きいので，グラフはスが適切である。

問９　発熱する電熱線の数は，水温が25℃から35℃になるまでは３個，40℃になるまでは２個，45℃になるまでは１個である。よって，35℃から40℃までのグラフの傾(かたむ)きは，25℃から35℃までのグラフの傾きよりもゆるやかで，40℃から45℃までのグラフの傾きは，35℃から40℃までのグラフの傾きよりもゆるやかになる。すると，右のようなグラフがかける。

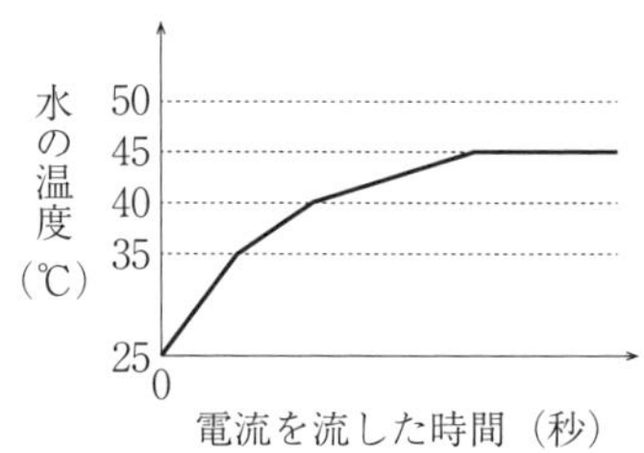

国　語　＜第１回試験＞（50分）＜満点：100点＞

解　答

一　①　だいおうじょう　②　まいきょ　③～⑩　下記を参照のこと。　二　**問１**　（例）　単なる事実に何らかの意義を見つけて優劣として解釈すること。　**問２**　**ａ**　ア　**ｂ**　エ　**問３**　**Ａ**　価値観や目標　**Ｂ**　ア　**問４**　**Ａ**　エ　**Ｂ**　ウ　**問５**　イ　**問６**　**１**　エ　**２**　ウ　**３**　ア　**４**　オ　**問７**　ウ　**問８**　**Ｘ**　記述　**Ｙ**　優劣　**問９**　イ，エ　三　**問１**　ウ　**問２**　**Ⅰ**　エ　**Ⅱ**　ア　**問３**　エ　**問４**　（例）　青は「わたし」の好きな色であり，また青と黄色を混ぜると「わたし」が着ている服と同じ緑色になるから。　**問５**　八　**問６**　ア　**問７**　イ　**問８**　ウ　**問９**　イ　**問10**　**Ａ**　仲間はずれ　**Ｂ**　（例）　ひとりぼっちの自分を重ねて見た

●漢字の書き取り

一　③　圧巻　④　劇薬　⑤　鉄筋　⑥　旧友　⑦　功臣　⑧　量刑　⑨　復興　⑩　案件

解　説

一　漢字の読みと書き取り

①　長生きして，苦しむことなく安らかに死ぬこと。　②　「枚挙にいとまがない」は，数え上げればきりがないようす。　③　ほかのものと比べて，飛びぬけてすぐれているさま。　④　毒性が強く，取り扱(あつか)いに注意が必要な薬。　⑤　建築物の強度を高めるため，コンクリートの

中にうめこむ棒状の鉄。　⑥　昔からの友人。　⑦　主君のために立派に働き，手柄を立てた臣下。　⑧　裁判官が被告人に下す刑罰の程度を決めること。　⑨　一度おとろえたものが再び勢いを取りもどすこと。　⑩　問題になっていて，取り組まなければいけないことがら。

二　**出典：和泉悠『悪口ってなんだろう』**。筆者は，事実としての違いと，価値の判断とは別物だとしたうえで，あたり前のように上下関係によって世界を分類する人々の発想について論じている。

問１　前後の部分で筆者は，身長や成績などのランキングは「単なる事実」を記したものに過ぎないが，「私たち」はこのランキングをすぐに「良し悪し」や「優劣」と結びつけ，「価値」を判断してしまうと説明し，「事実の記述」と「価値の判断」は別物だと強調している。私たちが，「単なる事実」でしかないものごとや人の性質に“～の方が良い”という価値観から，「優劣」をつけようとしてしまうことをぼう線①のように表現しているので，「単なる事実に価値判断を持ちこみ，優劣をつけようとすること」のようにまとめる。

問２　**a**　「水もの」とは，運や条件によって変わりやすく，予想しにくいものごと。本文では，「事実の良し悪し」の判断が「状況や目的」次第で変わることを意味しているので，アが選べる。　**b**　「折れる」とは，“自分の主張を無理に押し通さず，相手の意見を受け入れる”という意味。よって，エがよい。

問３　**A**　前の部分で筆者は，「記述のランキング」が事実にもとづいており誰にとっても共通しているのに対し，「優劣のランキング」は一律ではなく，それぞれの「価値観や目標」によって異なると説明している。　**B**　ぼう線②の直前にあるように，「私たち」はすぐに「背は高い方が良い」などと事実関係について優劣をつけようとしてしまうが，その解釈も状況次第で変わるものであり，自分にとって常に重要とは限らないと筆者は述べている。よって，アが正しい。

問４　**A**　直後に「同じ評価軸で素晴らしい結果を出す」ことや「賞賛される」ことも大事だと述べられているので，ある基準や条件のもとで，仲間と競いながら高め合うことや競争することを指す「切磋琢磨」が合う。　**B**　筆者は，すぐ後にある「職種によって人に接する態度をがらりと変える人」を批判しているので，どんな仕事も同じように尊く，職業によって差別されたり社会的地位に格差をつけられたりするべきではないという意味の「職業に貴賤なし」がふさわしい。

問５　ボネによる「存在のランキング」について，筆者は，「客観的な値」ではなく「何らかの価値観」に従って優劣をつけて並べたものであり，「めったなことではランクが入れ替わらない」ことが特徴だと述べている。さらに続く部分では，「種類」によって人間の中にも上下関係を見出すことについて論じられているが，ボネのランキングとの関連は述べられていないので，イが適当でない。

問６　**1**　筆者が「『存在のランキング』の特徴をいくつか述べ」るにあたり，一個目を導く言葉なので，最初の項目をあげるときに用いる「まず」がふさわしい。　**2**　空らん２のあとに，事実としてある「特定の側面についての計測値」に従ってランキングがつけられることの例として，「握力」があげられている。よって，具体的な例をあげるときに用いる「たとえば」が正しい。　**3**　２でみたように「記述のランキング」がつけられるもうひとつの例として，「生態の複雑さ」があげられている。よって，同類のことがらを並べ立て，いろいろな場合があることを表す「あるいは」が合う。　**4**　筆者は「生態の複雑さ」で言えばクラゲが人間を上回ると指摘しているが，その事実はボネによる「存在のランキング」に影響しないと説明している。よって，前のことがらを受けて，それに反する内容を述べるときに用いる「しかし」がよい。

問７　前の部分で筆者は，「人間の方が他の哺乳動物や植物より価値がある」と考える人は多いが，それではいったい「人間の何に本来的な価値がある」のかと疑問を投げかけている。人間には文化や言語があるとはいえ，他の生き物より価値があるという事実について「なぜそう言えるのか」「客観的に」説明することは簡単ではないと筆者は述べているので，ウが正しい。

問８　**Ｘ**　本文の前半で筆者は，「単なる事実」の比較は「記述のランキング」だと説明している。空らんＸの前の部分にあるように，人種や性別といった「集団の特徴」によって人間を区分することも，「記述のランキング」だとわかる。　**Ｙ**　私たちが「記述のランキング」に価値を見出そうとし，「人間同士にも『種類』を見出して」「上下関係」や序列をつけることを，筆者は「優劣のランキング」と呼び，「記述のランキング」とは異なると説明している。

問９　ぼう線②の次の段落で筆者は，「順位をつけたり，競争したりしない方がよい」とは言っておらず，一定の評価軸で「素晴らしい結果を出す人」を評価することは大事だと述べている。よって，イは正しい。また，本文の最後から二つ目の段落で，現代の生物学において「いわゆる『人種』の概念にもとづいた区分」は，「科学的」な根拠がなく，優劣の基準にもならないと書かれている。よって，エも正しい。

三　**出典：森沢明夫『エミリの小さな包丁』**。仕事もお金も失い，何年も会っていない祖父の家に向かう「わたし」は，列車で乗り合わせた仲のよさそうな家族連れと話すうちに，対照的な自分の孤独感を深めていく。

問１　ぼう線②と同じ段落に，「わたし」の「向かい」に少女が座っており，「少女の隣」に「若い母親」がいると書かれているので，「わたし」の斜向かいは少女の母だとわかる。

問２　Ⅰ　列車の進行方向と逆に座った「わたし」が，窓から遠ざかる景色を見ながら，自分が置き去りにされるような感覚におそわれる場面である。「心もとない」は，頼りなく不安で，心細さを感じることなので，エが選べる。　Ⅱ　あどけない少女の澄んだ瞳と純粋さを形容する言葉で，「無垢」は，清くけがれがないこと。よって，アがよい。

問３　ぼう線④の前の部分で「わたし」は，見知らぬ自分に話しかけ続ける少女たち家族に対し，「とても社交的」なようだが，一人でいる「わたし」を「気遣ってくれている」としたら，少々「余計なお世話」だとも感じている。よって，エが正しい。

問４　前の部分で，「わたし」が少女から好きな色を聞かれて「青」だと答えたのに対し，少女は青だけでなく黄色のチョコも「わたし」に渡している。ぼう線③の直後で少女は，その理由について，「青と黄色をまぜると，お姉ちゃんになるから」と言い，「わたし」を指差した。つまり，「わたし」が好きな青に黄色をまぜると，「わたし」の着ているＴシャツと同じ緑色になるからだという意味なので，この内容をまとめる。

問５　少女の母親が「わたし」に対し，少女の相手をしてもらっていることへの申し訳ない気持ちを示す場面である。母親は「すみません」と言いながら眉を下げたと考えられるので，その形から漢字の「八」が合う。

問６　続く部分で「わたし」は，祖父のことは「どんな人かも覚えて」おらず，久しぶりに帰省しても再会を喜んでくれるような「やさしい家族」は自分にはいないと心の中で思っている。このことから，「ご家族が喜びますね」という言葉に「わたし」は同意できなかったが，それをわざわざ説明する必要もないと考え，「曖昧に笑って」やり過ごそうとしたことが読み取れるので，アがよい。

問７　前の部分で「わたし」は，少女の質問に対して「嘘」で答えたさい，「チクリと胸が痛」むのを感じている。家族連れに本当のことを言えず「作り笑顔」で嘘を重ねていった「わたし」が，子供の無邪気さを前にして「罪悪感」をおぼえたことが読み取れる。

問８　前の部分で「わたし」は，家族連れの質問に一つひとつ答えながら，兄が遠い外国にいることや，仕事を失ったばかりであること，不仲だった「母に隠れて」楽器の練習をしていたことなど，口には出せない詳細を心の中で付け足しているので，ウが合う。

問９　前の部分では，「太陽の光を分けていくと，虹の七色になる」という知識を披露した少女の父親が，“虹の七色をまぜると，元の透明な光の色にもどる”と言ったことを受けて，少女は七色のチョコを同時に食べて「光の味」を味わおうとしている。少女の父は，自分の言葉をまっすぐに受け取る少女の純真さをいとおしく思って目を細めたと想像できるので，イがふさわしい。

問10　**Ａ**　少女は，「虹の七色に茶色は含まれていない」と父親に言われ，茶色は「仲間はずれ」なのかとがっかりしている。　**Ｂ**　少女の「仲間はずれ」という言葉に「わたし」は心の中で反応し，“茶色も，ほかの鮮やかな色のチョコと一緒に食べてあげてほしい”と考えた。頼れる友達や家族もおらず，ひとりぼっちの「わたし」は，「仲間はずれ」にされた「茶色」に今の自分自身を重ねたことが想像できる。

Dr.福井の 入試に勝つ！脳とからだのウルトラ科学

記憶に残る“ウロ覚え勉強法”とは？

人間の脳には，ミスしたところが記憶に残りやすい性質がある。順調にいっているときの記憶はあまり残らないが，まちがえて「しまった！」と思うと，その部分がよく記憶されるんだ（これは，脳のヘントウタイという部分の働きによる）。その証拠に，おそらくキミたちも「あの問題を解けたから点数がよかった」ことよりも，「あの問題をまちがえたから点数が悪かった」ことのほうをよく覚えているんじゃないかな？

この脳のしくみを利用したのが“ウロ覚え勉強法”だ。もっと細かく紹介すると，テキストの内容を一生懸命覚え，知識を万全にしてから問題に取り組むのではなく，テキストにざっと目を通した程度（つまりウロ覚えの状態）で問題に取りかかる。もちろんかなりまちがえると思うが，それを気にすることはない。まちがえた部分はよく記憶に残るのだから……。言いかえると，まちがえながら知識量を増やしていくのが“ウロ覚え勉強法”なのである。

ここで，ポイントが２つある。１つは，ヘントウタイを働かせて記憶力を上げるために，まちがえたときは「あ〜っ！」とわざとらしく驚くこと。オーバーすぎるかな……と思うぐらいでちょうどよい。

もう１つのポイントは，まちがえたところをそのままにせず，ここできちんと見直すこと（残念ながら，驚くだけでは覚えられない）。問題の解説を読んで理解するのはもちろんだが，必ずテキストから見直すようにする。そうすれば，記憶力が上がったところで足りない知識をしっかり身につけられるし，さらにその部分がどのように出題されるかもわかってくる。頭の中の知識を実戦で役立てられるようにするわけだ。

Dr.福井（福井一成（ふくいかずしげ））…医学博士。開成中・高から東大・文Ⅱに入学後，再受験して翌年東大・理Ⅲに合格。同大医学部卒。さまざまな勉強法や脳科学に関する著書多数。

2024年度 富士見中学校

【算　数】〈第２回試験〉（50分）〈満点：100点〉

（注意）（1）**4**には説明を必要とする問いがあります。答えだけでなく考え方も書いてください。

（2）円周率が必要な場合には3.14として計算しなさい。

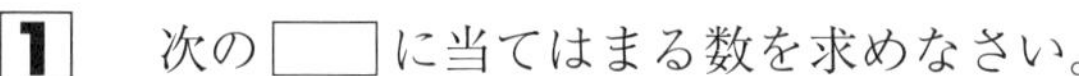

1　次の□に当てはまる数を求めなさい。

（1）$0.2024 \times 34 + 2.024 \times 21.6 + 20.24 \times 17.5 + 202.4 \times 12.6 + 2024 \times 1.54 = \square$

（2）$\left(3\frac{2}{3} + 0.5\right) \div \frac{5}{12} - \left(\frac{3}{4} - \square\right) \div (0.125 \times 0.5) = 6$

（3）３％の食塩水 400g と５％の食塩水 160g を混ぜてから，水を 60g 蒸発させたら□％の食塩水になりました。

（4）１以上1000以下の整数の中で，５で割ると２余り，７で割ると３余る数は□個です。

（5）はじめに，姉と妹が持っている鉛筆（えんぴつ）の本数の比は 8：5 でしたが，姉が妹に鉛筆を４本あげると，姉と妹の鉛筆の本数の比は 7：6 になりました。はじめに姉が持っていた鉛筆は□本です。

（6）正三角形 ABC と正六角形 DEFGHI が右の図のように重なっています。角 x は□度です。

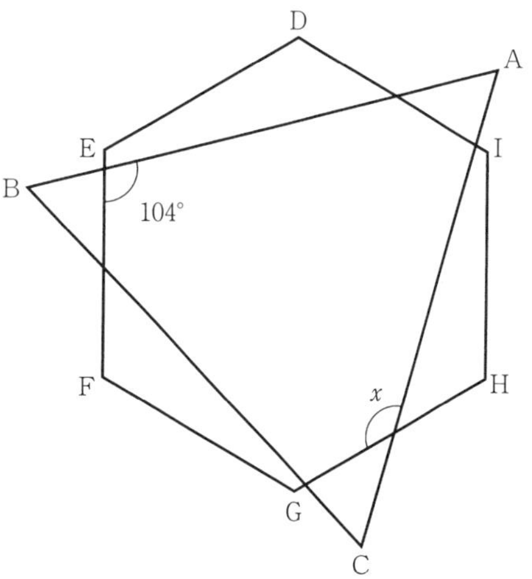

（7）三角形 ABC は面積が 128 cm² の正三角形です。正三角形の各辺のまん中の点を結んで正三角形を作ります。同じように，正三角形の各辺のまん中の点を結んで正三角形を作る作業を繰（く）り返してできた下のような図形において，▭ の面積は□cm² です。

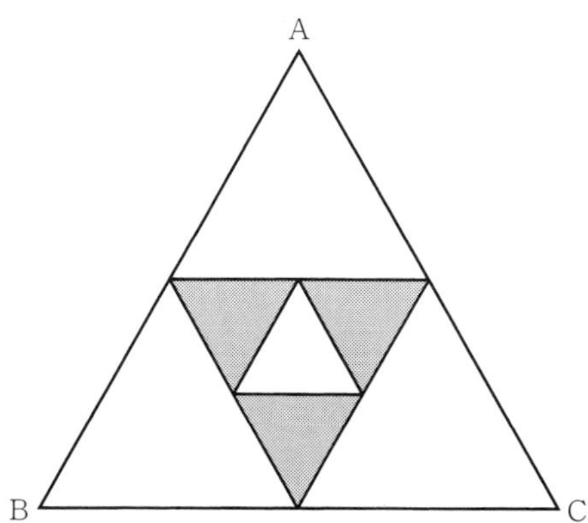

（8）右の図のような図形を直線 l の周りに１回転させてできる立体の体積は□cm³ です。

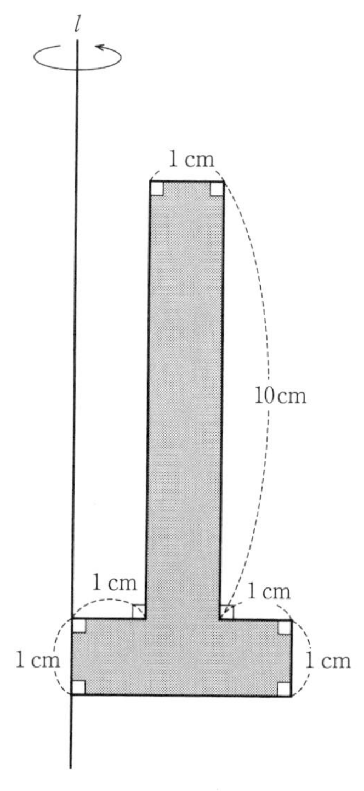

2 〔A〕 0以外の２つの整数a，bについて，aをbで割ったときの余りを＜a，b＞と表します。例えば，＜15，4＞＝３，＜20，5＞＝０となります。このとき，次の問いに答えなさい。

(1) ＜50，＜27，4＞＞の値を求めなさい。

(2) ＜a，25＞＝10となる３けたの最も大きい整数aを求めなさい。

(3) ＜a，25＞＝10となる３けたの整数aは全部で何個ありますか。

〔B〕 右の図のように縦が20cm，横が25cmの長方形ABCDがあり，辺BC上に点Eをとります。

点Pは頂点Aを出発し，長方形の辺上を一定の速さで進み，頂点B，Cを通り，頂点Dまで動きます。

グラフは点Pが頂点Aを出発してから頂点Dまで移動したときの，三角形APEの面積の変化を表したものです。

このとき，次の問いに答えなさい。

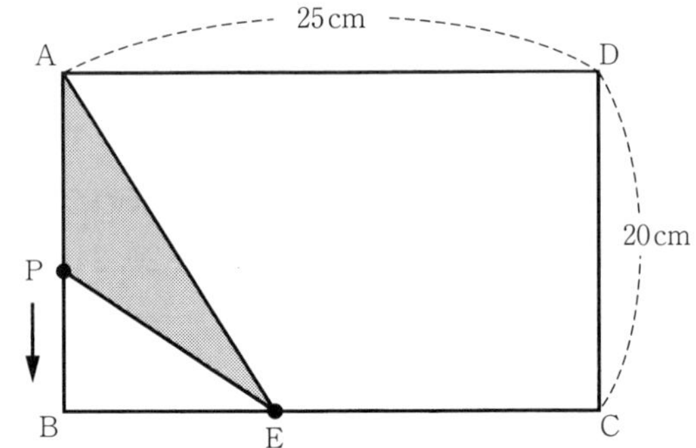

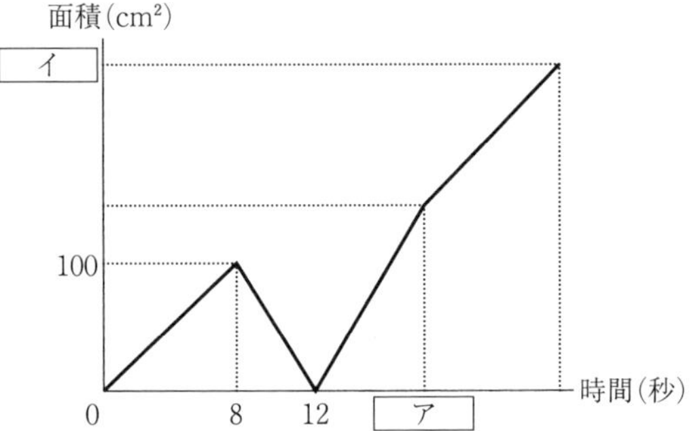

(1) 点Pの速さは毎秒何cmですか。

(2) 辺BEの長さは何cmですか。

(3) グラフの ア ， イ に当てはまる数を求めなさい。

(4) 三角形APEの面積が175cm²になるのは点Pが頂点Aを出発してから何秒後ですか。

3 ６年１組には出席番号が１番から37番の児童がいます。毎日６人ずつグループを作って教室を掃除（そうじ）することにしました。グループは出席番号順とし，１日目は１番から６番，２日目は７番から12番，３日目は13番から18番とし，37番の次は１番に戻（もど）ることにして，いつでも６人グループを作ることにします。このとき，次の問いに答えなさい。

(1) １番の人が２回目の掃除をするのは何日目ですか。

(2) 10日目に掃除をするのは何番から何番の人ですか。

(3) １日目に１番から６番の人が掃除をすることになりますが，次に１番から６番の人でグループとなり掃除をするのは何日目ですか。

(4) 100日目に掃除をするのは何番から何番の人ですか。

4　右の【図１】のような，２つの直方体を組み合わせた立体があります。【図２】のように面 ABCD に平行な平面で辺 AE を切るような切断を㋐，【図３】のように面 IJKL に平行な平面で辺 FI を切るような切断を㋑，【図４】のように面 HGLKCD に平行な平面で辺 AD を切るような切断を㋒とします。このとき，下の問いに答えなさい。

【図１】

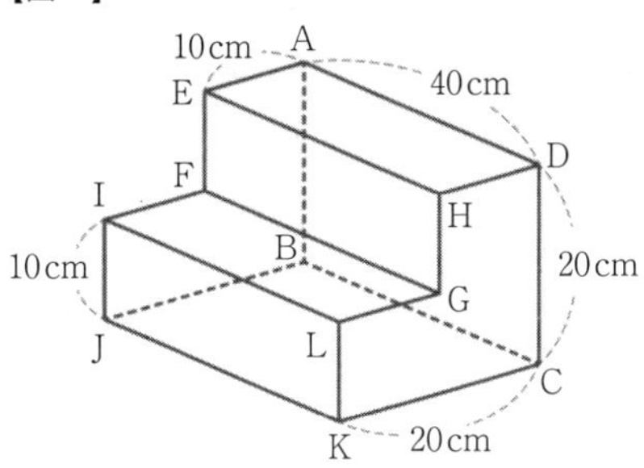

【図２】

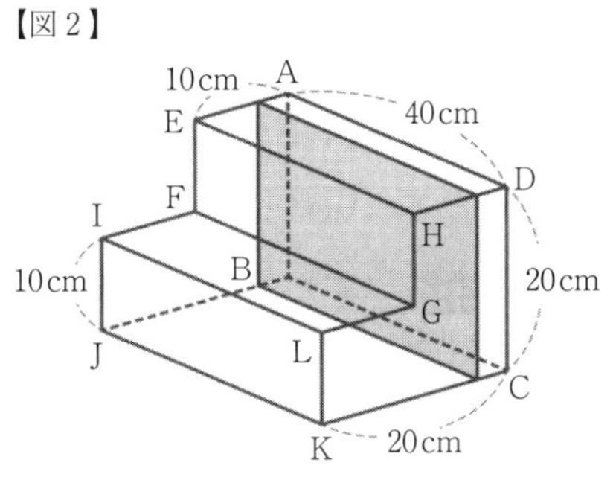

【図３】

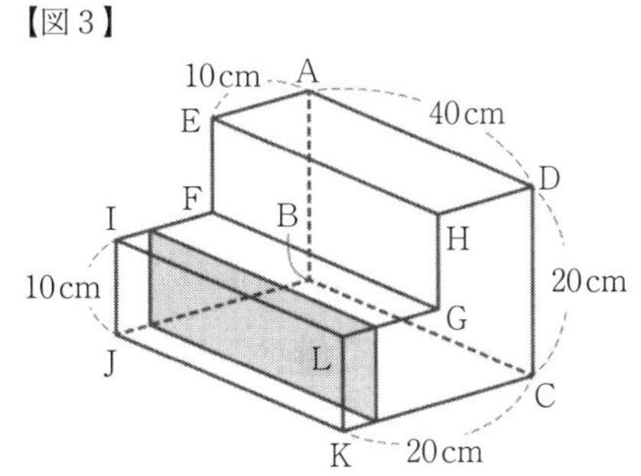

【図４】

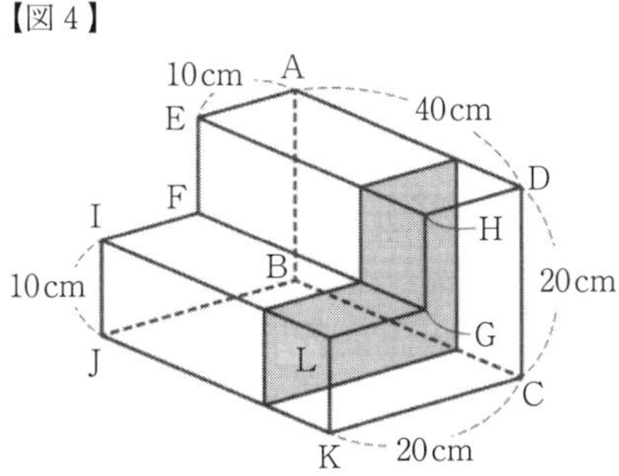

(1)　【図１】の立体の体積は何 cm^3 ですか。また，表面積は何 cm^2 ですか。

(2)　【図１】の立体に㋐の切断を１回行って２個に分けたところ，この２個の立体の体積の比が２：３となりました。切断面は面 ABCD から何 cm はなれていますか。２つ答えなさい。

(3)　【図１】の立体に㋐，㋑，㋒の切断を１回ずつ行って６個に分けました。この６個の立体の表面積の和は何 cm^2 ですか。

(4)　【図１】の立体に㋐，㋒の切断をあわせて５回行い，いくつかの立体に分けたところ，すべての立体の表面積の和が $8800cm^2$ になりました。㋐，㋒の切断をそれぞれ何回ずつ行いましたか。考え方や途中(とちゅう)の式も書きなさい。

【社　会】〈第２回試験〉(40分)〈満点：60点〉

1　**次の日本の世界遺産についての文章を読んで，あとの問いに答えなさい。**

A 「北海道・北東北の(1)**縄文**遺跡群」

この(2)**世界遺産**は主に縄文時代にあたる時期に，採集・漁労・狩猟により定住した人々の生活と精神文化を伝える文化遺産です。この遺跡群のある北海道・(3)**東北**は，豊かな森林が広がるとともに，暖流と寒流とが交差することによる豊かな漁場もあり，生活するにはとても恵まれた環境でした。この遺跡からは，墓地や貝塚などの生活にかかわるものや，母性を表現したとされる土偶が発見され，複雑な精神文化を育んでいたと考えられています。

B 「法隆寺地域の仏教建造物」

聖徳太子によって建造された法隆寺とその地域一帯には，世界最古の木造建築が数多く残っています。法隆寺は木造建築の傑作であること，また仏教が(4)**日本**に伝来したころの寺院ということもあり，1993年に姫路城とともに(5)**日本ではじめて**世界文化遺産として登録されました。法隆寺は(6)**７世紀**初期につくられはじめて，法隆寺にある建造物の一部には，中国や朝鮮にも残っていない仏教建築様式のものもあります。また，法隆寺の周辺では17世紀から18世紀にかけて建築された建物も多く，日本の仏教寺院建築のうつりかわりもみることができます。

C 「琉球王国のグスク及び関連遺産群」

琉球王国は現在の(7)**沖縄県**にあった国で，(8)**中国・朝鮮**・日本・東南アジア諸国と交易して発展したため，国際色豊かな独特の文化がつくられました。琉球王国として統一される前の14世紀半ばには，３つの王国に分かれて争っていたため，たくさんのグスク(城)がつくられました。(9)**15世紀**前半に中山王の尚巴志が３つの王国を統一しました。その琉球王国の中心となった首里城は，グスクのなかでももっとも有名で，城壁には，曲面を多用した琉球独自の特徴がみられます。これら複数のグスクに加えて，それに関連する記念工作物や文化的景観で世界遺産が構成されています。

D 「石見銀山遺跡とその文化的景観」

石見銀山は，銀の坑道だけではなく，(10)**労働者**の住宅や代官所，銀を運ぶ港やその途中にある施設など，銀生産にかかわるさまざまなものが一緒に登録されているところに特徴があります。石見銀山では新たな製錬技術を取り入れたあと，最盛期には世界の約３分の１の銀が産出されたと考えられています。石見銀山の銀は，はじめは中国との貿易で流通していましたが，スペイン人やポルトガル人などが日本に来たことで，世界的な経済・文化の交流に影響を与えることとなりました。

E 「姫路城」

姫路城は，1600年に城主となった池田輝政によって，もともとここにあった(11)**城**を利用して，翌年から1609年にかけて建造されました。現在残っている姫路城の構造物や建物はこの当時のもので，城の周囲は防御に適した水堀で囲まれています。外には人々の居住地と商業地からなる城下町があり，その周囲にも濠がありました。このように防御にすぐれたつくりをしていましたが，戦いを一度も経験したことのない不戦の城としても知られています。また，白い壁で統一されていることから，白鷺城ともよばれています。

F 「明治日本の産業革命遺産　製鉄・製鋼，造船，石炭産業」

この遺産群は，日本の重工業において(12)**1850年代**から1910年の半世紀のきわめて急速な発展の歴史をしめしています。歴史の順番でみていくと，幕末期の反射炉(萩市・伊豆の国市)など，幕末期から明治期のグラバー邸(長崎市)や三池炭鉱(福岡県と熊本県の一部)など，(13)**明治時代**の産業革命の完成期の八幡製鉄所(北九州市)などがあります。さまざまな地域で発展をしたため，九州だけではなく，日本各地に遺産があるのも特徴です。

G 「原爆ドーム」

原爆ドームは，レンガと鉄筋コンクリートでつくられた３階建ての建物で，広島県産業奨励館として使われていました。(14)**第二次世界大戦**末期に，人類史上初めて使用された核兵器により被爆した建物です。建物は原爆の爆心地から北西約160メートルの至近距離にありましたが，爆風が上方から垂直に働いたため，ほぼ被爆した当時の姿をとどめています。原爆ドームは，核兵器の悲惨さを伝え，核兵器をなくすことと平和の大切さを訴え続ける建物となっており，「負の遺産」ともよばれています。

問１ 下線部(1)について，縄文時代についてのべた文として正しいものはどれですか。次から１つ選び，記号で答えなさい。

ア．気温が旧石器時代と比べてかなり低かったと考えられている。
イ．登呂遺跡などの稲作の跡がみられる遺跡がある。
ウ．弥生土器に比べて厚くてもろい土器がつくられた。
エ．墓地から発見される副葬品から，人々に大きな身分差があったと考えられている。

問２ 下線部(2)について，あとの問いに答えなさい。

(1) 日本の世界遺産についてのべた文として**まちがっているもの**はどれですか。次から１つ選び，記号で答えなさい。

ア．富士山は世界文化遺産として登録されている。
イ．日光東照宮は徳川家康をまつるものとして建造された。
ウ．中尊寺金色堂は奥州藤原氏の繁栄をあらわしている。
エ．明治時代につくられた富岡製糸場では，綿糸を生産していた。

(2) 世界遺産とは，人類共通の宝として未来の世代に引き継いでいくべき文化財や遺跡，自然環境として世界遺産委員会に登録されたものです。登録条件として，かつては「遺跡や建造物をなるべく元(建造された当時)の状態を保ったまま保存することや，修復の際にも建造された当時のままの素材(建造されたときに使われた素材)を使うこと」が求められました。そのため，日本をふくめてアジアやアフリカの建造物は，世界遺産として登録が難しいという問題がありました。なぜ，アジアやアフリカの建造物はヨーロッパと比べて登録が難しいと考えられたのですか。ヨーロッパとアジアやアフリカの世界遺産の例を見比べつつ，建造物の素材や修復方法に注目して答えなさい。ただし，解答らんの書き出しに合わせて答えること。

ヨーロッパの建物の例
(石灰岩や火山灰が主成分のローマン＝コンクリートでつくられたイタリアのコロッセオ)

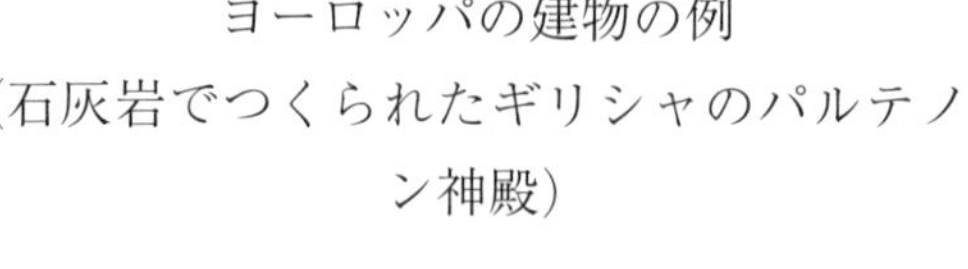

ヨーロッパの建物の例
(石灰岩でつくられたギリシャのパルテノン神殿)

アジアの建物の例
(木でつくられた日本の東大寺大仏殿)

アフリカの建物の例
(マリ共和国の「ジェンネ旧市街」の一部の泥(どろ)のモスク)

問３　下線部(**3**)について，あとの問いに答えなさい。

(1)　山形県の酒田市は米の積出港としてさかえました。ここには，明治時代から米を保存しておくための山居倉庫(さんきょそうこ)があります。〔地図Ａ〕は山居倉庫が建てられたころの周辺地図です。この倉庫のとなりには下の〔写真〕のようにケヤキの木が植えられています。ケヤキの木は夏の午後にどのような役割を果たすと考えられますか。〔地図Ａ〕と〔地図Ｂ〕から酒田市のある場所をふまえて答えなさい。

〔地図A〕

※地名は右から読みます　　　　　　　　　　「今昔マップ」より作成

※ ⬯ は山居倉庫の位置をあらわします

〔地図B〕

〔写真〕

西　　東

(2)　かつて東北地方で朝廷に従わない人のことを蝦夷とよんでいました。平安時代に蝦夷を制圧するために征夷大将軍に任命された人物はだれですか。漢字で答えなさい。

問４　下線部**(4)**について，あとの問いに答えなさい。

(1)　次の雨温図は札幌市・秋田市・長野市・高松市のものです。長野市の雨温図はどれですか。次から１つ選び，記号で答えなさい。

ア．

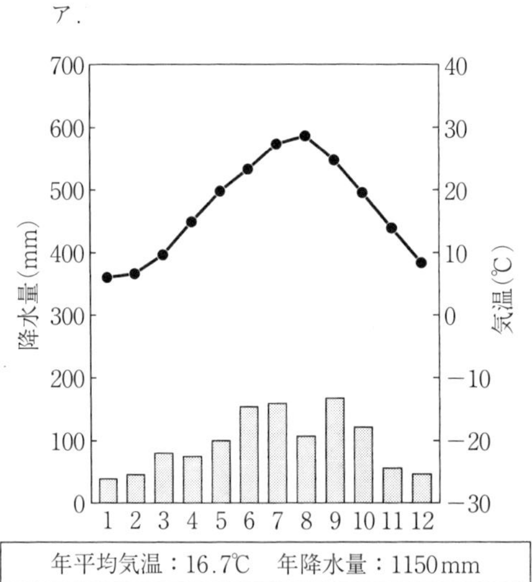

イ．

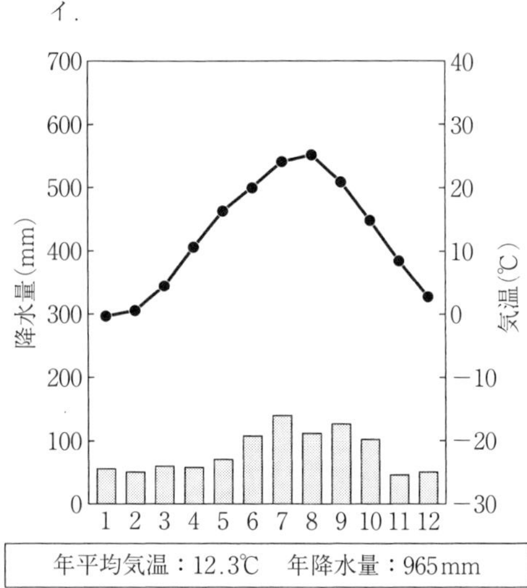

ウ．

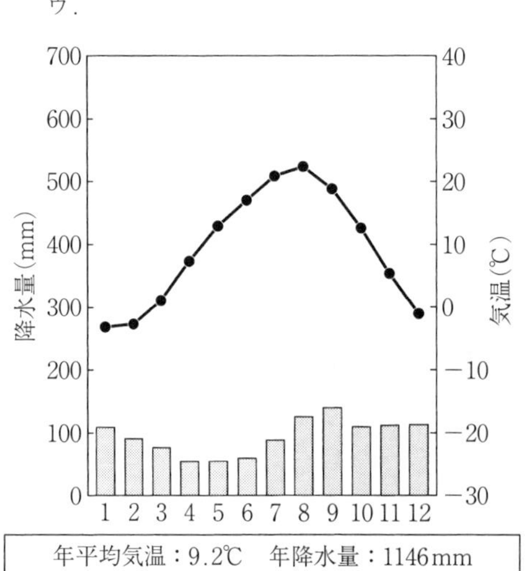

エ．

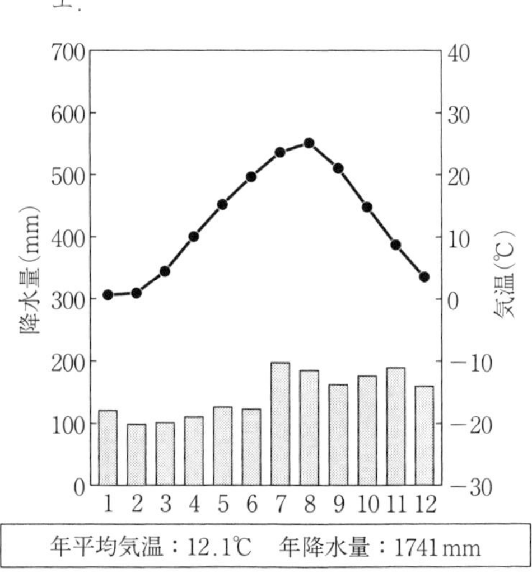

(2)　日本の社会保障制度の４つの柱のうち，国の予算のなかで最も割合が大きいものはどれですか。次から１つ選び，記号で答えなさい。

ア．公的扶助

イ．社会福祉

ウ．公衆衛生

エ．社会保険

(3)　日本銀行の役割についてのべた文として**まちがっているもの**はどれですか。次から１つ選び，記号で答えなさい。

ア．政府のお金を預かる。

イ．家を購入（こうにゅう）する個人にお金を貸す。

ウ．一般の銀行のお金を預かる。

エ．紙幣（しへい）を発行する。

問５　下線部(5)についてのべた文として**まちがっているもの**はどれですか。次から１つ選び，記号で答えなさい。

ア．日本ではじめて太政大臣になった武士は，平清盛である。

イ．日本ではじめて首相となったのは，伊藤博文である。

ウ．日本ではじめて女子の留学生の一人となったのは，津田梅子である。

エ．日本ではじめて本格的な政党内閣を組織したのは，板垣退助である。

問６　下線部(6)について，７世紀につくられたと考えられるものはどれですか。次から１つ選び，記号で答えなさい。

ア．薬師寺…天武天皇によって皇后(のちの持統天皇)の病気が治ることを願って建立された。

イ．東大寺の大仏…聖武天皇によって国力を尽(つ)くして造立された。

ウ．秋田城…かつて出羽国(でわのくに)といわれた東北地方につくられ，律令国家を支えた。

エ．建長寺…武士の気風に合う禅宗(臨済宗)の寺として建立された。

問７　下線部(7)についてのべた文として**まちがっているもの**はどれですか。次から１つ選び，記号で答えなさい。

ア．沖縄県は明治時代に設置された。

イ．沖縄県は暖かい気候なので，防風林や石壁などはつくらず風通しのよい家の構造となっている。

ウ．1972年に沖縄県はアメリカから日本に返還(へんかん)された。

エ．2000年に沖縄県でサミットが開催(かいさい)されたことを記念して2000円札が発行された。

問８　下線部(8)について，日本と中国・朝鮮との歴史についてのべた文として**まちがっているもの**はどれですか。次から１つ選び，記号で答えなさい。

ア．中国の漢の時代の歴史書には，邪馬台国の卑弥呼について書かれている。

イ．朝鮮半島からの渡来人によって須恵器の技術が日本に伝わった。

ウ．足利義満が明と勘合貿易をおこなった。

エ．日清戦争後の下関条約で日本が台湾を獲得(かくとく)した。

問９　下線部(9)について，15世紀前後のできごとについてのべた文を年代の古いものからならべて記号で答えなさい。

ア．天皇が京都と吉野に分かれて争った。

イ．本能寺の変によって織田信長は明智光秀にたおされた。

ウ．京都で応仁の乱がおこった。

エ．室町幕府が滅亡(めつぼう)した。

問10　下線部(10)について，労働者が自分たちの労働条件を改善するために，労働者が団結して仕事をおこなわないことで，自分たちの要求を通そうとすることを何といいますか。答えなさい。

問11　下線部(11)について，次の地図は熊本城の場所をしめしたものです。なぜ，この場所に建てられたと考えられますか。本文Ｅと，地図上の地形を参考に答えなさい。

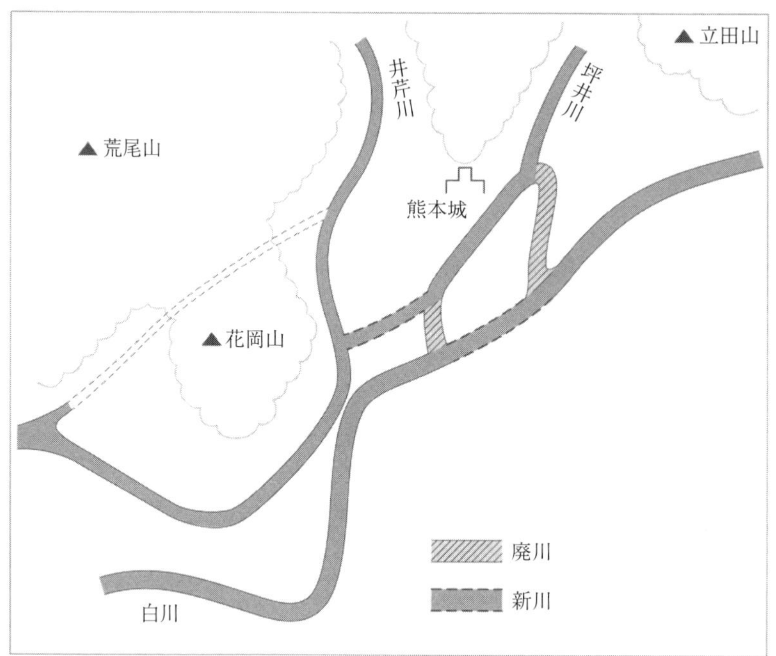

国土交通省九州地方整備局より引用
※廃川・新川…熊本城建築にともなってなくした川と新たな流路としてできた川のこと

問12　下線部⑿について，1850年代以降，当時イギリスの植民地であったインドの風土病であるコレラが，これまでになかったほど日本国内で大流行しました。なぜ，日本で1850年代からコレラが大流行したのですか。説明しなさい。

問13　下線部⒀について，次の文章は明治時代についてのべたものです。空らんにあてはまる語句は何ですか。**8字**で答えなさい。

> 明治時代に入ると，殖産(しょくさん)興業や西南戦争の費用を調達するために，政府は大量の紙幣を刷(す)りました。この結果，お金の価値が下がり，物価が上がりました。この経済現象を［　　　］といいます。

問14　下線部⒁について，第二次世界大戦のころについてのべた文を年代の古いものからならべて記号で答えなさい。

ア．柳条湖事件をきっかけに満州事変がおこった。

イ．国家総動員法が制定された。

ウ．日中戦争がはじまった。

エ．真珠湾攻撃(こうげき)をきっかけにアジア・太平洋戦争がはじまった。

問15　本文を参考に，次の問いに答えなさい。

(1)　本文のA・B・C・E・Gの世界遺産のある場所を西から東の順にならべて記号で答えなさい。

(2)　本文の内容として**まちがっているもの**はどれですか。次から**2つ**選び，記号で答えなさい。

ア．聖徳太子は仏教を尊んだと考えられる。

イ．琉球王国のグスクでは，中国の影響(えいきょう)はみられず，日本文化の影響を色濃(こ)く受けている。

ウ．石見銀山の銀は南蛮貿易を通じて世界中に広まったと考えられる。

エ．「明治日本の産業革命遺産　製鉄・製鋼，造船，石炭産業」は，九州以外に少なくとも鳥取県・静岡県にはあると考えられる。

オ．「原爆ドーム」のほぼ真上で原爆が爆発したため，横からの爆風が少なく，それによってドームは原形をとどめたと考えられている。

2　**次の文章を読んで，あとの問いに答えなさい。**

全国各地に「富士見」という地名が存在しています。皆(みな)さんが本日受験している富士見中学校高等学校のように，学校名に富士見がついている学校も多数存在しています。

富士見という地名は，文字通り「富士を見る」ことができる場所につけられたということは簡単に想像することができると思います。地名に富士見がつくのはどのような場所なのでしょうか。今回は，(1)**国土地理院**が提供する(2)**地理院地図**の(3)**検索(けんさく)機能**を使って，富士見の分布をみることにします。市区町村名としての富士見は，(4)**埼玉県**富士見市と(5)**長野県**富士見町が存在しています。また(6)**市区町村**以下につく富士見は，(7)**北海道**から(8)**九州**まで広く分布しています。そのなかでもとくに富士山に近い(9)**首都圏(しゅとけん)や静岡県**に多い地名ですが，その一方で，富士山をみることができない北海道や九州でも地名が分布しています。北海道や九州の富士見という地名はどのような理由でつけられているのでしょうか。理由のひとつに，富士山に似ているような山や，その地域で目立つ山などに対して「(10)**○○富士**」という別名をつけることがあり，これらの山がみえる地域にも富士見という地名をつけているということがあります。

学校名としての富士見を地名と同じように地理院地図で検索すると，全国で高校が4校，中学校が10校存在しています。ここでは，全国に4校ある富士見高校についてみていくことにします。富士見が名称につく高校は，公立高校と私立高校でそれぞれ2校ずつ存在しています。それぞれの富士見高校の開校年は，本校が最も古く，(11)**1924(大正13)年**の開校です。次に古いのは，私立の静岡県富士見高校と公立の長野県富士見高校で，ともに1927(昭和2)年に開校しています。最も新しいのは，公立の埼玉県立富士見高校で，(12)**1976(昭和51)年**に開校しました。

公立の富士見高校のひとつである長野県富士見高校は，全国で最も標高の高いところに存在する公立高校で，農業を学べる園芸科のコースもある学校です。また，全国でもめずらしい，(13)**ニホンミツバチ**を飼育する養蜂(ようほう)部があります。私立の富士見高校は，静岡県富士見高校と本校ともに，女子教育がさかんでなかった時代から，教育をおこなってきたという共通点があるようです。

問1　下線部(1)について，国土地理院は日本の行政機関のひとつです。国の政治のしくみについて次の問いに答えなさい。

(1)　国会は立法権，内閣は行政権，裁判所は司法権を担っています。このように複数の機関に権力を分散させて，権力の集中を防ぐ考え方を何といいますか。漢字で答えなさい。

(2)　次の文は，国会に提出された法律案を法律として成立させるために必要な条件をのべた文です。この文の空らんに入る語句の組み合わせとして正しいものはどれですか。下から1つ選び，記号で答えなさい。

各議院の（　X　）の（　Y　）の賛成で法律は成立する。

	X	Y
ア	出席議員	過半数
イ	出席議員	３分の２以上
ウ	総議員	過半数
エ	総議員	３分の２以上

問２　下線部(2)について，地理院地図や地形図に2019年から「自然災害伝承碑（しぜんさいがいでんしょうひ）」という地図記号が新たに記載（きさい）されるようになりました。次の３枚の地図にそれぞれ ◯ で囲んだ自然災害伝承碑は，水害（高潮・津波・洪水（こうずい））についての記録を伝承するものです。それぞれの伝承碑が伝える水害の種類と地図の組み合わせとして正しいものはどれですか。下から１つ選び，記号で答えなさい。

A

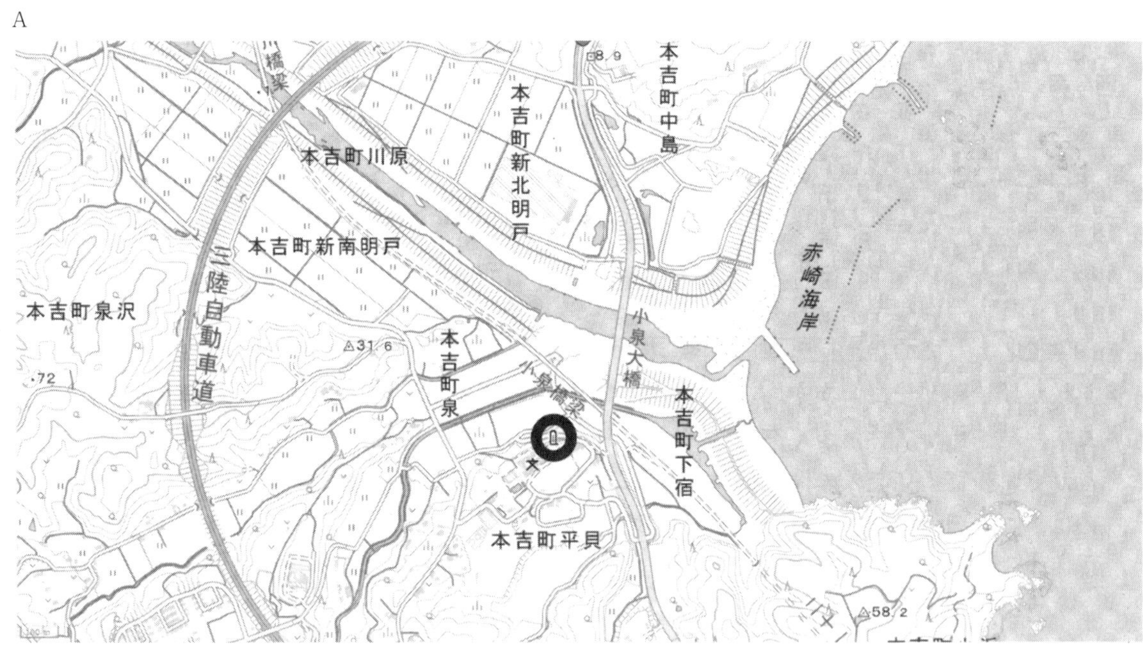

B

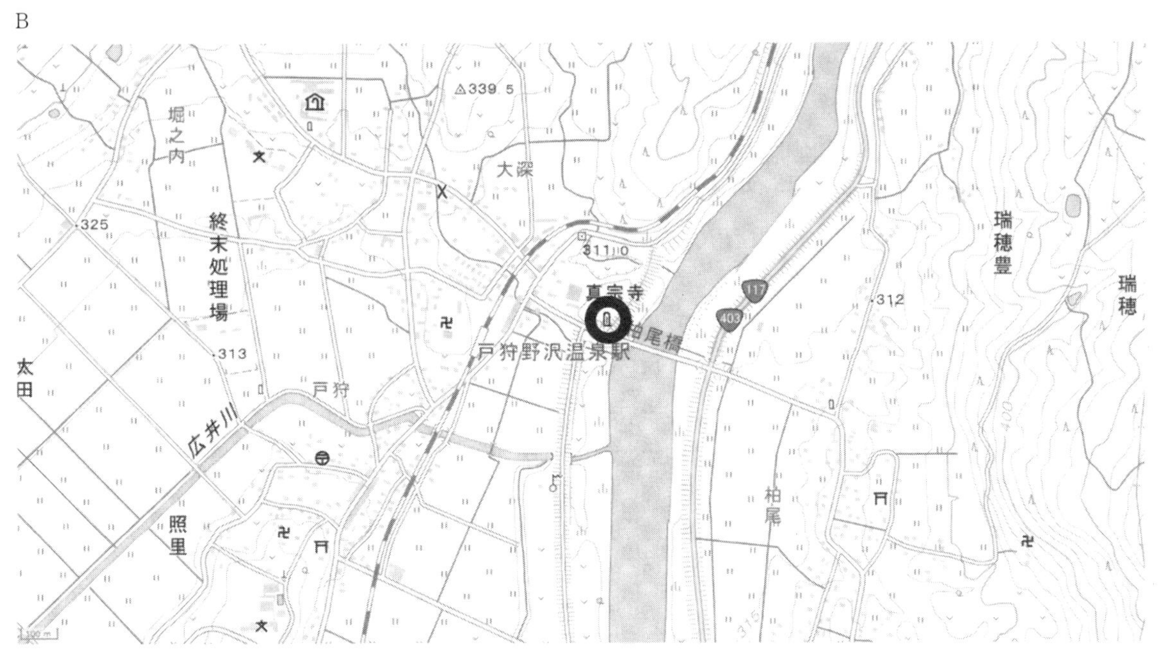

C

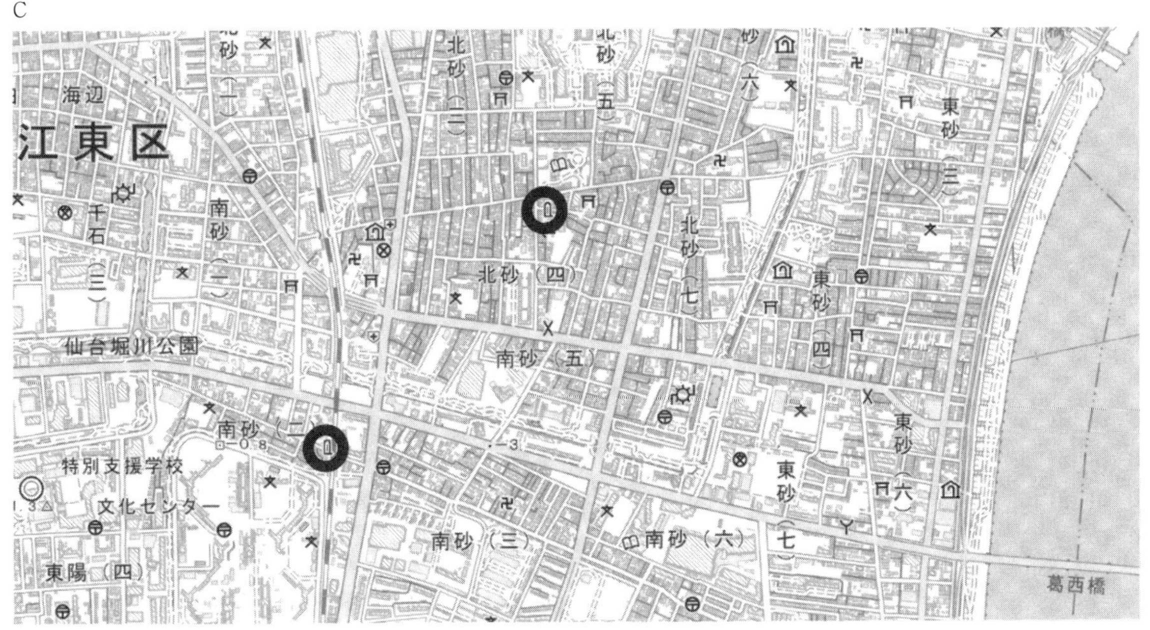

地理院地図より作成
〈編集部注：編集上の都合により原図の95%に縮小してあります。〉

	高潮	洪水
ア	A	B
イ	A	C
ウ	B	A
エ	B	C
オ	C	A
カ	C	B

問3　下線部(3)について，インターネットから情報を手に入れるときや発信するときに気をつけなければならないこととして正しいものはどれですか。次から1つ選び，記号で答えなさい。

ア．検索サイトでの検索結果は，上位に出てくるものが最も信頼性が高いととらえてよい。

イ．検索で手に入れた画像に少し手を加えて，自分の画像として発表した。

ウ．SNSで得た情報をより多くの人にすぐに知ってもらいたい気持ちから，正しい情報かどうか確認せずにそのまますぐに投稿した。

エ．ア～ウの内容はすべて正しくない。

問4　下線部(4)について，埼玉県を流れる荒川の源流は埼玉県をふくめた3県にまたがる甲武信ヶ岳にあります。甲武信ヶ岳には，ほかにも大きな河川やその支流の源流があります。次の地図中のア～ウの太線はその甲武信ヶ岳を中心にした地形図に河川(支流をふくむ)の源流部をしめしたものです。これらの河川の説明として正しいものはどれですか。下から1つ選び，記号で答えなさい。

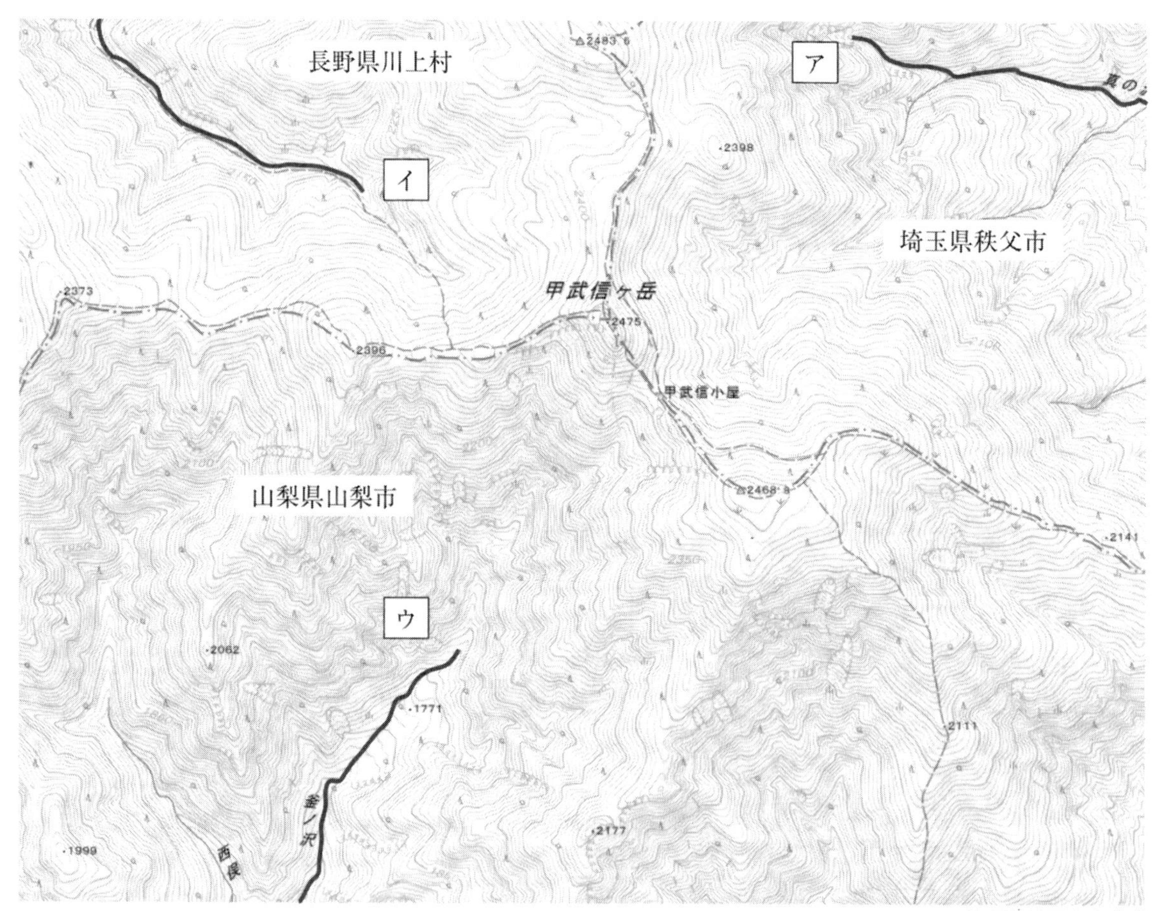

地理院地図より作成

〈編集部注：編集上の都合により原図の95%に縮小してあります。〉

ア．アの河川は，日本で最も流域面積が広い川である。洪水がたびたび発生した川であり，坂東太郎という別名を持っている。河口の千葉県銚子市では，しょうゆの生産がさかんにおこなわれている。

イ．イの河川は，日本で最も長い川である。富山県と新潟県の県境となっている区間も存在している。河口にあたる富山県富山市は，日本でも有数の豪雪(ごうせつ)地帯となっている。

ウ．ウの河川は，日本三大急流のひとつである。たくさんの川と甲府盆地で合流したあと，南側に進路を変えて，駿河湾(するがわん)に流れる。駿河湾では，サクラエビ漁がさかんにおこなわれている。

問５　下線部(5)について，次の表は，長野県・北海道・福井県・高知県における３つの発電方法別の発電所数とこれらの発電所の最大出力の合計をしめしたものです。長野県にあたるものはどれですか。表から１つ選び，記号で答えなさい。

県	火力発電所		水力発電所		原子力発電所	
	発電所数	最大出力計	発電所数	最大出力計	発電所数	最大出力計
ア	36	6,495,209	100	2,056,748	1	2,070,000
イ	4	1,527,530	30	537,190	4	7,738,000
ウ	3	319,000	43	1,164,946	なし	
エ	2	21,855	178	3,790,202	なし	

数，出力ともに2023年３月現在。廃止(はいし)・廃止措置(そち)中はふくんでいない。

最大出力計の単位：kW

電力調査統計　都道府県別発電所数，出力数より作成

問６　下線部(6)について，次のグラフは，全市区町村の財政の内訳をしめしたものです。このうち，国から支給されている項目として正しいものはどれですか。グラフから**すべて選び**，記号で答えなさい。

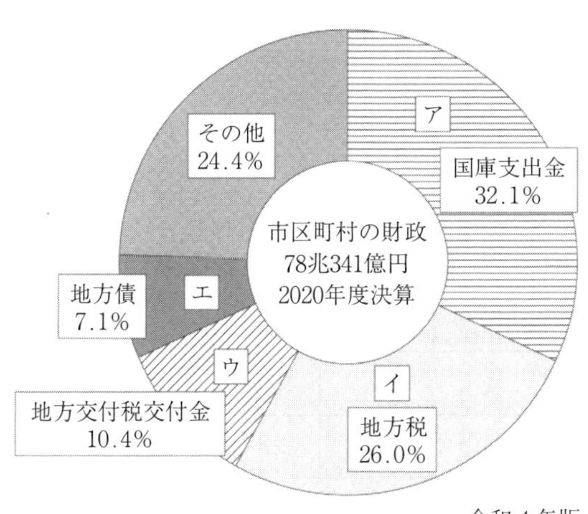

令和４年版
地方財政白書ビジュアル版歳入内訳より作成

問７　下線部(7)について，北海道に関するあとの問いに答えなさい。

(1)　北海道についてのべた文を年代の古いものからならべて記号で答えなさい。

ア．北海道新幹線が開通し，東京駅から新函館北斗(しんはこだてほくと)駅まで新幹線でいけるようになった。

イ．青函(せいかん)トンネルが開通し，本州と北海道がレールでつながった。

ウ．札幌(さっぽろ)冬季オリンピック開催(かいさい)にともなって，札幌市内に地下鉄が開通した。

エ．２度目の東京夏季オリンピックでは，暑さ対策のためマラソンと競歩の競技を札幌市内で実施(じっし)した。

(2)　次の表は，北海道の地名にある，本州由来の地名の一例です。北海道の地名に本州の地名が入る理由として考えられることは何ですか。明治政府の政策と関連づけて説明しなさい。

北海道の地名	由来となった地域
北海道北広島市(きたひろしまし)	広島県
北海道新十津川町(しんとつかわちょう)	奈良県十津川村(とつかわむら)
北海道釧路市鳥取(くしろしとっとり)	鳥取県
北海道長沼町加賀団体(ながぬまちょうかがだんたい)	石川県

問８　下線部(8)について，佐賀県東部にある吉野ヶ里遺跡(いせき)は，集落の周辺に濠(ほり)がめぐらされ，人々が争った形跡を復元しています。吉野ヶ里遺跡は何時代の状態を復元した遺跡と考えられていますか。次から１つ選び，記号で答えなさい。

ア．旧石器時代　　イ．古墳時代

ウ．弥生時代　　エ．奈良時代

問９　下線部(9)について，次の表は，首都圏周辺のそれぞれの都県庁所在地の直線距離をしめしたものです。X～Zに入る県名の組み合わせとして正しいものはどれですか。下から１つ選び，記号で答えなさい。

	茨城								
栃木	56.3	栃木							
群馬	124.5	76.2	群馬						
X	89.7	81.4	79.5	X					
千葉	86.8	108.8	129.6	51.2	千葉				
東京	99.3	98.8	96.4	19.0	40.2	東京			
Y	122.9	125.9	117.1	45.4	47.0	27.2	Y		
Z	185.3	155.0	92.1	100.0	141.0	101.7	100.3	Z	
静岡	240.5	222.5	168.5	150.8	172.9	142.8	126.0	78.1	静岡

表の見方
上下と左右が重なっているところが，それぞれの都県庁所在地の距離です。例えば，茨城と栃木の県庁所在地間の距離は56.3kmになります。

単位：km

国土地理院　都道府県庁所在地間の距離より作成

	X	Y	Z
ア	埼玉	山梨	神奈川
イ	埼玉	神奈川	山梨
ウ	山梨	神奈川	埼玉
エ	山梨	埼玉	神奈川
オ	神奈川	山梨	埼玉
カ	神奈川	埼玉	山梨

問10　下線部⑽について，次の文章は，いくつかの富士についてのべたものです。富士の名称の組み合わせとして正しいものはどれですか。下から１つ選び，記号で答えなさい。

［ X ］富士：正式名称は有明山という。飛騨(ひだ)山脈の一部を成している山で隆起(りゅうき)によって形成された。安曇(あづみ)富士ともよばれる。神話や和歌などにも登場し，古くから修行の場所として使われていた。周辺ではリンゴの栽培(さいばい)や稲作(いなさく)などがさかんにおこなわれている。

［ Y ］富士：正式名称は開聞岳(かいもんだけ)という。半島南部の火山帯の一部を構成する火山で，周辺には大小さまざまな火山地形が存在する。地熱も豊富で地熱発電所なども存在する。周辺ではソラマメやマンゴーなどの生産がさかんにおこなわれている。

［ Z ］富士：正式名称は岩木山という。県西部にみられる火山で周辺の平野からその姿をみることができる。古くから信仰(しんこう)の対象とされ，山頂には岩木山神社が置かれている。山頂からは世界遺産の白神山地，日本海などが一望できる。周辺ではリンゴの栽培や稲作などがさかんにおこなわれている。

	X	Y	Z
ア	津軽	信濃	薩摩
イ	津軽	薩摩	信濃
ウ	信濃	薩摩	津軽
エ	信濃	津軽	薩摩
オ	薩摩	信濃	津軽
カ	薩摩	津軽	信濃

問11　下線部⑾について，この年に成立した加藤高明内閣は，翌年に普通選挙法を制定しました。このときに選挙権を得た人々はどのような人々ですか。答えなさい。

問12　下線部⑿について，この年に当時の大和運輸（現在のヤマト運輸）が，各家庭に個別に荷物を配送する宅配便サービスをはじめました。サービスの利用は増加し続け，特に2000年代に入ってから大きく増加しています。2000年代以降，サービスの利用が増えた理由として考えられることは何ですか。説明しなさい。

問13　下線部⒀について，ニホンミツバチは古くから日本に存在している在来種（固有種）です。一方で，日本に生息するミツバチのなかには，海外から持ちこまれたセイヨウミツバチも存在しています。セイヨウミツバチのように海外から持ちこまれた生物を何とよんでいますか。漢字で答えなさい。

【理　科】〈第２回試験〉（40分）〈満点：60点〉

1　**次のⅠ～Ⅲの問いに答えなさい。**

Ⅰ

問１　図１の天気・風向・風力を答えなさい。

問２　ある日の朝７時の乾湿球湿度計の乾球は22℃，湿度は54％でした。このとき，乾湿球湿度計の湿球は，何℃を示していますか。表１の湿度表を使って答えなさい。

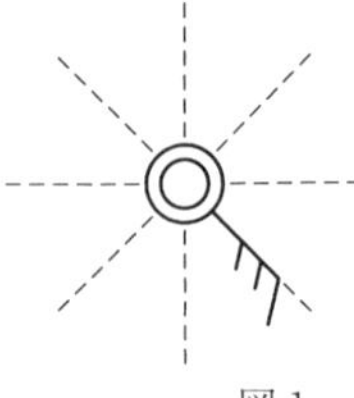

図１

表１

乾球の示度（℃）	乾球と湿球の示度の差（℃）												
	0	0.5	1.0	1.5	2.0	2.5	3.0	3.5	4.0	4.5	5.0	5.5	6.0
28	100	96	92	88	85	81	77	74	70	67	64	60	57
26	100	96	92	88	84	80	76	73	69	65	62	58	55
24	100	96	91	87	83	79	75	71	68	64	60	56	53
22	100	95	91	87	82	78	74	70	66	62	58	54	50
20	100	95	91	86	81	77	73	68	64	60	56	52	48
18	100	95	90	85	80	75	71	66	62	57	53	49	44
16	100	95	89	84	79	74	69	64	59	55	50	45	41
14	100	94	89	83	78	72	67	62	57	51	46	42	37
12	100	94	88	82	76	70	65	59	53	48	43	37	32
10	100	93	87	80	74	68	62	56	50	44	38	32	27
8	100	93	86	79	72	65	59	52	46	39	33	27	20
6	100	92	85	77	70	62	55	48	41	34	27	20	13
4	100	92	83	75	67	59	51	43	35	28	20	12	5
2	100	91	82	72	64	55	46	37	29	20	12	4	
0	100	90	80	70	60	50	40	31	21	12	3		%

Ⅱ　図２は，ある地層をスケッチしたものです。

問３　図２の地層Ａと地層Ｂの境目（Ｘ〜〜Ｙ）はでこぼこしており，地層Ａと地層Ｂは連続して堆積したものではないことが分かります。地層Ａと地層Ｂの境界面を何といいますか。

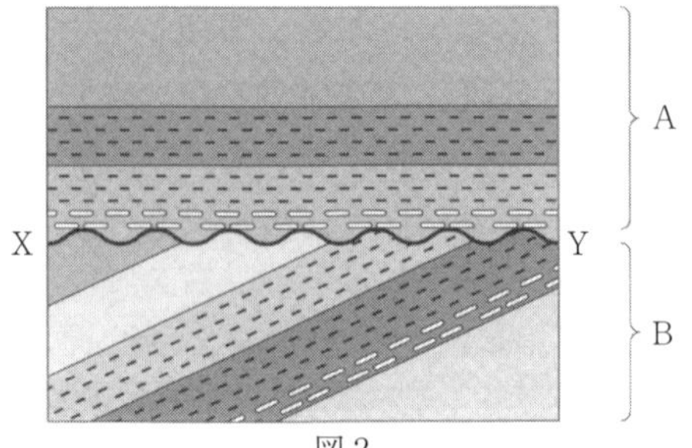

図２

問４　観察した地層ができるまでに起こったことを古い方から順に並べなさい。

ア．地層Ａが海中で堆積してできた。

イ．地層Ｂが海中で堆積してできた。

ウ．地層Ｂが沈降した。

エ．地層Ｂがしゅう曲して隆起した。

オ．Ｘ〜〜Ｙ面が地上でできた。

Ⅲ　図３はある川の河口からの距離と標高の関係を示したものです。

問５　川の流れが一番速いのはどの区間ですか。次の中から最も適切なものを１つ選び，記号で答えなさい。

ア．AB 間　　イ．BC 間

ウ．CD 間　　エ．DE 間

標高(m)

河口からの距離(km)

図３

問６　川のはばが一番せまいのはどの区間ですか。次の中から最も適切なものを１つ選び，記号で答えなさい。

ア．AB 間　　イ．BC 間　　ウ．CD 間　　エ．DE 間

2　**生物が他のものににた色や形をもつことを［①］といいます。以下にあげられているのは，［①］をしていると考えられている生物の例とその特ちょうについての説明です。**

オオヒメヒラタアブ

ハチににた色や模様をもっているが毒針はなく，成虫は花のみつや花粉を食べる。そのため，植物の受粉の手助けをすることもある。

クロアゲハ

全身が黒く，幼虫はミカンやカラタチなどの葉を食べる。成虫は毒のあるジャコウアゲハによくにているが，毒はない。

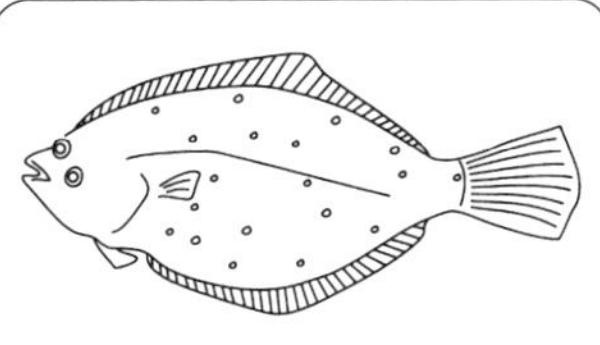

ヒラメ

海底が砂地になっている場所にひそみ，小さなエビやカニ，小魚などを食べる。

［②］

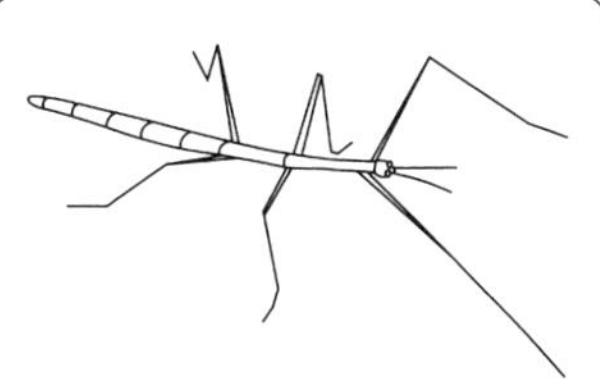

ナナフシ

成虫は木の枝のようなからだをもち，卵は植物の種子ににている。はねは退化しているため飛ぶことはできない。サクラやコナラなどの葉を好んで食べる。

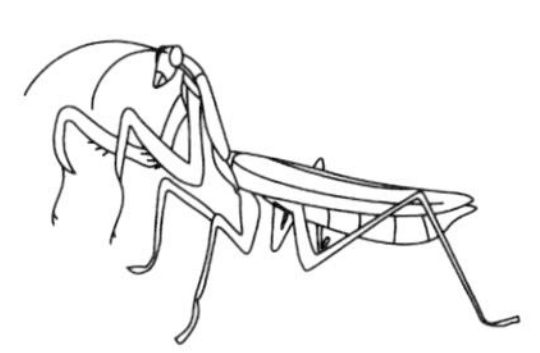

オオカマキリ

日本最大のカマキリ。緑色や茶色をしたからだと，鎌のように発達した前あしをもつ。

ニジュウヤホシテントウ

オレンジ色のからだに多数の黒い斑点をもつ。肉食のテントウムシとは異なり，草食であり，とくにナス科の葉を好んで食べるため，害虫としてあつかわれることが多い。

問１　［①］に入る言葉として適切なものを次の中から１つ選び，記号で答えなさい。

ア．遺伝　　イ．変態　　ウ．寄生　　エ．擬態

問２　ヒラメの説明にある空欄［②］に入る内容としてまちがっているものを次の中から１つ選

び，記号で答えなさい。

ア．周りの水温に合わせて体温が変化する。

イ．背骨をもち，体内には血液が流れている。

ウ．えら呼吸をし，からだの表面はうろこでおおわれている。

エ．メスはからのある卵を一度にたくさん産む。

問3　例にあげられた生物を，①のしかたをもとに，AとBの2つのグループになかま分けをしました。ニジュウヤホシテントウはナナホシテントウなどをはじめとする他のテントウムシに姿をにせていると考えられており，この考えが正しいとすると，ニジュウヤホシテントウはAとBのどちらのグループに入れるべきだと考えられますか。記号と選んだ理由を答えなさい。

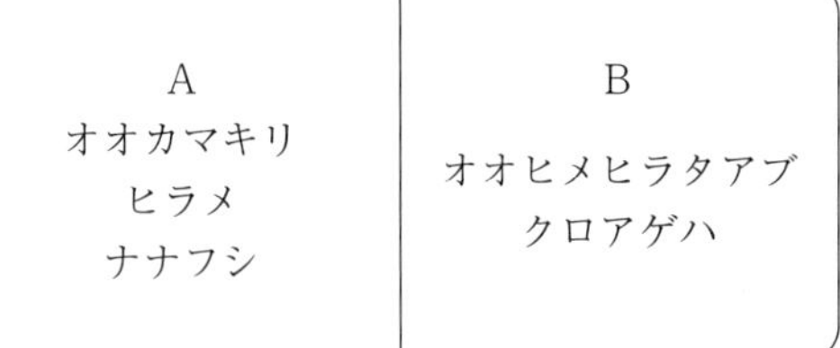

A	B
オオカマキリ ヒラメ ナナフシ	オオヒメヒラタアブ クロアゲハ

ナナホシテントウ
あざやかな赤色の体に7つの黒い斑点をもつ。体液には鳥などがきらう，くさくて苦い有毒物質がふくまれている。

問4　野菜などの作物を育てる人にとって，ニジュウヤホシテントウは害虫としてあつかわれることが多いのに対し，ナナホシテントウは多くの場合，益虫(人間の生活に役立つ虫)としてあつかわれます。下線部の理由を答えなさい。

問5　例にあげられた生物を，今度は①の目的をもとになかま分けをしました。すると，例にあげた全ての生物に共通する目的であるCに加えて，オオカマキリとヒラメにはさらに他の目的であるDもあることが分かりました。Dの目的は何かを答えなさい。

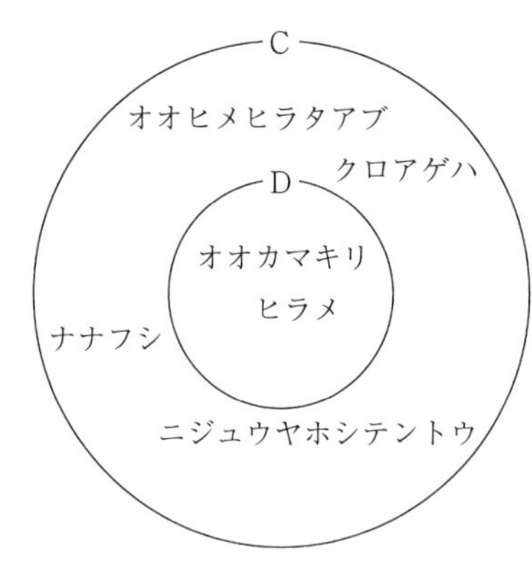

アゲハチョウのさなぎの色はさなぎができるときの環境によって変化します。さなぎの色がどのように決まるのかを調べるために次のような実験を行いました。

〔実験〕

4色(白・黒・茶・緑)の表面がつるつるとした紙(以下，光沢紙とよぶ)と表面がざらざらとした茶色の紙やすりを台紙として用意し，図のような装置を5パターン組み立てた。その後，点灯したライトの下，台紙につけた幼虫が何色のさなぎになるのかを，使用した台紙ごとに観察し，記録した。

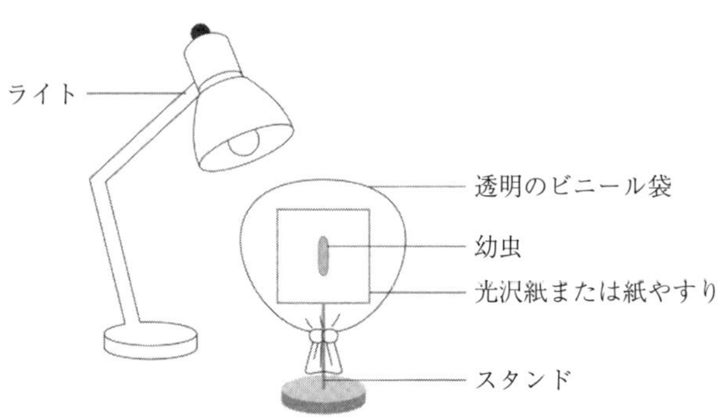

〔結果〕

・幼虫を光沢紙につけると，光沢紙の色が白，黒，茶，緑のいずれの場合であっても，さなぎは緑色になった。

・幼虫を紙やすりにつけると，さなぎは茶色になった。

問６　実験の結果から考えられることを次の中から2つ選び，記号で答えなさい。

ア．さなぎの色は視覚から得られる４色(白・黒・茶・緑)の刺激の影響を受けない。

イ．さなぎの色は視覚から得られる４色(白・黒・茶・緑)の刺激の影響を受けて変化する。

ウ．さなぎの色は視覚から得られるライトのあかりの刺激の影響を受けない。

エ．さなぎの色は視覚から得られるライトのあかりの刺激の影響を受けて変化する。

オ．さなぎの色は触覚(触ることによって感じる感覚)からの刺激の影響を受けない。

カ．さなぎの色は触覚からの刺激の影響を受けて変化する。

問７　結果のようなしくみは，アゲハチョウが生き残る上で重要な役割をもっていると考えられます。アゲハチョウの幼虫のさなぎの色の変化は実際の自然界ではどのようにしておこなわれ，またそれによりどのような利益があると考えられますか。以下の文の③に当てはまるものをア～カから１つ選び，④に当てはまる文章は自分で考えて答えなさい。

「(　　③　　)ことにより，(　　④　　)という利益があるため。」

ア．つるつるとした緑色の葉の上では緑色に，ざらざらとした茶色の木の幹や枝の上でも緑色になる

イ．ざらざらとした緑色の葉の上では茶色に，つるつるとした茶色の木の幹や枝の上でも茶色になる

ウ．つるつるとした緑色の葉の上では茶色に，ざらざらとした茶色の木の幹や枝の上では緑色になる

エ．ざらざらとした緑色の葉の上では茶色に，つるつるとした茶色の木の幹や枝の上では緑色になる

オ．つるつるとした緑色の葉の上では緑色に，ざらざらとした茶色の木の幹や枝の上では茶色になる

カ．ざらざらとした緑色の葉の上では緑色に，つるつるとした茶色の木の幹や枝の上では茶色になる

3　**次の文章を読んで，以下の問いに答えなさい。**

Ⅰ

富士子さんは2023年３月に，H3ロケットの初号機の打ち上げが失敗に終わったというニュースを目にしました。ふと，宇宙でなぜロケットが燃料を燃やし続けられるのか疑問に思い，調べたところ，2021年の新聞の記事を見つけました。

> ロケットは人工衛星や惑星探査機を積んで，宇宙まで運びます。エンジンの中で燃料を燃やし，ガスを噴き出す反動で飛ぶことができます。ものが燃えるには［　あ　］が必要ですが，宇宙には［　あ　］がありません。そのため，エンジンに燃料と［　あ　］を一緒に積んでいます。

（中略）1994年に打ち上げられた国産初の大型ロケット「H2」は，おもに液体［　い　］と液体［　あ　］を使った液体燃料ロケットです。極めて低い温度の液体［　い　］と液体［　あ　］を別々のタンクに詰(つ)めて，燃焼室というところで混ぜて燃やす仕組みです。さらに改良したのが「H2A」や，「こうのとり」を運んだ「H2B」，2021年度打ち上げ予定の「H3」です。

（2021年９月14日　毎日小学生新聞　一部抜粋(ばっすい)）

富士子さんはH3ロケットについてさらに調べ，2014年から開発が開始されたものの，何度も打ち上げが延期になるなど，研究者たちが試行錯誤(しこうさくご)を重ねたことを知りました。そこで，夏休みの自由研究として，ロケットをつくりました。仕組みは以下の通りです(図１)。

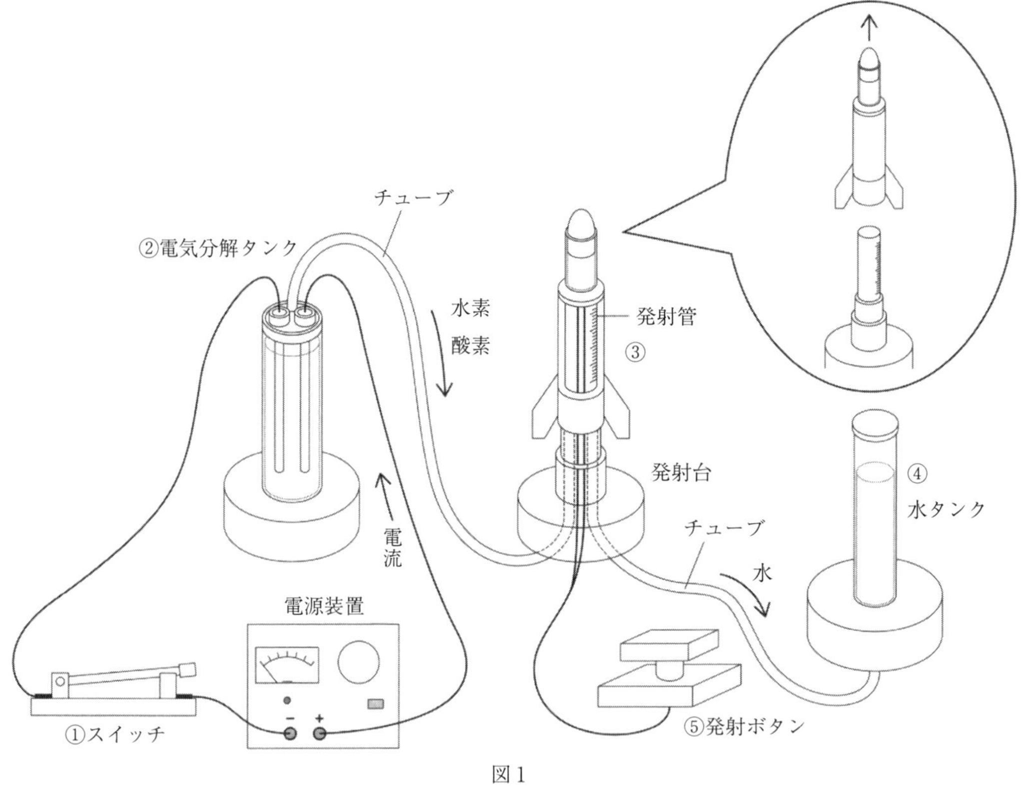

図１

〈ロケットの仕組み〉

１．スイッチ(①)を入れると，電気が流れる。

２．１.によって流れた電気により，電気分解タンク(②)の中の水が分解され，水素と酸素が泡(あわ)になって出てくる。電気分解タンク(②)と発射管(③)はチューブでつながれており，水素と酸素は発射管(③)の中に送られる。

３．発射管(③)と水タンク(④)は別のチューブでつながっており，発射管(③)の中ははじめ水で満たされている。２.の水素と酸素が発射管(③)の中にたまっていくと発射管(③)内の水が押し出され，水タンク(④)に送られる。

４．発射ボタン(⑤)を押すと発射管(③)の中の点火装置から火花が生じ，ロケットが飛ぶ。このとき，発射管(③)の内側が少しくもる。

問１　新聞記事の空欄［あ］，［い］に当てはまる物質の名称を答えなさい。

問２　物質どうしの組み合わせで水素を発生させるとき，正しい組み合わせはどれですか。次の中から１つ選び，記号で答えなさい。

ア．塩化アンモニウムと水酸化カルシウム　　イ．亜鉛と塩酸

ウ．二酸化マンガンと過酸化水素水　　エ．石灰石と塩酸

問３　以下の水素に関する文のうち，正しいものはどれですか。次の中からすべて選び，記号で答えなさい。

ア．水上置換法で集める。

イ．助燃性がある。

ウ．石灰水を白く濁らせる。

エ．空気に二番目に多く含まれる気体である。

オ．最も軽い気体である。

問４　電気分解タンクには水だけでなく，水酸化ナトリウムが入っています。その理由を答えなさい。

問５　富士子さんがつくったロケットが飛ぶ原理に最も関わりのある現象を，次の中から１つ選び，記号で答えなさい。

ア．風船に水素をいれると浮かぶ。

イ．水素の入った試験管の口に，火が付いたマッチを近づけるとポンと音が鳴る。

ウ．気球内の空気をあたためるとゆっくりと上昇する。

エ．水の入ったペットボトルを長時間おいておくと，内側がくもる。

オ．雲が空に浮かんでいる。

カ．寒い日に窓の内側がくもる。

Ⅱ

水素に酸素を加え火を付けると水ができることからも分かるように，水は水素と酸素からできています。水素の重さとできる水の重さの関係は，以下のグラフのようになります。

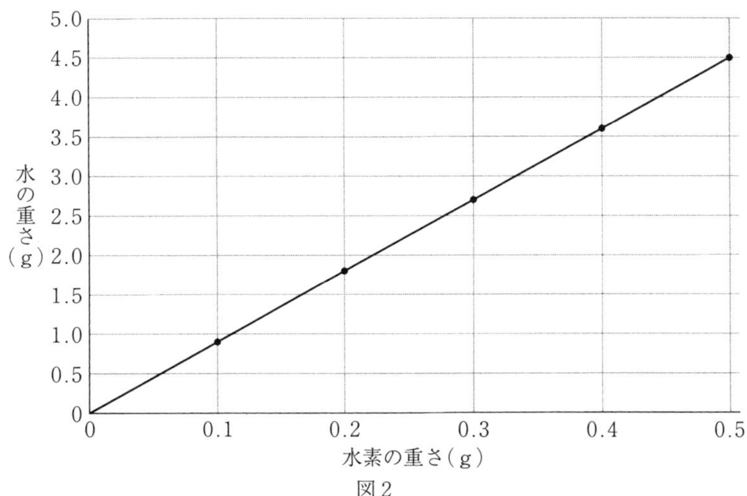

図２

問６　水素0.5gと過不足なく反応する酸素は何gですか。

問７　水素 0.8g に酸素 4.0g を反応させてできる水は何 g ですか。

問８　水に含まれる水素と酸素の重さの比を最も簡単な整数比で答えなさい。

今から200年ほど前，イギリスの科学者ドルトンは「物質は，これ以上細かく分けることができない最小の大きさの粒子(りゅうし)からできている」と提唱しました。その最小の粒子を原子といいます。私たちが生きている世界に原子の種類は100種類以上あり，すべての物質はこの原子の組み合わせによってできています。次に示す図３は，水素，酸素，水について原子の組み合わせを示しています。

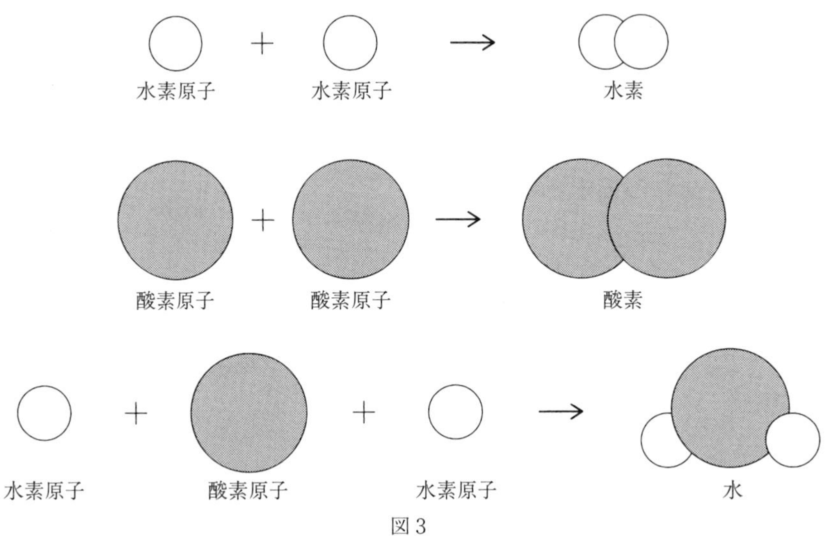

図３

問９　水に含まれる原子の個数の比は，図３より(水素原子２個)：(酸素原子１個)と考えることができます。問８の結果をもとに，水素原子と酸素原子のそれぞれ１個当たりの重さの比を最も簡単な整数比で答えなさい。

4　**次の問いに答えなさい。ただし，答えが割り切れない場合は，小数第２位を四捨五入して小数第１位まででで答えなさい。**

Ⅰ　図１のように点Ａから静かに手をはなして小球を転がし，点Ｂを通過したときの速さを測定する実験を行いました。以下の実験では摩擦(まさつ)ははたらかないものとします。

〔実験１〕

斜面(しゃめん)の角度は変えず点Ａの高さをいろいろ変えて実験を行いました。表１はその実験の結果です。

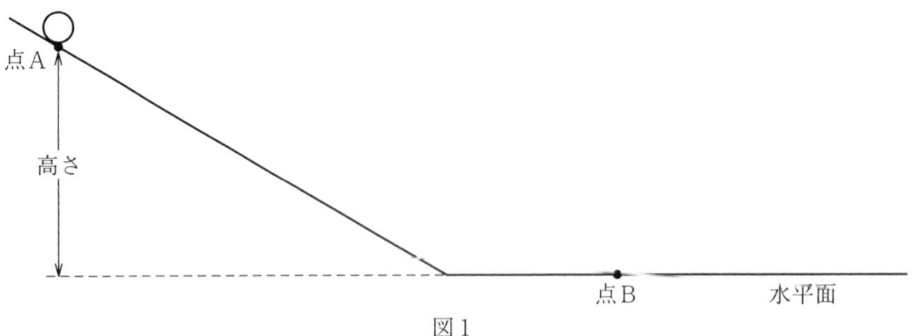

図１

表１

高さ(cm)	10	20	30	40	50	60	70	80	90
速さ(cm/秒)	140	198	242	280	313	343	370	396	420

問１　小球の速さを２倍にするには高さをもとの何倍にすればよいですか。

問２　高さと速さはどのような関係になりますか。次のグラフから最も適切なものを１つ選び，記号で答えなさい。

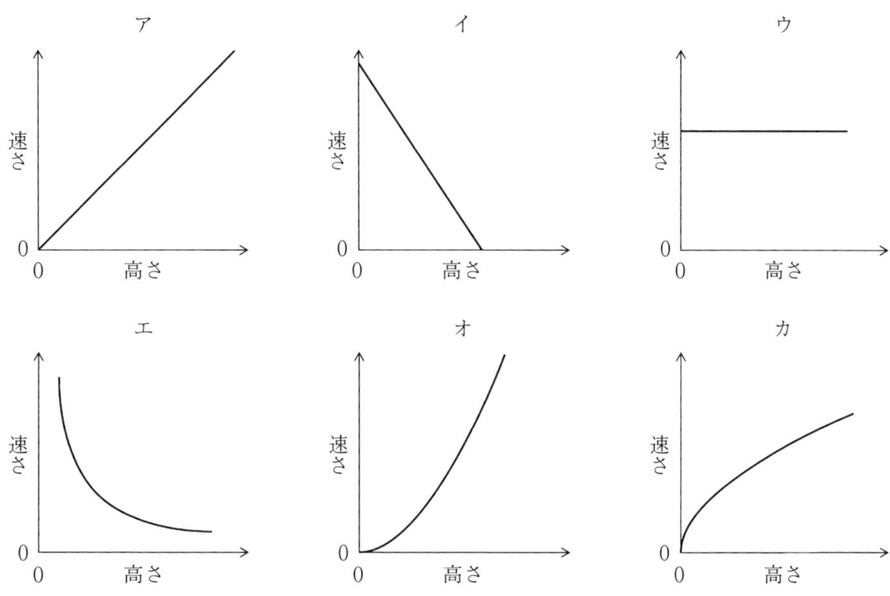

〔実験２〕

図２のように水平面から点Ａまでの高さは10cmに固定し，斜面の角度を①～③(①<②<③)のように変化させました。このときの実験結果は表２のようになりました。ただし，どんなに急な斜面になっても水平面と斜面はなめらかにつながっているものとします。また，角度は90°をこえないものとします。

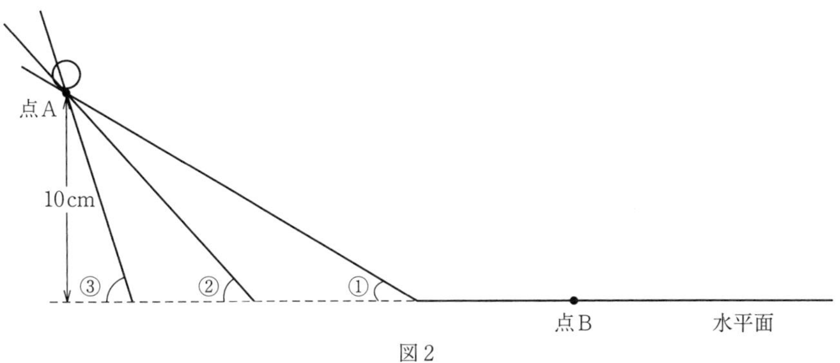

図２

表２

角度(°)	①	②	③
速さ(cm/秒)	140	140	140

問３　斜面の角度と速さはどのような関係になりますか。次のグラフから最も適切なものを１つ選び，記号で答えなさい。

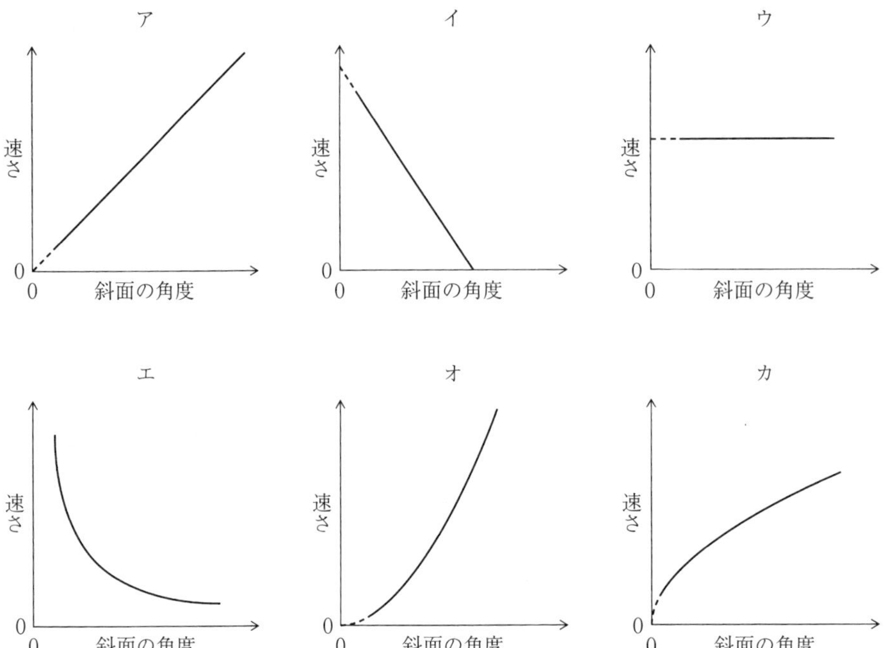

問４　図３のように，点Ａから水平面までの斜面の長さを50cmに固定して，〔実験２〕と同様に斜面の角度を①から③へと徐々(じょじょ)に大きくしていきました。このとき，斜面の角度が増加すると小球の速さはどう変化していきますか。簡単に説明しなさい。

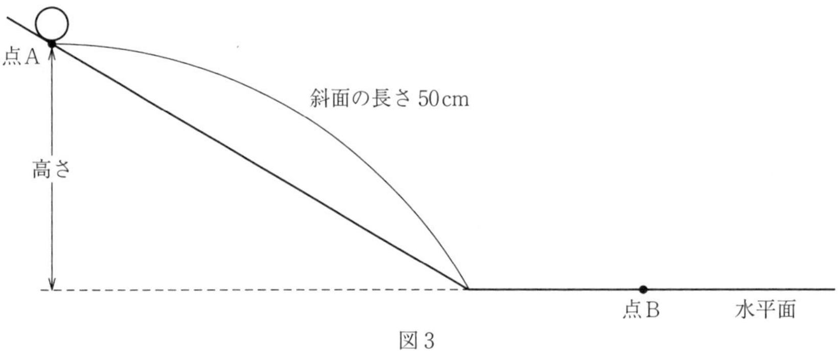

図３

Ⅱ　滑車(かっしゃ)を組み合わせさまざまな装置を作りました。ただし，以下の問題では滑車の重さは考えないものとします。

図４のような装置を作ると，100gのおもりとおもりＣは静止しました。

問５　おもりＣの重さは何ｇですか。

問６　100gのおもりを20cm引き下げるとき，おもりＣは何cm引き上がりますか。

次に，図５のような装置を作ると，100gのおもりとおもりＤは静止しました。滑車を結ぶ板の重さも考えないものとします。

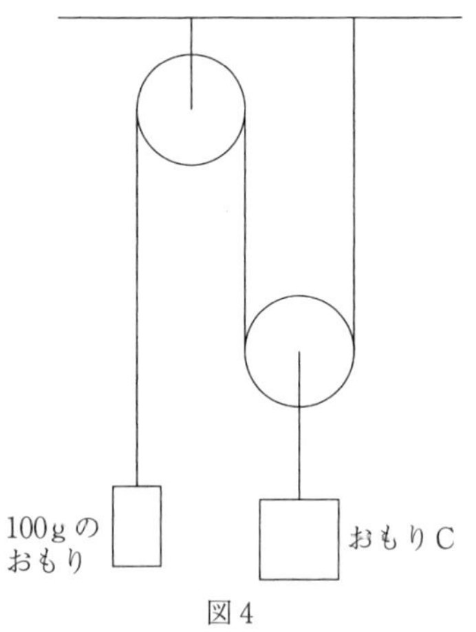

図４

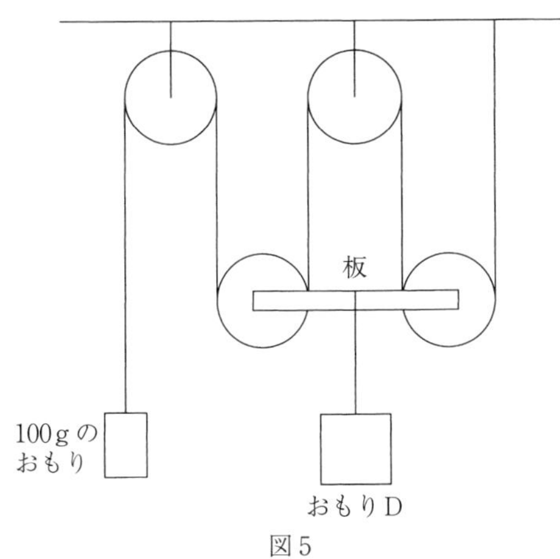

図５

問７　おもりＤの重さは何ｇですか。

問８　100ｇのおもりを20cm引き下げたとき，おもりＤは何cm引き上がりますか。ただし，板は水平を保ちながら上昇(じょうしょう)するものとします。

次に，図６のような装置を作ると，100ｇのおもりとおもりＥは静止しました。

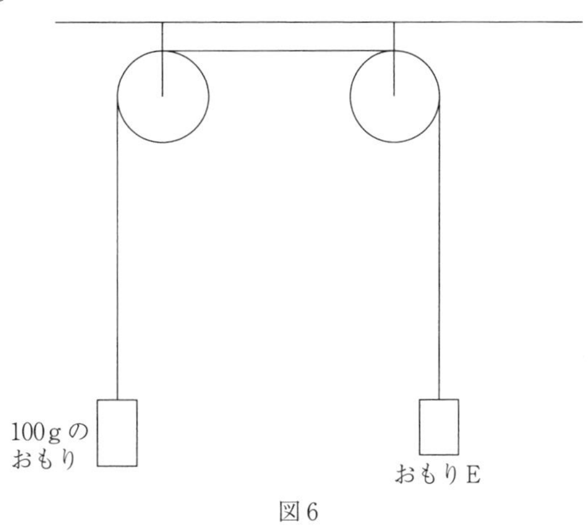

図６

問９　おもりＥの重さは何ｇですか。

Ⅲ　図６の100ｇのおもりの代わりにばねばかりをつなぎ，ばねばかりを固定しました。図７のようにおもりＥを点Ｇから静かにはなし，振(ふ)り子のように運動させると，ばねばかりの値と角度の関係は図８のようになりました。なお，図８の横軸(よこじく)は最下点Ｆを通る線と糸の間の角度を表しています。また，ばねばかりの値が変化しても，それによる振り子の糸の長さの変化は無視できるものとします。

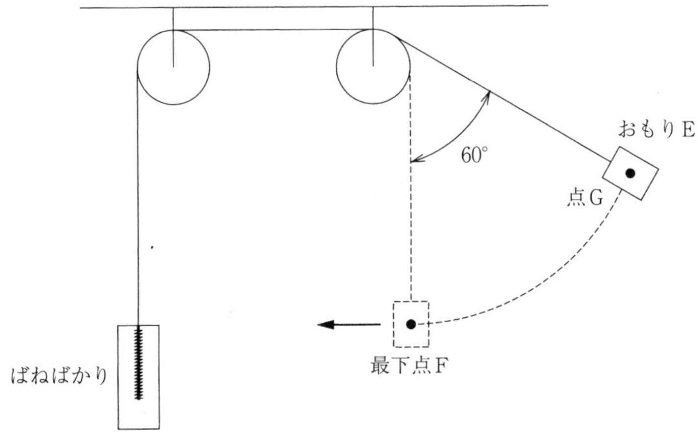

図７

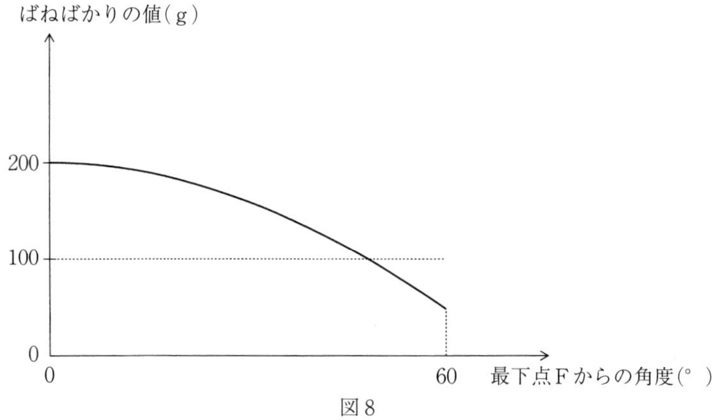

図８

問10　ばねばかりの値とおもりＥの速さの関係はどのようになっていると考えられますか。簡単に説明しなさい。

「さ、帰るわよ。灰原くん、※チビちゃん」

だが、智美は動けなかった。ララは膝の上で、大人しく抱かれている。ぬくみと小さな心臓の鼓動。ララがぺろりと智美の手を舐めた。

自然に F が動いていた。

「⑦この子、わたしが引き取っちゃ駄目ですか？」

※灰原…麻耶子の教師時代の教え子で、現在便利屋をしている青年。ここではボディガードとして同行を頼まれていた。

※サンクチュアリ…聖域。犯してはならない区域。

※チビちゃん…智美のあだ名。

問１ ――①「置き去りにされてたの」とありますが、このパピヨンが「置き去りにされ」たのは、飼い主にどんな事情があったからですか。四十字以内で答えなさい。

問２ ――②「飼い主の気持ちが少し楽になる」のはなぜですか。六十字以内で答えなさい。

問３ ――③・⑤の意味として最も適切なものを後の中から一つずつ選び、記号で答えなさい。

③「押しが強くて」

ア 見た目からこわそうで
イ 堂々として威勢がよくて
ウ 頑固で人の意見を聞こうとしなくて
エ 考えを通そうとする図々しさがあって

⑤「門戸が開かれる」

ア えさをもらえる　　イ 受け入れられる
ウ 救い出される　　エ 優しくされる

問４ ――④「食い逃げや万引きと同じだ」とありますが、どのような点で「同じ」なのですか。十字以内で答えなさい。

問５ A～F に入る語を次の中から一つずつ選び、記号で答えなさい。ただし、同じ記号は二度使えません。

ア 眉　イ 息　ウ 舌　エ 胸　オ 口
カ 唇　キ 手　ク 腰　ケ 顔

問６ ――⑥「この仕事、すごく犬が好きだときついから」とありますが、今ここでこの言葉を思い出したのはなぜですか。次の中から最も適切なものを一つ選び、記号で答えなさい。

ア どんなに犬に愛情を注いで世話をしても、犬に真に愛されるのは本当の飼い主だから。
イ 年とった犬を預かっているので、しょっちゅう犬の死を看取らなくてはならないから。
ウ たとえ犬の命を左右することになっても、サービスは料金の支払いと引き換えだから。
エ 世の中には犬を大切に扱わない人間もいるということを、思い知らされてしまうから。

問７ ――⑦「この子、わたしが引き取っちゃ駄目ですか？」とありますが、そう言った理由の一つとして、智美が「この子」に自分との共通点を見つけて、共感していたことがあります。その共通点は何ですか。それが最も具体的に述べられている一文を本文中からさがし、その最初の五字をぬき出しなさい。

問８ 本文中に、相手の無慈悲な態度に驚いた様子をたとえで表した部分があります。その一文をさがし、最初の五字をぬき出しなさい。

を言った隣人が悪いようなことを言っているが、悪いのは自分だ。
　阿部は早口で話し続けた。
「それにうちだけじゃないのよ。ペット禁止といったって、猫を飼っている家だってあるのに、うちだけ注意されて不公平だわ」
　麻耶子の声は静かだった。
「事情はわかりました。うちで引き取ることもできます」
「えっ」
　阿部の目が大きくなった。
「助かるわ……ララはいい子なのよ。本当に」
　ララというのがこのパピヨンの名前らしい。
「小型犬は一年預かりで四十万円ですが、今回は今後の追加料金なしで四十万で結構です。それでこちらで責任を持って新しい飼い主を探します」
　麻耶子がそう言うと、彼女の血相が変わった。
「なに言ってるの。この子十五万円もしたのよ！　血統書だってあるんだから！」
「うちは繁殖には関わっていませんので、血統書は必要ありません。譲渡するときも避妊手術をしますから」
「それだけ価値のある子だって言ってるの」
　麻耶子はひどく冷たい顔で笑った。
「なに言ってるんですか。子犬ならともかく、捨てられた成犬に価値なんかあるはずないでしょう。それは阿部さんだってわかってるでしょう」
　智美は[B]を呑んだ。心臓を冷たい手でつかまれたようだった。
　――ひどい……。
　捨てられた成犬に価値なんかない。麻耶子がどんな人かはまだよく知らないが、少なくともそんな冷酷なことを言う人ではないと思っていた。
　ララが智美の膝に前肢をかけた。あれほど警戒していたのに、智美の動揺に気づいたのか顔を覗き込んでいる。
　麻耶子には犬たちがお金に見えているのだろうか。そんな人だとは思いたくなかったけれど。
　さすがに阿部も驚いたようだった。
「ひどいこと言うのね……」
「すみません。こういう商売をしていると、きれい事ではすまないんですよ」
　智美はララを膝の上に抱き上げた。自分の家にいるせいか、ララは逃げようとはしなかった。
「うちが引き取るなら四十万円です。これでもサービス価格なんですよ」
　阿部は吐き捨てるように言った。
「まるでヤクザね」
「あなたがご自分で飼い主を探すんでしたら、必要ないお金です」
「当たってみたけど見つからなかったのよ。老犬ホームなんてやってるから、犬好きでいい人だと思ったのに」
　勝手な言いぐさだ。怒りのあまり吐き気までしてくる。
「もういいわ。置いていって。可哀想だけど、この子、保健所に行くことになりそうね。あなたたちのせいで」
　阿部は捨て台詞のようにそう言った。
　たまらず口を開きかけた※灰原を、麻耶子は制した。
「新しい飼い主を探された方がいいと思いますよ。ご自分のためにも」
　麻耶子のことばを無視して、阿部は[E]を背けた。
　麻耶子はためいきをひとつついて、立ち上がった。

（中略）

たぶん阿部という人は、ペット禁止の住居でパピヨンを飼い始めたのだ。外に出して見つかるといけないから、散歩にも連れて行かなかった。だが、結局見つかってしまい、苦情を言われた。

だから、このパピヨンを置き去りにしたのだ。

三階に上がり、三百十号室のインターフォンを押す。まだ三時過ぎだから勤め人だったら家にはいないはずだが、すぐに女性の声で返事があった。

「はい？」

たぶん、カメラかドアスコープでこちらの姿は見えているのだろう。麻耶子がインターフォンに口を当てて言った。

「老犬ホーム、ブランケットですけど」

[B]を呑むような気配がした。

「どなたですか？　知りませんけど」

「そんなはずはないでしょう。あなた、今朝うちの前に犬を捨てていったでしょう」

「知らないって言ってるでしょう」

インターフォンがぶつりと切られた。

麻耶子は声を張り上げる。

「じゃあ、ここに犬を置いて行きますからね」

あわてたようにドアが開いた。

「置いて行かれたら困るのよ。うちの犬じゃないんだから！」

出てきたのは、三十代くらいの女性だった。憎々しげにこちらを睨み付ける。

だが、智美にはわかった。バスケットの中のパピヨンは尻尾を振っている。目がきらきらしている。

「じゃあ警察に行きますね。飼育動物の遺棄は法律違反ですから。防犯カメラにあなたの車がちゃんと映ってますよ」

彼女はぽかんと口を開けた。

「ちょっと待って、話を聞いてよ」

「話？」

麻耶子は不機嫌そうに[C]を寄せた。女性はあたりを見回してから声をひそめた。

「近所に聞かれると困るから、中に入って」

1LDKのマンションの中は、きれいに片付いていた。

バスケットから出したパピヨンは、全身で喜びを表しながら、女性に飛びついた。

智美たちに見せていた態度とはまるで違う。捨てられたことに気づいていないのか、それとも捨てられたとしても、飼い主とはそれほど愛おしい存在なのだろうか。[D]がひどく痛んだ。

麻耶子がなにかを言う前に、彼女が言った。

「仕方ないじゃない。わたしたちだって捨てたくなかったわ。でも、隣の人が管理会社に言いつけたから、管理会社からすぐに処分するように言われたのよ」

「引っ越しすればいいんじゃないですか？　最近ではペット可の住居も増えましたよ」

「古いか、高いかどちらかじゃない。それに引っ越しをするようなお金なんかないわ」

麻耶子のことばに、彼女は即答した。

智美の胸の中で暗い感情が渦を巻く。

もともとペット不可の住居でなど飼わなければよかったのだ。苦情

て口がうまいから。ここは犬を引き取って面倒を見る商売をしているんだから、犬を置き去りにしていくってことは、④食い逃げや万引きと同じだって言ってね」

麻耶子が言うことには一理ある。だが、そんなふうに割り切るのも難しい気がする。

パピヨンは部屋の隅で小さくなっている。智美が側にしゃがむと、上目遣いのひがんだような目をした。

触れようと手を伸ばすと、姿勢を低くして身体を硬くする。

人に向かって歯を剝くわけではないが、怯えているのだろう。

――まるで、わたしみたい。

小さくて、怖がりで、人と仲良くできなくて。

そう思うと泣きたいような気持ちになった。

こうやって投げ捨てられたのは、智美も一緒だった。

なんど面接を受けても落とされてばかりだったし、バイト先でもうまくやれず、弾かれてここにいる。

両親や妹とも仲良くできなかった。成績がよかった学生のときは、優等生の姉として、母にもふたりの妹にも大事にされていたけれど、ただそれだけだった。華やかな美人で、社交的な母は、ひとりだけ美人ではない智美を連れて歩くのを嫌がったし、妹たちも派手で可愛らしい子たちだった。父もあからさまに妹たちと智美に対する扱いを変えた。

「お姉ちゃん、なに考えてるのかわからない」

末の妹である花緒にははっきりとそう言われたこともある。

大学卒業と同時に、家を出てひとり暮らしをすると伝えたときの、家族の顔は忘れられない。

みんなほっとしたような目をしていた。誰も引き留めようとしなかった。

だから、どんなに仕事が見つからなくても、実家に帰ろうとは思わなかった。実家の家族は、智美が最初に勤めた会社をリストラされたこともまだ知らない。

智美は、おそるおそる碧に聞いた。

「この子、どうなってしまうんですか？」

「車のナンバーがわかったんだから、捜し出して飼い主に返すことになるでしょうね。犬猫の不法投棄は犯罪だし」

心臓がきゅっと縮んだ。

もともと捨てるような人だ。返したから可愛がってもらえるとは思えない。

「飼い主に返したら、この子、今度は保健所に連れて行かれてしまうんじゃ」

碧の顔からすっと表情が消えた。

「でも、うちはボランティアで犬猫の保護をやっているわけじゃないのよ」

智美は［A］を嚙んだ。

そうだ。ここは選ばれた犬のみの※サンクチュアリだ。

飼い主がお金を払わない限り、⑤門戸が開かれることはない。このパピヨンはここにいる権利はない。

「気持ちはわかるけど、そこはきちんと線引きした方がいいと思う。たとえ、この子が保健所行きになったとしても、悪いのはわたしでもないし、智美ちゃんでもない。もちろん麻耶子さんでもないわ」

悪いのは次の飼い主を探そうともせず、ここに放棄した飼い主だ。

碧の言うことは間違っていない。

だが、心が疼いて仕方がない。

智美は麻耶子のことばを思い出した。

「⑥この仕事、すごく犬が好きだときついから」

大江：あ、二人とも、映画が始まるよ。ポップコーンは一つだけしか買ってないから、僕が全部食べちゃったら二人はポップコーンを食べられなくなるね。一方で、映画はどれだけ僕が熱心に見たとしても他の人が見られなくなるわけじゃない。この点では、映画は〔　E　〕があるサービスだと言えるよね。

ア　税収入　　イ　金融機関　　ウ　非排除性
エ　非競合性　　オ　消費者　　カ　労働者
キ　文化施設　　ク　地域特化の経済

三

次の文章は、近藤史恵『さいごの毛布』の一節です。読んで、後の問いに答えなさい。

> 就職試験に落ち続けていた梨田智美は、飼い主が世話をできなくなった老犬を有料で預かる老犬ホーム「ブランケット」に住み込みで就職したばかり。オーナーの藤本麻耶子と先輩職員の安原碧とで、十数頭の犬の世話をしている。ある日、施設の門の外から、碧が入居犬ではないパピヨンという犬種の犬を抱いて戻ってきた。

パピヨンは相変わらず、部屋の隅で震えている。犬が近づいてくると、歯を剝き出しにして怒った。

戻ってきた碧に智美は尋ねた。

「この子、どうしたんですか？」

「①置き去りにされてたの」

「誰にですか？」

その質問がおかしかったのか、碧はくすりと笑った。

「それがわかれば苦労しないけど……まあ、この子の飼い主でしょうね」

なんのために、と尋ねようとして気づいた。

「この子、捨てられたんですか？」

「飼い主はここに押しつけたつもりじゃないかしら」

その一言で理解する。

お金を払うつもりはない。だが、ここに置いておけば、保健所に連れて行くこともせずに面倒を見てくれるのではないか。そんな気持ちで、飼い主はここにパピヨンを置いていったのかもしれない。

ある意味、それは優しさでもあるのかもしれない。でも身勝手だ。

「門の前にリードがくくりつけてあったから、間違いなくここを狙ってるわ。ずるい」

碧のことばに智美も頷いた。

そう、優しいのではなくずるいのだ。

捨てるのとなんにも変わらない。②飼い主の気持ちが少し楽になるだけで。

パピヨンはずっと震え続けていた。十月も終わりになれば、山の中はずいぶん冷え込む。毛皮を着ているとはいえ、こんな小さな犬にはつらい一夜だっただろう。

麻耶子が大股で戻ってきた。

「車のナンバーがわかったわ。防犯カメラに映ってた。警察に通報する」

「警察、きてくれるんですか？」

なにかが盗まれたわけでもないし、犬が置き去りにされただけなのに。

麻耶子は智美の質問に答えずに、通り過ぎて行ってしまった。碧が囁く。

「これまでにもあったからね。麻耶子さんはあの通り、③押しが強く

い。

問4 ――②「労働者が直面するリスク」とありますが、その内容を「……こと。」に続くように、本文中から二十五字以上三十字以内でぬき出し、初めと終わりの五字を答えなさい。

問5 [Ⅰ]～[Ⅲ]に入る語句として最も適切なものをそれぞれ次の中から一つずつ選び、記号で答えなさい。ただし、同じ記号は二度使えません。

ア つまり　イ あるいは　ウ さらに
エ たとえば　オ なぜなら　カ しかし

問6 ――③「大人にとっても、大都市に住んでいると多くのメリットがあります」とありますが、「子供」にとって大都市に住むことのメリットとはどのようなことですか。具体的に二十字程度で書きなさい。

問7 ――④「非排除性」がある財の具体例として適切なものを次の中から**二つ**選び、記号で答えなさい。

ア 通勤や通学のために大勢の人々が利用する有料の公共交通機関。
イ あまりにも人気で品切れ状態が続いているコンビニのスイーツ。
ウ 国民の税金によって作られた入園料のいらない海岸沿いの公園。
エ 毎月決められた金額を払い続けることによって使用可能な水道。
オ 有料観覧席を予約しなくても自宅から無料で見られる花火大会。

問8 [B]に入る言葉として最も適切なものを次の中から選び、記号で答えなさい。

ア 侵略を行わなくなる　イ 侵略されやすくなる
ウ 侵略から身を守れる　エ 侵略することを望む

問9 次の会話文は、本文を読んだクラスメイト同士によるものである。〔A〕～〔E〕に入る語句として最も適切なものをそれぞれ後の語群から一つずつ選び、記号で答えなさい。

大江：先週の日曜日、友達と遊びに出かけたんだ。お腹が空いていたから、たくさんのレストランがある新宿に行くことに決めたんだけど、新宿に着いたら、二人の好みに合うハンバーグ屋さんがすぐに見つかったんだ！　少し並んだけど、おいしかったよ。

小川：レストランが集まっている地域では、長時間歩き回ってお店を探す必要がないからね。そのような地域では、お店同士が競い合うようにもなるんだけど、そこを訪れる〔A〕が増えることで売り上げが増加する効果もあるんだ。

安部：今回読んだ文章で言うところの〔B〕だな。でも、都会にあるのはレストランだけじゃない。書店や服屋、家電量販店、一日中出歩いていたって飽きない。

大江：色々なお店があるから、都市は人が多いよね……人が多い場所にいると、なんだかつかれちゃう。

小川：膨大な人口が集中することによる利点もあるよ。劇場や音楽堂などの〔C〕に行けることは、とても素敵なことだと思うし、放課後に好きな絵画の展示や古代エジプトの展示を見に行くこともできる。これらは人口が多い地域に住んでいるからこその利点だよね。

安部：それに、人口が多い地域では自治体の〔D〕が増えるから、その地域では質の高いサービスを受けることができる。警察や消防とか……

す。

③大人にとっても、大都市に住んでいると多くのメリットがあります。博物館、美術館等の文化施設に行くことが可能になりますし、人気のコンサートに行くこともできるようになります。博物館や美術館等の文化施設の営業も人口が多い地域だからこそ可能になりますし、人気のコンサートも東京、大阪、名古屋のような大都市で開催されます。〔ｄ〕異なる産業に属する企業が集積する大都市では、教育、文化に接することで生活水準を上げることが可能になるのです。

最後に、公共財の存在も都市化の経済を生み出す原因になります。特定の人を消費することから排除できないという性質を「④非排除性」、消費する人が多くなっても混雑が生じず、同じ量だけ消費できるような性質を「非競合性」と呼び、これらの性質を持つ財を公共財と呼びます。

非排除性をかみ砕いて言うと、「料金を払わない人の消費をやめさせることができない」ということです。［Ⅲ］、テレビ放送は、テレビがあれば誰でも受信できてしまうため、料金を払わない人に消費をやめさせることが難しくなっています。

非競合性がある財は、誰かが消費すると、他の誰かの消費量が減ることがありません。たとえば、誰かが空気を吸うと、他の誰かの吸える空気の量が減るということはありません。自衛隊は他国から侵略されないように国の安全を守っていますが、日本国内に住む誰かが侵略されないようにすると、他の誰かが［Ｂ］ということはありません。

公共財には非競合性があるので、一定の量を供給すると、誰もが同じ量だけ消費することができますが、非排除性があるので料金を払った人以外の消費をやめさせることができないのです。このような財は民間企業が生産して供給しても、儲けることができません。

そこで、中央政府や地方政府が公共財を供給します。政府部門の予算は基本的には税金で賄われます。多くの人が一つの地域に集まると、その地域の政府は多くの税収入を得ます。すると、その地域では多くの、そして質の高い公共財が供給されるでしょう。たとえば、東京のような大都市では、公共交通機関が非常に充実しています。このような公共財の充実も、都市化の経済の一つに数えられるでしょう。

（山本和博『大都市はどうやってできるのか』より）

※労働生産性…労働者一人当たりの生産量または生産額のこと。
※躊躇する…あれこれ迷って決心できない。ためらう。
※エドワード・グレイザー…アメリカの経済学者（一九六七～）。

問１　次の《　》内の文はもともと本文中にあったものです。どこに戻すのがよいですか。適切な箇所を本文中の〔ａ〕～〔ｄ〕の中から一つ選び、記号で答えなさい。

《しかし、多様な産業に属する企業が集積することの利益はそれだけに留まりません。》

問２　――①「このような地域」とは、どのような地域ですか。その説明として最も適切なものを次の中から選び、記号で答えなさい。

ア　複数の産業が立地しているが、どの企業も常に経営がうまくいくことのない地域。
イ　複数の産業が立地しているが、一部の企業だけが利益を独りじめしてしまう地域。
ウ　同一の産業だけが立地しているため、企業同士が争うことで両者ともに利益を失う地域。
エ　同一の産業だけが立地しているため、複数の企業が一度に経営難に陥りやすい地域。

問３　［Ａ］にあてはまる言葉を本文中から八字以内でぬき出しなさ

支店を出すことを※躊躇するかもしれません。

銀行は、さまざまな産業に属する企業に同時にお金を貸し出すことでこのようなリスクを低減することができます。異なる産業に属する企業ならば、同時に不調になる確率が減るので、貸し出した資金の全てが同時に返済されなくなる可能性は減ります。銀行は貸出先の企業を多様化することでリスクを減らしているのです。

一つの地域に多様な産業に属する企業が集積していると、銀行が支店を出してくれる可能性は高まります。これは、異なる産業に属する企業が集積することで生まれる利益の一つ、つまり［ A ］の一つになります。

多様な産業に属する企業が集積するとリスクが減るのは銀行だけではありません。②労働者が直面するリスクも減ることになります。同一産業に属する企業だけが立地している地域では、全ての企業が同時に不調に陥る可能性があります。企業は不調になると雇用を減らして危機を乗り越えようとするでしょう。〔 a 〕全ての企業が同時に雇用を減らすと、その地域では雇用が全くなくなってしまうかもしれません。労働者の立場からすると、失業するだけではなく、次の仕事も全く見つからなくなってしまうかもしれないのです。その地域に立地する企業がさまざまな産業に属していると、全ての企業が同時に不調になる可能性は減ります。ある企業が不調で雇用を減らしても、他の企業が好調であればその企業で雇ってもらえるかもしれません。［ I ］、多様な産業に属する企業が集積していると、失業したまま次の雇用が見つからなくなるリスクが減るのです。雇用の安定を求める労働者はこのような地域に集まって来るでしょう。

ここまでは、多様な産業に属する企業が集積することによるリスクの低減が都市化の経済をもたらすことについて述べてきました。

〔 b 〕多様な産業に属する企業が集積していると、そこに雇われている労働者も集積します。属する産業が異なれば、労働者の持っている技能、知識の種類も異なるものになるでしょう。新しい知識は、相異なる知識がぶつかり合ったときに生まれる可能性が高いのです。多様な産業に属する企業が集積する地域では、異なるバックグラウンドを持った労働者同士が出会うことで、新たな知識が生み出される可能性が高くなります。

経済学者の※エドワード・グレイザーらは、異なる産業に属する企業の種類が多い都市ほど、産業間での知識の交流が新しい知識を生み出し、人口が増える傾向にあることを示しました。多様な産業に属する企業の集積は、異なるバックグラウンドを持った労働者同士が出会う機会を作ることで新しい知識が生み出される創造的な都市の形成を可能にするのです。

多様な産業に属する企業が集積し、多くの人々が集まって来ると、文化、芸術、教育へのアクセスも容易になります。東京のような大都市には、多くの学校があります。公立の小学校、中学校、高校、大学だけではなく、私立の学校も多く集まっています。東京の膨大な人口がそれを可能にしているのです。人口の少ない地域では、たくさんの私立の学校の経営は立ち行かないでしょう。顧客になる子供の人数も少ないからです。［ II ］、人口が多い地域では子供の数も多くなり、多くの学校の営業が可能になります。これは、消費者である子供にとって大きなメリットです。学校の選択の幅が広がるからです。

学校だけではなく、大都市では子供は多様な習い事を選ぶことができます。〔 c 〕人口の少ない地域ではフラメンコを習う人は少ないでしょうが、大都市ならフラメンコの教室も営業できるからです。たくさんの学習塾の中から自分に適した学習塾を選ぶこともできます。子供の多い大都市なら、たくさんの学習塾の営業が可能になるからで

2024年度 富士見中学校

【国語】〈第二回試験〉（五〇分）〈満点：一〇〇点〉

（注意）句読点等は字数に数えて解答してください。

一

次の傍線部について、二重傍線の漢字は読みをひらがなで書き、傍線のカタカナは漢字に直しなさい。

① そのような話はもう食傷気味だ。
② いざという時に勇気を奮うことができる。
③ イサイ承知いたしました。
④ うさぎのケッセイを注射する。
⑤ 工場のササツを行う。
⑥ 今日からシンキイッテンがんばります。
⑦ ジョウキセンを製造する。
⑧ 高血圧によって心臓がヒダイする。
⑨ ゲンカクな指導者に育てられた。
⑩ ビョウシンが一周する。

二

次の文章を読んで、後の問いに答えなさい。（設問の都合上、本文の一部と見出しを省略しています。）

大規模な都市が生まれるためには、企業や労働者が集まることで※労働生産性が高まることなどの利益が生まれる「集積の経済」が必要になります。「集積の経済」には、同じ産業が一つの地域に集まることで生まれる「地域特化の経済」と大都市が形成されることで生まれる「都市化の経済」が含まれます。

同じ産業に属する企業が同じ地域に集積する現象は、数多くみられます。アメリカのカリフォルニア州シリコンバレーにはソフトウェア産業が集積していますし、愛知県豊田市には自動車産業が、新潟県燕市、三条市には金属製品企業が、福井県鯖江市には眼鏡を生産する企業が集積しています。同一の産業が一つの地域に集積することで利益が生まれることを「地域特化の経済」と呼んでいます。

［中略］

東京、ニューヨーク、ロンドンのような大都市には同一の産業だけが集積しているわけではありません。金融機関、法律事務所、アパレル産業、外食産業、大企業の本社等、さまざまな種類の企業がこういった大都市には集積しています。このようにさまざまな種類の企業が同一の地域に集積し、大都市を形成することで利益が生まれることを「都市化の経済」と呼びます。

銀行のような金融機関を考えてみましょう。どの産業に属する企業も銀行は必要ですが、同一の産業だけしか存在しない地域では、銀行は大きなリスクに直面することになります。

銀行のような金融機関は、企業にお金を貸し、貸し出したお金が利子をつけて返済されることで儲けています。企業が返済に回すお金は、企業の儲けから出ています。事業がうまくいかず、儲けを出せなかった企業は銀行にお金を返済することができません。同一の産業に属する企業は、その産業が好況になると一斉に好調になるのですが、その産業が不況になると同時に不調に陥ります。つまり、同一の産業だけが立地している地域では、企業が同時に不調になり、借りた資金を返済できなくなるリスクが生じるのです。銀行は①このような地域に

2024年度

富士見中学校 ▶解説と解答

算　数　＜第２回試験＞（50分）＜満点：100点＞

解　答

[1] (1)　6072　(2)　$\frac{1}{2}$　(3)　４％　(4)　29個　(5)　32本　(6)　136度　(7)　24cm²　(8)　122.46cm³　[2]〔Ａ〕(1)　2　(2)　985　(3)　36個　〔Ｂ〕(1)　毎秒2.5cm　(2)　10cm　(3)　**ア**　18　**イ**　250　(4)　20秒後　[3] (1)　７日目　(2)　18番から23番　(3)　38日目　(4)　３番から８番　[4] (1)　**体積**…12000cm³，**表面積**…3800cm²　(2)　６cm，９cm　(3)　6800cm²　(4)　㋐…２回，㋒…３回

解　説

[1] **計算のくふう，逆算，濃度，整数の性質，倍数算，角度，面積，体積**

(1)　$0.2024\times34+2.024\times21.6+20.24\times17.5+202.4\times12.6+2024\times1.54=2024\times\frac{1}{10000}\times34+2024\times\frac{1}{1000}\times21.6+2024\times\frac{1}{100}\times17.5+2024\times\frac{1}{10}\times12.6+2024\times1.54=2024\times0.0034+2024\times0.0216+2024\times0.175+2024\times1.26+2024\times1.54=2024\times(0.0034+0.0216+0.175+1.26+1.54)=2024\times3=6072$

(2)　$\left(3\frac{2}{3}+0.5\right)\div\frac{5}{12}=\left(\frac{11}{3}+\frac{1}{2}\right)\div\frac{5}{12}=\left(\frac{22}{6}+\frac{3}{6}\right)\div\frac{5}{12}=\frac{25}{6}\times\frac{12}{5}=10$，$0.125\times0.5=\frac{1}{8}\times\frac{1}{2}=\frac{1}{16}$より，$10-\left(\frac{3}{4}-\square\right)\div\frac{1}{16}=6$，$\left(\frac{3}{4}-\square\right)\div\frac{1}{16}=10-6=4$，$\frac{3}{4}-\square=4\times\frac{1}{16}=\frac{1}{4}$　よって，$\square=\frac{3}{4}-\frac{1}{4}=\frac{2}{4}=\frac{1}{2}$

(3)　３％の食塩水400ｇには食塩が，400×0.03＝12(ｇ)，５％の食塩水160ｇには食塩が，160×0.05＝８(ｇ)ふくまれる。よって，これらを混ぜてから水を60ｇ蒸発させると，食塩水の重さは，400＋160－60＝500(ｇ)になり，食塩の重さは，12＋８＝20(ｇ)で変わらないから，濃度は，20÷500×100＝４(％)になる。

(4)　５で割ると２余る数は，２に５をたしていった数なので，右の図１の㋐のようになる。また，７で割ると３余る数は，３に７をたしていった数なので，図１の㋑のようになる。よって，両方に共通する数のうち，最も小さい数は17とわかる。17の後，㋐の数は５ずつ，㋑の数は７ずつ増えていくから，両方に共通する数は，17に５と７の最小公倍数である35をたしていった数となる。よって，１以上1000以下の整数の中では，(1000－17)÷35＝983÷35＝28余り３より，１＋28＝29(個)ある。

図１
㋐　２，７，12，17，22，…
㋑　３，10，17，24，31，…

(5)　姉が妹に４本あげる前と後で２人の鉛筆(えんぴつ)の本数の合計は変わらない。また，８：５と７：６の比の数の和はどちらも13で同じである。よって，２人の鉛筆の本数の合計を13とすると，姉がはじめに持っていた本数は８，妹にあげた後の本数は７と表せるので，妹にあげた４本は，８－７＝１にあたる。したがって，はじめに姉が持っていた本数は，４×８＝32(本)とわかる。

(6)　下の図２で，正三角形の１つの内角の大きさは60度である。また，六角形の内角の和は，180

×(6－2)＝720(度)だから，正六角形の１つの内角の大きさは，720÷６＝120(度)となる。すると，三角形BKJで内角と外角の関係から，角BKJの大きさは，104－60＝44(度)なので，角FKLの大きさも44度となる。よって，四角形KFGLで，角KLGの大きさは，360－(120＋120＋44)＝76(度)だから，角CLMの大きさも76度である。したがって，三角形CLMで内角と外角の関係から，角 x の大きさは，76＋60＝136(度)とわかる。

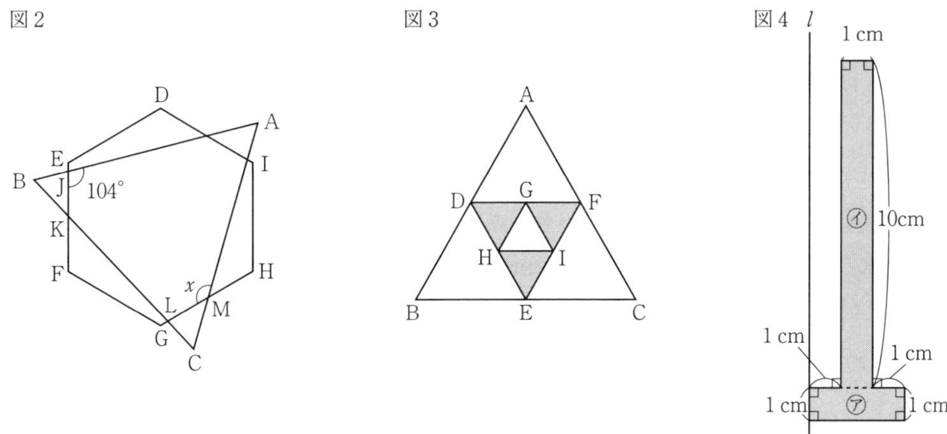

(7)　上の図３で，三角形ADF，DBE，FEC，DEFは合同で，面積が等しいから，三角形DEFの面積は三角形ABCの面積の$\frac{1}{4}$で，128×$\frac{1}{4}$＝32(cm^2)となる。同様に，三角形GHIの面積は三角形DEFの面積の$\frac{1}{4}$だから，32×$\frac{1}{4}$＝８(cm^2)である。よって，かげをつけた部分の面積は，32－８＝24(cm^2)と求められる。

(8)　上の図４で，㋐の部分を１回転させてできる立体は，底面の半径が，１＋１＋１＝３(cm)，高さが１cmの円柱で，その体積は，３×３×3.14×１＝９×3.14(cm^3)になる。また，㋑を１回転させてできる立体は，底面の半径が，１＋１＝２(cm)，高さが10cmの円柱から，底面の半径が１cm，高さが10cmの円柱を取り除いた立体で，その体積は，２×２×3.14×10－１×１×3.14×10＝40×3.14－10×3.14＝30×3.14(cm^3)になる。よって，かげをつけた部分を１回転させてできる立体の体積は，９×3.14＋30×3.14＝39×3.14＝122.46(cm^3)と求められる。

2　約束記号，整数の性質，グラフ，図形上の点の移動，速さ

〔A〕(1)　27÷４＝６余り３より，＜27，４＞＝３だから，＜50，＜27，４＞＞＝＜50，３＞となる。よって，50÷３＝16余り２より，＜50，３＞＝２となる。

(2)　＜a，25＞＝10より，a を25で割った余りが10となるので，a は，25×□＋10(□は整数)のように表せる。このような a のうち，３けたで最も大きいものは，999÷25＝39余り24より，25×39＋10＝985である。

(3)　＜a，25＞＝10のとき，３けたの a のうち最も小さいものは，100÷25＝４より，25×４＋10＝110である。よって，＜a，25＞＝10となる３けたの整数 a は，(985－110)÷25＋１＝36(個)ある。

〔B〕(1)　問題文中のグラフより，点Ｐは，８秒後に点Ｂ，12秒後に点Ｅ，ア秒後に点Ｃまで動くことがわかる。よって，点Ｐは最初の８秒間でABの長さの20cmだけ進むから，点Ｐの速さは毎秒，

20÷８＝2.5(cm)である。

(2)　点ＰはBEを毎秒2.5cmの速さで，12－８＝４(秒)で進むから，BEの長さは，2.5×４＝10(cm)となる。

〔ほかの求め方〕　頂点Ａを出発してから８秒後に点ＰはＢと重なり，このとき，三角形APE(三角形ABE)の面積は100cm^{2}である。よって，BEの長さを□cmとすると，□×20÷２＝100(cm^2)と表せるので，□＝100×２÷20＝10(cm)と求めることもできる。

(3)　点ＰはＢからＣまで進むのに，25÷2.5＝10(秒)かかるので，アは，８＋10＝18(秒)となる。また，イは，点ＰがＤまで動いたときの三角形APEの面積を表しているので，三角形ADEの面積である。よって，イは，25×20÷２＝250(cm^2)とわかる。

(4)　ECの長さは，25－10＝15(cm)だから，点ＰがＣまで動いたときの三角形APEの面積，つまり，三角形ACEの面積は，15×20÷２＝150(cm^2)である。よって，三角形APEの面積が175cm^{2}になるのは，点Ｐが辺CD上にあるときとわかる。三角形APEの面積は，点ＰがＣにあるとき150cm^2，Ｄにあるとき250cm^{2}で，点ＰがＣからＤへ進むのに，20÷2.5＝８(秒)かかるから，点Ｐが辺CD上を進む間，三角形APEの面積は１秒間に，(250－150)÷８＝100÷８＝12.5(cm^2)増えていく。したがって，150cm^{2}から175cm^{2}まで，175－150＝25(cm^2)増えるのにかかる時間は，25÷12.5＝２(秒)だから，点Ｐが頂点Ａを出発してから，18＋２＝20(秒後)と求められる。

3　周期算，整数の性質

(1)　37÷６＝６余り１より，６日目に31番から36番の６人が掃除(そうじ)をするので，７日目に37番と１番から５番の６人が掃除をすることになる。よって，１番の人が２回目の掃除をするのは７日目となる。

(2)　９日目には，６×９＝54(人)，54÷37＝１余り17より，17番までの人が掃除をするから，10日目は18番から23番の６人が掃除をする。

(3)　32番から37番の６人が掃除をした次の日に，１番から６番の６人が掃除をする。32番から37番の６人が掃除をする日までに掃除をした人数の合計は37の倍数になる。また，毎日６人ずつ掃除をするから，掃除をした人数の合計は必ず６の倍数になる。よって，初めて32番から37番の６人が掃除をする日までに掃除をした人数の合計は，６と37の最小公倍数の，６×37＝222(人)となるから，その日は，222÷６＝37(日目)とわかる。したがって，１日目の次に１番から６番の人が掃除をするのは，37＋１＝38(日目)である。

(4)　(3)より，37日ごとに同じ６人が掃除をするから，100÷37＝２余り26より，100日目に掃除をする６人は，26日目に掃除をする６人と同じになる。よって，26日目に掃除をする人は，６×26＝156(人)，156÷37＝４余り８より，８－６＋１＝３(番)から８番の人とわかる。

4　立体図形―分割，体積，表面積，つるかめ算

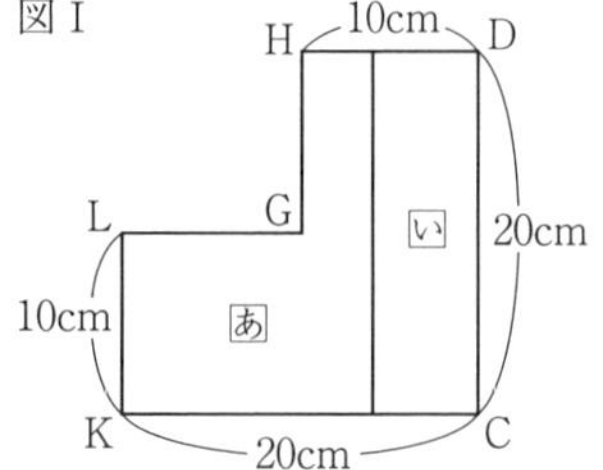

(1)　問題文中の図１の立体は，右の図Ｉの面HGLKCDを底面とする高さが40cmの角柱である。図Ｉの面HGLKCDは，１辺20cmの正方形から１辺が，20－10＝10(cm)の正方形を取り除いた形なので，面積は，20×20－10×10＝400－100＝300(cm^2)となる。よって，体積は，300×40＝12000(cm^3)と求められる。また，面HGLKCDの

周の長さは，20×２＋10×４＝80(cm)だから，問題文中の図１の立体の側面積は，縦40cm，横80cmの長方形の面積と等しく，40×80＝3200(cm^2)となる。したがって，表面積は，3200＋300×２＝3800(cm^2)と求められる。

(2) ㋐の切断を１回行って，２個の体積の比が２：３となるとき，図Ⅰの[あ]と[い]の面積の比は２：３，または３：２になり，切断面と面ABCDの間の長さは，[い]の横の長さと等しくなる。まず，[あ]と[い]の面積の比が２：３のとき，[い]の面積は，$300\times\frac{3}{2+3}$＝180(cm^2)なので，[い]の横の長さは，180÷20＝９(cm)となり，HDの長さより短いので，条件に合う。また，[あ]と[い]の面積の比が３：２のとき，[い]の面積は，$300\times\frac{2}{3+2}$＝120(cm^2)なので，[い]の横の長さは，120÷20＝６(cm)となり，HDの長さより短く，これも条件に合う。よって，切断面は面ABCDから６cmまたは９cmはなれている。

(3) 右の図Ⅱで，㋐の切断を１回行うと，表面積の和は(あ)の面２つ分だけ増え，㋑の切断を１回行うと，表面積の和は(い)の面２つ分だけ増え，㋒の切断を１回行うと，表面積の和は(う)の面２つ分だけ増える。(あ)の面の面積は，20×40＝800(cm^2)，(い)の面の面積は，10×40＝400(cm^2)で，(う)の面の面積は面HGLKCDと同じ300cm^{2}だから，㋐，㋑，㋒の切断を１回ずつ行ったときの表面積の和は，3800＋800×２＋400×２＋300×２＝3800＋1600＋800＋600＝6800(cm^2)と求められる。

図Ⅱ

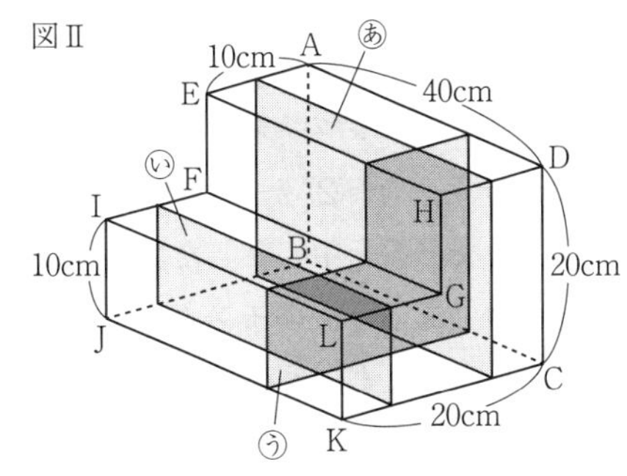

(4) ㋐の切断１回で表面積の和は，800×２＝1600(cm^2)増え，㋒の切断１回で表面積の和は，300×２＝600(cm^2)増える。もし，５回とも㋒の切断を行ったとすると，表面積の和は，3800＋600×５＝6800(cm^2)となり，実際よりも，8800－6800＝2000(cm^2)少ない。よって，㋒の切断を１回減らし，㋐の切断を１回増やすごとに，表面積の和は，1600－600＝1000(cm^2)ずつ多くなるから，㋐の切断は，2000÷1000＝２(回)，㋒の切断は，５－２＝３(回)行ったとわかる。

社　会　<第２回試験>（40分）<満点：60点>

解　答

1 **問1**　ウ　**問2**　(1)　エ　(2)　(例)　石を中心とした素材でできているため，建造された当時のまま保存・修復がしやすい／木や泥を素材として使用しているため，建造された当時のままの素材を使って修復することが難しく，世界遺産条約に適合しなかったため。　**問3**　(1)　(例)　西からの直射日光から守るため。　(2)　坂上田村麻呂　**問4**　(1)　イ　(2)　エ　(3)　イ　**問5**　エ　**問6**　ア　**問7**　イ　**問8**　ア　**問9**　ア→ウ→エ→イ　**問10**　ストライキ　**問11**　(例)　坪井川や井芹川を水堀として使い，防御にすぐれたつくりにしたため。　**問12**　(例)　日米修好通商条約の締結以降開国したことで，外国人が多く日本に入ってきたため。　**問13**　インフレーション　**問14**　ア→ウ→イ→エ　**問15**　(1)　C→G→E→B→A　(2)　イ，エ　**2** **問1**　(1)　三権分立　(2)　ア　**問2**　カ　**問3**　エ

問４　ウ　**問５**　エ　**問６**　ア，ウ　**問７**　(1)　ウ→イ→ア→エ　(2)　(例)　明治以降に北海道に開拓した屯田兵の人々の出身地が地名の由来になっているため。　**問８**　ウ　**問９**　イ　**問10**　ウ　**問11**　(例)　満25歳以上の男子　**問12**　(例)　インターネットを使った買い物が増え，宅配便の数が増えたから。　**問13**　外来種

解　説

1　日本の世界遺産についての問題

問１　縄文時代に，木の実を煮(に)ることなどに使われた縄文土器は，低温で焼かれたため，弥生土器に比べて厚手でもろく，黒っぽい色をしていた(ウ…○)。なお，旧石器時代に比べて縄文時代は温暖化し，気温や海面が上昇(じょうしょう)した(ア…×)。登呂遺跡(いせき)は弥生時代の遺跡である(イ…×)。人々に大きな身分差が生まれたのは弥生時代だと考えられている(エ…×)。

問２　(1)　富岡製糸場は，明治政府の殖産(しょくさん)興業の１つとして，1872年に群馬県に建てられた官営工場で，フランス人技師ブリューナの指導のもと，フランス製の機械を用いて生糸が生産された(エ…×)。　(2)　ヨーロッパでつくられたイタリアのコロッセオとギリシャのパルテノン神殿(しんでん)は，石灰岩など石を中心とした素材でできているが，アジアの建物である東大寺大仏殿は木，アフリカの建物である「泥(どろ)のモスク」は泥でできているため，「修復の際にも建造された当時のままの素材を使うこと」という基準を満たすことが難しいと考えられる。

問３　(1)　倉庫の西側にケヤキの木が植えられていることと，夏の午後に果たす役割であることから，夏の午後に西から差してくる強い日光をさえぎって倉庫が高温になることを防ぎ，米の品質を守る役割を果たしていると推測できる。　(2)　坂上田村麻呂は，797年に桓武天皇から征夷大将軍に任命されると，東北地方に大軍を派遣(はけん)し，胆沢(いさわ)城や志波(しわ)城を築いて拠点(きょてん)とし，蝦夷(えみし)を平定した。

問４　(1)　長野市は，周りを山々に囲まれた盆地(ぼんち)に位置しているため，夏と冬の寒暖の差が大きく，１月の平均気温は０度以下である。また，年間を通して降水量は少ないが，梅雨や秋雨前線の影響(えいきょう)を受けて７月と９月の降水量はやや多くなる(イ…○)。なお，アは高松市(香川県)，ウは札幌市(北海道)，エは秋田市の雨温図である。　(2)　2023年の社会保障関係費予算36兆8889億円のうち，社会保険にふくまれる年金・医療(いりょう)・介護(かいご)保険給付費の予算は28兆9183億円で，80％近くを占(し)めている。　(3)　日本銀行は，日本で使われている紙幣(しへい)を発行する発券銀行(エ…○)，国民の税金など国のお金を預かったり貸し出したりする政府の銀行(ア…○)，一般(いっぱん)の銀行のお金を預かったり貸し出したりする銀行の銀行(ウ…○)としての役割を果たすが，個人にお金を貸し出すことはしていない(イ…×)。

問５　1898年に大隈重信が首相，板垣退助が内務大臣となって日本で最初の政党内閣が成立し，隈板(わいはん)内閣と呼ばれたが，日本で初めて本格的な政党内閣を組織したのは平民出身の原敬で，1918年のことである。

問６　薬師寺は，天武天皇が皇后(こうごう)(のちの持統天皇)の病気の回復を祈(いの)って７世紀末に藤原京に建立した寺院で，白鳳(はくほう)文化(天武天皇のころの文化)を代表する建造物となっている。なお，イの東大寺の大仏と，ウの秋田城は平安時代の８世紀，エの建長寺は鎌倉時代の13世紀につくられた。

問７　沖縄県には夏から秋にかけて台風がたびたび近づくので，台風の強い風から家を守るため，屋根瓦(がわら)は赤土などを焼いた丈夫(じょうぶ)な素材が用いられ，しっくいで固められている。また，軒(のき)を低く

して風が屋根の上を通り抜けるようにし，家のまわりを石垣で囲み，防風林を植えている。

問８　３世紀に陳寿によって著された『魏志』倭人伝に，30余りの小国を従えた邪馬台国の女王卑弥呼について，239年に魏(中国)に使いを送ったことや，魏の皇帝から「親魏倭王」の称号と金印や銅鏡などを与えられたことが書かれている。

問９　アは1336～92年(南北朝時代)，イは1582年(本能寺の変)，ウは1467～77年(応仁の乱)，エは1573年(室町幕府滅亡)のことなので，年代の古い順に，ア→ウ→エ→イとなる。

問10　ストライキは，日本国憲法第28条で保障された団体行動権(争議権)にふくまれるもので，労働者の要求を雇用者(企業)に認めさせて労働条件を改善させるために，労働者が団結して仕事をしないことである。

問11　本文Ｅには，姫路城について，「城の周囲は防御に適した水堀で囲まれています」，「城下町があり，その周囲にも濠がありました」と書かれている。防御にすぐれたつくりにするために，城の周囲には濠がつくられていたと考えられるので，熊本城においても，地形図に見られる井芹川と坪井川を水堀として利用したことが推測できる。

問12　1858年に日米修好通商条約が結ばれると，函館・新潟・神奈川(横浜)・兵庫(神戸)・長崎の５港が開かれ，欧米諸国との貿易が開始された。これにより，多くの外国人が来日することとなり，外国人によって持ちこまれたコレラが日本国内で大流行した。

問13　お金の価値が下がり，物価が上がる現象をインフレーションという。対して，お金の価値が上がり，物価が下がる現象はデフレーションと呼ばれる。

問14　アは1931年(満州事変の発生)，イは1938年(国家総動員法の制定)，ウは1937年(日中戦争の始まり)，エは1941年(アジア・太平洋戦争の始まり)のことなので，年代の古い順に，ア→ウ→イ→エとなる。

問15　(1)　西から順に，Ｃ(沖縄県)→Ｇ(広島県)→Ｅ(兵庫県)→Ｂ(奈良県)→Ａ(北海道)となる。

(2)　Ｃの琉球王国は，「中国・朝鮮・日本・東南アジア諸国と交易して発展したため，国際色豊かな独特の文化がつくられました」とあることから，中国の影響があったと考えられる。Ｆの明治日本の産業革命遺産は，萩市と伊豆の国市にあった反射炉がふくまれていることから，少なくとも山口県と静岡県に構成資産がある。

２ 「富士見」という地名を題材とした総合問題

問１　(1)　フランスの政治思想家であるモンテスキューは，18世紀に『法の精神』という書物の中で，法をつくる立法権，政治を行う行政権，人を裁く司法権に権力を分ける三権分立を唱えた。日本では，立法権を国会に，行政権を内閣に，司法権を裁判所に受け持たせ，三権分立の仕組みをとることにより，権力が集中して悪用されることを防いでいる。　(2)　日本国憲法第56条２項には「両議院の議事は，この憲法に特別の定のある場合を除いては，出席議員の過半数でこれを決」するとある。また，第59条１項で「法律案は，この憲法に特別の定のある場合を除いては，両議院で可決したとき法律となる」とあるので，原則として各議院の出席議員の過半数の賛成で法律は成立する(ア…○)。なお，参議院が，衆議院と異なった議決をするか，衆議院の可決した法律案を受け取った後60日以内に議決しない場合に，衆議院で出席議員の３分の２以上の多数で再可決したときにも，法律は成立する。

問２　高潮は海岸付近の低地で発生しやすいのでＣ，津波は海岸のすぐ近くで被害が生じるのでＡ，洪水は河川の周辺で起こるのでＢと判断できる。

問３　検索サイトでの検索結果は，上位に出てくるかどうかにかかわらず，信頼性を確かめる必要がある(ア…×)。検索で手に入れた画像には多くの場合著作権があるので，勝手に手を加えて発表してはならない(イ…×)。SNSで得た情報は正しい情報かどうか確認してから投稿した方がよい(ウ…×)。

問４　ウは富士川で，最上川，球磨川とともに日本三大急流の１つに数えられる。多くの川と合流して甲府盆地を南に流れ，駿河湾に注ぐ。地図中のアの河川は荒川であるが，利根川の説明になっている。地図中のイの河川は信濃川であるが，富山県は流れておらず，長野県，新潟県を流れ，河口にあたる新潟市で日本海に注ぐ。

問５　アは火力発電所，水力発電所ともに多く，原子力発電も行われていることから，面積の広い北海道，イは原子力発電所が４か所あることから福井県である。ウとエでは，水力発電所の多いエが山間部の多い長野県，残ったウが高知県となる。

問６　国が選挙の運営費や道路の建設費，義務教育費などの使いみちを指定して地方公共団体に配分する国庫支出金と，地方財政の歳入の格差をなくすために，国が使いみちを指定せず，財源の少ない地方公共団体に配分する地方交付税交付金が，国から支給されているものとなる。

問７　(1)　アは2016年(北海道新幹線開通)，イは1988年(青函トンネル開通)，ウは1972年(札幌冬季オリンピック開催)，エは2021年(２度目の東京夏季オリンピック開催)のことなので，年代の古い順に，ウ→イ→ア→エとなる。　(2)　1869年に明治政府によって設置された開拓使のもと，1874年に屯田兵制度がつくられ，全国各地の地方の貧しい士族などが屯田兵として北海道に送られた。この屯田兵の人々の出身地が地名の由来となり，北海道には本州の地名が入った地名が多く見られる。

問８　弥生時代には，稲作の広まりにより米・水・土地をめぐる村同士の争いが増えたことから，敵の侵入を防ぎ自分たちの生活を守るため，集落のまわりを二重の濠や柵で囲んだ環濠集落が出現し始めた。佐賀県東部に位置する吉野ヶ里遺跡は環濠集落跡の代表的な遺跡である。

問９　ＸとＹは東京との距離が短いことから埼玉県か神奈川県，Ｚは静岡県や群馬県とは比較的近いものの，その他の都県とは距離があるので山梨県である。ＸとＹの栃木県との距離を見ると，Ｘが81.4km，Ｙが125.9kmであるので，Ｘが埼玉県，Ｙが神奈川県と判断できる。

問10　Ｘは飛驒山脈の一部であることから，長野県の旧国名である「信濃」がついた信濃富士，Ｙは地熱発電やマンゴーの生産がさかんであることから，鹿児島県の旧国名である「薩摩」がついた薩摩富士，Ｚは白神山地のそばにあり，リンゴの栽培がさかんであることから，青森県西部を指す地方名である「津軽」がついた津軽富士とわかる。

問11　1925年に制定された普通選挙法により，満25歳以上の全ての男子に選挙権が与えられた。

問12　2000年代以降，消費者にとって便利であることから，個人によるインターネットを使った買い物が増え，宅配便の数が大幅に増加した。2020年以降の新型コロナウイルスの流行により，近年その数はさらに増え，運送業の長時間労働や人手不足が問題となっている。

問13　人間の活動にともなって，それまで生息していなかった場所に外部から持ちこまれた生物を外来種といい，外来種によっては，生活や生態系に影響をおよぼすものがあり，注意が呼びかけられている。

理　科　<第２回試験>（40分）<満点：60点>

解　答

1 **問１**　**天気**…くもり　**風向**…南東　**風力**…３　**問２**　16.5℃　**問３**　不整合面　**問４**　イ→エ→オ→ウ→ア　**問５**　ア　**問６**　ア　2 **問１**　エ　**問２**　エ　**問３**　**記号**…Ｂ　**選んだ理由**…（例）　毒をもつほかの動物に姿をにせているから。　**問４**　（例）　害虫であるアブラムシを食べてくれるから。　**問５**　（例）　えものに気づかれにくくしている。　**問６**　ア，カ　**問７**　③　オ　④　（例）　天敵に見つかりにくくなる　3 **問１**　**あ**　酸素　**い**　水素　**問２**　イ　**問３**　ア，オ　**問４**　（例）　水に電気を流しやすくするため。　**問５**　イ　**問６**　４ｇ　**問７**　4.5ｇ　**問８**　１：８　**問９**　１：16　4 **問１**　４倍　**問２**　カ　**問３**　ウ　**問４**　（例）　斜面の角度が増加するほど，小球の速さは速くなる。　**問５**　200ｇ　**問６**　10cm　**問７**　400ｇ　**問８**　５cm　**問９**　100ｇ　**問10**　（例）　おもりＥの速さが速いほど，ばねばかりの値は大きくなる。

解　説

1 天気，地層，川と標高についての問題

問１　図１で，中央の◎はくもりを表す天気図記号である。また，この記号からのびる棒の向きが風向を表しており，ここでは南東とわかる。そして，棒についている矢羽根の数が風力を表していて，ここでは風力が３となっている。

問２　表１の湿度(しつど)表で，気温を示す乾球(かんきゅう)の示度22℃のところを横に見ていき，湿度54％のときの乾球と湿球の示度の差を読むと5.5℃となっている。よって，乾球の示度の方が湿球の示度より大きいので，湿球の示度は，22－5.5＝16.5(℃)とわかる。

問３　地層Ａと地層ＢはＸ―Ｙの境目で連続した堆積(たいせき)が途(と)切(ぎ)れている。このような重なり方を不整合といい，境界面を不整合面という。

問４　図２では，まず地層Ｂが海中で堆積し，しゅう曲するなどの理由で層が傾(かたむ)き，その後隆起(りゅうき)して陸地となった。地表面となったところが侵食(しんしょく)されてＸ―Ｙのでこぼこした面ができ，海中に沈降(ちんこう)して再び海底となり，その上に地層Ａが堆積してできたと考えられる。

問５　川は傾きが急なほど流れが速くなるので，標高差が最も大きいAB間での流れが一番速い。

問６　ふつう川のはばは，上流にいくほどせまくなる。

2 生物の擬態(ぎたい)についての問題

問１　生物がほかの動物や周囲のものににた色や形をもつことを擬態という。

問２　ヒラメはせきつい動物のうちの魚類で，魚類はからのない卵を産むので，エがまちがい。

問３　Ａのグループは周囲のものににた色や形をもつ擬態で，Ｂのグループはほかの動物，とくに毒をもつ動物ににた色や形をもつ擬態である。ニジュウヤホシテントウは，ほかのテントウムシに姿をにせていると考えられているのだから，Ｂのグループに入れるのがよい。

問４　ナナホシテントウは幼虫も成虫もアブラムシを食べる。アブラムシはさまざまな植物の汁(しる)を吸い，農作物に害をあたえるため，アブラムシを食べるナナホシテントウは益虫とされている。

問５　Ｃの目的は，擬態をすることにより，天敵（食べようとおそってくる生物）に気づかれないよ

うにしていることである。さらに，肉食であるヒラメとオオカマキリにあてはまるＤの目的は，自分がとらえようとしているえものに気づかれにくくしていることだと考えられる。

問６　光沢紙の場合は，色のちがいに関係なく緑色のさなぎになったことから，さなぎの色は視覚から得られる４色の刺激の影響を受けないと考えられる。また，同じ茶色でも，光沢紙ではさなぎが緑色になり，紙やすりではさなぎが茶色になったことから，さなぎの色は触覚からの刺激の影響を受けていると考えられる。なお，ライトのあかりの強さを変えた実験を行っていないので，さなぎの色とライトのあかりとの関係についてはわからない。

問７　問６で考察した性質より，葉の上はつるつるとしているので，そこではさなぎが緑色になり，木の幹や枝の上はざらざらとしているので，そこではさなぎが茶色になると考えられる。その結果，さなぎの色が周囲の環境と同じ色になることができ，天敵から見つかりにくくなるという利益がある。なお，問６で考察した性質からエのようになることも考えられるが，これでは周囲の環境と同じ色ではないので，利益にはならない。

３　水素と酸素の反応についての問題

問１　ものが燃えるには酸素が必要である。富士子さんがつくったロケットでは水の電気分解によって発生した気体の水素と酸素を燃やしているが，実際のロケットでは水素も酸素も液体にして別々のタンクに詰めこみ，それらを燃焼室で混ぜて燃やしている。

問２　水素は，塩酸に対して亜鉛やアルミニウム，鉄などを加えると発生する。なお，アではアンモニア，ウでは酸素，エでは二酸化炭素が発生する。

問３　水素は，最も軽い気体で，水にとけにくいので水上置換法で集めるのが適している。なお，イとエは酸素，ウは二酸化炭素の性質である。

問４　純すいな水は電気を通しにくいので，水酸化ナトリウムをとかして電気を流れやすくして，水の電気分解が進むようにする。

問５　富士子さんがつくったロケットでは，水の電気分解でできた水素と酸素を発射管の中にため，発射ボタンを押して火花を起こし，水素が燃えることで飛ぶ。よって，水素が燃える現象であるイが選べる。

問６　水素が燃えてできる水の重さは，燃える水素の重さと，それと反応する酸素の重さの和となる。図２より，水素0.5ｇが酸素と反応してできる水の重さが4.5ｇとわかるので，水素0.5ｇと過不足なく反応する酸素の重さは，4.5－0.5＝４（ｇ）である。

問７　問６より，酸素４ｇと過不足なく反応する水素の重さは0.5ｇで，このとき4.5ｇの水ができる。なお，反応後に水素が，0.8－0.5＝0.3（ｇ）残る。

問８　水素0.5ｇと酸素４ｇが過不足なく反応して水4.5ｇができるので，水に含まれる水素と酸素の重さの比は，0.5：４＝１：８である。

問９　図３と問８より，重さの比は，（水素原子２個）：（酸素原子１個）＝１：８とわかる。よって，（水素原子１個）：（酸素原子１個）＝$\frac{1}{2}$：$\frac{8}{1}$＝１：16と求められる。

４　物体の運動，力のつりあいについての問題

問１　表１で，点Ｂを通過したときの小球の速さが140cm/秒から２倍の280cm/秒になると，点Ａの高さは，40÷10＝４（倍）となっている。同様に，小球の速さが198cm/秒から２倍の396cm/秒になるときも，点Ａの高さは，80÷20＝４（倍）になっている。

問２　点Ａの高さを10cmから４倍の40cm，９倍の90cmにすると，小球の速さが140cm/秒から２倍の280cm/秒，３倍の420cm/秒となっている。このことから，点Ａの高さを(□×□)倍にすると，小球の速さが□倍になることがわかる。この関係をグラフにすると，カのようになる。

問３　表２では，斜面（しゃめん）の角度が変わっても，小球の速さは140cm/秒で変わっていない。この関係をグラフにすると，ウのようになる。

問４　斜面の長さを50cmに固定した状態で斜面の角度を大きくしていくと，点Ａの高さが高くなっていくため，点Ｂを通過するときの小球の速さは速くなっていく。

問５　図４で，おもりＣを下げた動滑車（かっしゃ）にかかるひもは100ｇのおもりにつながっているので，この動滑車は見かけ上，左側のひもと右側のひもにそれぞれ100ｇの力で持ち上げられている。したがって，ここでは動滑車の重さは考えないので，おもりＣの重さは，100×２＝200(ｇ)である。

問６　100ｇのおもりを20cm引き下げると，動滑車にかかるひもは動滑車の左側と右側で合わせて20cm引かれる。よって，おもりＣは，20÷２＝10(cm)引き上がる。

問７　図５で，おもりＤは板を通して２つの動滑車に支えられており，これらの２つの動滑車は見かけ上，左側のひもと右側のひもにそれぞれすべて100ｇの力で持ち上げられている。よって，動滑車および板の重さは考えないから，おもりＤの重さは，100×４＝400(ｇ)である。

問８　おもりＤを支える板と動滑車は見かけ上，４本のひもによって引き上げられている。100ｇのおもりを20cm引き下げると，これら４本のひもは合わせて20cm引かれるから，おもりＤは，20÷４＝５(cm)引き上がる。

問９　図６の滑車はすべて定滑車であり，動滑車とちがってかかる力の大きさは変わらない。したがって，おもりＥの重さは100ｇである。

問10　図７より，最下点Ｆからの角度が60度の点ＧでおもりＥを静かにはなしたので，ここでのおもりＥの速さは０である。図８を見ると，このときのばねばかりの値は最も小さくなっている。また，最下点Ｆからの角度が０度である最下点Ｆでは，振（ふ）り子としての運動をさせたさい，おもりＥの速さが最も速くなる点である。図８を見ると，このときのばねばかりの値は最も大きくなっていて，おもりＥが静止している図６のとき(100ｇ)より大きくなっている。以上のことから，おもりＥの速さが速いほど，ばねばかりの値は大きくなると考えられる。なお，おもりＥが点Ｇにあるときにばねばかりの値が100ｇより小さくなるのは，おもりＥにはたらく重力(図７の真下方向にはたらく力)のうち，糸を引く方向の力の大きさが100ｇより小さくなるためである。このように，ばねばかりの値はおもりＥがふれる角度によっても変化する。

国　語　<第２回試験>（50分）<満点：100点>

解　答

一　①　しょくしょう　②　ふる(う)　③～⑩　下記を参照のこと。　二　**問１**　b　**問２**　エ　**問３**　都市化の経済(「都市化の経済」)　**問４**　失業するだ～ってしまう　**問５**　Ⅰ　ア　Ⅱ　カ　Ⅲ　エ　**問６**　(例)　学校や習い事，学習塾の選択の幅が広がること。　**問７**　ウ，オ　**問８**　イ　**問９**　Ａ　オ　Ｂ　ク　Ｃ　キ　Ｄ　ア　Ｅ　エ

三 **問１**　（例）　ペット禁止の住居で飼い，苦情を受けた管理会社から処分するように言われたこと。　**問２**　（例）　殺処分になる保健所とは違って，老犬ホームの前に犬を置いて行けば，世話をしてくれて，自分のせいで死ぬことにはならないから。　**問３**　③　エ　⑤　イ　**問４**　（例）　お金を払わない点。　**問５**　**A**　カ　**B**　イ　**C**　ア　**D**　エ　**E**　ケ　**F**　オ　**問６**　ウ　**問７**　小さくて，　**問８**　心臓を冷た

●漢字の書き取り

一　③　委細　④　血清　⑤　査察　⑥　心機一転　⑦　蒸気船　⑧　肥大　⑨　厳格　⑩　秒針

解　説

一　漢字の読みと書き取り

①　同じことのくり返しにうんざりすること。　②　音読みは「フン」で，「奮起」などの熟語がある。　③　ものごとについてのくわしい事情。　④　血液が固まるときにできるうわずみの液体。栄養素や免疫抗体などがふくまれる。　⑤　状況を精査し，ものごとが正しく行われているか確認すること。　⑥　あることをきっかけに気持ちを新たにすること。　⑦　蒸気の力でスクリューなどを回すことによって動く船。　⑧　通常よりも厚みや大きさが増すこと。　⑨　少しの不正や失敗も許さないほど厳しく，規律正しいこと。　⑩　秒を刻む時計の針。

二　出典：山本和博『大都市はどうやってできるのか』。筆者は，さまざまな産業に属する企業が一つの地域に集まることの利点を説明しながら，大都市という場所について論じている。

問１　戻す文では，「多様な産業に属する企業」の集積による利益がほかにもあることが述べられている。〔ｂ〕に入れると，文章の前半で銀行や労働者にとっての「リスクの低減」という利点について論じた後，「創造的な都市の形成」という別のメリットを説明する形になり，文意が通る。

問２　「このような」が指すのは，直前の文にある「同一の産業だけが立地している地域」のことで，「同一の産業に属する企業」が集まっていると，状況によっては同時に不調に陥って経営難となる可能性があり，「銀行のような金融機関」は企業に貸した金を回収できなくなるリスクがあると説明されている。よって，エがふさわしい。

問３　空らんAの直前に，“要するに”という意味の「つまり」をはさんで「異なる産業に属する企業が集積することで生まれる利益」とある。また，本文の第三段落において筆者は，このように「さまざまな種類の企業」が集まって「大都市を形成」した結果，利益が生まれることを「都市化の経済」と定義している。

問４　続く部分では，「同一産業に属する企業だけが立地している地域」が労働者にもたらすリスクについて述べられている。不況のとき，こうした地域にある企業が同時に不調になり，どの企業も一斉に雇用を減らすと，労働者は「失業するだけではなく，次の仕事も全く見つからなくなってしまう」可能性がある，と筆者は説明している。

問５　Ⅰ　筆者は，地域が一つの産業に特化するリスクについて説明した後，同じ内容を「多様な産業に属する企業」が集積するメリットとして述べ，空らんの後でさらに言いかえている。よって，前に述べた内容を“要するに”とまとめて言いかえるときに用いる「つまり」が合う。　Ⅱ　空らんをはさんで，「人口の少ない地域」と「人口が多い地域」の学校経営が対照的に論じられてい

るので，前のことがらを受けて，それに反する内容を述べるときに用いる「しかし」がよい。

Ⅲ　「非排除性」があるものの例として，空らんの後に「テレビ放送」があげられているので，具体的な例をあげるときに用いる「たとえば」が正しい。

問６　ぼう線③の一～二つ前の段落で，筆者は，大都市が「消費者である子供」にもたらすメリットについて説明している。大都市に多くの人が集まることで「文化，芸術，教育へのアクセス」もしやすくなると筆者は述べ，より具体的には「学校」「習い事」「学習塾」の選択肢が広がると主張している。

問７　続く部分で，筆者は「『非排除性』がある財」について，「料金を払わない人」など特定の人に「消費をやめさせることができない」ものだと説明している。よって，料金を払っていない人が，払った人と同じように楽しみ，利益を享受できてしまうものについて述べたウとオがふさわしい。

問８　「『非競合性』がある財」について筆者は，「消費する人」が増えても各人の消費量は変わらず，同じ量だけ消費できるものだと説明している。自衛隊による安全保障にたとえると，「日本国内に住む誰か」が安全を享受したからといって，「他の誰か」にとっての安全性が下がりはしないことを意味すると考えられる。よって，イが正しい。

問９　Ａ　レストランが一つの地域に集まると，各店の競争が激しくなると同時に，そこに足を運ぶ「消費者」も増えると考えられる。　Ｂ　本文の第一～二段落にあるように，飲食店やレストランのような「同一の産業」が「一つの地域」に集まった結果，利益が生まれることを，筆者は「地域特化の経済」と呼んでいる。　Ｃ　筆者は，ぼう線③がある段落で，「大都市」の利点として，博物館や美術館などの「文化施設」へのアクセス向上をあげている。　Ｄ　本文の最後の段落で，「多くの人が一つの地域に集まる」とその地域の「税収入」が増え，公共財の質が上がると述べられている。　Ｅ　映画館で見る映画のように，誰か一人の消費量が「他の誰か」の消費量に影響しない性質を，筆者は「非競合性」と呼んでいる。

三　**出典：近藤史恵『さいごの毛布』**。家族との関係も就職活動もうまくいかず，有料老犬ホーム「ブランケット」で働き始めた智美は，飼い主の身勝手な理由で施設に捨てられた犬に自分自身を重ねていく。

問１　本文の後半では，施設の前に置き去りにされたパピヨン(ララ)の飼い主である阿部が，「ペット禁止の住居」に住んでいることが書かれている。また，隣の住人の「苦情」により，犬を飼っていることが管理会社に知られ，「処分するよう」注意されたことが阿部の口から明かされているので，これらの内容をまとめて書くとよい。

問２　自宅をたずねてきた麻耶子に，犬を無料で引き取ることはできないと言われた阿部は，麻耶子たちの「せいで」ララは「保健所に行くことになりそう」だと一方的に言い捨てた。阿部は「捨てる」犬にお金を使いたくないものの，自分でララを保健所に連れて行って「処分」してもらうことにも抵抗があったため，「犬好きでいい人」が面倒を見てくれるであろう老犬ホームに押しつけようと考えたことが読み取れる。

問３　③「押しが強い」は，自分の意見を押し通す強さがあるさま。　⑤「門戸を開く」は，“人やものを受け入れる”という意味。

問４　ぼう線②の前の部分で，智美は，ララを捨てた飼い主の「お金を払うつもりはない」との意向を感じ取っている。「食い逃げ」や「万引き」という例えも，「ブランケット」の有料のサービスをただで受けようとする姿勢を非難したものだとわかる。

問５　**A**　「唇を噛む」は，怒りやくやしさをこらえるさまを表す慣用句。智美は，身勝手な飼い主のもとにパピヨンを返すしかない現実に，やるせなさといきどおりを感じている。　**B**　飼い犬を捨てた施設からの訪問を受けた阿部が，不意打ちされて言葉を失う場面と，麻耶子の冷たい言葉に智美が絶句する場面である。「息を吞む」は，“おどろいて一瞬息を止める”という意味。　**C**　ララの飼い主に対し，麻耶子が「不機嫌そう」な態度をとる場面で，「眉を寄せる」は，不快感をあらわにして表情をゆがめることを示す慣用句。　**D**　自分を捨てた飼い主との再会を喜ぶララのようすを見て，智美がつらさを感じる場面である。「胸を痛める」は，心配や申し訳なさ，同情などで心苦しく思うという意味。　**E**　「顔を背ける」は，正面から見ないふりをしたり避けたりするようすを表し，相手と向き合わないという意味。阿部は「麻耶子のことばを無視して」話を終わりにしようとしている。　**F**　この後智美は，深く考える前に話し始めているので，思わず言葉を発することを意味する「口が動く」が入る。

問６　前の部分で碧は智美に，自分たちは「ボランティアで犬猫の保護をやっているわけじゃない」ので，飼い主がお金を払った犬は受け入れるが，そうでない犬は「保健所行きになったとしても」「飼い主に返すことになる」と言っている。智美は，それを「間違っていない」と思いながらも納得できず，商売である以上，料金の支払いがなければ「ブランケット」でも犬を助けられない現実にもどかしさを感じ，麻耶子から「すごく犬が好き」であればあるほど苦しい経験をすると言われたことを思い出したのだと想像できる。よって，ウがふさわしい。

問７　ぼう線④に続く部分で智美は，家族となじめず，バイトや就職活動でも苦労してきた自分自身をふり返りながら，「小さくて，怖がりで，人と仲良くできな」いパピヨンを「まるで，わたしみたい」だと感じている。智美が，飼い主に捨てられた犬の姿に，居場所のなかった過去の自分を重ねていることが読み取れる。

問８　本文の終わりのほうで智美は，麻耶子が「ひどく冷たい顔で」「捨てられた成犬に価値なんかあるはずない」と言ったことにおどろき，「心臓を冷たい手でつかまれたようだった」と感じている。

2024年度 富士見中学校

【算　数】〈算数１教科試験〉(60分)〈満点：100点〉

(注意) 説明を必要とする問いには，答えだけでなく考え方も書きなさい。

1　下の図のような１辺が１mの立方体の水そうの中に，底面に垂直に高さ１m未満の仕切りを入れました。また，水そうの左側から底面PTUSに向かって水を入れる蛇口Aがあり，水そうの右側から底面TQRUに向かって水を入れる蛇口Bがあり，さらに底面PTUSには排水溝があり栓がされています。この状態で蛇口Aから毎秒4L，蛇口Bから毎秒何Lかの水を同時に注ぐと，水を入れ始めてから途中まではPからの水位の上昇する速さはQからの水位の上昇する速さの３倍になりました。【グラフ1】は水を入れ始めてからの時間とPからの水位の関係を表したもので，う から え まで60秒かかっています。次の問いに答えなさい。

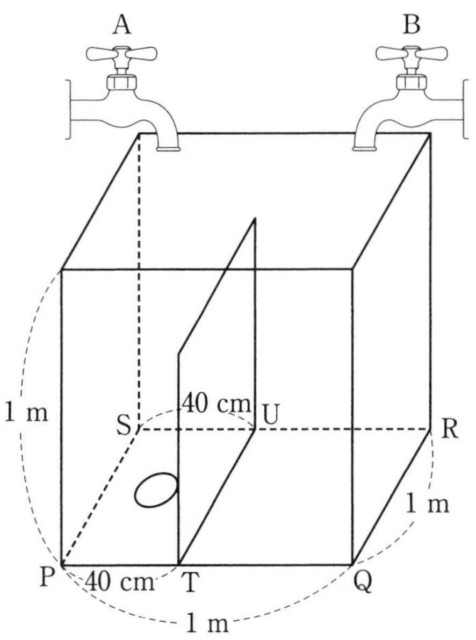

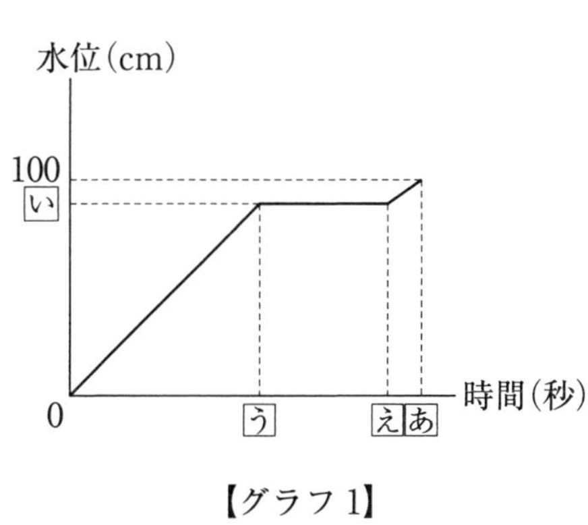

【グラフ1】

(1)　水を入れ始めてから２秒後のPからの水位は何cmですか。

(2)　Pからの水位が6cmになったとき，蛇口Bから注いでいる方には何Lの水が入っていますか。

(3)　蛇口Bからは毎秒何Lの水を注いでいますか。

（４） 水を入れ始めてからの時間とＱからの水位の関係についてのグラフを，【グラフ１】をもとに解答用紙にかきなさい。

（５） 【グラフ１】の あ ～ え に当てはまる数を答えなさい。

（６） 一度水そうを空にして，再び蛇口Ａ，Ｂから同時に水を入れます。ただし，蛇口Ａ，Ｂから１秒あたりに注ぐ水の量は，水そうを空にする前と変わりません。水を入れ始めてから何秒後かに栓を抜（ぬ）いて毎秒４Ｌの水を放出します。【グラフ２】は，再び水を入れ始めてからの時間とＱからの水位の関係を表したものです。栓を抜いたのは再び水を入れ始めてから何秒後ですか。考え方や途中の式も書きなさい。

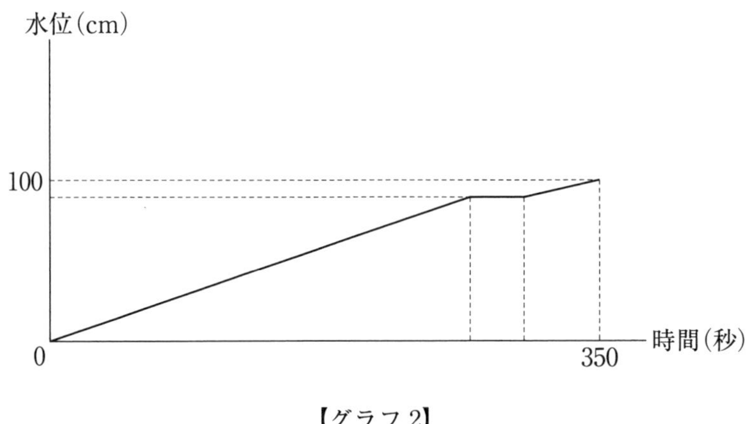

【グラフ２】

2 インターネットを用いた通信では，氏名や住所などの個人情報を守るために，文字を暗号化してやり取りする技術が用いられています。たとえば，あなたが富士見中学校に出願するとき，あなたの氏名はインターネットを通じて富士見中学校に送信されます。氏名は自動的に暗号化されて送信され，暗号化された氏名が富士見中学校に届くときにその暗号が解かれ，もとの氏名にもどされます。このようにして，氏名を他の人に知られることなく，安全にやり取りすることができます。

次の表は，清音のひらがな，だく点，半だく点に対して，1から53までの整数を割り当てたものです。

ん 51	わ 46	ら 41	や 36	ま 31	は 26	な 21	た 16	さ 11	か 6	あ 1
		り 42		み 32	ひ 27	に 22	ち 17	し 12	き 7	い 2
		る 43	ゆ 38	む 33	ふ 28	ぬ 23	つ 18	す 13	く 8	う 3
゛（だく点） 52		れ 44		め 34	へ 29	ね 24	て 19	せ 14	け 9	え 4
゜（半だく点） 53	を 50	ろ 45	よ 40	も 35	ほ 30	の 25	と 20	そ 15	こ 10	お 5

以下の文章では，清音のひらがな，だく点，半だく点をまとめて「文字」と表します。上の表の割り当てに従って文字を数におきかえ，［，］の記号を用いて次の例のように表します。

（例）　しか → [12，6]

ふじみ → [28，12，52，32]

［　A　］ → [14，2，28，52，18]

この表し方では，もとの文字が簡単に分かってしまうので，暗号としては役に立ちません。暗号を作るために，それぞれの文字に対応する数を11倍し，その数を61で割った余りを求めます。求めた数を，〈，〉の記号を用いて次の例のように表します。この表し方を「暗号文」と呼ぶこととします。

（例）　ふじみ → [28，12，52，32] → 〈3，10，23，47〉（暗号文）

暗号文からもとの文字を求めるためには，ある2けたの整数xを使います。暗号文の中に登場するそれぞれの数にxをかけて，その数を61で割った余りを求めると，もとの文字に対応する数が求まります。たとえば，「ふじみ」の暗号文〈3，10，23，47〉について，$3 \times x$，$10 \times x$，$23 \times x$，$47 \times x$をそれぞれ61で割った余りを求めると，「ふじみ」に対応する数の組 [28，12，52，32] が求まります。

さて，あなたは知り合いの葵(あおい)さんから暗号の手紙を受け取りました。手紙には，次のように書かれていました。

明日，〈48，5，31〉で会いましょう。 葵

次の問いに答えなさい。

（1） [A] に当てはまる語をひらがなで答えなさい。

（2） ①「くに」の暗号文を求め，〈 , 〉の記号を用いて表しなさい。
②「おんぷ」の暗号文を求め，①と同様の方法で表しなさい。

（3） 本文の内容を参考にして，x の値を求めなさい。考え方や途中(とちゅう)の式も書きなさい。

（4） 明日，葵さんがあなたに会おうとしている場所をひらがなで答えなさい。

3 円周の長さは　直径 × 円周率　で求められること，円周率は 3.14 とすることは覚えていますね？
では，なぜ円周率はおよそ 3.14 なのでしょうか？アルキメデスの方法で考えてみましょう。

アルキメデスのアイデアは，円を円にぴったりくっつく２つの正多角形ではさみこんで円周の長さを求める，というものでした。下の【図１】は正多角形を正六角形としたときのものです。

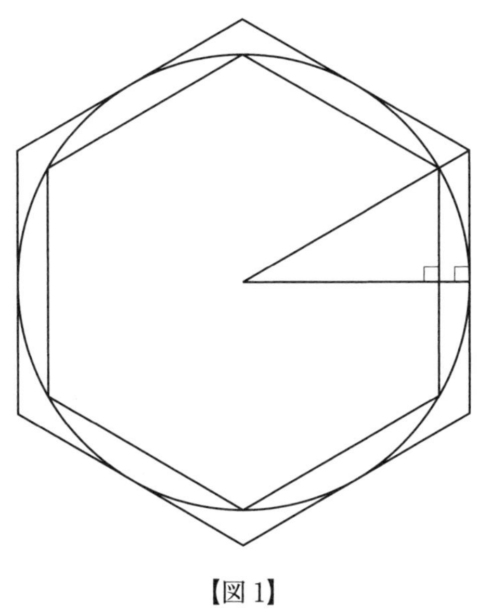

【図１】

内側の正多角形の周の長さを「内周の長さ」
外側の正多角形の周の長さを「外周の長さ」 と呼ぶことにします。

ここで，　内周の長さ　＜　円周の長さ　＜　外周の長さ　　という関係ができます。

さらに，　円周の長さを直径の長さで割ったものを円周率ということから，
内周の長さを直径の長さで割ったものを「内周率」
外周の長さを直径の長さで割ったものを「外周率」　と呼ぶことにします。

よって　内周率　＜　円周率　＜　外周率　　という関係ができます。

次に，準備として下の【図２】について，実際に数値をはかってまとめた表を用意しました。

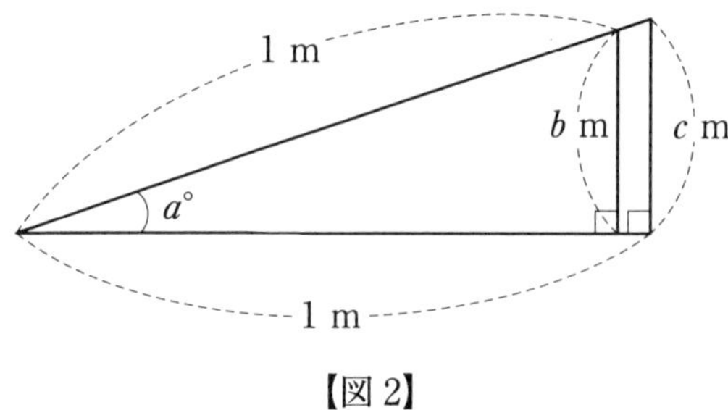

【図２】

a	b	c	a	b	c
4	0.0698	0.0699	17	0.2924	0.3057
5	0.0872	0.0875	18	0.3090	0.3249
6	0.1045	0.1051	19	0.3256	0.3443
7	0.1219	0.1228	20	0.3420	0.3640
8	0.1392	0.1405	21	0.3584	0.3839
9	0.1564	0.1584	22	0.3746	0.4040
10	0.1736	0.1763	23	0.3907	0.4245
11	0.1908	0.1944	24	0.4067	0.4452
12	0.2079	0.2126	25	0.4226	0.4663
13	0.2250	0.2309	26	0.4384	0.4877
14	0.2419	0.2493	27	0.4540	0.5095
15	0.2588	0.2679	28	0.4695	0.5317
16	0.2756	0.2867	29	0.4848	0.5543
			30	0.5000	0.5774

ここで，【図１】と【図２】を組み合わせると，下の【図３】のようになります。

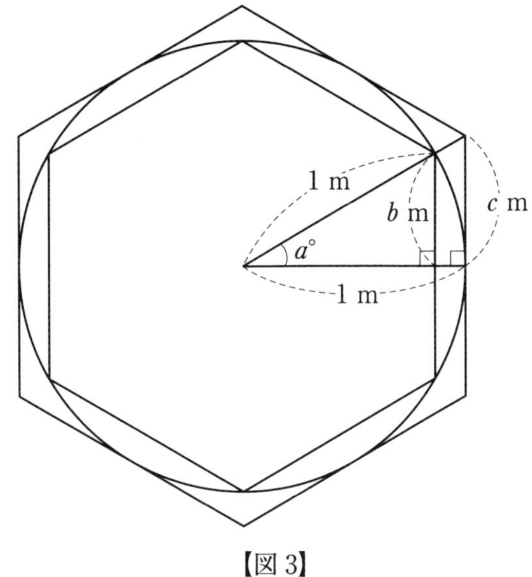

【図３】

（１）【図３】で，a，b，c の値をそれぞれ答えなさい。

（２）【図３】で，内周の長さと外周の長さをそれぞれ答えなさい。

（３）【図３】で，内周率と外周率をそれぞれ答えなさい。

アルキメデスは辺の数が多い正多角形で円をはさみこめば，内周の長さも外周の長さも円周の長さに近づくはずだと考えました。そこで，正八角形ではさみこもうとすると $a = 22.5$ となり，表を用いて内周の長さと外周の長さを求められなくなってしまいます。

（４）正六角形よりも辺の数が多い正多角形で円をはさみこむとき，a の値が表にのっているものは何個ありますか。考え方や途中（とちゅう）の式も書きなさい。

（５）$a = 5$ のときの内周率と外周率を答えなさい。

（６）$a = 4$ のときの内周率と外周率を答えなさい。

（７）内周率が［　①　］以上で，外周率が［　②　］以下　であれば，円周率が3.14…であることが分かります。そして，正多角形の辺の数が多ければ多いほど円周率を正確に求められることになります。（５），（６）の結果から，正［　③　］角形で円をはさみこんだとき，円周率が3.14…であることが分かります。

①，②に当てはまる小数第２位までの小数と，③に当てはまる漢数字を答えなさい。

2024年度

富士見中学校

※　編集上の都合により，算数１教科試験の解説は省略させていただきました。

算　数　＜算数１教科試験＞（60分）＜満点：100点＞

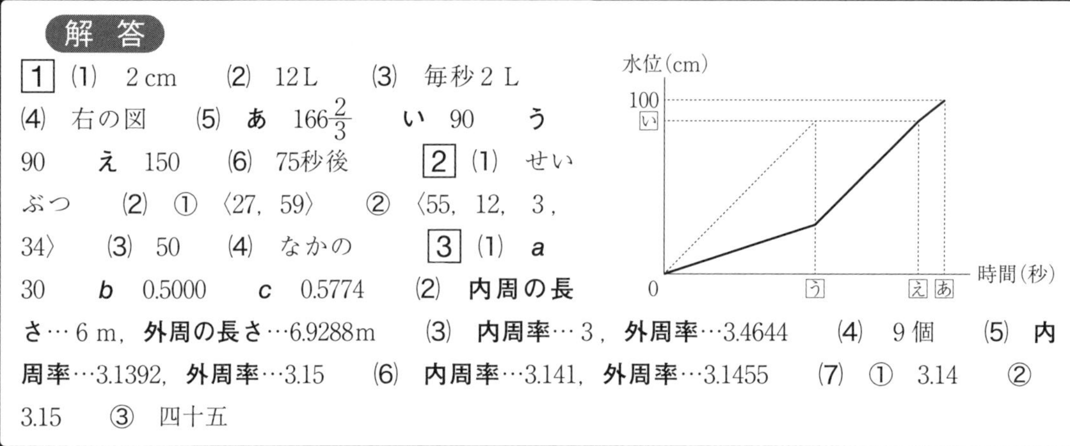

解　答

[1] (1)　2 cm　(2)　12 L　(3)　毎秒２Ｌ　(4)　右の図　(5)　**あ**　$166\frac{2}{3}$　**い**　90　**う**　90　**え**　150　(6)　75秒後　[2] (1)　せいぶつ　(2)　①　〈27，59〉　②　〈55，12，3，34〉　(3)　50　(4)　なかの　[3] (1)　***a***　30　***b***　0.5000　***c***　0.5774　(2)　**内周の長さ**…６m，**外周の長さ**…6.9288m　(3)　**内周率**…３，**外周率**…3.4644　(4)　９個　(5)　**内周率**…3.1392，**外周率**…3.15　(6)　**内周率**…3.141，**外周率**…3.1455　(7)　①　3.14　②　3.15　③　四十五

2023 年度

富士見中学校

【算　数】〈第１回試験〉(45分)〈満点：100点〉

(注意) (1) **4**には説明を必要とする問いがあります。答えだけでなく考え方も書いてください。

(2) 円周率が必要な場合には3.14として計算しなさい。

1 □に当てはまる数を求めなさい。

(1) $28.9\times105-289\times0.7-28.9\times28=$□

(2) $\left(3.6\div\square-1\frac{2}{3}\right)\times\frac{6}{11}=\frac{2}{5}$

(3) Ａさん，Ｂさん，Ｃさん３人の算数のテストの得点は，Ａさんの得点はＣさんの得点より11点高く，Ｂさんの得点はＣさんの得点より17点低く，３人の平均点は62点でした。このとき，Ａさんの得点は□点です。

(4) ３，５，７，９の数字を１回ずつ使って $\frac{■■}{■■}$ の形をした分数を作るとき，１より大きい分数は□通り作ることができます。

(5) 現在Ａさんは21歳(さい)で，Ｂさんは12歳です。今から□年後にＡさんとＢさんの年齢(れい)の比が３：２になります。

(6) 右の【図１】の長方形ABCDの辺BC上に点Ｅがあり，AB＝BE，AE＝ECです。このとき，角 x は□度です。

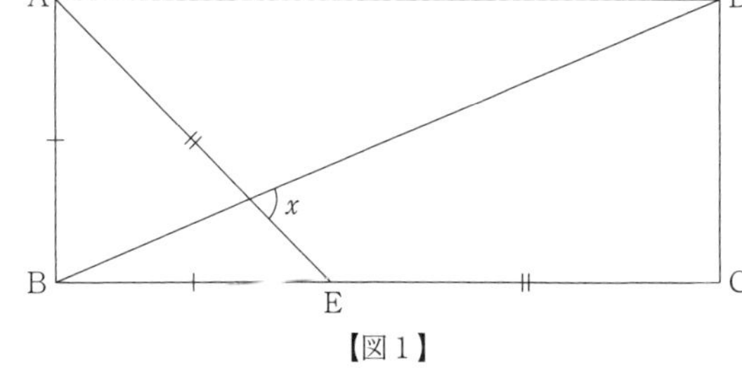

【図１】

(7) 下の【図２】の▨部分の面積は□cm^2です。

(8) 下の【図３】のような円柱があります。その上に底面が正方形の四角柱をのせると，体積が136cm^3，表面積が136cm^2増えました。上にのせた四角柱の高さは□cmです。

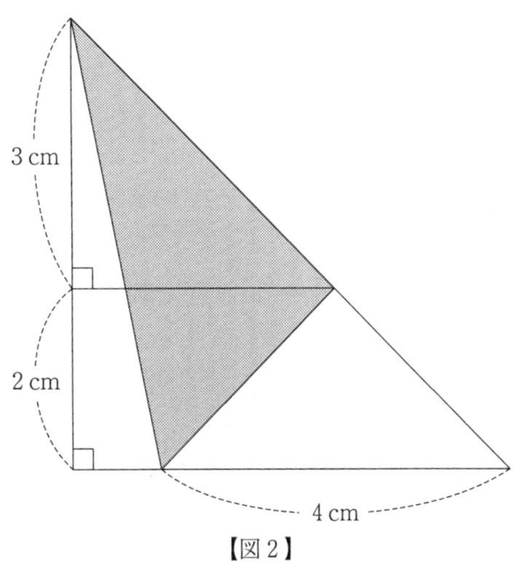

【図２】

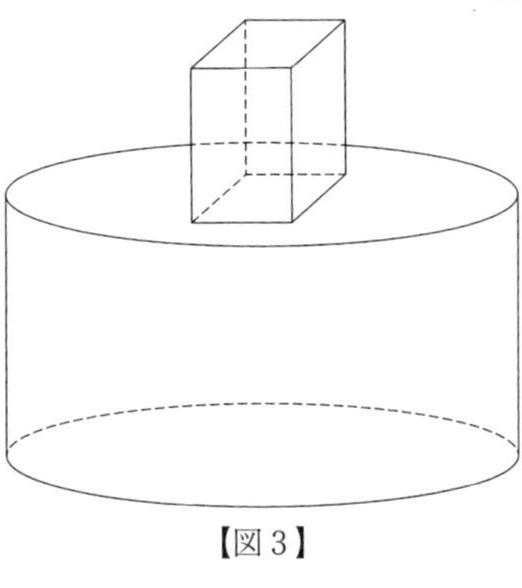
【図３】

2　〔A〕 右の図のような１辺が８cmの立方体ABCD-EFGHがあり，点P，Qがそれぞれ点Hと点F上にあります。Pは立方体の辺上をHからEまで毎秒２cmの速さで移動し，Qは立方体の辺上をFからGまで毎秒２cmの速さで移動します。P，Qが同時に出発するとき，次の問いに答えなさい。

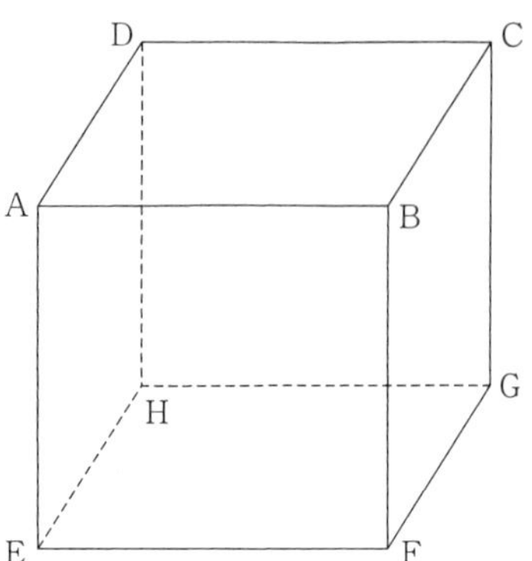

⑴　P，Qが出発してから２秒後，この立方体を３点D，P，Qを通る平面で切断して２つの立体に分けたとき，

①　切断面の形について，次のア～エで当てはまるものを選びなさい。

ア．三角形　　イ．四角形　　ウ．五角形　　エ．六角形

②　小さい方の立体の体積は何 cm^3 ですか。

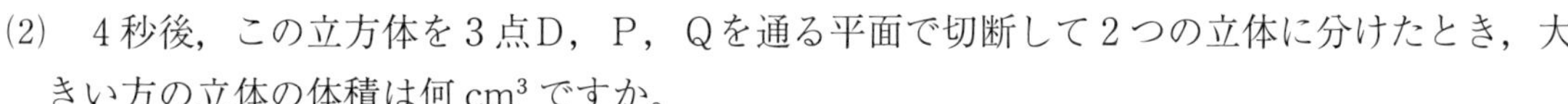

⑵　４秒後，この立方体を３点D，P，Qを通る平面で切断して２つの立体に分けたとき，大きい方の立体の体積は何 cm^3 ですか。

⑶　点Rは，P，Qが出発するのと同時に点Dを出発します。Rは，毎秒１cmの速さで立方体の辺上をDからAまで移動します。P，Q，Rが出発してから４秒後，この立方体を３点P，Q，Rを通る平面で切断して２つの立体に分けたとき，大きい方の立体の体積は何 cm^3 ですか。

〔B〕 富士山にはいくつかの登山ルートがあり，それぞれ全長や登りやすさに差があります。Aさんは富士宮ルートで富士山に登り，山頂にある浅間大社奥宮に14時ちょうどに到着しました。Aさんは浅間大社奥宮で偶然にも友達のBさんに会いました。Bさんは Aさんと異なる吉田ルートで登ってきていて，Aさんが着く10分前に到着していたといいます。２人は富士宮ルートで一緒に下山することに決め，14時30分に出発しました。

富士宮ルートと吉田ルートの特徴は以下のようになっています。

富士宮ルート	吉田ルート
・全長 4.5km の急な道のり ・ルートの終わりに浅間大社奥宮がある	・全長７km の緩やかな道のり ・ルートの終わりから浅間大社奥宮までは１km 離れている

AさんとBさんの歩く速さは一定とします。このとき，次の問いに答えなさい。

⑴　Aさんは分速 15m で登り，10分の休憩を３回取ったことが分かっています。Aさんが登り始めた時刻を求めなさい。

⑵　Bさんは８時10分に登り始め，５分の休憩を４回取ったことが分かっています。Bさんの歩く速さは分速何mですか。

⑶　２人が分速 30m の速さで下山するとき，富士宮ルートのスタート地点に到着する時刻を求めなさい。

3　次の会話文を読み，［ア］，［イ］には当てはまる数を，［ウ］～［カ］には当てはまる式を求めなさい。

先生：ここに電卓があります。この電卓で割り算をすると，割り切れた場合はその数が表示され，

割り切れなかった場合は小数第７位以下が切り捨てられます。たとえば1÷2を計算すると0.5と表示され，1÷3を計算すると0.333333と表示されます。

生徒：では1÷5を計算すると［　ア　］，1÷6を計算すると［　イ　］と表示されるのですね。

先生：その通りです。今日は逆に，表示された数字を見てどんな割り算をしたのか推理してみましょう。(１けた)÷(１けた)か(１けた)÷(２けた)の場合について考えます。できるだけ割られる数が小さいものを考えましょう。表示される数字が0.25となるのはどんな計算をしたときですか。

生徒：［　ウ　］です。

先生：表示される数字が0.666666となるのはどんな計算をしたときですか。

生徒：［　エ　］です。

先生：では，表示される数字が0.285714となるのはどんなときですか。

生徒：これは難しいですね。適当に計算してみるのでしょうか。

先生：もちろんそれでもよいのですが，なかなかみつからないこともありますね。別の方法を考えてみましょう。1÷0.285714を計算してみるとどうなりますか。

生徒：3.500003になりました。これは3.5と考えることができそうですね。

先生：そうですね。そうすると1÷0.285714＝3.5で3.5は$\frac{7}{2}$だから0.285714は［　オ　］を計算したことがわかりますね。ではこの考え方を使って，表示される数字が0.416666となるのはどんな計算をしたときか考えてみてください。

生徒：ちょっと計算が大変ですね。あ，わかりました。［　カ　］を計算したときです。

先生：その通りです。よくできました。

4　偶数(ぐうすう)枚のカードを上下半分に分けて，交互(こうご)に１枚ずつ重ねることを「カードを切る」と呼びます。

例えば，上から１，２，３，……，９，10と番号をつけた10枚のカードを切ると【図１】のように，カードの順番は上から１，６，２，７，３，８，４，９，５，10の順になります。このとき，下の問いに答えなさい。

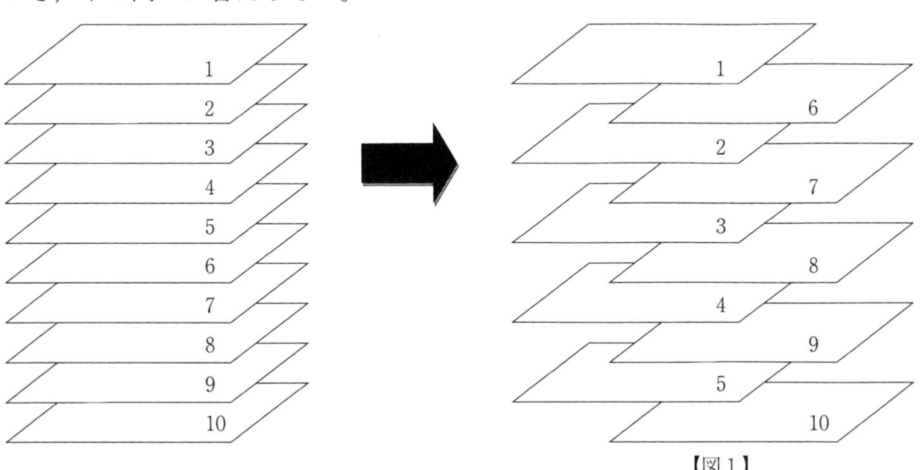

【図１】

(1)　【図１】の状態からさらにもう１回切ります。このとき，上から３枚目と８枚目に移動するカードの番号を答えなさい。

(2) 18枚のカードを切ります。

① 上から７枚目のカードは，上から何枚目に移動しますか。

② 上から15枚目のカードは，上から何枚目に移動しますか。

(3) カードを切ると，上から30枚目のカードが上から10枚目に移りました。このとき，カードは全部で何枚ありますか。考え方や途中(とちゅう)の式も書きなさい。

【社　会】〈**第１回試験**〉(35分)〈満点：60点〉

1　**次の文章を読んで，あとの問いに答えなさい。**

みなさんは，山崎種二(以下，種二とする。)という人物を知っていますか。種二は，今みなさんが入学試験を受けている富士見中学校を経営している山崎学園の(1)**初代**理事長です。

種二は，1893年に(2)**群馬県**の(3)**農家**であった山崎家の長男として誕生しました。種二は自身の(4)**著書**で，生まれた当時の山崎家の状況を「(5)**水呑百姓**同然の所まで落ちぶれており，収入の大半は(6)**養蚕**から得ていた」とのべています。借金を抱えた貧しい農家出身の種二が，(7)**企業**や学校を経営するまでにどのような人生を送ってきたのでしょうか。

1908年に当時の義務教育であった高等小学校(一般的に(8)**14歳**で卒業)を卒業した種二は，すぐに(9)**東京**へ出て，父のいとこが営む米問屋で働きはじめました。種二は仕事のひとつであった倉庫番をしているとき，米俵からこぼれ落ちる米の利用法を考え，主人に許可を取り，この米を餌に使って(10)**にわとり**を飼い，(11)**たまご**を産ませて，そのたまごを売ることにしました。また，当時，(12)**伝染病**を広げると恐れられていたねずみは，捕まえて交番に持っていくと買い取ってくれたことから，倉庫に出るねずみを捕獲し，交番へ持っていきました。たまごの販売とねずみの捕獲で得た収入は貯金しました。のちに商売で成功する種二は，このころから商売の才能にあふれていたといえるでしょう。

1910年の秋には，米問屋の主人と米の主産地である(13)**東北地方**をまわりました。この時，種二は主人から「田を見て米の出来の良しあしを見極められるように」といわれ，実際に現地に行き，自分の目で確かめることの大切さを知ることになります。のちに米問屋の社長として成功する基礎を教わったといえるでしょう。

米問屋で働くなかで，種二は米に関する豊富な知識をつけていきました。この米の豊富な知識が評価され，(14)**県議会**で米についての講義をすることもありました。高等小学校卒業後すぐに働きに出た若者が県議会で講義することはとてもめずらしく，新聞記事になるほどでした。

種二は，地元の有力者の引越しの手伝いに行った際，その家の女性に一目ぼれをし，のちに結婚しました。結婚当時，種二の実家の近くの川には(15)**橋**がなく，(16)**馬**に乗って川を渡っていました。種二の妻は結婚する際に種二を奮起させるため，「私は馬に乗るのは嫌いです。馬で川を渡らないでも済むように橋をかけてください」とお願いしました。のちに妻の支えもあって企業の経営者として成功した種二は私財をなげうって，橋を２本かけて妻との約束を守りました。

(17)**関東大震災**をきっかけに，これまで勤めていた米問屋を退職した種二は，自ら社長になり新たに米問屋を設立しました。その後，倉庫業や株の取引をおこなう証券業などさまざまな分野で成功し，企業の経営者として活躍しました。

種二は，商売だけでなく，教育や文化を担うことにも力を発揮しました。(18)**1940年**に富士見高等女学校(現在の富士見中学校)の経営を引き継ぎ，山崎学園を設立しました。種二が女子校の経営をおこなう背景には，妻のような自立した女性を育成したいとの思いがあったようです。また，日本画家と交流のあった種二は，絵の収集を熱心におこない，のちに山種美術館を設立しました。富士見の校内にもたくさんの絵画があるのはこのような背景があります。さらに，種二の故郷である群馬県吉井町(現高崎市)にも，設立にあたり資金の一部を提供した高崎市立山種記念吉井図書館があり，今も多くの市民に利用されています。

問１　下線部(**1**)について，日本の初代内閣総理大臣である伊藤博文は現在の山口県の出身です。次の文は山口県についてのべたものです。**下線部**の内容が**まちがっているもの**はどれですか。次から１つ選び，記号で答えなさい。

ア．県南西部には，カルスト地形の**秋吉台**が広がっている。

イ．県南部にある工業都市は，**瀬戸内工業地域**の一部を形成している。

ウ．県北部の萩市にあった**松下村塾**では，明治にかけて活躍した人物が多数学んだ。

エ．県西部の下関市にある**桶狭間**では，源氏と平氏が戦いをくり広げた。

問２　下線部(**2**)について，次の問いに答えなさい。

(1)　群馬県庁の庁舎は全国の43県の県庁舎の中で最も背の高い庁舎です。庁舎から直線で150ｍ離れたところから建物の最も高い場所を45度の角度で見上げることができました。この県庁のおよその高さとして正しいものはどれですか。次から１つ選び，記号で答えなさい。

ア．10ｍ　　イ．15ｍ

ウ．20ｍ　　エ．100ｍ

オ．150ｍ　　カ．200ｍ

(2)　群馬県は関東近県へむけての野菜の生産がさかんな地域のひとつです。東京中央卸売市場に入荷されるなすは，７～10月には群馬県など関東近県からの入荷が多くなります。一方，それ以外の月は高知県からの入荷が半数以上を占めている月が多くなっています。遠く離れた高知県からの入荷が多くなるのはなぜですか。栽培方法に着目して説明しなさい。

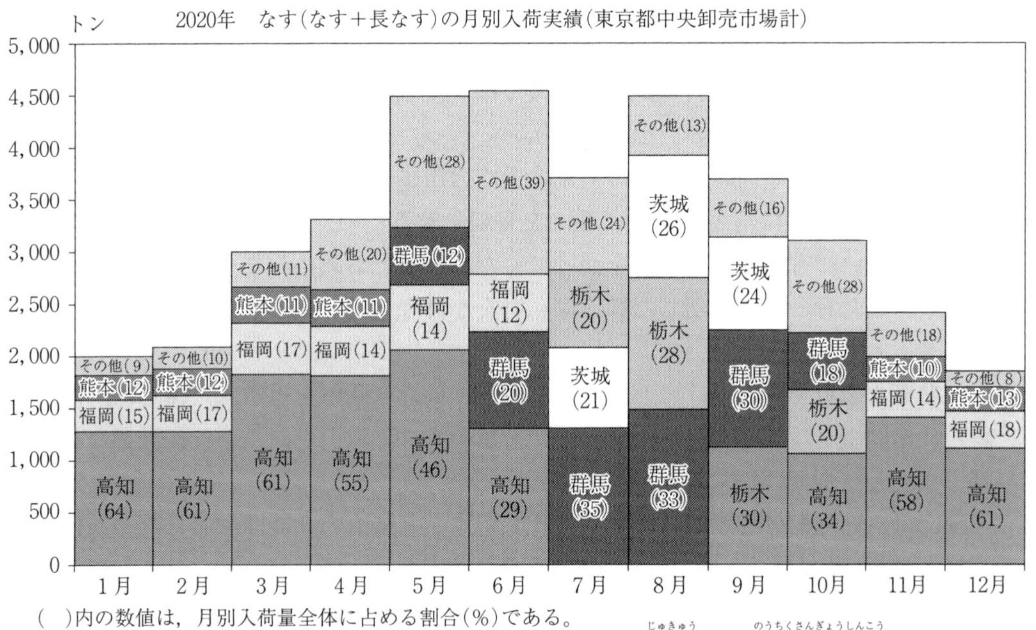

（　）内の数値は，月別入荷量全体に占める割合(％)である。

なすの需給動向－農畜産業振興機構　より作成

問３　下線部(**3**)について，次のグラフは日本の野菜，畜産，コメ，果物の農業総産出額の変化をしめしたものです。このグラフの項目のうちコメにあたるのはどれですか。記号で答えなさい。

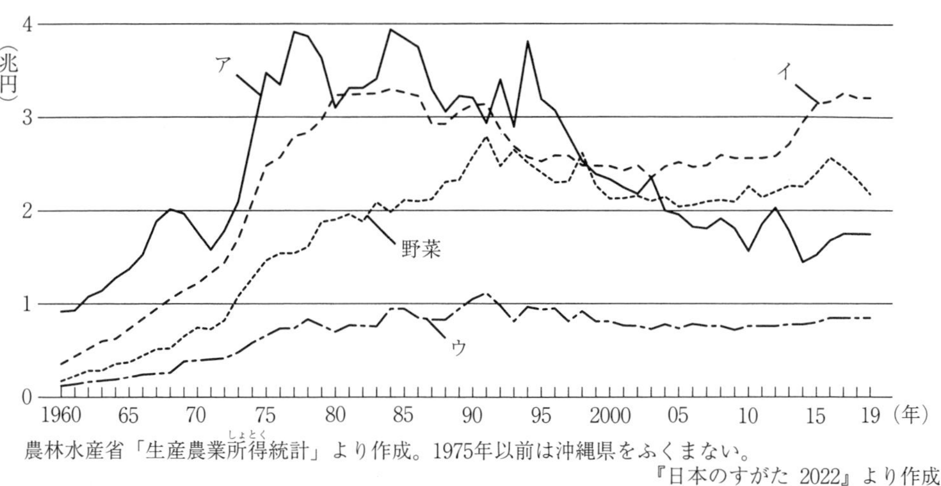

農林水産省「生産農業所得統計」より作成。1975年以前は沖縄県をふくまない。
『日本のすがた 2022』より作成

問４　下線部(4)について，自分の考えや気持ちを他人のまねでなく自分で工夫して，言葉や文字，形や色，音楽というかたちで表現した作品やその作者を守るために与えられる権利を何といいますか。漢字で答えなさい。

問５　下線部(5)について，次の文は水呑百姓についてのべたものです。２つの文の正しい・まちがいの組み合わせとして正しいものはどれですか。下から１つ選び，記号で答えなさい。

X：農村や漁村に住み，田畑を自分で所有していない庶民のことをあらわしている。 Y：名主ともいい，下級の農民としてあつかわれ，有力な農民と区別された。

〈組み合わせ〉

ア．X－正しい　　Y－正しい　　イ．X－正しい　　Y－まちがい
ウ．X－まちがい　Y－正しい　　エ．X－まちがい　Y－まちがい

問６　下線部(6)について，群馬県は養蚕や製糸業がさかんな地域のひとつでした。群馬県で日本の製糸業の中心となり，世界遺産にも登録されている工場の名前は何ですか。漢字で答えなさい。

問７　下線部(7)について，日本の企業の中には外国との貿易によって利益を上げる企業が多く存在しています。日本の企業は，円の価値に対してドルの価値が下がると，基本的に少ない金額で外国から物を買うことができます。この場合，利益を上げやすいのは，輸出または輸入のどちらを主におこなっている企業ですか。次から１つ選び，記号で答えなさい。

ア．輸出を主におこなっている企業　　イ．輸入を主におこなっている企業

問８　下線部(8)について，中学２年生(14歳)の松子さんは群馬県について調べることにしました。調べようと考えていることがらに対して，その内容を知るための方法として**まちがっているもの**はどれですか。次から１つ選び，記号で答えなさい。

ア．県の人口が減っていることを確かめるために，人口の統計を使って，前年の数値と比較することを過去10年分おこなった。

イ．観光客がどの都道府県からきているかを大まかに知るために，観光名所の駐車場で，車のナンバープレートに書かれた地域を調べた。

ウ．農業就業者の高齢化について調べるために，県の産業別人口を調べて，農業就業者の割

合を出した。

エ．商店街にどの地域から買い物客が集まっているかを知るために，商店をまわって，客の来る範囲(はんい)を聞き取り調査した。

問９　下線部(9)について，東京都には伊豆(いず)諸島の島々もふくまれています。次の25000分の１の地形図は，東京都の新島村の一部をしめしたものです。この地形図から読み取れることとして**まちがっているもの**はどれですか。下から１つ選び，記号で答えなさい。なお，文中の本村は太線で囲ってある範囲とします。

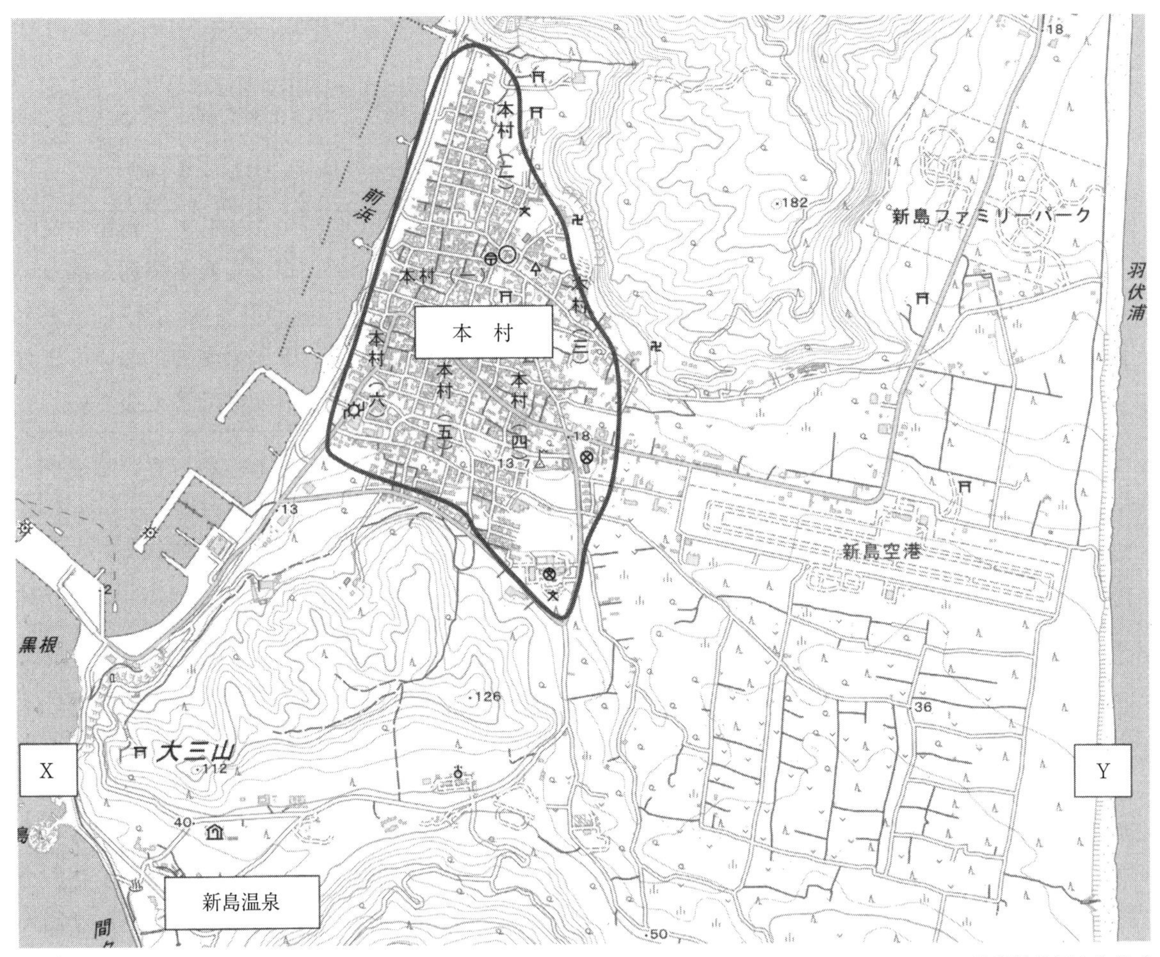

地理院地図より作成
〈編集部注：編集上の都合により原図の90%に縮小してあります。〉

ア．新島空港は，おおむね東西方向にのびている。

イ．本村の南端(なんたん)では，高校と小・中学校が隣(とな)り合っている。

ウ．新島温泉付近の老人ホームと本村の郵便局では，郵便局のほうが標高は高い。

エ．ＸとＹの間は，地図上で14cmであるとすると，実際には3.5kmとなる。

問10　下線部(10)について，次のページの表は各都道府県の乳用牛，ぶた，にわとり(ブロイラー)の頭数(羽数)の多い上位５位とその割合をしめしたものです。それぞれの表がしめしているのはどの項目ですか。下から１つ選び，記号で答えなさい。

A

県名	割合(%)
宮崎県	20.1
鹿児島県	19.4
岩手県	16.2
青森県	5.1
北海道	3.6

B

県名	割合(%)
鹿児島県	13.3
宮崎県	8.6
北海道	7.8
群馬県	6.9
千葉県	6.6

C

県名	割合(%)
北海道	61.2
栃木県	3.9
熊本県	3.2
岩手県	3.0
群馬県	2.5

『日本のすがた 2022』より作成

	A	B	C
ア	乳用牛	ぶた	にわとり
イ	乳用牛	にわとり	ぶた
ウ	ぶた	乳用牛	にわとり
エ	ぶた	にわとり	乳用牛
オ	にわとり	乳用牛	ぶた
カ	にわとり	ぶた	乳用牛

問11　下線部⑾について，2020年の鶏卵(けいらん)の生産量は茨城県が最も多く，鹿児島県，千葉県，岡山県，島根県と続きます。次の文章は，鶏卵の生産量上位５位までのいずれかの県についてのべたものです。文章でのべた県として正しいものはどれですか。下から１つ選び，それぞれ記号で答えなさい。

X：県の東部にある宍道湖(しんじこ)を中心に，シジミの漁獲量(ぎょかく)は全国有数である。また，出雲市(いずもし)の荒神谷遺跡(こうじんだにいせき)から発掘(はっくつ)された銅剣は，１つの遺跡から発掘された本数として日本で最も多い本数となっている。

Y：児島湾(こじまわん)の干拓地は塩分が多い土壌(どじょう)のため，綿花栽培(さいばい)がさかんとなり，国産デニム(ジーンズ)の一大産地となった。また，降水量１mm 以下の日が日本で最も多いとされ，気候をいかして，果物の生産がさかんにおこなわれている。

ア．茨城県
イ．鹿児島県
ウ．千葉県
エ．岡山県
オ．島根県

問12　下線部⑿について，伝染病が流行すると，その病気がどのような形で伝染していくかを解明することが求められます。次の地図は，1854年にイギリスのロンドンでコレラが流行したときの感染の状況をあらわした地図のひとつです。コレラの感染は，空気感染によって拡大すると考えられていましたが，この地図によって，その考えを改めていくことになりました。この地図から，コレラはどのように感染していくと考えることができますか。また，今後の感染拡大を防ぐためにどのような方策をすればよいと考えられますか。下から１つ選び，記号で答えなさい。

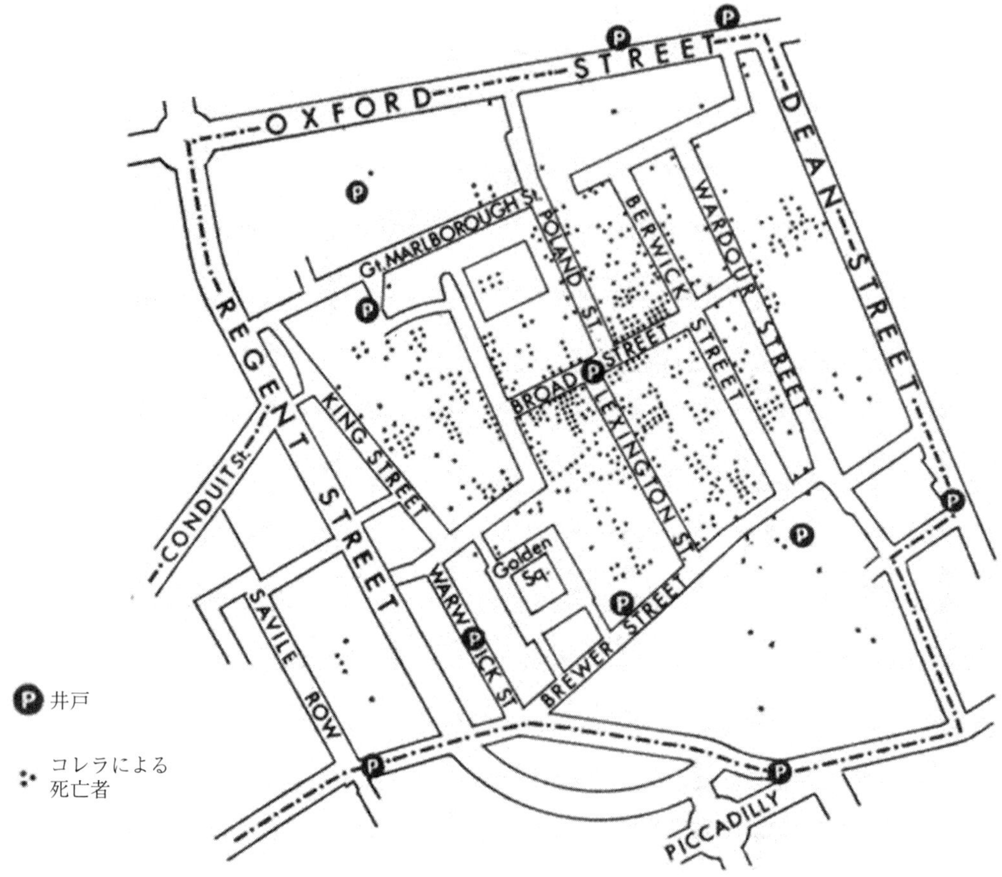

MapLab：Cartography Is Contagious　ホームページより作成

ア．大雨が降ったあと，排水溝(はいすいこう)からあふれた泥(どろ)が乾(かわ)いて舞(ま)い上がり，その中にふくまれていたコレラ菌(きん)を吸ってしまうことで感染が広がった。そのため，道路の舗装(ほそう)をおこなった。

イ．コレラ菌に汚染(おせん)された下水が，生活用水に使う井戸へ流れ込んでしまっていることに気が付かず，井戸の水を飲んでしまったことで感染が広がった。そのため，汚染された井戸を使用できないようにした。

ウ．下水道に生息しているネズミが各家に侵入(しんにゅう)したときにコレラ菌が運ばれ，汚染された食べ物を食べてしまうことで感染が広がった。そのため，下水道の使用を禁止して，汚水をすべて川に流した。

エ．コレラ患者(かんじゃ)を刺した蚊(か)が，別の人を刺(さ)すことで感染が広がった。そのため，蚊の発生防止のため水たまりができないようにした。

問13　下線部⒀について，次の問いに答えなさい。

(1)　東北地方の太平洋側には夏の時期に，海側から冷たく湿(しめ)った風が吹(ふ)くことがあります。この風を何といいますか。答えなさい。

(2)　次のページの３つの雨温図は，地図にしめした秋田県秋田市，岩手県盛岡市，岩手県宮古(みやこ)市のいずれかのものです。また，雨温図の下には，１月と７月の最も多い風向をしめしています。雨温図の地点として正しい組み合わせはどれですか。下から１つ選び，記号で答えなさい。

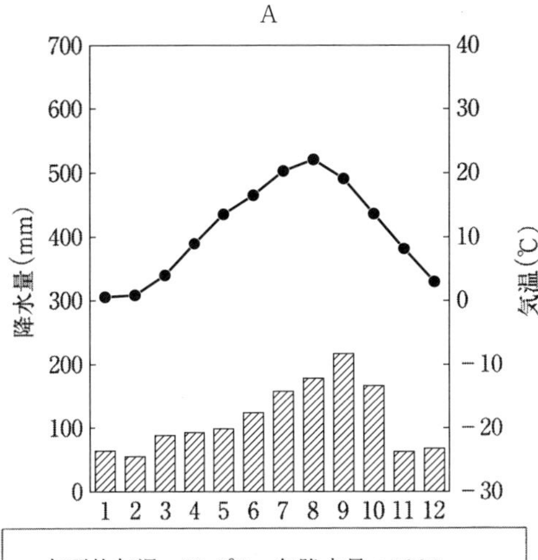

年平均気温：10.9℃　年降水量：1367mm
１月：西南西　７月：北北東

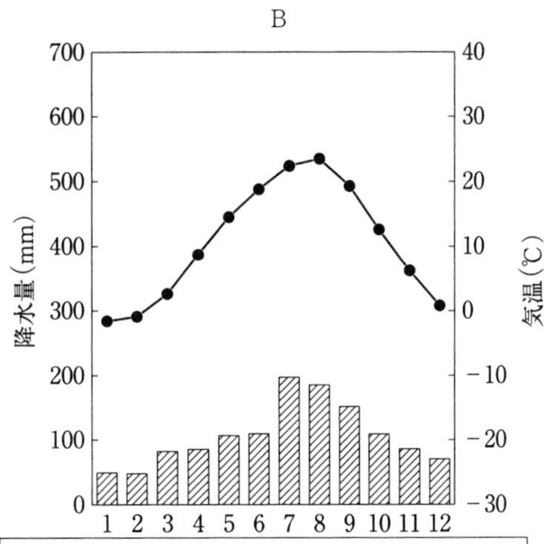

年平均気温：10.6℃　年降水量：1279mm
１月：南　７月：南

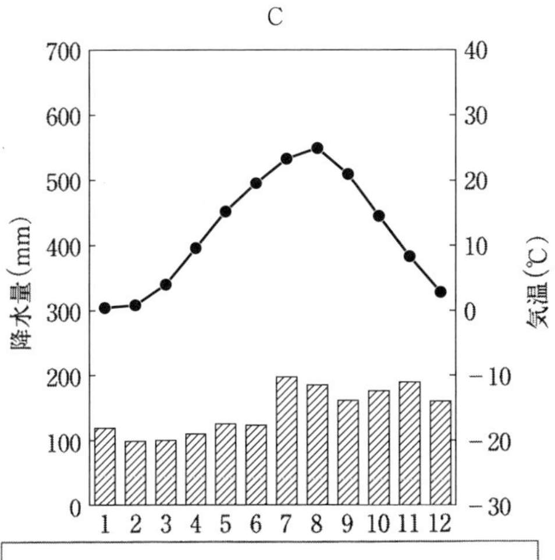

年平均気温：12.1℃　年降水量：1741mm
１月：北西　７月：南東

秋田市
盛岡市
宮古市

気象庁ホームページより作成

	A	B	C
ア	宮古市	盛岡市	秋田市
イ	宮古市	秋田市	盛岡市
ウ	盛岡市	秋田市	宮古市
エ	盛岡市	宮古市	秋田市
オ	秋田市	盛岡市	宮古市
カ	秋田市	宮古市	盛岡市

問14　下線部⒁について，次の問いに答えなさい。

⑴　地方議会が制定し，その地方公共団体だけで使われる決まりのことを何といいますか。漢字で答えなさい。

(2) 地方議会の議員や首長が，住民投票によりその職を解かれることがあります。これを何といいますか。答えなさい。

問15 下線部(15)について，本州と**橋でつながっていない**場所の組み合わせとして正しいものはどれですか。次から１つ選び，記号で答えなさい。

ア．青森県と北海道　　イ．兵庫県と徳島県

ウ．広島県と愛媛県　　エ．山口県と福岡県

問16 下線部(16)について，宮崎県南部の都井岬（といみさき）には野生の馬が生息しています。宮崎県に接している県のうち最も南に位置する県を説明した文として正しいものはどれですか。次から１つ選び，記号で答えなさい。

ア．県南部を中心に日向夏（ひゅうがなつ）という品種のみかんの生産がさかんにおこなわれている。

イ．県南部を中心に，火山灰土が広く分布し，農業生産に大きな影響（えいきょう）をもたらしている。

ウ．県北部には，全国有数の温泉地である別府（べっぷ）温泉があり，多くの観光客を集めている。

エ．県中央部にある阿蘇山（あそさん）は，現在も活発な火山活動がある山で，過去の火山活動でカルデラ地形が大規模に形成されている。

問17 下線部(17)について，関東大震災をはじめとして日本は大きな地震に見舞われることが多くあります。地震には地球の大きな岩盤（がんばん）であるプレートの境界で発生するものも多く存在しています。プレートの境界が海底にあるとき，その一帯が深くなっている場所の海底地形を何といいますか。漢字で答えなさい。

問18 下線部(18)について，1940年前後は日本は戦争中でした。戦争に関するできごとを古いものから並べて記号で答えなさい。

ア．国家総動員法が施行（しこう）された。

イ．柳条湖（りゅうじょうこ）事件がおこった。

ウ．日本がハワイの真珠湾へ奇襲攻撃をおこなった。

エ．沖縄戦がはじまった。

2 **次の文章を読んで，あとの問いに答えなさい。**

人間が集団生活を営む上で土木技術は欠かせません。(1)**日本**の国土を築き上げた土木技術はどのように発展してきたのでしょうか。

(2)**古墳時代**，支配者は権力の象徴（しょうちょう）をつくるため大規模な土木事業をおこないました。仁徳天皇のお墓とされる大山（だいせん）（大仙陵（だいせんりょう））古墳などがその典型です。古墳をつくるための土木事業をおこなうには，(3)**労働**力以外にも巨大（きょだい）な石や大量の土を運ぶ技術，工具の発達，工事技術の高度化が必要でした。こうした技術の多くは(4)**中国**や朝鮮半島からの渡来人から学びました。

飛鳥時代から(5)**奈良時代**にかけて律令国家が成立すると，平城京や平安京の都市計画，奈良の大仏建立など，土木事業の中心は首都の建設と(6)**寺院**建設になりました。この時，土木事業の中心にいたのは僧侶（そうりょ）です。行基は民間の人に対して布教活動をおこなうことに加えて，近畿地方に多くの道路・橋・池をつくり，人々の生活を助けました。

(7)**平安時代**，空海は留学僧として中国に渡（わた）り，仏教以外に工学や医学も学びました。帰国した後は学んだことを活用し，たくさんの土木事業をおこないました。香川県の満濃池が決壊（けっかい）した時には，多くの農民の協力を得て，修理を成功させました。

(8)**戦国時代**，土木技術は治水や城を築くことを中心に発展しました。戦国大名は戦いに勝つだけでなく，領地を開発し，人々の生活を安定させることが必要だったからです。日本は(9)**河川**が多く，洪水被害(こうずいひがい)をうけることが多いため，戦国大名の多くは治水対策に力をそそぎました。

(10)**江戸時代**，徳川家康は江戸城下町を安定させるため，運輸・防衛・水道などの基本方針を定めました。３代将軍家光による鎖国以降は，内陸水運・港の修築・新田開発など多くの種類の土木事業を大規模に実施しました。結果，江戸時代に国土の(11)**農地**利用が拡大し，産業や生活の土台も充実しました。

(12)**明治時代**になると，政府は鎖国時代の科学技術の遅(おく)れを取り戻(もど)すために，ヨーロッパの科学技術を積極的に導入しました。世界各地から(13)**外国人**技術者を雇(やと)い，日本からも留学生を積極的に送りだしました。先進国の土木技術を熱心に学んだ技術者が中心となって国土開発を進め，(14)**鉄道**・トンネルをはじめ日本の土木事業は国内技術者のみでおこなうことができるようになりました。

日本の土木技術は，古代においては大陸からの先進技術，明治維新以後はヨーロッパやアメリカの技術を熱心に取り入れることで発達してきました。日本の風土に適応させ，民衆の生活に役立つよう努力を重ねたことで私たちが暮らしやすい社会の土台ができています。

問１　下線部(1)について，日本の国会や裁判所に関するあとの問いに答えなさい。

(1)　国会の仕事についてのべた文として**まちがっているもの**はどれですか。次から１つ選び，記号で答えなさい。

ア．法律を制定する。　　イ．内閣総理大臣を指名する。

ウ．予算を議決する。　　エ．外国との条約を結ぶ。

(2)　国民が直接投票することによって，最高裁判所の裁判官を辞めさせることができる制度を何といいますか。答えなさい。

問２　下線部(2)について，古墳時代になってはじめて朝鮮半島からもたらされたものとして**まちがっているもの**はどれですか。次から１つ選び，記号で答えなさい。

ア．銅鐸　　イ．仏教　　ウ．儒教　　エ．須恵器

問３　下線部(3)について，日本には労働者を守るさまざまな法律があります。これらの法律のなかで，労働時間や賃金の支払いなど，労働条件の最低基準を定めた法律を何といいますか。次から１つ選び，記号で答えなさい。

ア．労働組合法　　　イ．最低賃金法

ウ．労働関係調整法　　エ．労働基準法

問４　下線部(4)について，中国と深い関係をもつ古代の歴史や文化について，年代の古いものから並べたものとして正しいものはどれですか。下から１つ選び，記号で答えなさい。

X：平城京を中心に，中国文化の影響(えいきょう)を受けた国際色豊かな文化が形成された。
Y：摂関政治の時期を中心に，日本の風土にあうように工夫した文化が形成された。
Z：天武天皇，持統天皇の時期に王族や貴族を中心とした仏教文化が形成された。

ア．X→Y→Z　　イ．Z→X→Y　　ウ．Y→X→Z　　エ．X→Z→Y

問５　下線部(5)について，奈良時代，仏教の力で国家を守るため東大寺の大仏をつくることを命じた天皇は誰(だれ)ですか。漢字で答えなさい。

問６　下線部(6)について，地図の場所とその場所にある寺院の説明として**まちがっているもの**はどれですか。下から１つ選び，記号で答えなさい。

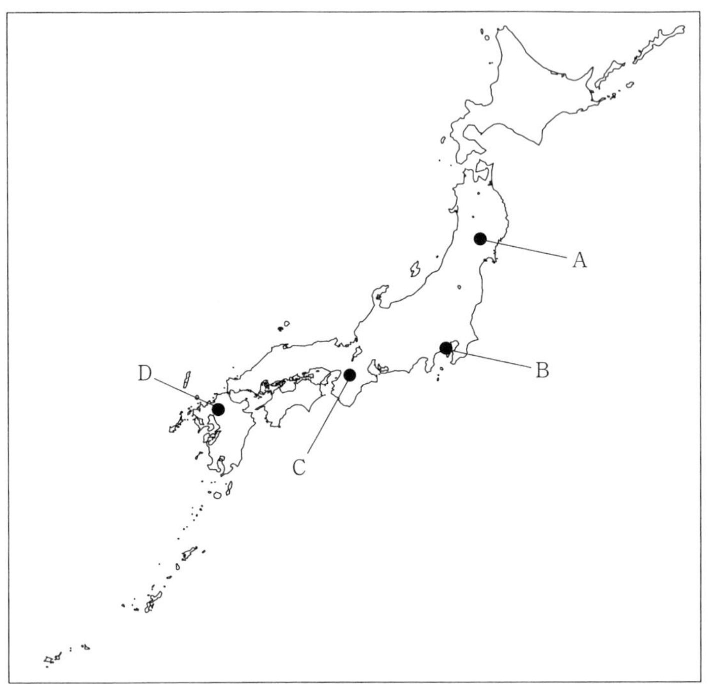

ア．Ａの地には，奥州藤原氏によって中尊寺金色堂が建てられた。

イ．Ｂの地には，北条時宗によって円覚寺が建てられた。

ウ．Ｃの地には，鑑真によって唐招提寺が建てられた。

エ．Ｄの地には，藤原頼通によって平等院鳳凰堂が建てられた。

問７　下線部(7)について，平安時代に関する次の文章を読み，あとの問いに答えなさい。

> 上皇の住まいが院とよばれていたことから，上皇による政治を院政といいます。院政は（　**X**　）が位をゆずって上皇となった後も政治をおこなったことにはじまります。
> （　**X**　）の孫である鳥羽天皇や鳥羽天皇の子である**後白河天皇**も，それぞれ上皇として院政をおこないました。

(1)　空らんにあてはまる天皇の名前として正しいものはどれですか。次から１つ選び，記号で答えなさい。

ア．醍醐天皇　　イ．天武天皇

ウ．白河天皇　　エ．桓武天皇

(2)　下線部に関して，後白河天皇が平清盛などを従えて，上皇らの軍をやぶった戦いを何といいますか。答えなさい。

問８　下線部(8)について，戦国時代，種子島に鉄砲が伝来しました。この時のようすを記録した『鉄炮記（てっぽうき）』を読むと，種子島に漂着した「ひとつの大船」は，「中国船」とも「ポルトガル船」とも読み取ることができ，今なお結論が出ていません。あなたはどちらだと考えますか。どこの船かに○をつけ，判断した根拠をしめして説明しなさい。なお，史料文は読みやすいように現代語訳しています。

天文十二(1543)年秋八月二十五日，我が種子島の島内の小浦にひとつの大船があらわれた。船客は百人余りいて，その姿は日本人と容貌・風貌が似ておらず，言葉は通じない。その中に，中国の者が一人，名は五峯(※倭寇のリーダー)といい，正式な名はわからない者もいた。

※倭寇：13世紀から16世紀にかけて東アジアの色々な地域で活動した海賊のこと

問9　下線部(9)について，河川が形成する三角州についてのべた文として正しいものはどれですか。次から１つ選び，記号で答えなさい。

ア．水はけがよく，果樹園などとして利用されるところが多い。

イ．水はけがよく，畑作などがさかんにおこなわれている。

ウ．川が山間部から平野や盆地にでたところに，土砂がたまりつくられる。

エ．河口部に，川が運んだ細かい土砂がたまってつくられる。

問10　下線部(10)について，あとの問いに答えなさい。

(1)　江戸幕府の政治は，老中を中心にさまざまな役職がおかれて，おこなわれていました。そして多くの役職の定員が複数で，１か月交代で仕事をおこなうことになっていました。幕府が役職の定員を複数にし，１か月交代にした目的を説明しなさい。

〈参考〉

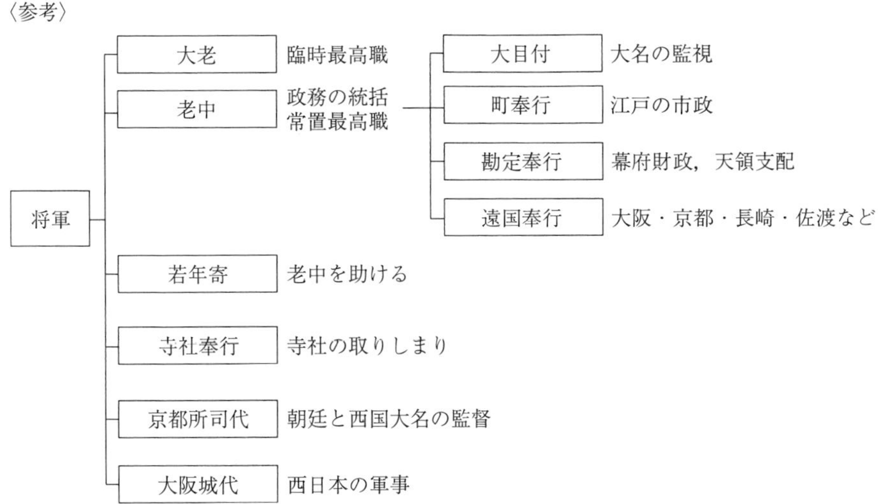

(2)　次の３枚のカードは江戸幕府の政治について，ある生徒が時代順にまとめたものです。カード１とカード３にあてはまる文の組み合わせとして正しいものはどれですか。下から１つ選び，記号で答えなさい。

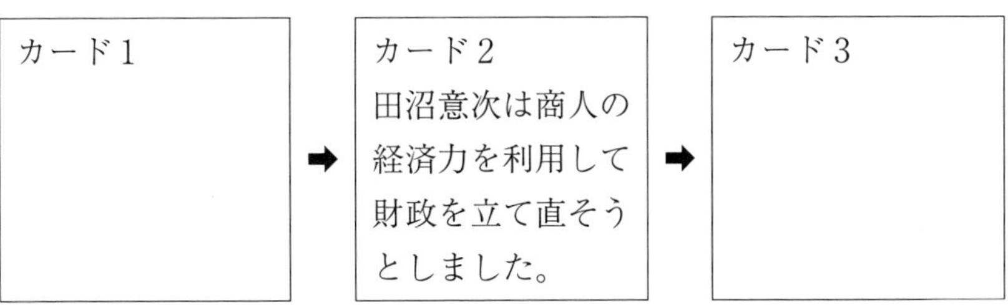

ａ．徳川吉宗は，米を納めさせるかわりに参勤交代をゆるめる上米の制をおこないました。

b．新井白石は，オランダと中国(清)に限定して貿易を拡大し，財政を安定させようとしました。

c．松平定信は，幕府の学校で朱子学以外の講義もおこなうよう指示をしました。

d．水野忠邦は，年貢を確保するため江戸に出ていた百姓を強制的に村に返しました。

ア．カード１－a　カード３－c

イ．カード１－a　カード３－d

ウ．カード１－b　カード３－c

エ．カード１－b　カード３－d

問11　下線部⑾について，次のグラフは，田，畑，樹園地(畑のうち果樹を栽培している農地)，牧草地のいずれかについて，それぞれの農地全体の面積に占(し)める各地方の割合をまとめたものです。田にあたるものはどれですか。次から１つ選び，記号で答えなさい。

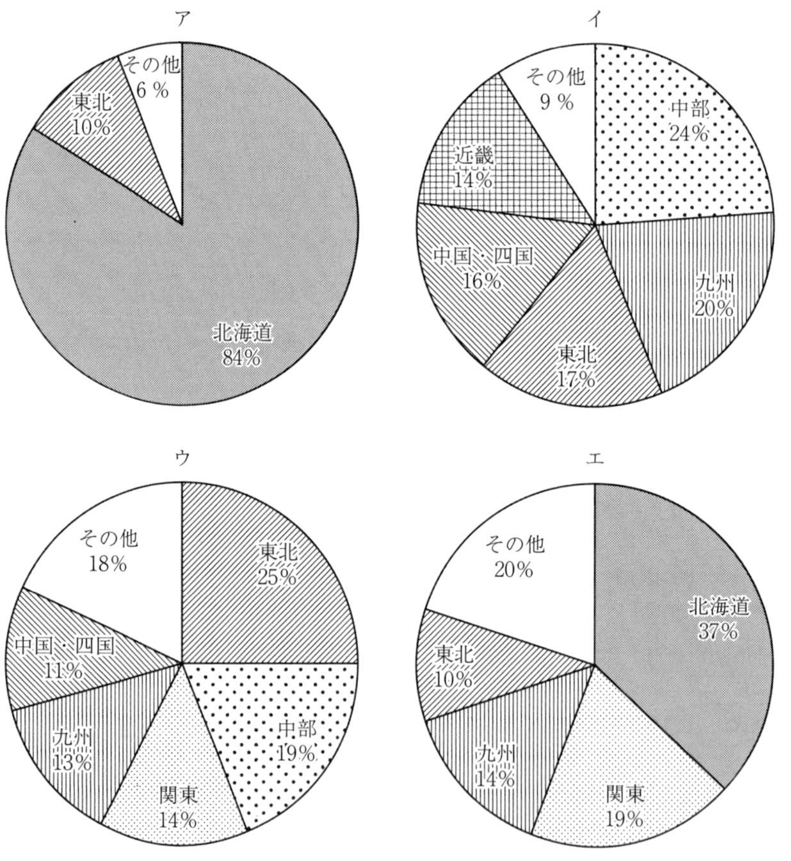

『データでみる県勢 2021年版』より作成

問12　下線部⑿について，次のページの資料は1885年と1899年の輸出入品割合を品目別にしめしたものです。これらの資料についてのべた文の組み合わせとして正しいものはどれですか。下から１つ選び，記号で答えなさい。

資料Ⅰ　1885年の輸出入品のグラフ

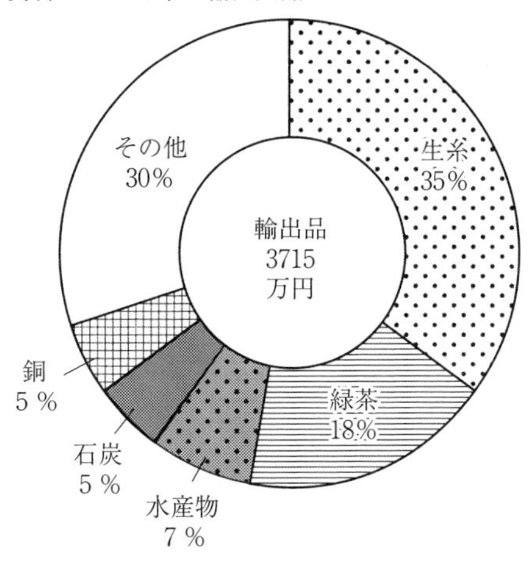

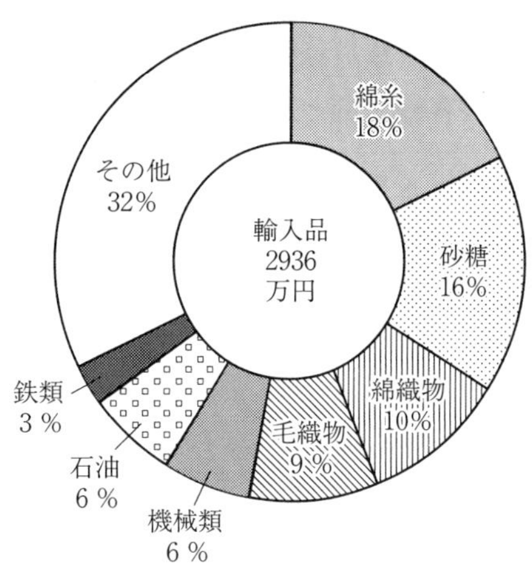

資料Ⅱ　1899年の輸出入品のグラフ

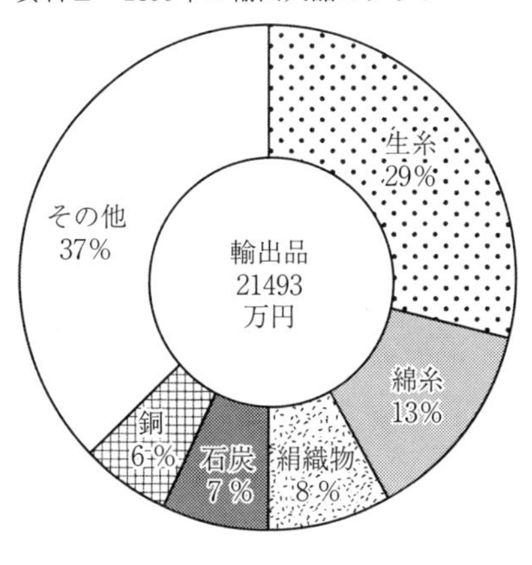

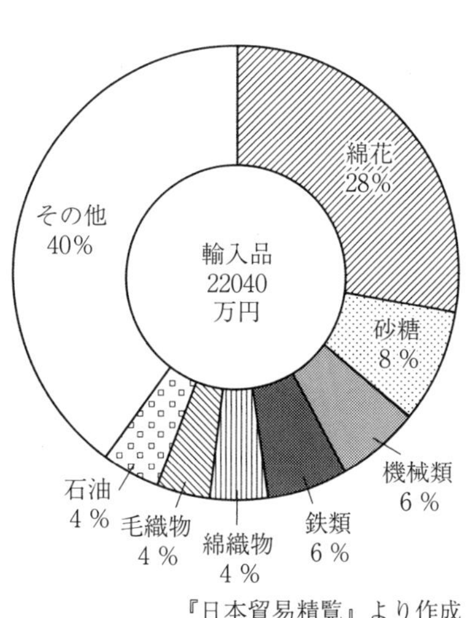

『日本貿易精覧』より作成

X：資料Ⅰの時期は，綿糸はまだ輸入に頼(たよ)っており，日本の紡績業が未発達であることがわかる
Y：資料Ⅱの時期は，輸出品の中で綿糸の割合が高くなっている一方で，その原料は輸入に頼っていることがわかる

ア．X―正しい　Y―正しい　イ．X―正しい　Y―まちがい
ウ．X―まちがい　Y―正しい　エ．X―まちがい　Y―まちがい

問13　下線部⒀について，ある生徒が観光に来ていた外国人への取材をおこなったところ，「交番」を「KOBAN」とするなど，外国人にとって何を意味するかわかりにくい表記があることに気がつきました。日本に滞在(たいざい)する外国人をふくめすべての人にとって使いやすいような製品・施設(しせつ)などのデザインを何といいますか。カタカナで答えなさい。

問14　下線部⒁について，次の文章はアジア・太平洋戦争後の日本の鉄道の発展と現状をまとめたものです。文章中の空らんにあてはまる語句の組み合わせとして正しいものはどれですか。下から１つ選び，記号で答えなさい。

鉄道は，戦後も発展を続け，（ X ）の時期には東京と大阪を結ぶ新幹線が開通しました。しかし，鉄道以外の交通機関の発達も目覚ましく，1990年代に入ってからは貨物輸送量・旅客輸送量ともに（ Y ）が第1位になっています。

ア．X－バブル景気　Y－自動車　イ．X－バブル景気　Y－航空機
ウ．X－高度経済成長　Y－自動車　エ．X－高度経済成長　Y－航空機

【理　科】〈第１回試験〉（35分）〈満点：60点〉

1　［Ⅰ］～［Ⅲ］**の問いに答えなさい。**

［Ⅰ］　表のＡ～Ｃは，特ちょう的な形をした火山の断面を模式的に示したものです。

	A	B	C
火山の形	傾斜(けいしゃ)がゆるやか	円すい	ドーム状
模式図			

問１　火山の形に図のＡ～Ｃのようなちがいができたのはなぜですか。「マグマ」という語を用いて説明しなさい。

問２　ＡとＣの火山の噴(ふん)火の激しさや溶(よう)岩の色を比べると，どのようなことが言えますか。以下の中から正しいものを１つ選び，記号で答えなさい。

ア．ＡはＣよりも噴火がおだやかで，溶岩は白っぽい

イ．ＡはＣよりも噴火がおだやかで，溶岩は黒っぽい

ウ．ＡはＣよりも噴火が激しく，溶岩は白っぽい

エ．ＡはＣよりも噴火が激しく，溶岩は黒っぽい

［Ⅱ］

問３　表をもとに，以下の問いに答えなさい。答えが整数とならないときは，小数第１位を四捨五入して答えなさい。表の飽和水蒸気量(ほうわすいじょうきりょう)は，空気１m^3中にふくむことができる水蒸気の重さを示しています。

温度(℃)	14	16	18	20	22	24	26	28	30
飽和水蒸気量(ｇ)	12.1	13.6	15.4	17.3	19.4	21.8	24.4	27.2	30.4

(1)　60m^3の部屋において，室温が20℃，湿度が70％のとき，この部屋の空気に含まれる水蒸気の重さは何ｇですか。

(2)　室温が30℃，湿度が50％の部屋があります。この部屋の室温を28℃までゆっくりと下げたとき，湿度は何％になりますか。ただし，この部屋の空気の出入りはないものとします。

［Ⅲ］

問４　次のページの図のように，地球は公転面に垂直な方向に対して地軸を23.4°傾けて太陽の周りを公転しています。北緯35°の地点において南中高度が最も高くなるのは地球がＡ～Ｄのどこにあるときですか。正しいものを１つ選び記号で答えなさい。

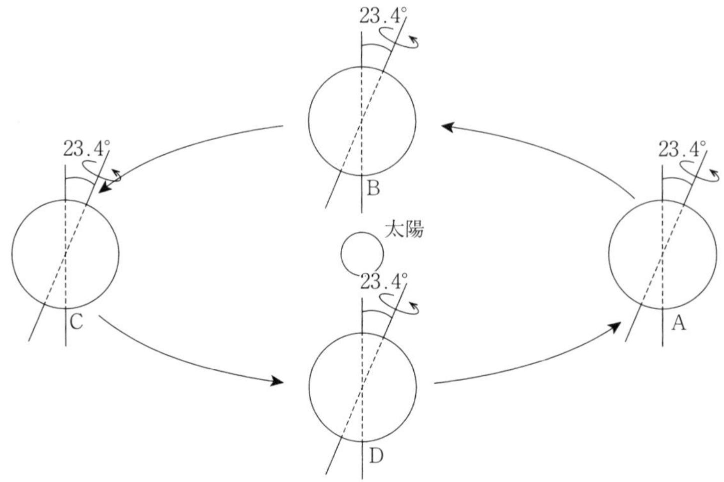

問５　問４の北緯35°地点の南中高度を求めなさい。

2　Ｉ　富士子さんと弟の太郎くんは夏休みにお父さんに山へキャンプに連れて行ってもらいました。次の会話文を読み，以下の問いに答えなさい。

太　　郎　ここはすごくたくさんのこん虫がとれるってお父さんが言っていたよ。

富 士 子　すごい！　それは楽しみね。太郎はどんなこん虫をつかまえたいの？

太　　郎　バッタにセミにトンボ，チョウにカマキリ。それにやっぱりカブトムシとクワガタも！

富 士 子　楽しみね，きっと見つけられると思うわ。

お父さん　二人とも「こん虫」について知っていることはあるかい？

富 士 子　学校で習ったから知っているわ。確か，からだが［　A　］・胸部・［　B　］の３つに分かれているのよ。そして，あしが６本と羽が４枚あるわ。

お父さん　富士子，よく知っているね。いろいろな生きものをグループ分けするために同じような特ちょうをもった生きものをまとめるルールみたいなものを作ったんだよ。これを「分類」と言うんだ。

動物を分類するときは，せきつい動物か無せきつい動物かでまず分けるんだよ。

太　　郎　それはどんな基準で分けるの？

富 士 子　それも学校で習ったわ。［　C　］があるか，無いかで分けるのよ。

太　　郎　ぼくたちのからだにも［　C　］があるね。だから人間はせきつい動物なんだね。

お父さん　その通り。こん虫は［　C　］がないから，無せきつい動物のグループで，こん虫はさっき富士子が言った特ちょうをもつ生きものをまとめたものなんだ。

太　　郎　じゃあ，ダンゴムシやミミズは無せきつい動物だけれど，こん虫ではないの？

お父さん　そうだよ。ダンゴムシのからだはたくさんの節に分かれていて，あしが６本以上あるだろう。ミミズにはあしがない。だからこん虫ではないんだよ。

こん虫の特ちょうをもったものの中で，さらに細かい特ちょうによって，バッタやチョウ，カブトムシやクワガタに分けているんだ。

太　　郎　分類っておもしろいね。ぼくもたくさんの生きものを見つけて，分類してみたい！

問１　会話文中の［Ａ］と［Ｂ］に入る語句を答えなさい。ただし，［Ａ］には目があります。

問２　会話文中の［Ａ］・胸部・［Ｂ］それぞれの部分にあるものを次の中からすべて選び，記号で答えなさい。

ア．あし　イ．気門　ウ．しょっ角　エ．羽　オ．口

問３　会話文中の［Ｃ］に入る語句を答えなさい。

問４　せきつい動物はからだの内側に骨がありからだを支えています。無せきつい動物はどのようにからだを支えているか説明しなさい。

問５　こん虫が成虫になる過程で，たまご→幼虫→さなぎ→成虫のように「さなぎ」の時期のある育ち方を何というか答えなさい。

問６　会話文中に出てきたバッタ・セミ・トンボ・チョウ・カマキリ・カブトムシ・クワガタの７種類のこん虫のうち，問５のような育ち方をするこん虫は何種類いますか。数字で答えなさい。

問７　図１は太郎くんがつかまえたカブトムシを背側からスケッチしたものです。図２はカブトムシをおなか側からスケッチしたものです。ただし，図２にはあしが描(えが)かれていません。図２において会話文中の［Ａ］の部分を黒くぬりつぶしなさい。

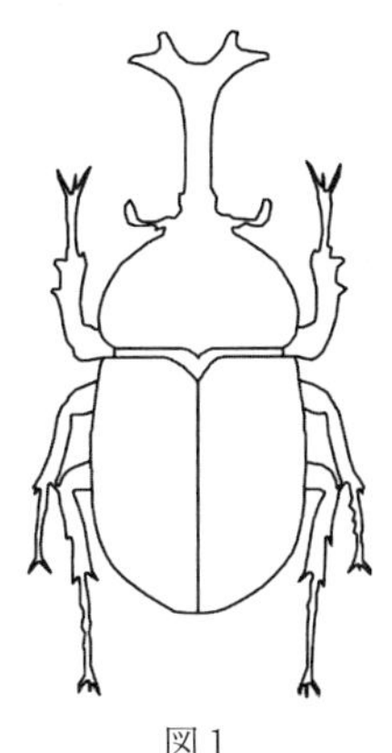
図１

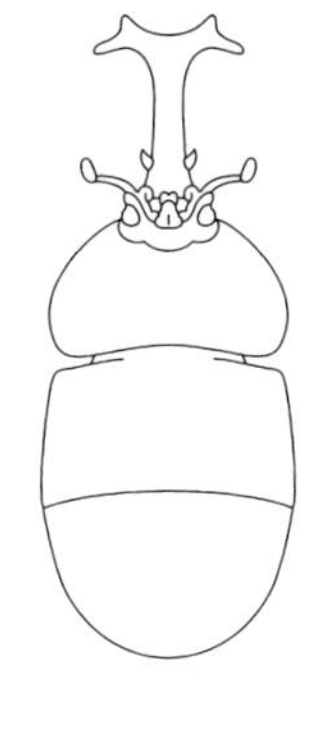
図２

Ⅱ　春の日中，キャベツ畑ではモンシロチョウのいろいろな行動を観察することができます。飛んでいるオスはときどき，とまっているチョウに近づきます。そのときキャベツにとまっているチョウの反応には３通りあります。じっと静止したまま動かない場合(静止)，羽を広げておしりを高くもち上げる場合(逆立ち)，あるいは，軽くはばたく場合(はばたき)です。この様子を観察して分かったことを表にまとめました。さらに，このキャベツ畑で次の【実験１】～【実験４】を行いました。

表

とまっているチョウ	反応	結果
まだ交尾をしていないメス	静止	交尾をした
すでに交尾をしたメス	逆立ち	交尾をしないで，オスは飛び去った
オス	はばたき	オスはすぐに飛び去った

【実験１】

うすい板をチョウの羽の形に切り，これを組み立ててとまっているオスのはばたき反応のように動かすことのできる模型をつくった。板にメスの羽をはって，キャベツ畑に置き，オスが

近づいてきたときに人工的にはばたき反応を行った。近づいてきたオスは模型からなかなか飛び去ろうとしなかった。

【実験２】

オスＡとメスをそれぞれ別々の透明な密閉できるプラスチック容器に入れて，キャベツ畑に置いた。メスを入れた容器に近づいてきたオスＢは長く周囲を飛び回っていたが，オスＡを入れた容器に近づいてきたオスＢはすぐに飛び去った。容器に入れたメスがすでに交尾をしていた場合はオスＢが近づいてきたときに逆立ち反応をした。

【実験３】

メスのどう体から羽を切り離し，羽とどう体をそれぞれキャベツ畑に置いた。オスはメスの羽に盛んに近づき，羽に対して交尾を試みるものもあった。しかし，どう体には近づかなかった。

【実験４】

オスとメスの羽はいずれも白地に黒い斑点(はんてん)があって，一見区別がつきにくい。しかし，紫外線を感知できるカメラで写真を撮ると，オスの羽は黒く，メスの羽は明るく写った(図３)。

図３

問８　【実験１】～【実験４】から考えて，次の①～③の文章について，正しい場合は○を，間違っている場合は×を答えなさい。また，そう判断した理由となる実験として最も適当なものを【実験１】～【実験４】から１つ選びなさい。

①　オスははばたき反応をするものはすべてオスであると認識する。

②　メスはオスに触れられて初めてオスを認識する。

③　オスの交尾行動は，メスの羽によって引き起こされる。

3　**以下の会話文を読み，問いに答えなさい。**

お父さん　おーい。富士子。今日の夜はおいしいウイスキーを飲みたい気分だ。冷凍(とう)庫の製氷皿(図１)で氷をつくっておくれ。

富 士 子　わかったわ！　(製氷皿に水を入れ，冷凍庫に入れる。)

～その日の夜～

お父さん　氷はできたかな？　富士子，確認してみて。

富 士 子　できているよ！　今からコップの中に入れるね。…あれ!?

お父さん　どうしたの？

富 士 子　今日のお昼，製氷皿の内側の線まで水を入れて冷凍庫に入れたの。でも今見たら，線の(　①　)まで氷があるわ。

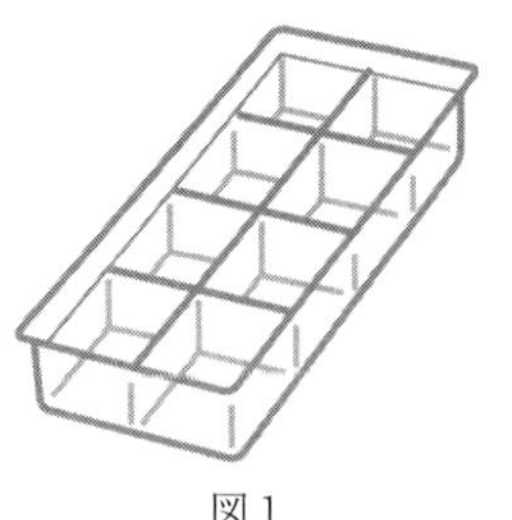

図１

お母さん　あら，そうね。でもどうして驚(おどろ)いたの？

富 士 子　だって，一般的には同じ重さの固体，液体，気体の体積を大きい順に並べると，（ ② ），（ ③ ），（ ④ ）になるじゃない。

密度（$1\,cm^3$ あたりの重さ）を大きい順に並べると（ ④ ），（ ③ ），（ ② ）になるってこの前勉強したし…。

お父さん　確かにそうだね。

じゃあ，この⑤コップに水を入れて，氷を入れてごらん。

氷はどうなる？

富 士 子　（水の入ったコップに氷を入れる。）氷は浮くわ。

お父さん　そうなんだよ。富士子の言う通り，一般的に物質は同じ重さのとき，固体，液体，気体の体積を大きい順に並べると，（ ② ），（ ③ ），（ ④ ）になるけれど，氷の場合は結晶の構造がこんな風になっていて（図２）隙間が多い構造をしている。とけると結晶の構造がくずれ，隙間が減る。つまり…

富 士 子　お父さんが言いたいこと，分かったわ！　物質の性質って構造も関わっているのね。面白いなあ。…そうだ！　私，今年の夏の自由研究は水に沈む氷をつくってみるわ！

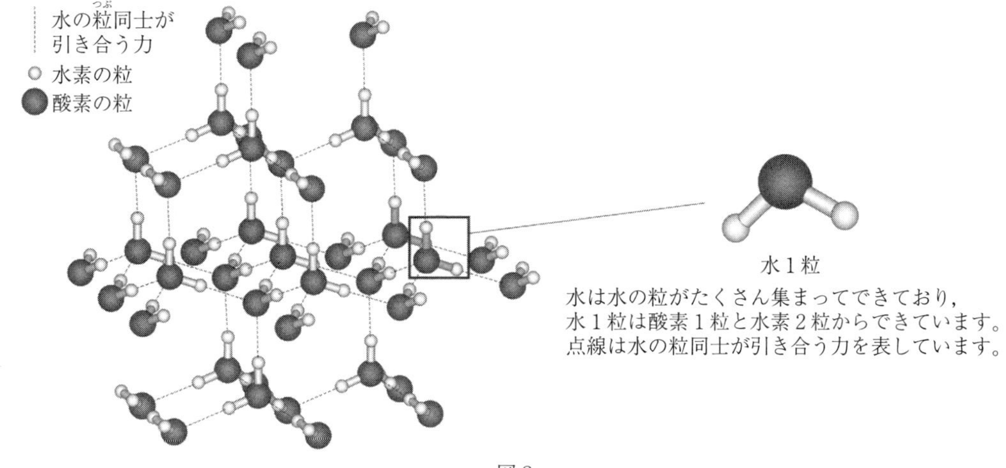

図２

次の日，富士子さんは自由研究に取り組むことにしました。水に沈む氷をつくるために，砂糖水を凍らせて氷をつくろうと考えました。プラスチック容器Ａに水 50g と砂糖 15g を入れてよくかき混ぜると砂糖はすべてとけました。

砂糖水の入ったプラスチック容器Ａを冷凍庫に入れて凍らせようとしましたが，なかなか凍りません。

温度計を砂糖水の中に差し込むと０℃を下回っていましたが，凍るにはまだ時間がかかりそうだと思ったので再び冷凍庫に入れてしばらく待つと，完全に凍って大きな氷になりました。

富士子さんは⑥水を入れたボウルの中に，昨日製氷皿でつくった氷と今日プラスチック容器Ａでつくった氷を入れたところ，製氷皿でつくった氷は浮き，プラスチック容器Ａでつくった氷は沈みました。

問１　（①）に当てはまる言葉を次の中から１つ選び，記号で答えなさい。

ア．上　　イ．ちょうど　　ウ．下

問２　（②），（③），（④）に入る言葉を次の中から選び，記号で答えなさい。

ア．固体
イ．液体
ウ．気体

問３　凍らせる前のプラスチック容器Ａに入っていた砂糖水の濃度は何％ですか。答えが割り切れない場合は小数第１位を四捨五入して整数で答えなさい。

問４　下線部⑥について，理由として最も適切なものを次の中から１つ選び，記号で答えなさい。
ア．水でつくった氷は液体の水よりも密度が小さく，砂糖水でつくった氷は液体の水よりも密度が大きいため。
イ．水でつくった氷に比べ，砂糖水でつくった氷の方が体積が大きくなったため。
ウ．砂糖水でつくった氷の方が，水でつくった氷よりも温度が低いため。
エ．砂糖水でつくった氷の方が，水でつくった氷よりもとけにくいため。

問５　富士子さんはお父さんと話をした次の日の朝，自由研究を始めようとテーブルを見ると，下線部⑤のコップが片付けられずに前の日のまま残っていることに気が付きました。昨日の夜，お父さんが水の入ったコップに氷を入れたとき，コップから水があふれそうになっていて，「氷がとけたら水がこぼれてしまいそう」と思ったのですが，実際に見てみるとコップから水はこぼれておらず，中の水面の高さは変わっていないように見えました。

富士子さんはお父さんとの会話を思い出し，自分の気のせいかもしれないと科学クラブの先生や友達の花香さんに聞いてみました。そして，そこで聞いたことをノートにメモしてもう一度考えてみることにしました。

次のメモの空欄(⑦)～(⑨)に当てはまる数字を書きなさい。また(⑩)に当てはまる文を書きなさい。

メモ

わたしの考え→お父さんとの会話から氷が水になるときの体積の変化を考えると，コップの水面の高さは下がっているはずだ。次の日に見て「氷がとけているのに水面の高さが変わっていない」と思ったのは私の気のせいかもしれない。

花香さんの考え→水に浮いている氷は，水面より上に出ている部分もとける。
だから水面の高さは上がりそうだ。
⇒花香さんの意見になるほどと思った。
たしかに私も昨日の夜，お父さんが水の入ったコップに氷を入れたとき，氷がとけたら水がこぼれてしまうと直感で思った。

先生のヒント→浮いている氷には浮こうとする力(浮力)と沈もうとする力(重力)がはたらいてつり合っている。つまり，
(水面下の氷と同じ体積の水の重さ)＝(全体の氷の重さ)
といえる。この関係が氷がとけたときの水面の高さを考えるヒントになる。

水面下の氷の体積が10cm³のとき，水１cm³は１ｇだから全体の氷の重さは(⑦)ｇになる。

この氷がとけてできた水の重さは(⑧)ｇになり，その水の体積は(⑨)cm³になる。

このように計算すれば，水面下の氷の体積と，全体の氷がとけて水になったときの体積を比べることができる。

だから水に浮いている氷がとけたとき，(　⑩　)ことが分かる。

↑コップの中に入った水と氷

問６　富士子さんは社会科の授業で２枚の「地球にある大きな氷」の写真を見たことを思い出しました。それは北極海に浮かぶ海氷と，南極大陸の上にある氷床（ひょうしょう）です。これらが地球温暖化によってとけるとき，海面上昇に及（およ）ぼす影響（えいきょう）の大きさは異なります。とけて海面上昇に，より大きな影響を及ぼすと考えられるものを次の中からすべて選び，記号で答えなさい。

ア．北海道の流氷　　イ．ヒマラヤ山脈にある氷　　ウ．シベリアの永久凍土（とうど）

エ．南極海に浮かぶ氷　　オ．グリーンランドを覆（おお）う氷

4　すべての問いにおいて，答えが割り切れない場合は小数第３位を四捨五入して小数第２位までで答えなさい。ただし，水 1cm³の重さを１ｇとし，糸の重さや体積は考えないものとします。

図１のように，円柱形の物体Ａ，Ｂがあります。

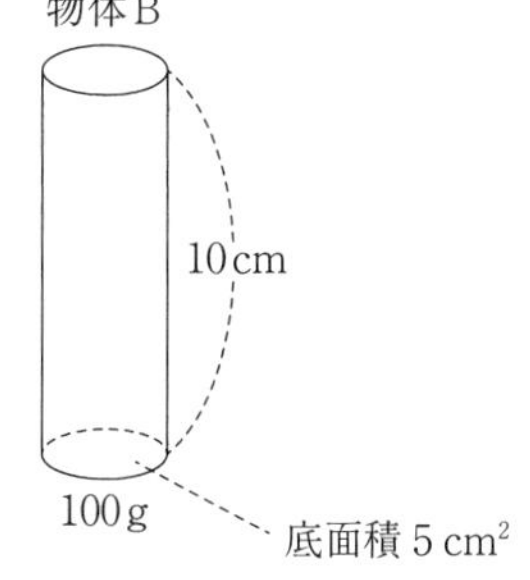

図１

図２のように，ばねはかりに物体Ａをつるします。この物体Ａを図３のようにゆっくり下げて水の中に入れると，物体Ａがおしのけた水の重さと同じ大きさの上向きの力(浮力（ふりょく）)がはたらき，物体Ａを沈（しず）めた深さとばねはかりの値の関係は図４のようになりました。ただし，水面から物体の底面までの距離（きょり）を「沈めた深さ」とします。

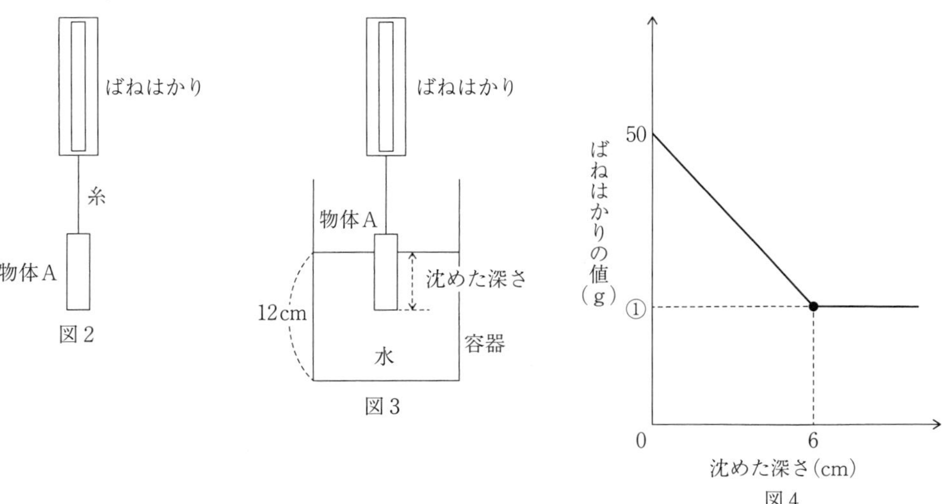

問１　図４の①にあてはまる数値を答えなさい。

ばねはかりに物体Ｂをつるし，図５のようにゆっくりと下げて水の中に入れました。

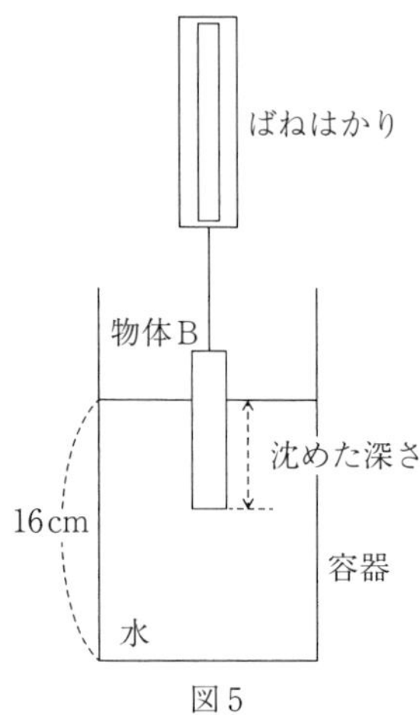

図５

問２　物体Ｂを沈めた深さとばねはかりの値の関係はどのようになりますか。沈めた深さが０～14cm の範囲（はんい）でグラフを描き（えが）なさい。

下の図６のように，長さが 40cm の棒の中央の点Ｏにばねはかりを取り付けてつるし，この棒の点Ｐに物体Ａを，点Ｑに物体Ｂをつるすと，棒は水平を保ちました。OP の長さは 16cm で，棒の重さは考えないものとします。

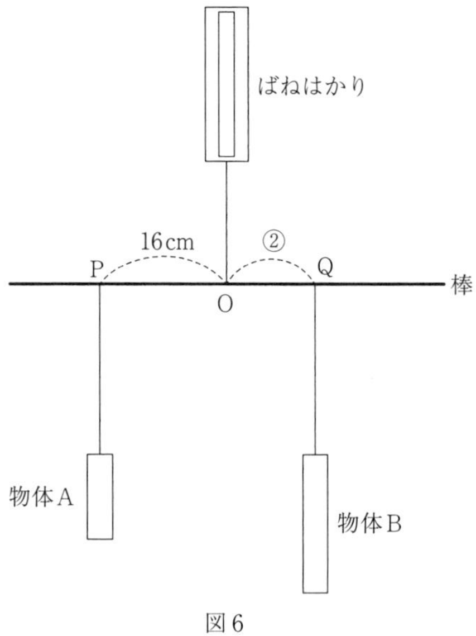

図６

問３　OQ の長さ（②の長さ）は何 cm ですか。

問４　ばねはかりが示す値は何 g ですか。

図７のように，棒の点Ｒに物体Ａを，点Ｓに物体Ｂをつるして，物体Ｂの一部を水中に沈めると，棒は水平を保ちました。ORの長さは18cm，OSの長さは10cmで，物体Ｂが容器の底につくことはないものとします。

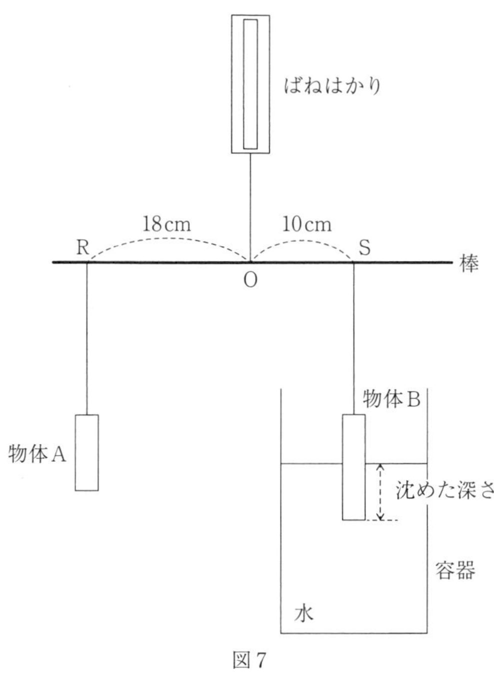

図７

問５　物体Ｂを沈めた深さは何cmですか。

問６　ばねはかりが示す値は何gですか。

図８のように，棒を折り曲げてばねはかりにつるしました。そして棒の両端（りょうたん）Ｔ，Ｕのそれぞれに物体をつるすと図９のようになりました。このとき，２つの物体の重さをいろいろ変えると，棒が傾（かたむ）いてばねはかりと物体の水平距離xとyの比が変化し，表１のようになりました。

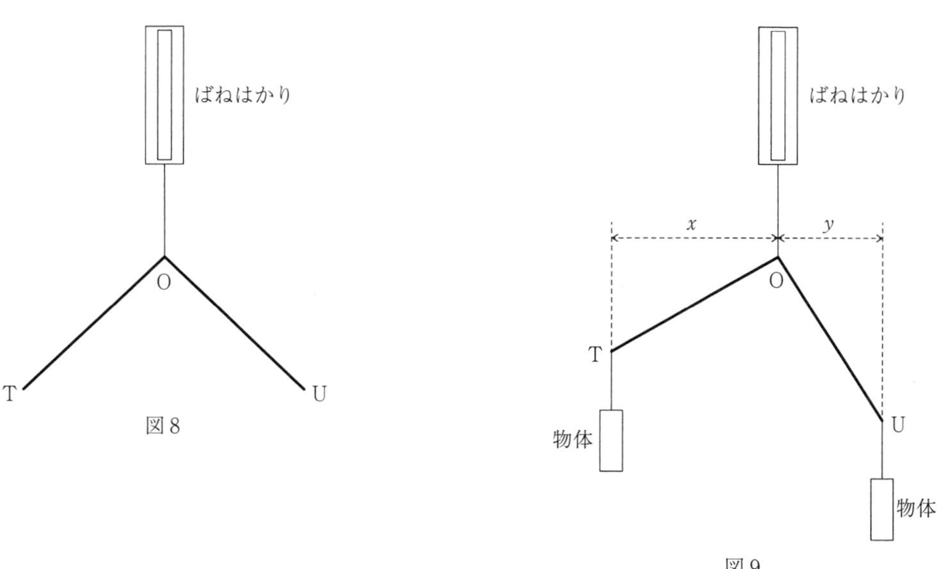

図８　図９

表１

Ｔにつるした物体の重さ(ｇ)	Ｕにつるした物体の重さ(ｇ)	x：y	ばねはかりの値(ｇ)
100	200	2：1	300
100	300	3：1	400
200	300	3：2	500
200	500	5：2	700
300	400	4：3	700
300	③	5：3	

問７　表１の③にあてはまる数値を答えなさい。

図８の棒の両端Ｔ，Ｕに図１の物体Ａ，Ｂをつるすと，図10のようになりました。

問８　x：y はいくらになりますか。最も簡単な比で答えなさい。

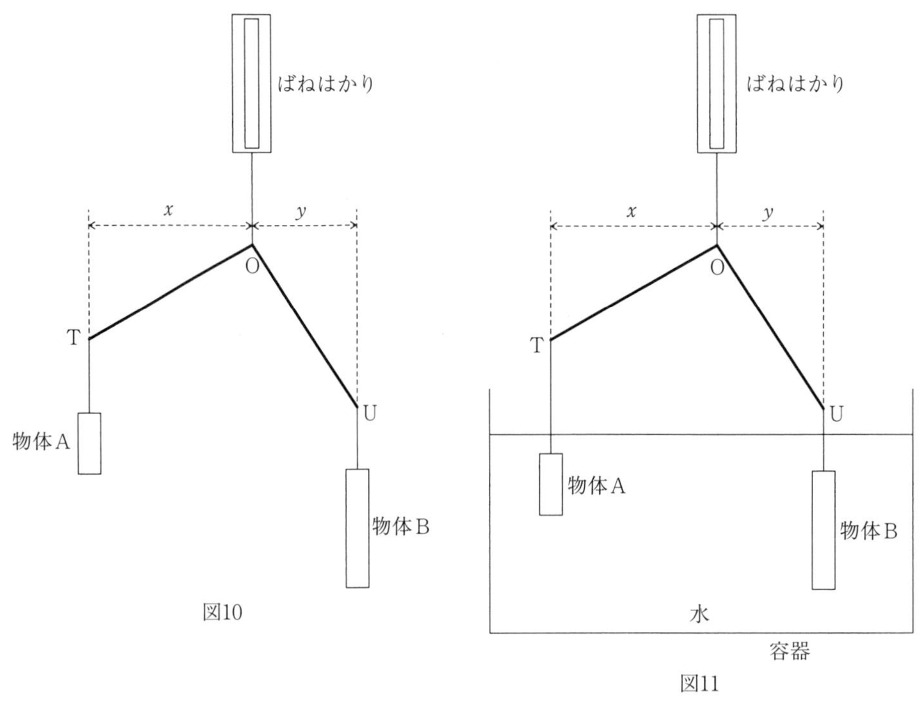

図10

図11

図11のように，物体Ａ，Ｂを水中に完全に沈めました。ただし，物体Ａ，Ｂが容器の底につくことはないものとします。

問９　x：y はいくらになりますか。最も簡単な比で答えなさい。

問10　ばねはかりが示す値は何ｇですか。

どのように感じましたか。漢字二字で本文中からぬき出して答えなさい。

問３　――③「なんとか。八名だけどね」とありますが、「俺」は、この「八名」から見ると、どのような関係になりますか。わかりやすく十字以内で答えなさい。

問４　――④「ため息をついて見せる」とありますが、鈴香は何をしてもらうことを期待していたのですか。本文中よりぬき出して答えなさい。

問５　――⑤「二十分くらいで終わりますけど、いいですか？」とありますが、何について「いいですか？」と聞いているのですか。十五字程度で答えなさい。

問６　――⑥「ただ公園に遊びに来ただけなのに、どうしてこうなるんだ」とありますが、なぜそのように思っているのですか。四十字以上六十字以内で答えなさい。

問７　――⑦「八人の生徒は、俺を一瞥しただけで、誰もうれしそうな顔はしなかった」とありますが、「八人の生徒」が「俺」のことを見直したことがわかる部分を会話文以外のところから十二字でぬき出して答えなさい。

問８　――⑧「俺の心臓は高鳴っていた」とありますが、それはなぜですか。理由として最も適当なものを次の中から選び、記号で答えなさい。

ア　中学生とのレースの応援に来てくれている鈴香たちに、恥ずかしい姿を見られてしまうのではないかという不安のため。

イ　ライバル心をむき出しにしてくる中学生と走り、昔の記録と同じくらいの結果を出さなくてはならないという緊張感のため。

ウ　中学生とレースをすることで、俺の昔の格好良かった頃の姿を、鈴香たちに見せられるのではないかという期待のため。

エ　走ることをやめてしまった俺が、日々鍛えている中学生たちと、どこまで肩を並べて走れるのか試すことができる喜びのため。

る。昔残した記録が、俺を救ってくれてるようだった。

「そんな人と走れるなんて光栄でしょう。めったにない機会だよ。十分後スタートするから、それぞれアップしてね」

上原がそう告げると、みんなは俺に負けられないとでも思ったのか、すぐさま体を動かしにかかった。

「おい。お前、どうして、記録覚えてんだ？」

「記録？」

みんなが散らばった後、声をかけると、上原が首をかしげた。

「試走とかの俺のタイムだよ」

「覚えてるって、最初の試走と本番だけだよ」

上原はあたりまえだという顔をした。

「へえ……」

こいつにもすごいとこがあるんだな。俺みたいなやつの記録まで覚えてるなんて。

「大田君もアップしとかないと、あとで体に来るよ」

上原はそう言うと、トラックの中の小石をのけ始めた。

「ああ、わかってる」

グラウンドの隅(すみ)のほうに目をやると、砂場から移動してきた鈴香たちが陰(かげ)に置かれたベンチに座(すわ)ってこっちに手を振(ふ)っている。母校の練習に参加するだけなのに、何かの大会のようだ。俺は手を上げて応えると、屈伸(くっしん)をして、軽いジョグを始めた。

今日走るのも駅伝と同じ距離(きょり)の３キロ。昔の記録とあまりにもかけ離(はな)れた走りはしたくない。

「久しぶりだからだ」なんて言い訳をしないといけないような結果は残したくない。４００メートルトラックを確かめるようにジョグをしている間に、体が目覚めてきた。最後に流しを入れると、手足の先までが高揚(こうよう)しているのがわかる。誰かとグラウンドを走る。俺の体はそのことにすっかり興奮していた。

「一分前だよー」

上原の声に、スタート地点にみんなが集まってきた。中学生たちはいつもの練習の一環(いっかん)だから平然としているけど、⑧俺の心臓は高鳴っていた。３０００のタイムトライアル。こいつらとのレースが始まるのだ。

（瀬尾(せお)まいこ『君が夏を走らせる』より）

※流し…リラックスして気持ちよいスピードで走るトレーニング。
※和音…「俺」のクラスメイト。
※篠山…兵庫県東部にある地名。

問１　――①「上原」とありますが、「上原」に対する「俺」の評価を説明した次の文の空欄(くうらん)を補うのに適当な語句を、本文中から指定された字数でぬき出して答えなさい。

> 中学生だった頃(ころ)は［　Ａ（十五字）　］だと思っていたが、久しぶりに話してみて、［　Ｂ（八字）　］と感じた。

問２　――②「今の俺の姿をどう思うだろうか」について、次の問いに答えなさい。

(1)　「今の俺の姿」とありますが、「俺」は具体的にはどのような姿をしているのか、二十字以内で答えなさい。

(2)　「今の俺の姿」を上原はどう思っていますか。それについて説明した次の文の空欄を補うのに適当な語句を十字以内で本文中からぬき出して答えなさい。

> 俺がそのような姿をしているのは、［　　］だけだと思っている。

(3)　上原が「今の俺の姿」をどう思っているかを知り、「俺」は

「あれ？　無理だった？　1キロくらいならなんとか走れると思ったんだけど」
「あんだよ。3キロ普通に走れっから」
そう言ってから、まんまと上原の口車に乗せられている自分に気づいた。
中学三年生のときも同じだった。駅伝練習に参加した初日、「最初からついていけないだろうから、大田君だけ別メニューね」と言った上原に反発して、俺はふらふらになりながら陸上部のやつらと同じメニューをこなしたんだった。
「じゃあ、3キロで。⑤二十分くらいで終わりますけど、いいですか？」
上原が聞くと、お母さんたちは「任せて」とうなずいた。
いつのまにか自分のペースに巻き込みやがって。突然中学生たちと3キロ走るって何なんだよ。かろうじてスニーカーは履いてるけど、ランニング用でもねえし、⑥ただ公園に遊びに来ただけなのに、どうしてこうなるんだ。俺は大きなため息をついた。
でも、やってみたかった。ちゃんと走ることに向き合ってるやつらに、まっとうな毎日を送ってるやつらに、どれくらい並べるのか。試してみたかった。
「決まりってことで。さ、大田君、行こう」
「あ、ああ」
無理やり参加させられた中学生の駅伝練習のときのように、俺は渋い顔を作ろうとしたけれど、お母さんや由奈ちゃんたちに「がんばってね」「鈴香ちゃんと応援してるよ」と言われて、素直に「はい」と答えるしかなかった。
「集まってー」
上原が声をかけると、生徒たちがバラバラと寄ってきた。
「今からタイムトライアルするんだけど、大田君にも参加してもらおうと思って」
上原が横にいる俺を手で示した。
⑦八人の生徒は、俺を一瞥しただけで、誰もうれしそうな顔はしなかった。そりゃそうだ。こいつらが一年生のときに俺は三年生だ。直接知らなくても、俺の悪い評判は聞いてるだろうし、こんなふざけた格好のやつと走りたいわけがない。
「大田君だよ。知らないの？　部長は知ってるでしょう」
無反応のみんなを見渡して上原が言った。
「知ってますけど。僕が一年のときに駅伝に来ていたから」
崎山だ。俺が駅伝練習に参加してたときは、まだ一年生で補欠だった。こいつが部長になったのか。あのときは小さかったのに、今は俺より背が高く、すらりとした足にきれいな筋肉がついている。
「あ、なんか聞いたことがある。坊主にして走った人ですよね」
崎山の横で、落ち着きなくきょろきょろしていたやつが言った。こいつはまだ二年生だろう。ほんのわずかだけど、みんなより顔つきが幼い。
「そういえば本番は坊主だったかな。こないだみんなで試走に行ったでしょう？　あの上りの多い2区のコースを、大田君は最初の試走、10分ジャストで走ったんだよ。しかも、まだあんまり体動かしてなかったときに」
上原が言うのに、「うわ、すげえ」という声が漏れた。
「そう。すごいの。で、ブロック大会では9分48秒で区間二位。県大会では※篠山のコースを9分46秒で走ったんだ」
上原が掲げるタイムに、みんなの目の色が変わった。数字って説得力があるんだな。さっきまで軽く見られていたのに、一目置かれてい

たんだね」と上原が言った。
「いや、別に走ってねえけど」
「あれ？　陸上部入ったって聞いたよ」
「もうやめたよ。つうか、高校生活なんてまともに送ってねえし」
「そうなの？」
上原は俺の顔を見て、目を丸くした。
「いやいやいや。俺見てみろよ。耳に穴開いてっし、髪も金色だろう？」
「それって、ＴＰＯに合わせてるだけでしょう」
「なんだよＴＰＯって」
「時と場所に合わせてるってこと。あんなヤンキーの吹き溜まりみたいな高校に行って、黒髪で制服着てたら逆に浮くもんね。二年生になったら後輩になめられるわけにもいかないだろうし。大田君、案外空気読むから」
相変わらずだな。さらりと失礼なことを言ってのけるこの無神経さ。
「まともなやつもいっぱいいる」
俺は※和音のことを思い出して、一応反論しておいた。
「そりゃそうだろうけど。だけど、大田君、タバコもやめたままみたいだし、体も顔も健やかそのものじゃない」
「それはそうだけど」
匂いや顔色でわかるのだろうか。確かにタバコも不健康なこともやってはいない。
「先生ー」
生徒たちが呼ぶ声が聞こえ、上原は軽く手を上げてグラウンドのほうに応えると、
「そうだ。ね、走らない？」
と俺に向かって言った。
「は？」
「久々に走ろうよ。ね」
「わー！　おじさんまた走るの？」
「すごい！　また乗っけてくれんの？」
俺が答える前に、由奈ちゃんと愛ちゃんが歓声を上げた。
「いや、走んねえし。ってか、肩車しねえから」
「えー。つまんない」
二人が口をとがらせるのに、鈴香も真似して横で「あーあー」と④ため息をついて見せる。
「そう、つまんないよね。このおじさんとあの中学生たちで競走しようと思うんだけど、楽しそうでしょう？」
「うん見たい！」
由奈ちゃんと愛ちゃんが「見たい！　見たい！」と手を叩き、鈴香も横で「たい！　たい！」と叫びはじめた。まったくガキはなんでもすぐに盛り上がるから困る。
「なんか知らないけど、おもしろそうじゃない。走っておいでよ。鈴香ちゃん見とくからさ」
「そうだよ。みんなで応援するしね」
由奈ちゃんと愛ちゃんのお母さんも、ベンチから言った。
「本当ですか？　すみません、助かります。じゃあ、メニューは」
「いやいやいや、勝手に進めんなって」
俺が突っ込むのなんて気にもせず、上原は、
「タイムトライアル３０００、いや突然3キロはきついか。大田君、走ってるって言っても、３キロはないよね。１キロのタイムトライアル。それでいいよね？」
と勝手に提案した。
「いや、だからさ」

人ほどが軽く走っている。この間たまたまいただけかと思ったら、またこの公園に駅伝練習にやって来たようだ。

「卒業以来じゃない？　こんなとこで会うなんてね。あ、どうも、こんにちはー」

上原はお母さんたちにも軽く会釈をした。

俺は喉が一気にからからになった。上原は駅伝を担当していたから、あのころの必死で走っていた俺を知っている。②今の俺の姿をどう思うだろうか。いや、そんなことより子どもを連れて公園にいることに驚くはずだ。上原にあれこれ聞かれるのは困る。今更、みんなに鈴香の身内ではないと知られるのは気まずい。俺は落ち着かない中で、

「あ、ああ。駅伝練習かよ」と何とか口にした。

「そう駅伝。木曜日はこの公園を走ることが多いんだ。学校から坂を下って、緩い坂を上ってここへ出てくるでしょう？　ちょうどいい位置にあるし、ここのグラウンドも走りやすいし」

「へえ……。メンバー集まってんの？」

「③なんとか。八名だけどね」

上原が目をやるのに合わせて俺もグラウンドのほうを見てみる。体形も走り方もバラバラな生徒がもくもくと※流しをしている。

「今年はまじめそうなやつばっかだな」

「今は学校自体落ち着いてるしね。ヤンキーは足が速い子が多いから駅伝のときはいてもいいんだけど」

上原はそう笑った。

「ぶんぶー」

鈴香が、俺が話しているのに気づいて、何事かと近寄ってきた。俺のハーフパンツの裾を引っ張りながら、仲間に入れろと主張している。

「うわあ。かわいいね。こんにちはー」

上原がそんな鈴香のほうに視線を落として微笑むのに、かわいいと言われてご機嫌になったのか鈴香は泥団子を差し出した。

「あれ、くれるの？」

「どーじょ」

「うれしい。ありがと」

上原は鈴香の前にしゃがみ込んで、「おいしいね」と泥団子を食べるふりをした。

「いしー、ね」

鈴香がうれしそうに答えていると、

「お姉さん、おじさんの友達？」

と、愛ちゃんがやってきて、同じように泥団子を上原に渡した。

「ありがとう。みんな、和菓子屋さんみたいだね。って、大田君はおじさんなのに、私はお姉さんに見えるんだ。へへへ、やったね。でも、私は友達じゃなくて、このおじさんが中学校のときの部活の担当だったの。ほら、あっちで走ってるでしょう？　あんなふうにこのおじさんも走ってたんだよ」

上原はそう説明した。

上原は頼りなくてどうしようもない教師だった。不良の俺が学校でガムを噛んでいただけでやいやい言っていたかと思うと、授業を抜け出そうとするのを「追いかける体力ないから、自分で戻ってきてね」と平気で見送ったりするまぬけなやつだ。だけど、よけいなことにいちいち立ち入ってくるやつではなかった。俺が鈴香とどういう関係かということも、子どもたちと場違いな公園にいることも、なんとも思っていないようで、にこにこと泥団子をほおばるふりをしている。

「そんなの知ってるよねー」

「そう。おじさんすごく足速いんだよ。公園の中、ビューンって走るの」

愛ちゃんと由奈ちゃんが自慢げに言うのに、「やっぱりまだ走って

問５　空欄［Ⅰ］・［Ⅱ］に入る適当な語をそれぞれ次の中から一つずつ選び、記号で答えなさい。

ア　ところで　イ　しかし　ウ　つまり
エ　なぜなら　オ　また　カ　例えば

問６　――④「ぶっきらぼうに」の意味を次の中から選び、記号で答えなさい。

ア　冷ややかな様子で　イ　怒りっぽい様子で
ウ　意地悪な様子で　エ　ぞんざいな様子で
オ　口下手な様子で

問７　空欄［Ｙ］に入る文として最も適当なものを次の中から選び、記号で答えなさい。

ア　昔のつながりは濃密だけど感情や気遣いが薄く、今のつながりは希薄だけど、感情や気遣いが濃い
イ　昔のつながりは温かいけれども感情表現が薄く、今のつながりは濃密だけど、感情や気遣いが薄い
ウ　昔は人と人との関係や感情表現も濃密だが気遣いに欠け、今の人間関係は冷たく、感情や気遣いも薄い
エ　昔はつながりが強いけれども感情表現に乏しく、今のつながりは温かいから、感情や儀礼も濃密だ
オ　昔はつながりが温かいから感情表現や儀礼も濃く、今のつながりは冷たいけれど、感情や儀礼が濃密だ

問８　――⑤「つながりから切り離される不安」とありますが、なぜ不安になるのですか。四十字以内で答えなさい。

問９　次は、この文章を読んだあとの生徒の感想です。本文を正しく理解しているものを**二つ**選び、記号で答えなさい。

ア　気の合わない人や、苦手な相手との付き合いもうわべだけで済むから、昔の社会と比べたら今はずっと生きやすい世の中になったと思います。
イ　今は、相手に嫌なことをされたり、考えが合わないことに気づいたりしても、すぐに関係を断ち切れるので、生きていく上で何の不安もストレスも感じません。
ウ　お互いに相手のことを好きだと思っていても、くだらないケンカやささいなすれちがいがきっかけで、簡単に友達ではなくなってしまうのだと不安に思いました。
エ　私と友だちは、いつも楽しく遊んでいるし、話が盛り上がらないことなんてありません。だから、私たちの友情は強い絆で結ばれていると思います。
オ　昔よりも人と人とのつながりが弱くなったから、理不尽な先輩の言うことを我慢して聞き続けたり、無理に友だちに合わせたりする必要が昔よりなくなったと思います。

三

次の文章を読み、あとの問いに答えなさい。

> 中学三年生の時、いやいやながら参加した駅伝で、何かを真剣にやる楽しさを知った「俺」だったが、高校生になり、夢中になれるものもなく、日々をやり過ごしていた。二年生の夏、先輩に頼み込まれ、朝から夕方まで一歳十ヶ月の子ども、鈴香の面倒をみることになった。次の場面は、いつも遊びに来る公園で、鈴香が他の子どもたちと一緒に遊んでいる姿を「俺」が写真に撮っているところである。

「うわ、大田君じゃない」

夢中で写真を撮っていて気づかなかったのだろう。突然聞こえた、高くてふんわりした聞き覚えのある声に顔を上げると、①上原が後ろに立っていた。まさかと目をやると、グラウンドのほうでは中学生八

況で関係を継続させるには、お互いに「よい」状況を更新してゆかねばなりません。つまり、つながりのなかに「よい」感情を注ぎ続けねばならないのです。

　この特性は、その人にとって大事なつながりであればあるほど強く発揮されます。私たちは、大事なつながりほど「手放したくない」と考えます。しかし、あるつながりを手放さないためには、相手の感情を「よい」ままで維持しなければなりません。大事な相手とつながり続けるためには、関係からマイナスの要素を徹底して排除する必要があるのです。

　とはいえ、個々人の心理に規定される「よい」状況は、社会に共有される規範ほどには安定していません。社会のルールはなかなか変わりませんが、個人の感情は日によって変わることもあります。何かの拍子に、ふと、「悪い」に転じてしまうこともあるのです。つまり、人と無理に付き合わなくても良いつながりは、ふとしたことで解消されてしまう不安定なつながりとも言えるのです。

　かといって、目の前のつながりを安定させる※最適解は、そう簡単に見つかりません。人の心を覗くことはできませんから。

　コミュニケーションの指南書が書店に並び、「コミュ力」や「コミュ障」といった俗語が流布する現状は、コミュニケーションにまつわる人びとの不安を物語っています。私たちは、人間関係を円滑に進めてゆく行動様式がはっきり見えないまま、相手の心理に配慮しつつ、コミュニケーションを行う厄介な状況にさらされているのです。

（石田光規『「人それぞれ」がさみしい
——「やさしく・冷たい」人間関係を考える』より）

※サークル…同じ興味や趣味を持つ人々の集まり。
※長屋…一棟を仕切って、数戸が住めるようにつくった細長い形の家。
※スキンシップ…肌と肌との触れあい。また、それによる心の交流。
※最適解…ここでは、最も適した答えのこと。

問1 ——①「ある行為を『やらねばならない』と迫る社会」とは、どのような社会ですか。本文中から三十字以上三十五字以内で探し、最初と最後の五字をぬき出して答えなさい。

問2 ——②「人と人を結びつける接着剤」とありますが、それは社会に合わせてどのように変化しましたか。それについて説明した次の文の空欄をそれぞれ指定された字数で答えなさい。ただし、Aは本文中からぬき出し、Bは本文中の言葉を用いること。

> かつては［A（六字以上十字以内）］のために人と人とが結びついていたが、今は［B（二十字以内）］によって結びついている。

問3 ——③「このような社会」とは、どのような社会を指していますか。その説明として最も適当なものを次の中から選び、記号で答えなさい。

ア　生きるためには最低限の人とのつながりが必要だが、日々の楽しみや余暇は一人でも十分満足できる、気楽な社会。
イ　生活のために、同じ集団に属する他者と協力して、ものを共有しながら生きていかなければならない、窮屈な社会。
ウ　人とのつながりや集団の拘束力が弱いため、生きていくために人を害してもその罪から逃れることができる、無責任な社会。
エ　生活を安定させるために集団に拘束されることもなく、不愉快だと思えばいつでもその集団を抜け出せる、快適な社会。
オ　さまざまな人付き合いの機会が消えてしまったので、馬の合うような友人を簡単には見つけられなくなった、不安な社会。

問4 空欄［X］に入る適当な語を本文中から二字でぬき出して答えなさい。

いのでしょうか。生活維持の必要性という、人と人を強固に結びつけてきた接着剤は弱まっています。そうであるならば、私たちは、目の前の関係をつなぎ止める接着剤を新たに用意しなければなりません。そこで私たちは、弱まってきた関係をつなぎ止める新たな補強剤として、つながりに大量の「X」を注ぎ込むようになりました。

このような傾向は、メディアからも読み取ることができます。日本映画界の巨匠、小津安二郎監督の作品に、『長屋紳士録』という短い映画があります。この映画は、終戦から二年後の一九四七年に公開されました。当時は、東京下町を舞台にした人情劇と評価されています。簡単にあらすじを紹介しましょう。

おもな登場人物は、※長屋の住人と少年です。物語は、長屋に住む女性のところに、実の親とはぐれてしまった子どもが届けられるところから始まります。そのさい、長屋のその他の住人とひと悶着あるのですが、結局、女性が少年の面倒を見ることになります。

最初は子どもの世話を嫌がっていた女性も、だんだんと情が移り、子どもをかわいらしく思ってきます。しかし、その矢先に、子どもを探していた実の親が登場し、女性と子どもの間に別れが訪れます。子どもが去った後、女性はあらためて親子のつながりのよさに気づく、というのが大まかなあらすじです。

長屋の住人は、鍵もかけず、お互いの家にしょっちゅう行き来をし、何かにつけ雑談をします。親子のつながりや、長屋の住人どうしの密接な交流。こういった言葉からは、「昔ながらの温かなつながり」を想像することができます。

Ｉ、今の人びとが見ると、この映画に対してかなりの違和感を抱くでしょう。その理由は、登場する人びととの感情的な交流の少なさにあります。

人情劇であるこの映画のなかで、※スキンシップと言いうる場面は、少年が女性の肩をたたくシーン以外、いっさいありません。感情的な交流の少なさは、実の親と子どもの再会のシーンに集約されます。

物語のクライマックスである親子の再会、および、少年と女性との別れは、現在の感覚からすると、さぞ感動的に演出されるのではないかと思います。しかし、『長屋紳士録』において、そのような表現はまったくありません。

再会を果たした親子は、互いに駆け寄ることも、抱き合うこともありません。それどころか親は、近寄る子どもを手で押しのけ、女性にお詫びと御礼の挨拶をすることを優先させます。Ⅱ、儀礼を優先しているわけです。

子どもと女性の別れのシーンでも、涙や抱擁はいっさい見られません。少年が「オバチャンサヨナラ」と④ぶっきらぼうに述べ、別れのシーンは終わります。ここから、「人情劇」と言われた映画でさえも、感情表現は非常に乏しいことがわかります。

この映画を見た学生は、「Y」と述べていました。この言葉は、感情に満たされた今の人間関係をよく表しています。

しかし、感情に補強されたつながりは、それほど強いものにはなりません。私たちは、相手とのつながりを「よい」と思えば関係を継続させるし、「悪い」と思えば関係から退くこともできます。この特性のおかげで、私たちは、無理して人と付き合わなくてもよい気楽さを手にしました。理不尽な要求や差別的な待遇から逃れやすくなったのです。しかし、人と無理に付き合わなくてもよい気楽さは、⑤つながりから切り離される不安も連れてきてしまいました。

お互いに「よい」と思うことで続いていくつながりは、どちらか、または、両方が「悪い」と思えば解消されるリスクがあります。放っておいても行き来がある長屋の住人とは違うのです。このような状

2023年度

富士見中学校

【国語】〈第一回試験〉（四五分）〈満点：一〇〇点〉

（注意）句読点等は字数に数えて解答してください。

一　次の傍線部のカタカナを漢字に直しなさい。

① 祭りのジュンビをする。
② 西郷さんのドウゾウを見に行く。
③ フンマツのジュースを水に溶かす。
④ ヨネンがなく遊ぶ。
⑤ ネンショウする様子を観察する。
⑥ キフジンの描かれた絵画を見る。
⑦ コートのウラジに名前が縫い付けてある。
⑧ キショウ予報のニュースを見る。
⑨ 幼いころは出来がよく、シンドウとほめそやされた。
⑩ 成長につれて自我がメバえる。

二　現代の日本社会は、物質的な豊かさの達成や機械技術の進歩などによって、一人で生きやすくなる条件が整いました。次の文章は、その説明に続く部分です。これを読み、あとの問いに答えなさい。なお、設問の都合上、本文の小見出しは省略してあります。

「一人」になれる条件が整い、人びとの選択や決定が尊重されるようになった社会では、さまざまな物事を「やらない」で済ませられるようになります。①ある行為を「やらねばならない」と迫る社会の規範は緩くなり、何かを「やる」「やらない」の判断は、個々人にゆだねられます。

この傾向は人間関係にも当てはまります。私たちが生きる時代は、閉鎖的な集団に同化・埋没することで生活が維持されてきたムラ社会の時代と違います。生活の維持は、身近な人間関係のなかにではなく、お金を使って得られる商品やサービスと、行政の社会保障にゆだねられるようになったのです。

このような社会では、誰かと「付き合わなければならない」と強制される機会が、徐々に減っていきます。会社やクラスの懇親会への参加はもはや強制される時代ではありません。地域の自治会への加入も任意性が強くなりました。趣味の※サークルを続けるか続けないかは、まさに「人それぞれ」でしょう。

誰と付き合うか、あるいは、付き合わないかは、個々人の判断にゆだねられています。俗っぽく言えば、私たちは、（嫌な）人と無理に付き合わなくてもよい気楽さを手に入れたのです。

今や、人と人を結びつける材料を、生活維持の必要性に見出すことは難しくなりました。②人と人を結びつける接着剤は、着実に弱くなっているのです。

では、③このような社会で、つながりを維持するにはどうすればよ

2023年度

富士見中学校

▶解説と解答

算　数　＜第１回試験＞（45分）＜満点：100点＞

解　答

1 (1) 2023　(2) $1\frac{1}{2}$　(3) 75点　(4) 12通り　(5) ６年後　(6) 67.5度　(7) ６ cm^2　(8) 8.5cm　2〔Ａ〕(1) ① イ　② $128cm^3$　(2) $426\frac{2}{3}cm^3$　(3) $362\frac{2}{3}cm^3$　〔Ｂ〕(1) ８時30分　(2) 分速25ｍ　(3) 17時00分　3 ア　0.2　イ　0.166666　ウ　1÷4　エ　2÷3　オ　2÷7　カ　5÷12　4 (1) **３枚目**…６，**８枚目**…５　(2) ① 13枚目　② 12枚目　(3) 50枚

解　説

1 計算のくふう，逆算，平均，和差算，場合の数，年齢(ねんれい)算，比の性質，角度，面積，体積，表面積

(1) 28.9×105−289×0.7−28.9×28＝28.9×105−28.9×10×0.7−28.9×28＝28.9×105−28.9×７−28.9×28＝28.9×(105−７−28)＝28.9×70＝2023

(2) $\left(3.6\div\square-1\frac{2}{3}\right)\times\frac{6}{11}=\frac{2}{5}$より，$3.6\div\square-1\frac{2}{3}=\frac{2}{5}\div\frac{6}{11}=\frac{2}{5}\times\frac{11}{6}=\frac{11}{15}$，$3.6\div\square=\frac{11}{15}+1\frac{2}{3}=\frac{11}{15}+\frac{5}{3}=\frac{11}{15}+\frac{25}{15}=\frac{36}{15}=\frac{12}{5}$　よって，$\square=3.6\div\frac{12}{5}=3\frac{3}{5}\div\frac{12}{5}=\frac{18}{5}\times\frac{5}{12}=\frac{3}{2}=1\frac{1}{2}$

(3) (合計点)＝(平均点)×(人数)より，３人の合計点は，62×３＝186(点)なので，右の図１のように表せる。図１より，Ａさんの得点の３倍が，186＋17＋11×２＝225(点)とわかるから，Ａさんの得点は，225÷３＝75(点)と求められる。

図１
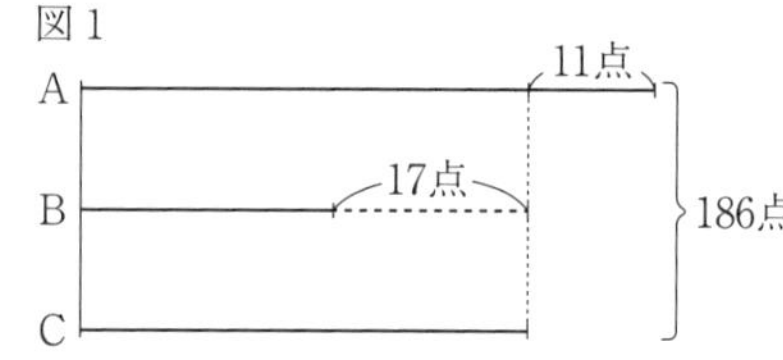

(4) １より大きい分数を作るので，分子は分母より大きくなる。作る分数を$\frac{CD}{AB}$と表すと，$A=3$のとき，Cは５，７，９のどれでもよいから，$\frac{57}{39}$，$\frac{59}{37}$，$\frac{75}{39}$，$\frac{79}{35}$，$\frac{95}{37}$，$\frac{97}{35}$の６通りできる。$A=5$のとき，Cは７か９なので，$\frac{73}{59}$，$\frac{79}{53}$，$\frac{93}{57}$，$\frac{97}{53}$の４通りできる。$A=7$のとき，Cは９なので，$\frac{93}{75}$，$\frac{95}{73}$の２通りでき，$A=9$のとき，分子が分母より大きい分数はできない。よって，１より大きい分数は，６＋４＋２＝12(通り)作ることができる。

(5) 現在，ＡさんはＢさんよりも，21−12＝９(歳(さい))年上であり，年齢の差は何年たっても変わらないから，ＡさんとＢさんの年齢の比が３：２になったときも，ＡさんはＢさんより９歳年上になる。よって，３：２の比の，３−２＝１にあたる年齢が９歳だから，年齢の比が３：２になったとき，Ｂさんの年齢は，９×２＝18(歳)となる。したがって，今から，18−12＝６(年後)とわかる。

(6) 下の図２で，三角形ABEは直角二等辺三角形だから，角AEBの大きさは45度である。また，三角形AECは，AE＝ECの二等辺三角形なので，角ACE＝角CAEであり，角ACE＋角CAE＝角AEB＝45度だから，角ACE＝45÷２＝22.5(度)とわかる。さらに，三角形ABCと三角形DCBは合

同な直角三角形だから，角DBC＝角ACE＝22.5度となる。よって，三角形PBEの内角と外角の関係から，角x＝角DBC＋角AEB＝22.5＋45＝67.5(度)と求められる。

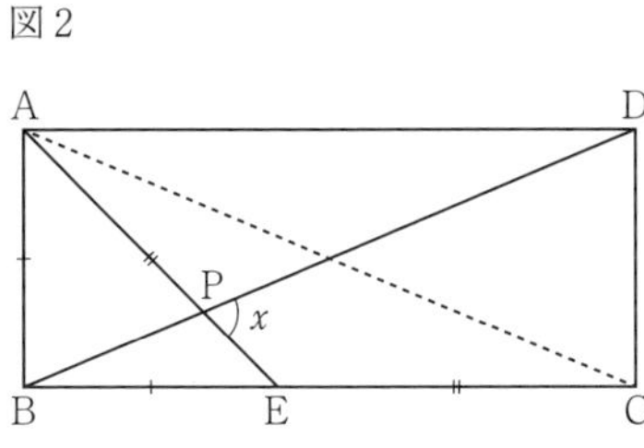

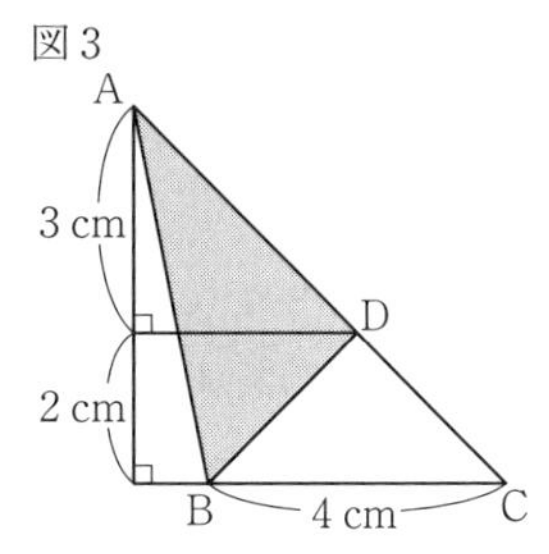

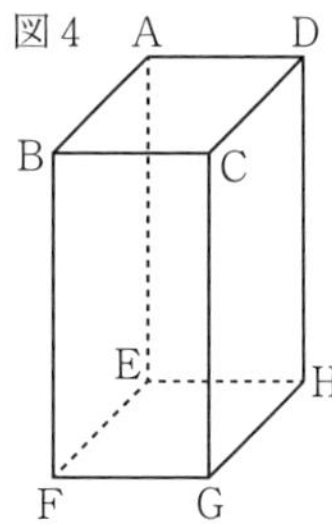

(7)　上の図３で，三角形ABCは，BCを底辺とすると高さは，３＋２＝５(cm)だから，面積は，４×５÷２＝10(cm²)である。また，三角形DBCは，BCを底辺とすると高さは２cmなので，面積は，４×２÷２＝４(cm²)となる。よって，かげをつけた部分の面積は，10－４＝６(cm²)と求められる。

(8)　体積が136cm³増えたことから，のせた四角柱の体積は136cm³とわかる。また，増えた表面積の136cm²は，上の図４の４つの側面ABFE，BFGC，CGHD，DHEAの面積の和にあたる。底面が正方形であることから，４つの側面は合同で，面積が等しいので，１つの側面の面積は，136÷４＝34(cm²)となる。さらに，四角柱の底面を面ABFEとみると，高さはBCだから，BCの長さは，136÷34＝４(cm)と求められる。よって，BFの長さ，つまり，正方形の面を底面とみたときの四角柱の高さは，34÷４＝8.5(cm)である。

2　図形上の点の移動，分割，体積，速さ

〔A〕 (1) ①　出発してから２秒後までに，点P，Qはそれぞれ，２×２＝４(cm)動くので，２秒後のようすは下の図１のようになる。また，４cmは立方体の１辺の長さ(８cm)の半分だから，図１のとき，点P，Qはそれぞれ辺EH，FGの真ん中にある。よって，PQはDCと平行になるので，D，P，Qを通る平面は点Cを通る。つまり，切断面は長方形CDPQとなるから，四角形である。

②　小さい方の立体は図１の三角柱DPH－CQGである。三角柱DPH－CQGは，底面積が，４×８÷２＝16(cm²)で，高さが８cmだから，体積は，16×８＝128(cm³)と求められる。

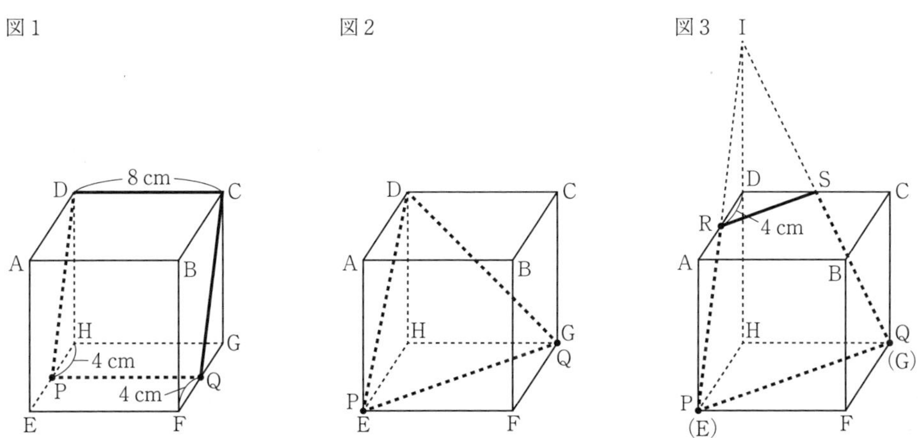

(2)　４秒後までに，点P，Qはそれぞれ，２×４＝８(cm)動くので，４秒後は上の図２のように，

点Ｐは点Ｅと，点Ｑは点Ｇと重なる。よって，点Ｄ，Ｐ，Ｑを通る平面で切断すると，切断面は三角形DEGとなる。このとき，小さい方の立体は三角すいD－HEGであり，これは底面積が，８×８÷２＝32(cm^2)，高さが８cmだから，体積は，32×８÷３＝$\frac{256}{3}$(cm^3)となる。したがって，立方体の体積が，８×８×８＝512(cm^3)だから，大きい方の立体の体積は，512－$\frac{256}{3}$＝$\frac{1280}{3}$＝426$\frac{2}{3}$(cm^3)とわかる。

(3)　４秒後までに，点Ｒは，１×４＝４(cm)動くので，４秒後のようすは上の図３のようになる。点Ｐ(Ｅ)，Ｑ(Ｇ)，Ｒを通る平面で切断するとき，切断面と辺CDの交わる点をＳとすると，RSはEGと平行になるので，DS＝DR＝４cmとなる。ここで，ER，HD，GSをのばした直線が交わる点をＩとすると，小さい方の立体は，三角すいI－EHGから三角すいI－RDSを除いた立体となる。三角形IRDと三角形IEHは相似だから，ID：IH＝RD：EH＝４：８＝１：２より，ID：DH＝１：(２－１)＝１：１となる。よって，ID＝DH＝８cm，IH＝８＋８＝16(cm)だから，三角すいI－EHGの体積は，(８×８÷２)×16÷３＝$\frac{512}{3}$(cm^3)，三角すいI－RDSの体積は，(４×４÷２)×８÷３＝$\frac{64}{3}$(cm^3)である。したがって，小さい方の立体の体積は，$\frac{512}{3}$－$\frac{64}{3}$＝$\frac{448}{3}$(cm^3)だから，大きい方の立体の体積は，512－$\frac{448}{3}$＝$\frac{1088}{3}$＝362$\frac{2}{3}$(cm^3)と求められる。

〔Ｂ〕 (1)　ＡさんとＢさんが浅間大社奥宮(あさまたいしゃおくみや)まで登ったようすは右の図４のように表せる。Ａさんはスタート地点から奥宮までの，4.5km＝4500ｍを分速15ｍで登ったので，登った時間は，4500÷15＝300(分)である。これに10分の休憩(きゅうけい)３回の時間を加えると，登り始めてから奥宮に到着(とうちゃく)するまでにかかった時間は，300＋10×３＝330(分)で，これは，330÷60＝５余り30より，５時間30分とわかる。Ａさんは14時に奥宮に到着したから，Ａさんが登り始めた時刻は，14時－５時間30分＝８時30分と求められる。

図４

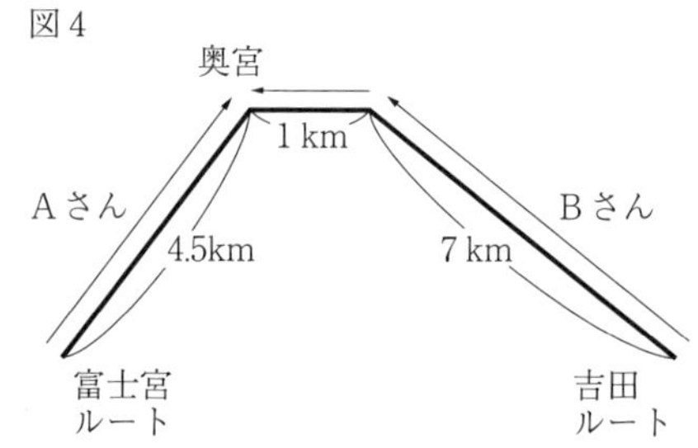

(2)　Ｂさんは８時10分に登り始めて，14時－10分＝13時50分に奥宮に着いたので，Ｂさんが登り始めてから奥宮に着くまでにかかった時間は，13時50分－８時10分＝５時間40分である。ここから５分の休憩４回の時間を除くと，５時間40分－５分×４＝５時間20分となり，これは，60×５＋20＝320(分)とわかる。よって，７＋１＝８(km)，つまり，8000ｍを進むのに320分かかったから，Ｂさんの速さは分速，8000÷320＝25(ｍ)と求められる。

(3)　２人は14時30分に奥宮を出発し，富士宮ルートの4500ｍの道のりを分速30ｍで進むので，スタート地点に到着するのは，奥宮を出発してから，4500÷30＝150(分後)である。これは，150÷60＝２余り30より，２時間30分後だから，到着する時刻は，14時30分＋２時間30分＝17時00分とわかる。

3　小数の性質

割り切れた場合，その数が表示され，割り切れなかった場合，小数第７位以下が切り捨てられるので，１÷５を計算すると，１÷５＝0.2(…ア)が表示され，１÷６を計算すると，１÷６＝0.166666…より，0.166666(…イ)が表示される。次に，(１けた)÷(１けた)か(１けた)÷(２けた)の場合で，割られる数が最も小さいものを考えるとき，0.25が表示される計算は，0.25＝$\frac{1}{4}$より，１÷４(…ウ)である。また，１÷９＝0.111111…となるから，0.666666が表示される計算は，

0.666666…＝0.111111…×６＝$\frac{1}{9}$×６＝$\frac{2}{3}$より，２÷３(…エ)があてはまる。さらに，１÷0.285714＝3.5と考えると，0.285714＝１÷3.5＝１÷$\frac{7}{2}$＝$\frac{2}{7}$＝２÷７となるので，0.285714は，２÷７(…オ)を計算した結果とわかる。同様に，１÷0.416666＝2.400003…より，１÷0.416666＝2.4と考えると，0.416666＝１÷2.4＝１÷$\frac{12}{5}$＝$\frac{5}{12}$＝５÷12となるから，0.416666は，５÷12(…カ)を計算した結果である。

4 条件の整理

(1) 問題文中の図１の状態で，{1，6，2，7，3}は上半分，{8，4，9，5，10}は下半分にあるから，さらにもう１回切ると，上から順に{1，8，6，4，2，9，7，5，3，10}となる。よって，上から３枚目の番号は６，上から８枚目の番号は５とわかる。

(2) ① 18÷２＝９より，上から１～９枚目は上半分，10～18枚目は下半分にある。また，カードを切ると，上半分にあったそれぞれのカードの下に，下半分にあったカードが１枚ずつ移動する。よって，カードを切った後，上から７枚目にあったカードの上には，２×６＝12(枚)のカードがあるので，上から７枚目のカードは上から，12＋１＝13(枚目)に移動する。　② 上から15枚目のカードは，下半分の一番上にあるカード，つまり，上から10枚目のカードから数えて，15－10＋１＝６(番目)のカードなので，上から６番目にあったカードの下に移動する。よって，上から，２×６＝12(枚目)に移動する。

(3) カードを切ると，上半分にあったカードは上から奇数(きすう)枚目に移動し，下半分にあったカードは上から偶数(ぐうすう)枚目に移動するので，上から30枚目のカードが上から10枚目に移ったとき，このカードは下半分にあったとわかる。また，10÷２＝５より，上から30枚目のカードは，下半分の一番上のカードから数えて５番目にあったことになる。よって，上半分のカードの枚数は，30－５＝25(枚)なので，全部のカードの枚数は，25×２＝50(枚)と求められる。

社　会　<第１回試験>（35分）<満点：60点>

解　答

1 **問１** エ　**問２** (1) オ　(2) (例) 温暖な気候を利用して，通常の収穫時期よりも早い時期に出荷できる促成栽培を行っているから。　**問３** ア　**問４** 著作権　**問５** イ　**問６** 富岡製糸場　**問７** イ　**問８** ウ　**問９** ウ　**問10** カ　**問11** X オ　Y エ　**問12** イ　**問13** (1) やませ　(2) ア　**問14** (1) 条例　(2) リコール　**問15** ア　**問16** イ　**問17** 海溝　**問18** イ→ア→ウ→エ　**2** **問１** (1) エ　(2) 国民審査　**問２** ア　**問３** エ　**問４** イ　**問５** 聖武天皇　**問６** エ　**問７** (1) ウ　(2) 保元の乱　**問８** (例) 中国船／五峯が倭寇のリーダーであること。その五峯が自らの船に百人あまりの船客を乗せていたと考えられるため，中国船の可能性が高い。(ポルトガル船／百人あまりの船客は日本人と容姿が似ておらず，中国の者が一人だけいたという記述から，船客の大半がアジア人以外(西洋人)と判断できるためポルトガル船の可能性が高い。)　**問９** エ　**問10** (1) (例) 将軍の権力をこえるような独裁者の出現を防ぐため。　(2) イ　**問11** ウ　**問12** ア　**問13** ユニバーサルデザイン　**問14** ウ

解　説

[1] 山崎種二の業績を題材にした問題

問１　山口県西部にある下関市では，平安時代末の1185年に壇ノ浦の戦いがあり，平氏が源氏に滅ぼされた。桶狭間の戦いは，尾張国(愛知県)の桶狭間において，1560年に織田信長が今川義元を破った戦いである。

問２　(1)　庁舎から150m離れた地点から庁舎の最も高いところを見上げたとき，その角度が45度だったとある。また，庁舎は地面に対して垂直(90度)に建っていることから，庁舎と人物と庁舎の最も高いところの３点を直線で結ぶと，直角二等辺三角形となる。直角二等辺三角形では，直角をはさんだ２つの辺の長さは等しいので，庁舎の高さも150mである。　(2)　なすは夏野菜であり，群馬県は季節に合わせた露地栽培で生産，出荷しているので，東京卸売市場には夏を中心に入荷量が多くなっている。しかし，高知県はこれ以外の時期に入荷量が多い。これは，高知県の沖合を暖流の日本海流(黒潮)が流れており，その影響で冬でも暖かい気候を利用して，通常の収穫時期と異なる時期に出荷できる促成栽培をしているからである。

問３　日本はかつて，米を中心とする農業を行ってきた。しかし，国民の食生活の変化(西洋化)で米の消費量が減り，農業生産額も減少してきている。よって，グラフのアがあてはまる。イは畜産，ウは果実。統計資料は『日本国勢図会』2022／23年版，『データでみる県勢』2021年版などによる(以下同じ)。

問４　文学・美術・音楽などの著作物について，その作品を創作した人が持つ権利を著作権といい，知的財産権の１つである。

問５　水呑百姓は自分の土地を持たない小作人のことで，地主の土地を借りて農業を行う農民である。高い小作料を地主に払わなければならないので，生活はいたって貧しい。一方，江戸時代の村役人である名主は広い土地を持つ有力農民で，村の長を務めて年貢などの取り立てなどを行った。

問６　富岡製糸場は明治政府の殖産興業政策の一環として，1872年に群馬県に建設された官営の製糸工場で，生糸をつくる近代的熟練工を養成した。この建物は操業停止後も大切に保存され，2014年に「富岡製糸場と絹産業遺産群」としてユネスコ(国連教育科学文化機関)の世界文化遺産に登録された。

問７　外国為替相場において，１ドル＝120円の交換比率が１ドル＝100円になるように，円の価値が上がり，ドルの価値が下がることを円高ドル安という。一般的に，円高ドル安では，同じ金額の円をそれまでよりも多くのドルに換えることができ，外国から安くものを買うことができるので，輸入には有利になる。反対に，外国にものを売るさいにはそれまでよりもドルでの売り値が高くなるので，輸出には不利になる。

問８　農業就業者の高齢化について調べるには，就業者の年齢構成がわかる資料を調べる必要がある。

問９　地形図中の標高点(・)から，「新島温泉」の老人ホーム(⌂)の標高はおおむね40m，「本村」の郵便局(〒)の標高は10m～20m程度であると読み取れる。なお，アについて，特にことわりのないかぎり，地形図上では北が上になるので，新島空港は東西方向にのびているといえる。イについて，「本村」の南端には高校(⊗)と小・中学校(文)が並んで位置している。エについて，地形図中の長さの実際の距離は，(縮尺の分母)×(地形図上の長さ)で求められるので，25000×14cm＝

350000cm＝3.5kmとなる。

問10　ぶたの飼養数は鹿児島県が全国一で，以下宮崎県・北海道が続く。にわとり(ブロイラー)の飼養数は宮崎県が全国一で，以下鹿児島県・岩手県が続く。乳用牛の飼養数は北海道が全国一で，以下栃木県・熊本県が続く。

問11　**X**　シジミの産地として知られる宍道湖，出雲大社のある出雲市があるので，島根県である。**Y**　干拓地として知られる児島湾，国産デニム(ジーンズ)の一大産地とあるので，岡山県である。

問12　資料の地図を見ると，井戸はいくつかあるが，ブロードストリート(BROAD STREET)の中央にある井戸の付近で死亡者が多いことがわかる。このことから，コレラ菌による感染症は空気感染ではなく，井戸水によるものと推測される。そこで，井戸水の使用を禁止したと考えられるので，イがあてはまる。

問13　(1)　東北地方の太平洋側には，夏の時期に冷たく湿った北東風であるやませが吹き，しばしば冷害が発生する。　(2)　地図から，秋田市は日本海に面しているので，冬の降水量(積雪量)が多いので，Ｃとわかる。盛岡市(岩手県)は北上盆地にあって内陸性の気候の特徴があり，１年を通して降水量が少なく夏と冬の寒暖の差が大きいＢと判断できる。残るＡは宮古市(岩手県)で，太平洋に面しているので，夏の降水量が多い。

問14　(1)　地方議会は，憲法と法律の範囲内で，その地域だけに通用する規則である条例を定めることができる。　(2)　首長(市町村長など)や地方議会の議員は，住民の直接請求権にもとづく解職請求で，その職を解かれることがある。これをリコールという。

問15　青森県と北海道は，橋ではなく青函トンネルとよばれるトンネルで結ばれている。よって，アが正しい。なお，イとウには本州四国連絡橋，エには関門橋がある。

問16　宮崎県は東が太平洋に面し，北は大分県，西は熊本県，南は鹿児島県と県境を接している。鹿児島県は県域に火山灰のシラス台地が広がっているので，イがあてはまる。なお，アは宮崎県，ウは大分県，エは熊本県。

問17　地球の表面をおおうプレートとプレートが海底で接する境界において，深い溝状になっている場所を海溝という。日本列島はフォッサマグナ(大地溝帯)を境に東北日本が北米プレート，西南日本がユーラシアプレート上にあり，日本列島の東から太平洋プレート，南からフィリピン海プレートがすべりこんでいる。

問18　アの国家総動員法の制定は1938年，イの柳条湖事件は1931年，ウの真珠湾攻撃は1941年，エの沖縄戦は1945年のできごとなので，古いものから順にイ→ア→ウ→エとなる。

2　**土木技術の歴史を題材にした問題**

問１　(1)　外国と条約を結ぶのは内閣の仕事で，国会はそれを承認する。よって，エが正しくない。(2)　最高裁判所裁判官(長官をふくめ15名)は，任命されてから初めて行われる衆議院議員総選挙のときと，前回の審査から10年後以降の総選挙のときに，適任かどうか国民の審査を受けることになっている。これを国民審査という。

問２　銅鐸は弥生時代に祭りの道具として使われていたと考えられているので，アが正しくない。

問３　労働基準法は，勤務時間や休日・賃金などの労働条件の最低基準を定めた法律である。なお，労働基準法と，アの労働組合法，ウの労働関係調整法は労働三法とよばれる。イの最低賃金法は，労働基準法で定めた最低賃金制度を独立させ，業種により具体的に定めた法律である。

問４　Xは奈良時代の天平文化，Yは平安時代後半の国風文化，Zは飛鳥時代後半の白鳳文化の説明である。よって，時代順はZ→X→Yとなる。

問５　聖武天皇の時代には，貴族間の争いや疫病の流行，ききんなどの社会不安があいついだため，天皇は仏教の力で国を安らかに治めようと考え，地方の国ごとに国分寺と国分尼寺を建てさせ，都の平城京にはその大もととして東大寺と金銅の大仏をつくらせた。

問６　藤原頼通が創建した平等院鳳凰堂は，現在の京都府宇治市にある。よって，エが正しくない。

問７　(1)　白河天皇は1086年，天皇の位を譲って上皇となり院政を始めた。なお，アの醍醐天皇は平安時代前半，イの天武天皇は飛鳥時代後半，エの桓武天皇は平安時代初めに在位している。

(2)　保元の乱は1156年に崇徳上皇と後白河天皇の対立を原因として起こり，天皇方には平清盛や源義朝が味方して勝利した。なお，その後，1159年に平治の乱が起こり，清盛が義朝を破っている。

問８　史料には，1543年に種子島(鹿児島県)に漂着した船について，「…船客は百人余りいて，その姿は日本人と容貌・風貌が似ておらず，言葉は通じない。その中に，中国の者が一人，名は五峯といい，正式な名はわからない者もいた」とあり，五峯は倭寇のリーダーとしている。倭寇は室町時代前半に活動した日本の武装商人団・海賊であるが，戦国時代になると，中国(明)南部で密貿易を行う中国人グループが増えたという。よって，五峯が自分の船に百人余りの船客を乗せていたとすれば，中国船になる。しかし，船客百人余りのうち，中国人は五峯ただ一人であり，その他は日本人と容姿が似ていないアジア以外の人(西洋人)と考えれば，ポルトガル船という可能性も否定できない。

問９　三角州(デルタ)は川が河口に出るところにできる，上流から運ばれた土砂が堆積した平らな地形である。よって，エが正しい。三角州は水もちがよいため，水田に適している。なお，山間部から平地に出るところに土砂が堆積して形成された地形は扇状地で，水はけがよいことなどから畑作や果樹栽培に適している。

問10　(1)　江戸幕府は実際に政治を行う老中をはじめ，多くの役職の定員が複数であり，１か月ごとに交代するしくみとなっていた。これは，特定の人に権力が集中することを避けるためである。

(2)　「カード２」の田沼意次より前に政治を行った人は新井白石・徳川吉宗，後に政治を行った人は松平定信・水野忠邦である。白石は長崎での貿易を制限し(長崎新令)，定信は幕府の学問所で朱子学以外の学問を禁止した(寛政異学の禁)。ｂ・ｃの２つの文が正しくないので，「カード１」はａ，「カード３」はｄになる。

問11　東北地方や北陸地方(中部地方の日本海側)が米の収穫量の多い「米どころ」なので，水田面積の割合も高いと考えられる。よって，グラフはウがあてはまる。なお，アは牧草地，イは樹園地，エは畑。

問12　資料Ⅰの1885年のグラフを見ると，輸出は「生糸」，輸入は「綿糸」が最も多い。また，資料Ⅱの1899年のグラフを見ると，輸出は「生糸」の１位は変わらないが，２位は「綿糸」になっている。一方，輸入は「綿花」が最も多い。このことから，1885年から1899年にかけて原料の綿花を輸入して綿糸を生産する紡績業が発達したことがわかる。よって，X・Yの２つとも正しい。

問13　国籍・民族・言語や性別・年齢の違い，障がいの有無にかかわりなく，すべての人が使いやすいように考案された製品や施設などをユニバーサルデザインという。

問14　東京と大阪を結ぶ東海道新幹線が開通したのは1964年で，高度経済成長の時期にあたる。また，1990年代以降，旅客・貨物ともに輸送量の割合が大きくなったのは，自動車である。

理 科 ＜第１回試験＞（35分）＜満点：60点＞

解 答

1 **問１** （例） マグマのねばり気が異なるから。 **問２** イ **問３** ⑴ 727ｇ ⑵ 56％ **問４** Ｃ **問５** 78.4度 2 **問１** **Ａ** 頭部 **Ｂ** 腹部 **問２** **Ａ**…ウ，オ **胸部**…ア，イ，エ **Ｂ**…イ **問３** 背骨 **問４** （例） からだの外側をかたいからでおおうことで支えている。 **問５** 完全変態 **問６** ３種類 **問７** 解説の図を参照のこと。 **問８** ① ×・実験１ ② ×・実験２ ③ ○・実験３ 3 **問１** ア **問２** ② ウ ③ イ ④ ア **問３** 23％ **問４** ア **問５** ⑦ 10 ⑧ 10 ⑨ 10 ⑩ （例） 水面の高さは変わらない **問６** イ，ウ，オ 4 **問１** 20 **問２** 解説の図を参照のこと。 **問３** 8 cm **問４** 150ｇ **問５** 2 cm **問６** 140ｇ **問７** 500 **問８** 2：1 **問９** 5：2 **問10** 70ｇ

解 説

1 火山，湿度，季節と太陽についての問題

問１ 火山の形は，マグマのねばり気のちがいによって決まる。マグマのねばり気が弱いと溶岩が流れやすく傾斜のゆるやかな火山となり，ねばり気が強いと盛り上がったドーム状の形の火山となる。

問２ マグマのねばり気が強いと溶岩が火口をふさぎやすく，内部の圧力が大きくなって爆発的な噴火を起こしやすい。これに対し，マグマのねばり気が弱い火山の噴火はおだやかなことが多い。また溶岩の色は，マグマのねばり気が弱いほど黒っぽく，ねばり気が強いほど白っぽい。

問３ ⑴ 室温20℃のとき，空気１m^3中にふくむことのできる水蒸気の重さ（飽和水蒸気量）は17.3ｇなので，湿度70％の空気１m^3にふくまれる水蒸気量は，$17.3\times\frac{70}{100}=12.11$（ｇ）である。よって，60$m^3$のこの部屋の空気にふくまれる水蒸気の重さは，$12.11\times60=726.6$より，727ｇと求められる。
⑵ 室温30℃，湿度50％の空気１m^3にふくまれる水蒸気の重さは，$30.4\times\frac{50}{100}=15.2$（ｇ）である。28℃の空気の飽和水蒸気量は27.2ｇなので，この空気を28℃に下げたときの湿度は，$\frac{15.2}{27.2}\times100=55.8\cdots$より，56％となる。

問４ 北半球では，夏至の日に南中高度が最も高くなる。図で，地軸の北極側が太陽の方向に傾いているＣの位置にあるときが夏至の日である。

問５ 北緯35度の地点の春分・秋分の日の南中高度は，$90-35=55$（度）で，夏至の日はこれより23.4度高い，$55+23.4=78.4$（度）となる。

2 こん虫のからだのつくりと行動についての問題

問１ こん虫のからだは，頭部，胸部，腹部の３つに分かれている。

問２ こん虫の頭部には，においなどを感じるしょっ角（２本），えさをとるための口，光や物の形，色を感じる目（複眼や単眼）などがあり，胸部にはあし（６本），羽（ふつう４枚）がある。気門は呼吸

をするために空気を出し入れする穴で，胸部と腹部にある。

問３　背骨をもつ動物をせきつい動物といい，背骨をもたない動物を無せきつい動物という。

問４　無せきつい動物には，からだがかたいから(外骨格)におおわれていて，節のあるあしをもつ節足動物，からだがやわらかく，内臓が外とうまくでおおわれているなん体動物などがある。たとえば節足動物は外骨格でからだを支えたり，外敵から身を守ったりしている。

問５　こん虫が成虫になる過程でさなぎの時期のある育ち方を完全変態という。いっぽう，さなぎの時期のない育ち方は不完全変態とよばれる。

問６　完全変態をするこん虫には，チョウ，カブトムシ，クワガタのほかに，ハエ，カ，アリなどがある。また，不完全変態をするこん虫には，バッタ，セミ，トンボ，カマキリのほかに，コオロギなどがいる。

問７　太郎くんがつかまえたのはカブトムシのオスで，頭部には，目，しょっ角，口のほかにつのがあるので，頭部は右の図の黒くぬられた部分になる。なお，胸部にははねやあしがあるので，頭部と区別できる。

問８　①　実験１では，メスの羽をはってつくった模型の羽を，人工的にはばたかせても，近づいてきたオスはなかなか飛び立とうとしなかった。よって，オスははばたき反応だけでオスと判断しているわけではないといえる。　②　実験２で，プラスチックの容器に入れたすでに交尾をしたメスは，オスが近づいてくると逆立ち反応をしたことから，メスはオスに触れられなくてもオスを認識すると考えられる。　③　実験３で，どう体から切り離して置いたメスの羽に，オスはさかんに近づいたことから，オスの交尾行動はメスの羽によって引き起こされるとわかる。

3　水の状態変化についての問題

問１　水は凍ると体積が大きくなるため，製氷皿の内側の線の高さまで水を入れて凍らせると，できた氷の上の面がもり上がって線よりも上にくる。

問２　一般的な物質について，密度は大きい順に固体，液体，気体である。よって，同じ重さの固体，液体，気体を比べると，体積の大きい順に気体，液体，固体となる。

問３　水50ｇに砂糖15ｇをとかしたときの砂糖水の濃度は，$\frac{15}{50+15}\times100=23.0\cdots$より，23％である。

問４　物体の密度が水の密度より小さければ水に浮き，水の密度より大きければ水に沈む。水でつくった氷は水に浮いたので，密度が水より小さく，砂糖水でつくった氷は水に沈んだので，密度は水より大きいとわかる。

問５　⑦　氷は水に浮いているから，(水面下の氷と同じ体積の水の重さ)＝(全体の氷の重さ)となる。水面下の氷の体積が10cm^3のとき，これと同じ体積の水の重さは，$1\times10=10$(ｇ)なので，全体の氷の重さも10ｇとわかる。　⑧　氷がとけて水に変化しても重さは変わらないので，浮いていた氷がとけてできた水の重さも10ｇである。　⑨　重さ10ｇの水の体積は，$10\div1=10$(cm^3)になる。　⑩　⑦～⑨より，浮いている氷の水面下の体積が10cm^3のとき，全体の氷がとけて水になったときの体積も10cm^3とわかる。したがって，水に浮いている氷がとけても，水面の高さは変わらないことがわかる。

問６　地球温暖化によって氷がとけるとき，海に浮かぶ氷がとけても海水面はほとんど上昇しないが，陸上にある氷がとけると，その分だけ海面が上昇し，大きな影響を及ぼす。よって，イ，ウ，オが選べる。

4 浮力とてこのつりあいについての問題

問１　物体Ａを沈めた深さが６cmのとき，物体Ａがおしのけた水の体積は，５×６＝30(cm³)である。よって，物体Ａには，物体Ａがおしのけた水の重さと同じ，１×30＝30(ｇ)の浮力がはたらき，ばねはかりの値は，50－30＝20(ｇ)となる。

問２　物体Ｂを沈める前(沈めた深さが０cm)のばねはかりの値は100ｇで，物体Ｂを水に沈めると，だんだんばねはかりの値は小さくなる。沈めた深さが10cmのとき，物体Ｂがおしのけた水の体積は，５×10＝50(cm³)となるから，物体Ｂには，物体Ｂがおしのけた水の重さと同じ，１×50＝50(ｇ)の浮力がはたらく。よって，ばねはかりの値は，100－50＝50(ｇ)となる。また，沈めた深さが10cm以上では，物体Ｂ全体が水中にあるので，はたらく浮力の大きさは変化せず，ばねはかりの値も一定になる。よって，右のようなグラフがかける。

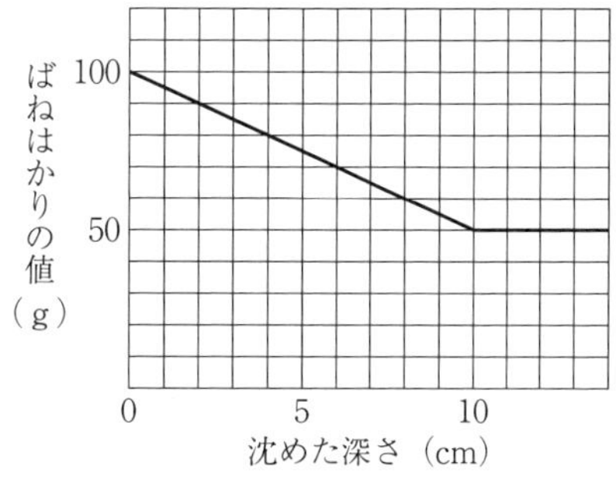

問３　てこのつりあいは，支点を中心としたてこを回そうとするはたらきで考える。このはたらきの大きさは，(加わる力の大きさ)×(支点からの距離)で求められ，左回りと右回りのモーメントの合計が等しいときにてこはつりあう。よって，OQの長さを□cmとすると，50×16＝100×□が成り立つので，□＝50×16÷100＝８(cm)と求められる。

問４　棒には，物体Ａの重さ50ｇと物体Ｂの重さ100ｇがかかっているので，これを支えるばねはかりが示す値は，50＋100＝150(ｇ)である。

問５　点Ｓの糸にかかる力の大きさを△ｇとするとき，てこのつりあいの式は，50×18＝△×10となるから，△＝50×18÷10＝90(ｇ)となる。このとき物体Ｂにはたらく浮力は，100－90＝10(ｇ)なので，物体Ｂがおしのけた水の体積は，10÷１＝10(cm³)とわかる。したがって，沈めた深さは，10÷５＝２(cm)と求められる。

問６　棒の点Ｒには50ｇ，点Ｓには90ｇの力がかかっている。よって，ばねはかりが示す値は，50＋90＝140(ｇ)である。

問７　表１より，x：yは，(Ｔにつるした物体の重さ)：(Ｕにつるした物体の重さ)の逆比になっている。よって，Ｔにつるした物体の重さとＵにつるした物体の重さの比は，$\frac{1}{5}:\frac{1}{3}=3:5$になるから，③にあてはまる数は，$300\times\frac{5}{3}=500$(ｇ)とわかる。

問８　物体Ａと物体Ｂの重さの比は，50：100＝１：２なので，x：yはその逆比の，$\frac{1}{1}:\frac{1}{2}=2:1$である。

問９　図11の点Ｔにかかる力は問１より20ｇ，点Ｕにかかる力は問３より50ｇで，かかる力の比は，20：50＝２：５となる。したがって，$x:y=\frac{1}{2}:\frac{1}{5}=5:2$とわかる。

問10　点Ｔには20ｇ，点Ｕには50ｇの力がかかっているので，ばねはかりの示す値は，20＋50＝70(ｇ)である。

国 語 ＜第１回試験＞（45分）＜満点：100点＞

解 答

一 下記を参照のこと。　二 **問１** 閉鎖的な集～たムラ社会　**問２** **A** 生活維持の必要性　**B**（例）お互いに「よい」感情を維持すること　**問３** エ　**問４** 感情　**問５** Ⅰ イ　Ⅱ ウ　**問６** エ　**問７** ア　**問８**（例）人の感情は簡単に変化するため，人間関係もふとしたことで解消されてしまうから。　**問９** ウ，オ　三 **問１** **A** 頼りなくてどうしようもない教師　**B** すごいとこがある　**問２** ⑴（例）金髪で耳にピアスの穴が開いている姿。　⑵ TPOに合わせてる（時と場所に合わせてる）　⑶ 失礼　**問３**（例）駅伝に参加した先輩　**問４** 肩車　**問５**（例）鈴香の面倒を見てもらうこと。**問６**（例）走る気は全くなかったのに，上原の口車に乗せられて３キロのタイムトライアルをすることになったから。　**問７** みんなの目の色が変わった　**問８** エ

●漢字の書き取り

一 ① 準備　② 銅像　③ 粉末　④ 余念　⑤ 燃焼　⑥ 貴婦人　⑦ 裏地　⑧ 気象　⑨ 神童　⑩ 芽生(える)

解 説

一 漢字の書き取り

① ある物事を行う前に，したくすること。　② 人や動物に似せて銅でつくった像。　③ 非常に細かい粉状のもの。　④ ほかの考え。「余念がない」は，ほかのことを考えずに何かに集中するようす。　⑤ 燃えること。　⑥ 身分の高い大人の女性。　⑦ 衣服などの内側につける布地。　⑧ 雨や雪，風など大気中で起こるいろいろな現象。　⑨ 非常にすぐれた才能や知性を持った子ども。　⑩ “起こり始める”という意味。

二 出典は石田光規の『「人それぞれ」がさみしい―「やさしく・冷たい」人間関係を考える』による。現代は人びとの選択や決定が尊重される社会であり，人との付き合いも自分で選択できるようになった。が，コミュニケーションにおける人びとの不安は増すことになったと述べている。

問１ ぼう線①は，直前の一文に書かれた今の社会とは違う，以前の社会の状態を表している。すぐ後の段落で，「私たちが生きる時代」とは違う社会として，「閉鎖的な集団に同化・埋没することで生活が維持されてきたムラ社会」と表現している部分がある。

問２ **A** 直前に「今や，人と人を結びつける材料を，生活維持の必要性に見出すことは難しくなりました」とあるので，以前は「生活維持の必要性」によって結びついていたことがわかる。

B 続く部分に注目する。以前の「接着剤」が弱まった今，新たな「接着剤」を用意しなければならなくなったと述べた後で，映画の例があげられている。そして，現代は人と人とのつながりが「感情」によって補強されているのだと述べられている。それは「よい」と思えば関係を継続させ，「悪い」と思えば関係をやめるものであると説明されているので，「お互いに『よい』感情を維持すること」のようにまとめられる。

問３ 今の社会について，これまでの部分で説明されてきたので，その内容をとらえる。現代は誰かと付き合うことを強制される機会が減り，誰と付き合うかを個々人の判断にゆだねられている，

気楽な社会だと説明されている。よって，エがふさわしい。

問４　続く部分に注目する。終戦から二年後に公開された映画を今の人びとが見ると，登場する人びとの感情的な交流の少なさにかなりの違和感を抱くだろうと述べられている。つまり，現代は以前にくらべて交流に「感情」が注がれているのである。

問５　Ⅰ　東京下町を舞台にした人情劇に「『昔ながらの温かなつながり』を想像すること」ができると述べた後で，今の人びとが見ると「登場する人びとの感情的な交流の少なさ」に違和感を抱くだろうと述べているので，前のことがらを受けて，それに反する内容を述べるときに用いる「しかし」があてはまる。　Ⅱ　再会を果たした親子の親は「近寄る子どもを手で押しのけ，女性にお詫びと御礼の挨拶をすることを優先させます」と述べた後に「儀礼を優先しているわけです」とあるので，前に述べた内容を“要するに”とまとめて言いかえるときに用いる「つまり」がふさわしい。

問６　「ぶっきらぼう」は，態度や話し方がそっけないようす。

問７　直後に筆者が，空欄Ｙの言葉に対して，「この言葉は，感情に満たされた今の人間関係をよく表して」いると述べているので，密接な交流のあった昔より今のつながりのほうが感情が濃いというような内容だと考えられる。

問８　続く部分に注目する。「お互いに『よい』と思うことで続いていくつながりは，どちらか，または，両方が『悪い』と思えば解消されるリスク」がある。それで，関係を継続するためには「よい」感情を注ぎ続ける必要があるが，個人の感情は簡単に変わることがあるため，「ふとしたことで解消されてしまう不安定なつながり」だと言えるのである。

問９　問２Ｂや問３でみたように，感情によってつながっている人間関係は，無理して人と付き合わなくてもよい気楽なものだが，問８でみたように，そのような関係は簡単に解消される可能性がある。よって，ウとオがふさわしい。

三　**出典は瀬尾まいこの『君が夏を走らせる』による。**一歳十ヶ月の鈴香を連れて公園に来ていた高二の「俺」（大田）は，中学校のとき駅伝を担当していた教師の上原と再会する。そして，話しているうちに，駅伝練習の中学生たちと競走することになる。

問１　**Ａ**　「俺」が中学生だった頃を思い出している場面で，上原のことを「頼りなくてどうしようもない教師だった」とふり返っている。　**Ｂ**　「俺」は上原と久しぶりに会ってしばらく話した後で，上原が「俺」の中学生当時の記録を覚えていたことにおどろき，「こいつにもすごいとこがあるんだな」と感心している。

問２　⑴　「俺」が上原に高校生活について話しているときに，「俺見てみろよ。耳に穴開いてっし，髪も金色だろう？」と言っている。よって，「金色の髪で耳にピアスの穴が開いている姿」のように書ける。　⑵　⑴でみた「俺」の言葉に対し，上原は，「それって，TPOに合わせてるだけでしょう」と返している。上原は，「俺」が学校の中で浮かず，後輩になめられないように，「時と場所に合わせてる」のだと言ったのである。　⑶　上原の言葉を聞いて「俺」は，昔と変わらず「さらりと失礼なことを言ってのける」と感じている。

問３　この「八名」は，駅伝に出るメンバーである。そして「俺」も，中学生のときに駅伝に出たので，「八名」から見ると「駅伝に出た先輩」ということになる。

問４　少し前で，由奈ちゃんと愛ちゃんが「わー！　おじさんまた走るの？」，「すごい！　また乗っけてくれんの？」と歓声を上げている。「俺」が「走んねえ」,「肩車しねえ」と否定したので二人が口をとがらせたところ，鈴香も真似して「ため息をついて見せ」ているので，「肩車」を期待していたと考えられる。

問5　上原が「俺」に中学生たちとの競走を持ちかけたときに，由奈ちゃんと愛ちゃんのお母さんが「走っておいでよ。鈴香ちゃん見とくからさ」と申し出ている。ぼう線⑤は，そのこと，つまり鈴香を見ておいてもらうことを，上原が改めてお母さんたちにお願いしているのである。

問6　直前の部分に注目すると，「俺」は，走る気は全くなかったのに，いつのまにか上原のペースに巻き込まれて中学生たちと3キロ走ることになってしまったことをなげいていることがわかる。

問7　続く部分に注目する。最初は生徒たちは無反応で，上原が聞くと一応知っていると答えるぐらいだったが，上原が「俺」の中学生のときのタイムを告げると，「みんなの目の色が変わった」とある。それを見て「俺」は，「さっきまで軽く見られていたのに，一目置かれている」と感じている。

問8　レース前のジョグをしている場面に注目する。昔の記録とかけ離れた走りはしたくない，言い訳をしないといけないような結果は残したくないと思いながらジョグをしている間に，体が目覚めてきて，「手足の先までが高揚し」,「誰かとグラウンドを走る」ことに「すっかり興奮していた」とある。しぶしぶ走るのではなく，中学生たちと競えることを喜ぶ気持ちに変化していることがわかる。

2023年度 富士見中学校

【算　数】〈第２回試験〉(45分)〈満点：100点〉

(注意) (1) **4** には説明を必要とする問いがあります。答えだけでなく考え方も書いてください。

(2) 円周率が必要な場合には3.14として計算しなさい。

1 次の □ に当てはまる数を求めなさい。

(1) $13+14\times2-(35-11)\div\square=37$

(2) $1-\left\{3\frac{1}{3}\div0.8-2\times\left(\frac{7}{8}-\square\right)\right\}\div5=\frac{1}{4}$

(3) シュークリーム１個はケーキ１個より130円安く，シュークリーム５個とケーキ２個の値段の比が６：５となるとき，シュークリームは □ 円です。

(4) 60の約数のうち18の約数でないものは □ 個あります。

(5) 富士子さんは今までに算数のテストを □ 回受けていて，平均点は65点でした。次のテストで89点を取ると平均点は69点に上がります。

(6) 右の【図１】の角 x は □ 度です。ただし，四角形 ABCD は正方形です。

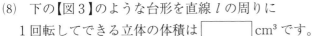

(7) 下の【図２】は，１辺 8 cm の正方形と中心角が90度のおうぎ形を重ねた図です。㋐と㋑の面積が等しくなるように点Eをとったとき，DE の長さは □ cm です。

(8) 下の【図３】のような台形を直線 l の周りに１回転してできる立体の体積は □ cm^3 です。

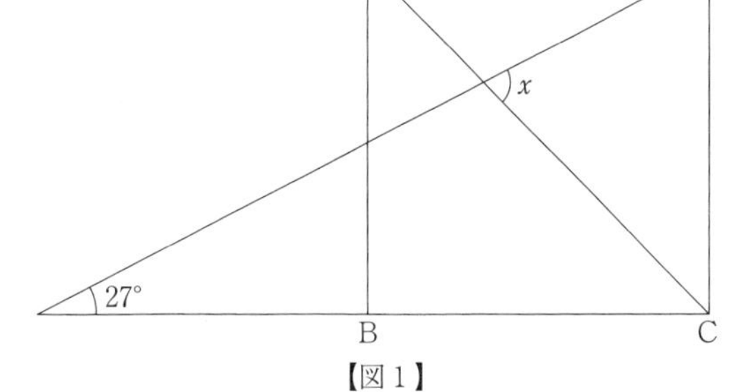

【図１】

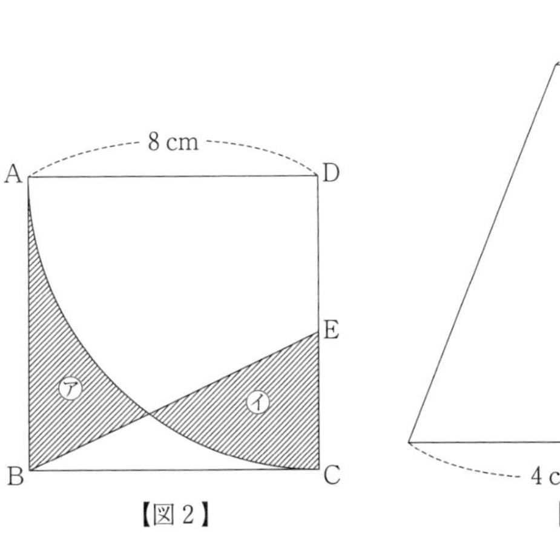

【図２】

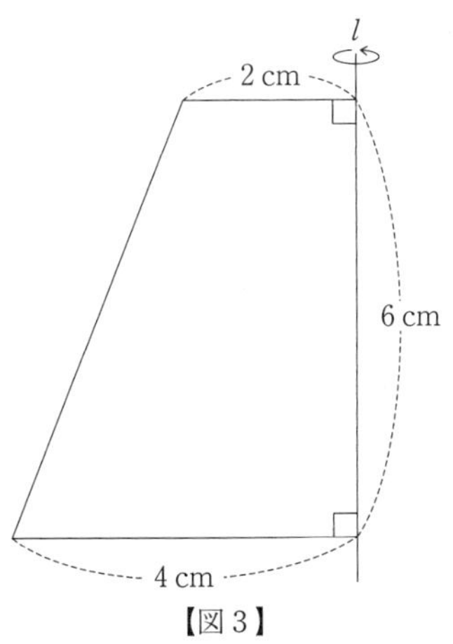

【図３】

2　〔A〕　１辺が１cm の正方形を，図のように重ねた図形を考えます。

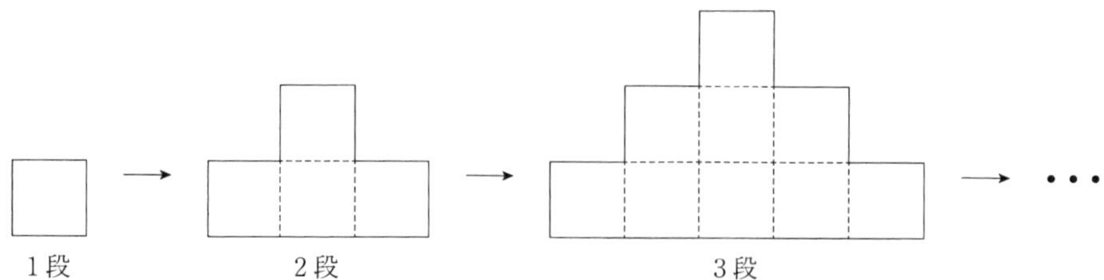

(1)　５段の図形について，周の長さは何 cm ですか。

(2)　49個の正方形でできる図形の周の長さは何 cm ですか。

(3)　周の長さが 100cm であったとき，何段の図形かを答えなさい。

〔B〕　山のふもとから頂上までの一本道の途中に，第一駐車場と第二駐車場があります。ふもとに近いのは第一駐車場です。

Ａさんは，ふもとから第一駐車場まで車を時速 30km で運転し，その後頂上まで時速２km で歩きました。Ｂさんは，ふもとから第二駐車場まで車を時速 30km で運転し，その後頂上まで時速２km で歩きました。ＡさんとＢさんがふもとから頂上に着くまでにかかった時間は，２時間20分違いました。

このとき，次の問いに答えなさい。ただし，車から徒歩に変わる際の時間は考えないこととします。

(1)　ＡさんとＢさんが，第一駐車場と第二駐車場の間を進むのにかかった時間の比を，最も簡単な整数の比で求めなさい。

(2)　第一駐車場から第二駐車場までの道のりは何 km ですか。

3　右の図のように，マス目に整数を矢印の向きに書いていきます。

また，「A行目のB列目の数」を$[A,\ B]$と表します。例えば，[3, 4]は12です。

このとき，次の問いに答えなさい。

(1)　[1, 5]を求めなさい。

(2)　[1, 7]を求めなさい。

(3)　$[A,\ B]$が81のとき，A，Bに当てはまる数をそれぞれ求めなさい。

次に，$\langle A\rangle=[A,\ A]$ とします。

(4)　〈4〉を求めなさい。

(5)　〈20〉を求めなさい。

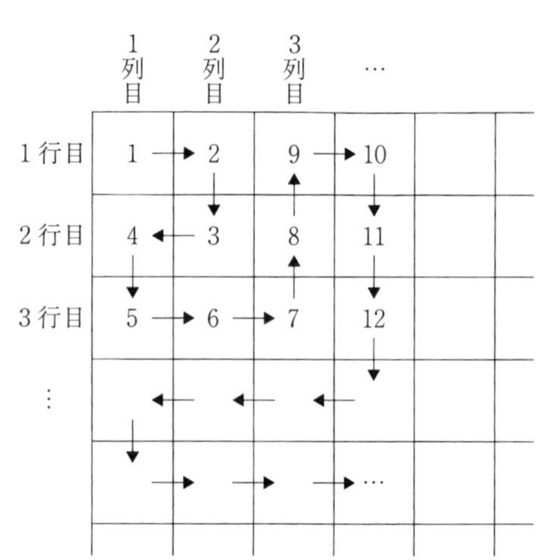

4　先生と生徒の会話文を読んで，あとの問いに答えなさい。

先生「次のページの図は，ある長方形をＡからＩまでの９つの正方形に分けたものです。正方形Ｂの１辺が3.2cm，正方形Ｄの１辺が４cm のとき，この長方形の面積を求めてみましょう。」

生徒「うーん。どう考えればいいだろう？」

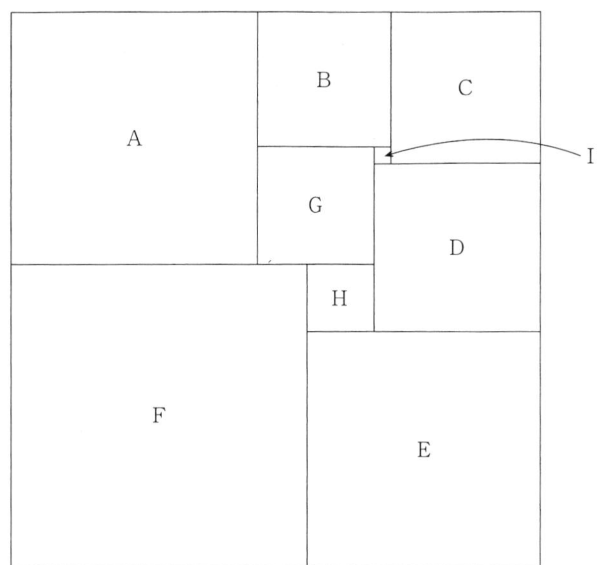

先生「例えば，正方形Ｉの１辺を △1 として考えてみたらどうだろう？　正方形Ｂと正方形Ｄの１辺は△1を使ってどのように表せるかな？」

生徒「まず，正方形Ｂの１辺は

(正方形Ｂの１辺)＝(正方形Ｇの１辺)＋△1

と表せるので，正方形Ｃの１辺は

(正方形Ｃの１辺)＝(正方形Ｂの１辺)＋△1

だから

(正方形Ｃの１辺)＝(正方形Ｇの１辺)＋△2

と表せることになりますね。」

先生「そうだね。」

生徒「同じように考えると，正方形Ｄの１辺は

(正方形Ｄの１辺)＝［　ア　］

と表せますね。」

先生「正方形Ｉの１辺が求められそうだね。」

生徒「正方形Ｂの１辺が3.2cmで，正方形Ｄの１辺が４cmだから……。

正方形Ｉの１辺は［　イ　］cmです。」

先生「正解です！」

生徒「そうすると，正方形Ｇの１辺が［　ウ　］cmになります。他の正方形の１辺も求められるので，長方形の面積も計算できますね。」

⑴　会話文中の［ア］に当てはまる適切なものを選択肢(せんたくし)１～５の中から１つ選びなさい。

１．(正方形Ｇの１辺)＋△1　　２．(正方形Ｇの１辺)＋△2　　３．(正方形Ｇの１辺)＋△3

４．(正方形Ｇの１辺)＋△4　　５．(正方形Ｇの１辺)＋△5

⑵　会話文中の［イ］と［ウ］に当てはまる数を答えなさい。

⑶　正方形Ｈの１辺は何cmですか。

⑷　長方形の面積は何cm²ですか。考え方や途中(とちゅう)の式も書きなさい。

【社　会】〈第２回試験〉（35分）〈満点：60点〉

1　**社会の授業で,「紙」をテーマにグループで探究学習をおこなうことになりました。次の表は，各グループが設定した課題の一覧です。あとの問いに答えなさい。**

グループA　命を守る段ボールベッド
グループB　紙の力：災害に役立つ技術とは？
グループC　日本の紙の歴史
グループD　各地でつくられるさまざまな和紙
グループE　紙づくりと公害・環境(かんきょう)問題：製紙会社の取り組み
グループF　風船爆弾(ばくだん)～兵器に使われた和紙～

問１　グループAの生徒たちは，避難所(ひなんじょ)で被災者(ひさいしゃ)が冷たい床(ゆか)に寝(ね)て体調をくずすことを防ぐために，段ボールベッドなどを届ける活動をしている大阪府の段ボール製造会社を調べました。あとの問いに答えなさい。

(1)　この会社の社長のインタビュー記事を読み，避難所を開設しているのは市(区)町村なので，段ボールベッドを届けるためには地方公共団体のしくみを知る必要があることを知りました。次の図は地方公共団体の政治のしくみをあらわしたものです。この図をみると，「行政」や「予算や条例の議決」のように国の政治と同じようなしくみがあります。しかし，ちがうしくみもあります。**国の政治のしくみにはないもの**はどれですか。図の**ア**～**オ**から**２つ**選び，記号で答えなさい。

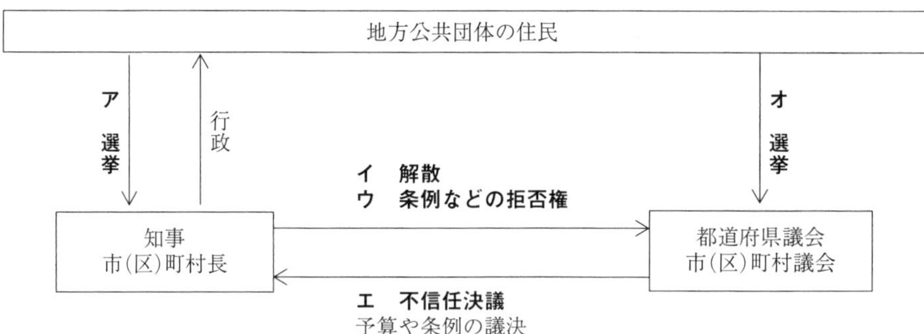

(2)　この会社の社長のインタビュー記事を読み，災害対策の法律の改正を求める意見があることを知りました。法律をつくったり改正したりするのは国会議員なので，国会議員の活動に興味をもったある生徒が，ある国会議員の秘書にインタビューをおこないました。インタビューのときにこの生徒がおこなった質問と，それに対する秘書からの答えの組み合わせとして正しいものはどれですか。下から１つ選び，記号で答えなさい。

〈生徒の質問〉

X：法律の制定や改正について教えてください。

Y：災害対策を考えるにはお金が必要になるかもしれないと思ったので，国の予算について教えてください。

Z：災害や避難についてはもしかしたら憲法もかかわるのかもしれないと思ったので，憲法の改正について教えてください。

〈国会議員の秘書の答え〉

Ⅰ：衆議院と参議院それぞれで総議員の３分の２以上の賛成がえられた場合，国会が発議して，国民に提案してその承認をえる必要があります。ただ，これまで一度もおこなわれたことがありません。

Ⅱ：衆議院が先に審議（しんぎ）することになっています。衆議院で可決したあと，参議院が否決すると，両院協議会を開いて衆議院と参議院の考えを調整する話し合いがおこなわれます。それでも考えが一致（いっち）しない場合は衆議院の議決が国会の議決になります。

Ⅲ：衆議院と参議院どちらが先に審議するかは決まっていません。ただ，衆議院が可決し，参議院が否決した場合，衆議院で出席議員の３分の２以上の賛成で再び可決すると成立させることができます。

ア．X－Ⅰ　Y－Ⅱ　Z－Ⅲ
イ．X－Ⅰ　Y－Ⅲ　Z－Ⅱ
ウ．X－Ⅱ　Y－Ⅰ　Z－Ⅲ
エ．X－Ⅱ　Y－Ⅲ　Z－Ⅰ
オ．X－Ⅲ　Y－Ⅱ　Z－Ⅰ
カ．X－Ⅲ　Y－Ⅰ　Z－Ⅱ

(3)　この会社を調べたら，自転車やねじの製造などのさまざまな中小企業（きぎょう）の工場が多い地域にあることがわかりました。右の地図は繊維（せんい）工業が中心の地域，鉄鋼・石油化学工業が中心の地域，さまざまな中小企業の工場が多い地域をしめしたものです。この会社がある中小企業の工場が多い地域はどれですか。地図から１つ選び，記号で答えなさい。

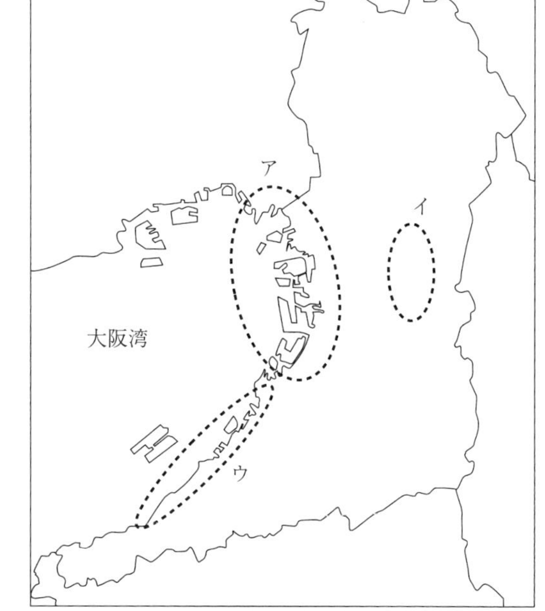

問２　グループＢの生徒たちは，自然災害への対応に役立つ古紙(使い終わった紙)を使った技術を調べました。あとの問いに答えなさい。

(1)　川や湖，海などの底にある泥（どろ）をヘドロといい，乾燥（かんそう）するとひびが入ります。しかしヘドロに古紙からつくった素材をまぜることで，とても強くてねばりがあり，ひびが入ったり割れたりしにくい土になります。東日本大震災（しんさい）以前にこの技術が使われた土地では，震災時に水が噴（ふ）き出したり建物が沈（しず）んだりする現象を防ぐことができました。この技術によって防ぐことのできた現象を何といいますか。答えなさい。

(2)　(1)は災害による被害をゼロにした取り組みの事例です。しかし，災害による被害をいつでもゼロにすることは難しいのが現実です。そこで，災害による被害は起こるものという考えを前提にして，被害をできるだけ少なくする取り組みの重要性が高まっています。このような取り組みを何といいますか。漢字で答えなさい。

問３　グループＣの生徒たちは，日本の紙の歴史を調べて次のような〈資料〉をつくりました。あとの問いに答えなさい。

〈資料〉

７～８世紀	・高句麗の僧・曇徴が紙のつくり方を伝えた。
	・仏教の教えを広く伝えたり(あ)**住民の記録や税などを記したりするために紙が使われるようになった**。
９～11世紀	・日本独自の紙(＝和紙)のつくり方が完成した。
	・(い)**和紙は貴族の間で書物，手紙，巻物などとして使われ，文化の発展に役立った**。
12～16世紀	・政治の中心が貴族から武士に移った。和紙を文書記録のために使うことが増えた。
	・障子やふすまなど住宅の仕切りの素材として，和紙が使われた。
17～19世紀	・(う)**産業振興のために和紙づくりに力を入れる藩があらわれた。農民の副業として紙すきがおこなわれるようになった**。
	・障子やふすま，提灯，せんす，本，瓦版，浮世絵，かるたなど，さまざまなものに和紙が使われた。

(1)　下線部(あ)について，〈資料１〉は726年に紙に書かれた山背国愛宕郡出雲郷(現在の京都府京都市のあたり)の租税台帳の内容の一部を現代語にしたものです。〈資料２〉は当時の税の一覧です。〈資料１〉・〈資料２〉から考えられることを次の文中の空らんにあてはまるかたちでそれぞれ答えなさい。

(　**ア**　)のは，税の負担を減らすために，(　**イ**　)からだと考えられる。

〈資料１〉

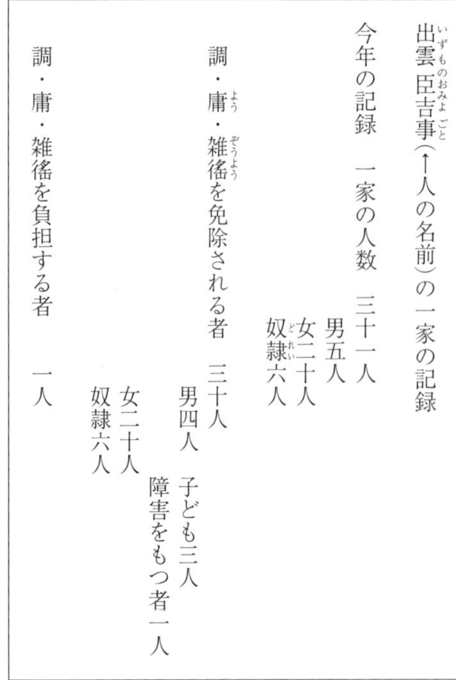

出雲臣吉事(↑人の名前)の一家の記録
今年の記録　一家の人数　三十一人
男五人
女二十人
奴隷六人
調・庸・雑徭を免除される者　三十人
男四人　子ども三人
障害をもつ者一人
女二十人
奴隷六人
調・庸・雑徭を負担する者　一人

〈資料２〉

税の名	種別	内容	対象	負担の範囲など
租	品物	口分田の収穫の３％	６歳以上の男女	口分田は，戸籍にもとづきあたえられる
調		特産品(絹・糸・布製品)	成人男性	都まで運んで納める。食料は自分で負担
庸		麻布(労役の代わり)		
雑徭	労役	年60日以内，各国で		池・堤などの土木工事
衛士	兵役	１年間，都で	成人男性３～４人に１人	食料・武具は自分で負担(調・庸などは免除)
防人		３年間，九州北部で		

(2)　下線部(い)について，このころの文化の名前として正しいものはどれですか。次から１つ選び，記号で答えなさい。

ア．飛鳥文化

イ．天平文化

ウ．国風文化

エ．化政文化

(3)　下線部(う)について，次の会話文はグループＣの２人の生徒のものです。空らんにあてはまる語句の組み合わせとして正しいものはどれですか。下から１つ選び，記号で答えなさい。

生徒Ⅰ：和紙づくりに力を入れる藩があらわれたり，農民の副業として紙すきが各地に広がったりしたことを，この前授業で学んだ需要と供給で考えてみようよ。

生徒Ⅱ：需要は人々の「買いたい」と思う総量，供給は「つくりたい，売りたい」と思う総量のことだったね。

生徒Ⅰ：うん。つまり，このころ和紙の（　**X**　）が増えたということだね。そして（　**X**　）が増えると，（　**Y**　）と学んだよね。

生徒Ⅱ：だからこれまで貴族や武士などの一部の人によって使われていた和紙に庶民も手が届くようになったんだ。

生徒Ⅰ：そうだね。こうしてこの時代，さまざまなものに和紙が使われて，文化が発展したんだね。

ア．**X**－需要　**Y**－価格が上がる

イ．**X**－需要　**Y**－価格が下がる

ウ．**X**－供給　**Y**－価格が上がる

エ．**X**－供給　**Y**－価格が下がる

問４　グループＤの生徒たちは，日本各地でつくられる和紙を調べました。あとの問いに答えなさい。

(1)　次の文章は美濃和紙について調べてわかったことをまとめたレポートの一部です。文章中の空らん(**あ**)にあてはまるものはどれですか。地形図中から１つ選び，記号で答えなさ

い。また，このレポートをまとめた生徒が下線部(い)のように思った理由を，文章を参考にして答えなさい。

美濃和紙の産地である美濃の位置は下の地形図中の(**あ**)である。

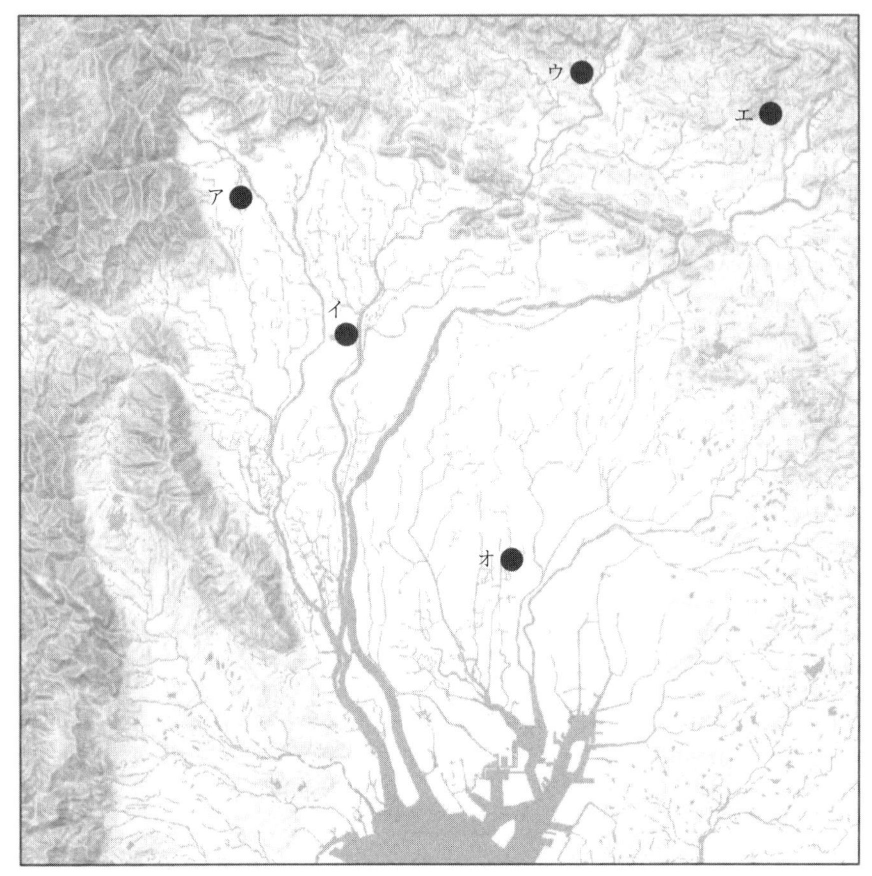

電子地形図(国土地理院)を加工して作成

江戸時代，美濃は幕府御用達(ごようたし)の高級障子紙の産地として広く知られた。美濃で和紙づくりがさかんになった理由はおもに３つある。１つ目の理由は，清流として名高い長良川の支流・板取川がすぐそばを流れていて，和紙づくりに必要なきれいな水が手に入ることだ。２つ目は，原料の植物が自生していたことだ。３つ目は，平らな土地が少なく農地が少ないため，冬の農業がおこなえない時期にもできる紙すきが大切な収入源だったことだ。美濃ですかれた和紙は，長良川の水運を利用して岐阜に運ばれた。岐阜では，岐阜和傘(わがさ)や岐阜提灯に加工され，できたものをふたたび船に積んで桑名(くわな)や尾張(おわり)まで運んでいた。現在も岐阜の伝統的工芸品として和傘や提灯は有名である。

明治・大正時代の最盛期，美濃には約4700戸もの紙すき工房(こうぼう)があったが，現在では約20戸まで減っている。(い)**和紙の伝統をどのように守っていくかについて，私は和紙以外の伝統的工芸品もあわせて守ることが大事だと思った**。

(2)　次の地形図は土佐和紙の産地である高知県吾川郡(あがわぐん)いの町の一部をしめしたものです。地形図から読み取れることとして**まちがっているもの**はどれですか。下から１つ選び，記号で答えなさい。

電子地形図(国土地理院)を加工して作成

ア．この地形図中には高等学校はない。

イ．等高線は20メートルごとにひかれている。

ウ．紙の博物館の北東に消防署がある。

エ．町役場の北東にある神社は税務署より標高の高いところにある。

(3)　次の文章は和紙を使った東北の祭りの内容をまとめたものです。地図は東北地方をしめしたものです。祭りの内容と祭りがおこなわれる県の組合せとして正しいものはどれですか。次のページから１つ選び，記号で答えなさい。

X	竹ざおに和紙の提灯を数多くつけた竿灯(かんとう)を，手のひら，ひたいなどにのせて豊作をいのる祭り。提灯を米だわらに，竿灯を稲穂(いなほ)に見立てている。大きいものは高さ12メートルもある。
Y	あかりをともした巨大(きょだい)な人形型の灯篭(とうろう)(ねぶた)を山車(だし)にのせてねり歩く夏祭り。県内各地でおこなわれている。ねぶたは，木とはりがねの骨組みに和紙をはり，鮮(あざ)やかに染色して完成させる。
Z	豪華(ごうか)な七夕飾(かざ)りが有名。色とりどりの和紙を使い，折りづるや願いを書いた短冊，吹(ふ)き流しなどを大きなササ竹に飾る。期間中は約3000本もの七夕飾りがまちをうめつくす。

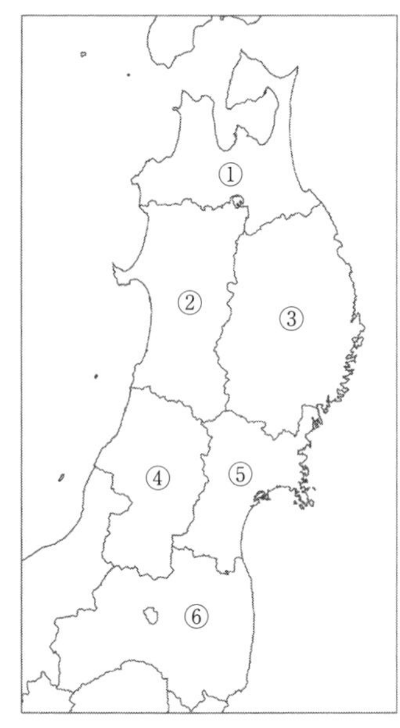

ア．X—①
イ．X—③
ウ．Y—②
エ．Y—④
オ．Z—⑤
カ．Z—⑥

問５　グループEの生徒たちは，高度経済成長期に，製紙工場の排水(はいすい)が公害となって大きな社会問題になったことを知りました。あとの問いに答えなさい。

(1)　高度経済成長期は日本中でさまざまな公害が起こりました。公害が原因で起こる病気を公害病といい，とくに大きな被害をもたらしたのが四大公害病です。次の表は四大公害病をまとめたものです。Yにあてはまる公害病は何ですか。答えなさい。

	W	X	Y	Z
原因となった物質は？	メチル水銀		カドミウム	亜硫酸(ありゅうさん)ガス
汚染(おせん)されたのは？	海の水など	川の水など		空気

(2)　高度経済成長期のできごととして**まちがっているもの**はどれですか。次から１つ選び，記号で答えなさい。

ア．ラジオ放送が開始された。
イ．アジア初のオリンピックが東京で開催(かいさい)された。
ウ．東海道新幹線が開通した。
エ．日本が国際連合に加盟した。

(3)　次のページの図は現在の製紙会社の環境への取り組みをしめしたものです。この図からわかることや考えられることとして**まちがっている発言**はどれですか。下から１つ選び，記号で答えなさい。

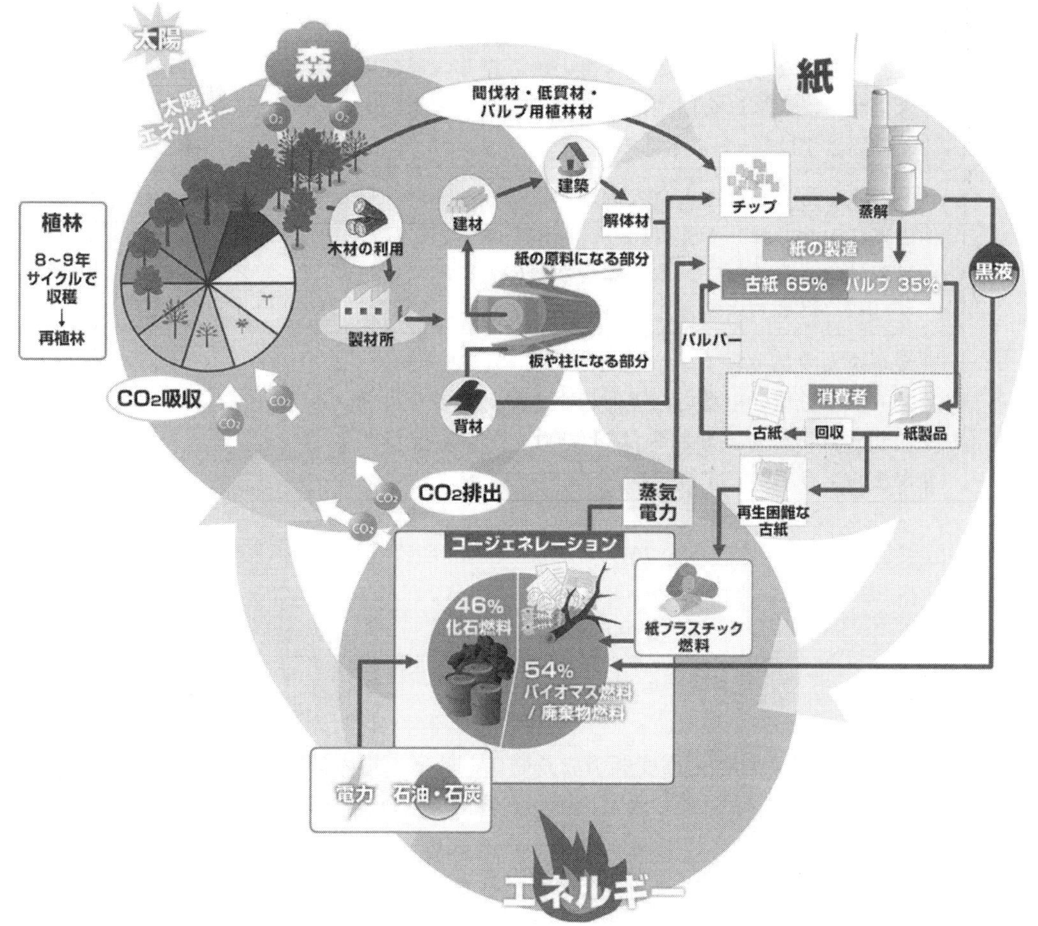

出典：日本製紙連合会 HP「循環型産業について」

ア．建物を解体して出た木材も利用しているんだね。森林資源をむだにしないようにしているね。さらに，木材を伐採したら植えるようにしていて，森林を育てる努力をしていそうだね。

イ．木材を伐採してつくる紙より，古紙を利用してつくる紙のほうが多いんだね。すべての古紙を再利用できるわけではないけれど，今私たちの身の回りにある紙はまた別の紙になって使われるということだね。

ウ．木材からパルプをつくるときに発生する黒液(廃液)はバイオマスエネルギーとして利用しているんだね。今は石油・石炭の利用の方が多いけれど，いずれこの割合は逆転するだろうね。

エ．製紙工場を動かすことによって排出される二酸化炭素を植林した森林で吸収するというサイクルをつくっているんだね。製紙会社が植林をするのは，紙の原料をえるためと地球温暖化を防止するためという２つの目的があるんだろうね。

(4)　次のページの地図はそれぞれ2021年現在の自動車工場，半導体工場，製紙工場の所在地をしめしたものです。製紙工場の所在地をしめした地図として正しいものはどれですか。次から１つ選び，記号で答えなさい。

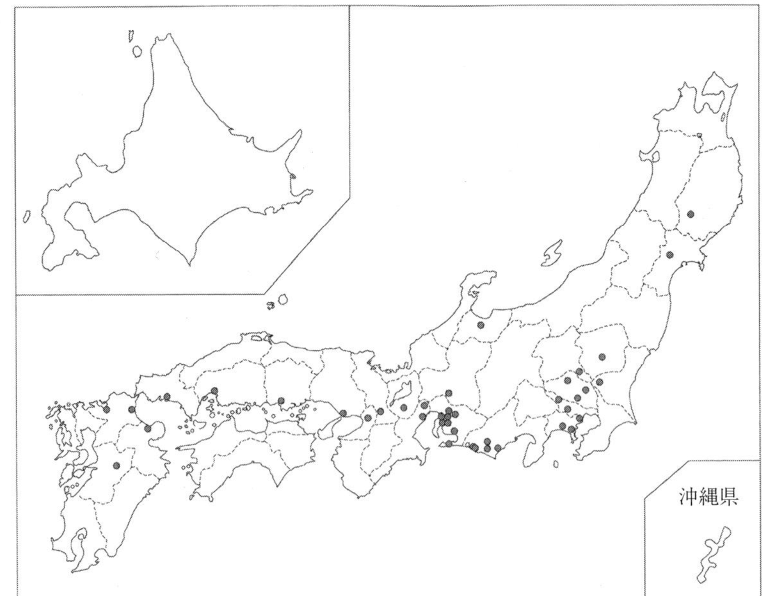

イ.

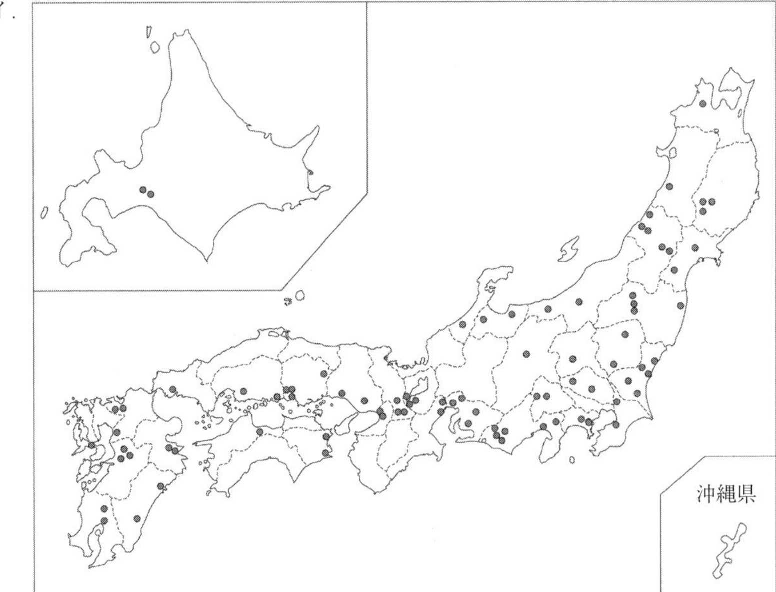

ウ．

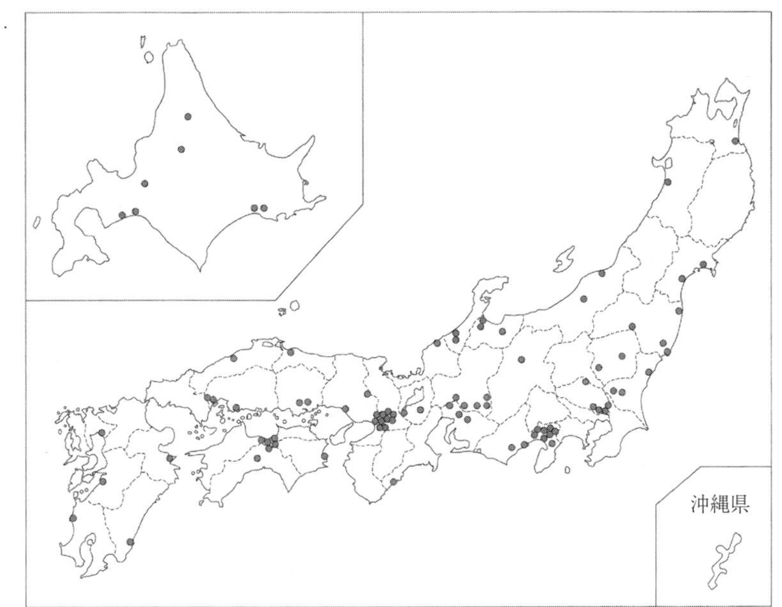

出典：『日本国勢図会 2022/23』

問６　グループＦの生徒たちは，日本陸軍がアジア・太平洋戦争末期に，和紙をはりあわせてつくった気球に爆弾をぶらさげた風船爆弾を，アメリカ本土にむけて飛ばしたことを調べました。風船爆弾は1944年11月から約半年の間に9300発が放たれ，その約10分の１がアメリカ本土へ到達(とうたつ)したと推定されています。あとの問いに答えなさい。

(1)　この風船爆弾をつくったのは中学生や女学生たちでした。彼らが授業を受けずに風船爆弾をつくることになったのは，戦争を遂行(すいこう)するために国民や物資をすべて戦争に動員できるようにする法律があったからです。1938年に制定されたこの法律を何といいますか。答えなさい。

(2)　この爆弾が使われた1944年11月以前のできごとを年代の古いものからならべて記号で答えなさい。

ア．日本海軍がハワイの真珠湾(しんじゅわん)のアメリカ軍基地を攻撃(こうげき)した。
イ．北京郊外の盧溝橋(ろこうきょう)で日中両軍が衝突(しょうとつ)し，日中戦争がはじまった。
ウ．海軍の青年将校らによって，犬養毅(いぬかいつよし)首相が暗殺された。
エ．共産主義を取りしまるために，治安維持(いじ)法が制定された。

2　**次の文章を読んで，あとの問いに答えなさい。**

私たちの生活に水は欠かせません。こうした水と私たちのあいだにはこれまでどのような歴史があったのかをみていきましょう。

私たちの祖先は水を求めて(1)**川や湖**のそばに集まったと考えられています。そこでは飲み水が手に入るだけでなく，水を求めて集まる動物を狩(か)り，魚をとることもできたからです。(2)**縄文時代**になると水辺から丸木舟(まるきぶね)に乗って海へと出ていき，行きついた先でものを取り引きするなど，生活の場を広げていきました。やがて稲作が本格化すると，水と土地をめぐって争いがはじまるようになりました。争いに勝ったムラは規模を広げていきクニとなり，古墳時代にはヤマト政権が誕生しました。このときから(3)**治水**工事が各地でおこなわれ水田が増えていきました。

(4)**奈良時代**になると，農民は重い(5)**税**を課せられ生活は苦しかった一方で，飲み水用の井戸がある所は集落の中心となり，そこに人が集まって話をしたり，(6)**市**がたったりと，水場はそんな苦しい生活を少しでもやわらげ，楽しみを与(あた)えてくれる空間でもありました。

(7)**平安時代**になると，農業のために治水がおこなわれただけでなく，都のある土地が地下水が豊富なことから貴族が屋敷(やしき)内に水を取り入れて，生活のなかで水の美しさを競い合うようになりました。やがて，武士が力を持ちはじめ鎌倉時代になると，幕府は水の扱(あつか)いについてそれまでの貴族とは異なり実用面を重視していきました。たとえば，(8)**海上交通が発達したことから法律を制定**したことがあげられます。また，(9)**水資源**に乏(とぼ)しい鎌倉では寺社に井戸を守らせたりしました。

鎌倉幕府が滅(ほろ)んで江戸幕府が成立するまでのあいだは，国内の政治はとても不安定でした。そうしたなか，(10)**室町時代**から安土桃山時代の武将たちは領民を水害から守り，さらに豊かな領地にするために積極的に領内の治水工事を進めました。続く(11)**江戸時代**でも治水工事がおこなわれ，大きな河川の流れを変えたり，水路や上水道の整備もおこなわれ，米の収穫高(しゅうかくだか)は大きく増えていきました。

(12)**明治時代**になると日本と世界のつながりが増え，海外の技術の影響(えいきょう)を受けて上下水道が整備されていき，現在にいたっています。水はいつの時代でも私たちの生活には必要なものです。しかし，アジア・太平洋戦争後，工業化を優先するあまりに水が汚染され公害も発生しました。こうした反省から日本では法律を定めてきれいな水を守るようになり，また，世界では(13)**国際連合を中心に地球の水や環境(かんきょう)を守るさまざまな取り組みがおこなわれています**。私たち一人ひとりもこの限りある水資源を守るために，よく考えて行動することが大切です。

問１　下線部(1)について，日本の川や湖についてのべた文として**まちがっているもの**はどれですか。次から１つ選び，記号で答えなさい。

ア．面積が日本一の湖である琵琶湖は「近畿(きんき)の水がめ」とよばれ，重要な水源となっており，ここから流れ出る川は大阪湾へと流れ込(こ)んでいる。

イ．北海道を流れる石狩川の下流は土地改良をおこなった稲作地帯となっており，カルデラ湖である洞爺湖(とうやこ)からも水を引いている。

ウ．流域面積が日本一の利根川は関東平野を流れ，多くの支流を持ち，下流では霞ケ浦の水をあわせて水郷地帯をつくっている。

エ．長さが日本一の信濃川は長野県・新潟県を流れ，下流の越後平野は日本の重要な穀倉地帯となっている。

問２　下線部(2)について，青森県にある三内丸山遺跡は全国各地からさまざまなものが運ばれ交易がおこなわれていました。交易で扱(あつか)われた品物として**まちがっているもの**はどれですか。次から１つ選び，記号で答えなさい。

ア．黒曜石　　イ．青銅器

ウ．ひすい　　エ．こはく

問３　下線部(3)について，記録に残っている日本最古の治水工事は，現在の大阪府につくられた「茨田堤(まんだのつつみ)」という堤防です。この工事をてがけたのは朝鮮半島からきた人たちでした。このように古墳時代に朝鮮半島や中国から日本にやってきた人たちを何といいますか。漢字で答えなさい。

問４　下線部(4)について，次の資料は，『続日本紀』に記されている，この時代を治めたある天皇がだした命令を現代語訳したものです。資料中の「私」は，下線部にあるように全国各地に僧寺と尼寺の２種類の寺を建てました。これら２種類の寺は一般的に何とよばれますか。それぞれ漢字で答えなさい。

> 「私は徳があまりないにも関わらず天皇という重い任についたが，いまだに民衆を導く政治ができず，日夜恥ずかしい思いをしている。…(略)…近年は不作で，疫病も流行っている。これも私の不徳のいたすところと恥じ，自分を責めている。そこで，広く民のために幸福を求めたいと思った。前の年に，諸国の神社の修復を命じたり，仏像を一体造らせるとともに仏教の経典の一部を写させたのもそのためである。おかげで，今年は天気は良く豊作であった。…(略)…諸国に命じる。それぞれ七重塔を一基建て，あわせて仏教の経典の一部を書写せよ。それとは別に，私自身も書写し，諸国の仏塔に一部ずつ納めようと思う。これにより，仏教の教えがながく続き，仏の加護が現世にも来世にも常に満ちるのを願う。…(略)…また，**諸国の僧寺には二十人の僧を住まわせ，その寺の名は金光明四天王護国之寺としなさい**。**また，諸国の尼寺には十人の尼を住まわせ，その寺の名前は法華滅罪之寺としなさい**。…(略)」

問５　下線部(5)について，次の文章は税についてのべたものです。二重下線部のうち，説明の文脈として**まちがっているもの**はどれですか。次から１つ選び，記号で答えなさい。

> 税は，国に納める税と地方公共団体に納める税があります。たとえば，所得税や(ア)**法人税**は国税にあたります。所得税は所得が多い人ほど税率が高くなる(イ)**累進課税制度**をとっています。また，だれが納めるかによって直接税と間接税に分けられます。税を納めるように指定されている人と実際に税を負担している人が同じ直接税には(ウ)**消費税**があります。消費税は(エ)**だれでも同じ税率**です。

問６　下線部(6)について，かつて定期市が開かれたことが今でも地名としてその名残を残しているところが多くあります。代表的なところとして三重県の四日市があります。次の文章は，三重県を含めた近畿地方の府県についてのべたものです。２つの文の正しい・まちがいの組み合わせとして正しいものはどれですか。下から１つ選び，記号で答えなさい。

> Ｘ：日本標準時子午線が通っているこの府県では，かつて平清盛が中国との貿易に力を入れるために大輪田泊を修築した。また，航行を祈願してまつった厳島神社は現在，世界遺産に登録されている。
>
> Ｙ：かつて「天子さまのおひざもと」とよばれたこの府県では，西陣織や清水焼などの伝統工業がさかんである。また，阪神工業地帯と中京工業地帯を結ぶ中継点にあることから金属工業もさかんである。

〈組み合わせ〉

ア．X－正しい　　Y－正しい

イ．X－正しい　　Y－まちがい

ウ．X－まちがい　Y－正しい

エ．X－まちがい　Y－まちがい

問７　下線部(7)について，平安時代につくられた平等院鳳凰堂は前面につくられた池に映しだされる姿に極楽浄土(ごくらくじょうど)を想像させる工夫がされています。この建物を建てた人物についてのべた文として正しいものはどれですか。次から１つ選び，記号で答えなさい。

ア．この人物は，父親とともに一族の全盛期を築き，自らは摂政・関白についた。

イ．この人物は，東北地方に勢力を広げるために，坂上田村麻呂を派遣(はけん)した。

ウ．この人物は，自らを新皇と名乗り関東地方を支配下においたが，一族に平定された。

エ．この人物は，位を子にゆずったのち，自らは上皇となって政治をおこなった。

問８　下線部(8)について，この時代は漁師が自分の漁船で魚を売って回るようになりました。このように水の上で働いたり，商売をする人が増えたためにルールづくりがはじまりました。次の文は各時代に制定された法律や法令についてのべたものです。内容が正しいものはどれですか。次から１つ選び，記号で答えなさい。

ア．承久の乱ののち鎌倉幕府の支配が強まっていくと，武家社会の慣習や文化にそったものとして武家諸法度が制定された。

イ．安土桃山時代に商工業が発達したため，織田信長により楽市・楽座がだされた。

ウ．江戸時代はじめに，大名の力をおさえるために分国法と禁中並公家諸法度が制定された。

エ．アジア・太平洋戦争後，教育の民主化をすすめるために，教育基本法が制定された。

問９　下線部(9)について，日本は水資源が豊かな国です。次のグラフは，全国の水の使用状況(じょうきょう)の内訳の移り変わりをしめしています。グラフから読み取れることとして**まちがっているもの**はどれですか。下から１つ選び，記号で答えなさい。

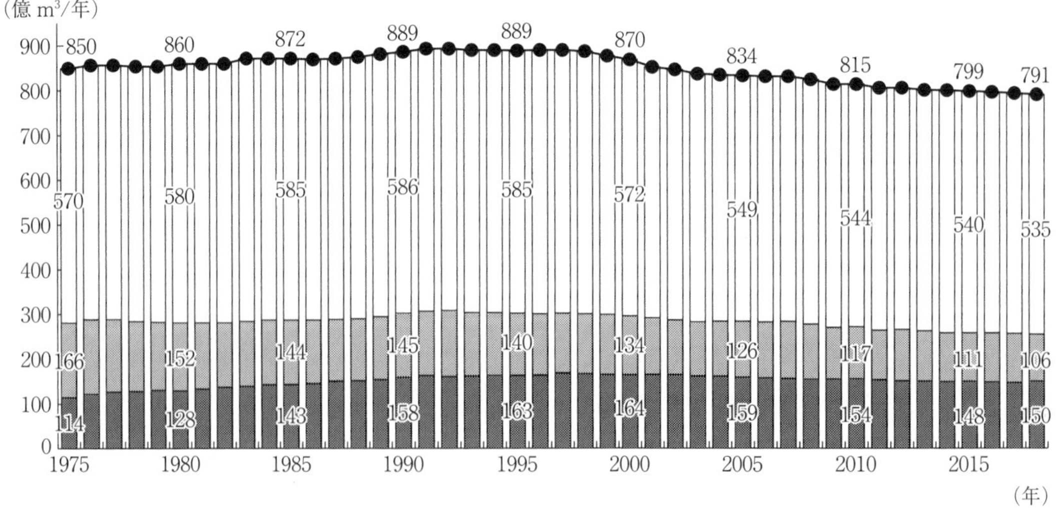

ア．工業用水と生活用水の使用量は２倍以上の差になったことはない。

イ．農業用水の使用量が日本の水の使用状況でつねに半分以上を占めている。

ウ．生活用水の使用状況が最大になった時期と全体の水使用量が最大になった時期は同じである。

エ．1975年から2018年のなかでは，工業用水における水の使用量がもっとも減っている。

問10　下線部⑽について，次の図は室町時代のとある村落で作成された絵図です。左上から右下にかけて伸びる二重線は京都にある桂川を指し，ここから枝分かれしている二重線は用水路を指します。〇囲みは，桂川の周辺にあった村落を指します。また，年表は，この図が作成された前後の村落の動きをまとめたものです。図と年表をみて，あとの問いに答えなさい。

図

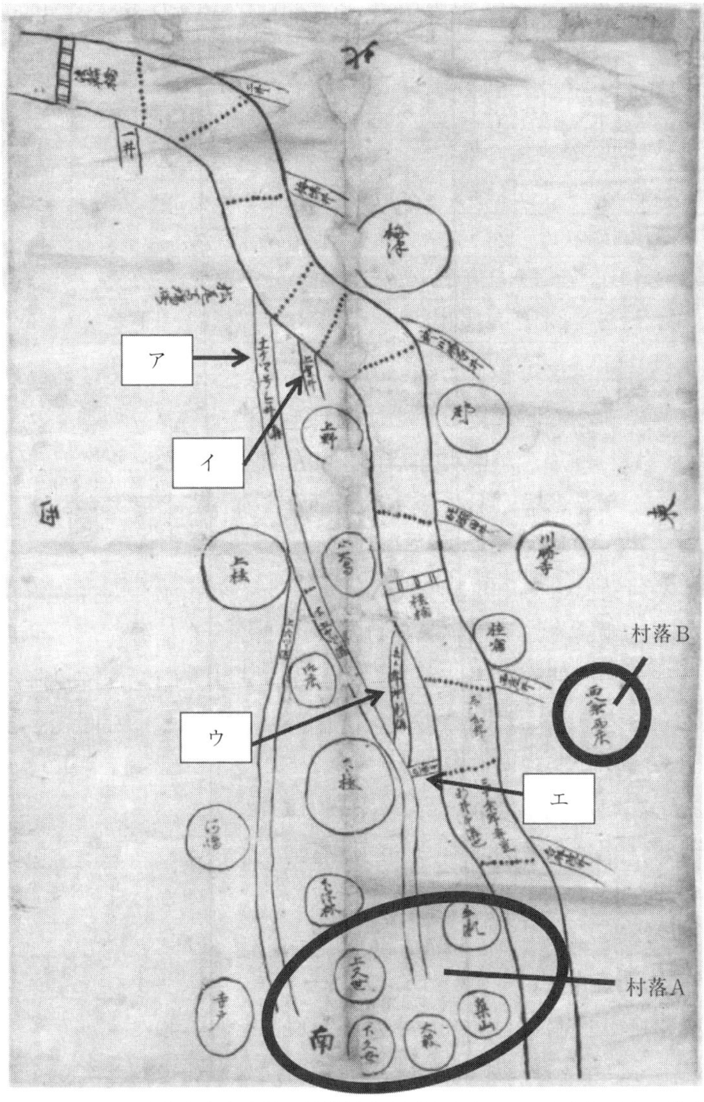

京都府立京都学・歴彩館東寺百合文書 WEB より加工して作成

年表

1478年	村落Ａが，村落Ｂに流れ込む用水路のすぐ上流に(ⅰ)**新たな用水路**を開いた。
	村落Ｂは幕府に訴え，新しい用水路の使用を禁止してもらった。
1479年	村落Ａが使用を禁止された新しい用水路を再び開いた。
	(ⅱ)**村落Ｂは幕府に訴え**，新しい用水路の使用を禁止してもらった。
1494年	干ばつに見舞われた。
	村落Ａは使用を禁止された新しい用水路を再び開いた。
	村落Ｂは幕府に訴え，新しい用水路の使用を禁止してもらった。
1495年	村落Ａも幕府に新しい用水路の正当性を訴えた。
1496年	幕府が村落Ａ・Ｂ双方に対して絵図の作成を命じた。
	村落Ａは村落Ｂの用水路を破壊しようとしたが，村落Ｂは抵抗して防いだ。
	幕府は双方の代表を集め判決を下し，用水を半分に分けることを命じた。
1497年	村落Ｂは村落Ａとの争いを再びおこし，用水すべて村落Ｂへ引いた。
	村落Ａは幕府に訴え，用水を半分に分けることを命じてもらった。
1499年	村落Ｂは不作を理由に幕府に訴え，用水すべての使用を認めてもらった。
	村落Ａは用水を再び半分に分けるよう幕府に訴えた。
1503年	他の村落の仲裁により，村落Ａと村落Ｂは用水を半分に分けることで合意した。

(1)　年表中の下線部(ⅰ)について，村落ＡとＢの争いのきっかけとなっているこの「新たな用水路」は図中ア～エのどれに当たると考えられますか。１つ選び，記号で答えなさい。

(2)　年表中の下線部(ⅱ)について，村落Ａが使用を禁止された新しい用水路を開くことで，村落Ｂは自分たちの村にどのような影響がおこると考え幕府に訴えたと考えられますか。図を参考にして説明しなさい。

(3)　年表をみると，村落Ａや村落Ｂは幕府に訴えてはいるが，その指示を無視する行動を繰り返していたことがわかります。また，最終的には幕府ではなく，他の村落の仲裁によって合意が形成されて村落同士の問題が解決したことがわかります。応仁の乱以降，幕府の統制が弱まっていったことを考えにいれ，この時代，村落は村でおこった問題をどのように処理していたと考えられますか。説明しなさい。

問11　下線部⑪について，あとの問いに答えなさい。

(1)　江戸時代には大雨や洪水，干ばつといった全国的な異常気象により大規模な飢饉が何度かおきました。こうした飢饉に関係するできごとを年代の古いものからならべて記号で答えなさい。

ア．徳川綱吉の時代に富士山が噴火して飢饉がおこった。

イ．飢饉に対する幕府の対応を不満とし，大塩平八郎が反乱をおこした。

ウ．飢饉対策として徳川吉宗は青木昆陽にさつまいもの研究をおこなわせた。

エ．飢饉に備えて，各地に米を蓄えさせる囲い米の制を定めた。

(2)　この時代には，将軍が交代するごとに，お祝いのための使者が朝鮮から日本にくるようになりました。これに関係する次の文章の空らんにあてはまる語句の組み合わせとして正しいものはどれですか。下から１つ選び，記号で答えなさい。

使者は朝鮮半島を出発して対馬海峡をわたって日本に行きました。再び半島に戻るのに一番適した季節は，（　X　）から吹く（　Y　）を利用して航海できる夏と考えられます。

ア．X－南東　Y－季節風　　イ．X－北西　Y－季節風

ウ．X－南東　Y－偏西風　　エ．X－北西　Y－偏西風

問12　下線部⑿について，次の文はこの時代に発布された大日本帝国憲法と，現在の日本国憲法を比べたものです。下線部の内容として**まちがっているもの**はどれですか。次から１つ選び，記号で答えなさい。

ア．大日本帝国憲法では天皇は元首であるが，日本国憲法では**象徴**となっている。

イ．大日本帝国憲法では主権は天皇に属しているが，日本国憲法では**国民**に属する。

ウ．どちらも天皇が国民に与えた**欽定憲法**である。

エ．どちらにも国民に定められている義務として，**納税**がある。

問13　下線部⒀について，あとの問いに答えなさい。

⑴　国際連合は平和と安全を守る仕事をおこなっています。国際連合の主要機関のうち，拒否権をもつ常任理事国５か国と，非常任理事国10か国で構成されているものがあります。2022年，日本は非常任理事国に選ばれました。この機関を何といいますか。漢字で答えなさい。

⑵　地球規模の環境問題に取り組むために国際連合が中心となってさまざまな会議が開かれてきました。こうした国際連合の活動以外にも，市民一人ひとりがお金を出し合い，身近な自然や歴史的建造物を保全しようとする運動もあります。イギリス発祥のこの運動を何といいますか。答えなさい。

【理　科】〈第２回試験〉（35分）〈満点：60点〉

1　［Ⅰ］～［Ⅲ］**の問いに答えなさい。**

［Ⅰ］　下図は，ある地域の地形図と地点Ａ～Ｃで調べた柱状図です。

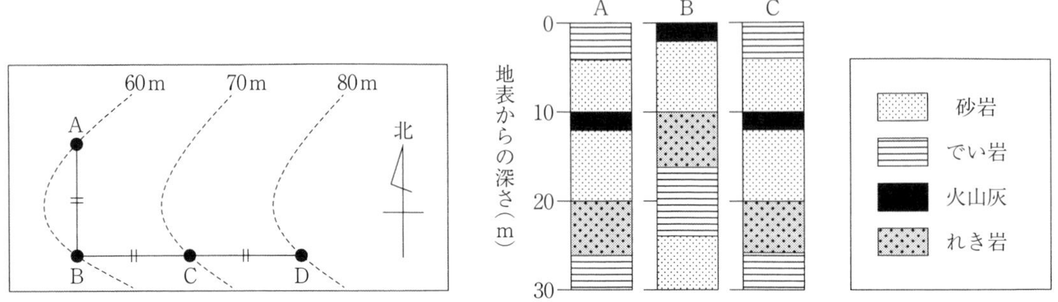

問１　火山灰の層のように，地層の広がりを知る目印になる地層のことを何といいますか。

問２　地点Ｄで，火山灰の層が現れるのは，地表から何ｍの深さですか。

［Ⅱ］

問３　北の風，風力４，晴れを表すものはどれですか。次の中から１つ選び記号で答えなさい。

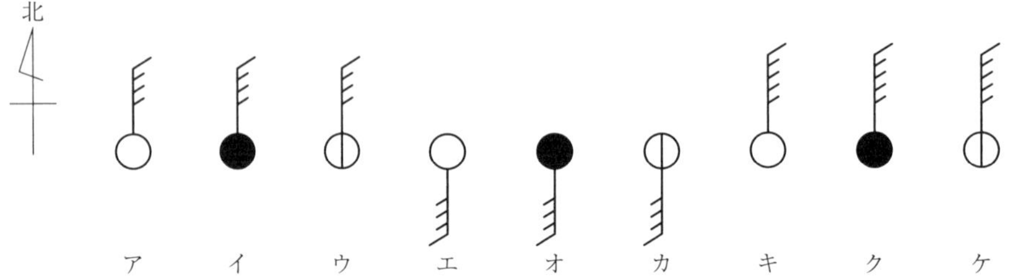

問４　下の２つの前線をともなう低気圧が西から東に移動しました。前線Ａが通過した地点の気温はどのようになりますか。

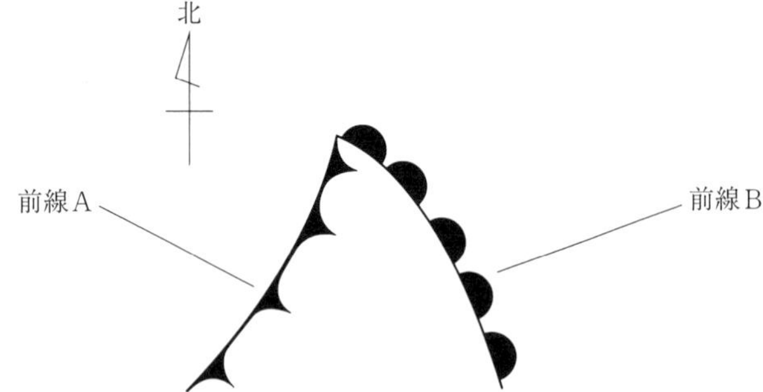

［Ⅲ］

問５　ある日の22時に北の空の星の動きを観測したところ，右図のような星座Ａが北極星の周辺で観察できました。点線は北極星を中心に30°ごとにひいたものです。星座Ａの名前を答えなさい。

問６　問５で２か月後の20時に星座Ａの見える位置を１～６で答えなさい。

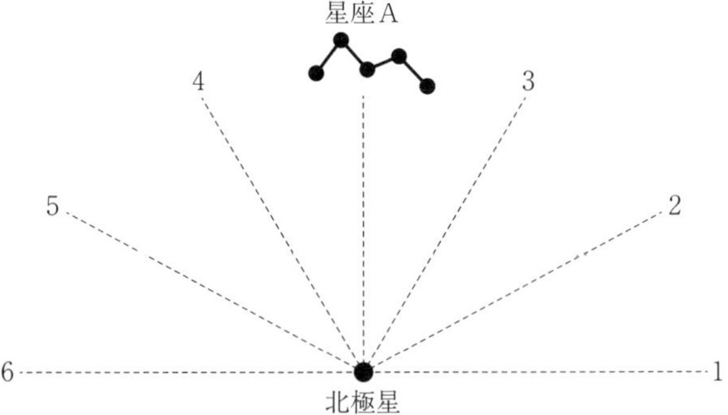

2　**心臓のはたらきについて学んでいる富士子さんとふじじかの会話文を読み，以下の問いに答えなさい。**

富 士 子　心臓といえば，この間の授業で，AED(自動体外式除細動器)について学んだよね。

ふじじか　意識のない人のところにすぐに持っていけるように，病院や学校はもちろん，駅やコンビニにも設置されるようになったんだって。でも私，使い方がよく分からないなぁ…。

富 士 子　一緒に調べてみようか。どうやらAEDの機械の中には，心臓に電気ショックを与えたり，心臓の拍動を確認するためのパッドが２枚入っているみたい。

ふじじか　うーん…。心臓をこの２枚のパッドで挟むように貼ればいいのかな？

富 士 子　ちがうみたい。パッドは心臓のないところに貼ってくださいって書いてあるわ。肺の上部で，心臓の右心房側の胸部の上側に１枚貼って，もう１枚はさっき貼ったところとは左右逆の腹部に貼るみたい。あと，AEDと心臓マッサージを交互にくり返す必要もあるんだって。

ふじじか　心臓って胸の左側にあるんだよね。心臓を強く圧迫する心臓マッサージなら私にもできそう！

富 士 子　ちょっと待って！　心臓があるのは胸の中央部だよ。大動脈につながる心臓の（ A ）の筋肉がとても発達しているから，心臓が左胸側にあるってかんちがいしている人が多いけれど，心臓があるのは肋骨(アバラ骨)の分かれ目にある小さな骨のあるところから，指３本分くらい上あたりだよ。

ふじじか　私，心臓の位置を間ちがえて覚えていたみたい。富士子ちゃんといっしょに確認できて良かった！

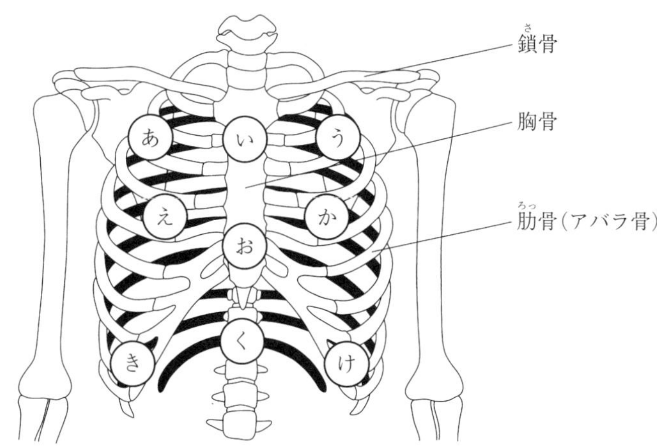

図１　正面から見たヒトの胸部と腹部

問１　文中の(A)に入る心臓の部位(部屋の名称)を書きなさい。

問２　AED(自動体外式除細動器)のパッドを貼る位置を図１の中から２つ選び，記号で答えなさい。

問３　心臓マッサージのときに心臓を強く圧迫する位置を図１の中から選び，記号で答えなさい。

問４　図２は，せきつい動物のうち，魚類と両生類以外の，ホニュウ類・鳥類・ハチュウ類の３つのグ

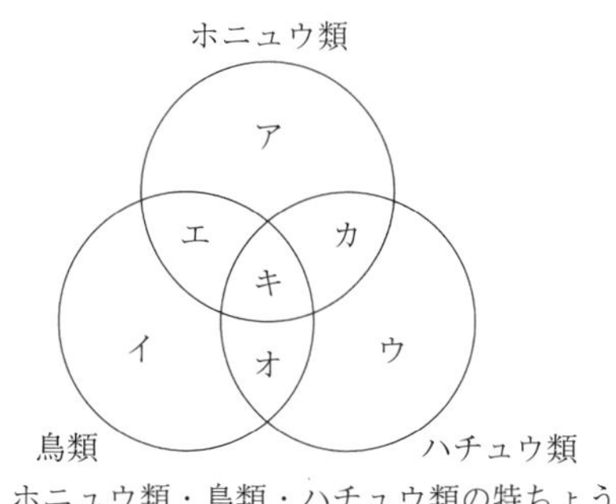

図２　ホニュウ類・鳥類・ハチュウ類の特ちょう

ループの特ちょうをまとめたものです。1つの円の内側がその分類の特ちょうをあらわし，円が重なるところは，両方に共通した特ちょうです。エ・オ・カにあてはまる特ちょうをそれぞれ次から選び，番号で答えなさい。

① こう温動物である　② 変温動物である
③ 歯がある　④ 肺呼吸をおこなう
⑤ エラ呼吸をする　⑥ 皮ふ呼吸をする
⑦ 体表が羽毛でおおわれている　⑧ 体表が毛でおおわれている
⑨ カラのある卵を陸上にうむ　⑩ カラのない卵を陸上にうむ

せきつい動物は進化するにつれて，心臓はより効率よく酸素を全身に運搬(うんぱん)できるつくりに変化しました。図3はせきつい動物のうち，魚類と鳥類以外の，両生類・ハチュウ類・ホニュウ類の3つのグループの心臓の模式図です。

血液にふくまれる赤血球は，肺で酸素と結びつき，全身に運ばれた先で酸素を放すことで酸素を運搬します。いずれの動物も，肺から心臓にもどってくる動脈血では赤血球の95％が酸素と結びついており，全身から心臓にもどってくる静脈血では赤血球の30％が酸素と結合しているものとして，以下の問いに答えなさい。ただし，全身から心臓にもどってくる血液と，肺から心臓にもどってくる血液の体積は等しいものとします。また，答えが割り切れない場合は，小数第2位を四捨五入して小数第1位までで答えなさい。

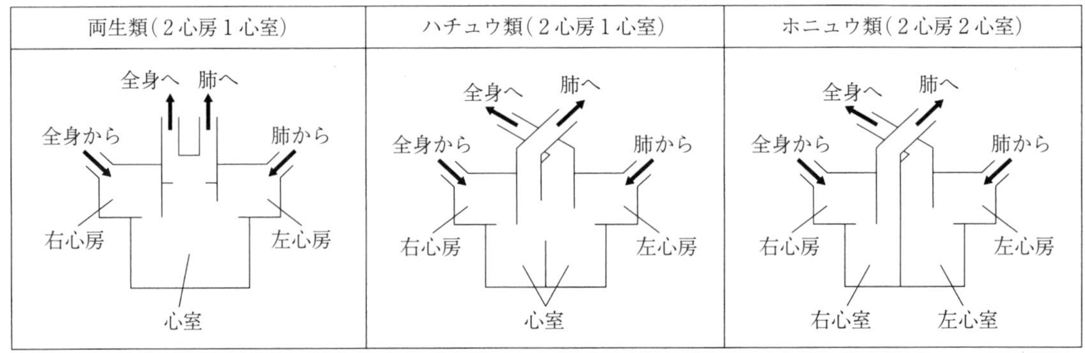

図3　両生類・ハチュウ類・ホニュウ類の心臓の模式図

問5　ホニュウ類では，全身で酸素を放した赤血球は，大動脈を通った全ての赤血球のうちの何％ですか。

問6　両生類の成体では，動脈血と静脈血が心室で混ざってしまいます。完全に混ざり合うものとすると，大動脈を通る赤血球のうち，何％が酸素と結びついていますか。

問7　両生類の成体では，動脈血と静脈血が心室で混ざってしまうため，ホニュウ類と比べて酸素を運搬する効率が悪くなりますが，両生類の成体には，ホニュウ類に比べて呼吸器として機能の高い部分があります。それはからだのどの部分か答えなさい。

問8　ハチュウ類も両生類の成体と同じく心臓のつくりが2心房1心室ですが，心室の中央には部分的に壁(かべ)があるので，両生類と比べると動脈血と静脈血が混ざりにくくなっています。いま，大静脈から心室に入った血液は大動脈と肺動脈に1：4の割合で出ていき，肺静脈から心室に入った血液は大動脈と肺動脈に4：1の割合で出ていくものとすると，大動脈を通る赤血球のうち，何％が酸素と結びついていますか。

3　**次の文章を読み，以下の問いに答えなさい。**

［実験1］　濃度が10%の4種類の水よう液，水酸化ナトリウム水よう液，塩酸，砂糖水，食塩水がそれぞれ150gずつビーカーに入っています。これらの水よう液に電流が流れるかどうかを調べるための実験装置を組み立て，豆電球の様子を調べました。

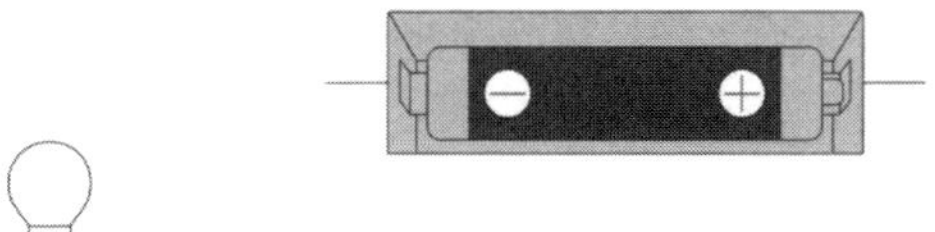

問1　右図の部品(豆電球，電池，電極と水よう液が入っているビーカー)を導線で結び，この実験を行うための装置を完成させなさい。

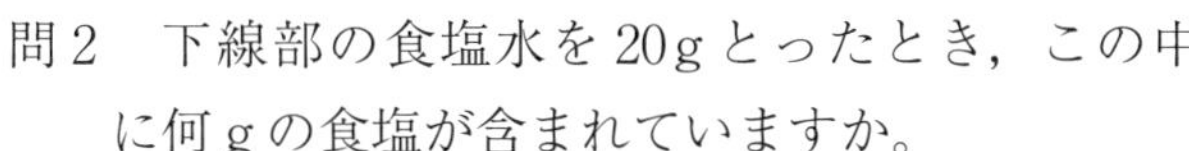

問2　下線部の食塩水を20gとったとき，この中に何gの食塩が含まれていますか。

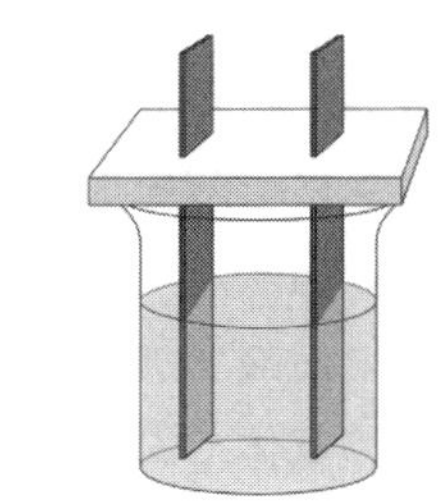

［実験2］　［実験1］で，水酸化ナトリウム水よう液，塩酸，食塩水は電流が流れ，電極のまわりに小さな泡が観察されました。また，この小さな泡は気体であり，これら3つの水よう液のすべての電極で観察されました。

そこで，これらの気体を集めその性質を調べるために，図1の装置を準備しました。

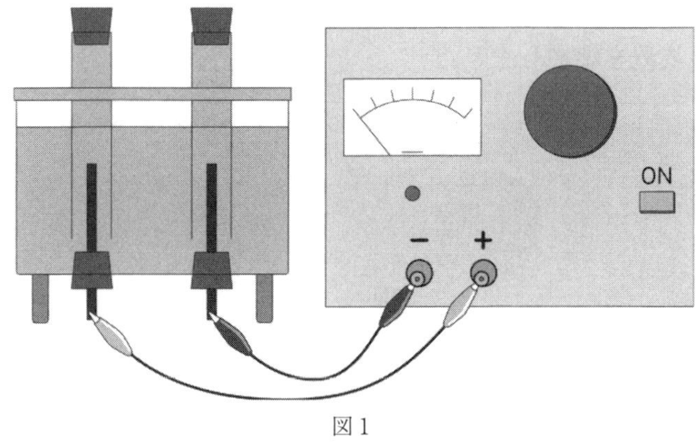

図1

図1の右側の装置は電源装置といい，電池と同じように電流を供給することができ，つまみを動かすと電流の大きさを変えることができます。左側の装置は，電極で発生した気体を集められるように，2本の管が電極の上についています。これら3種類の水よう液に，約0.2Aで，3分間，電流を流し気体を集め性質を調べたところ，次の表のようになりました。

ただし，0.2AのAは電流の大きさを表す単位でアンペアと読みます。

水よう液	電極	気体	発生量	発生した気体の性質
水酸化ナトリウム水よう液	−	**気体A**	多	試験管内で点火すると音をたてて燃える
水酸化ナトリウム水よう液	＋	**気体B**	中	火のついた線香が明るく燃える
塩酸	−	**気体A**	多	試験管内で点火すると音をたてて燃える
塩酸	＋	**気体C**	少	プールや漂白剤のにおいがする
食塩水	−	**気体A**	多	試験管内で点火すると音をたてて燃える
食塩水	＋	**気体C**	少	プールや漂白剤のにおいがする

電源装置の−に接続された電極を−，電源装置の＋に接続された電極を＋とした。

問３　これらの水よう液から発生する気体は，**気体Ａ**，**気体Ｂ**，**気体Ｃ**の３種類と考えられます。塩酸，食塩水から発生した**気体Ｃ**の名称を答えなさい。

問４　**気体Ｂ**を発生させる方法はどれですか。次の中から１つ選び，記号で答えなさい。

ア．石灰石に塩酸を加える。

イ．鉄に塩酸を加える。

ウ．塩化アンモニウムに水酸化カルシウムを加えて加熱する。

エ．二酸化マンガンに過酸化水素水を加える。

オ．銅に塩酸を加える。

問５　**気体Ａ**について，<u>誤っているもの</u>はどれですか。次の中から１つ選び，記号で答えなさい。

ア．空気より軽い。

イ．マグネシウムに塩酸を加えると発生する。

ウ．**気体Ａ**にこい塩酸がついたガラス棒を近づけると白い煙が生じる。

エ．亜鉛にうすい硫酸を加えると発生する。

オ．無色，無臭の気体である。

［実験３］［実験２］をしているときに，電極から発生する気体は，同じ時間でも水よう液ごとに発生量が異なり，時間とともに増えていくことに気づきました。

そこで，電流を流す時間と発生する気体の体積がどのような関係にあるかを調べるために，図１の装置に，電流計をつけ図２の装置を準備しました。

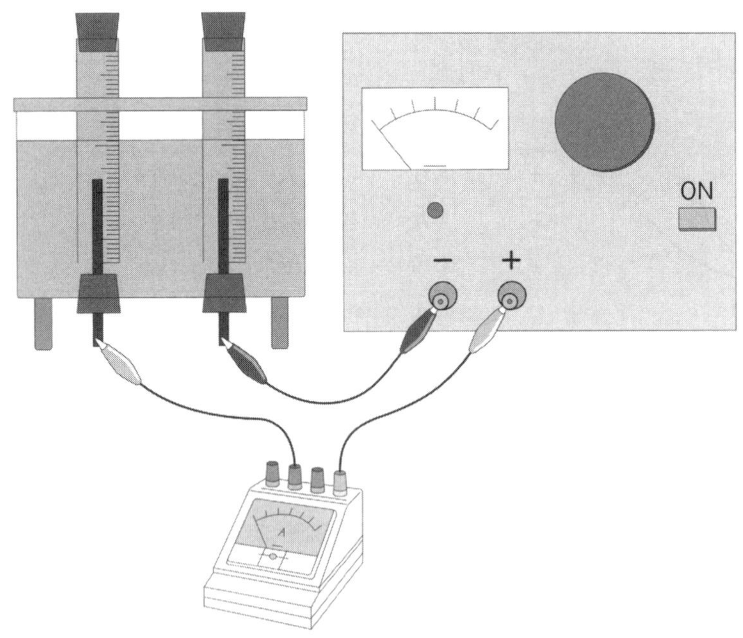

図２

この装置は，電極で発生した気体の体積を測定できるように，２本の管に目盛りがついています。10％の水酸化ナトリウム水よう液に，電流を0.10Ａに保って流し，50秒ごとに発生した気体の体積を測定したところ，右上の表のようになりました。

電流を流した時間(秒)	50	100	150	200	250	300
気体Ａの発生量(mL)	0.6	1.2	1.8	2.4	3.0	3.6
気体Ｂの発生量(mL)	0.3	0.6	0.9	1.2	1.5	1.8

問６　**気体Ａ**について，横軸(じく)に時間(秒)，縦軸に気体の発生量(mL)をとり，グラフを書きなさい。

問７　10％の水酸化ナトリウム水よう液に，0.10Ａで電流を流したところ発生した**気体Ａ**の体積は5.4mLでした。電流を流した時間は何秒ですか。

［実験４］［実験２］と［実験３］をしているときに，同じ時間でも電流の大きさを変えると，電極から発生する気体の発生量が変わることに気づきました。

そこで，これらの気体の体積が電流の大きさとどのような関係にあるかを調べるために，10％の水酸化ナトリウム水よう液に，電流の大きさをそれぞれ0.10Ａ，0.20Ａ，0.30Ａ，0.40Ａに保ち，150秒間電流を流し発生した気体の体積を測定したところ，下の表のようになりました。

電流(Ａ)	0.10	0.20	0.30	0.40
気体Ａの発生量(mL)	1.8	3.6	5.4	7.2
気体Ｂの発生量(mL)	0.9	1.8	2.7	3.6

問８　10％の水酸化ナトリウム水よう液に，350秒間電流を流したときに，**気体Ｂ**は12.6mL発生しました。電流の大きさは何Ａ(アンペア)ですか。

4　音に関する以下の問いに答えなさい。

Ⅰ　図１のように，フラスコの中に少量の水と沸(ふっ)とう石を入れ，ゴムせんに鈴(すず)を取り付けたものを用意しました。この状態でフラスコを左右に振(ふ)って鈴を鳴らすと(1)鈴の音が聞こえました。つづいて，コックを開いた状態で，ガスバーナーでフラスコ内の水を加熱したところ，やがて(2)ガラス管からは白い煙(けむり)のようなものが発生しました。白い煙のようなものがガラス管から出ている状態でコックを閉じ，ガスバーナーでの加熱をやめて，十分時間がたったのちにフラスコを左右に振って鈴を鳴らすと今度は(3)鈴の音が聞こえませんでした。

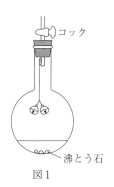

図１

問１　下線部(1)で鈴の音が聞こえるのはフラスコ内に何があるからですか。漢字２文字で答えなさい。

問２　下線部(2)にある“白い煙のようなもの”は何ですか。

問３　下線部(3)のように，鈴の音が聞こえなくなったのはなぜですか。理由を説明しなさい。

Ⅱ　様々な音をグラフに表すと，図２のように波で表すことができます。図の(A)～(D)のグラフで縦軸(じく)は波の振(ふ)れ幅を横軸は時間を表しています。すべてのグラフで縦軸および横軸の目盛り間隔(かく)は等しいものとします。

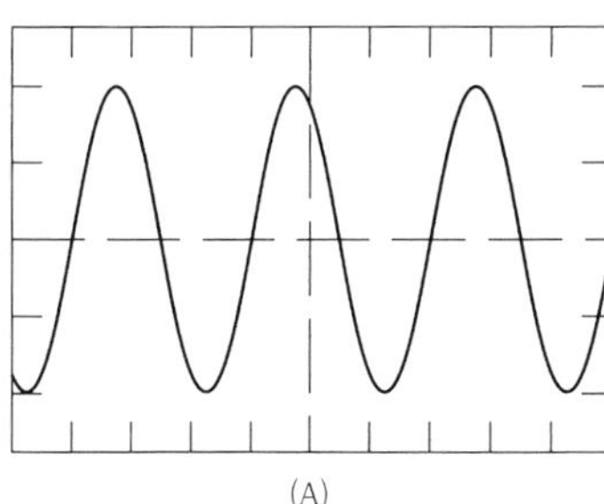
(A)

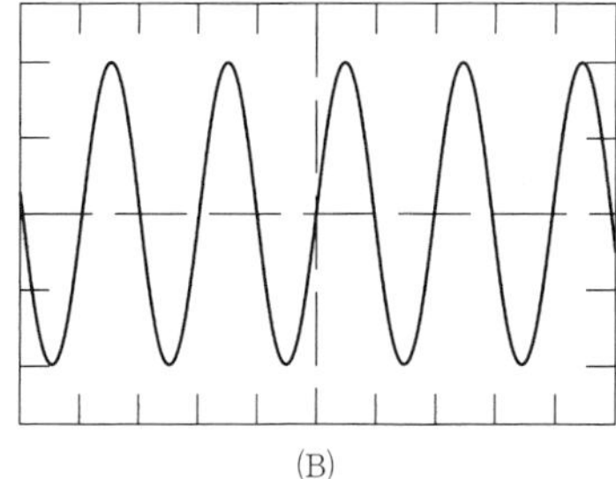
(B)

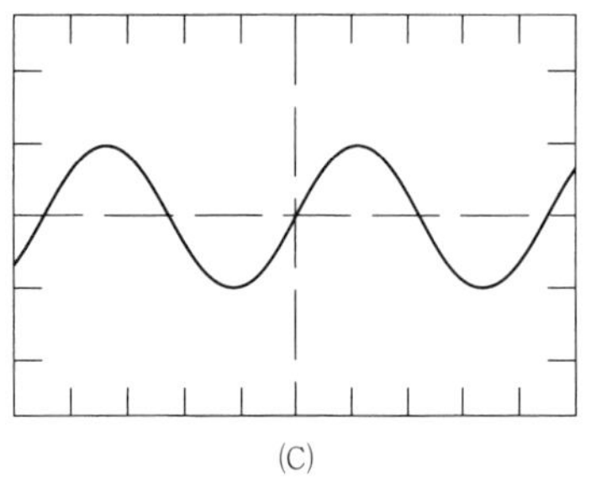
(C)

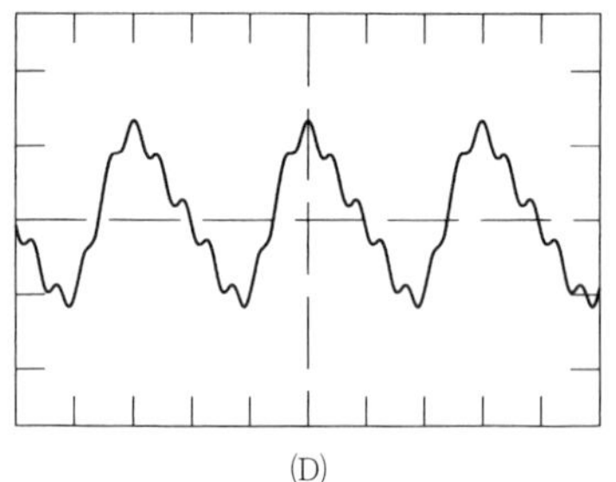
(D)

図２

問４　最も小さい音はどれですか。図の(A)～(D)の記号で答えなさい。

問５　最も高い音はどれですか。図の(A)～(D)の記号で答えなさい。

Ⅲ　音源は振動(しん)することによって１秒間にある決まった数の波を出すことが知られています。Ⅱのように一定時間内に含まれる波の数によって音は高く聞こえたり，低く聞こえたりします。音源や観測者が運動することによって，本来の音源の音よりも音が高く聞こえたり，低く聞こえたりする現象をドップラー効果と呼びます。日常生活においては救急車のサイレンの音が変化して聞こえるのが，このドップラー効果です。この現象は音源が音を発している時間に対して，観測者が音を聞く時間が短い場合，音源が１秒間に出した波の数よりも観測者が１秒間に受け取る波の数が多くなり音は高く聞こえることになります。逆に音源が音を発している時間に対して，観測者が音を聞く時間が長い場合には，音源が１秒間に出した波の数よりも観測者が１秒間に受け取る波の数が少なくなるので音は低く聞こえることになります。

図３のように救急車が毎秒 20ｍ で観測者に向かって運動しています。この救急車は観測者から 680ｍ 離(はな)れた地点を通過した瞬(しゅん)間から，10秒間サイレンを鳴らしました。以下の問題では音の速さを毎時 340ｍ とします。また，答えが割り切れない場合には小数第２位を四捨五入して，小数第１位までで答えなさい。

図３

問６　観測者がサイレンの音を聞き始めたのは，サイレンが鳴り始めて何秒後ですか。

問７　サイレンが鳴り終わった瞬間の救急車と観測者の距離(きょり)は何ｍですか。

問８　観測者がサイレンの音を聞いている時間は何秒間ですか。

問９　観測者が聞くサイレンの音の高さは，本来のサイレンの音の高さと比べてどう聞こえますか。簡単に説明しなさい。

なものを次の中から選び、記号で答えなさい。

ア　B　わずらわしさ　C　腹立たしさ

イ　B　もどかしさ　C　腹立たしさ

ウ　B　わずらわしさ　C　悔しさ

エ　B　もどかしさ　C　悔しさ

問８　――⑥「母さんは、父さんを探している」とはどういうことか。四十五字以内で説明しなさい。

問９　本文から読み取れる広一の性格として最も適切なものを次の中から選び、記号で答えなさい。

ア　何をするにもいつも無気力であり、家族を含む自分以外の人間にあまり興味を抱かない性格。

イ　自分の思い通りにならない両親に振り回されてきた影響で、何事も否定的に考えてしまう性格。

ウ　本当はわがままな母親から離れたいが、唯一の肉親を捨てられないでいる優柔不断な性格。

エ　同年代の中では大人びていると思っているが、家族に関することにはクールに徹しきれない性格。

に笑っている。片手にテナー・サックス。くちひげとほおひげをはやし、細めた目がとても若い。年齢不詳のダンディー。でも、この時は確か、もう四十を超えていたっけ。

　俺は今、父の写真などを見ると、申し訳なく、気恥ずかしく、妙に後ろめたい心持ちになる。母さんを守ってやれなかった、と、どうしても思ってしまうのだ。

　母さんは、夫の死後、二年目にして、新しい恋人をつくった。それが、早過ぎるかどうかはどうでもいいんだ。だって〝時効〟なんて誰にもつくれやしないだろ。俺はむろん平気じゃなかった。小学生だったし、腹もたったが、なにしろ本音はびくびくしていた。これ以上、どんな不幸がやってくるのかと思った。父ばかりか母までが、俺の手の届かないどこかへ行ってしまう気がした。

　でも、母さんは堂々としていた。明るくてちっともこそこそしていなかったし、バンドのドラマーの彼氏は、すごく素敵な人だった。母さんより二つ年下だったけど、やはりヒゲをはやしていて、父さんの仲間で、父さんを尊敬していた。母さんは、結婚したい、と言った。俺は、いいね、と答えた。でも、二人の仲はわりとあっけなくこわれた。

　それからも、母さんは、何人かの恋人をつくり、いつも家に連れてきては、嬉しそうに俺に紹介した。二度、婚約した。そして、決まって、喧嘩別れ。

　母さんはわがままで、〝ええかっこしい〟だ。でも、俺は気づいてしまった。母さんの恋人には必ず二つの共通点があることに。一つ、音楽家。一つ、渋いハンサム。

　⑥母さんは、父さんを探している。

（佐藤多佳子『サマータイム』より）

※メランコリー…憂鬱。

※晴雨計…気圧計の別名。気圧を測定する器具。

問1　――①「陳腐な洒落のように」とあるが、何が「陳腐な洒落のよう」なのか。三十五字以内で説明しなさい。

問2　――②「そんな話」とはどのような内容の話だと考えられるか。二十字以内で答えなさい。

問3　――③「将を射んと欲すれば」は、「将を射んと欲すればまず馬を射よ」ということわざを省略したものだが、ここで「将」と「馬」に当たるのは誰か。それぞれ適切なものを次の中から選び、記号で答えなさい。

ア　広一　イ　母　ウ　父　エ　おじいちゃん
オ　種田さん　カ　バンドのドラマーの彼氏

問4　――④「さりげなく会話の雰囲気を変えようとした」とあるが、それはなぜか。最も適切なものを次の中から選び、記号で答えなさい。

ア　母さんの恋人の話が深刻な方向にいくのを避けたかったから。
イ　自分の知識の広さを母さんに認めてもらいたかったから。
ウ　母さんが恋人へのいら立ちを自分にぶつけるのが嫌だったから。
エ　母さんに「かわいげない」と言われて傷ついたから。

問5　空欄 A には「一家の中心となる人」という意味の三字熟語が入る。その三字熟語を漢字で答えなさい。

問6　――⑤「そう思わないと、今がツライ」とあるがどういうことか。それを説明した次の文の空欄を、二十五字以内で埋めなさい。

［　　　　］と思わないと、今の生活がつらすぎるということ。

問7　空欄 B ・ C に当てはまる語の組み合わせとして最も適切

「えっ？　何？　もう、②そんな話、出るの？」

俺たちは、真顔で見つめあった。長身で独身で癖っぽい美人で、ちょいとマイナーなジャズ・ピアニストの母親は、心底、憂鬱そうにため息をついた。

「違うわよ。バカだね。あの人は、いつだって、あんたに会いたがるじゃないの」

口調がいつになくトゲトゲしていた。

「ただのゴキゲン取りさ。③将を射んと欲すればって奴じゃないの。二人で会いなよ。俺、恋人の息子役ってキライ」

「かわいげないね」

「だって、もう、バイクの免許が取れる年だよ」

俺は④さりげなく会話の雰囲気を変えようとしたが、母親は乗ってこなかった。それどころか、いつになく哀願するように声を湿らせる。

「ねえ、広一。お願いだから」

オネガイダカラ——男は女のこの台詞にめっぽう弱い（そうだ）。でも、俺は男だけど、彼氏じゃなくて息子なんだ。何も泣き落としにかけなくてもいいじゃないか。その辺のケジメはつけてほしい。

「二人きりになるのはイヤなのよ」

じゃ、なんで、家になんか呼ぶんだよ！　俺はその言葉を飲み込んだ。まったく！　水もなしで、巨大な錠剤を一気に飲むようなもんさ。

「わかったよ」

「うん、ゴメン。よろしくね」

結局、母さんは思い通りにする。いつだってそうだ。一度、パターンが定着すると、それをぶちこわすには、すごいパワーが必要だ。今、俺はダルくて、パワー不足、ガス欠だ。

俺はぼんやりと、パターンのことを考えた。昔はどうだったんだろう。ガキの頃。まだ、父さんが生きていて、三人家族だった頃、いったい、誰の言葉が家の中で一番、力があったっけな。——だめだ。うまく思い出せない。イメージが弱いんだ。そんなに昔々のことじゃないのにな。

父さんが自動車事故で死んでからまだ七年しかたっていない。運転手の父さんは即死、助手席の俺は左腕をつぶされ、以来、義手をつけた生活。〝大惨事〟だ。母さんにとっても俺にとっても、あの事故は、太くて真っ黒の恐ろしい直線のようだ。人生が真っぷたつに分けられる。それ以前とそれ以後。

母さんも俺も、〝それ以前〟が、相当にキツかったもんだから、あんまり〝それ以後〟の思い出に涙する暇がなかった。母さんはプロのピアニストとして家の［A］をめざし、俺は片手の生活に自分を慣らす。俺は、わずか十六年の〝駆け出し〟だが、すでに二つの人生を生きてきた気がする。大袈裟かな。でも、⑤そう思わないと、今がツライ。あれはあれ、これはこれ、たぶん、俺は年にしては、いやらしくクールに育っているんだ。

俺は自分の部屋に行き、机の引き出しから父さんの写真を引っ張り出した。三人で住んでいた家を引っ越して以来、母さんは一度も死んだ夫の写真を飾っていなかった。俺もそれにならった。暗黙の了解というわけ。

薄情者の母子なのではない。たぶん、俺たちは、写真立ての中に閉じ込められた父さんの姿を見たくなかったのだと思う。写真はどれも父さんによく似た別人だった。ちがう、と思う。それでも、その違いは説明のしようもなく、生身の父さんを頭の中に呼び返してみては、［B］、［C］に息がつまった。

手元の写真の父。バンドの仲間に囲まれてなんとも気持ち良さそう

て答えなさい。

問10 ――⑥「無関心は最大の敵」とありますが、どのような意味ですか。最も適切なものを次の中から選び、記号で答えなさい。

ア 人間の暮らしがよくなっていく一方で、同じ地球に生きる仲間である動物や人間が苦しんだり悲しんだりしていることを知ろうとしない人は人類の敵だということ。

イ 現代がグローバル化の進む世界であることを知らず、また野生動物や別の立場の人間が困っていることがわからない人は誰からも仲間だと認められないということ。

ウ 今、世界でどのような問題が起こっているのかを知ろうとしないでいるのは、それらの問題を解決する上では一番のさまたげになるのだということ。

エ 貧しい人々の暮らしやすみかを追われた動物の現状を知らないでいた人は、事態に関係なく生きていられるのだということ。

三 次の文章を読み、あとの問いに答えなさい。

九月はキライだ。とにかく憂鬱で、もう、うんざりの頂点の季節じゃないかと俺は思うよ。長い休みの終わり、さらにさらに長い新学期の始まり、休みに慣れた頭と体を学校用に調整するのも大変だが、今、俺を悩ませているのは、何といっても、胸の奥のこのダルさだった。だるいんだ。強烈な残暑。夏がじりじりと火葬されていくみたいな不吉な日差し。一転して、雨。終わりがないような九月の雨。

ダルいの、タルいのって言っても、別に病気じゃない。誰にも同情してもらえない類のちょっとした※メランコリーさ。ここンとこの俺は、まるで※晴雨計のように微妙に機嫌が切り替わる。

そういえば、昔、おじいちゃんの家に、天気によって色の変わる猫のおもちゃがあったな。あんな風に俺も皮膚の色が変わるといいのに。雨の日はピンクに、晴れの日は水色に。あれ？ 逆だったっけな？ 曇りの日つまり、地の色は、確か灰色がかった紫だった。小さくて、ありふれたスタイルで、どことなくメランコリックな顔つきをした猫だ。あいつをもう一度見たいな。どうせなら、生きている奴がいい。灰紫のお天気猫チャン。

雨の音がピアノの音色の中に溶けていく。昨日も雨。おとといも雨。猫は毎日ピンク。当分はぐずついたお天気が続くでしょうと、天気予報のおじいさんがテレビで言っていた。九月の長雨。そして、母さんは、語呂合わせのように、①陳腐な洒落のように、スタンダード・ナンバーを愛用のグランド・ピアノで弾くのだった。『セプテンバー・イン・ザ・レイン』――九月の雨。

「広一」

ピアノの音がとぎれ、居間のガラス戸ごしに雨を見ていた俺の脇に、いつのまにか、母さんがふらりと立っていた。

「あたし、この週末は、家にいるんだけど、あんた、何か予定ってある？」

「ナイよ」

「ああ、そう」

母さんは口をすぼめ、眉をひそめ、お定まりの表情を作り出した。何か言いにくいことをしゃべる時の前触れだ。

「誰か来るの？」

俺は先手を打った。なにしろ勘の鋭い子供なもので。

「うん。種田さんがね。来たいって」

「いいよ。じゃ、俺、友達ンとこ、行くからさ」

とても物分かりの良い子供なのだ。

「だめよ。あんたがいなくっちゃ」

俺は一瞬、ドキリとした。

ウ 「植物油」「植物油脂」と書いてあるものの多くは、実はパーム油です。

エ 「見えない油」と呼ばれるゆえんです。

オ お菓子やカップラーメンの袋の裏側に印刷されている「原材料」の欄を読んでみましょう。

問5 ――③「野生動物を二重の意味で脅かしています」とありますが、「二重の意味」とは何ですか。最も適切なものを次の中から選び、記号で答えなさい。

ア 農園を開発することによって固有種が豊かに生息していた熱帯雨林が破壊されてしまうことと、国の発展のために産業を育てる一方で野生生物を守っていく必要があるという二つの難しい問題を、マレーシア政府がつきつけられてしまうこと。

イ もともと熱帯雨林があった場所に作られたプランテーションにゾウが入り込むことで人々に嫌われてしまうことと、その結果人々がゾウを憎み、プランテーションの中にわなをしかけてゾウを毒殺するようなことが起きてしまうこと。

ウ マレーシア政府がアブラヤシからとれるパーム油を人々に作らせるようにしたことで、経済的な発展を得たことと、ボルネオ島にあった熱帯雨林が失われて、そこに生息していた「固有種」が生きられなくなって数を減らしてしまうこと。

エ プランテーションを作ることで熱帯雨林が破壊され、そこに生息していた野生動物がすみかを失うことと、プランテーションで育てているアブラヤシを野生動物が食べてしまうことで人間の活動にじゃまだとみなされて駆除されること。

問6 ――④「どうすれば解決するか」とありますが、それに対する本文中の答えとして適切なものは1、まちがっているものは2と答えなさい。

ア 経済活動を活発にすることを目的としてパーム油に関するルールを定め、ルールを守っている油かどうか消費者が選択できるようにする。

イ 様々な加工食品に対してパーム油を使っていた場合に必ず表示するというルールを作って、先進国の人々がパーム油を買うか買わないか選択できるようにする。

ウ 誰でも気軽に寄付できる仕組みを作って、集まったお金を野生動物の保護のために使ったり、パーム油に関する様々な問題を知ってもらう取り組みをしたりする。

エ 現在世界中で流通している安価なパーム油をやめて全体の値段をあげ、プランテーションで働いている貧しい人々が失業するのをふせげるようにする。

問7 空欄[a]に当てはまる言葉を漢字一字で答えなさい。[a]は「綱」と合わせて「生きていくためにはなくてはならない、頼りにするもの」という意味の言葉が入ります。

問8 ――⑤「持続可能なパーム油のための円卓会議（RSPO）」で行っていることとして本文中で書かれていることは何ですか。最も適切なものを次の中から選び、記号で答えなさい。

ア 自然保護をめざす団体だけでなく、様々な立場の人がかかわって、パーム油に関するルールを定めること。

イ RSPOで発行したシールを貼っているパーム油の方がそうでないものより利益を生むようにすること。

ウ ゾウの一時避難所を建設したり、子どもや不法移民を低賃金で働かせたりしないように呼びかけること。

エ 野生動物を守っていくための寄付を世界中でつのり、現地を訪ねて理解を深めるツアーを企画すること。

問9 空欄[b]に当てはまる語句を本文中から漢字二字でぬき出し

です。

（元村有希子『カガク力を強くする！』より）

問1　空欄（くうらん）[A]～[D]にそれぞれ当てはまることばとして最も適切なものをあとの中から選び、記号で答えなさい。

[A]
ア　つけ　イ　走らせ　ウ　とめ　エ　配っ

[B]
ア　はずれる　イ　とられる
ウ　とまどう　エ　おちいる

[C]
ア　おぎなわれ　イ　あしらわれ
ウ　まかなわれ　エ　あらわされ

[D]
ア　決める　イ　食う　ウ　明かす　エ　外す

問2　――①「狙いは当たりました」について、(1)狙いとは何ですか。また(2)なぜ狙いは当たったのですか。(1)は十五字以内で答え、(2)はそれを説明した次の文の空欄を、三十字以内で埋（う）めなさい。

世界の人口が増えるにつれ油の消費が増え、[　　　　]から。

問3　――②「環境破壊の問題と社会的な問題が同時に起きています」とありますが、その内容の説明として最も適切なものを次の中から選び、記号で答えなさい。

ア　パーム油の生産を少数の国が独占（どくせん）し、その一方で経済的に苦しい人が農園で働かざるをえなくなった。
イ　道路沿いにたくさんの農園ができたが、ひっきりなしにタンクローリーが往来するようになった。
ウ　地元の人々はパーム油でたくさんお金をかせげるようになったが、熱帯雨林は失われてしまった。
エ　多様な動物が暮らす熱帯雨林は失われ、幼い子どもや貧しい移民が農園の働き手になった。

問4　空欄[X]に入る文章は、次の④の文を入れて全部で六文からできています。あとのア～オを正しい順序に並べかえ①～③・⑤⑥に当てはまるよう記号で答えなさい。

①　←　②　←　③　←　④　赤ちゃんが飲む粉ミルク、みんなが好きなチョコレートやドーナツ、フライドポテトやハンバーガーなどのファストフード、お弁当にはいっている冷凍（れいとう）食品、食べ物以外ではシャンプーやリンスや石けんなどにもパーム油は使われています。
←　⑤　←　⑥

ア　日々の料理に使うサラダ油やオリーブ油などとは違（ちが）い、加工製品に使われることが多いため、消費者である私たちからは見えにくいのです。
イ　「パーム油？　聞いたことないよ」という人も多いでしょう。

山動物園のほか全国二〇〇カ所に設置しています。私たちはジュースを定価で買うだけ。自動的に売り上げの一部が寄付に回されます。

私がボルネオ島を訪ねた時、サバ州の熱帯雨林にボルネオゾウのレスキューセンターが完成しました。一〇コースの五〇メートルプールほどの広さがある、ひょうたん型のパドック（放牧場）では、メスのゾウが一頭、餌を食べていました。この施設は、プランテーションに迷い込むなどトラブルを起こしたゾウを一時的に保護し、けがなどを治したあと、安心して過ごせる場所に移動させるための「ゾウの一時避難所」です。

約四八〇〇万円の建設費用は、日本からの寄付金で［C］ました。設計は旭山動物園が担当し、地元の旭川市も一〇〇〇万円を寄付しました。キリンビバレッジは自動販売機を通して広く寄付金を集め、現地で発生するさまざまな手続きや建設作業は、大成建設と現地の子会社が担当しました。

地元・サバ州のアンブ野生生物局長は「経済発展も大切だけれど、自然を守ることはそれ以上に大切です。ここにくれば必ずボルネオゾウに会えるので、観光客も来るでしょう。子どもたちを連れてきて、熱帯雨林でいま何が起きているかを知ってもらうことも必要です」と話してくれました。

旭山動物園の坂東園長は「毎年一〇〇万人以上の人たちが旭山に来てくれる。ボルネオからやってきたオランウータンを見て「かわいいね」と喜んだ後は、彼らのふるさとが大変なことになっているということも知ってほしい」と言います。二〇一八年には、この活動が全国六カ所の動物園に広がりました。

パーム油を原料にさまざまな洗剤を作って四〇年になるメーカーのサラヤ（大阪市）も、恩返しプロジェクトに参加しています。

更家悠介社長は二〇〇四年、ボルネオの現状を、テレビ番組のインタビューで偶然知りました。「手に優しい」「合成洗剤と違って環境を汚さない」と宣伝し、自信を持っていた製品の原料が、野生生物を苦しめているなんて、と愕然としました。パーム油を使った商品の売上げの一％（年間約一五〇〇万円）をボルネオの森林保護のために寄付し、洗剤を買った人たちに呼びかけてボルネオを訪ねるツアーも毎年実施しています。さきほど紹介した「［b］パーム油」だけを使うようにするのはもちろんのことです。

「日本は昔から、家を建てるための木材や、自動車のタイヤの原料になるゴムをボルネオから輸入してきました。そして今はパーム油という恩恵を受けています。そんな歴史的な関係を振り返れば、恩返しするのは当然です」と、更家さんは話します。

人間だけの都合で自然を壊していけば、必ず人間がしっぺ返しを［D］。そうでなくても、健やかな形で地球を子孫に残すのは、今を生きる人間たちの義務なのです。「野生生物のふるさとを守りたい」という日本の人たちの思いが、少しずつ形になり始めました。

「そんなこと、教科書に載ってないし知らなかった」と思ったあなた。知ることができてよかったと思います。私自身も取材を始めるまで、パーム油という油の存在や、その影響について知りませんでした。

実態を勉強し、問題意識を持ってボルネオ島を実際に訪ね、人々の話を聞いて初めて、事態の深刻さを知りました。自分にできることは何かと考え、この事実を記事として伝えるほか、学校の授業や講演で紹介しています。

人間の暮らしをよりよくするための行動が、地球に負荷を与えたり、同じように生きる仲間である動物を犠牲にしたり、あるいはどこかで悲しむ人間を増やしている。グローバル化していく世界では、同じようなことがさらに増えていくでしょう。簡単には答えは出ませんが、まずは知ることからしか始まりません。「⑥無関心は最大の敵」なの

に起きています。

熱帯雨林が失われたことにより、貴重な野生生物やジャングルが守っていた生物多様性は損なわれました。一度開発されると、大量の肥料の影響で土地がやせてしまうため、熱帯雨林の再生はきわめて難しいのです。また、豊かな自然とともにあったそれまでの暮らしも変わりました。国境を越えてやってきた貧しい移民の人たちが農園で働き始めました。戸籍がなく学校にも行かないこどもたちも含まれています。世界的に問題視されている児童労働が見過ごされている現実もあります。

X

最大の消費国は人口が急増しているインド。日本も年間七一万トン(二〇一七年)輸入しています。

パーム油の生産は、③野生動物を二重の意味で脅かしています。一つは、農園開発によって熱帯雨林が減っていること。さらに近年、農園にボルネオゾウが入り込み、好物のアブラヤシを食い荒らすため、人々は彼らを「害獣」として嫌うようになりました。二〇一三年一月には、一四頭ものゾウが集団で死んでいるのが見つかりました。毒殺とみられています。マレーシアはいま、国として発展するために産業を育てることと、野生生物を保護するという、相反する課題に直面しているのです。

この難しい課題は、決してマレーシアの人たちだけのものではありません。パーム油を購入している私たち一人一人に突きつけられた問題です。

④どうすれば解決するか。もっとも単純な答えは「パーム油をやめる」ことです。しかし、油脂は生きるのに必要な栄養です。大豆や菜種に比べて安いパーム油は、貧しい人たちにとっては「 a 綱」とも言えます。パーム油がなくなれば、栄養不足に B 人たちが増えるかもしれません。パーム油の生産現場で働いている人たちが失業してしまう事態も考えられます。

先進国の人々が、パーム油を使った商品を買わないようにするのはどうでしょう。現実的ではありません。あまりにも多くの加工食品にパーム油が使われているからです。だいいち、パーム油が使われていたとしても明示されていないことが多く、私たち消費者は、買うか買わないかの判断ができないのです。

そんな中、「野生生物に優しい農園で採れたパーム油だけを使おう」という運動も始まりました。二〇〇四年、「⑤持続可能なパーム油のための円卓会議(ＲＳＰＯ)」という国際的な話し合いが始まりました。プランテーションの経営者やパーム油に加工する製油会社、輸出業者、パーム油を使う食品メーカーなどの関係者に加えて、自然保護団体や法律の専門家、政府関係者など、いろんな立場の人が参加してルールを決めました。このルールを守って作られたパーム油は「認証油」と呼ばれます。

たとえば、ボルネオゾウやオランウータンが農園を横切らなくても熱帯雨林を移動できるよう、農園の敷地内に通り道を作ったり、幼い子どもや不法移民を低賃金で働かせたりしない農園などがＲＳＰＯの認証を受け、そこで採れたパーム油を使った製品には専用のシールを貼れるのです。価格は、そうでない商品より割高になってしまいますが、許容できる値段ならば、消費者がそちらを選ぶことによって、事態の悪化を防げるかもしれません。

野生生物保護のための行動も大切です。「寄付」です。自然保護団体に直接寄付するだけでなく、日本ではキリンビバレッジの協力で、ジュースなどを買うと料金の一部を寄付できる支援自動販売機を、旭

2023年度 富士見中学校

【国語】〈第二回試験〉（四五分）〈満点：一〇〇点〉

（注意）句読点等は字数に数えて解答してください。

一

次の傍線部のカタカナを漢字に直しなさい。

① 大きな音がしたので、イチモクサンに逃げ出した。
② シュウトクブツを駅員に預ける。
③ タイボウの夏休みがやってきた。
④ あの人はセイライの詩人だ。
⑤ 各地を回ってフキョウする。
⑥ 君のノホウズなふるまいにはうんざりしている。
⑦ ジキュウジソクの生活を送る。
⑧ コガイでの活動を好む。
⑨ 死後、シュキが発見された。
⑩ 絶好のコウラク日和だ。

二

次の文章を読み、あとの問いに答えなさい。（問題文に、一部省略があります）

ボルネオ島は赤道直下にある世界で三番目に大きい島です。隔絶された環境で生物は独自の進化をとげ、昆虫や両生類などにも固有種が多いのが特徴です。

北海道・旭山動物園の坂東元園長は飼育していたオランウータンの生まれ故郷であるボルネオを訪ね、以来、ボルネオの熱帯雨林保全に熱心に取り組んでいます。その活動の一環としてボルネオへの旅が企画された際、筆者も同行することになりました。

そこをすみかとするボルネオゾウやオランウータンが、熱帯雨林の伐採により、生存の危機に直面しています。伐採で増えているのがアブラヤシのプランテーション。アブラヤシの実や種からは、良質の油（パーム油）がたくさん採れます。マレーシア政府は一九六八年、ゴムや木材に代わってアブラヤシの栽培を奨励するようになりました。アブラヤシから採れるパーム油が「もうかる」と目を［A］たのです。

①狙いは当たりました。世界の人口が増えるにつれて、油の消費が増えました。先進国では肥満に悩む人たちを中心に、バターやラードなど動物性の油ではなく、「健康にいい」植物油が注目されるようになりました。

中でも、大豆油や菜種油に比べて値段が安いパーム油が人気を集めました。世界の生産量は、一九八〇年は四八〇万トンだったのが、二〇一七年には五八九〇万トンと、約四〇年間で一〇倍以上に増えました。現在、その八割以上がインドネシアとマレーシアで生産されています。

ボルネオ島内を車で走りました。繁華街を過ぎて三〇分もすれば、道路沿いはアブラヤシ農園になります。かつては、さまざまな木が生い茂る熱帯雨林だったのです。すれ違うトラックには、収穫したアブラヤシの実が山積みされていました。絞った後のパーム油を港へ運ぶタンクローリーも、ひっきりなしに往来していました。

地元の人々にとってアブラヤシは、手っ取り早くお金になる「金の卵」です。でもその一方で、②環境破壊の問題と社会的な問題が同時

2023年度

富士見中学校

▶解説と解答

算　数　＜第２回試験＞（45分）＜満点：100点＞

解　答

[1] (1) 6　(2) $\frac{2}{3}$　(3) 120円　(4) 8個　(5) 5回　(6) 72度　(7) 4.56cm　(8) 175.84cm^3　[2]〔A〕(1) 28cm　(2) 40cm　(3) 17段　〔B〕(1) 15：1　(2) 5 km　[3] (1) 25　(2) 49　(3) *A* 1　*B* 9　(4) 13　(5) 381　[4] (1) 3　(2) イ 0.4cm　ウ 2.8cm　(3) 1.6cm　(4) 168.96cm^2

解　説

[1] 逆算，比の性質，約数，平均，角度，長さ，体積

(1) 13＋14×２＝13＋28＝41，35－11＝24より，41－24÷□＝37，24÷□＝41－37＝４　よって，□＝24÷４＝６

(2) $3\frac{1}{3}\div0.8=\frac{10}{3}\div\frac{4}{5}=\frac{10}{3}\times\frac{5}{4}=\frac{25}{6}$より，$1-\left\{\frac{25}{6}-2\times\left(\frac{7}{8}-\square\right)\right\}\div5=\frac{1}{4}$，$\left\{\frac{25}{6}-2\times\left(\frac{7}{8}-\square\right)\right\}\div5=1-\frac{1}{4}=\frac{3}{4}$，$\frac{25}{6}-2\times\left(\frac{7}{8}-\square\right)=\frac{3}{4}\times5=\frac{15}{4}$，$2\times\left(\frac{7}{8}-\square\right)=\frac{25}{6}-\frac{15}{4}=\frac{50}{12}-\frac{45}{12}=\frac{5}{12}$，$\frac{7}{8}-\square=\frac{5}{12}\div2=\frac{5}{12}\times\frac{1}{2}=\frac{5}{24}$　よって，$\square=\frac{7}{8}-\frac{5}{24}=\frac{21}{24}-\frac{5}{24}=\frac{16}{24}=\frac{2}{3}$

(3) シュークリーム５個とケーキ２個の値段の比が６：５なので，シュークリーム１個とケーキ１個の値段の比は，（６÷５）：（５÷２）＝1.2：2.5＝12：25となる。この比の，25－12＝13にあたる金額が130円だから，比の１にあたる金額は，130÷13＝10(円)である。よって，シュークリーム１個の値段は，10×12＝120(円)とわかる。

(4) 60の約数は，{1，2，3，4，5，6，10，12，15，20，30，60}の12個ある。このうち，18の約数でもあるものは，{1，2，3，6}の４個だから，60の約数のうち18の約数でないものは，12－４＝８(個)ある。

(5) 次のテストで65点をとると，平均点は65点のままであり，次のテストで89点をとると，平均点は69点に上がる。２つの場合を比べると，合計点は，89点をとったときの方が，89－65＝24(点)高く，平均点は，89点をとったときの方が，69－65＝４(点)高い。(合計点)＝(平均点)×(テストの回数)より，平均点の４点の差がテストの回数分だけ集まったものが24点だから，次の回を含(ふく)めたテストの回数は，24÷４＝６(回)とわかる。よって，今まで受けている回数は，６－１＝５(回)である。

(6) 下の図１で，四角形ABCDは正方形だから，三角形ABCは直角二等辺三角形となり，角ACBの大きさは45度とわかる。よって，三角形PQCで内角と外角の関係より，角xの大きさは，27＋45＝72(度)と求められる。

(7) 下の図２で，㋐と㋑の部分の面積が等しいので，㋐と㋒を合わせた台形ABEDの面積と，㋑と㋒を合わせたおうぎ形DACの面積も等しくなる。おうぎ形DACの面積は，８×８×3.14÷４＝

50.24(cm²)なので，台形ABEDの面積も50.24cm²である。よって，DEの長さを□cmとすると，（８＋□）×８÷２＝50.24(cm²)と表せるから，８＋□＝50.24×２÷８＝12.56，□＝12.56－８＝4.56(cm)と求められる。

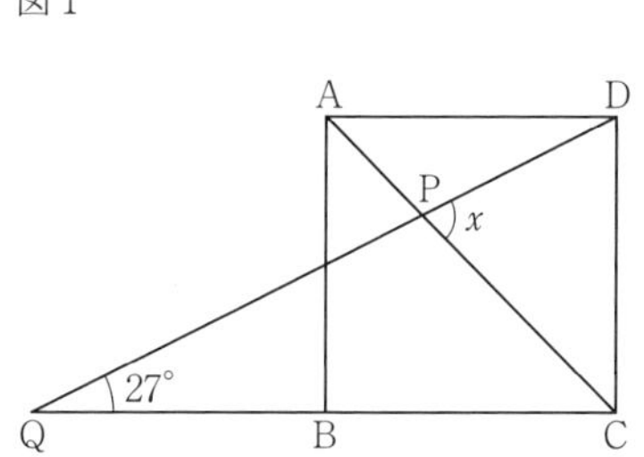

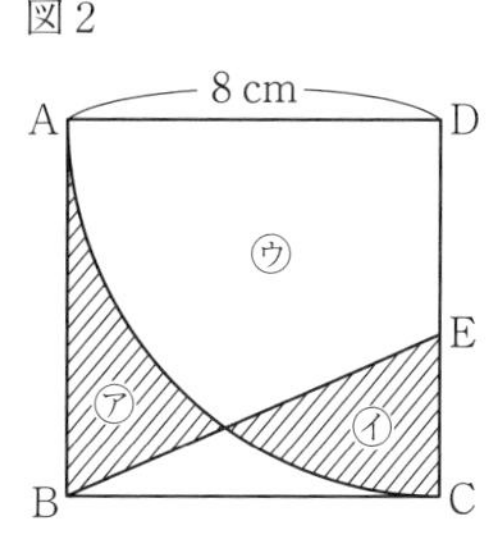

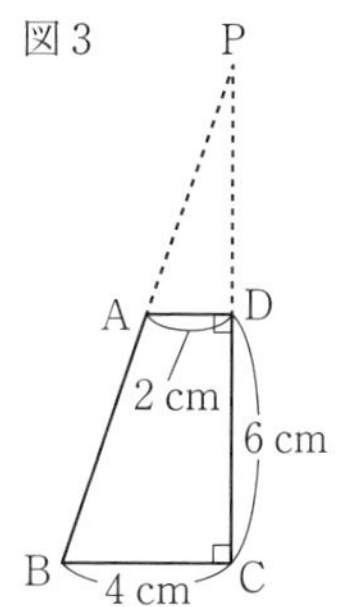

⑻　上の図３のように，BAとCDをのばした直線が交わる点をＰとすると，台形ABCDを直線 l の周りに１回転してできる立体は，三角形PBCを１回転してできる円すい㋐から，三角形PADを１回転してできる円すい㋑を除いた立体となる。三角形PADと三角形PBCは相似で，対応する辺の比は等しく，PD：PC＝AD：BC＝２：４＝１：２となるので，PD：DC＝１：（２－１）＝１：１である。よって，PD＝DC＝６cm，PC＝６＋６＝12(cm)だから，円すい㋐の体積は，４×４×3.14×12÷３＝64×3.14(cm³)，円すい㋑の体積は，２×２×3.14×６÷３＝８×3.14(cm³)となる。したがって，求める立体の体積は，64×3.14－８×3.14＝(64－８)×3.14＝56×3.14＝175.84(cm³)とわかる。

2 図形と規則，速さと比

〔Ａ〕 ⑴　周の長さを調べると，１段の図形は４cm，２段の図形は10cm，３段の図形は16cm，…と１段増えるごとに６cmずつ長くなることがわかる。よって，５段の図形の周の長さは，４＋６×（５－１）＝28(cm)となる。

⑵　正方形の個数は，１段の図形では，１＝１×１(個)，２段の図形では，１＋３＝４＝２×２(個)，３段の図形では，１＋３＋５＝９＝３×３(個)，…のように，□段の図形では(□×□)個になる。よって，49個の正方形でできる図形は，49＝７×７より，７段の図形だから，周の長さは，４＋６×（７－１）＝40(cm)と求められる。

⑶　周の長さが100cmの図形は，１段の図形と比べて周の長さが，100－４＝96(cm)長いので，１段の図形から，96÷６＝16(段)増やした図形とわかる。よって，１＋16＝17(段)の図形である。

〔Ｂ〕 ⑴　第一駐(ちゅうしゃ)車場から第二駐車場まで，Ａさんは時速２kmで，Ｂさんは時速30kmで進んだから，速さの比は，２：30＝１：15である。よって，かかった時間の比は，$\frac{1}{1}$：$\frac{1}{15}$＝15：１とわかる。

⑵　ふもとから第一駐車場までは２人とも時速30kmで進み，第二駐車場から頂上までは２人とも時速２kmで進んだから，２人がこれらの区間でかかった時間は同じになる。よって，ふもとから頂上までにかかった時間の差の２時間20分は，第一駐車場から第二駐車場までにかかった時間の差にあたる。ここで，⑴の15：１の比の，15－１＝14にあたる時間が，２時間20分，つまり，60×２＋20＝140(分)となるから，比の１にあたる時間は，140÷14＝10(分)で，これはＢさんが第一駐車場から第二駐車場までかかった時間とわかる。したがって，第一駐車場から第二駐車場までの道の

りは，$30\times\frac{10}{60}=5$ (km) と求められる。

3 数列

(1) １行目の５列目まで数を書き入れていくと，右の図のようになるので，［１，５］＝25とわかる。

	1列目	2列目	3列目	4列目	5列目
1行目	1	2	9	10	25
2行目	4	3	8	11	24
3行目	5	6	7	12	23
4行目	16	15	14	13	22
5行目	17	18	19	20	21

(2) １行目の１列目は，１＝１×１，３列目は，９＝３×３，５列目は，25＝５×５となっており，１列目の２行目は，４＝２×２，４行目は，16＝４×４となっている。このように，１行目の奇数(きすう)列目には，その列の番号を２つかけた積が書かれており，１列目の偶数(ぐうすう)行目には，その行の番号を２つかけた積が書かれている。よって，［１，７］，つまり，１行目の７列目の数は，７×７＝49となる。

(3) 81＝９×９より，81は１行目の９列目の数である。よって，［A，B］＝81のとき，A＝１，B＝９である。

(4) 〈４〉＝［４，４］である。図より，４行目の４列目の数は13だから，〈４〉＝13とわかる。

(5) 〈20〉＝［20，20］は，１行目の20列目から，20－１＝19(行)下のマス目の数であり，偶数列目では，上から下へ向かって整数が並んでいくので，［20，20］は［１，20］よりも19大きい数となる。また，［１，19］は，19×19＝361で，［１，20］は［１，19］よりも１大きいから，361＋１＝362とわかる。よって，〈20〉＝［20，20］＝362＋19＝381と求められる。

4 平面図形―構成，長さ，面積

(1) 右の図で，正方形Ｉの１辺の長さを△1とすると，(正方形Ｂの１辺)＝(正方形Ｇの１辺)＋△1より，(正方形Ｃの１辺)＝(正方形Ｂの１辺)＋△1＝(正方形Ｇの１辺)＋△1＋△1＝(正方形Ｇの１辺)＋△2となる。よって，(正方形Ｄの１辺)＝(正方形Ｃの１辺)＋△1＝(正方形Ｇの１辺)＋△2＋△1＝(正方形Ｇの１辺)＋△3とわかる。

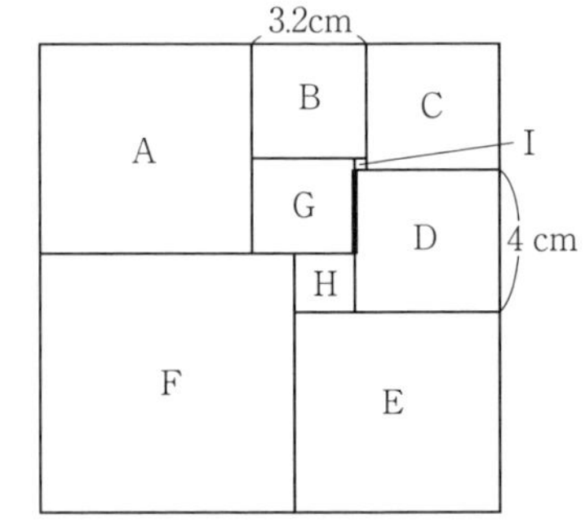

(2) 正方形Ｄと正方形Ｂの１辺の長さの差は，４－3.2＝0.8(cm)で，これは，｛(正方形Ｇの１辺)＋△3｝－｛(正方形Ｇの１辺)＋△1｝＝△3－△1＝△2に等しいから，△1＝0.8÷２＝0.4(cm)より，正方形Ｉの１辺の長さは0.4cm(…イ)である。すると，(正方形Ｇの１辺)＋0.4＝3.2(cm)となるので，正方形Ｇの１辺の長さは，3.2－0.4＝2.8(cm)(…ウ)とわかる。

(3) 図の太線の長さは，(正方形Ｇの１辺)－(正方形Ｉの１辺)＝2.8－0.4＝2.4(cm)であり，正方形Ｄの１辺の長さは４cmだから，正方形Ｈの１辺の長さは，４－2.4＝1.6(cm)となる。

(4) (正方形Ｃの１辺)＝(正方形Ｂの１辺)＋(正方形Ｉの１辺)＝3.2＋0.4＝3.6(cm)，(正方形Ｅの１辺)＝(正方形Ｄの１辺)＋(正方形Ｈの１辺)＝４＋1.6＝5.6(cm)だから，長方形の縦の長さは，(正方形Ｃの１辺)＋(正方形Ｄの１辺)＋(正方形Ｅの１辺)＝3.6＋４＋5.6＝13.2(cm)となる。また，(正方形Ａの１辺)＝(正方形Ｂの１辺)＋(正方形Ｇの１辺)＝3.2＋2.8＝６(cm)だから，長方形の横の長さは，(正方形Ａの１辺)＋(正方形Ｂの１辺)＋(正方形Ｃの１辺)＝６＋3.2＋3.6＝12.8(cm)とわかる。よって，長方形の面積は，13.2×12.8＝168.96(cm^2)と求められる。

社　会　＜第２回試験＞（35分）＜満点：60点＞

解　答

1 **問１** (1) ア，ウ　(2) オ　(3) イ　**問２** (1) 液状化現象　(2) 減災　**問３** (1) **ア** (例) 女性が多い　**イ** (例) 戸籍を偽った　(2) ウ　(3) エ　**問４** (1) **あ** ウ　**い** (例) 和紙はほかの伝統的工芸品をつくることにも使われるから。　(2) イ　(3) オ　**問５** (1) イタイイタイ病　(2) ア　(3) ウ　(4) ウ　**問６** (1) 国家総動員法　(2) エ→ウ→イ→ア　**2** **問１** イ　**問２** イ　**問３** 渡来人　**問４** **僧寺**…国分寺　**尼寺**…国分尼寺　**問５** ウ　**問６** エ　**問７** ア　**問８** エ(イ)　**問９** ウ　**問10** (1) ウ　(2) (例) 村落Ｂよりも上流に新しい用水路が開かれたことで，十分な量の水が村落Ｂに入ってこなくなるかもしれないため。　(3) (例) 村落で問題が起こったさいは，自分たちのことは自分たちで考えて解決していたと考えられる。　**問11** (1) ア→ウ→エ→イ　(2) ア　**問12** ウ　**問13** (1) 安全保障理事会　(2) ナショナルトラスト運動

解　説

1 紙を題材にした問題

問１ (1) 国政では，行政の最高責任者である内閣総理大臣(首相)は国会が指名するため，国民が直接選挙で選ぶことはできない。しかし，地方公共団体の首長(都道府県知事や市町村長)は住民の直接選挙で選ばれる。また，国政では，国会が制定した法律に対して内閣は拒否権を持たないが，地方自治では，地方議会が制定した条例に対して首長は拒否権を持っている。　(2) Ｘ　法律の制定や改正について，法案は衆参両議院のどちらに提出してもよい。また，法案は，参議院が衆議院と異なった議決をした場合，衆議院が出席議員の３分の２以上の賛成で再可決すると成立する(Ⅲ)。　Ｙ　予算(案)は，衆議院に先議権がある。参議院が衆議院と異なった議決をした場合，両議院の協議会を開いても意見が一致しないとき，または参議院が衆議院の可決した予算を受け取ったあと，国会休会中の期間を除いて30日以内に議決しないときは，衆議院の議決が国会の議決となる(Ⅱ)。　Ｚ　憲法改正では，衆参両議院でそれぞれの総議員の３分の２以上の賛成で国民に発議(提案)され，その後に行われる国民投票で有効投票の過半数の賛成が得られると憲法は改正される(Ⅰ)。　(3) 資料の地図に示された大阪府の工業について，アの大阪湾岸の北部には鉄鋼・石油化学コンビナートがあり，大阪湾岸の南部のウでは古くから繊維工業が発達している。また，大阪府の内陸部に位置するイでは中小企業の工場が多い。

問２ (1) 海の沿岸などで，埋め立てられたり干拓されたりした地域は，地下水位が高いため，地震による振動で地盤がゆるみ，建物が沈んだり倒れたりすることが起こる。これを液状化現象という。　(2) 災害を防ぐ「防災」に対し，近年は災害による被害をできるだけ少なくする「減災」という考え方が主張されるようになった。

問３ (1) 〈資料１〉において，一家の人数31人のうち，男は５人しかいない。また，この一家では成人男性に課される調・庸・雑徭を負担する者は，わずか１人である。〈資料２〉からわかる通り，律令制度における農民の負担は，６歳以上の男女にかかる租に加え，成人男性にかかる調・庸とそれを都に運ぶ運脚，雑徭さらに衛士・防人(兵役)などがあり，きわめて重いものであった。そ

こで，こうした負担から逃れるために戸籍を偽って申告したと考えられる。　(2)　9～11世紀は平安時代にあたり，遣唐使が停止されたことでそれまでの大陸の文化をもとに日本の風俗や習慣に適した国風文化が栄えた。なお，アの飛鳥文化は７世紀の飛鳥時代，イの天平文化は８世紀の奈良時代，エの化政文化は18～19世紀の江戸時代後半の文化。　(3)　一般的に，商品の価格は，需要(「買いたい」と思う総量)と供給(「つくりたい，売りたい」と思う総量)の関係で決まる。それまでは貴族や武士などの一部で使われていた和紙を庶民も使えるようになったのだから，供給が増え，価格が下がったと考えられる。

問４　(1)　**あ**　美濃和紙は，岐阜県美濃市(地図中ウ)でつくられる伝統的工芸品である。なお，アは本巣市，イは岐阜市，エは美濃加茂市(いずれも岐阜県)，オは名古屋市(愛知県)。　**い**　資料の文章に「美濃ですかれた和紙は，長良川の水運を利用して岐阜に運ばれた。岐阜では，岐阜和傘や岐阜提灯に加工され，できたものをふたたび船に積んで桑名や尾張まで運ん」だとある。つまり，和紙はほかの伝統的工芸品の材料となっているので，ほかの伝統的工芸品を守ることが和紙の伝統を守ることにつながるのだと考えられる。　(2)　資料の地形図を見ると，等高線の主曲線(細い線)が10ｍごと，計曲線(太い線)が50ｍごとに引かれているので，この地形図の縮尺は25000分の１である。なお，等高線の主曲線が20ｍごとに引かれるのは，縮尺が50000分の１の地形図。
(3)　Ｘは秋田県(地図中②)秋田市の「竿灯(竿燈)まつり」，Ｙは青森県(地図中①)青森市の「ねぶた祭」，Ｚは宮城県(地図中⑤)仙台市の「七夕まつり」である。

問５　(1)　「四大公害病」のうち，カドミウムを原因物質とするのは，富山県神通川流域で発生したイタイイタイ病である。なお，メチル水銀を原因物質とするのは水俣病(熊本県)と第二水俣病(新潟県)，亜硫酸ガスを原因物質とするのは四日市ぜんそく(三重県)。　(2)　日本でラジオ放送が開始されたのは，大正時代の1925年である。　(3)　資料の図を見ると，コージェネレーションシステムにおいて，石油・石炭などの「化石燃料」は46％で，残りの54％は「バイオマス燃料／廃棄物燃料」となっている。　(4)　紙・パルプなどの製造品出荷額等では，静岡県が全国一で，愛媛・埼玉・愛知の各県や大阪府も多いので，製紙工場の分布図はウがあてはまる。なお，アは自動車工場，イは半導体工場の分布図。統計資料は『日本国勢図会』2022／23年版などによる。

問６　(1)　1938年に国家総動員法が制定されたことで，政府は議会を通すことなく経済や国民生活を統制することができるようになった。　(2)　アの真珠湾攻撃は1941年，イの盧溝橋事件は1937年，ウの五・一五事件は1932年，エの治安維持法の制定は1925年のできごとなので，年代の古いものからエ→ウ→イ→アとなる。

2　水資源の歴史を題材にした問題

問１　北海道中西部を流れる石狩川と，北海道南西部の洞爺湖は距離的に離れており，石狩川に洞爺湖から水は引かれていない。

問２　青森県にある三内丸山遺跡は縄文時代の遺跡であるため，弥生時代に大陸からもたらされた青銅器は交易で扱われていないと考えられる。

問３　古墳時代に，中国や朝鮮半島から日本に移り住んだ人々を渡来人という。大陸の進んだ技術や漢字・仏教・儒教などの文化をもたらし，朝廷で重く用いられる人もいた。

問４　資料は聖武天皇が741年に発した「国分寺建立の詔」で，国ごとに僧寺として国分寺，尼寺として国分尼寺が建立された。また，聖武天皇は都の平城京に国分寺・国分尼寺のおおもととして東大寺と大仏をつくらせた。

問５　消費税は税の納入者と税の負担者が異なる間接税である。なお，税の納入者と税の負担者が同じなのは直接税で，国に納める所得税や法人税，地方に納める住民税などがある。

問６　Ｘについて，日本標準時子午線（東経135度の経線）が通るのは兵庫県であるが，厳島神社があるのは広島県である。また，Ｙについて，かつて「天子様のおひざもと」とよばれたのは京都府であるが，金属工業はさかんとはいえない。

問７　平安時代，平等院鳳凰堂を建てたのは藤原頼通で，頼通は父の道長とともに藤原氏の全盛期を築いた。なお，イの東北地方に坂上田村麻呂を派遣したのは桓武天皇，ウの新皇と名乗って関東地方を支配したのは平将門，エの院政を始めたのは白河上皇。

問８　戦後の民主化政策の中で，教育の民主化を進めるため，1947年に教育基本法が制定された。また，安土桃山時代に織田信長は楽市・楽座によって商工業の発展を促した。なお，アの鎌倉幕府が制定した初の武家法は御成敗式目（貞永式目）で，武家諸法度は江戸幕府が発した。ウの分国法は戦国大名が領国支配を強化するために発した法令の総称。

問９　資料のグラフにおいて，生活用水の使用状況が164億m^3と最大になったのは2000年だが，全体の水使用量が889億m^3と最大になったのは1990年と1995年である。

問10　(1)　年表の1478年に「村落Ａが，村落Ｂに流れ込む用水路のすぐ上流に新たな用水路を開いた」ことが，水をめぐる騒動の発端となったので，図のウがあてはまる。　(2)　図において，ウの用水路は村落Ａへ向かって流れているので，そのぶん村落Ｂが使用する水が減ることになる。そこで，村落Ｂが幕府に訴え，新しい用水路の使用を禁止してもらったと考えられる。　(3)　年表を見ると，村落Ａと村落Ｂの水をめぐる争いは，幕府に裁定を求めることが繰り返し行われていたことがわかる。しかし，1503年に「他の村落の仲裁により，村落Ａと村落Ｂは用水を半分に分けることで合意した」とあるように，村落で起こった問題については権力の弱まっていた幕府の裁定に頼るのではなく，村落の人々の間の話し合いで解決するようにしたと考えられる。なお，室町時代には，農民らが寄合を開いて，おきてや行事などを決め，村の自治を行う惣（惣村）が形成された。

問11　(1)　アの富士山の宝永の大噴火は1707年，イの大塩平八郎の乱は1837年，ウの青木昆陽によるさつまいもの研究は徳川吉宗による享保の改革（1716～45年）の時期，エの囲い米の制は松平定信の寛政の改革（1787～93年）の政策であるので，年代の古いものからア→ウ→エ→イとなる。　(2)　江戸時代，将軍の代替わりごとに朝鮮（李氏朝鮮）から江戸に来た使節は，一般に「朝鮮通信使」とよばれる。この使節が朝鮮に帰るとき，九州から対馬海峡を経て朝鮮へ向かう場合は北西の方角になるので，南東の季節風が吹く夏が最も適している。

問12　大日本帝国憲法は天皇が国民に授ける欽定憲法であるが，日本国憲法は国民が定める民定憲法である。

問13　(1)　安全保障理事会は世界の平和と安全を守る国際連合の中心機関で，常任理事国５か国と総会で選出される任期２年の非常任理事国10か国の合計15か国で構成される。常任理事国はアメリカ合衆国・ロシア連邦・イギリス・フランス・中国（中華人民共和国）で，採決には常任理事国をふくむ９か国以上の賛成が必要とされ，常任理事国には採決を無効にできる拒否権が認められている。
(2)　一般市民が，その土地の文化財や自然環境を保存するため，資金を募って土地を買うことで開発から守る活動をナショナルトラスト運動といい，イギリスを発祥とする市民運動である。

理科 <第２回試験>（35分）<満点：60点>

解答

1 問１ かぎ層　問２ 20m　問３ ウ　問４ （例） 気温は低くなる。　問５ カシオペヤ座　問６ 4　2 問１ 左心室　問２ あ(と)け　問３ お　問４ エ ①　オ ⑨　カ ③　問５ 65%　問６ 62.5%　問７ 皮ふ　問８ 82%　3 問１ 解説の図①を参照のこと。　問２ 2.0ｇ　問３ 塩素　問４ エ　問５ ウ　問６ 解説の図②を参照のこと。　問７ 450秒　問８ 0.60Ａ　4 問１ 空気　問２ 水てき(ゆげ)　問３ （例） フラスコ内の空気がなくなったから。　問４ (C)　問５ (B)　問６ ２秒後　問７ 480m　問８ 9.4秒間　問９ （例） 高く聞こえる。

解説

1 地層，天気図，北の空の星の動きについての問題

問１　火山灰は，火山の噴火(ふんか)によって大量に放出されるので，広いはん囲に降り積もって地層をつくる。そのため，はなれたところの地層の古さを比べる目印として用いられる。このような地層をかぎ層という。

問２　火山灰の層の上の面の標高は，地点Ａで，60－10＝50(m)，地点Ｂでは地表に出ているので60m，地点Ｃでは，70－10＝60(m)である。よって，この地域の地層は，東西にかたむきはなく，北に下がっている。すると，地点ＤはＢＣの延長上にあるので，地点Ｂ，Ｃと同じ標高60mに火山灰の層の上の面があると考えられる。したがって，地点Ｄでは地表から，80－60＝20(m)の深さで火山灰の層が現れるとわかる。

問３　天気記号では，北の風は風向きをあらわす羽を北にのばして表す。風力４なので羽の数は４，晴れは⦶で示すので，ウが選べる。

問４　南西にのびる前線Ａを寒冷前線，南東にのびる前線Ｂを温暖前線という。寒冷前線は冷たい空気があたたかい空気の下にもぐりこむようにして進む境目にあたるので，寒冷前線が通過すると気温が下がる。

問５　北の空に見える「Ｗ」の形をした星座はカシオペヤ座である。この「Ｗ」の両はしの２辺をのばして交わった点と「Ｗ」の真ん中の星を結んだ線を，およそ５倍の長さだけのばしたところに北極星を見つけることができる。

問６　地球は太陽の周りを１年で１回公転しているため，北の空の星は反時計回りに，１か月あたり，360÷12＝30(度)動いて見える。また，地球は１日に１回西から東に自転しているので，北の空の星は反時計回りに，１時間あたり，360÷24＝15(度)動く。よって，２か月後の同じ時刻にカシオペヤ座は，30×２＝60(度)動いて５の位置にあるが，その日の20時には，15×(22－20)＝30(度)時計回りにもどった４の位置に見える。

2 せきつい動物の特ちょうと血液のじゅんかんについての問題

問１　大動脈に血液をおし出す左心室は，酸素を多く含(ふく)んだ血液を全身に送り出す。このとき強い力が必要になるため，右心室より筋肉が発達している。

問２，問３　心臓は肋骨(ろっこつ)の分かれ目にある小さな骨(図１の胸骨の一番下)のあるところから指３本分くらい上なので，「お」の位置にある。また，AEDのパットの1枚は右心房側の胸部の上側に貼るので「あ」の位置，もう1枚はその左右逆の腹部に貼るので「け」の位置に貼るのが適当である。

問4　ホニュウ類は鳥類と同じこう温生物のなかまなので，体温を維持するために体の表面が毛でおおわれており，鳥類はこれに対して羽毛でおおわれている。また，動物や植物などをえさとするホニュウ類やハチュウ類は歯が発達しているが，鳥類は歯とあごの骨のはたらきがいっしょになったくちばしが発達している。特ちょう①～⑩を見てみると，①はエ，②はウ，③はカ，⑦はイ，⑧はア，⑨はオにあてはまり，ホニュウ類・鳥類・ハチュウ類はいずれも肺呼吸をおこなっていることから，④はキにあてはまる。なお，⑤は魚類と両生類の幼生，⑥は一般両生類の成体，⑩は両生類の特ちょうなので，図2であてはまるところはない。

問5　赤血球の数を100とすると，肺から心臓にもどる動脈血では，100×0.95＝95の赤血球が酸素と結びついており，全身からもどってくる静脈血では，100×0.3＝30の赤血球が酸素と結合している。よって，全身で酸素を放した赤血球の割合は，(95－30)÷100×100＝65(％)である。

問6　両生類の成体では，動脈血と静脈血は心室で完全に混ざってしまう。全身からもどる血液と肺からもどる血液の体積は等しいので，混ざり合ったあとの血液が大動脈を通るとき，含まれる赤血球のうち，(95＋30)÷2÷100×100＝62.5(％)が酸素と結びついていると考えられる。

問7　両生類の成体の心臓は2心房1心室のため，ハチュウ類やホニュウ類と比べて酸素を運搬する効率が悪い。しかし，それを補うために皮ふ呼吸の機能が高くなっている。

問8　全身からもどってくる静脈血の$\frac{1}{5}$と，肺からもどってくる動脈血の$\frac{4}{5}$が大動脈を通るので，このとき酸素と結びついている赤血球の割合は，$\left(30\times\frac{1}{5}+95\times\frac{4}{5}\right)\div100\times100=(6+76)\div100\times100=82(\%)$とわかる。

3　水よう液の電流による分解についての問題

問1　豆電球，電池，電極は，直列になるようにして，右の図①のようにつなぐ。

図①

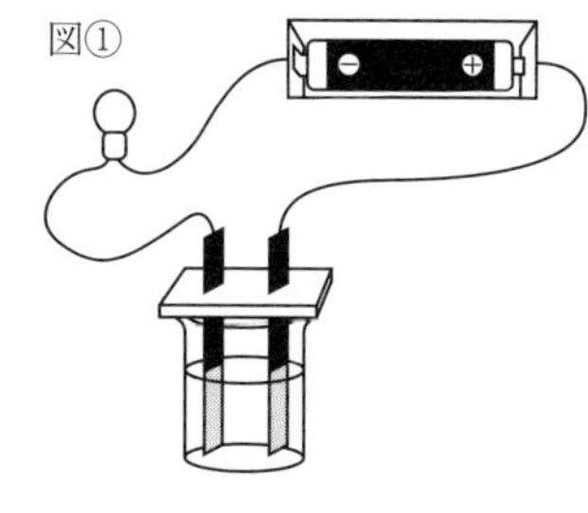

問2　濃度が10％の食塩水20gに含まれている食塩の重さは，$20\times\frac{10}{100}=2.0$(g)と求められる。

問3　塩酸は塩化水素の水よう液，食塩水は塩化ナトリウムの水よう液である。これらの水よう液に電気を流したときに＋極に発生した気体Cは，プールの消毒や漂白剤として使われる塩素と考えられる。

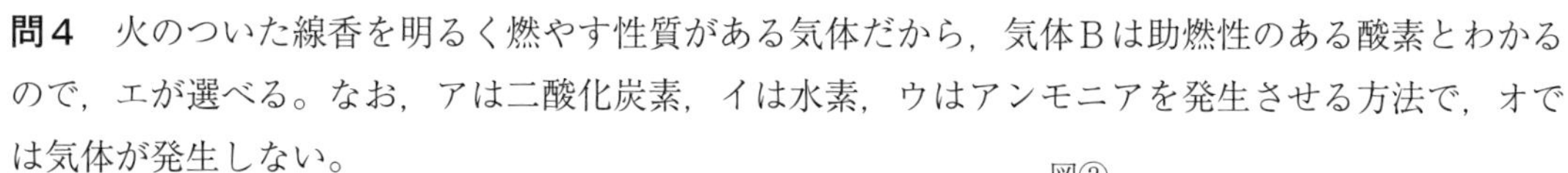

問4　火のついた線香を明るく燃やす性質がある気体だから，気体Bは助燃性のある酸素とわかるので，エが選べる。なお，アは二酸化炭素，イは水素，ウはアンモニアを発生させる方法で，オでは気体が発生しない。

問5　試験管内で点火すると音をたてて燃える性質から，気体Aは水素とわかる。水素は無色無臭で空気より軽く，マグネシウムに塩酸を加えたり，亜鉛にうすい硫酸を加えたりすると発生する。したがって，ウが誤りである。

図②

気体の発生量(mL)
4.0
3.0
2.0
1.0
0
100
200
300
時間（秒）

問6　実験3で，電流を流した時間と気体Aの発生量は比例しているので，0の点を通る右の図②のような直線のグラフがかける。

問７　電流を流した時間と気体Ａの発生量は比例し，50秒間に0.6mLの気体Ａが発生することから，5.4mLの気体Ａを発生させるために必要な時間は，$50\times\frac{5.4}{0.6}=450$(秒)である。

問８　実験３と実験４から，気体Ｂの発生量は，電流の大きさや流した時間に比例するとわかる。いま，水酸化ナトリウム水よう液に流した電流の大きさを□Ａとすると，電流の大きさを0.10Ａに保って，150秒間電流を流したときに気体Ｂが0.9mL発生していることから，$0.9\times\frac{□}{0.10}\times\frac{350}{150}=12.6$が成り立つ。よって，$□\times9\times\frac{7}{3}=12.6$より，$□=12.6\div\frac{7}{3}\div9=0.60$(Ａ)と求められる。

4　音の伝わり方についての問題

問１　フラスコを左右に振(ふ)るとフラスコ内で鈴(すず)が鳴り，フラスコ内の空気，フラスコ，フラスコの外の空気の順に振動(しんどう)が伝わって，耳にとどくと音が聞こえる。

問２　フラスコを加熱すると，やがて水が沸(ふっ)とうし水蒸気となってガラス管から出てくる。ガラス管から出た水蒸気はまわりの空気に冷やされて小さな水てきとなり，白い煙(けむり)のように見える。

問３　フラスコの中の水が沸とうすると，空気が追い出され，フラスコの中は水蒸気で満たされる。この状態でコックを閉じて加熱をやめると，フラスコの中の水蒸気が冷やされて液体の水にもどる。すると，フラスコの中は真空のようになり，音を伝えるものがないため，鈴の音が聞こえなくなる。

問４　音の大きさは，音の波の振れ幅(はば)で決まる。図２のうち，振れ幅が最も小さい(C)が，最も小さい音である。

問５　音の高さは，同じ時間に振動する回数が多いほど高い。図２のうちでは，横軸(よこじく)10目盛りに記録された波の数が最も多い(B)を選ぶとよい。

問６　680m離(はな)れた地点で鳴らしたサイレンの音を観測者が聞くのは，サイレンが鳴り始めてから，680÷340＝２(秒後)である。

問７　救急車は毎秒20mの速さで走っているので，10秒後にサイレンが鳴り終わるまでに，20×10＝200(m)だけ観測者に近づく。よって，救急車と観測者の距離(きょり)は，680－200＝480(m)となる。

問８　鳴り終わった瞬間(しゅんかん)のサイレンの音が観測者に聞こえるのは，480÷340＝1.41…より，サイレンを鳴らし始めてから，10＋1.4＝11.4(秒後)である。したがって，観測者がサイレンを聞き始めてから聞き終わるまでの時間は，11.4－２＝9.4(秒間)とわかる。

問９　音源が音を発している時間が10秒間で，観測者が音を聞く時間が9.4秒間なので，音源が１秒間に出した波の数よりも観測者が１秒間に受け取る波の数が多くなり，観測者が聞くサイレンの音は本来の音よりも高くなる。

国語　＜第２回試験＞（45分）＜満点：100点＞

解答

一　下記を参照のこと。　　二　**問１**　**A**　ア　**B**　エ　**C**　ウ　**D**　イ　**問２**　(1)　(例)　パーム油を売ってもうけること。　(2)　(例)　(世界の人口が増えるにつれ油の消費が増え，)先進国を中心に健康によく安いパーム油が人気を集めた(から。)　**問３**　エ　**問４**　①　イ　②　オ　③　ウ　⑤　ア　⑥　エ　**問５**　エ　**問６**　**ア**　１　**イ**　２

ウ　1　エ　2　**問7**　命　**問8**　ア　**問9**　認証　**問10**　ウ　**三 問1**　(例)　九月の長雨の日に『セプテンバー・イン・ザ・レイン』を弾くこと。　**問2**　(例)　母さんが種田さんと結婚するという話。　**問3**　**将**…イ　**馬**…ア　**問4**　ア　**問5**　大黒柱　**問6**　(例)　父さんの自動車事故の以前と以降とで違う人生だ(と思わないと，今の生活がつらすぎるということ。)　**問7**　エ　**問8**　(例)　母さんは，父さんの代わりとして，父さんに似た男性を恋人として求めているということ。　**問9**　エ

●漢字の書き取り

一 ①　一目散　②　拾得物　③　待望　④　生来　⑤　布教　⑥　野放図　⑦　自給自足　⑧　戸外　⑨　手記　⑩　行楽

解　説

一　漢字の書き取り

①　わき目もふらず進むこと。　②　だれかが落としたのを拾った物。　③　強く待ち望むこと。　④　生まれつき。　⑤　ある宗教を広めること。　⑥　ずうずうしく，無礼なようす。「野方図」とも書く。　⑦　必要なものを自分自身で生産してまかなうこと。　⑧　建物の外。　⑨　自分の体験や感想などを文章に書いたもの。　⑩　山野や観光地などに出かけて遊び楽しむこと。

二　出典は元村有希子の『カガク力を強くする！』による。パーム油の原料であるアブラヤシを生産するために，ボルネオ島では熱帯雨林の伐採や，ほかにもさまざまな問題が起きていることが説明されている。

問1　**A**　マレーシア政府が，アブラヤシから採れるパーム油がもうかるのではないかと考えて注目したという文脈なので，「目をつける」がふさわしい。　**B**　“よくない状態になる”という意味の「おちいる」が合う。　**C**　“費用などを用意する”という意味の「まかなう」があてはまる。　**D**　「しっぺ返しを食う」は，“すぐに仕返しをされる”という意味。

問2　(1)　直前に注目すると，マレーシア政府は，「アブラヤシから採れるパーム油が『もうかる』」と考えて，「ゴムや木材に代わってアブラヤシの栽培を奨励するように」なったと述べられている。つまり，マレーシア政府はパーム油を売ってもうけようとしたのである。　(2)　ぼう線①の直後に，「世界の人口が増えるにつれて，油の消費が増え」たこと，さらに先進国では「『健康にいい』植物油」，中でも「値段が安いパーム油が人気を集め」たことが説明されている。

問3　「環境破壊の問題」とは，直後の段落で説明されている「熱帯雨林が失われたことにより，貴重な野生生物やジャングルが守っていた生物多様性」が損なわれたことを指している。また，「社会的な問題」というのは，農園で貧しい移民が働き始め，その中には「戸籍がなく学校にも行かないこどもたちも含まれて」いることや，「児童労働が見過ごされている現実」があげられている。

問4　「パーム油」というのを聞いたことがない人も多いだろうと述べたイの後で，実はお菓子やカップラーメンに使われている「植物油」や「植物油脂」の多くはパーム油だと説明するオ，ウがきて，ほかにもいろいろなところでパーム油が使われていることを述べる④がくる。また，エの「『見えない油』と呼ばれるゆえん」というのは，アの「加工製品に使われることが多いため，消費

者である私たちからは見えにくい」ということを指しているので，④の文の後にはア，エと続くことがわかる。

問５　続く部分に注目する。農園開発によって野生動物のすみかである「熱帯雨林が減っていること」と，農園にボルネオゾウが入り込みアブラヤシを食い荒らすため，人々はボルネオゾウを「『害獣』として嫌うように」なったことが説明されている。

問６　**ア**　ぼう線⑤の段落に，パーム油に関するルールを決め，そのルールを守って作られたパーム油を「認証油」として売り，消費者が選べるようにしたことが説明されているので，正しい。　**イ**　ぼう線④の次の段落に，「先進国の人々が，パーム油を使った商品を買わないようにする」のは現実的ではないと述べられているので，ふさわしくない。　**ウ**　ぼう線⑤の二つ後の段落に，「野生生物保護のための行動」として寄付があげられ，寄付によって「ゾウの一時避難所」を建設した例や，パーム油の生産現場で何が起きているかを知ってもらったりする活動について述べられているので，合う。　**エ**　「安価なパーム油をやめて全体の値段をあげ」ることは述べられていないので，合わない。

問７　「命綱」は，生きていくうえで，何よりも大切なもののこと。

問８　続く部分に注目する。パーム油に関し「いろんな立場の人が参加してルールを決め」たことが説明されている。

問９　直前に「さきほど紹介した」とあるので，前の部分で紹介されている，「野生生物を苦しめ」ることのないパーム油にあたる言葉をさがす。問６でみたように，ぼう線⑤の段落に「認証油」という言葉があるので，「認証」があてはまる。

問10　筆者は，地球上で起きている問題について，まずは知ることが大事だと述べている。知らなければ解決に向けて動くこともできないので，「無関心は最大の敵」といっているのである。

三　**出典は佐藤多佳子の『サマータイム』による**。広一は，交通事故で父を失い，母と二人で暮らしている。ある日，母が恋人の種田さんを連れてくるので会ってほしいと広一に言う。

問１　「陳腐」は ありふれていること，つまらないこと。九月の長雨の日に，「母さん」が「九月の雨」という意味の「セプテンバー・イン・ザ・レイン」というタイトルの曲を弾いていることを「陳腐な洒落のよう」だといっているのである。

問２　前では，種田さんが来ると聞いて広一はそれなら友達のところに行くと言っており，後では，「二人で会いなよ。俺，恋人の息子役ってキライ」と言っているので，種田さんは母の恋人であるとわかる。直前に母が「だめよ。あんたがいなくっちゃ」と言ったので，広一は母と種田さんから自分に何か話があるのだと思い，それは二人が結婚するという話ではないかと考えたのである。文章の後半，父が自動車事故で亡くなったことが書かれ，最後のほうでは，母が恋人をつくり，家に連れてきて紹介し，婚約するものの，別れてしまうということが書かれているので，これらも手がかりになる。

問３　「将を射んと欲すればまず馬を射よ」は，“ある目的を達成するためには，まずその周囲のものからねらうのがよい”という意味である。ここでは，種田さんが母とうまくやっていくために広一のきげんをとっているという意味なので，「将」は母，「馬」は広一である。

問４　母が種田さんと広一を会わせようとしているが，広一は「恋人の息子役」をしたくないので，話の流れを変えようと，自分は幼い子どもではないことを示すために「もう，バイクの免許が取れる年だよ」と言ったのである。

問５　「大黒柱」は，家や国の中心で支える人。

問６　ぼう線⑤の「そう」は，二つ前の文の「二つの人生を生きてきた気がする」を指している。広一は，父が死んだ事故によって「人生が真っぷたつに分けられ」たと感じている。そのくらい，事故以前と以後で人生が変わってしまったのである。よって，「父さんが事故で死ぬ以前と以後は別の人生だ」のように書ける。

問７　直前に，「写真はどれも父さんによく似た別人」で「ちがう，と思う」けれども「その違いは説明のしよう」がないとあるので，“思う通りにいかないはがゆさ”を表す「もどかしさ」と，「ちがう」ことはわかっているのに何が違うか説明できない「悔しさ」があてはまる。

問８　直前にあるように，母の恋人になる人には「音楽家」で「渋いハンサム」という共通点があった。手元の写真の父は，バンドでテナー・サックスを演奏する音楽家であり，「ダンディー」なので，広一は母が父に似た男性を求めていると感じているのである。

問９　ぼう線⑤の直後の一文に，「たぶん，俺は年にしては，いやらしくクールに育っている」とある。しかし一方で，母や父のことについては，感情的になっているところがあるので，エがふさわしい。

2023年度 富士見中学校

【算　数】〈算数１教科試験〉（60分）〈満点：100点〉

（注意）(1)　説明を必要とする問いには，答えだけでなく考え方も書きなさい。
(2)　円周率が必要な場合には3.14として計算しなさい。

1　右の【図１】のように，１周が48 cmの円周を２点P, Qが一定の速さで動きます。円周上に４点A, B, C, Dが等間かくにあり，P, Qは，同時に点Aを出発します。
また，［P, Q］を以下のように決めます。

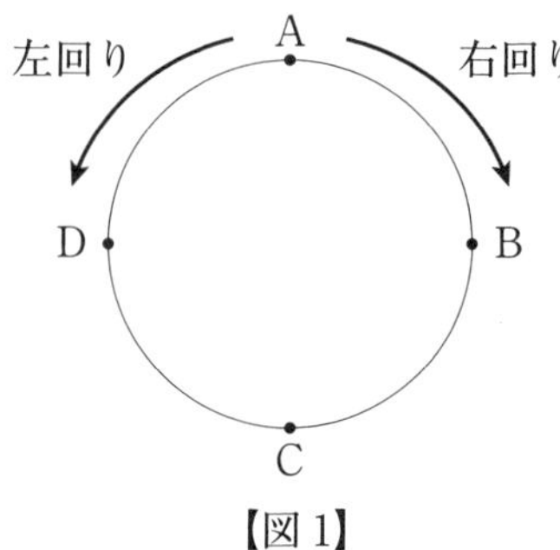

【図１】

・PとQをつないだ直線が直径の場合は，［P, Q］は24 cmとする。
・PとQをつないだ直線が直径でない場合は，［P, Q］は「弧PQのうち，短い方の長さ」とする。

例えば，右の【図２】の場合は［P, Q］は23 cmです。

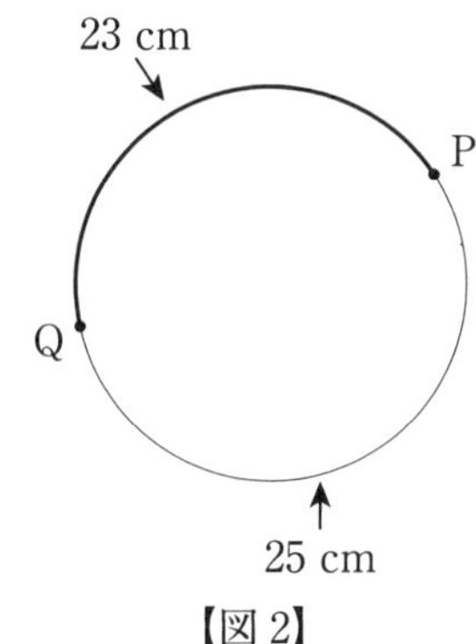

【図２】

P, Qが同時に点Aを出発してからX秒後の［P, Q］を《X》で表します。以下の問いに答えなさい。

（１）　P, Qは毎秒4 cmの速さで同時にAを出発するとします。
ただし，Pは右回り，Qは左回りで出発します。
①《2》を求めなさい。
②《4》を求めなさい。
③ 右の【図３】はXと《X》の関係をグラフにしたものです。
[a]のとき，P, Qがある場所を以下のア～エから選びなさい。
ア：PもQも点Cにある。
イ：PもQも点Aにある。
ウ：Pは点Bに，Qは点Dにある。
エ：Pは点Dに，Qは点Cにある。

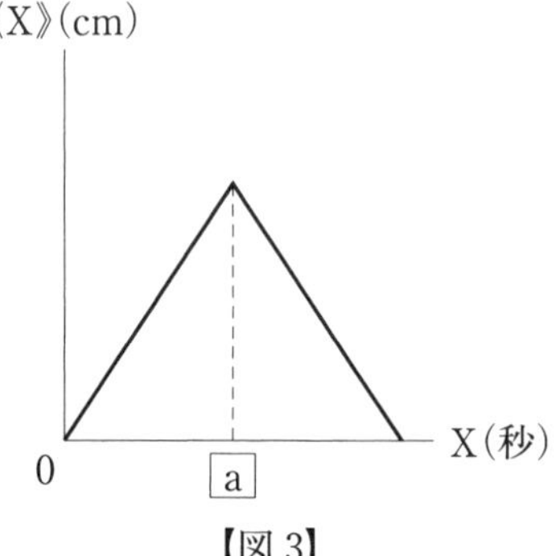

【図３】

（２） P, Q は以下のように動くとします。

・P は右回りに出発し，はじめ点 A と点 C の間は毎秒 4 cm の速さで動き，その後点 C と点 A の間は毎秒 2 cm の速さで動く。

・Q は左回りに出発し，はじめ点 A と点 C の間は毎秒 2 cm の速さで動き，その後点 C と点 A の間は毎秒 4 cm の速さで動く。

このとき，出発してから，再び《X》が 0 cm になるまでのグラフを解答用紙にかきなさい。

（３） P, Q はどちらも右回りに出発するとします。

・P は右回りに出発し，はじめ点 A と点 C の間は毎秒 [b] cm の速さで，その後点 C と点 A の間は毎秒 2 cm の速さで動く。

・Q も右回りに出発し，はじめ点 A と点 C の間は毎秒 2 cm の速さで，その後点 C と点 A の間は毎秒 [b] cm の速さで動く。

このとき，X と《X》との関係をグラフにしたところ，下の【図 4】となりました。ただし，[b] には 2 より大きい数が入るものとします。

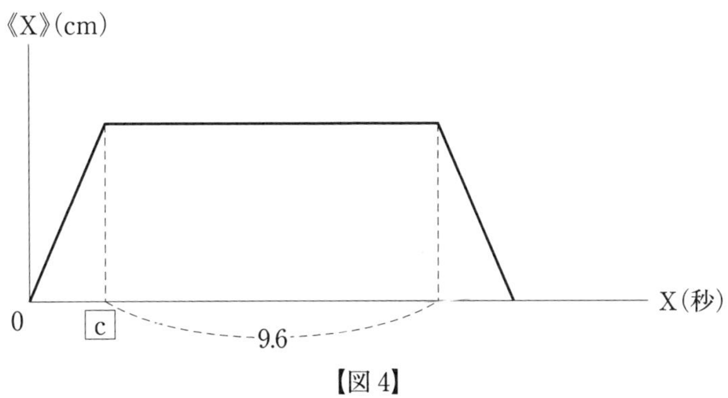

【図 4】

① 【図 4】の [c] のとき，P がある場所を以下のア～クから選びなさい。

ア：点 A　　イ：点 A と点 B の間　　ウ：点 B　　エ：点 B と点 C の間

オ：点 C　　カ：点 C と点 D の間　　キ：点 D　　ク：点 D と点 A の間

② 【図 4】のグラフの，《X》の値が変化しなかったのは 9.6 秒間でした。[b] に入る数を求めなさい。考え方や途中(とちゅう)の式も書きなさい。

2 グレープフルーツを毎朝食べている富士美さんは，皮の厚さに個体差があることに気づきました。買うときには見た目が大きいものを選ぶのですが，切ってみると皮が厚く，食べられる部分（可食部）が少なくてがっかりすることがあります。インターネットで調べると，ずっしりしたものを選ぶとよいとありました。そこで富士美さんは，グレープフルーツの大きさと重さから，可食部の大きさを予想できないか考えてみることにしました。考えやすくするために，グレープフルーツ全体と可食部は球であるとします。また，可食部や皮の1 cm^3 当たりの重さに個体差はないこととします。

まず，２つのグレープフルーツを買ってきて，大きさと重さを測ってみました。

グレープフルーツＡ	グレープフルーツＢ
半径６cm の球	半径5.4 cm の球
重さ500 g	重さ450 g

Ａを切ってみると，可食部は半径4.5 cm の球，可食部の重さは375 g でした。このとき，次の会話文を読んで，以下の問いに答えなさい。ただし，下の事実を用いてよいことにします。

事実：半径の比が $x:y$ の球の体積の比は $(x \times x \times x):(y \times y \times y)$ である。

富士美「Ｂを切らずに，可食部の大きさを計算できないかな？」

母「全体に対する可食部の割合によって，重さが決まるからね。まずはＢが全て可食部だったときと，皮だったときの重さを計算してみたら？」

富士美「Ａの可食部と半径5.4 cm の球の体積の比は（ア　：　）だね。だからもしＢが全て可食部だったら（イ　　　）g だ。もし全部皮だったら・・・どう計算したらいいのかな。」

母「Ｂがもし全て可食部だったときの重さは分かっているよね。同じ体積でそろえたときの可食部と皮の重さの比が分かれば計算できそうね。」

富士美「Ａの可食部と皮の重さの比は（ウ　：　）で，体積の比は
$(4.5 \times 4.5 \times 4.5):(6 \times 6 \times 6 - 4.5 \times 4.5 \times 4.5) = 27:37$ だ。だから，同じ体積の可食部と皮の重さの比は37：9で，もしＢが全部皮だったら（エ　　　）g だね。」

母「これで，Ｂの全体の体積に対する可食部の体積の割合が計算できそうだね。」

富士美「そうだね。Ｂの可食部の重さは（オ　　　）g と分かるから，意外とＡよりも大きいんだ。」

（１）　会話文中のア～エに当てはまる適切な数や，最も簡単な整数の比を答えなさい。エは小数第１位を四捨五入して整数で答えなさい。

（２）　会話文中のオに当てはまる数を，小数第１位を四捨五入して整数で答えなさい。考え方や途中（とちゅう）の式も書きなさい。

3 バーコードは商品やその値段などを読み取る際に用いられ，13桁(けた)の数がバーとスペースの組み合わせによって表現されています。1番右の1桁は読み取り確認用の数で，偽造(ぎぞう)や誤読の防止に用いられており，チェックデジットと名付けられています。チェックデジットはバーの汚れなどによる誤読を防止するために必要不可欠なものとなっています。下の①から⑤の計算によって得られた数とチェックデジットが一致(いっち)したとき，バーコードは正しく読み取ることができます。

（例） バーコードの13桁の数が「4912345678904」の場合

① 13桁の数に対し，右から順に「1桁目」，「2桁目」，…と桁番号をつける。

桁番号（桁目）	13	12	11	10	9	8	7	6	5	4	3	2	1
13桁の数	4	9	1	2	3	4	5	6	7	8	9	0	4
偶数桁		9		2		4		6		8		0	
奇数桁	4		1		3		5		7		9		4

② すべての偶数(ぐうすう)桁目の数の和を求め，さらに3倍する。

$(9+2+4+6+8+0)\times 3=87$

③ 1桁目を除くすべての奇数桁目の数の和を求める。

$4+1+3+5+7+9=29$

④ ②の計算結果と③の計算結果を足す。

$87+29=116$

⑤ ④で得られた数の下1桁の数を10から引く。ただし，⑤の計算結果が10になったとき0とする。

$10-6=4$

①から⑤の計算によって得られた数とチェックデジットが一致したため，このバーコードは正しく読み取ることができる。

（１） 右の【図１】のバーコードを正しく読み取った結果として得られる13桁の数を下のア～ウから１つ選びなさい。

【図１】

ア 4924331589316
イ 4925331589316
ウ 4926331589316

（２） バーコードを読み取る際に，誤り防止のために偶数桁目の数の和を３倍していますが，３倍して計算するところを５倍にして計算すると，誤読してしまう可能性が高くなります。その理由を書きなさい。

（３） バーコードの13桁の数が「495307948□2□5」であるとき，□に当てはまる数をすべて答えなさい。ただし，２つの□には共通の数が入るものとします。

（４） バーコードの13桁の数が「49□○□24383412」であるとき，□と○に当てはまる数の組み合わせは全部で何通りあるか答えなさい。ただし，２つの□には共通の数が入り，□と○は異なる数が入るものとします。考え方や途中(とちゅう)の式も書きなさい。

2023年度

富士見中学校

▶解　答

※　編集上の都合により，算数１教科試験の解説は省略させていただきました。

算　数　<算数１教科試験>（60分）<満点：100点>

解　答

1 (1) ①　16cm　②　16cm　③　ウ　(2)　右の図　(3)　①　オ　②　毎秒10cm　2 (1)　ア　125：216　イ　648ｇ　ウ　３：１　エ　158ｇ　(2)　386ｇ　3 (1)　ア　(2)（例）　異なる数でも，５倍すると一の位が一致する場合があるから。(3)　３，８　(4)　10通り

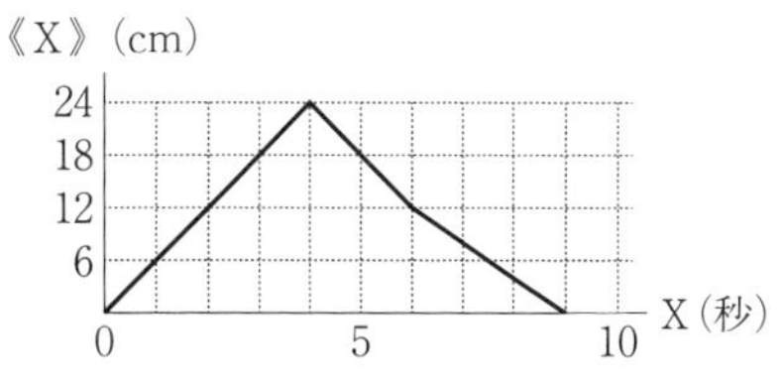

Dr.福井の

入試に勝つ！脳とからだのウルトラ科学

右の脳は10倍以上も覚えられる！

手や足，目，耳に左右があるように，脳にも左右がある。脳の左側，つまり左脳は，文字を読み書きしたり計算したりするときに働く。つまり，みんなはおもに左脳で勉強していることになる。一方，右側の脳，つまり右脳は，音楽を聞き取ったり写真や絵を見分けたりする。

となると，受験勉強に右脳は必要なさそうだが，そんなことはない。実は，右脳は左脳の10倍以上も暗記できるんだ。これを利用しない手はない！　つまり，必要なことがらを写真や絵などで覚えてしまおうというわけだ。

この右脳を活用した勉強法は，図版が数多く登場する社会と理科の勉強のときに大いに有効だ。たとえば，歴史の史料集には写真や絵などがたくさん載っていて，しかもそれらは試験に出やすいものばかりだから，これを利用する。やり方は簡単。「ふ〜ん，これが○○か…」と考えながら，載っている図版を５秒間じーっと見つめる。すると，言葉は左脳に，図版は右脳のちょうど同じ部分に，ワンセットで記憶される。もし，左脳が言葉を忘れてしまっていたとしても，右脳で覚えた図版が言葉を思い出す手がかりとなる。

また，項目を色でぬり分け，右脳に色のイメージを持たせながら覚える方法もある。たとえば江戸時代の三大改革の内容を覚えるとき，享保の改革は赤，寛政の改革は緑，天保の改革は黄色というふうに色を決め，チェックペンでぬり分けて覚える。すると，「"目安箱"は赤色でぬったから享保の改革」というように思い出すことができ，混同しにくくなる。ほかに三権分立の関係，生物の種類分け，季節と星座など，分類されたことがらを覚えるときもピッタリな方法といえるだろう。

Dr.福井（福井一成（ふくいかずしげ））…医学博士。開成中・高から東大・文Ⅱに入学後，再受験して翌年東大・理Ⅲに合格。同大医学部卒。さまざまな勉強法や脳科学に関する著書多数。

2022年度　富士見中学校

〔電　話〕 (03) 3999－２１３６
〔所在地〕 〒176-0023　東京都練馬区中村北４－８－26
〔交　通〕 西武池袋線―「中村橋駅」より徒歩３分

【算　数】 〈第１回試験〉 (45分) 〈満点：100点〉

(注意) (1) **4**には説明を必要とする問いがあります。答えだけでなく考え方も書きなさい。
(2) 円周率が必要な場合には3.14として計算しなさい。

1 □に当てはまる数を求めなさい。

(1) $\left(3.75-2\frac{5}{6}\right)\div2\frac{1}{5}\times8=$□

(2) $\left\{2\times(7-\square)-1\frac{3}{5}\right\}:\left(3\frac{3}{5}-1\frac{4}{5}\right)=4:3$

(3) ８％の食塩水200ｇと５％の食塩水80ｇを混ぜ合わせ，水を□ｇ蒸発させると10％の食塩水になりました。

(4) ３種類のホースで水そうに水を入れます。ホースＡだけでは８分，ホースＢだけでは12分，ホースＣだけでは16分で水そうがいっぱいになります。はじめにホースＡとホースＢで３分間水を入れ，残りはホースＣだけで□分間水を入れると水そうがいっぱいになります。

(5) 大中小の３個のサイコロを同時に投げるとき，目の和が10になる場合は□通りあります。

(6) 動物園の入園料は，大人３人と子ども５人では3180円，大人９人と子ども６人では6840円です。子ども１人の入園料は□円です。

(7) 下の【図１】のように半径４cmの半円に長方形がちょうど入っています。▨部分の面積は□cm^2です。

(8) 下の【図２】のような台形を，直線 l の周りに１回転させてできる立体の体積は□cm^3です。

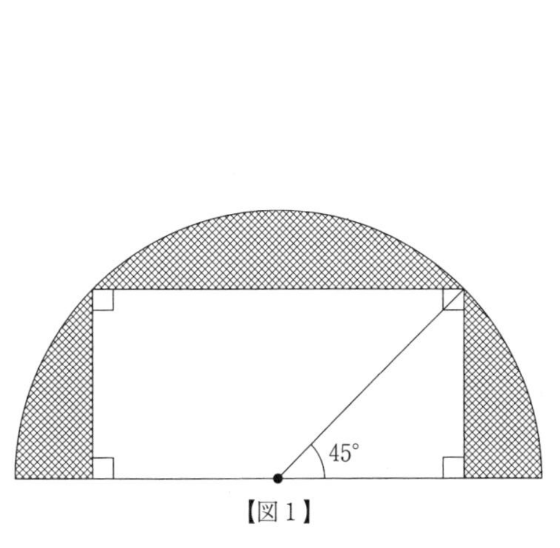

【図１】

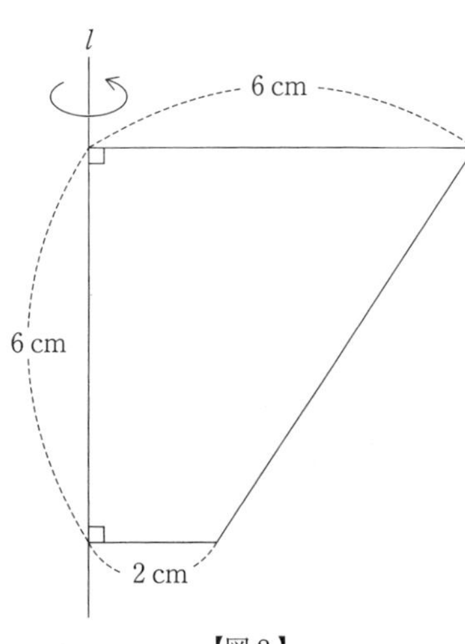

【図２】

2 〔A〕 □ は１以上の整数です。〈□〉を「□ を３で割った余り」とし，《□》を「□ を４で割った余り」とします。例えば，〈4〉=1，〈1〉=1，《8》=0です。さらに，[□]=〈□〉+《□》とします。このとき，次の問いに答えなさい。

(1) [5]の値を求めなさい。

(2) [□]=0となる □ のうち最も小さな整数を求めなさい。

(3) [□]が最も大きい値になるような □ のうち，最も小さな整数を求めなさい。

〔B〕 富士見中学校に通うひなたさんは，クラスの友人19人に対して「先週１週間に本を何冊読んだか」の調査を行ったところ，最も多い人で17冊の本を読んだ人がいることがわかりました。ひなたさんは，調査結果を次のようなドットプロットにまとめましたが，１人分の結果を見落としてしまい，図には18人分の結果しか反映されていません。このとき，下の問いに答えなさい。

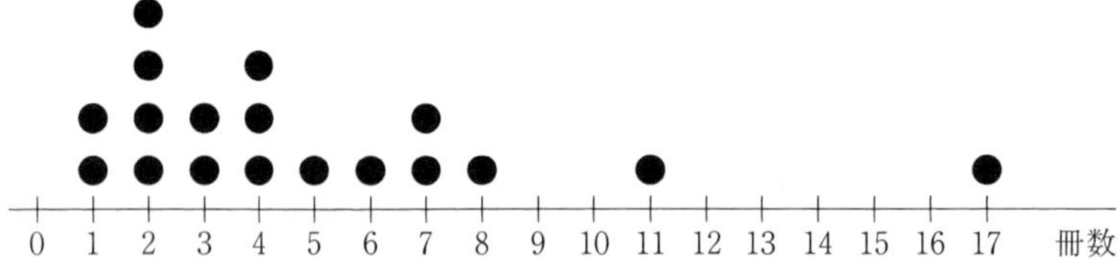

(1) 19人が読んだ本の冊数の中央値を求めなさい。

(2) 19人が読んだ本の冊数の平均値は整数であることがわかっています。このとき，ひなたさんが結果を見落としてしまった１人について，その人が先週１週間に読んだ本の冊数を求めなさい。

(3) 19人が読んだ本の冊数の平均値と中央値のどちらが大きいかは，上のドットプロットを見れば平均値や中央値を計算せずに判断することができます。その判断の理由として最も適切なものを次の**ア**～**エ**のうちから１つ選び，記号で答えなさい。

ア 0冊または1冊の本を読んだ人が少ないから。

イ 2冊，4冊，7冊のように，ドットプロットの「山」が複数あるから。

ウ 5冊，6冊のように，ドットプロットに「へこみ」があるから。

エ 11冊，17冊のように，極端(きょくたん)に多くの本を読んだ人がいるから。

3 １辺の長さが9 cmの立方体があり，その表面を赤く塗(ぬ)ります。この立方体を図のように同じ大きさの27個の立方体に分割し，新しくできた全ての面を青く塗ります。

次に，27個できた立方体の各々を同じように27個に分割し，新しくできた全ての面を緑色に塗ります。

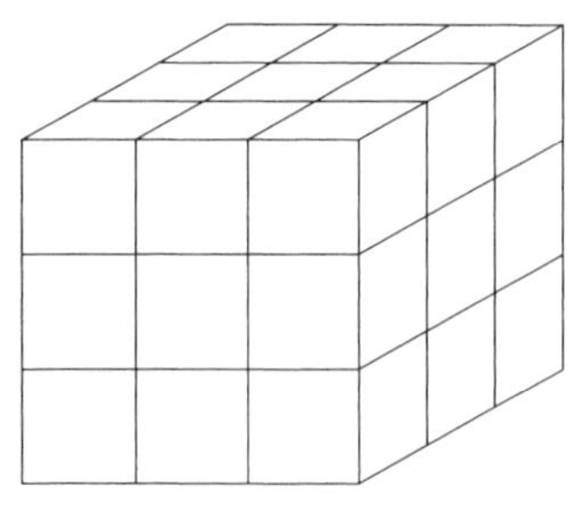

(1) 立方体の個数は何個ですか。また，その立方体の１辺の長さは何cmですか。

(2) 青く塗る部分の面積の合計は何cm^2ですか。

(3) 緑色に塗る部分の面積の合計は何cm^2ですか。

(4) 赤，青，緑色に塗られている部分の面積の比を最も簡単な整数の比で求めなさい。

4　Ａさんと Ｂさんはトライアスロンをしました。トライアスロンは水泳・自転車ロードレース・長距離(きょり)走の３種目を，この順番で連続して行うスポーツ競技です。今回は同時にスタートし，水泳を1.5km，自転車ロードレースを40km，長距離走を10km行います。Ｂさんの水泳の速さは分速50m，自転車ロードレースの速さは分速625m，長距離走の速さは分速250mとします。また，水泳はＡさんの方がＢさんより速いとします。下のグラフはＡさんとＢさんがスタートしてからの時間と，ＡさんとＢさんの間の道のりを表しています。ただし，グラフのXはＢさんがゴールした時間を表し，種目と種目の間の時間は考えないものとします。

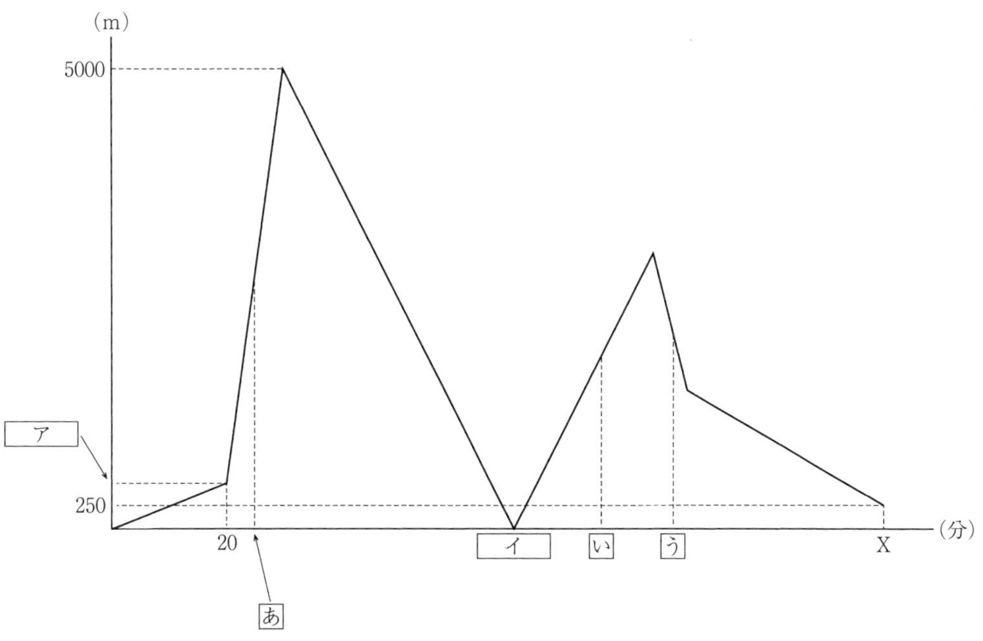

(1)　Ａさんの水泳の速さは分速何mですか。また，[ア]に当てはまる数を求めなさい。

(2)　Ａさんは[あ]，[い]，[う]のときどの種目をしているか，次の①～③の中からそれぞれ１つ選びなさい。

①　水泳　　②　自転車ロードレース　　③　長距離走

(3)　Ａさんの自転車ロードレースの速さは分速何mですか。

(4)　[イ]に当てはまる数を求めなさい。

(5)　ＡさんとＢさんの長距離走の速さの比を求めなさい。考え方や途中(とちゅう)の式も書きなさい。

【社　会】〈第１回試験〉（35分）〈満点：60点〉

1　**次の文章を読んで，あとの問いに答えなさい。**

みなさんは，「聖地巡礼」という(1)**言葉**をきいて，どのようなイメージをもちますか。もともとの意味は，(2)**宗教**にとっての聖地を訪れることです。このほかに，スポーツ選手のあいだでは，代表的な競技会場を「聖地」と表現することがあります。例えば高校サッカーでは(3)**国立競技場**，高校野球であれば(4)**甲子園球場**があげられます。そして近年の日本では，「聖地」という言葉が日本のアニメーション(以下，「アニメ」とする)文化と結びついています。アニメの舞台とされる場所が「聖地」とよばれ，日本各地の「聖地」を訪れる人たちが増えているのです。

以前から，ドラマなどの撮影地を訪れる人たちは多くいました。例えば大河ドラマでは，(5)**歴史**的な史実と照らし合わせることで，訪れるべき聖地がわかりやすいのです。2020年の大河ドラマ『麒麟がくる』が放送されると，主人公の(6)**明智光秀**の故郷である(7)**岐阜県**可児市などを訪れる観光客が増えました。これに対して，アニメの場合はどこを舞台にしているかということを，制作者側がほとんど公言しません。しかし，アニメにえがかれた背景をみて，実際の場所を探し出すファンがいます。それをインターネット上にアップロードすることで，さまざまな人がそれをみるようになり，訪れたいと思う人が増えていくのです。近年ではSNS(ソーシャル・ネットワーキング・サービス)の普及により，場所の特定や情報の広まりがさらに早くなりました。

このようなアニメの「聖地巡礼」のはじまりには諸説ありますが，世間に大きく注目されるきっかけとなったのは，2007年に放送された『らき☆すた』というアニメだといわれています。オープニング映像に出てくる風景が，(8)**埼玉県**久喜市のものであることをファンが特定したのです。この地域には多くのファンが訪れるようになり，大社である鷲宮神社の境内には，『らき☆すた』のキャラクターがえがかれた絵馬がたくさん飾られています。このように，ファンたちによって「聖地」が形作られ，広まっていくのです。

(9)**地方公共団体**や(10)**地元住民**による積極的な取り組みもみられます。2009年と2010年に放送された『けいおん！』というアニメでは，主人公たちが通う学校の舞台となった，滋賀県豊郷町の旧豊郷小学校が「聖地」となりました。最寄り駅から小学校までの道には，『けいおん！』のキャラクターがえがかれた「飛び出し坊や」が多数設置されています。「飛び出し坊や」とは，子どもの交通事故防止のために設置される人型の看板のことです。滋賀県は「飛び出し坊や」の発祥地であり，地元の(11)**企業**が地域振興に協力するために作成したのです。

また，2011年と2013年に放送された『たまゆら』というアニメでは，(12)**広島県**竹原市が舞台とされています。この地域では，竹原市や竹原市観光協会によって，各シーンの舞台となった場所を分かりやすくまとめた「聖地巡礼マップ」が作成されています。このように，ファンだけでなく地方公共団体や地元企業，地元住民の取り組みによって，「聖地」としての人気を高めようとしている地域もあります。

このような，アニメやドラマなどの舞台である土地を訪れる観光を，コンテンツツーリズムといいます。地方の人口減少や(13)**高齢化**が深刻化する現在の日本において，このような観光は地域振興に貢献すると考えられ，(14)**観光庁**など政府機関も注目しています。日本がほこるアニメ文化と地域が結びつくことで，今後も多くの「聖地」が生まれ，日本のコンテンツツーリズムを振興していくでしょう。

問１　下線部(1)について，1221年に後鳥羽上皇が北条氏を倒すために挙兵したことに動揺(どうよう)する御家人たちに対して，北条政子は御家人たちを集めて言葉をかけ，団結をうながしました。このとき北条政子が御家人たちに語りかけた言葉の一部として正しいものはどれですか。次から１つ選び，記号で答えなさい。

ア．君死にたまふことなかれ。

イ．御恩は山よりも高く海よりも深い。

ウ．為(な)せば成る，為さねば成らぬ何事も，成らぬは人の為さぬなりけり。

エ．この矢一本なれば，最も折りやすし。しかれども一つに束ぬれば，折り難し。

問２　下線部(2)について，あとの問いに答えなさい。

(1)　2018年に，九州のある地域でキリスト教を信仰(しんこう)することが禁止されていた時代の文化や伝統が，「潜伏(せんぷく)キリシタン関連遺産」として世界文化遺産に登録されました。この遺産に登録された地域は，どの県とどの県にまたがる地域ですか。次から１つ選び，記号で答えなさい。

ア．長崎県と宮崎県　　イ．長崎県と福岡県　　ウ．長崎県と熊本県

エ．大分県と宮崎県　　オ．大分県と福岡県　　カ．大分県と熊本県

(2)　1488年ごろから，現在の石川県にあたる加賀国では，仏教のある宗派の信者たちが地域の有力者たちと組んで守護をたおしました。この宗派を何といいますか。漢字で答えなさい。

問３　下線部(3)について，東京オリンピックの会場になった国立競技場について興味をもったＡさんと先生との会話を読み，あとの問いに答えなさい。

Ａさん「東京オリンピックの会場にもなった国立競技場の周辺には，昔は何があったのですか。」

先　生「それでは，昔の地形図をみてみましょう。」

Ａさん「1912年の地形図をみると，国立競技場とその周辺の場所には，※練兵場や陸軍大学など，軍に関係する施設(しせつ)があるとかかれています。」

先　生「その後，1932年の地形図をみると，この場所にはプールや公園があるとかかれています。」

Ａさん「何かしらの理由で，軍の施設がなくなったのですか。」

先　生「いいえ。本当は軍の施設があったのですが，日本軍がこれをかきかえて，存在を隠(かく)していたのではないかといわれています。」

Ａさん「どうしてそんなことをするのですか。」

先　生「当時の日本は戦争に備えて，地形図を戦争の相手国にみられてしまい，攻撃(こうげき)されることをおそれていたのです。そこで，もし攻撃されてしまうと勝敗に大きく影響(えいきょう)するような施設を隠したといわれています。」

Ａさん「地図が本当でないことをかいていた時代があったのですね。」

先　生「このようなかきかえは『戦時改描(せんじかいびょう)』とよばれていて，日本各地でおこなわれていたことが確認されています。練兵場や陸軍大学以外にも，［　　　］などが

戦時改描の対象となりました。」

※練兵場…兵士に対して，戦闘に必要な訓練をする場所のこと

会話文中の［　　］にあてはまるものとして，**まちがっているもの**はどれですか。次から１つ選び，記号で答えなさい。ただし次の土地利用はすべて当時実際に存在していたものです。

ア．兵器工場　　イ．浄水場　　ウ．油田　　エ．果樹園

問４　下線部**(4)**について，甲子園球場の近くには兵庫県の県庁所在地である神戸市があります。これについて，あとの問いに答えなさい。

(1)　神戸市は山と海に挟(はさ)まれた「坂の町」として知られています。神戸市のほかに，日本で同じように「坂の町」として知られ，有名な観光地となっている県庁所在地の都市はどこですか。次から１つ選び，記号で答えなさい。

ア．宮崎市　　イ．長崎市　　ウ．熊本市　　エ．秋田市

(2)　神戸市には観光名所として有名な六甲山があり，この山にはロープウェイで行くことができます。次の図は，このロープウェイの周辺の地形図です(図中のAB間は現在休止中)。A地点とB地点のうち標高が高いほうと，２地点の標高差の組み合わせとして正しいものはどれですか。下から１つ選び，記号で答えなさい。

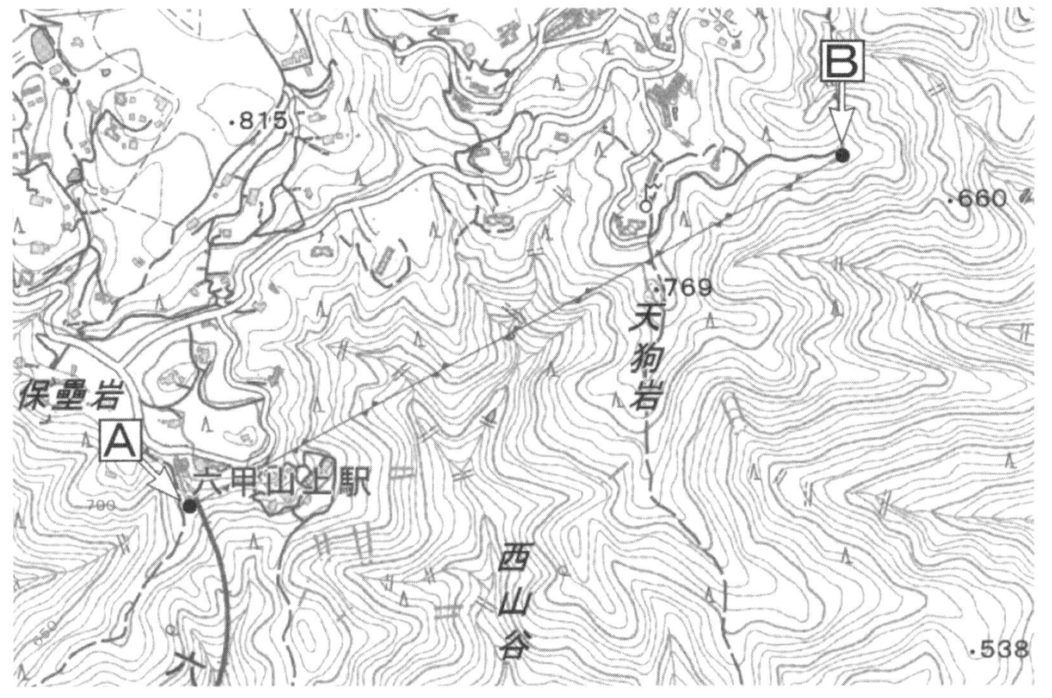

地理院地図より作成

	ア	イ	ウ	エ	オ	カ
高い地点	A	A	A	B	B	B
標高差	10～20m	50～60m	90～100m	10～20m	50～60m	90～100m

問５　下線部**(5)**について，過去の地図をみることで，その地域の歴史をひもとくことができます。

次の図1は，茨城県と千葉県の境界周辺の地図です。この県境の一部が，利根川からずれている理由は何ですか。1909年発行の同じ範囲の地図である**図２を参考にして**答えなさい。

今昔マップより作成

問６　下線部(6)について，1582年に明智光秀が織田信長を裏切り，自害に追い込んだ寺はどこですか。漢字で答えなさい。

問７　下線部(7)について，中部地方には「日本アルプス」と呼ばれる標高3000ｍ級の３つの山脈があります。このうち，岐阜県の北東部にある山脈として正しいものはどれですか。次から１つ選び，記号で答えなさい。

ア．赤石山脈　　イ．鈴鹿山脈　　ウ．飛驒山脈　　エ．越後山脈

問８　下線部(8)について，埼玉県深谷市には「ふっかちゃん」というイメージキャラクターがいます。このキャラクターがモチーフとしているこの地域の特産品の作物として正しいものはどれですか。次から１つ選び，記号で答えなさい。

ア．大根　　イ．ねぎ　　ウ．オレンジ　　エ．トマト

問９　下線部(9)について，あとの問いに答えなさい。

(1)　ある日の授業で，日本の各地方公共団体にある地名の由来について扱いました。次の文章は，このときのＡさんと先生との会話です。これを読み，あとの問いに答えなさい。

先　生「今日は地名の由来について学習してきました。では複数の市町村が合併してひとつになった場合，新しくできた市町村名はどうなると思いますか。」

Ａさん「人口が多い市町村の名前になると思います。」

先　生「なるほど。このほかの方法として，両方の市町村から一部の文字を取って合体させて新しい地名をつくる場合もあります。このようにしてできた地名を『合成地名』といいます。例えばこのようなものがあります。黒板をみてください。」

(先生の板書)
合成地名の例：東京都大田区　←東京市大森区＋蒲田区
　　　　　　　埼玉県八潮市　←埼玉県八幡村＋八条村＋潮止村

Ａさん「東京都や埼玉県の身近な地域にも合成地名があるのですね。」

先　生「東京都にある国立市の『国立』という地名は，1926年に開業した国立駅から取ったものです。市町村合併によるものではありませんが，合成地名のひとつです。どのような由来でつけられた地名でしょうか。この地域を走る中央線の駅名と開業年の一覧(表１)を参考にして，考えてみましょう。」

Ａさん「［　　　　］と思います。」

表１　国立駅周辺の中央線駅名と開業年

駅名	立川駅	国立駅	西国分寺駅	国分寺駅
開業年	1889年	1926年	1973年	1889年

会話文の内容と表１を参考にし，会話文中の［　　］にあてはまる文を答えなさい。

(2)　全国には，３つの都府県が交わる「三県境」といわれる場所がいくつかあります。埼玉県北東部の加須市にある三県境は，埼玉県，群馬県とどの県の境界になっていますか。次から１つ選び，記号で答えなさい。

ア．東京都　　イ．山梨県　　ウ．長野県　　エ．栃木県

問10　下線部⑽について，地方公共団体の住民は，ある一定の条件を満たすことで，地方公共団体に対して条例の制定や改正，廃止を請求することができます。この条件として正しいものはどれですか。次から１つ選び，記号で答えなさい。

ア．住民の50分の１以上の署名を集める。

イ．住民の３分の１以上の署名を集める。

ウ．住民のうち有権者の50分の１以上の署名を集める。

エ．住民のうち有権者の３分の１以上の署名を集める。

問11　下線部⑾について，日本ではかつて，さまざまな企業の活動によって公害病がおこりました。四大公害病のうち，富山県の神通川流域でおこった公害病を何といいますか。答えなさい。

問12　下線部⑿について，あとの問いに答えなさい。

⑴　広島県広島市は，アジア太平洋戦争末期に原子爆弾が落とされ，日本は降伏しました。それ以前のできごとを年代の古いものからならべて記号で答えなさい。

ア．アメリカ軍が沖縄に上陸し，地上戦がはじまった。

イ．陸軍の青年将校たちが大臣らを殺傷する，二・二六事件がおこった。

ウ．北京郊外の盧溝橋（ろこうきょう）で日中両軍がぶつかり，日中戦争がはじまった。

エ．日本の軍部が満州を占領（せんりょう）して満州国を建国させ支配する，満州事変がおこった。

⑵　広島県は，新幹線の駅が５つある県です。次の図は，広島県周辺における新幹線の路線図と県境をしめした模式図です。広島県と他県の県境をしめした組み合わせとして正しいものはどれですか。下から１つ選び，記号で答えなさい。

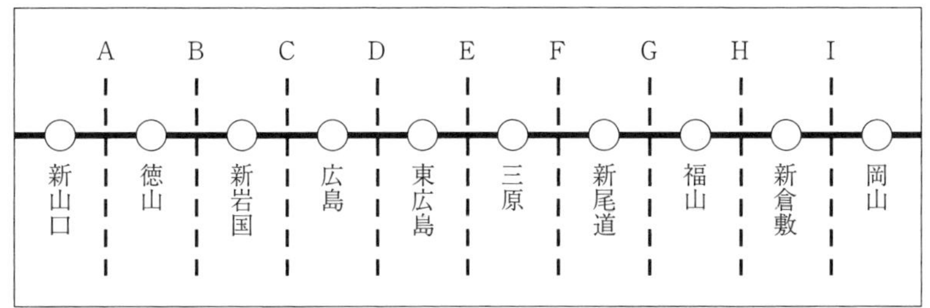

ア．AとF　　イ．BとG

ウ．CとH　　エ．DとI

問13　下線部⒀について，現在の日本の高齢化率は28%をこえています。このように，総人口に占める65歳以上の人の割合が21%をこえた社会を何といいますか。漢字で答えなさい。

問14　下線部⒁について，あとの問いに答えなさい。

⑴　観光庁などの行政機関では公務員とよばれる職員がはたらいています。公務員についてのべた次の文の空らんにあてはまる語句の組み合わせとして正しいものはどれですか。下から１つ選び，記号で答えなさい。

> 公務員は，（ ① ）の奉仕者（ほうししゃ）であって，一部の奉仕者ではないと日本国憲法に定められており，国民のため，（ ② ）の利益（りえき）のためにつくさなければならない。

	ア	イ	ウ	エ	オ	カ
①	共通	共通	全体	全体	公共	公共
②	全体	公共	共通	公共	共通	全体

(2) ある日の授業で，次のグラフを使って日本への観光客数の変化について考えました。このグラフは，2003年から2015年における，中国，韓国，香港，台湾それぞれから日本への観光客数の変化をしめしたものです。生徒たちはこのグラフからわかることを話し合いました。香港のグラフとして正しいものはどれですか。**4人の生徒たちの会話を参考にして**，下から１つ選び，記号で答えなさい。

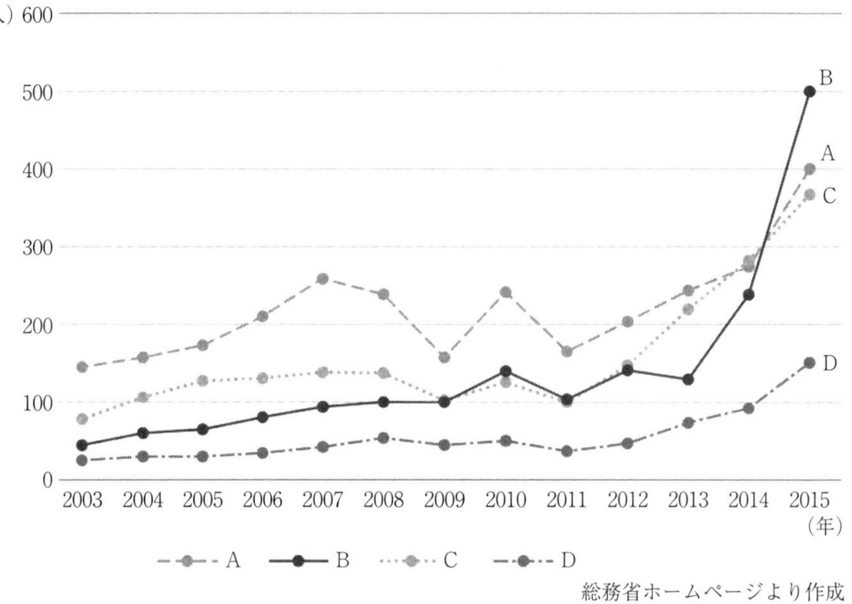

総務省ホームページより作成

生徒１「香港からの観光客数は，2011年以降は毎年増加しています。」
生徒２「中国からの観光客数は，2003年と2015年を比較すると，４つの国と地域のなかで最も観光客数の増加が多いです。」
生徒３「韓国からの観光客数は，2010年から2011年の間をみると，４つの国と地域のなかで最も大きく減少しています。」
生徒４「台湾からの観光客数は，2012年から2014年の間は中国からの観光客数を上回っています。」

ア．A　　イ．B　　ウ．C　　エ．D

2 **次の文章を読んで，あとの問いに答えなさい。**

2013年，「和食；日本人の伝統的な食文化」が(1)**ユネスコ無形文化遺産**に登録されました。(2)**農林水産省**のホームページには，和食の持つ４つの特徴(とくちょう)が挙げられています。(3)**新鮮(しんせん)で多様な食材を用い**，その持ち味が生かされている点，(4)**健康的な食生活**を支える栄養バランスに優れている点，自然の美しさや季節の移ろいが盛り付けに表現されている点，そして(5)**さまざ**

まな年中行事と深い関わりを持っている点です。このような和食がどのような経緯(けいい)をたどりながら形作られていったかをみていきましょう。

氷河期の時代から次第に温暖化が進むと，人間は野草や木の実，山菜も食べるようになりました。(6)**縄文時代になると土器が発明**され，食べられるものの範囲(はんい)が広がりました。縄文時代の後半には大陸から稲作が伝わり，弥生時代では(7)**米を主食としておかずを食べる食文化**が始まりました。

和食の歴史の中で重要な意味を持ったのが(8)**飛鳥時代から奈良時代**にかけてです。675年に(9)**天武天皇**が肉食禁止令を発布したことで，魚から動物性たんぱく質をとり，大豆から植物性たんぱく質をとるという健康的な食文化が形成されるようになりました。

(10)**平安時代**には，公家が客人をもてなす料理様式として大饗(だいきょう)料理が生まれました。(11)**室町時代には武家社会でありながら公家との交流が盛んになり，そうしたなかで武士が客人をもてなす様式として本膳(ほんぜん)料理が登場しました**。このころから(12)**昆布(こんぶ)・鰹節(かつおぶし)**による出汁(だし)の使用がはじまりました。安土桃山時代には作法にあまりしばられず，お茶を飲む前に料理を楽しもうという考えから懐石(かいせき)料理が生まれました。

(13)**江戸時代には，全国の流通網(もう)が整う**にしたがって食料が手に入りやすくなり，各地に料理屋が登場しました。ここで酒を飲みながら食事を楽しむ会席料理が提供されるようになりました。１日３食という現代と同じ食習慣はこの時代に定着しました。

(14)**明治時代**になると西洋文化が流入し，長年，肉食を禁じてきた決まりが1871年に解かれ，肉食をさける食文化が終わりました。食生活はしだいに西洋化していき，(15)**大正時代には海外の料理を日本の食習慣に合うように工夫して作られるようにもなりました**。

第二次世界大戦のころは深刻な食料不足から和食文化は一旦衰退(いったんすいたい)しますが，戦後の(16)**高度経済成長期**には低温輸送や冷蔵庫の普及(ふきゅう)が進み，新鮮な肉・魚・野菜以外に，肉加工品・乳製品が手に入りやすくなりました。昭和時代の終わりころになるとインスタント食品が普及し，和食は新たな展開を見せ，そして現在に至っています。

和食の歴史をみていくと，(17)**肉食が禁止されてから，少しでもおいしくなるように，また食べる人に喜んでもらえるように工夫してきた**ことがわかります。この和食をより身近に手軽に食べる機会を増やすとしたら，みなさんはどのような取り組みを考えますか。

問１　下線部(1)について，次の文は，無形文化遺産に登録されている古典芸能についてのべたものです。２つの文の正しい・まちがいの組み合わせとして正しいものはどれですか。下から１つ選び，記号で答えなさい。

> Ｘ：能楽は室町時代に観阿弥・世阿弥により完成し，応仁の乱をきっかけにして地方へと伝わった。
> Ｙ：人形浄瑠璃は江戸時代前半の町人文化の一つとして生まれ，近松門左衛門は『奥の細道』など数多くの脚本(きゃくほん)を書いた。

〈組み合わせ〉

ア．Ｘ－正しい　　Ｙ－正しい　　イ．Ｘ－正しい　　Ｙ－まちがい
ウ．Ｘ－まちがい　Ｙ－正しい　　エ．Ｘ－まちがい　Ｙ－まちがい

問２　下線部(2)について，日本には内閣府以外に，農林水産省を含(ふく)めた12の省庁があります。そ

のうち，国の予算づくりや，国の税金の仕組みづくりをする省庁は何ですか。漢字で答えなさい。

問３　下線部(3)について，和食の食材が豊富な理由の１つとして，日本の豊かな自然環境（かんきょう）があげられます。日本の自然環境を説明した文として**まちがっているもの**はどれですか。次から１つ選び，記号で答えなさい。

ア．日本に多くあるリアス海岸の湾（わん）や入り江（え）は波がおだやかであり，三重県の志摩半島では真珠（しんじゅ）の養殖（ようしょく）がさかんにおこなわれている。

イ．日本は太平洋をとりまく環太平洋造山帯のなかにあり，国土の約70％を山地が占（し）めているため，四季折々の山の幸がとれる。

ウ．三陸海岸沖には暖流の対馬海流と寒流の千島海流がぶつかる潮目があり，マグロやサケといった異なった環境にすむ魚をとることができる。

エ．日本は南北に細長く，北は冷帯の北海道から南は亜（あ）熱帯の沖縄県までさまざまな気候があり，つくられる野菜の種類が豊富である。

問４　下線部(4)について，日本国憲法第25条には「すべて国民は，健康で文化的な最低限度の生活を営む権利を有する」とあります。この条文をもとに，生活に困っている人に生活費や医（い）療（りょう）費などを援助（えんじょ）する制度を何といいますか。答えなさい。

問５　下線部(5)について，年中行事の１つに７月７日の七夕があり，各地で七夕まつりが開かれます。なかでも，宮城県の「仙台七夕」は戦国時代から続く伝統行事としても受け継（つ）がれています。次の文章は，宮城県を含む東北地方についてのべたものです。二重下線部の内容として**まちがっているもの**はどれですか。次から１つ選び，記号で答えなさい。

(ア)**奥羽山脈**が南北に走り，日本海側では(イ)**南東**から季節風の影響（えいきょう）で冬に雪が多い。冬場に積雪で農作業が難しいため，(ウ)**山形県**の庄内平野は米の単作地帯となっている。工業は伝統工業として発展しているものが多く，たとえば(エ)**岩手県**の盛岡市は南部鉄器，青森県の弘前（ひろさき）市は津軽塗（つがるぬり）で有名である。

問６　下線部(6)について，縄文時代の遺跡から土器以外に貝塚が発見されています。貝塚には食べるにしては小さい巻貝の貝殻（かいがら）が大量に堆積（たいせき）しており，なかには明らかに火を通したあとがみられる貝の身が発見された貝塚もあります。身を食べるには適さないような貝を大量に採っていた理由としてどのようなことが考えられますか。**土器が発明されたことでどんなことが可能になるのか**を考えに入れて答えなさい。

問７　下線部(7)について，中国の歴史書にこのころから日本では魚を刺身（さしみ）で食べていた記録が残っています。このように中国の歴史書を通して当時の日本について知ることができます。ある歴史書には，３世紀ころに当時の日本で力を持った女性が中国に使いを送り，「親魏倭王」の称号（しょうごう）と銅鏡などを受け取ったと記録されています。この女性はだれですか。漢字で答えなさい。

問８　下線部(8)について，次の写真は法隆寺金堂釈迦三尊像（しゃかさんぞんぞう）です。この仏像の※光背（こうはい）の裏面に下のような銘文（めいぶん）が刻まれています。これについてあとの問いに答えなさい。なお，銘文は読みやすいように直してあります。

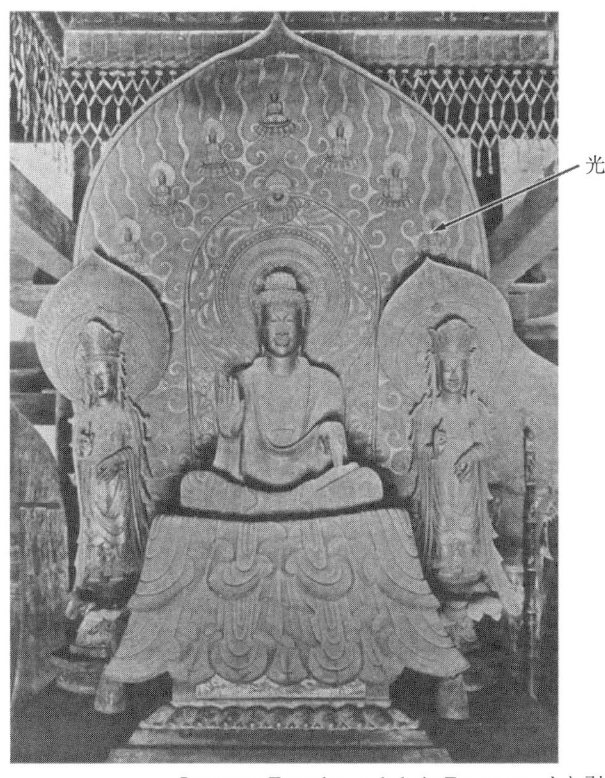

Japanese Temples and their Treasures より引用

※光背…宗教美術において，神仏から発する光を視覚的に表現したもの

> (略) …621年12月に鬼前太后(かみさきのおおきさき)が亡くなり，翌年の正月22日，**上宮法皇**(じょうぐうほうおう)と干食王后(かしわでのおおきみ)とが相次いで病気となった。そこで，王后(おおきみ)・王子(みこ)たちは諸臣とともに深く愁(うれ)いて，ともに願いをおこした。仏教の教えに従って，上宮法皇と等身の釈迦像をつくり，病気がなおり，長生きし，安心した生活を送れるよう祈(いの)った。この願いがかなわなかった場合は，浄土(じょうど)にのぼることを祈った… (略)

(1) 銘文にある「上宮法皇」は推古天皇の摂政として政治をおこなった人物です。この人物はだれですか。答えなさい。

(2) 銘文がつくられたのちの奈良時代では，仏教は社会の不安を取り除いて国の平安を祈る教えとなりましたが，銘文がつくられた当時の仏教はより現実的なことを祈る教えでした。具体的にはどのようなことを祈る教えでしたか。**銘文の内容を参考にして**答えなさい。

問９　下線部(9)について，天武天皇は前の天皇の子どもと跡継(あとつ)ぎをめぐって争い，勝利して即位(そくい)しました。この争いを何といいますか。答えなさい。

問10　下線部(10)について，この時代，「蘇(そ)」「酪(らく)」「醍醐(だいご)」などの乳製品が貴族のあいだで流行しました。練乳，バター，チーズにあたるものと考えられています。乳製品を生産する酪農は北海道でさかんにおこなわれています。次の地図中のある地域は濃霧(のうむ)により稲作・畑作に適さず，1950年代に国がおこなうパイロットファーム(実験農場)事業で開拓(かいたく)され，今では大酪農地帯となっています。火山灰土や泥炭地(でいたんち)が広がっているこの場所を何といいますか。漢字で答えなさい。また，あわせてその地形に当たる場所を次の地図中から１つ選び，記号で答

えなさい。

問11　下線部⑾について，社会科の授業で，各グループごとに室町時代の有力守護になりきり，８代将軍足利義政をもてなすことを考えました。次の文章は，あるグループが出したおもてなし案です。二重下線部の内容として**まちがっているもの**はどれですか。**当時の文化の特徴を考え**，次から１つ選び，記号で答えなさい。

私たちのグループは，将軍を(ア)**書院造**の別荘(べっそう)に招待します。床(とこ)の間を生け花と(イ)**水墨画**(すいぼくが)で飾(かざ)り，鑑賞(かんしょう)してもらいながら(ウ)**茶**を楽しんでもらいたいと思います。そのあとで食事会を開いて，合間に，(エ)**歌舞伎**をみてもらってもてなしたいと思います。

問12　下線部⑿について，昆布や鰹節は干して乾燥(かんそう)させることで重さやかさが減るため，遠くへ輸送しやすくなります。輸送手段によっては，食べ物を遠くに運ぶことで温室効果ガスが排出(はいしゅつ)され環境への負荷が大きくなります。この環境への負荷を知るための指標の一つに「フードマイレージ」というものがあります。たとえば，フィリピンから日本に輸入したバナナ１本(100グラムとした場合)にかかわるフードマイレージの計算方法は次のようになります。

輸入する国との輸送距離(きょり)(キロメートル)×輸入量(トン) ＝フィリピンから日本までの距離(キロメートル)×バナナの重量(トン) ＝2566(キロメートル)×0.0001(トン) ＝0.2566(キロメートル・トン)

この計算方法を考えに入れて，次の文章を読み，あとの問いに答えなさい。

輸送の点から考えると，フードマイレージの数値が［　X　］商品を購入(こうにゅう)することは，地球環境への負荷が小さくなるといえます。また，**地域で生産された食材を地域で食べる**ことにより，多くの食料を海外からの輸入に頼(たよ)っている日本では食料自給率が

Y ，農村地域が活性化することにもつながります。

(1) 文章中の空らんにあてはまる語句の組み合わせとして正しいものはどれですか。次から１つ選び，記号で答えなさい。

ア．X─大きい　Y─上がり　　イ．X─大きい　Y─下がり

ウ．X─小さい　Y─上がり　　エ．X─小さい　Y─下がり

(2) 文章中の下線部を何といいますか。**漢字４字**で答えなさい。

問13　下線部⒀について，江戸時代には江戸と主要都市を結ぶ五街道が整備されました。五街道は，次の図のように日本橋から南北に伸びています。地図のなかで北に伸びる街道として**まちがっているもの**はどれですか。下から１つ選び，記号で答えなさい。

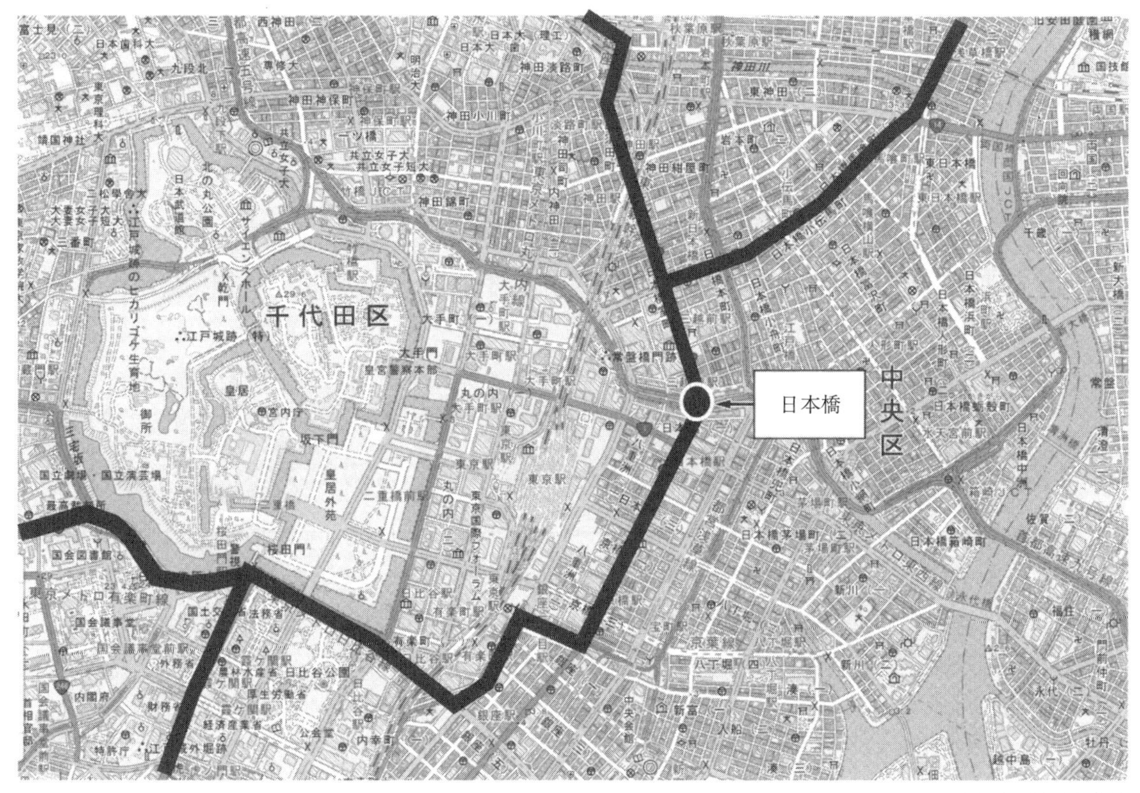

国土地理院より作成

ア．日光街道　　イ．甲州街道　　ウ．中山道　　エ．奥州街道

問14　下線部⒁について，この時代におこなわれた廃藩置県以前の国名は，現在でも食べ物の名前に多く残っています。食べ物と都道府県との組み合わせとして**まちがっているもの**はどれですか。次から１つ選び，記号で答えなさい。

ア．さつまいも─鹿児島県　　イ．讃岐うどん　─愛媛県

ウ．出雲そば　─島根県　　エ．むつ(りんご)─青森県

問15　下線部⒂について，このとき流行した料理のなかにカレーライスがあります。具材としてはジャガイモ，ニンジン，タマネギなどの西洋野菜が定番となりました。次の表は，これらの野菜の生産量上位３位までの都道府県と，その生産量と割合をしめしたものです。ジャガイモ，ニンジン，タマネギに**あてはまらないもの**はどれですか。次から１つ選び，記号で答

えなさい。

ア．

	生産量(トン)	割合(%)
北海道	164,000	28.6
千葉県	109,000	19.0
徳島県	49,000	8.5
全国	574,000	100.0

イ．

	生産量(トン)	割合(%)
北海道	1,742,000	77.1
長崎県	97,000	4.3
鹿児島県	92,000	4.1
全国	2,260,000	100.0

ウ．

	生産量(トン)	割合(%)
北海道	717,000	62.1
佐賀県	118,000	10.2
兵庫県	96,000	8.3
全国	1,155,000	100.0

エ．

	生産量(トン)	割合(%)
茨城県	34,000	23.3
宮崎県	28,000	19.2
高知県	14,000	9.6
全国	146,000	100.0

『日本国勢図会 2020/21』『データブック オブ・ザ・ワールド 2021』より作成

問16　下線部⒃について，高度経済成長期の1950年代から70年代のできごとを年代の古いものからならべて記号で答えなさい。

ア．日本が国際連合に加盟した。

イ．沖縄県が日本に復帰した。

ウ．朝鮮戦争による特需(とくじゅ)景気がおこった。

エ．はじめて東京でオリンピックが開かれた。

問17　下線部⒄について，**問題文を参考にして**，あとの問いに答えなさい。

⑴　どのくらいの期間，肉食をさける食文化が日本では続いてきたと考えられますか。次から１つ選び，記号で答えなさい。

ア．約500年間　　イ．約800年間　　ウ．約1000年間　　エ．約1200年間

⑵　和食のなかには精進料理というものがあります。日本で現在調理されている精進料理は，中国で禅宗(ぜんしゅう)を学び，帰国後に曹洞宗(そうとうしゅう)を開いた道元が説いた食に対する教えがもとになっているといわれています。道元によって広まった精進料理は和食の歴史のなかでいつ登場しますか。次から正しいものを１つ選び，記号で答えなさい。

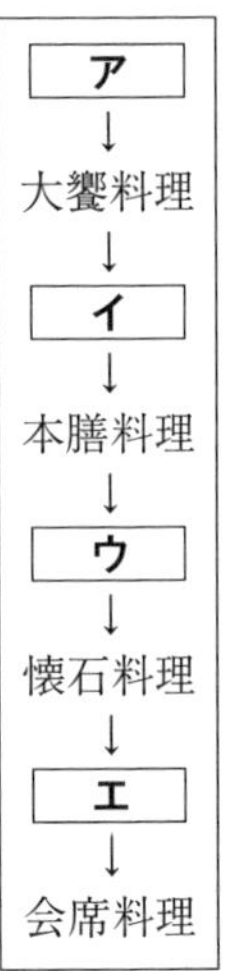

【理　科】〈第１回試験〉（35分）〈満点：60点〉

1　**次の文章を読み，以下の問いに答えなさい。**

一太郎　ねえねえ，富士子ちゃん！　この絵(図１)を見て！　ＡとＢのタイルのうち，どっちの方が暗く見える？

富士子　いきなりどうしたのよ。どう見たってＡに決まってるじゃない。

一太郎　不思議だよね。うんうん。

富士子　なになに。どういうこと？

一太郎　実はこれ，「チェッカーシャドウ錯視(さくし)」って呼ばれている有名な絵なんだけど，Ａのタイルも Ｂのタイルも全く同じ色なんだ。

富士子　そんなわけないじゃない。ほんと，一太郎はすぐにだまされるんだから。

一太郎　本当だよ！　試しにこの絵を切って，ＡとＢのタイルをつなげてみなよ。

富士子　…本当だ。

一太郎　人の感覚って不思議だよね。他にも何か感覚を使った面白い現象はないかな。

富士子　人の感覚といえば，視覚，聴覚(ちょう)，［　①　］覚，［　②　］覚，［　③　］覚は五感とよばれていて有名よね。

一太郎　五感の他にも，痛みを感じる痛覚とか，あたたかさを感じる温覚などもあるよね。

富士子　たしかに！　いろいろ調べてみると面白そうね。さっきの錯視とはちょっと違(ちが)うけど，前に小学校の科学教室でミラクルフルーツという小さな実を食べた後に，レモンをかじったら，酸っぱいどころか甘(あま)く感じたの！　自分の［　①　］覚がおかしいのかと思ったけど，周りの子もみんな同じように感じるって言ってたわ。

一太郎　面白い！　同じ刺激(しげき)なのにどうしてだろうね。生まれたばかりの赤ちゃんの脳の活動を調べると，光による視覚への刺激や，音による聴覚の刺激よりも，指に振動を与えるなどの［　②　］覚への刺激の方が，脳は活発に活動するらしいよ。

富士子　へえー！　面白い！　でも，感覚と脳って関係あるの？

一太郎　そりゃもちろん。目や耳や皮膚(ふ)などのように刺激を受けとる器官は，「神経」っていう刺激を伝えるケーブルみたいな細胞(さいぼう)で脳につながっていて，脳に刺激が伝わると，そこではじめて「見えた」とか「聞こえた」，「なにかにさわった！」って感じるんだ。さっきの錯視は，白と黒のタイルが交互(こうご)に並べられていることや，影(かげ)になっている部分の本来の色はもっと明るいとぼくたちが普段の経験から知っていることから，脳が勘(かん)違いをして違う色に見えているのではないかって考えられているんだって。

富士子　脳が勘違いすることなんてあるのね！　でも，確かに幻覚や夢が見えることもあるものね。

一太郎　存在しないものが見えることもあるってことだね。あんまりにも怖(こわ)がっていたらおばけが本当に見えるかもよ？

富士子　本当にやめてください。

出典：Edward H.Adelson（2005年）“Checkershadow Illusion”

図１

問１　[①]，[②]，[③]にあてはまる言葉をそれぞれひらがなで答えなさい。

一太郎　ぼく，視覚のことが気になっていろいろ調べてみたんだけど，もう一つ実験に協力してもらっていいかな？

富士子　私で実験しようなんていい度胸じゃない。いいわよ。

一太郎　ありがとう。ヒトの目の内側には光を感じることのできる細胞が集まっている網膜(もうまく)というつくりがあるんだけど，その光を感じることのできる細胞の中にも「色を感じる細胞」と「明るさを感じる細胞」があるんだ。ちょっとこの図を見てくれるかな(図２)。

富士子　うう…図の見方が難しいわね。これ，目のXの部分の近くには「色を感じる細胞」がたくさんあるけど，「明るさを感じる細胞」はむしろそこから少しはなれた周りの部分の方が多いってこと？

一太郎　すごい！　そういうことだよ！　これが本当かどうか確かめるために一つ実験をしてみたいんだ。富士子ちゃん，そこのイスに座ってまっすぐ前を見つめて。横を見たりしちゃだめだよ。ぼくが今から富士子ちゃんの横の見える範囲(はんい)ギリギリのところに立ってペンをかざすから，どんなふうに見えるか答えてよ！

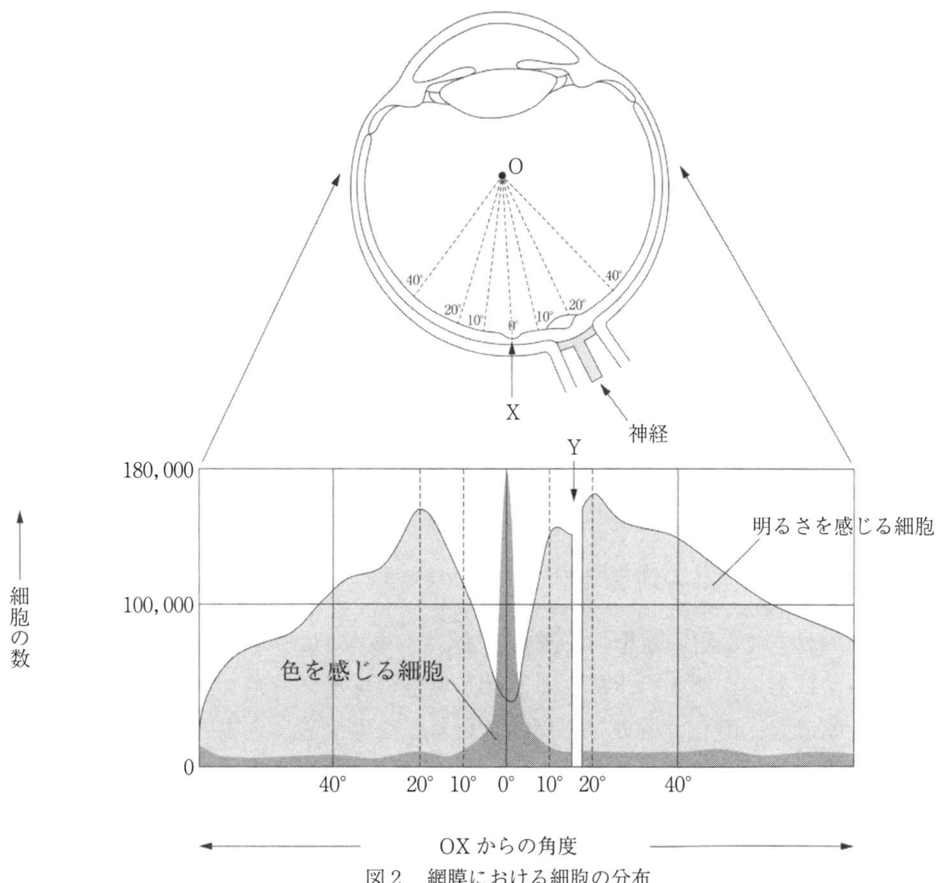

図２　網膜における細胞の分布

問２　図２に示される目のつくりのうち，目に入る光を屈折させ，網膜に像を結ばせるはたらきをもっている「水晶(しょう)体」はどれですか。解答用紙の図のあてはまる部分を黒くぬりつぶしなさい。

問３　図２はヒトの眼球を頭上から見たときの横断面図ですが，この眼球は右目と左目のどちらか答えなさい。また，そう判断した理由も説明しなさい。文章だけでも，簡単な図をそえて説明してもどちらでも構いません。

問４　図２のＹに示されるように，ヒトの目にはＸの近くであっても光を感じることができる細胞がない部分があり，その部分に映ったものを見ることはできません。この部分を何と言うか，その名称(しょう)を答えなさい。

問５　二人の実験の結果はどのようなものになると考えられますか。図２の情報を参考に考え，予想される結果を次の中から１つ選び，記号で答えなさい。

ア．富士子には普(ふ)段，目の前でものを見るときと同じようにペンが見える。

イ．富士子には，一太郎がものをもっていることはわかるが，その色まで判断するのは難しい。

ウ．富士子には，一太郎がものをもっているかいないかがわからないが，その色ははっきりと判断することができる。

エ．富士子には，一太郎がものをもっているかいないかがわからず，その色についても判断するのは難しい。

問６　二人の会話の内容から分かることとして正しいものをすべて選び，記号で答えなさい。

ア．「感覚」とは，一般的に目や耳などのようにその刺激を受け取る器官があり，それらが受け取った刺激を脳へと伝えることによって生じるものである。

イ．たとえ，光や音などの刺激がなくても，普段その刺激の情報が伝わる脳の部分がはたらけば「見えた」，「聞こえた」と感じることがある。

ウ．たとえ，同じ刺激であったとしても，その刺激を受け取る器官の状態によって，生じる「感覚」は変わることがある。

エ．器官が刺激を受ければ，必ず何かしらの「感覚」が生じる。

問７　外からの刺激への反応は動物だけでなく植物にも見られます。その代表的なものに「光への反応」があげられますが，植物のどのような変化から光へ反応していることがわかりますか。「大きくなる」以外に例を１つあげ，簡単に説明しなさい。

2　**以下の問いに答えなさい。**

次の文章は，様々な気体の性質をまとめたものです。

A．光合成の材料で，石灰水を白く濁(にご)らせる。［　あ　］にうすい塩酸を加えると発生する。
B．鼻をさすにおいがする。水によく溶(と)け，無色のフェノールフタレインを赤色にする。
C．過酸化水素と二酸化マンガンを反応させると発生する。金属のさびをつくる。
D．気体の中で最も軽く，水に溶けにくい。火を近づけるとポンと音を出して燃える。
E．石油ストーブをつけ，不完全燃焼が起こるとこの気体が生じる。吸い込むと血液中の酸素を不足させ，中毒が起きることがあるので，たびたび換(かん)気が必要である。
F．鼻をさすにおいがする。水道水やプールの消毒に使われる。
G．地球の上空にはこの気体の層があり，生物に有害な紫(し)外線を防いでいる。フロンガスによって，この層(特に南極上空)が薄くなることが問題視されている。

問１　E～Gにあてはまる気体として正しいものをそれぞれ次の中から１つ選び，記号で答えなさい。

ア．水素　　イ．ヘリウム　　ウ．酸素
エ．オゾン　　オ．窒(ちっ)素　　カ．二酸化炭素
キ．一酸化炭素　　ク．塩素　　ケ．アンモニア

問２　文中の［あ］にあてはまるものとして正しいものを次の中からすべて選び，記号で答えなさい。

ア．貝がら　　イ．チョーク　　ウ．大理石
エ．水酸化ナトリウム　　オ．重曹(そう)　　カ．鉄
キ．金　　ク．銀　　ケ．銅

問３　発生した気体Bを集める方法と，気体Bを水に溶かしてリトマス紙につけたときのリトマス紙の色の変化として正しいものを次の中から１つ選び，記号で答えなさい。

	気体Ｂを集めるときの方法	リトマス紙の色の変化
ア	上方置換法	青色リトマス紙が赤色に変化する
イ	下方置換法	青色リトマス紙が赤色に変化する
ウ	水上置換法	青色リトマス紙が赤色に変化する
エ	上方置換法	赤色リトマス紙が青色に変化する
オ	下方置換法	赤色リトマス紙が青色に変化する
カ	水上置換法	赤色リトマス紙が青色に変化する

気体Ｃについて以下のような実験をしました。
５％の過酸化水素水 50cm^3 に二酸化マンガンの粉末１ｇを入れ，気体Ｃを発生させた。
図は実験開始後の時間と気体Ｃの発生量を表している。

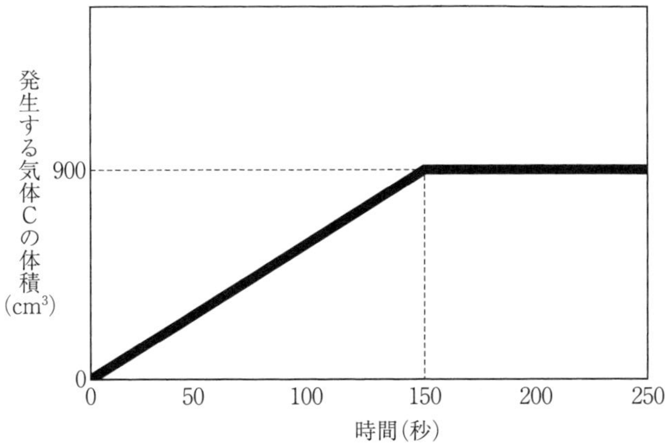

図　過酸化水素水と二酸化マンガンの反応にかかる時間と発生する気体Ｃの体積の関係

問４　上の実験について，(1)～(3)の問いに答えなさい。

(1)　150秒後に気体Ｃの発生が止まったのはなぜですか。簡単に理由を答えなさい。

(2)　５％の過酸化水素水 50cm^3 に二酸化マンガンの粉末３ｇを入れたとき，気体Ｃの発生が止まるまでにかかる時間と気体Ｃの発生量はどうなると考えられますか。次の中から正しい組み合わせを１つ選び，記号で答えなさい。

	気体Ｃの発生が止まるまでにかかる時間	気体Ｃの発生量
ア	増える	増える
イ	変化しない	増える
ウ	減る	増える
エ	増える	変化しない
オ	変化しない	変化しない
カ	減る	変化しない
キ	増える	減る
ク	変化しない	減る
ケ	減る	減る

(3)　以下の①，②の条件で実験を行ったときに発生する気体Ｃについて，発生が止まったと

きの体積を答えなさい。

① ５％の過酸化水素水 100 cm³ に二酸化マンガンの粉末１ｇを入れたとき

② 10％の過酸化水素水 100 cm³ に二酸化マンガンの粉末２ｇを入れたとき

問５　東京オリンピックの開会式では聖火の燃料として気体Ｄが使われました。選手村の晴海フラッグでは，燃料電池(気体Ｄと気体Ｃから水を発生させ発電する電池)を搭載(とうさい)したバスが走り，各部屋にもENEOS(エネオス)社製のエネファームという家庭用燃料電池を設置しました。気体Ｄを燃料として使うことは地球環境を守ることにもつながると考えられており，世界から注目が集まっています。

下線部について，なぜこのように考えられているのでしょうか。現在の日本で最も多く行われている発電方法と比較(かく)し，環境問題の具体的な名称(しょう)をいれて理由を答えなさい。

3 **次の文章を読んで，以下の問いに答えなさい。ただし，答えが割り切れない場合は，小数第２位を四捨五入して小数第１位までで答えなさい。**

2021年のある日，ある島で大きな地震(じしん)が発生しました。この地震をＡ～Ｅの５つの地点で観測した結果，表１のようになりました。この地震の震源(しんげん)の深さは36 km でした。

表１

	震源からの距離(きょり)	小さなゆれが始まった時刻	大きなゆれが始まった時刻
Ａ地点	84 km	14時36分24秒	14時36分31秒
Ｂ地点	120 km	14時36分30秒	14時36分40秒
Ｃ地点	144 km	14時36分34秒	14時36分46秒
Ｄ地点	①	14時36分20秒	14時36分25秒
Ｅ地点	②		③

地震が発生すると，震源で小さなゆれを起こす地震波と大きなゆれを起こす地震波の２種類の波が発生し，それぞれが一定の速さで地中を伝わっていきます。

問１　表１の結果から，小さなゆれを起こす地震波の速さは何 km/秒ですか。

問２　表１の結果から，大きなゆれを起こす地震波の速さは何 km/秒ですか。

問３　地震が発生した時刻を求めなさい。

Ｄ地点とＥ地点を示した地図は図１のようになり，震源の真上をＸ地点とします。Ｄ地点とＸ地点とＥ地点は一直線上にあります。そしてＸ地点の断面図は図２のようになり，震源の位置を震源Ｚとします。

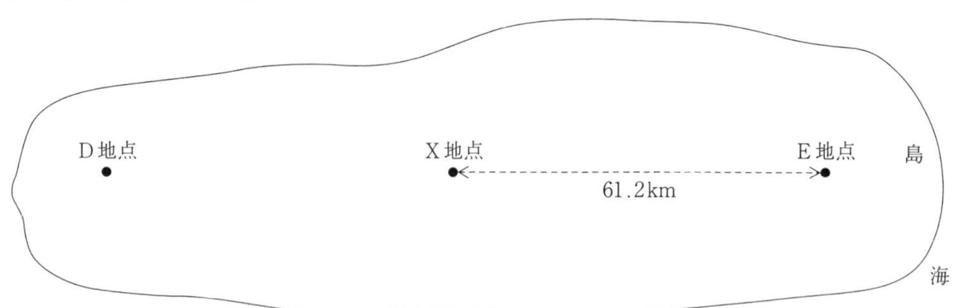

図１

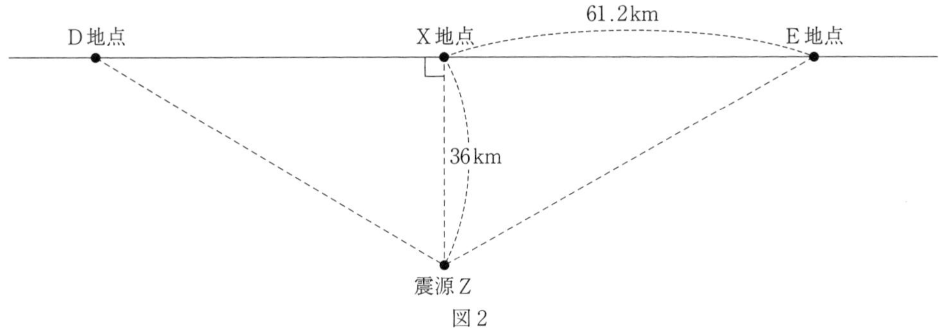

図2

問4　D地点と震源Zの距離(表1の①にあてはまる値)は何kmになりますか。

問5　D地点とX地点の距離は何kmになりますか。必要があれば，次の直角三角形の辺の長さの比を用いなさい。

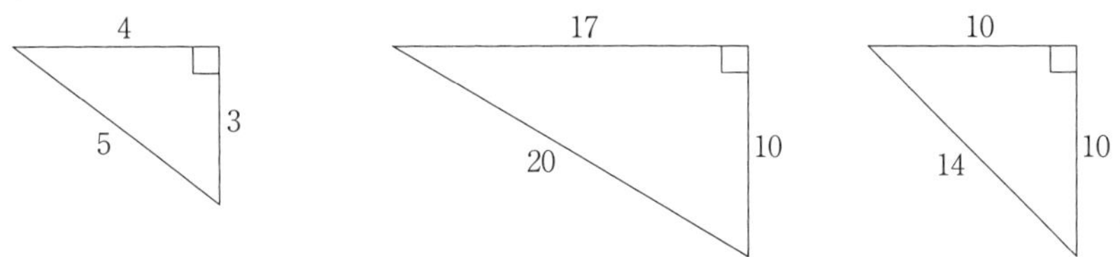

問6　E地点と震源Zの距離(表1の②にあてはまる値)は何kmになりますか。必要があれば，問5で与えられた直角三角形の辺の長さの比を用いなさい。

問7　E地点で大きなゆれが始まった時刻(表1の③)を求めなさい。

4　**次のⅠ～Ⅲの問いに答えなさい。ただし，物体や糸に摩擦ははたらかないものとします。また，答えが割り切れない場合は，小数第3位を四捨五入して小数第2位までで答えなさい。**

Ⅰ　図1のように，水平面に対して30°傾けた斜面上に糸を取り付けた物体を置き，糸をかっ車に通してばねはかりに取り付けました。このとき，物体の重さとばねはかりが示す値の関係は表1のようになりました。

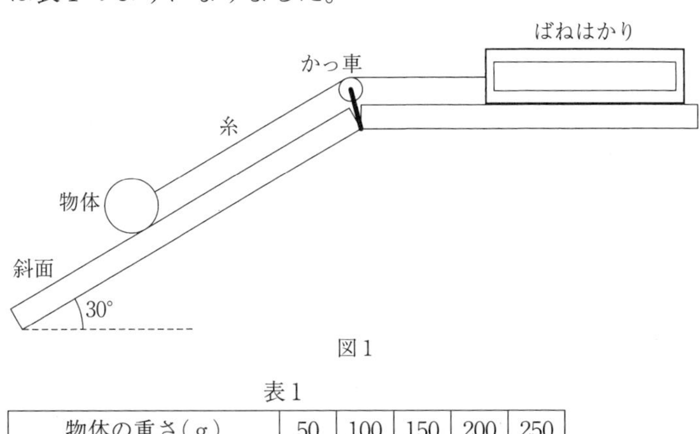

図1

表1

物体の重さ(g)	50	100	150	200	250
ばねはかりが示す値(g)	25	50	75	100	125

問1　物体の重さが120gのとき，ばねはかりは何gを示しますか。

図１の斜面の角度を図２のように60°に変えると，物体の重さとばねはかりが示す値の関係は表２のようになりました。

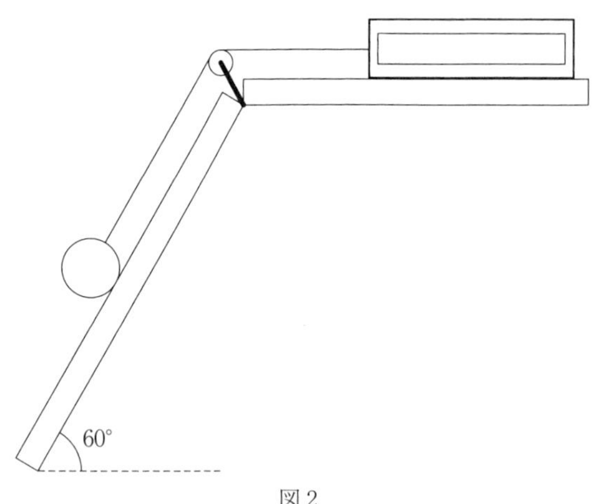

図２

表２

物体の重さ(g)	50	100	150	200	250
ばねはかりが示す値(g)	43.25	86.5	129.75	173	216.25

問２　物体の重さが120gのとき，ばねはかりは何gを示しますか。

図３のように，水平面に対して30°と60°傾けた斜面上に糸でつないだ物体A，Bを置き，糸をかっ車に通して静かにはなすと物体A，Bは静止しました。このとき，物体Bの重さは200gでした。

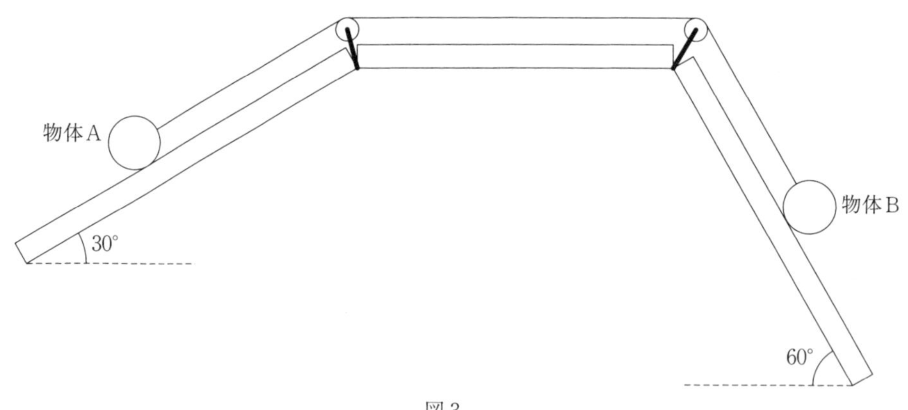

図３

問３　物体Aの重さは何gですか。

Ⅱ　弦(げん)，ことじ，かっ車，物体を用いて図４のような実験装置を作りました。弦をはじくと図５のように弦が振動(しんどう)し，周囲の空気に振動が伝わります。私たち人間はこの振動を音として認識します。この弦が１秒間に100回振動していると振動数が100Hz(ヘルツ)の音，１秒間に200回振動していると振動数が200Hzの音が聞こえます。私たち人間は振動数が大きいほど，高い音として聞こえます。

※Hzは振動数の単位です。

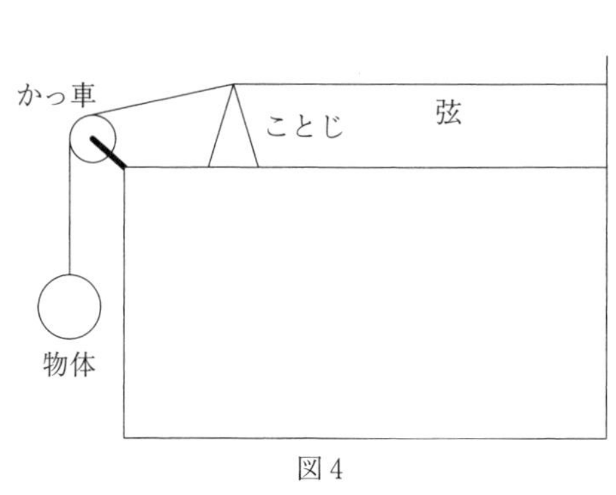

図4

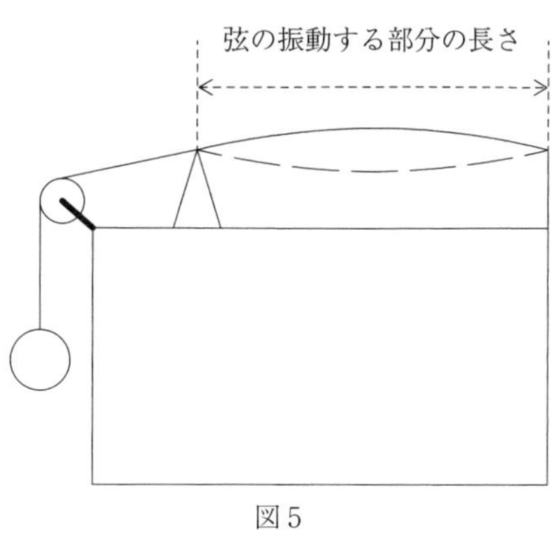

図5

物体の重さと弦の振動する部分の長さをいろいろ変えて実験したところ，表3の結果が得られました。

表3

物体の重さ(g)	50	50	50	200	200	200	800	800	800
弦の振動する部分の長さ(cm)	30	40	50	30	40	50	30	40	50
音の振動数(Hz)	120	90	72	240	180	144	480	①	288

問4　表3の①にあてはまる値を答えなさい。

問5　弦の振動について述べた次の文章中の［②］～［③］に入る語句の組み合わせを，下のア～エから1つ選び，記号で答えなさい。

図5のように弦を振動させたとき，物体の重さが［　②　］ほど，また弦の振動する部分の長さが［　③　］ほど，高い音が聞こえます。

	②	③
ア	軽い	短い
イ	軽い	長い
ウ	重い	短い
エ	重い	長い

Ⅲ　図4の実験装置を改造して図6のように水平面に対して30°の斜面を追加し，物体を斜面上に置きました。物体の重さを100g，弦の振動する部分の長さを30cmにして弦をはじくと，振動数が120Hzの音が聞こえました。

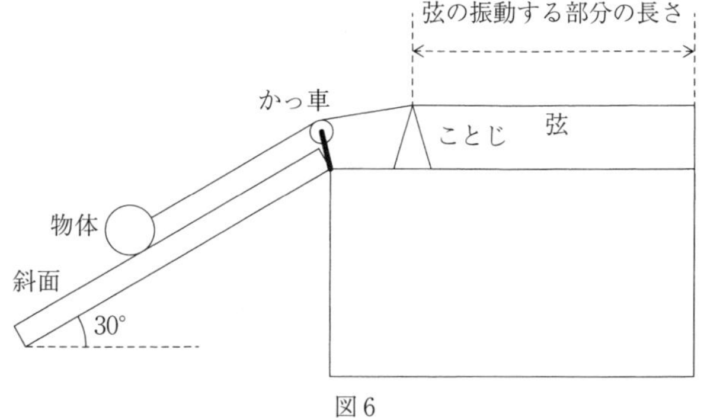

図6

問6　物体の重さを100g，弦の振動する部分の長さを50cmにして弦をはじくと，何Hzの音が聞こえますか。

問7　物体の重さを変えて弦の振動する部分の長さを40cmにして弦をはじくと，振動数が180Hzの音が聞こえました。このときの物体の重さは何gですか。

問8　物体の重さを320g，弦の振動する部分の長さを30cmにして弦をはじくと，何Hzの音が聞こえますか。次の中から１つ選び，記号で答えなさい。必要ならば下のグラフを使いなさい。

ア．40Hz 以下の音が聞こえる。
イ．40Hz より大きく，80Hz 以下の音が聞こえる。
ウ．80Hz より大きく，120Hz 以下の音が聞こえる。
エ．120Hz より大きく，160Hz 以下の音が聞こえる。
オ．160Hz より大きく，200Hz 以下の音が聞こえる。
カ．200Hz より大きく，240Hz 以下の音が聞こえる。
キ．240Hz より大きく，280Hz 以下の音が聞こえる。
ク．280Hz より大きく，320Hz 以下の音が聞こえる。
ケ．320Hz より大きく，360Hz 以下の音が聞こえる。
コ．360Hz より大きく，400Hz 以下の音が聞こえる。
サ．400Hz より大きく，440Hz 以下の音が聞こえる。
シ．440Hz より大きく，480Hz 以下の音が聞こえる。
ス．480Hz より大きく，520Hz 以下の音が聞こえる。
セ．520Hz より大きく，560Hz 以下の音が聞こえる。
ソ．560Hz より大きい音が聞こえる。

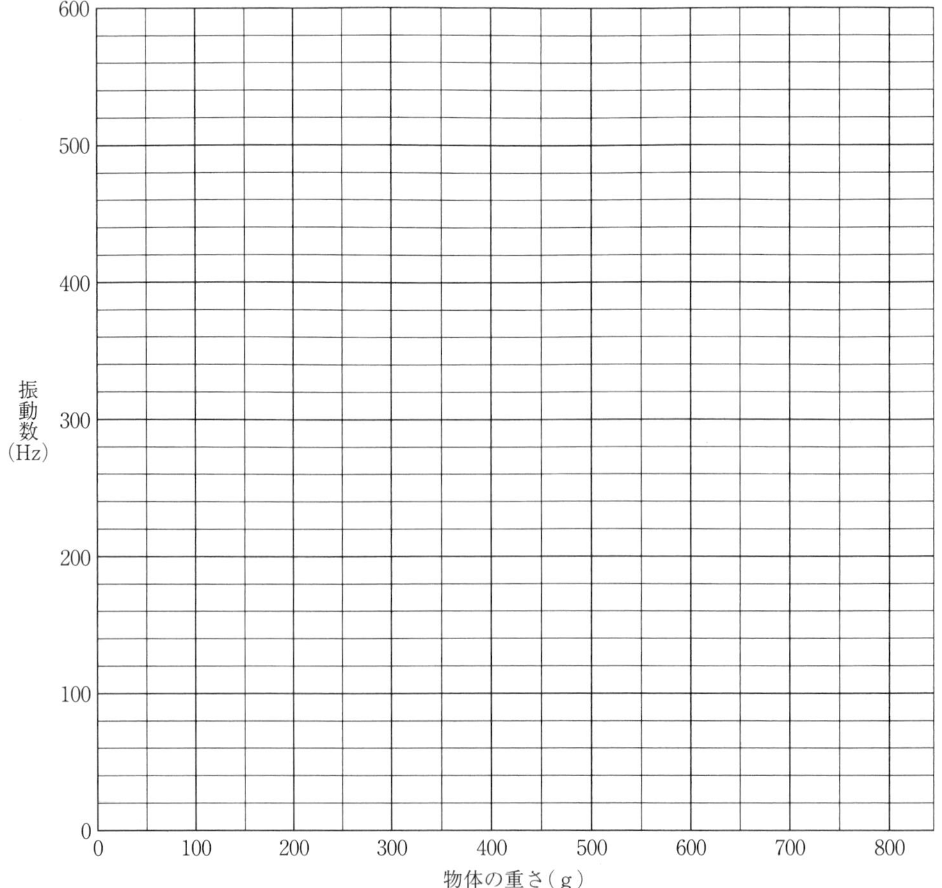

い。

問６　――⑤「和音の決意」とは、具体的にどのようなことですか。十五字以内で答えなさい。

問７　――⑥「和音のピアノの音色」をたとえている部分を本文中から十五字以内で探し、最初の五字を答えなさい。

問８　――⑦「ピアノで食べていける人なんてひと握りの人だけよ」という言葉にこめられた「奥さん」の気持ちを説明した次の文を、空欄に指定の字数を入れて完成させなさい。

> 1 十五字以内 と思っているが、 2 三十字以内 ということも言っておかなければならないという思い。

問９　――⑧「ピアノを食べて生きていくんだよ」とありますが、それはどういうことですか。最も適切なものを次から選び、記号で答えなさい。

ア　自分のピアノを信じてくれた由仁の信頼に応えるためにも、ピアニストとしての成功を目指し、努力を続けるのだということ。

イ　世界とつながる手段としてピアノを弾き、世界中の音楽を愛する人に、自分のピアノの音色を届けるのだということ。

ウ　聴く人がいようがいまいが、自分はピアノを弾くことから離れては生きられず、ピアノを生きがいとするのだということ。

エ　ピアノを愛する自分の心のままに、たった一人でも、自分を成長させるためにずっとピアノを弾いていくのだということ。

静かな声に、確かな意志が宿っていた。まるで⑥和音のピアノの音色みたいに。由仁の頭がぴょこんと跳ねた。

「プロを目指すってことだよね」

晴れやかな声だった。うきうきと弾む声。和音はようやく表情を和らげてうなずいた。

「目指す」

「⑦ピアノで食べていける人なんてひと握りの人だけよ」

奥さんが早口で言った。言ったそばから、自分の言葉など聞き流してほしいと思っているのがじんじん伝わってきた。ひと握りの人だけだからあきらめろだなんて、言ってはいけない。だけど、言わずにはいられない。そういう声だった。

「ピアノで食べていこうなんて思ってない」

和音は言った。

「⑧ピアノを食べて生きていくんだよ」

部屋にいる全員が息を飲んで和音を見た。和音の、静かに微笑んでいるような顔。でも、黒い瞳が輝いていた。きれいだ、と思った。

いつのまに和音はこんなに強くなったんだろう。ほれぼれと和音の顔を見る。きっと前からこの子の中にあったものが、由仁が弾けなくなったことで※顕在化したのだと思う。そうだとしたら、悪いことばかりじゃない。由仁のことはとても残念だけれど。とても、とても残念だけれど。

※弟に押されていた…ふたつ年下の弟のほうが勉強や運動ができ、周囲からかわいがられていたと「僕」は思っていた。

※奔放さ…思うままにふるまうこと。

※毅然…意志がしっかりしていて、ものに動じない様子。

※顕在化…はっきりとあらわれること。

問1 ――①「胸に大きな石がつかえている」が表現している「僕」の心情を漢字二字で答えなさい。

問2 ――②「ぞくぞくした」とありますが、これは「僕」のどのような気持ちを表していますか。最も適切なものを次から選び、記号で答えなさい。

ア 和音のピアノの魅力が、いかに大きなものであるかにあらためて気づいた興奮。

イ 防音をやめさえすれば、和音のピアノは素晴らしく聞こえるだろうという期待。

ウ 過剰な防音によって、和音のピアノの音量が半減してしまうことへのいらだち。

エ 和音の美しいピアノの音が、半分は吸い込まれていってしまうことへの悔しさ。

問3 空欄[A]に当てはまる言葉を次から選び、記号で答えなさい。

ア 額　イ ほお　ウ 口元　エ 眉間　オ 鼻

問4 ――③「ふ、と笑みが漏れる」とありますが、「僕」が笑ったのはなぜですか。最も適切なものを次から選び、記号で答えなさい。

ア 注意されても何度も同じことを繰り返していたが、それがわがままなのだと言われて驚いたから。

イ こどものように純粋な気持ちを持ち続けるためには、我を通すことも必要なのだと気づいたから。

ウ これまでほとんどのことをどうでもいいと思ってきたが、それはかえって迷惑なのだと分かったから。

エ 本当に大切にしたいもののためなら、聞き分けの悪くなる自分をゆるしてもいいのだと思ったから。

問5 ――④「私たちは前と同じじゃないですけど」とありますが、どう変わるのですか。その原因をふくめて五十字以内で答えなさ

「あのう、④私たちは前と同じじゃないですけど」
まっすぐに柳さんの目を見ながら言う。
「ピアノは同じにしておくほうがいいと思います。あなたたちが変わったのなら、きっと以前とは違う音色になります。それを確かめるのも大事なことだと思います」
由仁はわずかに首を傾けたまま黙っていたが、僕を見て言った。
「外村さんはどう思いますか」
僕がどう思うか聞きたくて呼んだわけではないと思うのに。しばらく由仁のまなざしを感じていたが、
「わかりません」
正直に答えると、視線が外されるのがわかった。
「弾いてもらわないと、わかりません。試しに弾いてみてもらえますか」
和音がうなずいた。
以前は、試しに弾くのも連弾だった。ピアノの前にふたりで並んですわっていたふたご。観る、などと言うと芸か何かのようだけれど、艶のある黒い楽器の前に、ふたごが並んですわったとき、聴くよりもまず観るよろこびが胸の中で弾けた。こんなにいいものを僕ひとりで観てしまっていいのか、という思い。どこかの音楽家によってあらかじめ書かれていた曲だとは思えないほど、ピアノから生まれてくるのは彼女たちの音楽だった。
由仁のピアノは魅力的だった。華やかで、縦横無尽に走る※奔放さがあった。人生の明るいところ、楽しいところを際立たせるようなピアノ。対して、和音のピアノは静かだった。静かな、森の中にこんこんと湧き出る泉のような印象だ。これからどうなるのだろう。ふたりのピアノがひとりのピアノになって、それでも泉は泉でいられるのだろうか。
でも、和音がたったひとりでピアノの前にすわったとき、はっとした。背中が※毅然としていた。白い指を鍵盤に乗せ、静かな曲が始まった瞬間に、記憶も雑念も、どこかへ飛んでしまった。
音楽が始まる前からすでに音楽を聴いていた気がした。今このときにしか聴けない音楽。和音の今が込められている。でも、ずっと続いていた音楽。短い曲を弾く間に、何度も何度も波が来た。和音のピアノは世界とつながる泉で、涸れるどころか、誰も聴く人がいなかったとしてもずっと湧き出続けているのだった。
ピアノの向こう側に、和音を見つめる由仁の横顔があった。頬が紅潮している。由仁は弾けなくなったのに、和音は弾く。耐えられるだろうか、と案じてしまったことが恥ずかしい。由仁こそ和音の泉を一番に信じていたのだろう。
短い曲が終わった。調律の具合を確かめるための軽い試し弾きかと思ったけれど、違った。⑤和音の決意がはっきりと聞こえた。和音は椅子から立ち上がり、こちらに向かってきちんとお辞儀をした。
「ありがとうございました」
こちらこそ、と答える代わりに拍手をした。由仁も、奥さんも、柳さんも、拍手をしていた。
「心配かけてごめんなさい」
和音が言った。そうして、次の言葉を発するために息を吸い込んだときに、僕にはもう和音が何を言おうとしているのかわかってしまった。
「私、ピアノを始めることにした」
和音のピアノはもう始まっている。とっくの昔に始まっている。本人が気づいていなかっただけで。ピアノから離れることなんて、できるわけがなかった。
「ピアニストになりたい」

昼間に弾くときぐらいは、この重いカーテンを開けて弾いてもいいんじゃないだろうか。

「閉めて」

ピアノに屈(かが)み込んだまま、柳さんが言う。

「いつも閉まってんだから、閉めた状態で調律したい」

「でも、もったいないです。開けて弾いたほうがいいです」

「わがままだなあ」

「えっ」

驚(おどろ)いた声に、柳さんが顔を上げる。

「なに驚いてんだ」

「すみません」

わがままだと言われたのは、記憶(きおく)にある限り、生まれて初めてのことだ。

「わがまま、って、あの、僕のことでしょうか」

思わず確かめると、柳さんは［　Ａ　］に皺(しわ)を寄せてこちらを睨(にら)んだ。

「この部屋にいるのは誰(だれ)だ。俺(おれ)と外村だ。そして、俺は今仕事をしている。わがままは言ってないつもりだ。俺がわがままじゃないとしたら、さて、誰がわがままだと思う」

「はい」

右手を挙げた僕に、よろしい、と柳さんはうなずいてみせた。

しかたなく、一度開けたカーテンを戻(もど)す。音を遮(さえぎ)るだけでなく、光も遮ってしまう。もう一度僕はカーテンを開けた。夕刻のやわらかな日差しが差し込んでくる。

「おい」

「はい」

しぶしぶ閉める。もったいない、という思いを捨て切れない。

「こどもかよ」

こどもだなんて言われたのも、生まれて初めてだった。そうか、こどもか。③ふ、と笑みが漏(も)れる。なんだか気持ちが軽くなった。そうか、こどもか。わがままか。

「なに笑ってんだ」

「いえ、すみません」

謝る声にも、笑いが混じっていただろう。

やっと、わがままになれた。これまでどうしてわがままじゃなかったんだろう。聞き分けがよかった。おとなしかった。いつも※弟に押(お)されていた。通したいほどの我(が)がなかった。

今、わがままだ、こどもだ、と指摘(してき)されてわかった。僕は、ほとんどのことに対してどうでもいいと思ってきた。わがままになる対象がきわめて限られていたのだ。

わがままが出るようなときは、もっと自分を信用するといい。わがままを究めればいい。僕の中のこどもが、そう主張していた。

ふたごがどうして僕を呼んだのかわからないまま、滞(とどこお)りなく進む柳さんの調律を見ていた。端正(たんせい)な調律だった。ついてまわっているときはわからなかった。ひとりでやるようになってからあらためて見ると、一連の作業が非常に丁寧(ていねい)であることも、柳さんの手先がとても器用なことも、よくわかる。真似をしなくていい。誰もがこんな調律ができるわけではない。でも、ひとつのお手本だ。つくづく、見習い期間中にこの人に教わることができてよかったと思う。

「終わりました」

ドアを開けて、柳さんが声をかける。すぐに奥さんとふたごが入ってきた。

「前と同じ状態に調律しておきました」

柳さんが簡単に説明すると、由仁は少し不服そうだった。

三 次の文章は宮下奈都『羊と鋼の森』の一節です。これを読んで、あとの問いに答えなさい。

調律師の「僕(外村)」は、先輩の柳について見習いとして訪れた佐倉家で、この家のふたごの姉妹、和音と由仁に出会う。それぞれ違う個性を持ってピアノに打ち込んでいたふたりだったが、妹の由仁がピアノを弾くときだけ指が動かなくなってしまうという病気にかかってしまう。それにショックを受けた和音もピアノを弾けなくなり、佐倉家のピアノの調律はキャンセルされていた。しばらくして、佐倉家から調律を再開してほしいという連絡が入る。担当者の柳だけでなく、「僕」にも一緒に来てほしいという依頼だった。

予定を合わせて佐倉家を訪問できたのは、一週間後の午後遅い時間だった。

佐倉さんの奥さんが、穏やかな笑顔で出迎えてくれた。

「お待ちしていました」

奥からふたごが出てきて、揃ってお辞儀をした。

「お久しぶりです」

「お騒がせしました」

明るい声でほっとした。

「またよろしくお願いします」

「こちらこそ」

柳さんもにこやかに答える。

「また調律に呼んでいただけてうれしいです」

後ろで僕も頭を下げる。ほんとうに、連絡がない間ずっと①胸に大きな石がつかえているみたいだった。それが、ようやく動いた。

ピアノのある部屋へ通されて、

「何かリクエストはありますか」

柳さんが聞く。

「おまかせします」

ふたごは声を揃えた。

「では、何かありましたらいつでもおっしゃってください」

彼女たちが部屋から出ていくと、柳さんは上着を脱いでピアノの椅子に置いた。

よく磨かれた黒いピアノを開ける。トーン、と白鍵を叩く。基準音のラはほとんど狂っていない。柳さんの調律をこうして近くで見るのも久しぶりだった。この頃は単独で調律するばかりだ。

ふたりで来てほしいという依頼の理由を考える。どうして僕も呼んだのだろう。以前、由仁が店へ来て、病気のことを話してくれた。そうした以上は僕にも声をかけるのが礼儀だと思ったのか。

柳さんが調律している間、いろいろな考えが浮かんでは消える。

この部屋は防音のしすぎだ。ピアノの足に防音装置を付けているのはもちろん、その下に毛足の長いカーペットを敷き、窓には分厚い防音カーテンが二重に掛けられている。前に来たときは、ずいぶん慎重な家庭なのだろうと思っただけだった。マンションだからしかたがないのだろう、と。でも、今は別の気持ちが強くなっている。もったいない。これではせっかくのピアノの音が半分は吸い込まれていってしまうだろう。和音の弾くピアノの魅力も半減してしまうということだ。

そう気づいたら、②ぞくぞくした。半減して、あれか。

柳さんが弦の下に布を挟む作業をしている間に、両手を叩いてみる。ぱん、と乾いた音が鳴ってすぐに消える。残響はほとんどない。さらに、窓の上から床まで下ろされた防音カーテンを開けて、また両手を叩いてみる。ぱんっ。わずかながら、はっきりと残響が長く聞こえた。

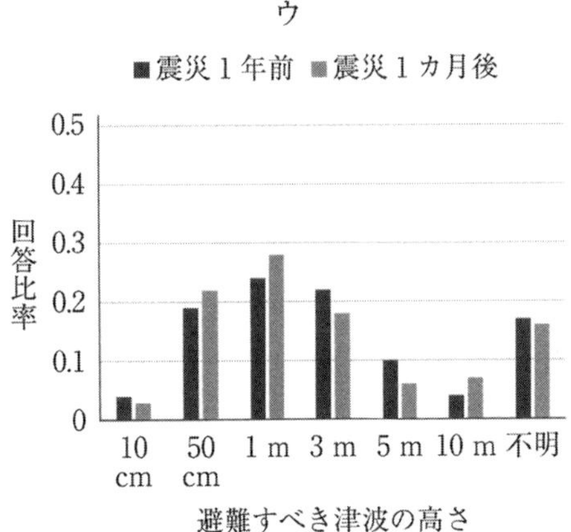
ウ
■震災１年前 ■震災１カ月後
回答比率
0.5
0.4
0.3
0.2
0.1
0
10 cm
50 cm
1 m
3 m
5 m
10 m
不明
避難すべき津波の高さ

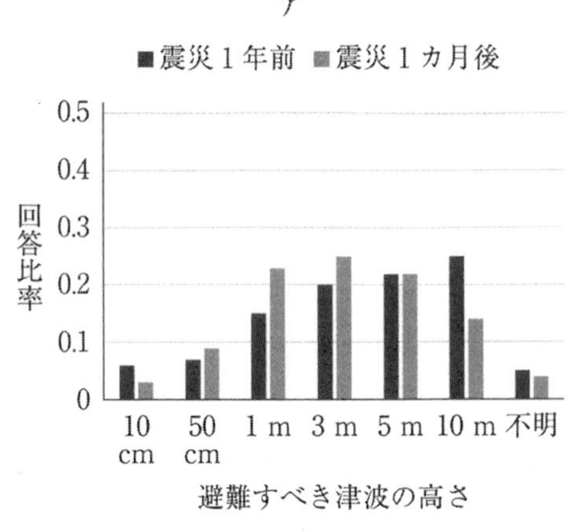
ア
■震災１年前 ■震災１カ月後
回答比率
0.5
0.4
0.3
0.2
0.1
0
10 cm
50 cm
1 m
3 m
5 m
10 m
不明
避難すべき津波の高さ

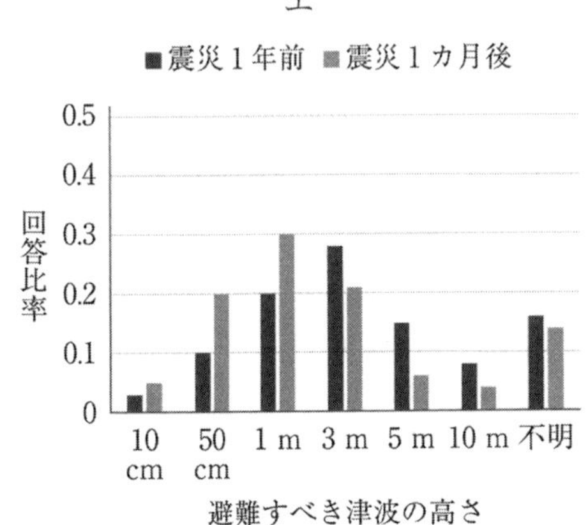
エ
■震災１年前 ■震災１カ月後
回答比率
0.5
0.4
0.3
0.2
0.1
0
10 cm
50 cm
1 m
3 m
5 m
10 m
不明
避難すべき津波の高さ

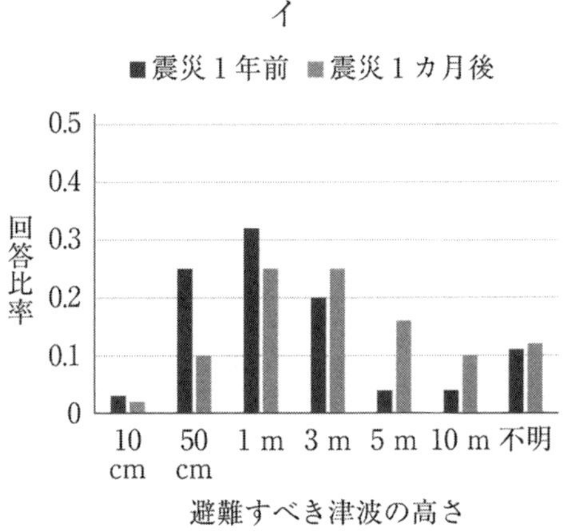
イ
■震災１年前 ■震災１カ月後
回答比率
0.5
0.4
0.3
0.2
0.1
0
10 cm
50 cm
1 m
3 m
5 m
10 m
不明
避難すべき津波の高さ

ア　ルーレットで65が出た場合の方が、ルーレットで10が出た場合よりも正確な判断ができたわけです。
イ　ルーレットの数と正解との間に何か関係があるのではと疑い、その数に近い数を答えてしまったわけです。
ウ　ルーレットで出た数字とは関係なく、大多数の人が正解とは程遠い数を回答したわけです。
エ　たまたま出されたルーレットの目の大きさに引きずられて、後続する判断が影響を受けたわけです。

問6　――②「看過できない」の意味として最も適切なものを次から選び、記号で答えなさい。
ア　放っておけない　　イ　計り知れない
ウ　取るに足りない　　エ　なすすべがない

問7　――③「アンカリングの効果で、津波に対する認識が危険な方向に歪みつつあるのではないか」とありますが、筆者は具体的にどのような影響を予測しましたか。それについて説明した次の文を、空欄に指定の字数を入れて完成させなさい。

| 1 二十字以内 | ことによって、以前よりも | 2 三十五字以内 | のではないかと予測した。 |

問8　――④「次ページの図」とあるが、その図として最も適切と考えられるものを次のページから選び、記号で答えなさい。

問9　――⑤「それくらいのこと」とはどういうことですか。最も適切なものを次から選び、記号で答えなさい。
ア　津波に対する認識が危険な方向に変容した原因である報道機関に向けて、注意を促す問題提起を行ったこと。
イ　巨大津波に関する報道の影響によって人々の認識が危険な方向に変化したことを、研究で明らかにしたこと。
ウ　津波に対する認識が危険な方向に変容したという研究結果を報道機関に向けて公表し、資料を提供したこと。
エ　アンカリング効果がどれだけ強力な心理的プロセスであるかということを、報道を通して世間に伝えたこと。

問10　次のA～Cの文を読み、それぞれ本文の内容と合致するものには1、合致しないものには2と答えなさい。
A　アンカリング効果は、ある判断を下す前に、それと関わりのある数値を目にした時にのみ起こる。
B　アンカリング効果はその影響ばかりが注目され、それが起こる原因についてはまだ研究されていない。
C　東日本大震災後の人々の津波に対する認識は、筆者の予想通り危険な方向に変化していた。

のは巨大なエネルギーの塊です。にもかかわらず、巨大津波で甚大な被害を受けた結果、その津波に対して脆弱になる方向に認識が変わるとしたら、たいへん皮肉なことです。

果たして結果は、皮肉なものでした。④次ページの図は南海トラフ地震が発生した場合に津波がやって来ると予想される、静岡県以南の太平洋側に位置する一七府県の住民のデータを抽出した結果です。

（中略）

巨大津波の来襲という事実と、津波の高さに関する膨大な報道の影響によってこのように認識が変化してしまったのですから、この認識をさらに変容させることは容易ではありません。研究者としてわれわれのすべきことは、認識が危険な方向に変容したという研究結果を世間に伝え、問題を提起することだと考え、報道機関に向けた公表と資料提供を行いました。いくつかの新聞やテレビ番組が取り上げてくれましたが、強力で皮肉なアンカリング効果に対して、⑤それくらいのことでは対抗になっていないというのは正直に思うところです。

（中谷内一也『リスク心理学　危機対応から心の本質を理解する』より）

※錨…船をとめておくために、綱・鎖などをつけて水中に沈める鉄製のおもり。

※代表値（中央値）…回答全体の真ん中の値。

※リスク認知…今後起こりうる望ましくない出来事の「起こる可能性」や「望ましくなさの程度」を人々が判断するしくみ。

※先の問7…本文引用部分より前に、導入として筆者から読者に出題された問題の一つ。内容は次の通り。「東日本大震災では、地震から数十分後に高さ一〇メートルを超える巨大津波が押し寄せ、多くの沿岸住民が犠牲となりました。さて、あなたが東北太平洋岸の観光地で宿泊していたら、真夜中に地震が発生したとします。津波を避けるために避難した方が良いかもしれませんが、たいした津波でないなら、真夜中の移動はかえって危険です。あなたは、気象庁が予想する津波の高さがどれくらいだったら、夜中であろうが避難しますか？」

※二乗…その数や式に、それと同じものを掛け合わせること。たとえば3の二乗は3×3で9。

問1　空欄Ⅰ～Ⅳに入る適切な語を次から一つずつ選び、記号で答えなさい。

ア　つまり　　イ　けれども　　ウ　ところで

エ　なぜなら　　オ　あるいは　　カ　例えば

問2　――①「よく耳にする有名ブランドの商品に九〇〇〇円の値札がついていた」とありますが、もしこの商品を、本文で説明されている「アンカリング効果」を活用して売ろうとした場合、どのようにするのが効果的だと考えられますか。最も適切なものを次から選び、記号で答えなさい。

ア　ファッション雑誌やテレビなどで取り上げられたことをアピールして売る。

イ　一般的なスウェットシャツの相場が五〇〇〇円であることを明記して売る。

ウ　元々の値段の一二〇〇〇円から25%を引いた値段として売る。

エ　そのブランドが一〇〇年以上の歴史をもつ権威あるブランドだと強調して売る。

問3　空欄Xに当てはまる漢字一字を考えて答えなさい。

問4　本文からは「もちろん後者がメインの課題です」という一文が抜けています。この一文を補う場所として適切なものを【A】～【D】から一つ選び、記号で答えなさい。

問5　空欄Yに当てはまる文として最も適切なものを次から選び、記号で答えなさい。

るよう求められるという手続きです。【C】

もし、ご自身が回答者だったらどうしますか？　最初の65パーセントより上か下かについては、「いくらアフリカ大陸が大きいといっても国連の65パーセントを超えるほど多くの国はないだろう」と考え「〃65パーセントより小さい〃にします」と答えるのではないでしょうか。すると係員から「では、具体的には何パーセントくらいでしょうか」と尋ねられます。これについては「65パーセントよりも小さくて、はっきりとはわからないけど、じゃあ、まぁ45パーセントくらいということで」という感じでしょうか。【D】

実はこのルーレットには細工がしてあって、ある人たちには必ず65が出るようになっており、別の人たちには必ず10が出るようになっていたのです。実験の結果はどうだったかというと、65が出された回答者たちの※代表値（中央値）は45パーセント程度、10が出された場合では25パーセント程度だったのです。つまり、［　Y　］（ちなみに正解は二〇二一年四月現在で約36パーセントです）。

ここで面白いのは、たまたまルーレットで出た目と、国連に占めるアフリカ諸国の割合とには、何の関係もないということは誰にだってわかる、ということです。もちろん回答者にだってわかります。［Ⅳ］、ある数値を一度基準として考えてしまうと、無関係とわかってはいながら、その無関係な数字に強く影響されてしまうのがアンカリング効果の面白くもあり、恐ろしくもあるところなのです。

その後、なぜアンカリング効果が起こるのか、その心理的なしくみはどうなっているのか、という問題が検討されてきましたが、本書ではそちらは措いておき、※リスク認知の問題に適用してアンカリングの影響について考えてみましょう。

二〇一一年三月一一日に発生した東日本大地震は、本震後数時間のうちに二万人近い死者・行方不明者を出しました。その九割以上の死因は溺死でした。つまり、ほとんどは津波の犠牲となったわけです。この震災で日本人が地震と津波の恐ろしさを再確認したことは間違いありません。しかし、どういうかたちで恐ろしさを感じるのかについては、アンカリングによる②看過できない影響が予想されました。

地震学者である大木聖子さん（慶應義塾大学）は、たまたま東日本大震災の前年、津波に関する全国調査を実施していました。その調査項目の中には「避難すべき津波の高さはどれくらいですか」、「恐ろしいと思う津波の高さはどれくらいですか」といったものが含まれていました。私は震災が起こってすぐに、ぜひもう一度同じ項目で調査すべきだと考え、共同研究を実施しました。日本人は津波の恐ろしさを再認識しながらも、③アンカリングの効果で、津波に対する認識が危険な方向に歪みつつあるのではないかと考えたからです。

というのは、例えば「宮古・田老地区　津波三七・九メートル」、「福島第一原発を襲った津波は高さ一三メートル」というかたちで、非常に大きな数字が連日報道されていました。歴史的にもまれな巨大津波ですから、大きな数値が報じられるのは当然です。しかし、アンカリングにより、それらの大きな数字が目安になってしまい、避難すべき予測津波高や恐ろしいと思う津波の高さが以前よりも引き上げられる可能性が考えられます。言い換えると、巨大津波を経験した結果、高い津波でないと逃げない、高い津波でないと怖くない、というふうに相場が引き上げられてしまったのではないかということです。

※先の問7では何メートルと答えましたか？　実は、津波は二メートルで木造住宅を全壊させ、一メートルで半壊させる破壊力を持っています。わずか五〇センチメートルの津波でも大の大人が立っていられません。津波は単に潮位が上がるのではありません。ものすごい重さを持った大量の水が、すさまじいスピードで押し寄せるのです。運動エネルギーは重さと速さ（の※二乗）で決まりますから、津波という

二〇二二年度　富士見中学校

【国　語】〈第一回試験〉（四五分）〈満点：一〇〇点〉

（注意）句読点等は字数に数えて解答してください。

一　次の傍線部のカタカナを漢字に直しなさい。

① ヨウリョウよく課題をこなす。
② 契約書にショメイをする。
③ ヨウサン業が盛んな地域。
④ チュウセイ心が試される。
⑤ 身のケッパクをうったえる。
⑥ シキンセキとなる大会だった。
⑦ コメダワラを担いで歩く。
⑧ オビに短したすきに長し。
⑨ 遅刻しないようにツトめる。
⑩ 魚屋をイトナむ夫婦。

二　次の文章を読んで、あとの問いに答えなさい。（設問の都合上、本文の一部と見出しを省略しています。）

アンカリング効果とは先にある数字について考えると、その数字が※錨（つまりアンカー）のような重みをもってしまい、後続する判断がそれに引きずられることをいいます。係留効果と呼ばれることもあります。先行してある数字について考えることが、後の判断のヒントになる、という言い方もできるでしょう。

たいていの文脈においては、たまたま出会った特定の数字をひとつの目安として使うことは役に立ちます。［Ⅰ］、部屋着としてのスウェットシャツを買おうとスポーツ用品店にやって来たところ、①よく耳にする有名ブランドの商品に九〇〇〇円の値札がついていたら、スウェットシャツの値段の相場を知らなくても「今回買うのは部屋着目的だから、これより安いので十分」と考えることは［X］が通っています。【A】

ところが問題は、先行して目にする数字が、メインとなる後続の判断とは何の関係もない場合でさえ、［Ⅱ］、関連させて判断しない方が良い場合でさえ、アンカーとしての影響力を持ってしまうことです。【B】

アンカリングの影響を示す最も有名な課題を紹介しましょう。回答者の前にはルーレットが置かれていて、これが回され65という数字に球が止まったとします。そこで、回答者はまず「国連に加盟国のうちアフリカの国々が占める割合は65パーセントより大きいか小さいか」を選ぶよう求められます。これに回答したら、続いて「では、何パーセントくらいだと思うか」を数値で答えるよう求められるのです。［Ⅲ］、ルーレットで出た数字（65）より上か下かを先に考え、その後に、国連加盟国に占めるアフリカ諸国の割合はどれだけかを推定す

2022年度 富士見中学校 ▶解説と解答

算数 <第１回試験>（45分）<満点：100点>

解答

[1] (1) $3\frac{1}{3}$ (2) 5 (3) 80 g (4) 6分間 (5) 27通り (6) 300円 (7) 9.12 cm² (8) 326.56cm³ [2]〔A〕(1) 3 (2) 12 (3) 11 〔B〕(1) 4冊 (2) 6冊 (3) エ [3] (1) **立方体の個数**…729個，**立方体の１辺の長さ**…1 cm (2) 972 cm² (3) 2916cm² (4) 1：2：6 [4] (1) 分速75m／**ア**…500 (2) **あ** ② **い** ② **う** ② (3) 分速500m (4) 70 (5) 39：34

解説

[1] **四則計算，比，逆算，濃度，仕事算，場合の数，消去算，面積，体積**

(1) $\left(3.75-2\frac{5}{6}\right)\div2\frac{1}{5}\times8=\left(3\frac{3}{4}-2\frac{5}{6}\right)\div2\frac{1}{5}\times8=\left(\frac{15}{4}-\frac{17}{6}\right)\div\frac{11}{5}\times8=\left(\frac{45}{12}-\frac{34}{12}\right)\div\frac{11}{5}\times8=\frac{11}{12}\times\frac{5}{11}\times8=\frac{10}{3}=3\frac{1}{3}$

(2) $A:B=C:D$のとき，$A\times D=B\times C$となることを利用すると，$\left\{2\times(7-\square)-1\frac{3}{5}\right\}:\left(3\frac{3}{5}-1\frac{4}{5}\right)=4:3$より，$\left\{2\times(7-\square)-1\frac{3}{5}\right\}\times3=\left(3\frac{3}{5}-1\frac{4}{5}\right)\times4=\left(\frac{18}{5}-\frac{9}{5}\right)\times4=\frac{9}{5}\times4=\frac{36}{5}$，$2\times(7-\square)-1\frac{3}{5}=\frac{36}{5}\div3=\frac{12}{5}$，$2\times(7-\square)=\frac{12}{5}+1\frac{3}{5}=\frac{12}{5}+\frac{8}{5}=\frac{20}{5}=4$，$7-\square=4\div2=2$　よって，$\square=7-2=5$

(3) ８％の食塩水200ｇには食塩が，200×0.08＝16(ｇ)含まれ，５％の食塩水80ｇには食塩が，80×0.05＝４(ｇ)含まれるので，混ぜ合わせると，食塩の重さは，16＋４＝20(ｇ)，食塩水の重さは，200＋80＝280(ｇ)になる。この後，水を蒸発させても含まれる食塩の重さは20ｇで変わらないから，濃度が10％になったときの食塩水の重さを○ｇとすると，○×0.1＝20(ｇ)と表せる。よって，○＝20÷0.1＝200(ｇ)だから，蒸発させた水の重さは，280－200＝80(ｇ)とわかる。

(4) 水そういっぱいの水の量を，８，12，16の最小公倍数である48とすると，１分間に，Ａだけでは，48÷８＝６，Ｂだけでは，48÷12＝４，Ｃだけでは，48÷16＝３の水を入れることができる。よって，はじめにＡとＢだけで３分間水を入れると，(６＋４)×３＝30の水が入るので，あと，48－30＝18の水を入れるといっぱいになる。したがって，残りはＣだけで，18÷３＝６(分間)水を入れればよい。

(5) 目の和が10になる場合，大の目が１のとき，中，小の目の和は，10－１＝９なので，中，小の目の出方は，(３，６)，(４，５)，(５，４)，(６，３)の４通りある。大の目が２のとき，中，小の目の和は，10－２＝８なので，中，小の目の出方は，(２，６)，

図１

大の目	中，小の目
1	(３，６)，(４，５)，(５，４)，(６，３)の４通り
2	(２，６)，(３，５)，(４，４)，(５，３)，(６，２)の５通り
3	(１，６)，(２，５)，(３，４)，(４，３)，(５，２)，(６，１)の６通り
4	(１，５)，(２，４)，(３，３)，(４，２)，(５，１)の５通り
5	(１，４)，(２，３)，(３，２)，(４，１)の４通り
6	(１，３)，(２，２)，(３，１)の３通り

（３，５），（４，４），（５，３），（６，２）の５通りある。このようにして，大の目が１，２，３，４，５，６のときの中，小の目の出方を調べると，上の図１のようになる。よって，目の和が10になる場合は全部で，４＋５＋６＋５＋４＋３＝27(通り)ある。

(6)　大人１人の入園料を㋔，子ども１人の入園料を㋙とすると，右の図２のア，イのような式に表せる。イの式を３で割って，大人の人数をアと同じ３人にそろえると，大人，９÷３＝３(人)と，子ども，６÷３＝２(人)の入園料は，6840÷３＝2280(円)となるので，ウの式のようになる。アとウの式の差を考えると，子ども，５－２＝３(人)の入園料が，3180－2280＝900(円)とわかるので，子ども１人の入園料は，900÷３＝300(円)と求められる。

図２

㋔×３＋㋙×５＝3180(円)…ア
㋔×９＋㋙×６＝6840(円)…イ
㋔×３＋㋙×２＝2280(円)…ウ

(7)　右の図３で，半円の面積は，４×４×3.14÷２＝25.12(cm²)である。また，長方形ABCDは，三角形OCDと合同な直角二等辺三角形を４つ合わせた形だから，その面積は，対角線の長さが４cmの正方形２個分となり，４×４÷２×２＝16(cm²)となる。よって，かげをつけた部分の面積は，25.12－16＝9.12(cm²)となる。

図３

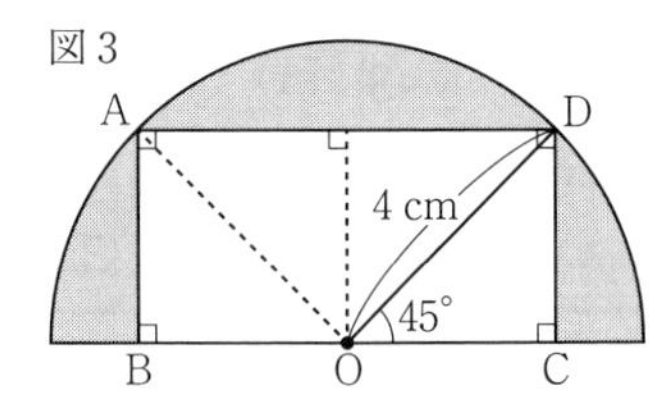

(8)　右の図４のように，台形ABCDの辺AB，DCをのばした直線が交わる点をＥとすると，できる立体は，三角形ADEを１回転させてできる円すいから，三角形BCEを１回転させてできる円すいを切り取った形の立体となる。三角形ADEと三角形BCEの相似より，AE：BE＝AD：BC＝６：２＝３：１だから，AB：BE＝(３－１)：１＝２：１となり，BEの長さは，$6\times\frac{1}{2}$＝３(cm)，AEの長さは，６＋３＝９(cm)とわかる。よって，この立体は，底面の半径が６cmで，高さが９cmの円すいから，底面の半径が２cmで，高さが３cmの円すいを切り取った立体だから，体積は，６×６×3.14×９÷３－２×２×3.14×３÷３＝108×3.14－４×3.14＝104×3.14＝326.56(cm³)と求められる。

図４

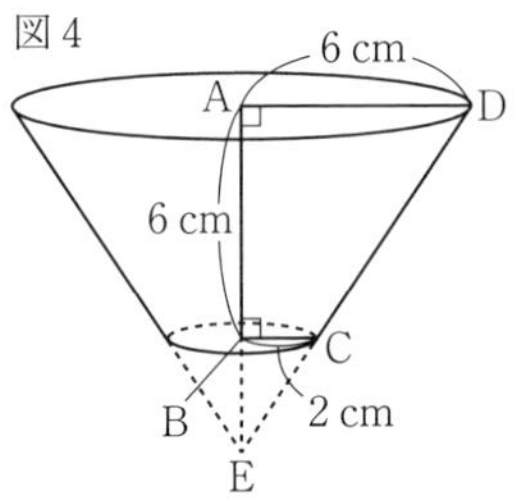

2　約束記号，整数の性質，表とグラフ

〔A〕 (1)　[５]＝〈５〉＋《５》で，５÷３＝１余り２より，〈５〉＝２，５÷４＝１余り１より，《５》＝１だから，[５]＝２＋１＝３となる。

(2)　[□]＝〈□〉＋《□》が０となるのは，〈□〉と《□》がどちらも０のときだから，□を３で割った余りと４で割った余りがどちらも０のときである。つまり，□は３でも４でも割り切れる整数であり，□は０ではないから，当てはまる□のうち，最も小さな整数は，３と４の最小公倍数の12となる。

(3)　３で割った余りのうち最も大きいものは２で，４で割った余りのうち最も大きいものは３だから，□を３で割った余りが２で，４で割った余りが３のとき，[□]＝〈□〉＋《□》は最も大きい値となる。また，３－２＝１，４－３＝１より，３で割ると２余り，４で割ると３余る整数に１を足すと，３でも４でも割り切れる整数になるから，□が３でも４でも割り切れる整数から１を引いた数になるとき，[□]は最も大きい値となる。そのような□のうち，最も小さな整数は，３と４の最小公倍数である12から１を引いた数だから，11とわかる。

〔B〕 (1)　19：２＝９余り１より，19人が読んだ本の冊数の中央値は，19人の読んだ本の冊数の中で，少ない方から数えて，９＋１＝10(番目)の冊数となる。また，18人分のドットプロットに，読

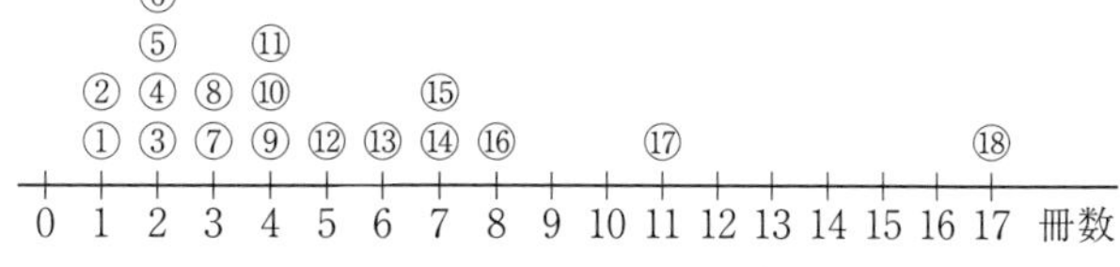

んだ本の冊数の少ない方から番号をつけると，右の図のようになるので，18人の読んだ本の冊数のうち，少ない方から９番目と10番目の冊数はどちらも４冊である。よって，見落とした１人の冊数が何冊であっても，19人の読んだ本の冊数の中で，少ない方から10番目の冊数は４冊となるので，19人の読んだ本の冊数の中央値は４冊とわかる。

(2)　19人の読んだ本の冊数の平均値が整数なので，19人の読んだ本の冊数の合計を人数の19で割ると整数になる。つまり，19人の読んだ本の冊数の合計は19の倍数とわかる。また，見落とした１人を除く18人の読んだ本の冊数の合計は，$1\times2+2\times4+3\times2+4\times3+5\times1+6\times1+7\times2+8\times1+11\times1+17\times1=2+8+6+12+5+6+14+8+11+17=89$(冊)であり，19人の読んだ本の冊数の中で最も多い冊数は17冊だから，19人の読んだ本の冊数の合計は，$89+0=89$(冊)以上，$89+17=106$(冊)以下となる。89以上106以下の整数で，19の倍数は95だけしかないから，19人の読んだ本の冊数の合計は95冊とわかる。よって，残りの１人の冊数は，$95-89=6$(冊)と求められる。

(3)　もし，11冊，17冊読んだ人の冊数がともに８冊だったとすると，中央値と平均値はどちらもおよそ４冊前後になることが，ドットプロットから判断できる。実際には11冊，17冊の人がいることによって，合計冊数がかなり多くなるので，平均値は大きくなるが，中央値は変わらない。よって，11冊，17冊のように，極端に多い冊数の人がいることによって，平均値が中央値よりも大きくなることが判断できるから，適切なものはエである。

3　立体図形―構成，表面積

(1)　最初に27個の立方体に分割した後，その１個１個をさらに27個ずつの立方体に分割するから，立方体の個数は，$27\times27=$729(個)になる。また，１回分割すると，立方体の１辺の長さはもとの長さの$\frac{1}{3}$になるので，最初に分割してできた立方体の１辺の長さは，$9\times\frac{1}{3}=3$(cm)，最後にできた立方体の１辺の長さは，$9\times\frac{1}{3}\times\frac{1}{3}=$1(cm)となる。

(2)　青く塗る面は，最初に分割してできた27個の立方体の全ての面のうち，初めに表面に出ていた面(赤く塗られた面)をのぞいた面となる。27個の立方体の１辺の長さは３cmだから，これらの全ての面の面積の和は，$(3\times3\times6)\times27=1458$(cm^2)となる。このうち，初めに表面に出ていた面の面積は，１辺が９cmの立方体の表面積と同じだから，$9\times9\times6=486$(cm^2)である。よって，青く塗る部分の面積の合計は，$1458-486=972$(cm^2)と求められる。

(3)　緑色に塗る面は，729個の立方体の全ての面のうち，最初にできた27個の立方体の表面に出ていた面をのぞいた面となる。729個の立方体の１辺の長さは１cmだから，これらの全ての面の面積の和は，$(1\times1\times6)\times729=4374$(cm^2)となる。このうち，最初にできた27個の立方体の表面に出ていた面の面積は，(2)より，1458cm^{2}である。よって，緑色に塗る部分の面積の合計は，$4374-1458=2916$(cm^2)と求められる。

(4)　赤色に塗る部分の面積は，１辺が９cmの立方体の表面積と同じだから，486cm^{2}である。よって，赤，青，緑色に塗られている部分の面積の比は，$486:972:2916=1:2:6$となる。

4　グラフ―速さ，旅人算

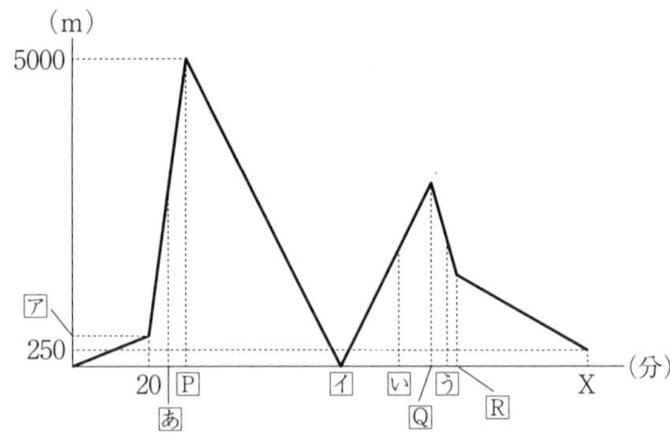

(1)　水泳はAさんの方が速いので，Aさんの方が先に水泳を終える。また，右のグラフより，20分後に２人の間の道のりの増え方が変わっているから，20分後にAさんが水泳を終えたとわかる。よって，Aさんは水泳の，1.5km＝1500mを泳ぐのに20分かかるので，Aさんの水泳の速さは分速，1500÷20＝75(m)となる。すると，１分あたり，AさんはBさんよりも，75−50＝25(m)多く泳ぐから，20分間でBさんよりも，25×20＝500(m)多く泳ぐ。したがって，20分後の２人の間の道のりは500mだから，アに当てはまる数は500とわかる。

(2)　グラフのPの時刻から２人の間の道のりが減り始めるので，このときにBさんは水泳を終えて自転車ロードレースを始めたとわかる。その後，イの時刻で２人の間の道のりが０になったことから，BさんがAさんを追いこし，２人の間の道のりが減り始めるQの時刻から，Bさんは自転車ロードレースを終えて長距離(きょり)走を始めたとわかる。さらに，Rの時刻から２人の間の道のりの減り方が変わるので，Aさんが自転車ロードレースを終えて長距離走を始めたとわかる。よって，Aさんはスタートして20分後からRの時刻までは自転車ロードレースをしているので，あ，い，うのときは，いずれも自転車ロードレース(…②)をしている。

(3)　Pの時刻からBさんは自転車ロードレースを始め，このときの２人の間の道のりは5000mだから，Bさんが自転車ロードレースを始めたとき，Aさんは自転車ロードレースを始めてから5000m進んでいる。また，Bさんは水泳に，1500÷50＝30(分)かかるので，Bさんが自転車ロードレースを始めるのはスタートしてから30分後である。よって，Aさんは20分後に自転車ロードレースを始めてから，30−20＝10(分間)で5000m進んだので，Aさんの自転車ロードレースの速さは分速，5000÷10＝500(m)と求められる。

(4)　Bさんが自転車ロードレースを始めてから，２人の間の道のりは１分間に，625−500＝125(m)の割合で減るので，BさんがAさんを追いこすのは，Bさんが自転車ロードレースを始めてから，5000÷125＝40(分後)である。よって，イに当てはまる数は，30＋40＝70(分)とわかる。

(5)　自転車ロードレースは40km(＝40000m)，長距離走は10km(＝10000m)で，Bさんの自転車ロードレースの速さは分速625m，長距離走の速さは分速250mだから，自転車ロードレースには，40000÷625＝64(分)，長距離走には，10000÷250＝40(分)かかる。よって，Bさんがゴールするのはスタートしてから，30＋64＋40＝134(分後)である。一方，Aさんは水泳に20分，自転車ロードレースに，40000÷500＝80(分)かかるので，Bさんがゴールしたとき，Aさんは長距離走を始めてから，134−(20＋80)＝34(分)走っている。また，グラフより，Bさんがゴールしたとき，２人の間の道のりは250mだから，このとき，Aさんはゴールの手前250mの地点にいる。つまり，Aさんが長距離走を始めてからBさんがゴールするまでの34分間で，Aさんは，10000−250＝9750(m)走ったから，Aさんの長距離走の速さは分速，$9750 \div 34 = \frac{4875}{17}$(m)と求められる。したがって，AさんとBさんの長距離走の速さの比は，$\frac{4875}{17} : 250 = 39 : 34$となる。

社 会 <第１回試験>（35分）<満点：60点>

解 答

1 問１ イ　問２ (1) ウ　(2) 一向宗(浄土真宗)　問３ エ　問４ (1) イ　(2) エ　問５ (例) 過去の流れにそって県境が決められたが，その後，流れが変化したため。　問６ 本能寺　問７ ウ　問８ イ　問９ (1) (例) 開業時に隣接していた立川駅と国分寺駅から一文字ずつとった　(2) エ　問10 ウ　問11 イタイイタイ病　問12 (1) エ→イ→ウ→ア　(2) ウ　問13 超高齢社会　問14 (1) エ　(2) エ　2 問１ イ　問２ 財務省　問３ ウ　問４ 公的扶助(生活保護)　問５ (イ)　問６ (例) 土器の発明により煮ることが可能になり，貝から出汁をとるなどしていたため。　問７ 卑弥呼　問８ (1) 聖徳太子(厩戸皇子)　(2) (例) 病気を治すことや長生きを祈る教えだった。　問９ 壬申の乱　問10 根釧台地，エ　問11 (エ)　問12 (1) ウ　(2) 地産地消　問13 イ　問14 イ　問15 エ　問16 ウ→ア→エ→イ　問17 (1) エ　(2) イ

解 説

1 「聖地巡礼」を題材にした問題

問１ 1221年，政権を朝廷の手に取りもどそうと考えた後鳥羽上皇は，鎌倉幕府の第２代執権北条義時を討つ命令を全国の武士に出し，承久の乱を起こした。幕府の御家人は朝廷を敵に回すことに動揺したが，このとき，鎌倉幕府の初代将軍源頼朝の妻で，頼朝が亡くなったあとも政治に深くかかわって「尼将軍」とよばれた北条政子は，「亡き頼朝公の御恩は山よりも高く海よりも深い」と説いて御家人の結束を固め，幕府軍の勝利に貢献した。なお，アは与謝野晶子が日露戦争(1904～05年)のさいによんだ反戦詩，ウは江戸時代の米沢藩(山形県)の藩主・上杉鷹山の言葉，エは戦国時代の戦国大名・毛利元就の言葉。

問２ (1) 2018年，原城跡(長崎県)や天草の﨑津集落(熊本県)など，長崎県と熊本県にまたがる12の構成資産からなる「長崎と天草地方の潜伏キリシタン関連遺産」が，ユネスコ(国連教育科学文化機関)の世界文化遺産に登録された。　(2) 一向宗は，鎌倉時代に親鸞が開いた浄土真宗の一派で，15世紀，本願寺の第８代宗主蓮如のときに信者を増やした。1488年には，加賀国(石川県南西部)で一向宗の信者たちが守護大名の富樫氏をたおし，1580年に織田信長が石山本願寺を降伏させるまでの約100年にわたって自治を行った(加賀の一向一揆)。

問３ 会話文から，「戦時改描」は，戦争が起こったときに敵国から攻撃対象にされるような施設をかくすために行われたとわかる。ここから，攻撃を受けても戦力に痛手が少ない果樹園が選べる。

問４ (1) 宮崎市は宮崎平野に，熊本市は熊本平野に，秋田市は秋田平野に位置するが，長崎市は三方を山に囲まれた場所に位置するため，市街地にも坂が多い。　(2) 地形図にいくつか見える標高点(・)や等高線から，等高線が10mごとに引かれていることがわかる(縮尺２万５千分の１の地形図)。「六甲山上駅」があるＡ地点の標高はおよそ720m，Ｂ地点の標高は730～740mなので，Ｂ地点が高く，Ａ地点との標高差は10～20mになる。

問５ 図１と図２を見比べると，図２で利根川の流路だったところが，現在の茨城県と千葉県の県境になっていることがわかる。その後，利根川の流路が直線的なものに変更されたものの，県境の

変更は行われなかったため，ここでは県境と流路がずれているのである。

問６　織田信長は1582年，毛利氏と戦っていた羽柴(豊臣)秀吉を支援するため中国地方に向かう途中で京都の本能寺に滞在したが，このとき，家臣の明智光秀に裏切られて自害に追いこまれた。このできごとは本能寺の変とよばれる。

問７　中部地方には，飛騨山脈(北アルプス)，木曽山脈(中央アルプス)，赤石山脈(南アルプス)という３つの山脈が連なり，合わせて日本アルプスとよばれる。このうち，岐阜県の北東部に連なるのは飛騨山脈で，長野県との県境になっている。なお，鈴鹿山脈は滋賀県・三重県，越後山脈は新潟県・群馬県・福島県にまたがる山脈。

問８　埼玉県深谷市は「深谷ねぎ」として知られるねぎの生産がさかんで，市のイメージキャラクター「ふっかちゃん」のモチーフにもなっている。

問９　(1)　表１によると，1889年に立川駅と国分寺駅が開業し，国立駅はその後の1926年に開業した。ここから，国立駅は国分寺駅の「国」と立川駅の「立」をとってつけられた合成地名だと推測できる。　(2)　埼玉県は，北で群馬県と，北東部でわずかに栃木県と接しており，埼玉県と群馬県，栃木県が接する場所は「歩いて行ける三県境」として知られる。

問10　地方自治において住民に認められている直接請求権のうち，条例の制定や改正・廃止の請求と監査の請求は，有権者の50分の１以上の署名を集めることで行える。なお，首長・議員の解職請求(リコール)と議会の解散請求には，有権者の３分の１以上(人口40万人以下の場合)の署名を集めることが必要となる。

問11　富山県の神通川流域では，上流の神岡鉱山(岐阜県)の精錬所から流されたカドミウムが神通川を汚染したことで，イタイイタイ病という公害病が発生した。イタイイタイ病と水俣病(熊本県)，新潟(第二)水俣病(新潟県)，四日市ぜんそく(三重県)は，合わせて四大公害病とよばれる。

問12　(1)　アは1945年，イは1936年，ウは1937年，エは1931年(満洲国の建国は1932年)のできごとなので，年代の古い順にエ→イ→ウ→アとなる。　(2)　示された路線図では，岡山駅と新倉敷駅が岡山県，福山駅から広島駅までの各駅が広島県，新岩国駅と徳山駅，新山口駅が山口県にある。

問13　WHO(世界保健機関)の定義では，総人口に占める65歳以上の高齢者の割合が７％をこえると高齢化社会，14％をこえると高齢社会，21％をこえると超高齢社会とよばれる。日本は1970年に高齢化社会，1994年に高齢社会，2007年に超高齢社会になり，高齢化はさらに進行している。

問14　(1)　日本国憲法第15条は，公務員を「全体の奉仕者であって，一部の奉仕者ではない」と定めている。これは，公務員に対し，国民や公共の利益のためにはたらくことを義務づけた内容だといえる。　(2)　生徒２の発言から，Ｂは中国，生徒３の発言から，Ａは韓国だとわかる。これをもとに生徒４の発言とグラフをみると，Ｃが台湾であることもわかるので，残ったＤに香港があてはまる。

2　和食を題材にした問題

問１　Ｘは，能楽やその広がりについて正しく説明している。Ｙについて，江戸時代前半には，上方(京都・大阪)の町人をおもな担い手として，元禄文化が栄えた。『奥の細道』は元禄文化を代表する俳人の松尾芭蕉が著した俳諧紀行文で，人形浄瑠璃の脚本ではない。近松門左衛門は元禄文化の時期に活躍した人形浄瑠璃・歌舞伎の脚本家で，代表作には『曾根崎心中』や『国性爺合戦』などがある。

問２　財務省は国の財政を担当する行政機関で，予算の作成や徴税などの仕事を行っている。

問３　東北地方の三陸海岸沖合では，暖流の日本海流(黒潮)と寒流の千島海流(親潮)がぶつかって潮目ができる。対馬海流は，日本列島に沿って日本海を北上する暖流である。

問４　日本国憲法第25条は生存権について定めた条文で，その２項の規定にもとづいてさまざまな社会保障制度が整備されている。このうち，生活に困っている人に生活費や医療費などを援助する制度を公的扶助(生活保護)といい，社会保険・社会福祉・公衆衛生とともに，社会保障制度の四つの柱を形成している。

問５　日本海側の地域では，日本海上を吹き渡る湿った北西の季節風の影響で，冬に雨や雪が多くなる。一方，夏は南東の季節風の影響を強く受ける太平洋側の地域で，雨が多くなる。

問６　縄文時代には土器がつくられるようになり，食べ物の煮炊きにも用いられた。これによって，そのままでは食べられないものに火を通して食べられるようにしたり，灰汁をぬいたり，出汁をとったりできるようになった。縄文時代から人々は，そのまま食べるのには適さない食材の活用法を考え出してきたのである。

問７　中国の古い歴史書『魏志』倭人伝によると，３世紀の日本には邪馬台国という強国があり，女王の卑弥呼がまじないによってこれを治めていた。また，卑弥呼は239年，魏(中国)に使いを送り，皇帝から「親魏倭王」の称号や銅鏡などを授けられた。

問８　(1)　593年，聖徳太子(厩戸皇子)はおばにあたる推古天皇の摂政となり，蘇我馬子らと協力して天皇中心の国づくりをすすめた。　(2)　銘文の後半から，釈迦像は病気がなおることや，長生きできること，安心した生活を送れることを祈ってつくられたことが読み取れる。このように，当時の人々は，現世の幸福や平穏を祈る対象として仏教を信仰していたといえる。

問９　671年に天智天皇が亡くなると，翌672年，天皇の弟の大海人皇子と，天皇の子の大友皇子が跡継ぎの座をめぐって壬申の乱を起こした。この戦いに勝利した大海人皇子は，673年に天武天皇として即位した。

問10　北海道東部の根釧台地には，火山灰土や泥炭地が広がることや，濃霧によって気温があまり上がらないことから，農業には適さない土地であった。しかし，第二次世界大戦後に国家事業として酪農のパイロットファーム(実験農場)がつくられ，その後も新酪農村の開発が進められるなどした結果，日本を代表する酪農地帯へと成長した。なお，アは上川盆地，イは石狩平野で，稲作がさかんに行われている。ウは十勝平野で，畑作や酪農がさかんである。

問11　歌舞伎は，安土桃山時代に出雲の阿国が始めた歌舞伎踊りを起源とし，江戸時代に舞台芸能として大成された。室町時代に大成されていた舞台芸能としては，能楽があげられる。

問12　問題文や計算方法から，輸送距離が短いほうがフードマイレージの数値は小さくなるとわかる。つまり，フードマイレージの数値が小さいほうが温室効果ガスの排出量が少なく，地球環境への負荷が小さくなるといえる。また，地域で生産された食材を地域で消費しようという取り組みを，地産地消という。フードマイレージの数値を小さくできるので，地球環境への負荷を減らせるほか，地域経済を活性化する，食料自給率を上げられるといった効果も期待できる。

問13　江戸時代に整備された五街道のうち，地図のなかでほぼ北へ向かうのが中山道，ここから分かれて北東へと向かうのが日光街道と奥州街道である。東海道と甲州街道は，日本橋から南西へ向かったあと西に方向を変え，甲州街道はそのまま西へ，東海道は南西へと伸びる。

問14 讃岐は香川県の旧国名で，「讃岐うどん」などにその名が残っている。愛媛県の旧国名は伊予である。

問15 アにはニンジン，イにはジャガイモ，ウにはたまねぎがあてはまり，いずれも北海道が生産量全国第１位となっている。生産量の合計が最も少ないエは，ピーマンの生産量上位３県にあたる。統計資料は『日本国勢図会』2020／21年版による。

問16 アは1956年，イは1972年，ウは1950年，エは1964年のできごとなので，年代の古い順にウ→ア→エ→イとなる。

問17 (1)「675年に天武天皇が肉食禁止令を発布した」とあることと，「長年，肉食を禁じてきた決まりが1871年に解かれ，肉食をさける食文化が終わりました」とあることから，肉食をさける食文化は，約1200年間にわたって続いたとわかる。 (2) 道元は鎌倉時代に曹洞宗を開いたので，精進料理もこの時代に登場したと考えられる。鎌倉時代は，「大饗料理」が生まれた平安時代と，「本膳料理」が生まれた室町時代の間の時代にあたる。

理 科 ＜第１回試験＞（35分）＜満点：60点＞

解 答

[1] **問１** ① み ② しょっ ③ きゅう **問２** 解説の図を参照のこと。 **問３** **どちらの目か**…左目 **理由**…（例） 目からのびる神経の方向で左目と判断することができる。 **問４** もう点 **問５** イ **問６** ア，イ，ウ **問７** （例） 光の方向に葉を向ける。
[2] **問１** **E** キ **F** ク **G** エ **問２** ア，イ，ウ，オ **問３** エ **問４** (1)（例） 過酸化水素がなくなったから。 (2) カ (3) ① 1800cm³ ② 3600cm³ **問５** （例） 日本は主に火力発電を行っているため，二酸化炭素が発生して地球温暖化につながるが，水素を燃料とすれば水のみが出されるため。 [3] **問１** 6 km/秒 **問２** 4 km/秒 **問３** 14時36分10秒 **問４** 60km **問５** 48km **問６** 72km **問７** 14時36分28秒
[4] **問１** 60 g **問２** 103.8 g **問３** 346 g **問４** 360 **問５** ウ **問６** 72Hz **問７** 400 g **問８** カ

解 説

[1] ヒトの五感と目のつくりについての問題

問１ 五感には，目で光を感じる視覚，耳で音を感じる聴覚のほかに，舌で酸っぱさや甘さなどを感じる味覚，皮ふで振動などを感じる触覚，鼻でにおいを感じる嗅覚がある。

問２ 水晶体は目(眼球)の前方にあるレンズ(右の図の黒くぬりつぶした部分)で，この厚さを変えることにより入ってきた光を屈折させる角度を変えて，網膜に像を結ぶはたらきをしている。

問３ 左右の眼球からのびる神経(視神経)は頭の上部の真ん中にある脳につながっているので，図２の眼球は左目と考えられる。

問４ 図２のＹは脳につながる神経が出ているところで，もう点(もうはん)と呼ばれる。ここには光を感じる細胞がないため，この部分に映ったものは脳で認識することができない。

問５　横の見える範囲ギリギリのところにかざしたペンから来る光は，前側の網膜に届く。図２で，そこはOXからの角度が大きいところで，色を感じる細胞がかなり少なく，明るさを感じる細胞はそれほど少なくない。よって，ペンがあることはわかるものの，その色までは判断しにくいと考えられる。

問６　エについて，器官が刺激を受けても，神経に障害があるなどして，その情報が脳に届かなければ，「感覚」は生じない。よって，ア，イ，ウは正しいが，エは正しくない。

問７　たとえば，暗い箱の中に置いた植物に対して横の一方向から光を当て続けると，植物は光が来る方向に向かってのびていく。この性質を光屈性という。

2　**気体の性質についての問題**

問１　**E**　炭素を含むもの(灯油など)が完全燃焼すると二酸化炭素を生じるが，酸素不足で不完全燃焼が起こると有毒な一酸化炭素を発生する。　**F**　塩素は，つんとしたにおいがあり，強い殺菌作用や漂白作用をもち，水道水やプールの消毒薬に使われている。　**G**　地球のはるか上空にはオゾンという気体の層があり，太陽光に含まれる生物に有害な紫外線をさえぎるはたらきをしている。

問２　Aは二酸化炭素である。二酸化炭素は，貝がら，チョーク，大理石のような炭酸カルシウムを多く含むものや重曹にうすい塩酸を加えたときに発生する。

問３　Bはアンモニアである。水によく溶けるため，水上置換法では集められず，空気より軽いので上方置換法で集める。また，水溶液は無色のフェノールフタレイン液を赤色にするアルカリ性なので，赤色リトマス紙につけると青色に変化する。

問４　(1)　Cは酸素である。過酸化水素水に二酸化マンガンを入れると，過酸化水素水に含まれる過酸化水素が分解して酸素を発生する。二酸化マンガンは過酸化水素の分解をうながすはたらきをし(触媒という)，これ自体は変化しない。つまり，発生する酸素の体積は過酸化水素水に含まれる過酸化水素の量に比例し，過酸化水素がなくなれば酸素の発生は止まる。　(2)　初めの実験と比べて，過酸化水素の量は変わっていないので，酸素の発生量は変化しない。一方，二酸化マンガンの量が多いので，反応が速まり，酸素の発生が止まるまでにかかる時間は減る。　(3)　①　初めの実験に比べて，過酸化水素水の量が，100÷50＝２(倍)になっているので，酸素の発生量も２倍の，900×２＝1800(cm^3)になる。　②　①と比べて，濃度が，10÷５＝２(倍)になっているので，含まれている過酸化水素の量が２倍になっている。よって，酸素の発生量は，1800×２＝3600(cm^3)となる。

問５　現在の日本では総発電量の約$\frac{3}{4}$を火力発電にたよっているが，火力発電は主な燃料が天然ガスや石炭，石油などの化石燃料であるため，温室効果ガスである二酸化炭素が大量に発生し，地球温暖化を引き起こす原因となっている。それに対し，Dの水素を燃料とするのは，水素を燃やしても発生するのが水だけで二酸化炭素を出さないので，地球温暖化を防止し，地球環境を守ることにつながるといえる。

3　**地震についての問題**

問１　A地点とC地点で，震源からの距離の差は，144－84＝60(km)で，震源から小さなゆれが伝わってくるのにかかった時間の差は，34－24＝10(秒)なので，小さなゆれを起こす地震波の速さは，60÷10＝６(km/秒)である。

問２　Ａ地点とＣ地点で，震源から大きなゆれが伝わってくるのにかかった時間の差は，46－31＝15(秒)なので，大きなゆれを起こす地震波の速さは，60÷15＝４(km/秒)とわかる。

問３　震源から84km離(はな)れたＡ地点に小さなゆれを起こす地震波は，84÷６＝14(秒)で伝わったので，地震が発生した時刻は，14時36分24秒－14秒＝14時36分10秒である。

問４　震源からＤ地点に小さなゆれを起こす地震波は，20－10＝10(秒)で伝わったので，Ｄ地点の震源からの距離は，６×10＝60(km)となる。

問５　(Ｄ地点と震源Ｚの距離)：(Ｘ地点と震源Ｚの距離)＝60：36＝５：３なので，３辺の比が３：４：５の直角三角形より，Ｄ地点とＸ地点の距離は，$60\times\frac{4}{5}$＝48(km)と求められる。

問６　(Ｅ地点とＸ地点の距離)：(Ｘ地点と震源Ｚの距離)＝61.2：36＝17：10なので，３辺の比が10：17：20の直角三角形より，Ｅ地点と震源Ｚの距離は，$36\times\frac{20}{10}$＝72(km)である。

問７　震源からＥ地点に大きなゆれを起こす地震波は，72÷４＝18(秒)で伝わるので，Ｅ地点で大きなゆれが始まった時刻は，14時36分10秒＋18秒＝14時36分28秒となる。

４　糸にかかる力と弦(げん)の振動についての問題

問１　表１より，図１(水平面に対して30度傾(かたむ)けた斜面(しゃめん)上)では，ばねはかりが示す値は物体の重さの0.5倍になることがわかる。よって，物体の重さが120ｇのとき，ばねはかりは，120×0.5＝60(ｇ)を示す。

問２　表２より，図２(水平面に対して60度傾けた斜面上)では，ばねはかりが示す値は物体の重さの0.865倍になることがわかる。したがって，物体の重さが120ｇのとき，ばねはかりは，120×0.865＝103.8(ｇ)を示す。

問３　図３で，物体Ｂの重さは200ｇだから，物体Ａと物体Ｂをつなぐ糸には表２より173ｇがかかっている。よって，物体Ａの重さは，173÷0.5＝346(ｇ)である。

問４　表３より，物体の重さが同じとき，弦の振動する部分の長さと音の振動数は反比例していることがわかる。つまり，(弦の振動する部分の長さ)×(音の振動数)の値は一定である。よって，物体の重さが800ｇのとき，(弦の振動する部分の長さ)×(音の振動数)の値は，30×480＝14400なので，求める値は，14400÷40＝360となる。

問５　表３より，弦の振動する部分の長さが同じとき，物体の重さが重いほど，音の振動数は大きくなって高い音となる。また，物体の重さが同じときは，弦の振動する部分の長さが短いほど，音の振動数が大きくなって高い音になる。

問６　図６で，物体の重さが100ｇのとき，弦にかかる力は表１より50ｇとわかる。よって，表３では物体の重さがそのまま弦にかかる力となっているので，図６の斜面上にある物体の重さが100ｇのときの音の振動数は，表３で物体の重さが50ｇ，弦の振動する部分の長さを50cmにしたときと同じ72Hzになる。

問７　表３より，弦の振動する部分の長さが40cmのときに音の振動数が180Hzとなるのは，弦にかかる力が200ｇの場合とわかる。したがって，図６の斜面上にある物体の重さは，200÷0.5＝400(ｇ)である。

問８　表３を用いて，弦の振動する部分の長さが30cmの

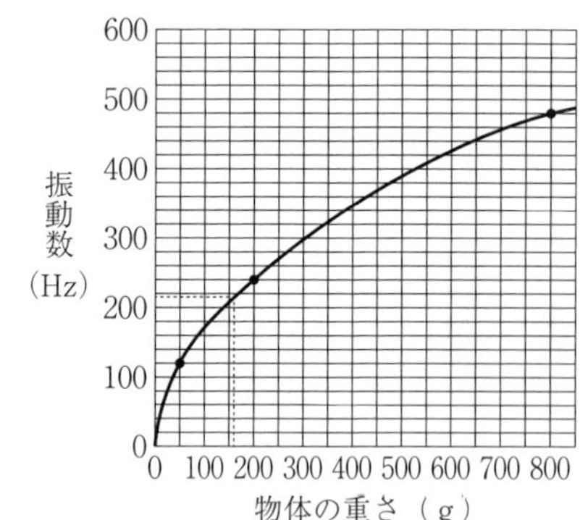

ときの，物体の重さと音の振動数の関係をグラフにすると，上の図のようになる。ここで，図６の場合，物体の重さが320ｇのとき，弦にかかる力は，320×0.5＝160（ｇ）となる。よって，上の図で物体の重さが160ｇのときの音の振動数を読み取ると，約215Hzとわかるから，カが選べる。

国　語　＜第１回試験＞（45分）＜満点：100点＞

解　答

一　下記を参照のこと。　二　**問１**　Ⅰ　カ　Ⅱ　オ　Ⅲ　ア　Ⅳ　イ　**問２**　ウ　**問３**　筋　**問４**　C　**問５**　エ　**問６**　ア　**問７**　**１**　（例）　非常に大きな数字が連日報道される　**２**　（例）　避難すべき予測津波高や恐ろしいと思う津波の高さが引き上げられる　**問８**　イ　**問９**　ウ　**問10**　**A**　2　**B**　2　**C**　1　三　**問１**　不安　**問２**　ア　**問３**　エ　**問４**　エ　**問５**　（例）　以前はふたりで弾いていたけれど，由仁が弾けなくなり，これからは和音ひとりがピアノを弾くようになる。　**問６**　（例）　ピアニストを目指すということ。　**問７**　森の中にこ　**問８**　**１**　（例）　和音の決意を応援したい　**２**　（例）　ピアノを弾いて収入を得て生活していくのは厳しいことだ　**問９**　ウ

●漢字の書き取り

一　①　要領　②　署名　③　養蚕　④　忠誠　⑤　潔白　⑥　試金石　⑦　米俵　⑧　帯　⑨　努（める）　⑩　営（む）

解　説

一　漢字の書き取り

①　物事の最も大事な点。　②　書類などに自分の名前を書くこと。　③　蚕を飼育し，繭をとること。　④　真心を持ってつくすこと。　⑤　心や行いがきれいで，やましいところがないこと。　⑥　人の力量や物の価値を知る指標となるもの。　⑦　わらを編んで作る米を入れる俵。　⑧　音読みは「タイ」で，「地帯」などの熟語がある。　⑨　音読みは「ド」で，「努力」などの熟語がある。　⑩　音読みは「エイ」で，「経営」などの熟語がある。

二　出典は中谷内一也の『リスク心理学　危機対応から心の本質を理解する』による。「アンカリング効果」について説明したうえで，「アンカリング効果」の「リスク認知」への影響として，東日本大震災前後で人々の認識が変化したことについて述べている。

問１　Ⅰ　直前で述べた「たまたま出会った特定の数字をひとつの目安として使うこと」が役に立つ例として，直後で「部屋着としてのスウェットシャツ」を買うときのことが述べられている。よって，具体的な例をあげるときに用いる「例えば」が合う。　Ⅱ　「先行して目にする数字が，メインとなる後続の判断とは何の関係もない場合」と並べて「関連させて判断しない方が良い場合」をあげているので，同類のことがらを並べ立て，いろいろな場合があることを表す「あるいは」があてはまる。　Ⅲ　前には，回答者は「国連に加盟国のうちアフリカの国々が占める割合」はルーレットで出た数字より大きいか小さいかを選ぶよう求められ，次に「何パーセントくらいだと思うか」を数値で答えるよう求められるとある。後には，ルーレットで出た数字より上か下かを考え，次に「国連加盟国に占めるアフリカ諸国の割合はどれだけか推定するよう求められる」

とあり，前の内容を言いかえている。よって，前に述べた内容を“要するに”とまとめて言いかえるときに用いる「つまり」がふさわしい。　Ⅳ「たまたまルーレットで出た目と，国連に占めるアフリカ諸国の割合とには，何の関係もないということは～回答者にだってわかります」と述べた後で，「無関係とわかってはいながら，その無関係な数字に強く影響されてしまう」と続けているので，前に述べたことと対立することがらを後に続けるときに使う「けれども」が合う。

問２　ぼう線①の直後にあるように，「九〇〇〇円」という数字だけだと高いと感じてしまう。それを売るためには，安いと感じさせる数字を先に示せばよい。よって，ウがふさわしい。

問３　「筋が通る」とすると，“道理にかなっている”という意味になる。

問４　もどす文に「課題」とあるので，「アンカリングの影響を示す最も有名な課題」を紹介している【Ｂ】の後の段落に注目する。また，「後者」は，二つあげたうちの後のものを指すので，「ルーレットで出た数字(65)より上か下かを先に」考える，「国連加盟国に占めるアフリカ諸国の割合はどれだけかを推定する」という二つの手順を述べた後の【Ｃ】に入れるのがふさわしい。

問５　空欄Ｙの直後の段落に，この実験結果から，「ある数値を一度基準として考えてしまうと，無関係とわかってはいながら，その無関係な数字に強く影響されてしまう」とあるので，エが合う。

問６　「看過」は，あることを目にしていながら，そのままにしておくこと。

問７　ぼう線③に続く部分に注目する。東日本大震災の際，津波の高さとして「非常に大きな数字が連日報道されて」いたので，「それらの大きな数字が目安になってしまい，避難すべき予測津波高や恐ろしいと思う津波の高さが以前よりも引き上げられる」のではないかと筆者は考えたのである。

問８　筆者は，東日本大震災の際の報道による「アンカリング効果」で，人々が避難すべきだと思う津波の高さが引き上げられたのではないか，つまり「高い津波でないと逃げない」と考えるようになるのではないかと予測していた。実際に調査したところ，「果たして結果は，皮肉なものでした」と述べられているので，筆者の予測した通りになっているものを選ぶ。震災前に比べて，一メートル以下で避難すべきと考える人の割合が減っている，イがふさわしい。

問９　ぼう線⑤の段落にあるように，筆者は，「認識が危険な方向に変容したという研究結果を世間に伝え，問題を提起する」ために，「報道機関に向けた公表と資料提供」を行ったと述べている。

問10　**Ａ**　空欄Ⅱの段落に，「アンカリング効果」は「先行して目にする数字が，メインとなる後続の判断とは何の関係もない場合でさえ」起こると述べられているので，合わない。　**Ｂ**　空欄Ⅳの次の段落に，「その後，なぜアンカリング効果が起こるのか，その心理的なしくみはどうなっているのか，という問題が検討されてきました」とあるので，合わない。　**Ｃ**　東日本大震災の際の報道により人々の「津波に対する認識が危険な方向」に変化していたことが，調査でも明らかになったと説明されているので，合う。

三　**出典は宮下奈都の『羊と鋼の森』による**。調律師の「僕」は，先輩の柳と共に，ふたごの姉妹和音と由仁の家を訪れる。姉妹はこれまでふたりでピアノに打ち込んでいたが，由仁は病気でピアノが弾けなくなっていた。久しぶりに調律に呼ばれた「僕」は，和音の決意を聞く。

問１　由仁の病気のため，佐倉家からの連絡がない間の「僕」の気持ちである。久しぶりに会ったときに「明るい声でほっとした」とあることから，「僕」がそれまで不安をかかえていたことが読み取れる。

問２　直後に「半減して，あれか」とあるので，「和音の弾くピアノの魅力」の大きさを実感して高ぶった「僕」の気持ちを表していると考えられる。

問３　「わがまま」だと言っているのに理解しない「僕」に対していらだち，「睨ん」でいる柳のようすを表す言葉なので，エが合う。

問４　ぼう線③に続く部分に，柳に「わがまま」とか「こども」と言われて，「なんだか気持ちが軽くなった」とある。これまで「僕」は，「ほとんどのことに対してどうでもいいと思ってきた」が，「わがままが出るようなとき」つまり，自分にとって大切なことに関しては「わがままを究めればいい」と気がついたのである。

問５　和音と由仁のふたりが変わった点は，由仁がピアノを弾けなくなったことである。調律後の試し弾きも，以前は「連弾だった」が，今回は「和音がたったひとりで」している。よって，「由仁が病気で弾けなくなったので，これからはふたりではなく，和音ひとりがピアノを弾くようになる」のようにまとめられる。

問６　少し後で，和音が「私，ピアノを始めることにした」そして「ピアニストになりたい」と宣言し，由仁の「プロを目指すってことだよね」という言葉に「うなずい」ている。

問７　和音が試し弾きをしている場面に，「森の中にこんこんと湧き出る泉のような印象だ」という言葉がある。

問８　「ピアノで食べていける人なんてひと握りの人だけ」だというのは，ピアノで生計を立てていくことの難しさを表している。しかし，直後に「言ったそばから，自分の言葉など聞き流してほしいと思っているのが〜伝わってきた」とあるように，本当に言いたいのはそんなことではなく，実のところは，和音がピアニストを目指すことを応援しているのだとわかる。

問９　「ピアノで食べて」いくのではなく，「ピアノを食べて生きていく」というのは，ピアニストとして成功するしないよりも，自分自身がピアノを弾くことを楽しみ，それを力にして生きていくということだと考えられる。

2022年度　富士見中学校

〔電　話〕 (03) 3999－２１３６
〔所在地〕 〒176-0023　東京都練馬区中村北４－８－26
〔交　通〕 西武池袋線－「中村橋駅」より徒歩３分

【算　数】〈第２回試験〉(45分)〈満点：100点〉

(注意) (1) **3** には説明を必要とする問いがあります。答えだけでなく考え方も書きなさい。

(2) 円周率が必要な場合には3.14として計算しなさい。

1 次の□に当てはまる数や比を求めなさい。

(1) $\frac{9}{14}\times\left\{3+\left(2\frac{5}{6}-1.75\right)\div 9\frac{3}{4}\right\}=\square$

(2) $\{(7-\square)\times 7+7\div 7\}\div 7=7$

(3) 12で割っても15で割っても４あまる整数で，1000に最も近い整数は□です。

(4) Ａさんが４歩進む間にＢさんは５歩進み，Ａさんが５歩で進む道のりをＢさんは７歩で進みます。このときＡさんとＢさんの速さの最も簡単な比は□です。

(5) 180ｍの歩道の端(はし)から端まで３ｍおきに木を植えています。これを植えかえて５ｍおきにします。このとき，抜(ぬ)かなくてもよい木は□本あります。

(6) 下の【図１】のおうぎ形で，角 x と角 y と角 z の角度の和は□度です。

(7) 下の【図２】は，半径６cmの半円を折り返したものです。▨部分の面積は□cm²です。

(8) 下の【図３】のように，１辺が１cmの正方形を10個組み合わせて，アルファベットの「Ｆ」を作りました。この図形を直線 l の周りに１回転させてできる立体の体積は□cm³です。

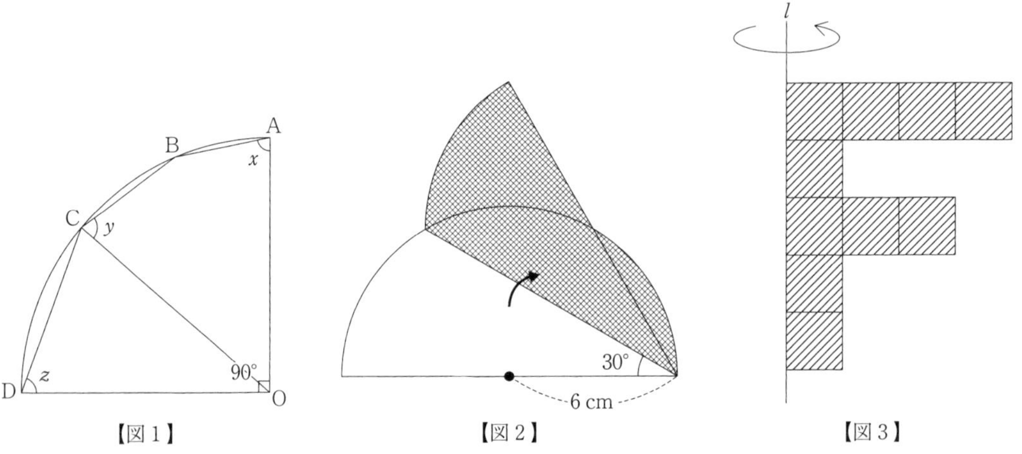

【図１】　【図２】　【図３】

2 〔A〕 下の図で，点P，Qはそれぞれ点A，Bを同時に出発し，AB上を一定の速さで停止せずに何度も往復します。点Pは毎秒３cm，点Qは毎秒５cmの速さで移動します。

このとき，あとの問いに答えなさい。

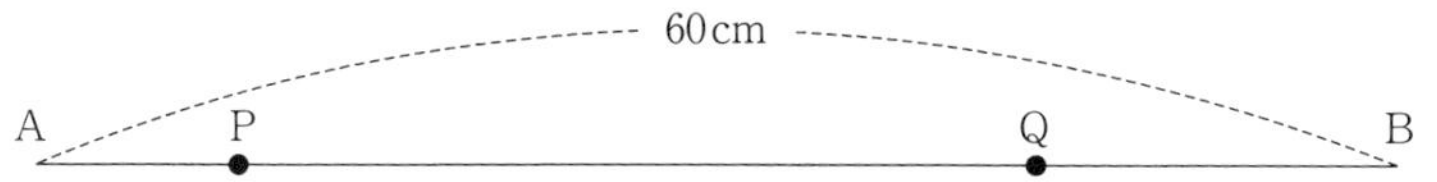

(1) 点P，Qが１回目に重なるのは，出発してから何秒後ですか。

(2) 点P，Qが２回目に重なるのは，出発してから何秒後ですか。

(3) 点P，Qは，出発してから２分間に何回重なりますか。

〔B〕 ２，３，４の３つの数字だけを使ってできる２けたと３けたの整数を次のように小さい順に並べました。

22，23，24，32，……，443，444

(1) 全部でいくつの数が並んでいますか。

(2) 243は何番目にありますか。

(3) 30番目にある数は何ですか。

3 【図１】の長方形を２つ組み合わせて作った【図２】，【図３】の図形について，あとの問いに答えなさい。

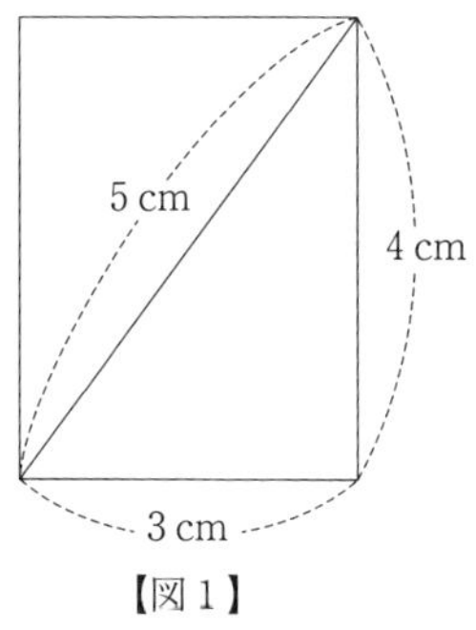

【図１】

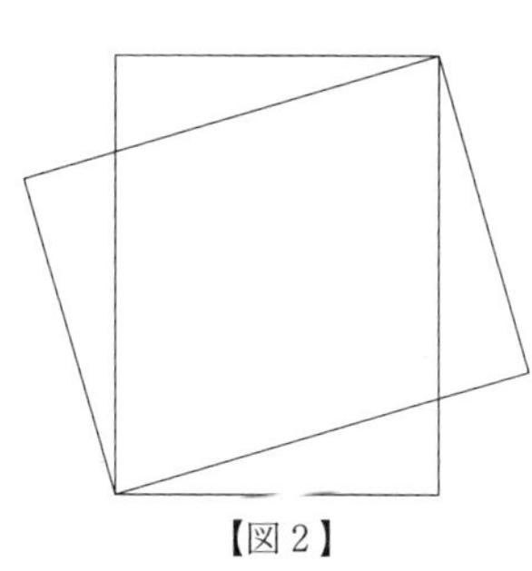
【図２】

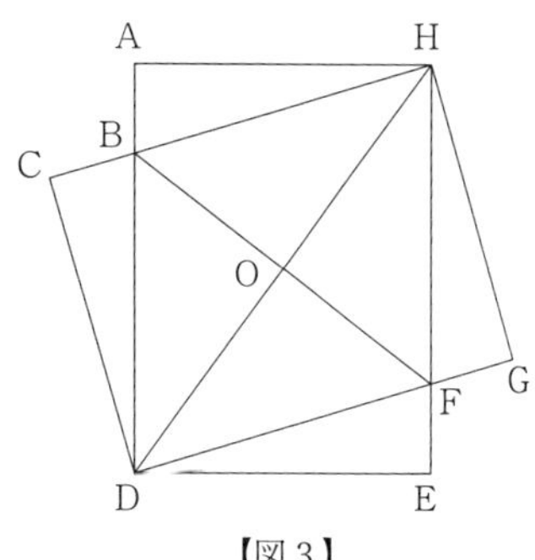

【図３】

(1) 【図２】について，２つの長方形が重なった部分の図形の名前として最も適切なものを下の①～⑤から選びなさい。

① 正方形　② 長方形　③ ひし形

④ 平行四辺形　⑤ 直角三角形

(2) 【図３】について，OH，HF，FOの長さを求めなさい。

(3) 【図３】について，２つの長方形が重なった部分の図形の面積を求めなさい。考え方や途中(とちゅう)の式も書きなさい。

次に，【図１】の長方形を３つ組み合わせて作った【図４】の図形について考えます。

(4) 【図４】について，▩部分の面積を求めなさい。

(5) 【図４】について，３つの長方形が重なった部分の面積を求めなさい。

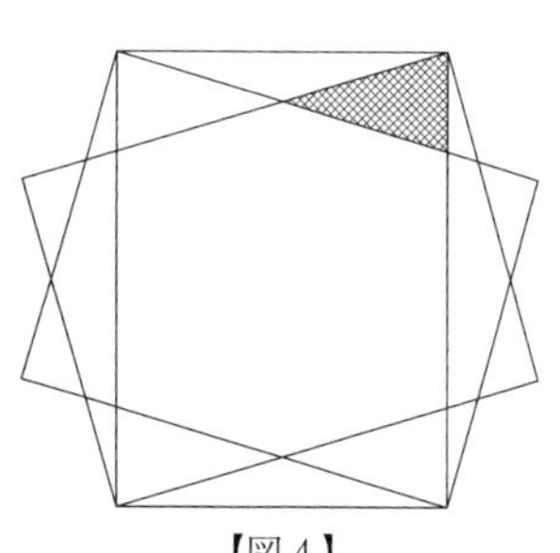
【図４】

4 次の先生と生徒の会話文を読み，［ア］～［ク］に当てはまる数を求めなさい。

先生「整数を２回かけることを考えます。たとえば７を２回かけるというのは7×7を計算するということです。２回かけるともとの整数と同じになる数は何ですか。」

生徒「［ア］と［イ］です。」

先生「そうですね。ここからは［ア］と［イ］以外の数について考えます。１けたの整数のうち２回かけたら一の位がもとの数と同じになるものは何ですか。」

生徒「十の位は考えなくていいのですね。［ウ］と［エ］です。」

先生「正解です。次は少し難しいかもしれません。２けたの整数のうち，２回かけたら十の位と一の位がもとの数と同じになるものは何ですか。」

生徒「えーと，10から99まであるから，全部調べるのは大変です。」

先生「さっき，１けたの場合に考えたことを思い出してみましょう。」

生徒「なるほど。一の位に注意すれば考えることは少なくて済みますね。いくつか計算してみると十の位に規則性がありそうでした。答えは［オ］と［カ］でしょうか。」

先生「よく気が付きましたね。同じような考え方や規則性に注意すると３けたの場合も求められそうです。３けたの整数のうち，２回かけたら百の位と十の位と一の位がもとの数と同じになるものも探してみてください。」

生徒「［キ］と［ク］だと思います。」

先生「正解です。よくできました。」

【社　会】〈第２回試験〉（35分）〈満点：60点〉

1　**次の文章を読んで，あとの問いに答えなさい。**

みなさんが日ごろ食べている(1)**米**はどのような歴史をたどってきたのでしょうか。今日は米の歴史についてみていきましょう。

世界最古の水田跡がみられる遺跡は，(2)**中国**の長江流域にあります。(3)**日本**へ稲作が伝来するのは縄文時代の後半で，(4)**弥生時代**には本格的に稲作が取り入れられました。

水田をつくるためには森林を切り開いたり，土地を耕したりするなど，たくさんの労働力が必要となります。そのため，稲作の普及とともにリーダーを中心としたクニができはじめました。それら(5)**クニがお互いに争い合い，次第にヤマト政権のようなひとつの権力にまとめられていきます**。

８世紀には大宝律令が制定され，中央集権体制が整えられました。それとともに，稲作も国の管理のもとでおこなわれるようになりました。しかし，(6)**税**の負担が重く，田畑を捨てて逃げ出す農民が増えました。そこで奈良時代には，新たに開墾(かいこん)した土地の私有が認められ，全国各地に荘園ができました。水田や畑が増加する一方で，たくさんの荘園をもつものと，そうでないものとの間に貧富の差が拡大しました。

鎌倉時代からは，大規模な争いが増え，米は争いと結びつけられることが多くなりました。争いをするために米や田畑の管理はとても重要になりました。さらに，争いが全国にまでおよぶようになると，戦争をする武士と，米を生産して争いを支える農民で役割分担が必要になりました。そのため，戦国時代から安土桃山時代には兵農分離が進みました。

江戸時代になると，米は(7)**お金**の役割も担い，経済の中心ともなっていきました。それは，経済力を土地の生産高(石高)であらわしていたり，年貢がおもに米で納められたりしたことからもわかります。そのため，江戸時代には利根川流域の(8)**開発**や印旛沼(いんばぬま)の干拓など，新田開発も大きく進みました。その一方で，米を中心とした体制のため，(9)**気候**の変化や(10)**病気**による凶作(きょうさく)で米がとれないと，大きな損害(そんがい)となりました。

(11)**明治時代**に入ると今度は富国強兵のために米の増産がおこなわれました。そのため，品種改良がおこなわれたり，北海道の開拓がおこなわれたりしました。かつてはおいしくないといわれた東北の米も，(12)**寒さ**に強く良質な米に品種改良されました。

戦後もしばらくは米の増産がおこなわれました。しかし，1960年代ころから経済発展とともに日本の食事の内容が多様化してくると，米の消費量が減り，米が余るようになりました。そのため，米の生産調整もおこなわれました。一方で，現在にいたるまで米は日本の食の中心であり続けています。2013年には和食文化がユネスコ無形文化遺産に登録されたこともあり，米を中心とした日本の伝統的な食文化が今後も注目を集めていくことでしょう。

問１　下線部(1)について，2020年度の米の生産高の上位１位から５位までの道県は，新潟県，北海道，秋田県，山形県，宮城県です。あとの問いに答えなさい。

(1)　新潟県について，それぞれあとの問いに答えなさい。

①　新潟県は仕事をしている女性の割合が全国平均に比べて高くなっています。雇用(こよう)における男女格差をなくすために制定された法律は何ですか。漢字で答えなさい。

②　新潟港は古くから交通の要衝(ようしょう)としてさかえていましたが，明治時代からは太平洋側に交通の中心が移り，新潟港の利用は減りました。しかし，1930年代になると中国東北

部への移民が増えたため，再び新潟港は活発に利用されるようになりました。この一因となった1931年の柳条湖事件をきっかけとしておきたできごとは何ですか。漢字で答えなさい。

(2) 北海道についてのべた文として**まちがっているもの**はどれですか。次から1つ選び，記号で答えなさい。

ア．十勝平野では広い土地を生かして，大規模な畑作がおこなわれている。

イ．石狩平野では客土による土地改良がおこなわれ，稲作がさかんである。

ウ．知床半島は世界自然遺産に登録された。

エ．洞爺湖は日本で最大の湖であり，洞爺湖サミットがおこなわれた。

(3) 秋田県について，青森県と秋田県の県境に位置するぶなの原生林が有名な一帯を何といいますか。漢字で答えなさい。

(4) 山形県について，次の地図はかつて山形県の南東部にあった米沢藩(よねざわはん)をしめしたものです。米沢藩では江戸時代に上杉鷹山(ようざん)が財政改革に取り組み，ある魚の養殖(ようしょく)を奨励(しょうれい)しました。その魚とは何ですか。米沢藩の場所から考え下から1つ選び，記号で答え，**選んだ理由**も書きなさい。

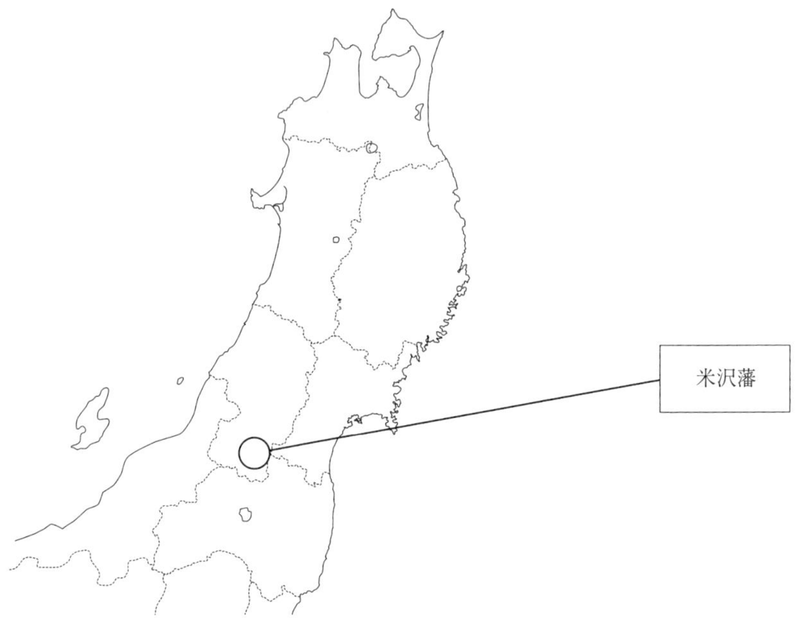

ア．さんま　　イ．こい

ウ．ひらめ　　エ．あじ

(5) 宮城県について，宮城県には仙台張子(はりこ)などの伝統的工芸品があります。伝統的工芸品とそれをつくっている県の組み合わせとして正しいものはどれですか。次から1つ選び，記号で答えなさい。

ア．南部鉄器－岩手県　　イ．有田焼－愛知県

ウ．輪島塗－富山県　　エ．萩焼－三重県

問2　下線部(2)について，日本と中国および朝鮮半島との関係についてのべたものとして正しいものはどれですか。次から**2つ**選び，記号で答えなさい。

ア．中国や朝鮮半島から渡来人が日本にきて，須恵器などの技術を伝えた。

イ．平安時代を通じて遣唐使が派遣され，国内では天平文化が栄えた。

ウ．平清盛は中国の明と勘合貿易をおこなった。

エ．豊臣秀吉が朝鮮出兵をおこない，陶工を日本につれてかえった。

オ．日清戦争で勝利した日本は，ポーツマス条約で台湾を獲得した。

問３　下線部**(3)**について，あとの問いに答えなさい。

(1)　日本国憲法では基本的人権が保障されています。しかし，社会全体の利益を理由に制限されることがあります。この社会全体の利益のことを何といいますか。答えなさい。

(2)　国会の仕事として**まちがっているもの**はどれですか。次から１つ選び，記号で答えなさい。

ア．予算を議決する。

イ．条約を締結する。

ウ．弾劾裁判所を設置する。

エ．内閣不信任の決議をする。

問４　下線部**(4)**について，弥生時代のくらしを知る遺跡として**まちがっているもの**はどれですか。次から１つ選び，記号で答えなさい。

ア．登呂遺跡

イ．岩宿遺跡

ウ．吉野ヶ里遺跡

エ．板付遺跡

問５　下線部**(5)**について，あとの問いに答えなさい。

(1)　下線部の時期はおおよそ３世紀～７世紀ころのことです。この時期の日本の歴史についてのべたものとして正しいものはどれですか。次から１つ選び，記号で答えなさい。

ア．卑弥呼が邪馬台国をおさめ，中国の宋に使いを送った。

イ．日本最大の前方後円墳は稲荷山古墳である。

ウ．推古天皇の摂政に厩戸皇子(聖徳太子)がつき，仏教の信仰を禁止した。

エ．蘇我入鹿が中大兄皇子と中臣鎌足らに暗殺された。

(2)　現在の研究では，当時のクニの争いに，環境問題も関係していたと考えられています。環境問題についてのべたものとして**まちがっているもの**はどれですか。次から１つ選び，記号で答えなさい。

ア．足尾銅山鉱毒事件で田中正造は明治天皇に直訴(じきそ)した。

イ．高度経済成長期に公害が問題となったため，公害対策基本法が制定された。

ウ．水鳥の生息地である湿地を守るために，パリ条約が結ばれた。

エ．2015年の国連サミットでSDGsが採択され，そのなかに環境問題対策もふくまれている。

問６　下線部**(6)**について，国の歳入の一部はわたしたちの払う税金です。次のページの図は2021年度の国の予算案の内訳をしめしたものです。2021年度の予算案では，歳入の総額が106兆6097億円です。歳入にしめる消費税の金額としてもっとも近い数字はどれですか。下から１つ選び，記号で答えなさい。

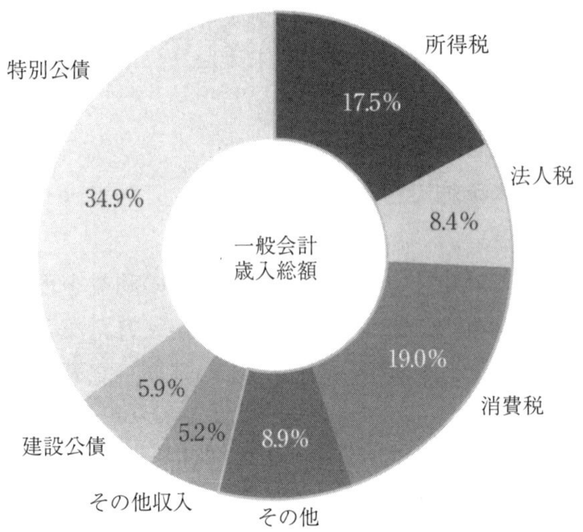

NHK ホームページより引用

ア．15兆円　　イ．20兆円　　ウ．25兆円　　エ．30兆円

問７　下線部(7)について，電気・ガス・水道などの価格は，国民の生活に大きな影響を与えるため，国や地方公共団体が決めています。この価格を何といいますか。漢字で答えなさい。

問８　下線部(8)について，日本全国の開発についてのべたものとして**まちがっているもの**はどれですか。次から１つ選び，記号で答えなさい。

ア．北海道の根釧台地では，パイロットファーム事業によって土地開発がすすめられ，酪農がさかんにおこなわれるようになった。

イ．秋田県の八郎潟では，戦後の食糧不足を解消するために，干拓工事がおこなわれた。

ウ．岐阜県・愛知県・三重県にかけて広がる濃尾平野では，洪水の被害をへらすために輪中集落が形成された。

エ．香川県では，降水量が多いため，となりの徳島県の水不足を解消するために，香川用水をつくった。

問９　下線部(9)について，次の雨温図は，札幌市・秋田市・長野市・岡山市のいずれかのものです。長野市の雨温図はどれですか。次から１つ選び，記号で答えなさい。

ア．
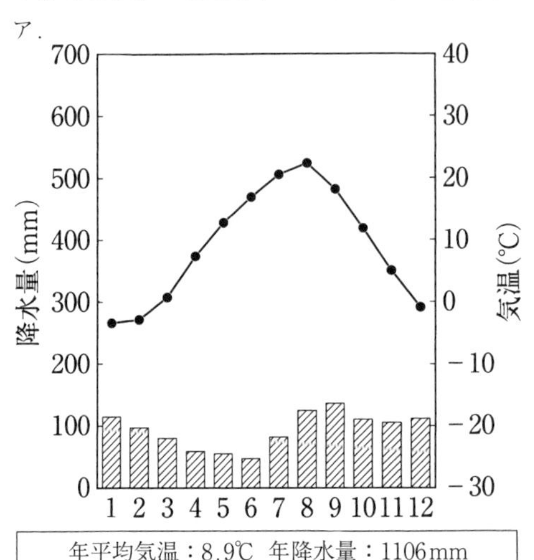

イ．
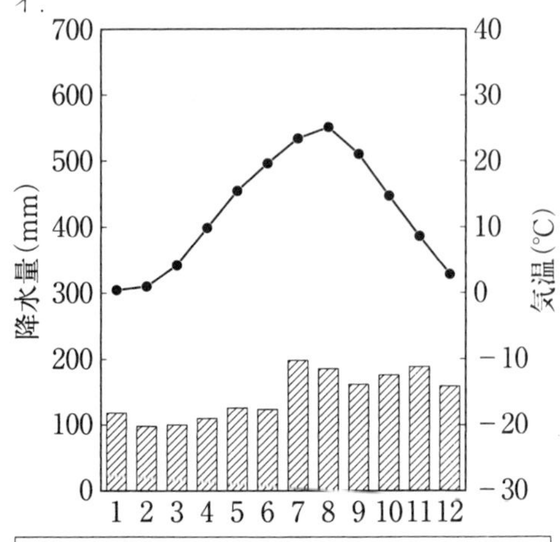

ウ．

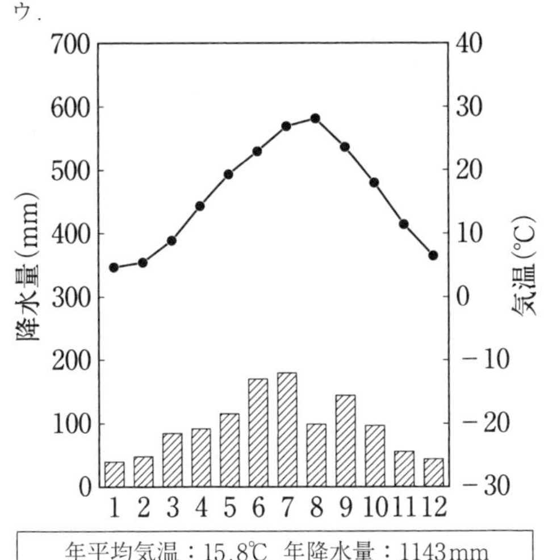

年平均気温：15.8℃　年降水量：1143mm

エ．

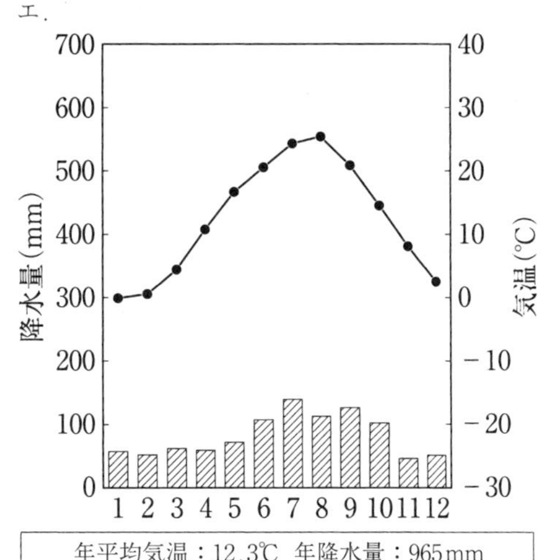

年平均気温：12.3℃　年降水量：965mm

気象庁ホームページより作成

問10　下線部⑽について，2019年末から世界的に新型コロナウィルス感染症が流行しました。このような感染症の世界的流行は，歴史上何度もおこっています。次の文章は14世紀にヨーロッパで流行したペストに関する文章です。当時のヨーロッパで**ペストが拡大する原因となったと考えられる人々の行動を文章中から答えなさい**。また，**その行動が感染者を増やしたと考えた理由**も説明しなさい。

> 14世紀にヨーロッパでは気候が寒冷化し，農作物が不作で多くの人々が栄養不足になったところに黒死病(ペスト)とよばれる病気が広がった。当時はこの病気を神の怒りと考えた。神の怒りを鎮(しず)めるために，みんなでせまい教会に集まってお祈りをささげたり，神に許しを請(こ)いながら町から町へとねり歩いたりした。また，当時キリスト教徒と宗教的に対立していたユダヤ教徒の人々が井戸に毒を入れたのではないかという噂(うわさ)が流れ，ユダヤ教徒が迫害(はくがい)されるなどの差別もおこなわれた。最終的にこの恐(おそ)ろしい病気によって，ヨーロッパの人口の３分の１が失われた。

問11　下線部⑾について，次のⅠ・Ⅱの文は明治時代についてのべたものです。Ⅰ・Ⅱの文が正しいか，まちがっているかの組み合わせとして正しいものはどれですか。下の〈組み合わせ〉から１つ選び，記号で答えなさい。

> Ⅰ：西洋技術を導入して群馬県に富岡製糸場をつくった。
> Ⅱ：1872年に日本ではじめての鉄道が新橋と浦賀の間で開通した。

〈組み合わせ〉

ア．Ⅰ　正しい　　Ⅱ　正しい
イ．Ⅰ　正しい　　Ⅱ　まちがい
ウ．Ⅰ　まちがい　Ⅱ　正しい
エ．Ⅰ　まちがい　Ⅱ　まちがい

問12　下線部(12)について，東北地方ではやませとよばれる風によって冷害の被害を受けることがあります。このやませが吹く方向として正しいものはどれですか。地図中から１つ選び，記号で答えなさい。

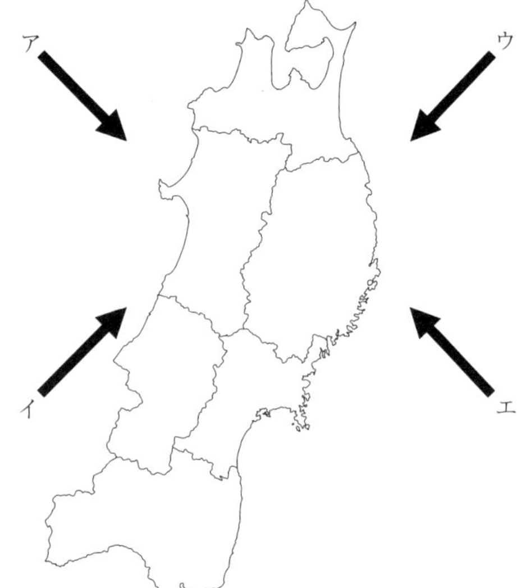

問13　次の文は本文に書かれていることに関連した歴史的なことがらをのべたものです。**まちがっている内容の文**はどれですか。次から１つ選び，記号で答えなさい。

ア．４段落目の稲作を国家が管理した例として，班田収授法があげられる。

イ．４段落目の中央集権体制は，守護や地頭が全国に設置されたことによって整えられていった。

ウ．５段落目にある兵農分離の例として，豊臣秀吉がおこなった刀狩や太閤検地があげられる。

エ．７段落目にある北海道の開拓をおこなったのは，ロシアとの国境警備も担った屯田兵である。

オ．最後の段落でのべられているように，1960年代に米が余るようになったため，政府は減反政策をおこなった。

2　**次の文章を読んで，あとの問いに答えなさい。**

現在，日本では少子高齢化が急速に進んでおり，(1)**人口**減少時代をむかえています。これにより，国内の需要(じゅよう)が減少したり，(2)**労働**力が不足したりすることで(3)**日本の経済**の規模が小さくなることが心配されています。また，医療(いりょう)や介護(かいご)などの(4)**社会保障**のための国や(5)**地方公共団体**の(6)**負担**が増えて財政が危機をむかえることが課題となっています。このように社会が変化するなかでも私たちがより良い社会や豊かな生活を送るためには，さまざまな工夫が必要です。

近年，(7)**情報通信**技術が大きく進化しています。この進化によって新たな価値のあるものとして注目されているのが「(8)**データ**」です。データは「21世紀の石油」ともいわれ，価値のある(9)**資源**と見られています。上手に活用することで，社会がより発展し，人々の生活をより豊かにできるものと考えられています。

情報通信技術の進化によって大量のデジタルデータ(ビッグデータ)がつくりだされるようになりました。ビッグデータの時代といわれてから(10)**10年**近くたっています。このような時代になったことに大きく関わったのが，スマートフォンの普及(ふきゅう)です。特に若い人たちは，今ではほとんどがスマートフォンを持っており，電車のなかでは，(11)**本**や新聞を読む人が少なくなり，スマートフォンを操作している人が多くみられます。

スマートフォンなどの普及により，人々が常に(12)**インターネット**に接続できる(13)**環境**(かんきょう)になりました。これにより人々の行動が把握(はあく)されたり，さまざまな人やモノ，組織がネットワークにつながれて情報をやりとりしたりすることで，大量のデータがつくられるようになりました。

今後も携帯(けいたい)電話の通信速度や容量の増加などにより，ビッグデータの時代はますます急速に進んでいくと予想されています。

しかし，データはより多く得られればよいというわけではなく，データの性質をよく理解した上で，データを適切に処理し，それらを分析(ぶんせき)して，そこから有効な価値を引き出すことが必要です。そのような分野をデータサイエンスといいます。日本には，この分野の研究者がまだまだ少なく，また，このような人々を(14)**教育**する環境も十分に整っているとはいえないようです。

情報通信技術の進化によって大量のデータがつくられるようになり，その結果，それらのデータを正しく読み解いて，より有効に活用していくことができる人が今後の社会に必要とされるようになりました。私たちは変化する社会に目を向けて，学び続けることが大切です。

問１　下線部(1)について，江戸時代のはじめころの日本の人口は約1200万人，江戸時代の終わりころの人口は約3000万人と推定されています。江戸時代に関するあとの問いに答えなさい。

(1)　幕府がおかれていた江戸の人口は，18世紀前半には100万人に達し，そのうち，武士の人口が50万人と推定されています。当時の日本全体での武士の人口の割合は７％程度といわれているにもかかわらず，江戸の武士の人口の割合が大きいのはなぜですか。説明しなさい。

(2)　江戸時代についてのべた文として正しいものはどれですか。次から１つ選び，記号で答えなさい。

ア．将軍の徳川綱吉は，金銀の割合を下げた貨幣をつくらせた。

イ．老中の松平定信は，大名に対して上米を命じた。

ウ．老中の田沼意次は，旗本や御家人の借金を帳消しにした。

エ　将軍の徳川吉宗は，株仲間を解散させた。

問２　下線部(2)について，あとの問いに答えなさい。

(1)　労働に関する法律のなかで，１日の労働時間の上限は８時間まで，休日は１週につき１日以上などを定めている法律は何ですか。漢字で答えなさい。

(2)　日本国憲法には国民の義務として勤労の義務が規定されています。次の文は日本国憲法の条文の一部です。空らんにあてはまる語句は何ですか。漢字で答えなさい。

第二十五条　すべて国民は，健康で文化的な最低限度の生活を営む権利を有する。(略)

第二十六条　すべて国民は，法律の定めるところにより，その能力に応じて，ひとしく教育を受ける権利を有する。

２　すべて国民は，法律の定めるところにより，その保護する子女に普通教育を受けさせる義務を負う。義務教育は，これを無償とする。

第二十七条　すべて国民は，勤労の権利を有し，義務を負う。(略)

第二十九条　財産権は，これを侵してはならない。(略)

第三十条　国民は，法律の定めるところにより，[　　　]の義務を負う。

問３　下線部(3)について，あとの問いに答えなさい。

(1)　日本は原材料を輸入し，国内で加工して製品を輸出する加工貿易をおこない，国を発展させてきました。次の〈円グラフ〉は日本の貿易相手国・地域の貿易総額の規模をしめしたものです。下の〈表〉は日本の主な輸入品の輸入先(金額順)をまとめたものです。円グラフのアルファベットは，〈表〉のなかのアルファベットと同じ国をしめしています。これについて，あとの問いに答えなさい。

〈円グラフ〉

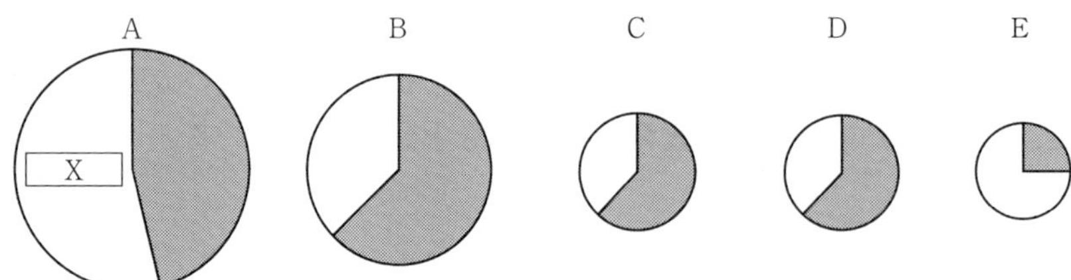

2020/21版『日本国勢図会』より作成

〈表〉

日本の主な輸入品の輸入先(金額順)

品目	1位	%	2位	%	3位	%
肉類	（Ｂ）	28.6	タイ	14.6	（Ｅ）	13.6
小麦	（Ｂ）	46.9	カナダ	36.5	（Ｅ）	16.2
大豆	（Ｂ）	72.8	カナダ	13.9	ブラジル	11.6
とうもろこし	（Ｂ）	63.9	ブラジル	34.3	南アフリカ共和国	0.9
果実	（Ｂ）	19.6	フィリピン	18.7	（Ａ）	14.1
野菜	（Ａ）	48.4	（Ｂ）	15.6	（Ｃ）	6.0
鉄鉱石	（Ｅ）	52.2	ブラジル	29.6	カナダ	7.2
石炭	（Ｅ）	60.2	インドネシア	13.3	ロシア	11.4
衣類	（Ａ）	54.1	ベトナム	19.8	バングラデシュ	4.1
コンピュータ	（Ａ）	78.5	（Ｂ）	4.2	タイ	3.9
集積回路	（Ｄ）	57.5	（Ｂ）	10.6	（Ａ）	9.4

2020/21版『日本国勢図会』より作成

① 〈円グラフ〉と〈表〉のアルファベットの国・地域の組み合わせとして正しいものはどれですか。次から１つ選び，記号で答えなさい。

	A	B	C	D	E
ア	中国	アメリカ	オーストラリア	台湾	韓国
イ	アメリカ	中国	韓国	オーストラリア	台湾
ウ	中国	アメリカ	オーストラリア	韓国	台湾
エ	アメリカ	中国	台湾	韓国	オーストラリア
オ	中国	アメリカ	韓国	台湾	オーストラリア
カ	アメリカ	中国	オーストラリア	韓国	台湾

② 〈円グラフ〉の［Ｘ］は輸入と輸出のどちらをしめしていますか。漢字で答えなさい。

(2) 第一次世界大戦により日本の経済は大きく成長しました。この時期の日本について，あとの問いに答えなさい。

① この時期の日本の好景気の理由は何ですか。説明しなさい。

② この時期に造船業や海運業，鉄鋼業などで大きく利益をあげた人々は，当時何と呼ばれましたか。**漢字２字**で答えなさい。

問４　下線部(4)について，日本の社会保障制度のなかで，病気の予防や健康管理をおこなったり，感染症が広まらないように環境をととのえたりするしくみを何といいますか。**漢字４字**で答えなさい。

問５　下線部(5)について，市町村の合併やダム・ごみ処理場の建設など，住民の生活に深く関わることについて地域に住む人々の意思を直接確かめるしくみを何といいますか。**漢字４字**で答えなさい。

問６　下線部(6)について，日本の各時代の人々の負担についてのべた文として**まちがっているもの**はどれですか。次から１つ選び，記号で答えなさい。

ア．律令制のもとでの人民には，国造のもとで１年に60日以内の労働をおこなうものがあった。

イ．鎌倉時代の御家人は，将軍から土地があたえられるかわりに，戦いがあったときには，将軍のもとにかけつけて命がけで戦った。

ウ．江戸時代の百姓が住む村は，５戸を一組とした五人組がつくられ，年貢をおさめることについて，連帯で責任をおわされた。

エ．明治時代の人民は，徴兵令（ちょうへい）によって満20歳以上の男子に兵役の義務が課せられた。

問７　下線部(7)について，日本の各時代の情報の伝達や文物の伝来についてのべた文として**まちがっているもの**はどれですか。次から１つ選び，記号で答えなさい。

ア．推古天皇の時代に，遣隋使として小野妹子が中国につかわされた。このときに留学した学生や僧によって中国の法律や政治制度がもたらされた。

イ．戦国時代に種子島に漂着したポルトガル人によって鉄砲が伝来した。鉄砲は戦国大名の間に急速に広まり，戦い方や城などが変わっていった。

ウ．江戸時代は，キリスト教の禁止を徹底する幕府により，厳しい鎖国政策がとられた。このためアジアやヨーロッパの情報が一切入らなくなった。

エ．明治時代に欧米から新しい文化が日本に入るようになった。これにより町並みや食生活，衣服などが大きく変わった。

問８　下線部(8)について，あとの問いに答えなさい。

(1)　コンビニエンスストアでは，早い時期から商品を買うときにバーコードを読み取り，売れた商品や数などを自動的に記録してきました。コンビニエンスストアでは商品を売るために，このシステムで得られたデータをどのように活用してきたと考えられますか。次の《語句》をもちいて説明しなさい。

《語句》「商品」　「仕入れ」

(2)　次のページのグラフは，情報通信機器を持っている世帯の割合をしめしたものです。グラフから読み取れることとして正しいものはどれですか。下から１つ選び，記号で答えなさい。

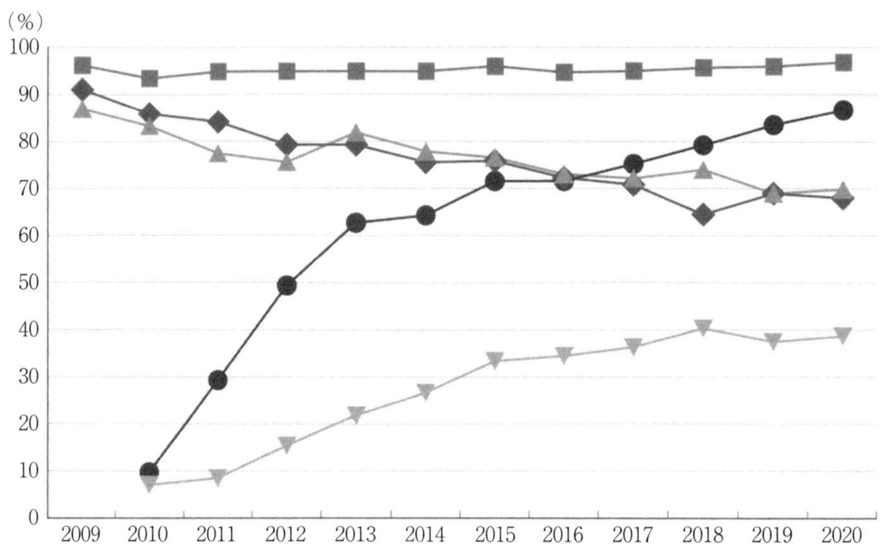

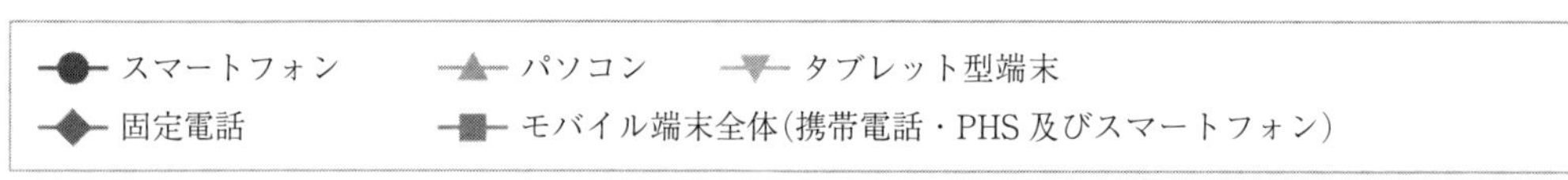

総務省「通信利用動向調査」各年版より作成

ア．2013年のスマートフォンの保有率は，2010年の８倍以上となっている。

イ．2015年のパソコンの保有率は，タブレット型端末の保有率のおよそ２倍となっている。

ウ．固定電話の保有率は，2009年から2020年まで下がり続けている。

エ．2020年のパソコンや固定電話の保有率は，2009年と比べると半分以下にまで減少している。

問９　下線部(9)について，あとの問いに答えなさい。

(1)　石油や石炭，天然ガスなど現在の主流となっているエネルギーに対して，風力や地熱など地球への負荷が少なく継続して利用できるエネルギーを何といいますか。答えなさい。

(2)　日本の各時代の資源についてのべた文として**まちがっているもの**はどれですか。次から１つ選び，記号で答えなさい。

ア．８世紀前半の元明天皇の時代に武蔵国の秩父で金が発見され，和同開珎がつくられた。

イ．金が産出された東北地方では，後三年の役ののちに奥州藤原氏がさかえた。

ウ．戦国時代や江戸時代には金山や銀山の開発が進められ，江戸幕府は佐渡金山や石見銀山などを直接支配した。

エ．明治時代につくられた官営八幡製鉄所では，九州で産出される石炭などを利用して鉄鋼業がおこなわれた。

問10　下線部(10)について，右の年表のＡ～Ｃの時期とできごととの組み合わせとして正しいものはどれですか。次から**２つ選び**，記号で答えなさい。

西暦	できごと
1894年	日清戦争がおこる
	↕ A
1904年	日露戦争がおこる
	↕ B
1914年	第一次世界大戦がおこる
	↕ C

ア．Ａ－大日本帝国憲法が制定される

イ．Ａ－関東大震災がおこる

ウ．Ｂ－日本が関税自主権の回復に成功する
エ．Ｂ－秩父事件がおこる
オ．Ｃ－日英同盟が結ばれる
カ．Ｃ－国際連盟が設立される

問11　下線部⑾について，日本の各時代に書かれた書物などについてのべた文として**まちがっているもの**はどれですか。次から１つ選び，記号で答えなさい。
ア．奈良時代には，漢字をもとにつくられたかな文字によって『源氏物語』や『枕草子』が書かれた。
イ．鎌倉時代には，琵琶法師によって語られた『平家物語』が書かれた。
ウ．江戸時代には，井原西鶴などによって，庶民の生活を題材とした浮世草子が書かれた。
エ．明治時代には，話しことばによる新しい文体で夏目漱石などによって小説が書かれた。

問12　下線部⑿について，次の文章を読んで，空らんにあてはまる語句を**カタカナ**で答えなさい。

> インターネットによって，以前にくらべてより多くの情報が，よりはやく手に入るようになりました。そのため，得られる情報が正しいかどうかを判断したり，情報を上手に活用したりする「メディア(　　)」が，今まで以上に求められるようになっています。

問13　下線部⒀について，次の文章の空らんにあてはまる語句の組み合わせとして正しいものはどれですか。下から１つ選び，記号で答えなさい。

> 日本では自然地形や標高などによって地域ごとにさまざまな環境があり，これを利用した農業がおこなわれています。冷涼(れいりょう)な地域で夏の涼(すず)しい気候を利用して高原野菜を育て，他の地域よりも出荷時期を(　Ｘ　)する(　Ｙ　)栽培という方法がとられています。

ア．Ｘ－早く　Ｙ－促成　　イ．Ｘ－遅く　Ｙ－促成
ウ．Ｘ－早く　Ｙ－抑制　　エ．Ｘ－遅く　Ｙ－抑制

問14　下線部⒁について，あとの問いに答えなさい。
(1)　岩倉使節団に同行してアメリカに留学し，帰国後，女子英学塾をつくって女子教育の発展につくした人物はだれですか。漢字で答えなさい。
(2)　鎌倉時代につくられた御成敗式目は，のちの時代に人々の教育で使用されました。鎌倉時代のできごとを年代の古いものからならべて記号で答えなさい。
ア．後醍醐天皇が即位した。
イ．元軍が二度にわたって日本に襲来した。
ウ．承久の乱がおこった。
エ．永仁の徳政令が出された。

【理　科】〈第２回試験〉（35分）〈満点：60点〉

1　**生き物に関する，次のⅠ・Ⅱの問題に答えなさい。**

Ⅰ　太郎くんと富士子さんの会話を読んで，以下の問いに答えなさい。

太　郎　ねえ，富士子さん。ぼくが持っているカードに描(えが)かれている動物を当ててみてよ。

富士子　いいわよ。今，太郎くんが見ているカードに描かれている動物を当てるのね。
　　でも，どうやって当てたらいいかな？

太　郎　じゃあ，ぼくが「はい」か「いいえ」で答えられる質問をしてよ。

富士子　いいわ。この前，学校の理科の時間に動物の分類について学んだから簡単よ。

富士子さんは学校で学んだことを思い出し(図１)，太郎くんにいくつか質問をしました。

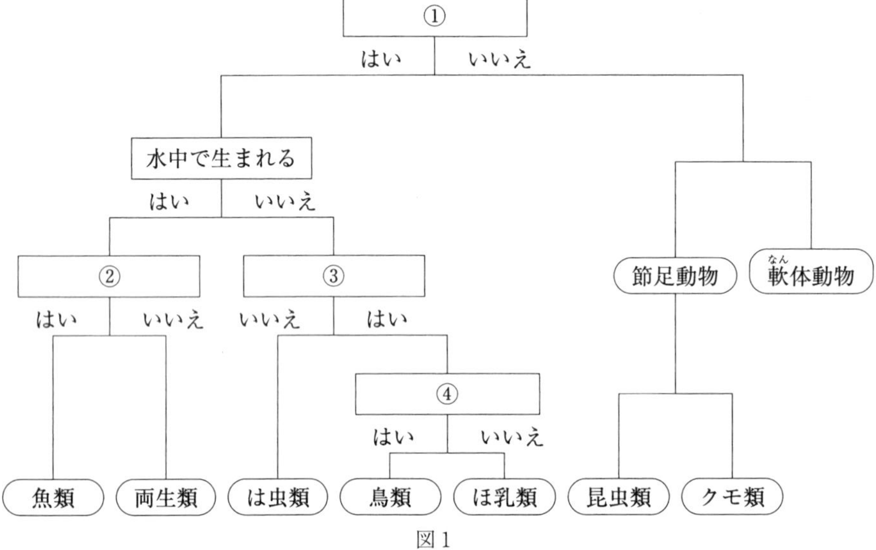

図１

富士子　［①］が「はい」で，［水中で生まれる］も「はい」で，［②］が「いいえ」ということは，そのカードは両生類ね。

太　郎　正解！　でも，それだけではぼくの持っているカードの具体的な動物名はわからないでしょ。

富士子　そうね…，どうしたら当てられるかな。
　　あっそうだ，もう一つ質問していい？
　　「そのカードに描かれている動物は［　　A　　］。」

太　郎　いい質問だね。その答えは「いいえ」です。

富士子　わかったわ。そのカードに描かれているのは「カエル」ね。

太　郎　大正解！　さすが富士子さん。

富士子　私，もっと両生類について知りたくなっちゃった。

問１　図１の［①］に当てはまる文章を答えなさい。

問２　図１の［①］で，「はい」となる動物のグループを何といいますか。

問３　図１の［②］に入る文章として正しいものを次の中から１つ選び，記号で答えなさい。

ア．気温によって体温が変化する

イ．からだの表面が毛でおおわれている

ウ．一生，えら呼吸である

エ．親と違う姿で生まれる

オ．心臓の構造は２心房２心室である

問４　富士子さんが質問した［A］は，からだの見た目に関するものでした。［A］に当てはまる文章を答えなさい。ただし，カードに描かれていたカエルは成体でした。

問５　図１の［③］に入る文章として正しいものを次の中から１つ選び，記号で答えなさい。

ア．気温が変化しても体温は一定である

イ．からだの表面がうろこでおおわれている

ウ．えら呼吸の時期と肺呼吸の時期がある

エ．親と違う姿で生まれる

オ．心臓の構造は２心房１心室である

問６　図１の［④］には「卵で生まれる」が入ります。ほ乳類の生まれ方を何といいますか。

問７　両生類に興味をもった富士子さんは，両生類であるイモリとサンショウウオを１つのケージで飼うことにしました。このケージ内をどのようにレイアウトするといいですか。理想のレイアウトを簡単に描きなさい。ただし，ケージは飼育に十分な大きさのものとします。

Ⅱ　カエルの行動に関する以下の問いに答えなさい。

カエルはエサが動くのを見ると，まずその方向にからだを向けます。これを定位行動といいます。定位行動を起こした後，エサに近づき，両目でとらえ，舌で捕(つか)まえて食べるという一連のエサ取り行動を起こします。十分に成長したカエルの成体を用いて，どのように物体を識別するかを調べるために，次の実験を行いました。

【実験】

エサに対する関心の高さは，定位行動を起こす回数で示されることが分かっています。図２に示すように，大きさが一定の2.5mm×20mmの長方形(A・B)と一辺2.5mmの正方形(C)を用いて，カエルから８cmの距離(きょり)で各図形をさまざまな角度に傾けながら往復運動をさせて(図３)，30秒間当たりの定位行動の回数を調べました。その結果をまとめたものが図４です。

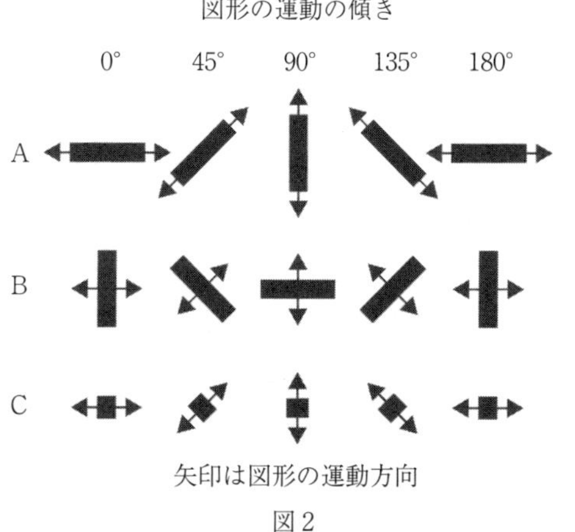

図２

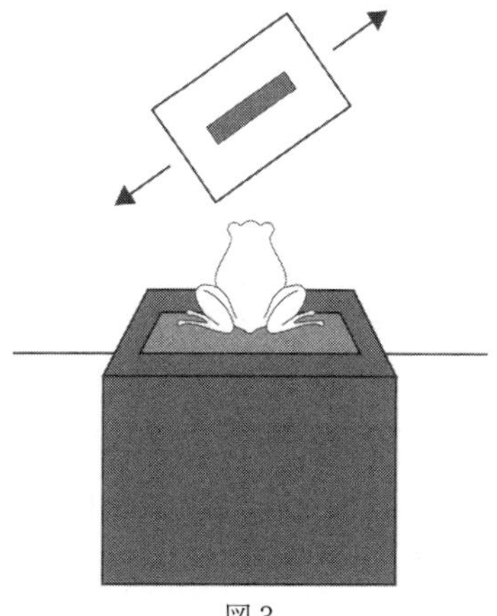
図３

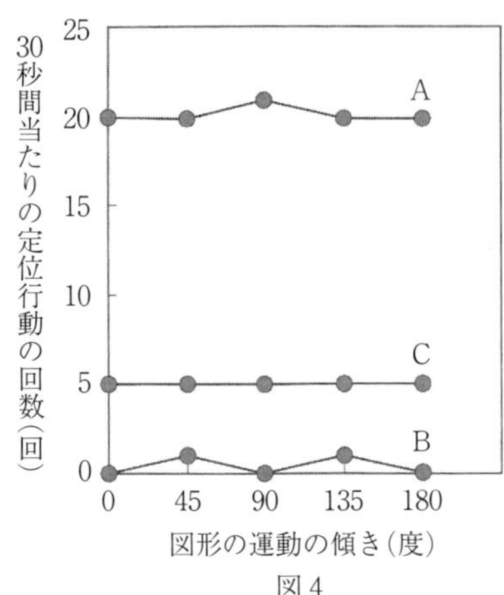

図4

問8　実験の結果としてもっとも適当なものを1つ選び，記号で答えなさい。

ア．図形が細いほど，定位行動を引き起こしやすい

イ．水平方向に動くものは，形や大きさに関わらず，定位行動を引き起こしやすい

ウ．長辺に対して直角方向に動く長方形図形は，定位行動を引き起こしやすい

エ．運動方向に細長い長方形は，定位行動を引き起こしやすい

オ．図形の面積が大きいほど，定位行動を引き起こしやすい

問9　実験の結果から考えて，カエルに定位行動を引き起こしやすいものは次のうちどれですか。適当なものを次の中から2つ選び，記号で答えなさい。

ア．草の葉の上を動くカ

イ．地上で丸まっているダンゴムシ

ウ．地上で動いていないアゲハチョウの幼虫

エ．地上をはうミミズ

オ．草の葉の上で動かないアリ

カ．キャベツにとまったモンシロチョウ

キ．植物の茎で動かないアゲハチョウのサナギ

ク．植物の茎を登るアゲハチョウの幼虫

2　**水よう液に関する次のⅠ・Ⅱの問いに答えなさい。ただし，濃度は，水よう液100gに含(ふく)まれるよう質の重さ(g)であり，単位は%で表します。また，密度は，固体や液体1 cm^3 あたりの重さ(g)であり，単位は g/cm^3 で表します。実験はすべて25℃で行い，水よう液の体積や密度，よう解度は，25℃における値とします。**

Ⅰ　卵は，水に入れると沈(しず)みますが，濃い食塩水に入れると浮(う)きます。卵の浮き沈みに，食塩水の濃度や密度がどのようにかかわっているのかを調べることにしました。

［実験1］　卵Aを入れた200.0gの水に，食塩を1.0gずつ加えてよくとかし，卵Aの浮き沈みの様子を観察しました。

はじめ，卵Aは沈んでいましたが，食塩を26.0g加えたあたりで浮いてきました。これを詳(くわ)しく調べるために，200.0gの水に食塩を25.0g，26.0g，27.0g加えてよくとかして3種類の食塩水をつくりました。卵Aを，これらの食塩水が入った容器の真ん中で離(はな)したところ，食

塩を25.0g加えたものでは沈み，食塩を26.0g加えたものは真ん中に浮き，食塩を27.0g加えたものは食塩水の水面をこえるところまで浮きました(図１)。

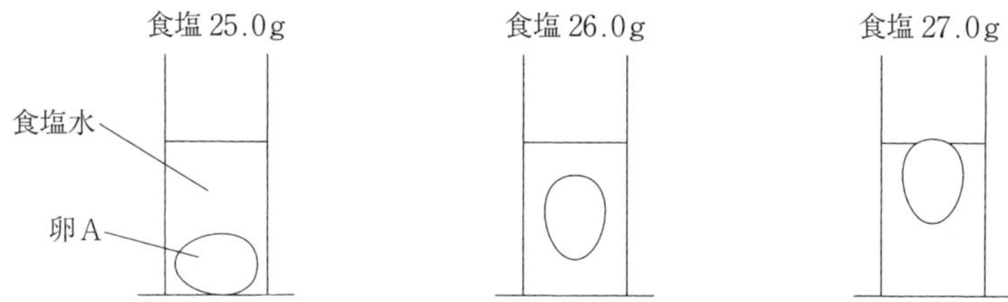

図１　食塩水(水200gと食塩25.0g，26.0g，27.0g)の真ん中に卵Aを入れて手を離したときの様子

問１　水200.0gと食塩26.0gからなる食塩水の濃度は何％になりますか。また，答えが割り切れない場合は，小数第２位を四捨五入して小数第１位まででで答えなさい。

［実験２］　水200.0gに食塩26.0gを加えて食塩水をつくりました。この食塩水を100.0cm^{3}とり，重さを測定したところ，108.0gになりました。

問２　水200.0gと食塩26.0gからなる食塩水の密度は何g/cm^{3}になりますか。また，答えが割り切れない場合は，小数第２位を四捨五入して小数第１位まででで答えなさい。

問３　水200.0gと食塩26.0gからなる食塩水と卵Aの関係を表しているものを１つ選び，記号で答えなさい。

ア．卵Aの重さより食塩の重さの方が大きい。

イ．水の重さより卵Aの重さの方が大きい。

ウ．食塩水の密度より卵Aの密度の方が大きい。

エ．食塩水の密度より卵Aの密度の方が小さい。

オ．食塩水の密度と卵Aの密度が等しい。

問４　卵Aの体積は52.0cm^{3}でした。卵Aの重さは何gになりますか。小数第２位を四捨五入して小数第１位まででで答えなさい。

［実験３］　卵Aを入れた200.0gの水に，砂糖を1.0gずつ加えてよくとかし，卵Aの浮き沈みの様子を観察しました。

問５　卵Aが浮きはじめるのは，200.0gの水に何gの砂糖を加えたときですか。下の表をもとに求め，整数値で答えなさい。

表　砂糖水の濃度と密度の関係

砂糖水の濃度(％)	9.1	11.5	13.0	14.9	18.4	20.0	21.6	24.5
砂糖水の密度(g/cm^3)	1.033	1.043	1.050	1.058	1.073	1.080	1.087	1.100

Ⅱ　食塩は，100gの水に最大で36.0gまでとけ(25℃)，これ以上とけることはありません。このように固体を最大までとかした水よう液をほう和水よう液といい，100gの水にとける固体の最大量(g)をよう解度といいます。したがって，100gの水によう解度以上の食塩を加えて，どんなにかきまぜても，よう解度をこえる食塩はとけずに残ります。とけずに残った食塩は下に沈みます。

［実験４］　100gの水に，36.0gの食塩を加えてよくかき混ぜて，食塩水をつくりました。その体積を測定したところ，113.3cm^{3}でした(図２)。

［実験５］　［実験４］でつくった食塩水に，食塩を11.0g加えてよくかき混ぜました。下に沈

んだ食塩と食塩水をあわせて体積を測定したところ，118.3cm³ でした(図３)。

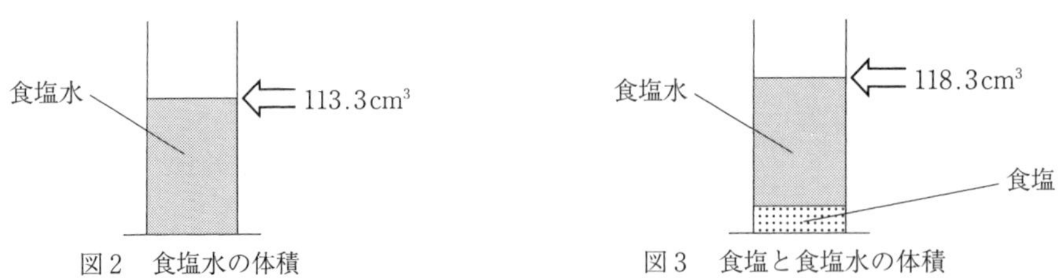

図２　食塩水の体積　　図３　食塩と食塩水の体積

問６　[実験５]で食塩が沈んだのはなぜですか。密度という言葉を用いて答えなさい。

問７　[実験５]で下に沈んだ食塩の体積は何 cm³ となりますか。

問８　食塩の密度は何 g/cm³ となりますか。また，答えが割り切れない場合は，小数第２位を四捨五入して小数第１位までで答えなさい。

3　**図はある地域の地形図と，地点Ａ～Ｄでボーリング調査を行った際の柱状図です。この地域の地層は連続しており，全て平行に重なっているため，同じ年代に堆積(たいせき)した地層の厚さはどの地点でも同じです。以下の問いに答えなさい。また，必要であればあとの目盛りを使いなさい。**

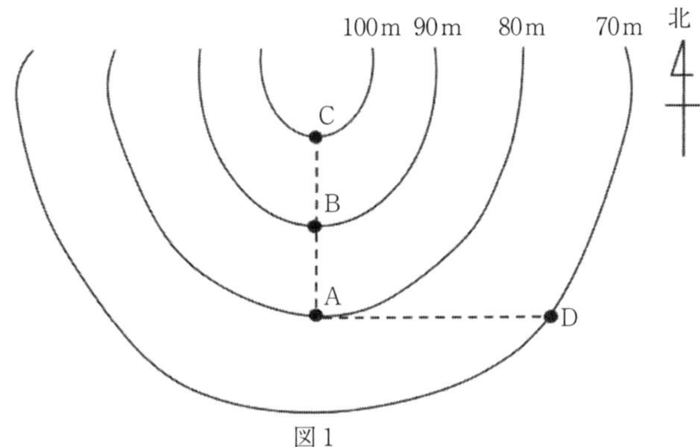

図１

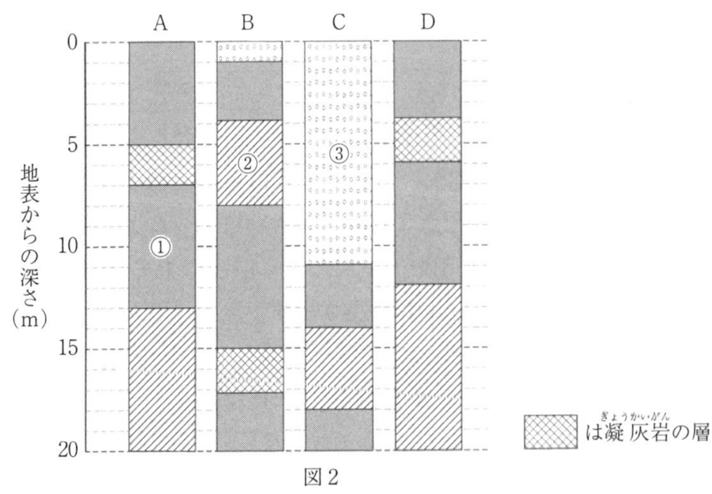

図２

問１　①，②，③の地層をつくる岩石に含まれる粒の大きさを調べたところ，①の粒は0.06mm以下，②の粒は0.06mmから２mmのあいだ，③の粒は２mm以上でした。①～③の地層は砂岩，れき岩，泥岩のいずれかであるとすると，砂岩はそのうちのどれですか。１つ選び，番号で答えなさい。

問２　一般的に地層は，水の運搬作用によって運ばれた土砂が堆積することでできますが，中にはそれ以外の自然現象によってできる層もあります。そのでき方の例を１つ簡潔に説明しなさい。

問３　この地域の地層はどの方角に向かって低くなっていると考えられますか。

問４　①～③を堆積した年代が古い順に並べかえなさい。

問５　砂岩でできた層を調べるとアサリの化石が見つかったことから，この地域は地層が堆積した当時，浅い海であったことがわかります。このアサリのように堆積した当時の環境を推測する手がかりとなるような化石のことをなんと言いますか。

問６　地点Ｃから真下に穴を掘(ほ)っていった場合，地表からおよそ何m掘ったところで凝灰岩の層に当たると考えられますか。

図３は図１の調査地から少しはなれた場所で見られた，がけの様子です。

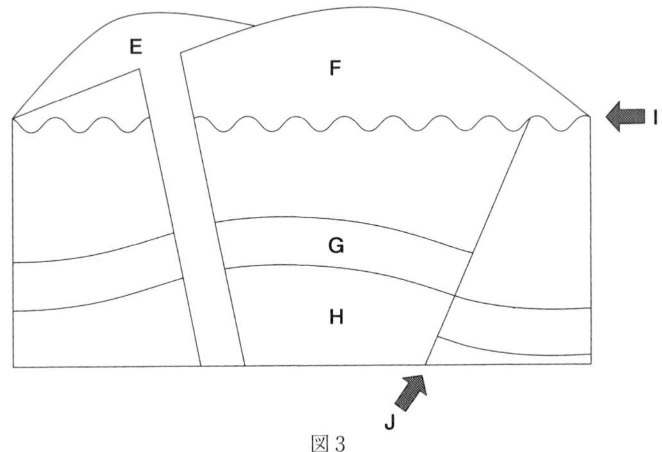

図３

問７　図３に見られる地層で起こったことア～キを，年代が古いものから順に並べ，**３番目と６番目にくるもの**を選び，記号で答えなさい。

ア．小さな噴(ふん)火が起こり**E**の溶岩が地表に現れる

イ．**F**の地層が堆積する

ウ．**G**の地層が堆積する

エ．**H**の地層が堆積する

オ．風や水の流れによって堆積面**I**が変形する

カ．境界線**J**での地層のずれが起こる

キ．横からの力が加わり地層のしゅう曲が起こる

問８　この地域では，地層がめくれ上がることで上下が逆転しているような場所はありません。しかし，図３の地層を観察した場所から少し歩くと，**G**の地層が**H**の地層よりも下に見られる場所がありました。どのような場合にこのようなことが起こるのかを考え，簡単な図を描いて，説明しなさい。

4　**次のⅠ・Ⅱの問いに答えなさい。また，答えが割り切れない場合は，小数第２位を四捨五入して小数第１位までで答えなさい。**

Ⅰ　50m走のタイムを計測したところ，９秒ちょうどでした。

問１　一定の速さで走り続けていたとすると，この人の走る速さは毎秒何mといえますか。またそれは，毎時何kmですか。

問２　実際にはスタート直後の速さが０であることから考えると，ゴールしたときの速さはどのようになりますか。次の中から最も適切なものを１つ選び，記号で答えなさい。ただし，途(と)中で速さが小さくなることはないものとします。

ア．問１の答えより小さくなる。

イ．問１の答えと同じになる。

ウ．問１の答えより大きくなる。

Ⅱ　スポーツテストで20mシャトルランが行われることになりました。

20mシャトルランの内容

図１のように，20mはなれた直線上のＰ点とＱ点の間を往復します。Ｐ点を出発し，制限時間内にＱ点にたどり着かなければなりません。制限時間が経過した後にＱ点を再出発して，Ｐ点に制限時間内に向かい，これをくり返します。折り返し点に決められた回数到達（とう）するとレベルが上がり，制限時間が短くなっていきます。

制限時間を守って，折り返すことのできた回数を記録します。

レベルごとの制限時間は表１の通りです。

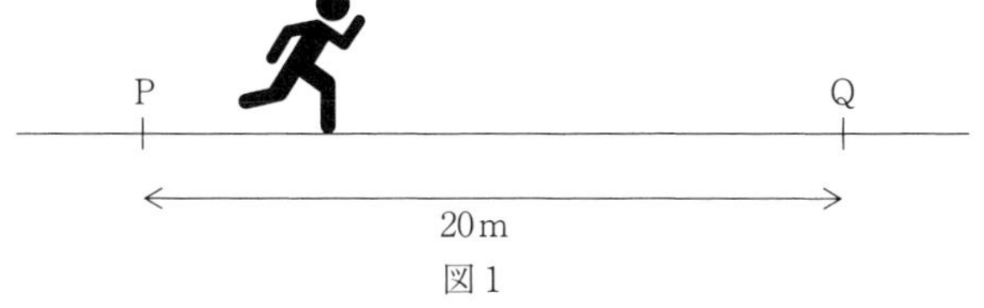

図１

表１

レベル	各レベルでの折り返し点への到達回数	制限時間〔秒〕
1	7	9.00
2	8	8.00
3	8	7.58
4	9	7.20
5	9	6.86
6	10	6.55
7	10	6.26
8	11	6.00
9	11	5.76
10	11	5.54
11	12	5.33
12	12	5.14
13	13	4.97

以下の会話は，どのように走ればよい結果を残せるかどうか，みんなで話し合った中で出た意見です。

Ａさん「急にスタートしたり，急にストップしたりすると足に負担がかかりそうだね」

Ｂさん「なるべくゆるやかに速さを上げたり下げたりする走り方にしよう」

Ｃさん「折り返し点に到着（とう）するときにちょうど速さが０になるように速さを下げたいね」

Ａ～Ｃさんの考えをもとに走ったところ，Ｐ点からＱ点まで走るときの速さと時間のグラフは図２のようになりました。これを基本の走り方と呼ぶことにします。

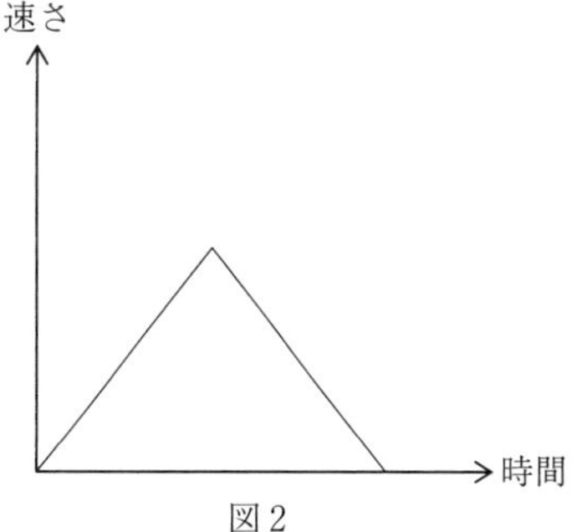

図２

一方で次のように考える人もいました。

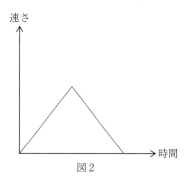

Ｄさん「私は急いで走って，折り返すところで休みたいな」

問３　下線部の考えをもとに走ると，Ｐ点からＱ点まで走るときの速さと時間のグラフはどのようになると考えられますか。次の中から考えられるものを１つ選び，記号で答えなさい。ただし，グラフ内の点線は同じレベルでの基本の走り方を示しています。

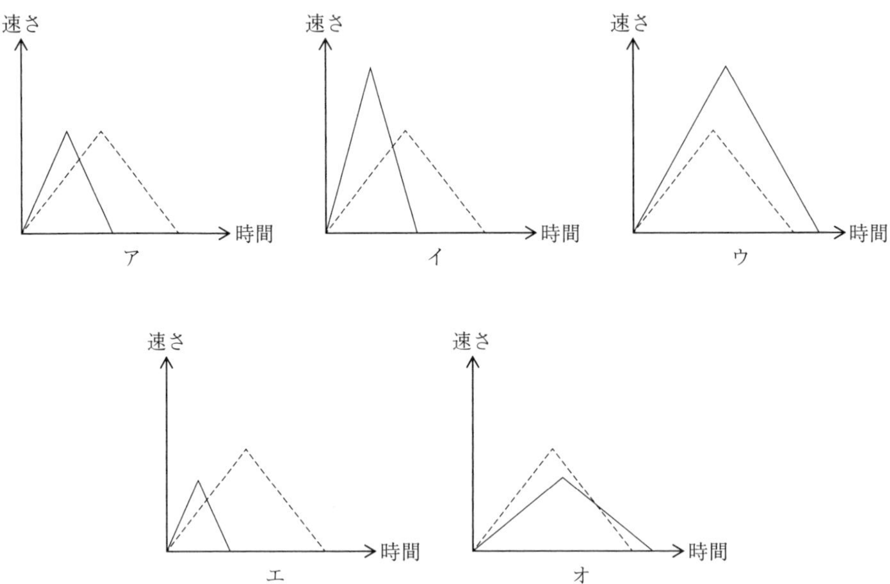

問４　Ａ～Ｃさんの考えをもとに基本の走り方をしたとき，レベルが上がると，グラフはどのように変化しますか。次の中から適切なものを１つ選び，記号で答えなさい。ただし，グラフ内の点線はレベル１での基本の走り方を示しています。

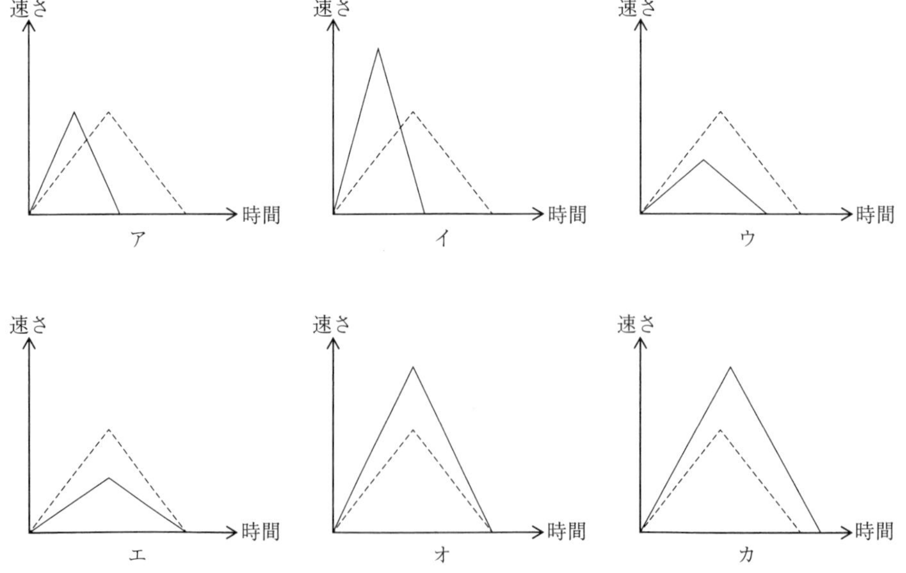

問５　基本の走り方を調べると，図３のように，平均の速さは最大の速さの半分であることがわかりました。レベル２のときの最大の速さは毎秒何ｍですか。

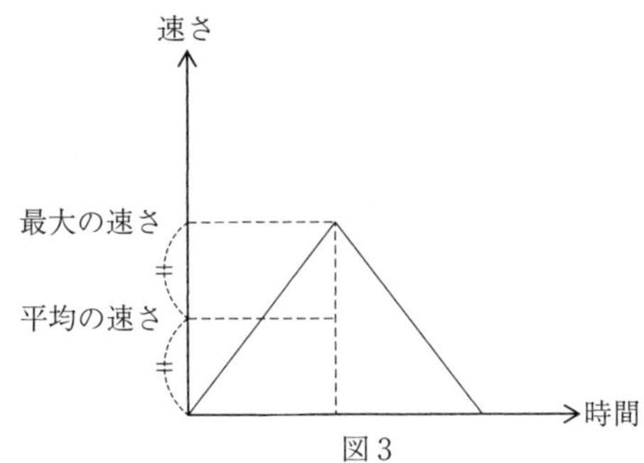

図３

問６　スピードアップやスピードダウンのペースを考えるために，１秒あたりにどれくらい速さが変化するかを計算してみます。例えば，スタートしてから２秒後に速さが毎秒10mになったとすると，１秒あたり毎秒５m速くなったといえます。基本の走り方をしたとき，レベル２では最大の速さになるまで１秒あたり毎秒何mスピードアップをしていますか。

問７　Aさんが基本の走り方をしたところ，走れる速さの最大値は毎秒7.7m，スピードアップやスピードダウンのペースの最大値は１秒あたり毎秒2.5mということがわかりました。以下の文章はこのデータを元に，Aさんが100回をクリアすることができるかを考えた文章です。

［①］，［②］に当てはまる値を答えなさい。また，［③］に入る適切な文章を解答群から選び，記号で答えなさい。

> 100回をクリアするためにはレベル11の制限時間で区間を走れる必要があります。そして，レベル11では，最大の速さが毎秒［①］m必要であり，スピードアップのペースは１秒あたり毎秒［②］m必要といえます。
> このことからAさんは［③］と考えられます。

（③の解答群）

ア．最大の速さも，スピードアップのペースも足りず，100回をクリアできない
イ．最大の速さは足りるが，スピードアップのペースが足りず，100回をクリアできない
ウ．スピードアップのペースは足りるが，最大の速さは足りず，100回をクリアできない
エ．最大の速さもスピードアップのペースも足りるので，100回をクリアすることができる

問８　――⑥「やりすぎたか、と後悔する」とありますが、なぜですか。最も適当なものを次の中から選び、記号で答えなさい。

ア　圭祐の声のことを褒めようとして、思わず陸上のことを話題に出してしまい申し訳ない気持ちになっている良太に対し、「陸上、がんばれよ」とかえって良太との距離を取るようなことを言ってしまったから。

イ　県大会でのかけ声を褒めてもらえて嬉しかった気持ちを伝え、次の陸上部の大会にはぜひ応援に行かせてもらうと言ったのだが、そのことで、良太が気分を害し、泣きだしてしまったから。

ウ　長距離走をできなくなってしまった自分に謝罪をしてきたことに対して、声の良さを生かして陸上部の大会で応援をすると励ましたが、そのことでさらに良太が落ち込んでしまったから。

エ　圭祐に対して負い目を感じていた良太は、少しでも圭祐の助けになりたいと何かと気にかけていたが、どのように接して良いのかわからず、よけいに圭祐を傷つけるようなことをしてしまったから。

問９　〰〰「卑屈。漢字ドリルにしか出てこない単語だと思っていたのに、今の僕を表すのにぴったりの言葉になってしまっている」とありますが、「卑屈」という言葉が、「今の僕を表すのにぴったりの言葉」なのはなぜですか。四十字以内で説明しなさい。

してみる。

「僕の声でタイムが上がるなら、いつでも応援に行くから、陸上、がんばれよ」

体育館内はざわついているのに、僕と良太のあいだにだけ、ぽっかりと空間ができてしまったように、音が止まった。

⑥やりすぎたか、と後悔する。

良太がズズッと鼻をすすった。だから、泣くところじゃないんだって。

「なーんて。じゃあ、椅子はよろしく。ありがとな」

僕は笑いながらそう言って、「いい声だっただろう」とおどけながら、正也の肩に腕をまわした。

もう、良太の方には振り返らない。

「正也、放送部の見学、今日の放課後にでも早速行くか」

本当に、昨日から、つまり高校に入学してから、僕は慣れないことばかりしている。

「行くに決まってんだろ、おーっ！」

正也が調子に乗って、片手を振り上げる。

なあ、良太、僕は高校生活を楽しんでいるだろう？

陸上部に入れなくても。

（湊かなえ『ブロードキャスト』より）

問１　――①「僕の足を案じて駆け付けてくれたのか」とありますが、「僕」が「足を案じ」られているのはなぜですか。その理由を三十五字以内で説明しなさい。

問２　――②「三崎中から青海学院に進学した同級生、勢揃いだ」とありますが、次の説明に当てはまる人物の氏名(苗字と名前)をそれぞれ漢字で答えなさい。

ア　陸上部に入っている。

イ　放送部に入って脚本を書きたいと思っている。

ウ　二人からいい声だと褒められている。

問３　――③「愛の告白の返事」とはどのようなことに対する返事ですか。「〜に対する返事。」に続く形で十字程度で答えなさい。

問４　――④「昨日少し話しただけ、と正直に答えたら、良太はさらに落ち込むような気がする」とありますが、「さらに落ち込むような気がする」のはなぜですか。理由として最も適当なものを次の中から選び、記号で答えなさい。

ア　中学からの親友である良太の誘いを断って、圭祐がそれほど親しくない宮本と行動しているから。

イ　圭祐の一番の理解者である立場を、すでに宮本に奪われてしまったことに気づいてしまうから。

ウ　同じ中学校出身の宮本に、圭祐との仲をいきなり裂かれたように感じるだろうから。

エ　浅い付き合いの宮本の方が、良太よりも圭祐の気持ちを理解しているように思わせてしまうから。

問５　[A]に当てはまる動物の名前をひらがな五字以内で答えなさい。

問６　[B]・[C]に当てはまる語の組み合わせとして最も適当なものを次の中から選び、記号で答えなさい。

ア　B　遠慮　C　優越感

イ　B　心配　C　劣等感

ウ　B　同情　C　罪悪感

エ　B　後悔　C　違和感

問７　――⑤「またもや、思ってもいないことを宮本に言ってしまった」とありますが、本当はどう思っているのですか。それがわかる一文を本文中からぬき出し、最初の五字を答えなさい。

退屈しのぎにと、毎回、マンガ本を数冊持ってきてくれたけど、良太が読んでいたものというよりは、話題の作品を新しく買ってきてくれたというような、折り目も紙の色あせもないものばかりだった。

僕の事故について、ひき逃げ犯が見つかっていない、ということは話しても、足の状態については、ほとんど話題にしなかった。

――足に磁石がくっつくかも。

一度、おどけて言ったことがある。良太は笑うどころか、まるで涙をこらえるように顔にギュッと力を込めただけだった。

そして、「ごめん」とつぶやいて、逃げるように病室を出て行った。

良太が謝ることなど何もない。

事故現場に一緒にいたとか、横断歩道を渡っている最中に良太から電話がかかってきたとかいうならまだしも、僕の交通事故と良太とはまったく無関係だ。

［B］はしても、［C］を抱く必要はない。

なのに、良太は僕に謝った。

あれは、僕を青海学院に誘ったことに対してではないかと思っている。

そして、良太の後悔は今も続いている。

「見学に行ってから、決めようかな」

⑤またもや、思ってもいないことを宮本に言ってしまった。

「おおっ。だよな、見学に行かなきゃな」

肩に手をのせ、バンバンと叩かれる。宮本には「入部する」と聞こえたのだろうか、と疑ってしまうほどのはしゃぎっぷりだ。

おいてけぼりをくらったような顔の良太と目が合った。

「宮本から、放送部に誘われたんだ。活動内容をまったく知らなかったんだけど、ドラマ作りとか聞くと、ちょっとおもしろそうかなと思って」

そう言う僕は今、ちっともおもしろそうな顔をしていないはずだ。

「そっか。俺、ドラマはあまり興味なかったけど、圭祐が作るのなら見てみたいよ」

良太の顔も泣き笑いのように見える。

「でも、脚本を書くのは俺なんだな」

宮本が割って入ってくる。

「町田には……。なんか、三人で話してるのに、苗字と名前が交ざるのって、ややこしくない？　呼び名は統一すべし。ってことで、圭祐って呼ばせてもらうな」

「なんでもいいよ……」

「で、圭祐には、そのいい声を生かして、声優をしてもらいたいと思っているんだ。ちなみに、俺の名前は正也ね」

宮本……。正也は親指を立てて、得意げに自分の方に向けた。

「声がいいなんて、思ったことないんだけどね」

僕は良太に向かって肩をすくめてみせた。

――長距離走向きだなんて、思ったことないんだけどね。

頭の中で、いつかの自分の声が重なる。

「俺も、圭祐はいい声だと思ってるよ。県大会での、ラスト一周のかけ声も、みんながしてくれていたけど、圭祐の声が一番スッと耳に入ってきたし。あ、ゴメン」

良太が口を一文字に結んだ。

謝ったのは、陸上のことを話してしまったからだろう。褒めてもらえて、僕は嬉しかったのに。これじゃ、ダメだ。

「なんだ、いい声だと思ってたなら、そのとき言ってくれよ。僕は宮、いや、正也のことはまだ信用していないけど、良太が言ってくれることなら、自信が持てる」

そう言って、咳払いをして、「あ、あ」と発声練習のような声を出

ずも、②三崎中から青海学院に進学した同級生、勢揃(せいぞろ)いだ。

僕と良太と宮本の共通点は、三崎中出身だということ。多分、それだけだ。

これが女子同士なら、手を取り合って、高校でもよろしくね、などと、はしゃぐのかもしれない。内心、互(たが)いにどう思っていたとしても。だけど、男同士の場合、そんな空気すら生じない。

無言のヘンな間ができてしまう。

僕をはさんで二人がいるのだから、この間は、僕が断(た)ち切らなければならないのではないか。

「宮本も、僕の椅子運びを手伝いにきてくれたのか？」

とっさにこういう台詞(せりふ)しか出てこない自分が嫌になる。

卑屈(ひくつ)。漢字ドリルにしか出てこない単語だと思っていたのに、今の僕を表すのにぴったりの言葉になってしまっている。

「そんなわけないじゃん」

ケロリとした顔で宮本が答えた。

「③愛の告白の返事を聞こうってときに、相手が一番嫌がりそうなことをするヤツなんかいないよ」

宮本はニカッと歯を出して笑った。

反して、良太の顔が曇る。愛のなんちゃらが気持ち悪いからではないはずだ。

宮本は、僕がケガ人扱いされるのを嫌がることに気付いている。

「二人って、中学のとき、同じクラス？」

良太が僕と宮本を交互(こうご)に見ながら訊(き)いた。本当は、仲が良かった？と確認(かくにん)したいのだろうけど。

④昨日少し話しただけ、と正直に答えたら、良太はさらに落ち込(こ)むような気がする。

「ぜんぜん。昨日、初めて話したもんな」

宮本が呑気(のんき)そうに答えた。僕と良太のあいだに流れる空気を、宮本はどんなふうに感じ取っているのか、わからない。

「な」と、もう一度言われて、「そうそう」と僕は頷(うなず)いた。

「でも、誤解しないように。愛の告白ってのは、こういうのじゃないから」

宮本が良太に腰(こし)をくねらせながら言う。

「う、うん……」

良太は宮本を警戒(けいかい)するように一歩退いた。

「俺さ、今、町田を部活勧誘(かんゆう)中なんだよ」

「部活勧誘中？」

良太が宮本に訊き返した。

良太は「部活」というワードは僕に対して禁句だと思っている。なのに、宮本は平然と口にした。とまどっているのが、良太の薄い表情からでも伝わってくる。

僕も、昨日はこんな顔で宮本の話を聞いていたんじゃないだろうか。

「そう。ちなみに、相手の言葉をそのまま返す『［A］返し』は脚本(きゃくほん)ではあまりよくない会話の手法として、教本に挙げられているんだけどね」

宮本は得意げに続けた。いきなり「脚本」と言われても、良太はきょとんとした顔だ。

しかし、宮本は良太の表情などおかまいなしに、僕に顔を向けた。

「で、考えてくれた？」

「いや、それが……」

高校では部活をやらない。そう強く決意したはずなのに、はっきりと口にすることができなかった。

良太がいるからだ。

入院中、良太は何度か病院に見舞(みま)いに来てくれた。

ア　視力が低下していても、近視用眼鏡が当たり前のように普及しているので、特に「障害」と見なされることはない。
イ　耳が聞こえにくくても、補聴器を使用することで不便さは軽減される。
ウ　授業中に本人のそばでノートをとる「ノートテイク」というサポートが普及することで、聴覚障害をもつ学生の学習機会が守られる。
エ　声が小さくてもマイクを使うことで、遠くの人にも思いを伝えることができる。

問7　本文の内容に当てはまるものを、次の中から二つ選び、記号で答えなさい。
ア　健常者と障害者とでは生の条件が明らかに異なるが、障害者同士では生の条件に大した個人差はない。
イ　マスメディアで強調されがちな障害者像にはイメージの偏りがあるが、その偏りは視聴者の同情や共感を呼びやすくしている。
ウ　福祉制度は国の財政を圧迫して経済成長の邪魔になるので、なくしたほうがよい。
エ　「障害者手帳」の制度は、「障害の社会モデル」の発想が生かされたものである。
オ　障害者のための福祉や社会保障制度は、高齢者や健常者の方がトクをするので、より充実させていくべきだ。
カ　これまでの障害観は「医学モデル」に囚われすぎていたが、これからは「社会モデル」にも基づいて考え直されなければならない。

三　次の文章を読んで、あとの問いに答えなさい。

特に興味を惹かれる文化部もないまま、新入生オリエンテーションは終了した。
準備は上級生がしてくれたけれど、片付けは一年生も手伝うらしく、自分が座っていたパイプ椅子を体育館の指定された壁際まで運ばなければならない。
立ち上がって椅子をたたみ、クラスのヤツらの最後尾にダラダラとついていっていると、流れに逆らうようにして、良太がやってきた。
「椅子、運ぶよ。貸して」
①僕の足を案じて駆け付けてくれたのか。
「いいよ、これくらい」
遠慮したのでも、照れたのでもない。ケガ人扱いされるのが嫌で、本気で断った。
「俺、片付け当番だから」
良太はいつものさらりとした口調で言うと、僕の持っているパイプ椅子に手をかけた。良太のクラス、一組が当番なのか。じゃあ、と僕は椅子から手を離した。
「ほら、陸上部、てきぱき動け！」
ステージ上から声を張り上げたのは、陸上部の顧問らしき教師だ。当番は陸上部。良太の顔が少し曇った。それが、ムカつく。
「やっぱり、いいよ」
「あー、町田！」
良太から椅子を奪い取るため、手をかけようとした横から、声をかけられた。
宮本だ。ニヤニヤと笑っている。
「山岸くんも久しぶりだね」
宮本は良太にも愛想よく声をかけ、良太も薄く笑い返した。はから

アビリティといいます）であるという考え方をとります。

また、医学モデルにおいては、個々の障害者の側が、できるだけその障害を治療やリハビリなどによって乗り越え、社会に適合できるように努力すべきだ、という方向でものごとを考えがちなのに対して、社会モデルにおいては、まず社会の側が、障害者にハンディキャップをもたらす要素を積極的に取り除いていくべきだ、という真逆の発想につながっていきます。

社会モデルの何がすぐれているのかというと、障害という問題を、単に個人の問題だけに押し込めるのではなく、社会全体で問題を受け止め、解決していこうという発想につながる点です。また、それによって、たとえば、車いすの障害者のために設置されたエレベーターが、高齢者やベビーカーを押す人、あるいは、キャリーバッグを引く健常者たちにも大きな利便性をもたらすといったように、さまざまな生の条件を背負った人たちを許容する社会へと大きく広がる可能性を秘めていることです。

障害を、その人個人の責任とみるか、社会の責任とみるか、発想ひとつで、乗り越えるべきテーマや変革すべき社会のイメージも大きく変わってくることになります。

もちろん、すべてを社会のせいにして、社会を変革すればそれで万事、問題が解決するというわけではありませんが、これまでの福祉観や障害観というのが、あまりに医学モデル偏重で考えられすぎてきたのは確かです。思えば、「かわいそうな障害者」像や「けなげな障害者」像というものも、その根底には、障害者が努力して障害を克服しようとする姿に感動を覚え、賞讃するという、医学モデル的な障害観がひそんでいます。

そうではなくて、努力して障害を克服すべきなのは、障害者本人というよりは、まずは社会の側である、という視点でものごとを考えてみることが大切です。

（渡辺一史『なぜ人と人は支え合うのか　「障害」から考える』より）

※鹿野さんとボランティアたちとの例…本文の直前に挙げられている内容を指す。

※バッシング…きびしく責め立てること。

問1　——①「その違う者どうしが『ともに生きる』ことで何が生まれるのか」とありますが、何が生まれると述べられていますか。本文中から二十字で探し、最初の三字をぬき出して答えなさい。

問2　——②「あわれみの福祉観」は、どういう態度に表れますか。五十字以内で答えなさい。

問3　═══「タイショウ」を漢字に直しなさい。

問4　——③「じつは『障害』とはそんな単純なものではないのではないか」とありますが、筆者は「障害」をどのように考えるべきだと述べていますか。それについてまとめた次の文の空欄(a)・(b)に、それぞれ指定された条件に合わせて答えなさい。

> 障害を個人の責任と捉えて、障害者自身が努力によって克服するべきだと考えるのではなく、障害は、(a)（二字・ぬき出し）の責任と捉えて、(b)（三十字以内）べきだと考えるのがよい。

問5　[Y]に当てはまる語を考えて漢字二字で答えなさい。

問6　——④「障害の『重い・軽い』は、その人が暮らしている社会や環境しだいで、大きく変わりうるものであり、場合によっては、障害が『障害』でなくなってしまう可能性もある」とありますが、その具体例として**適当でない**ものを次の中からひとつ選び、記号で答えなさい。

難に負けず、けなげに努力する障害者」像がアピールされがちですが、もし障害者が、「かわいそう」で「けなげ」といったイメージをハミ出すと、同情や共感を呼ぶことが難しくなり、どんなしっぺ返しや※バッシングを受けるかわからないという恐(おそ)ろしさがあるからでしょう。

しかし、「あわれみの福祉観」にしばられている限りにおいて、福祉は〝なければないに越(こ)したことはないもの〟であり、福祉は社会のお荷物で、国の財政を圧迫(あっぱく)し、経済成長の足を引っぱる存在だという価値観からもなかなか自由になれません。

そうではなくて、福祉とは、誰(だれ)もがいずれは自分の家族や、自分自身がその恩恵(おんけい)にあずかる可能性があり、私たち一人ひとりの大切な権利であるという、より包摂(ほうせつ)的で柔軟(じゅうなん)性のあるニーズ(ニード、必要性)に基づいた福祉観を培(つちか)っていくにはどうすればいいのでしょうか。

そこで、ここからは、「障害」とはそもそも何なのか、また、障害者のための福祉や社会保障制度を充実(じゅうじつ)させることは、結局のところ、誰のトクにつながるのか、ということを、いくつかの観点から見つめ直してみたいと思います。

まず手始めに、「障害」とは何か、を考える上で、まったくタイショウ的な二つの考え方を紹介(しょうかい)したいと思います。

日本には、「障害者基本法」という法律があり、2011年(平成23年)に改正される以前は、障害とは身体障害・知的障害・精神障害の三つに分類されてきました。

また、行政の福祉サービスを受けるには、指定医師の診断(しんだん)や専門家の判定に基づき、それぞれ「身体障害者手帳」「療育(りょういく)手帳」「精神障害者保健福祉手帳」という手帳の交付を受けることが義務づけられており、たとえば、身体障害を例にとると、肢体(したい)不自由・視覚障害・聴(ちょう)覚(かく)障害・内部障害などの障害種別と、障害の重さによって1~7級の等級があり、6級までに手帳が交付されます。

つまり、障害とは、病気やケガなどによって生じる医学的・生物学的な特質であり、障害の重さは、手帳の等級によって示されます。こうした考え方に代表されるような障害のとらえ方を、「障害の医学モデル(または、個人モデル)」といいます。

これに対して、1970年代頃(ごろ)から世界中で活発化した障害者運動や、多くの障害当事者たちの自立生活の実践(じっせん)などをへて、③じつは「障害」とはそんな単純なものではないのではないか、という問題提起が行われるようになりました。

たとえば、車いすに乗っている人でも、住んでいる地域にエレベーターが完備され、道に段差が少なければ、足が不自由であるという「障害」はかなりの部分、軽減されてしまいます。また、目が見えない、あるいは、耳が聞こえないという人でも、点字や［　Y　］を習得することで(それらを習得・活用できる環境(かんきょう)をもっと整備することによって)、何不自由なくコミュニケーションができる例は珍(めずら)しくありません。

このように、④障害の「重い・軽い」は、その人が暮らしている社会や環境しだいで、大きく変わりうるものであり、場合によっては、障害が「障害」でなくなってしまう可能性もあるのです。

つまり、障害者に「障害」をもたらしているのは、その人がもっている病気やケガなどのせいというよりは、それを考慮(こうりょ)することなく営まれている社会のせいともいえるわけであり、こうした障害のとらえ方を「障害の社会モデル」といいます。

従来の医学モデルにおいては、障害とはあくまで障害者個人に付随(ふずい)する特質(インペアメントといいます)と考えがちですが、社会モデルにおいては、人と社会との相互(そうご)作用によって生じるのが障害(ディス

二〇二二年度　富士見中学校

【国語】〈第二回試験〉（四五分）〈満点：一〇〇点〉

（注意）句読点等は字数に数えて解答してください。

一　次の傍線部のカタカナを漢字に直しなさい。

① 生命のソンゲンは守られねばならない。
② 諸国をレキホウする。
③ 彼女の意見をサイヨウする。
④ ザッカテンを営む。
⑤ キケンを顧みずに助ける。
⑥ 食料をチョゾウする。
⑦ 自転車をハイシャクします。
⑧ 壁紙のモヨウを変えた。
⑨ 世界イサンをめぐる。
⑩ 文学全集をドクハする。

二　次の文章を読んで、あとの問いに答えなさい。（作問の都合上、本文の一部や小見出しは省略してあります。）

障害者と健常者が「ともに生きる社会」とか、「共生社会」というものをイメージするとき、障害者や健常者がお互いに助け合って生きる、思いやりにあふれた〝やさしい社会〟を思い浮かべるのではないでしょうか。

しかし、実際はどうかといえば、※鹿野さんとボランティアたちとの例で見てきたように、最終的にはそこに行き着くこともあるにせよ、前段階としては、確実に面倒くさいことが増え、摩擦や衝突、葛藤といったストレス的な要素がむしろ増える〝混沌とした社会〟をイメージしたほうがいいのではないか、と私は考えています。

なぜなら、障害者と健常者がともに生きる社会とは、〝異文化〟どうしのぶつかり合いという側面が必ずあるからです。

たとえば、よくいわれる「障害者も健常者も同じ人間だ」という言葉は、もちろん疑いえない大原則なのですが、それと同時に、健常者と障害者とでは、背負っている生の条件が明らかに異なります。また、ひと口に「障害者」といっても、鹿野さんのように1日24時間、他人の介助なしには生きていけない人もいれば、手は自由に動くけれども歩けないという人や、目が見えない人、耳が聞こえない人、あるいは、知的障害や精神疾患のある人など、さまざまなタイプの障害があり、また大きな個人差もあります。

ですから、障害者と健常者が〝同じ人間〟であることは間違いないのですが、もっと〝違う人間〟という側面を積極的に認識し合いながら、①その違う者どうしが「ともに生きる」ことで何が生まれるのかを、ごまかさずに考えていくことが大切ではないかと思います。また、本来〝同じ人間〟であるはずの障害者と健常者が、〝違う人間〟として分け隔てられてしまっているのはなぜなのか、を根底から問うてみることです。

これは往々にしていえることですが、私たちの社会は、「かわいそうな障害者」や「分相応で控えめな弱者」に対しては、とてもやさしい面（温情）があるのですが、社会に対して毅然と主張してくる障害者や、弱者の枠をハミ出すような側面がかいま見えたとたん、平然と冷たくなる特質があります。こうした「②あわれみの福祉観」というものから、私たちはなかなか自由になることができません。

マスメディアでは、多くの場合、「かわいそうな障害者」像や「困

2022年度

富士見中学校

▶解説と解答

算　数　＜第２回試験＞（45分）＜満点：100点＞

解　答

1 (1)　2　(2)　$\frac{1}{7}$　(3)　1024　(4)　28：25　(5)　13本　(6)　225度　(7)　37.68cm^2　(8)　87.92cm^3　**2**〔A〕(1)　7.5秒後　(2)　22.5秒後　(3)　10回　〔B〕(1)　36　(2)　17番目　(3)　424　**3** (1)　③　(2)　**OH**　$2\frac{1}{2}$cm　**HF**　$3\frac{1}{8}$cm　**FO**　$1\frac{7}{8}$cm　(3)　$9\frac{3}{8}$cm^2　(4)　$\frac{21}{32}$cm^2　(5)　$8\frac{1}{16}$cm^2　**4** **ア，イ**　0，1　**ウ，エ**　5，6　**オ，カ**　25，76　**キ，ク**　625，376

解　説

1 四則計算，逆算，整数の性質，速さと比，植木算，倍数，角度，面積，体積

(1)　$\frac{9}{14}\times\left\{3+\left(2\frac{5}{6}-1.75\right)\div9\frac{3}{4}\right\}=\frac{9}{14}\times\left\{3+\left(2\frac{5}{6}-1\frac{3}{4}\right)\div\frac{39}{4}\right\}=\frac{9}{14}\times\left\{3+\left(2\frac{10}{12}-1\frac{9}{12}\right)\div\frac{39}{4}\right\}=\frac{9}{14}\times\left(3+1\frac{1}{12}\div\frac{39}{4}\right)=\frac{9}{14}\times\left(3+\frac{13}{12}\times\frac{4}{39}\right)=\frac{9}{14}\times\left(3+\frac{1}{9}\right)=\frac{9}{14}\times\left(\frac{27}{9}+\frac{1}{9}\right)=\frac{9}{14}\times\frac{28}{9}=2$

(2)　$\{(7-\square)\times7+7\div7\}\div7=7$より，$(7-\square)\times7+7\div7=7\times7=49$，$(7-\square)\times7=49-7\div7=49-1=48$，$7-\square=48\div7=\frac{48}{7}$　よって，$\square=7-\frac{48}{7}=\frac{49}{7}-\frac{48}{7}=\frac{1}{7}$

(3)　12と15の最小公倍数は60だから，12で割っても15で割っても４あまる整数は，４に60を次々と足していった数となる。そのような整数のうち，1000に最も近いものは，(1000－４)÷60＝16あまり36より，４＋60×16＝964か，４＋60×17＝1024のどちらかとなるが，1024の方が964よりも1000に近いから，求める整数は1024である。

(4)　Ａさんが５歩で進む道のりをＢさんは７歩で進むから，ＡさんとＢさんの１歩で進む道のり(歩幅(ほはば))の比は，$\frac{1}{5}:\frac{1}{7}=7:5$となる。また，(速さの比)＝(歩幅の比)×(歩数)で求められるから，ＡさんとＢさんの速さの比は，(７×４)：(５×５)＝28：25とわかる。

(5)　３と５の最小公倍数は15なので，抜(ぬ)かなくてもよい木は，両端(りょうはし)に植えられた木と，端から15ｍごとに植えられた木である。よって，抜かなくてもよい木と木の間の場所は，180÷15＝12(か所)あるから，抜かなくてもよい木は，12＋１＝13(本)ある。

(6)　右の図１で，三角形OAB，OBC，OCDはそれぞれ二等辺三角形だから，同じ記号(xとx，yとy，zとz)の角の大きさはそれぞれ等しい。よって，五角形OABCDの角Ａ，Ｂ，Ｃ，Ｄの和は，$x\times2+y\times2+z\times2=(x+y+z)\times2$となる。また，五角形の内角の和は，180×(５－２)＝540(度)なので，角Ａ，Ｂ，Ｃ，Ｄの和は，540－90＝450(度)である。よって，$x+y+z=450\div2=225$(度)とわかる。

図１

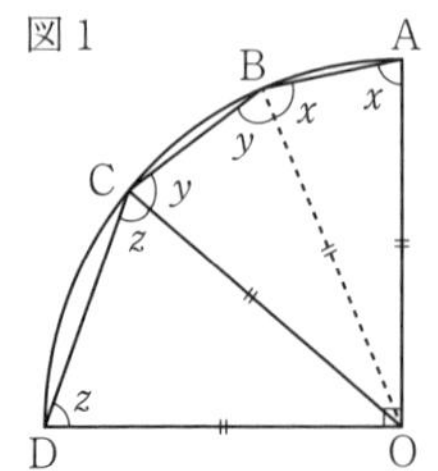

(7)　下の図２で，太線で囲んだ㋐の部分は㋑の部分を折り返したもので，これらの面積は等しいから，かげをつけた部分の面積は，㋑と㋒の部分の面積の和となる。また，角BACの大きさは角

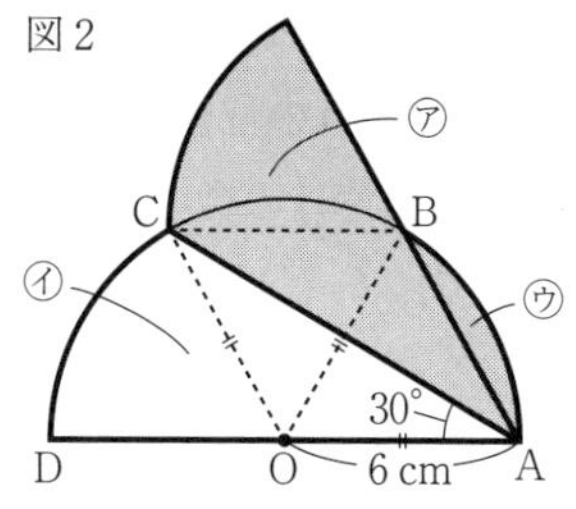

OACと等しく，30度なので，角OABの大きさは，30×２＝60(度)である。これより，三角形OABは１つの内角が60度の二等辺三角形だから，正三角形であり，OAとBAの長さは等しい。すると，折り返したとき，点Oは点Bに移動したことになるから，OCとBCの長さも等しく，三角形OBCも正三角形とわかる。さらに，三角形OACについて，底辺をOAとすると，高さが等しいから三角形OABの面積と等しいことがわかる。よって，㋑と㋒の部分の面積の和は，(おうぎ形ODC)＋(三角形OAB)＋(㋒の部分)＝(おうぎ形ODC)＋(おうぎ形OAB)になる。おうぎ形OABの中心角は60度で，おうぎ形ODCの中心角は，180−60×２＝60(度)だから，求める面積は，$6\times6\times3.14\times\frac{60}{360}\times2=12\times3.14=37.68$(cm²)である。

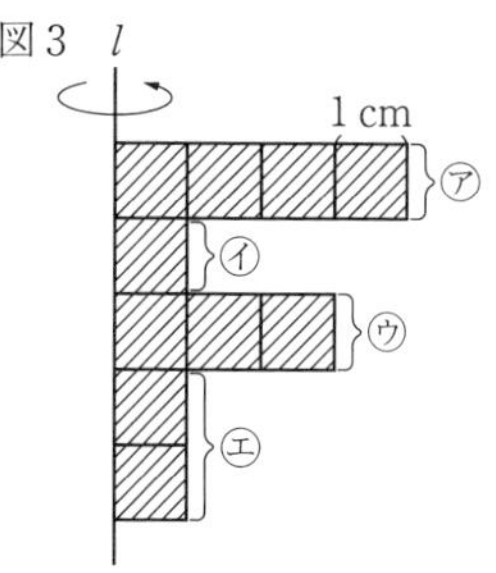

⑻　できる立体は，右の図３の㋐，㋑，㋒，㋓の部分がそれぞれ１回転してできる円柱を組み合わせた立体となる。㋐が１回転してできる円柱は，底面の半径が４cmで，高さが１cmだから，体積は，４×４×3.14×１＝16×3.14(cm³)，㋑が１回転してできる円柱は，底面の半径が１cmで，高さが１cmだから，体積は，１×１×3.14×１＝１×3.14(cm³)，㋒が１回転してできる円柱は，底面の半径が３cmで，高さが１cmだから，体積は，３×３×3.14×１＝９×3.14(cm³)，㋓の部分が１回転してできる円柱は，底面の半径が１cmで，高さが２cmだから，体積は，１×１×3.14×２＝２×3.14(cm³)となる。よって，できる立体の体積は，16×3.14＋１×3.14＋９×3.14＋２×3.14＝(16＋１＋９＋２)×3.14＝28×3.14＝87.92(cm³)と求められる。

2　旅人算，数列

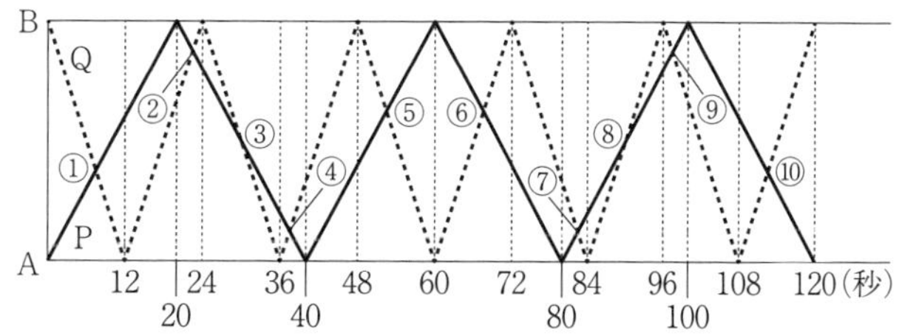

〔A〕 ⑴　AB間の長さ(60cm)を進むのに，点Pは，60÷３＝20(秒)，点Qは，60÷５＝12(秒)かかるので，出発してから２分間，つまり，60×２＝120(秒間)の点Pと点Qの動きをグラフに表すと，右のようになる。１回目に重なるのは点Pと点Qが合わせて60cm移動したときで，１秒間に点Pと点Qは合わせて，３＋５＝８(cm)移動するので，１回目に重なるのは，出発してから，60÷８＝7.5(秒後)とわかる。

⑵　１回目に重なった後，点Pと点Qが合わせてAB間の長さの２倍だけ，つまり，60×２＝120(cm)移動すると，２回目に重なる。よって，２回目に重なるのは，１回目に重なってから，120÷８＝15(秒後)なので，出発してから，7.5＋15＝22.5(秒後)となる。

⑶　２つのグラフの交わっているところが，点Pと点Qが重なることを表すので，出発してから２分間に10回重なる。

〔B〕 ⑴　２，３，４だけを使ってできる２けたの整数は，一の位，十の位がそれぞれ２，３，４の３通りあるから，２けたの整数は，３×３＝９(個)並ぶ。また，２，３，４だけを使ってできる３けたの整数は，一の位，十の位，百の位がそれぞれ２，３，４の３通りあるから，３けたの整数は，３×３×３＝27(個)並ぶ。よって，全部で，９＋27＝36(個)の数が並んでいる。

(2)　百の位が２の整数は，小さい順に，222，223，224，232，233，234，242，243，…となるので，243は，百の位が２の整数の中で８番目となる。よって，全体では，９＋８＝17(番目)とわかる。

(3)　30番目の数の後ろには，36－30＝６(個)の数が並んでいるから，30番目の数は大きい方から数えて，６＋１＝７(番目)となる。最も大きい数(444)から７番目に大きい数までを並べると，444，443，442，434，433，432，424となるから，30番目の数は424である。

3　平面図形―相似，長さ，面積

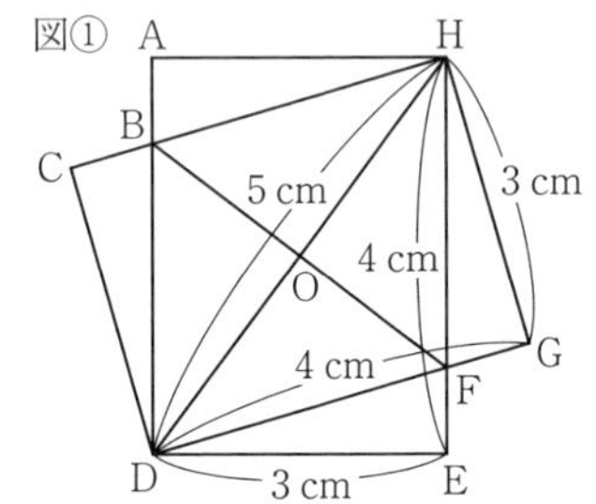

(1)　右の図①で，三角形DEFと三角形HGFを比べると，辺DEと辺HGの長さは等しい。また，角Ｅと角Ｇは直角で等しく，角DFEと角HFGも等しいから，残り１組の角EDFと角GHFも等しくなる。よって，三角形DEFと三角形HGFは合同なので，DFとHFの長さは等しいとわかる。同様に，三角形HGFと三角形HAB，三角形HABと三角形DCBも合同になるので，HFとHB，HBとDBの長さも等しくなる。したがって，重なった部分の四角形BDFHは４つの辺の長さが等しいから，ひし形(…③)である。

(2)　四角形BDFHがひし形なので，OHの長さは対角線DHの長さの半分となり，$5\div2=\frac{5}{2}=2\frac{1}{2}$(cm)である。次に，三角形HFOと三角形HDEを比べると，ひし形の対角線は垂直に交わるので，角HOFと角HEDは直角で等しい。また，角OHFと角EHDは共通な角で，等しいから，残り１組の角HFOと角HDEも等しくなる。よって，三角形HFOと三角形HDEは相似で，相似比は，OH：EH$=\frac{5}{2}:4=5:8$だから，HFの長さは，DH$\times\frac{5}{8}=5\times\frac{5}{8}=\frac{25}{8}=3\frac{1}{8}$(cm)，FOの長さは，DE$\times\frac{5}{8}=3\times\frac{5}{8}=\frac{15}{8}=1\frac{7}{8}$(cm)と求められる。

(3)　ひし形BDFHで，対角線DHの長さは５cm，対角線BFの長さはFOの長さの２倍だから，$\frac{15}{8}\times2=\frac{15}{4}$(cm)となる。よって，ひし形BDFHの面積は，$5\times\frac{15}{4}\div2=\frac{75}{8}=9\frac{3}{8}$(cm^2)と求められる。

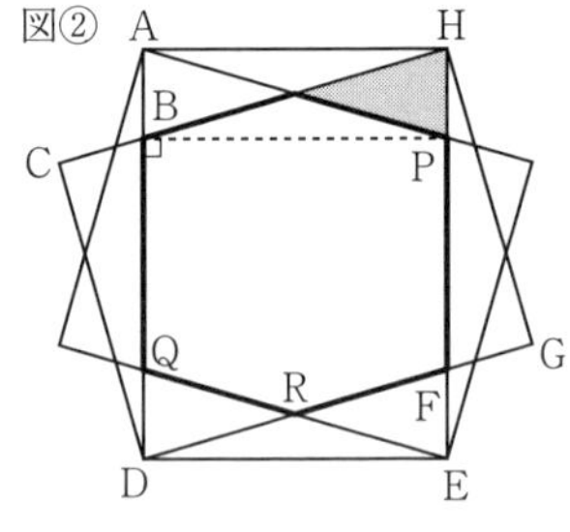

(4)　右の図②で，図の対称(たいしょう)性から，三角形ABHと三角形HPAは合同なので，ABとHPの長さは等しい。すると，四角形ABPHは長方形となるから，かげをつけた部分の面積は三角形APHの面積の半分となる。また，PEの長さはHFの長さと等しいので$3\frac{1}{8}$cmである。よって，HPの長さは，$4-3\frac{1}{8}=\frac{7}{8}$(cm)だから，三角形APHの面積は，$\frac{7}{8}\times3\div2=\frac{21}{16}$(cm^2)となる。したがって，かげをつけた部分の面積は，$\frac{21}{16}\div2=\frac{21}{32}$(cm^2)と求められる。

(5)　３つの長方形が重なった部分は，図②の太線で囲んだ六角形で，この部分の面積は，ひし形BDFHの面積から，かげをつけた部分の面積と三角形DQRの面積をひくと求められる。三角形DQRとかげをつけた部分は合同で，面積が等しいから，３つの長方形が重なった部分の面積は，$\frac{75}{8}-\frac{21}{32}\times2=\frac{129}{16}=8\frac{1}{16}$(cm^2)と求められる。

4　整数の性質

２回かけるともとの整数と同じになる数は，０×０＝０と，１×１＝１の２つしかない。０と１以外の１けたの整数を２回かける計算は，それぞれ下の図のようになるので，０と１以外の１けた

2 × 2 ＝ 4	3 × 3 ＝ 9	4 × 4 ＝16
5 × 5 ＝25	6 × 6 ＝36	7 × 7 ＝49
8 × 8 ＝64	9 × 9 ＝81	

の整数のうち，２回かけたら一の位がもとの数と同じになるものは５と６である。次に，２けたの整数を２回かけたら，十の位と一の位がもとの数と同じになるとき，もとの数の一の位は５か６となる。一の位が５のとき，15×15＝225，25×25＝625，35×35＝1225，…のように，２回かけた答えの十の位と一の位はすべて25になるから，十の位と一の位がもとの数と同じになるものは，25とわかる。一の位が６のとき，16×16＝256，26×26＝676，36×36＝1296，46×46＝2116，…のように，もとの数の十の位が１増えるごとに，２回かけた答えの十の位は２ずつ増える（９→１の場合はのぞく）ことがわかる。よって，２回かけた答えの十の位は，56×56のとき３，66×66のとき５，76×76のとき７，86×86のとき９，96×96のとき１となるから，十の位と一の位がもとの数と同じになるものは，76とわかる（なお，もとの数の一の位が０と１のときは，当てはまる数がない）。さらに，３けたの整数を２回かけたら，百・十・一の位がもとの数と同じになるとき，もとの数の十の位と一の位は25か76である。十の位と一の位が25のとき，125×125＝15625，225×225＝50625，325×325＝105625，…のように，２回かけた答えの百・十・一の位はすべて625になるから，百・十・一の位がもとの数と同じになるものは，625とわかる。また，十の位と一の位が76のとき，176×176＝30976，276×276＝76176，376×376＝141376，476×476＝226576，…のように，もとの数の百の位が１増えるごとに，２回かけた答えの百の位は２ずつ増える（９→１の場合はのぞく）ことがわかる。よって，２回かけた答えの百の位は，576×576のとき７，676×676のとき９，776×776のとき１，876×876のとき３，976×976のとき５となるから，百・十・一の位がもとの数と同じになるものは，376となる。したがって，ア，イは０，１，ウ，エは５，６，オ，カは25，76，キ，クは625，376が当てはまる。

社　会　＜第２回試験＞（35分）＜満点：60点＞

解　答

1 **問１** (1) ① 男女雇用機会均等法　② 満州事変　(2) エ　(3) 白神山地　(4) イ／(例) 海に面していないため，淡水魚しか養殖できないから。　(5) ア　**問２** ア，エ　**問３** (1) 公共の福祉　(2) イ　**問４** イ　**問５** (1) エ　(2) ウ　**問６** イ　**問７** 公共料金　**問８** エ　**問９** エ　**問10** **当時の人々の行動**…(例) せまい教会に集まってお祈りをささげた。　**感染者を増やした理由**…(例) せまい部屋の中で密集していて，ペストに感染しやすいため。　**問11** イ　**問12** ウ　**問13** イ　**2** **問１** (1) (例) 参勤交代によって武士が江戸に集まっていたため。　(2) ア　**問２** (1) 労働基準法　(2) 納税　**問３** (1) ① オ　② 輸入　(2) ① (例) 交戦中のヨーロッパ諸国がぬけたアジア市場に入りこみ，輸出が伸びたため。　② 成金　**問４** 公衆衛生　**問５** 住民投票　**問６** ア　**問７** ウ　**問８** (1) (例) 商品の売れ行きなどのデータをみて，仕入れの量を調整する。　(2) イ　**問９** (1) 再生可能エネルギー　(2) ア　**問10** ウ，カ　**問11** ア　**問12** リテラシー　**問13** エ　**問14** (1) 津田梅子　(2) ウ→イ→エ→ア

解説

1 米の歴史を題材にした問題

問１　(1)　①　日本は，1979年に国際連合(国連)で採択された女子(女性)差別撤廃条約を批准(国として承認すること)するため，国内の法整備をすすめた。その結果，1985年に雇用や待遇・昇進などにおける男女差別を禁止する男女雇用機会均等法が制定された。　②　1931年，満州(中国東北部)にいた日本軍が，柳条湖付近で南満州鉄道の線路を爆破した。日本軍は，この柳条湖事件を中国のしわざだとして軍事行動を開始し，半年あまりの間に満州の大部分を占領すると，翌32年には満洲国を建国してこれを植民地化した。柳条湖事件から始まるこの一連の軍事行動を，満州事変という。　(2)　日本で最も大きい湖は，滋賀県にある琵琶湖である。洞爺湖は北海道南西部にある湖で，そのほとりでは2008年にサミット(主要国首脳会議)が開かれた。　(3)　青森県と秋田県にまたがる白神山地は，世界最大級のぶなの原生林があることで知られる。白神山地は，多様な生態系が育まれていることなどから，1993年にユネスコ(国連教育科学文化機関)の世界自然遺産に登録された。　(4)　内陸に位置する米沢藩では，さんまやひらめ，あじといった海水魚の養殖はできないと判断できるので，淡水魚のこいが選べる。　(5)　有田焼は佐賀県でつくられる陶磁器，輪島塗は石川県でつくられる漆器，萩焼は山口県でつくられる陶器である。

問２　ア　古墳時代には，中国や朝鮮半島から渡来人が日本に移り住み，須恵器づくりや機織りなどの技術のほか，仏教や儒教などの文化をもたらした。よって，正しい。　イ　「平安時代」ではなく「奈良時代」であれば，正しい文になる。平安時代の894年には遣唐使が廃止され，これによって国風文化が栄えた。　ウ　平清盛は平安時代末，宋(中国)と貿易を行った。明(中国)との勘合貿易は，足利義満によって室町時代前半に始められた。　エ　豊臣秀吉が行った朝鮮出兵について，正しく説明している。　オ　「ポーツマス条約」ではなく「下関条約」が正しい。ポーツマス条約は，日露戦争(1904～05年)の講和条約である。

問３　(1)　公共の福祉は，国民全体の幸福や利益といった意味の言葉で，国民には公共の福祉のために基本的人権を利用する責任があると，日本国憲法第12条に定められている。そのため，公共の福祉に反すると判断された場合には，個人の基本的人権が制限されることもある。　(2)　条約は内閣が締結し，国会が事前または事後にこれを承認する。

問４　岩宿遺跡は，群馬県にある旧石器時代の遺跡である。なお，登呂遺跡は静岡県，吉野ヶ里遺跡は佐賀県，板付遺跡は福岡県にある縄文時代末期～弥生時代の遺跡。

問５　(1)　ア　邪馬台国の女王卑弥呼は，３世紀の239年に魏(中国)に使いを送った。　イ　日本最大の前方後円墳は大阪府堺市にある大山(大仙)古墳で，仁徳天皇陵と伝えられている。稲荷山古墳は埼玉県行田市にある前方後円墳で，５世紀のヤマト政権の大王である「ワカタケル」(雄略天皇のことと推定される)の名が刻まれた鉄剣が出土したことで知られる。　ウ　６世紀の593年，厩戸皇子(聖徳太子)は推古天皇の摂政となり，仏教を重んじた政治を行った。　エ　645年，中大兄皇子(のちの天智天皇)と中臣鎌足らは，天皇をしのぐほどの権力をふるっていた蘇我蝦夷・入鹿父子をたおし(乙巳の変)，大化の改新とよばれる政治改革にとりかかった。よって，正しい。　(2)　水鳥の生息地である湿地を守るための条約はラムサール条約で，パリ条約という条約は複数あるが，現在も有効なものとしては，国際的な工業の特許権などに関する取り決めがある。

問６　歳入の総額は106兆6097億円で，消費税はその19.0％を占めているのだから，歳入の総額をおよそ107兆円として金額を計算すると，107×0.19＝20.33より，約20兆円と求められる。

問７　電気・ガス・水道などの料金や鉄道の運賃などは公共料金とよばれ，価格の変動が国民の生活に大きな影響を与えることから，価格を改定するさいには，国や地方公共団体の決定や許認可が必要となる。

問８　香川県は降水量が少なく，昔から水不足に悩まされてきた。これを解消するため，讃岐山脈にトンネルを掘り，となりの徳島県を流れる吉野川の水を香川県に引く香川用水がつくられた。なお，香川県は，夏の南東の季節風を四国山地に，冬の北西の季節風を中国山地にさえぎられるため，一年を通じて降水量が少ない瀬戸内の気候に属しており，水不足への対策として多くのため池がつくられてきた。

問９　長野市は，内陸にあって季節風や海風の影響が少ないため年間を通じて降水量が少なく，夏と冬の気温の差が大きいことなどを特徴とする中央高地の気候に属しているので，エが選べる。なお，アは札幌市(北海道)，イは秋田市，ウは岡山市の雨温図。

問10　ペストは感染症で，新型コロナウイルス感染症と同様，人から人へうつっていく。そのため，「みんなでせまい教会に集まってお祈りをささげ」るような密集状態をつくると，感染が拡大するおそれが高まる。また，「町から町へとねり歩い」て感染の疑いのある人があちこちに行くことも，ペストの感染拡大につながる。

問11　Ⅰ　明治時代初めには，フランスの技術と機械を導入した富岡製糸場が群馬県に建設され，1872年に操業を開始した。　Ⅱ　1872年に開業した日本初の鉄道は，東京の新橋と，当時最大の貿易港となっていた横浜の間を結んだ。

問12　東北地方の太平洋側では，初夏から真夏にかけて，やませとよばれる北東風が吹くことがある。やませは寒流の千島海流(親潮)の上を吹き渡ってくるため冷たく湿っており，これが長く続くと，日照時間が短くなったり気温が上がらなくなったりして，作物が不作となる冷害が引き起こされる。

問13　４段落目には，飛鳥時代末～奈良時代のようすが書かれている。701年に制定された大宝律令では，中央から国ごとに国司を派遣し，これを治めさせることによって中央集権体制が整えられた。守護と地頭は，1185年に源頼朝が設置した役職である。

2　少子高齢社会と情報通信を題材にした問題

問１　(1)　江戸時代の1635年に参勤交代が制度化され，大名は１年おきに江戸と領地を往復し，その妻子は江戸に住むことが義務づけられた。これによって，江戸には大名の妻子や家臣が住むための大名屋敷が数多くつくられ，多くの武士がここで暮らした。また，江戸城や江戸の町で働く役人が多かったことも，武士の人口が多かった原因と考えられる。　(2)　ア　徳川綱吉の行った政策として，正しい。　イ　上米は，江戸幕府の第８代将軍徳川吉宗が享保の改革の一つとして行った政策である。　ウ　老中の松平定信は寛政の改革の中で，旗本や御家人が札差(高利貸し)からした借金を帳消しにする棄捐令を出した。　エ　老中の水野忠邦は天保の改革の中で，物価を下げるために株仲間(商工業者の同業組合)の解散を命じた。

問２　(1)　労働基準法は，戦後の民主化政策の一つとして1947年に制定された法律で，労働時間や賃金など，労働条件の最低基準が定められている。　(2)　日本国憲法は，保護する子女(子ども)

に普通教育を受けさせる義務(第26条)，勤労の義務(第27条)，納税の義務(第30条)の三つを，国民の義務として定めている。

問３ (1) ①，② 近年の日本の貿易において，輸出入額を合わせた貿易総額の第１位は中国，第２位はアメリカとなっている。また，中国との貿易では日本の輸入超過，アメリカとの貿易では日本の輸出超過が続いている。また，日本はオーストラリアから多くの天然資源を輸入しており，鉄鉱石，石炭，液化天然ガスの最大の輸入先となっている。そのため，日本とオーストラリアの貿易は，日本の大幅な輸入超過となっている。よって，オが選べる。統計資料は『日本国勢図会』2020／21年版による(以下同じ)。 (2) ① 1914年に始まった第一次世界大戦では，ヨーロッパ諸国が主戦場となった。このとき日本は，戦争のためにヨーロッパ諸国がぬけたアジア市場への輸出を大幅に伸ばした。また，好景気にわいていたアメリカへの輸出も増えた。これによって，日本は大戦景気とよばれる好景気をむかえた。 ② 大戦景気は輸出の増加に支えられており，輸出に必要な船をつくる造船業や，貨物の輸出をになう海運業が特に栄えた。こうした業種にたずさわる人の中には，急激に利益を上げて大金持ちになる人が現れ，「成金」とよばれた。

問４ 公衆衛生は，伝染病の予防や衛生環境の整備などを行う社会保障制度の一つで，社会保険・社会福祉・公的扶助(生活保護)とともに，日本の社会保障制度の四つの柱とされている。

問５ 地方自治では，住民の生活に深くかかわることがらについて，条例を定めて住民投票を行い，住民の意思を問う機会をつくることができる。その結果は行政に反映されるが，法的拘束力はない。

問６ アは「国造」ではなく「国司」が正しい。国造はヤマト政権において地方を治めた地方官で，律令制では，国司のもとで年60日以内の労働を行う雑徭という労役が人々に課された。

問７ 江戸時代の鎖国中も，清(中国)・オランダとは長崎で幕府との貿易が行われ，ヨーロッパをはじめとする世界情勢は，オランダ商館長の提出する『オランダ風説書』によって幕府に伝えられた。また，対馬藩(長崎県)を通じて朝鮮と，薩摩藩(鹿児島県)を通じて琉球王国と，松前藩を通じて蝦夷地(北海道)のアイヌとの交易が行われていた。

問８ (1) バーコードで商品を管理するシステムをPOSシステムといい，店舗で読み取られた情報はデータを管理する部署に送られる。ここで得られた情報は，在庫量の管理や商品の仕入れなどに利用されており，商品の適正量を確保してむだを省いたり，より多くの商品を売ったりするために活用されている。 (2) ア 2013年のスマートフォン保有率は約60％で，2010年の約10％から６倍ほど増えているが，８倍以上にはなっていない。 イ 2015年のパソコンの保有率は約70％，タブレット端末の保有率は約35％で，約２倍の開きがあるので，正しい。 ウ 固定電話の保有率はおおむね減少傾向にあるが，2019年には前年を上回っている。 エ 2020年のパソコンと固定電話の保有率は約70％で，2009年の約90％と比べておよそ20％の減少にとどまっている。

問９ (1) 風力や地熱，太陽光など，自然の力で再生され，半永久的に利用できるエネルギーは，まとめて再生可能エネルギーとよばれる。 (2) アは「金」ではなく「銅」が正しい。

問10 アは1889年，イは1923年，ウは1911年，エは1884年，オは1902年，カは1920年のできごとである。

問11 平安時代中期には，漢字を基にしてつくられたかな文字の使用が広がり，紫式部が長編小説『源氏物語』を，清少納言が随筆『枕草子』を著すなど，優れた女流文学が数多く生み出された。

問12 情報化社会が進展し，多くの情報があふれる現在においては，たくさんある情報の中から自分に必要なものや正しいものを選び出し，活用する能力であるメディアリテラシーを身につけることが重要になっている。なお，リテラシーはもともと，読み書きの能力を意味する。

問13 冷涼な地域で，夏の涼しい気候を生かして作物の栽培をほかの地域よりも遅(おく)らせる栽培方法を，抑制(よくせい)栽培という。群馬県の嬬恋(つまごい)村や長野県の野辺山(のべやま)などで，キャベツやレタスなどを育てるのに利用されており，ほかの地域と出荷時期がずれているため，高値で取り引きされる。

問14 (1) 津田梅子は1871年，岩倉使節団に初の女子留学生として同行し，アメリカに渡った。２度にわたる留学ののち，1900年に女子英学塾(現在の津田塾大学)を創立し，女子教育の発展に力をつくした。　(2) アは1318年，イは1274年(文永の役)と1281年(弘安の役)，ウは1221年，エは1297年のできごとなので，年代の古い順にウ→イ→エ→アとなる。

理　科　<第２回試験>（35分）<満点：60点>

解　答

[1] **問１** (例) 背骨がある　**問２** せきつい動物　**問３** ウ　**問４** (例) しっぽがありますか　**問５** ア　**問６** たい生　**問７** 解説の図Ⅰを参照のこと。　**問８** エ　**問９** エ，ク　[2] **問１** 11.5％　**問２** 1.08 g/cm³　**問３** オ　**問４** 56.2 g　**問５** 50 g　**問６** (例) 食塩の密度が食塩水の密度より大きいため。　**問７** 5.0cm³　**問８** 2.2 g/cm³　[3] **問１** ②　**問２** (例) 火山の噴火後，火山灰が積もる。　**問３** 東　**問４** ①→②→③　**問５** 示相化石　**問６** 25m　**問７** ３番目…キ　６番目…イ　**問８** 解説を参照のこと。　[4] **問１** 毎秒5.6m，毎時20km　**問２** ウ　**問３** イ　**問４** イ　**問５** 毎秒5.0m　**問６** 毎秒1.25m　**問７** ① 7.5　② 2.8　③ イ

解　説

[1] 動物の分類についての問題

問１，問２ ①の質問で「いいえ」となる節足動物，軟体(なんたい)動物は，どちらも背骨がない無せきつい動物である。したがって，①の質問は「背骨がある」と考えられ，①の質問で「はい」となるグループは，背骨があるせきつい動物となる。

問３ 両生類は，幼生のときはえらで呼吸し，成体になると肺や皮ふで呼吸するのに対し，魚類は一生，えらで呼吸する。なお，魚類，両生類ともに，気温によって体温が変化する変温動物で，卵を生む。心臓の構造は，魚類は１心房(しんぼう)１心室，両生類は２心房１心室である。

問４ 同じ両生類でも，カエルの成体はしっぽ(尾(お))がないが，イモリやオオサンショウウオなどはしっぽがある。

問５ ③の質問で「はい」となる，鳥類とほ乳類にあてはまる質問を選べばよい。鳥類とほ乳類は，気温が変化しても体温が一定となる恒温(こうおん)動物であり，心臓の構造は２心房２心室である。なお，は虫類は，からだの表面がうろこでおおわれており，心臓は２心房１心室(２心房と不完全な２心室)の構造をしている。

問６ ほ乳類のように，体内である程度育てた子が生まれてくる生まれ方をたい生という。なお，

卵で生まれる生まれ方を卵生という。

問７　両生類の幼生は水中，成体は陸上(水辺)で育つので，右の図Ⅰのように，ケージ内に水と陸地部分を用意する必要がある。

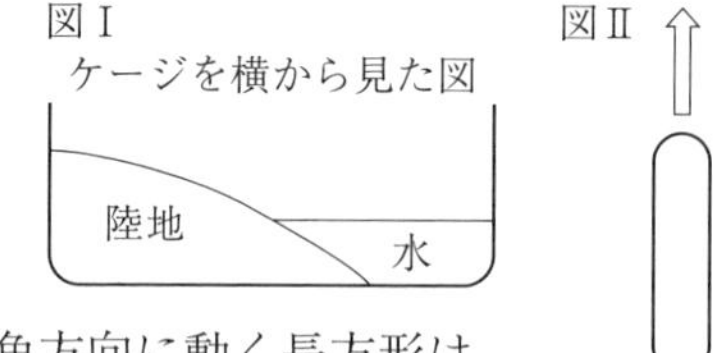

問８　図２，図４より，Ａのように，運動方向に細長い長方形は，定位行動を引き起こしやすく，Ｂのように，長辺に対して直角方向に動く長方形は，定位行動を引き起こしにくいことがわかる。

問９　ミミズが動いたり，アゲハチョウの幼虫が動いたりするようすを模式的に表すと，上の図Ⅱのようになる。これは，運動方向に細長い形といえるので，定位行動を引き起こしやすくなる。

２　水よう液の濃度（のうど）と卵の浮（う）き沈（しず）みについての問題

問１　水200.0ｇに食塩26.0ｇをとかすと，200.0＋26.0＝226.0(ｇ)の食塩水になるので，この食塩水の濃度は，$\frac{26.0}{226.0}\times100=11.50\cdots$より，11.5％となる。

問２　実験２でつくった食塩水100.0cm^{3}の重さが108.0ｇなので，この食塩水の密度は，108.0÷100.0＝1.08(ｇ/cm^3)となる。

問３　図１のように，水200.0ｇに食塩26.0ｇをとかした食塩水の真ん中に卵Ａが浮いているので，食塩水の密度と卵Ａの密度は等しい。

問４　卵Ａは体積が52.0cm^3，密度が，問２，問３より，食塩水の密度と等しく1.08ｇ/cm^{3}なので，卵Ａの重さは，1.08×52.0＝56.16より，56.2ｇと求められる。

問５　卵Ａの密度よりも砂糖水の密度のほうが大きくなったときに卵Ａが浮きはじめる。卵Ａの密度は1.08ｇ/cm^{3}なので，表より，砂糖水の密度が1.080ｇ/cm^{3}になる濃度20.0％のときに卵Ａは浮きはじめる。濃度20.0％の砂糖水において，水の重さの割合は，100－20.0＝80.0(％)，砂糖が20.0％なので，200.0ｇの水にとかす砂糖の重さは，$200.0\times\frac{20.0}{80.0}=50$(ｇ)となる。

問６　食塩水の密度よりも食塩の密度のほうが大きいので，食塩水に入れた食塩は沈む。

問７，問８　100ｇの水に36.0ｇの食塩をとかした水よう液はほう和しているので，この食塩水には，これ以上食塩はとけない。実験５で，食塩を11.0ｇ加えたときに増加した体積は，118.3－113.3＝5.0(cm^3)なので，下に沈んだ食塩は重さが11.0ｇで，体積が5.0cm^{3}とわかる。よって，食塩の密度は，11.0÷5.0＝2.2(ｇ/cm^3)と求められる。

３　地層のでき方についての問題

問１　れき，砂，泥（どろ）は粒（つぶ）の大きさで分類され，直径が２mm以上のものをれき，0.06mmから２mmのものを砂，0.06mm以下のものを泥という。砂岩は砂が固まってできた岩石である。

問２　火山の噴火（ふんか）による火山灰などの火山噴出物が堆積（たいせき）してできた岩石を凝灰岩（ぎょうかいがん）という。火山灰などの火山噴出物は空気中をただよって堆積し，流水のはたらきをほとんど受けないので，粒が角ばっている。

問３　図１と図２より，凝灰岩の層の上面の標高を比べると，地点Ａは，80－５＝75(m)，地点Ｂは，90－15＝75(m)，地点Ｄは，70－４＝66(m)である。これより，南北方向にある地点Ａと地点Ｂを比べると，南北方向では地層は水平になっており，東西方向にある地点Ａと地点Ｄを比べると，東にある地点Ｄの地層のほうが低くなっていることがわかる。よって，この地域の地層は東に向かって低くなっている。

問４　南北に位置する地点Ａ～Ｃの地層は水平になっており，①の上面の標高は，80－７＝73(m)，②の上面の標高は，90－４＝86(m)，③の下面の標高は，100－11＝89(m)なので，最も低い位置にあるのは①，最も高い位置にあるのは③とわかる。ふつう，下にある地層ほど古いので，堆積した年代が古いものから順に並べると，①→②→③となる。

問５　アサリやサンゴの化石のように，堆積した当時の環境(かんきょう)を推測する手がかりとなる化石を示相化石という。なお，サンヨウチュウやアンモナイトの化石のように，堆積した当時の年代を推測する手がかりとなる化石は示準化石とよばれる。

問６　南北に位置する地点Ａ～Ｃの地層は水平になっているので，地点Ａ～Ｃの凝灰岩の層の上面の標高はどこでも同じで，問３で求めたようにその標高は75mとなる。地点Ｃの地表の標高は100mなので，地点Ｃから真下に，100－75＝25(m)掘(ほ)ったところで凝灰岩の層にあたる。

問７　境界線Ｊが直線なので，まず，Ｈの地層，Ｇの地層の順に堆積し，しゅう曲が起こったあと，境界線Ｊでの地層のずれ(断層)ができたと考えられる。そして，堆積面Ｉが風や水によって風化・しん食されたあと，Ｆの地層が堆積し，最後にＦ～Ｈの地層を貫(つらぬ)いてＥの溶岩(ようがん)が現れたと考えられる。よって，年代が古いものから順に並べると，エ→ウ→キ→カ→オ→イ→アとなる。

問８　右の図ⅰのように，しゅう曲によって地層が大きく変形したり，右の図ⅱのように，逆断層によって地層の上の層が下の層に対してずり上がったときには，新しい地層の上に古い地層が見られることがある。

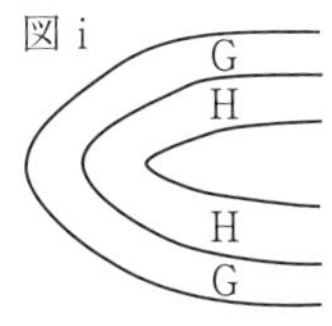

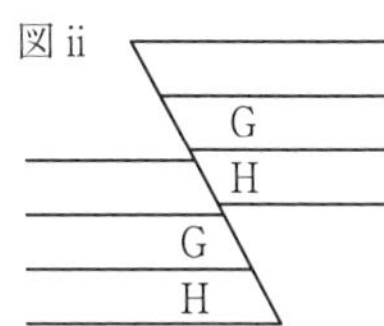

4　平均の速さや最大の速さについての問題

問１　50mの距離(きょり)を９秒で走ったので，走る(平均の)速さは，50÷９＝5.55…より，毎秒5.6mとなる。また，１時間＝3600秒で走る距離は，$50\times\frac{3600}{9}$＝20000(m)，つまり20kmとなるので，毎時20kmと求められる。

問２　平均の速さは毎秒5.6mだが，スタート直後の速さは毎秒０mなので，ゴールしたときの速さは毎秒5.6mよりも速くなると考えられる。

問３　急いで走ったので，速さは速くなる。また，速く走ったので，走り始めてから折り返し点に着くまでの時間は短くなる。よって，イのようなグラフになる。

問４　レベルが上がると，速く走り，短時間で折り返し点に着かないといけなくなるので，イのようなグラフになる。

問５　レベル２では，20mを8.00秒で走らないといけないので，平均の速さは毎秒，20÷8.00＝2.5(m)となり，最大の速さは平均の速さの２倍だから，毎秒，2.5×２＝5.0(m)とわかる。

問６　スタートしてから最大の速さ(毎秒5.0m)になるまでの時間は，8.00÷２＝4.00(秒)なので，スピードアップのペースは１秒間あたり毎秒，5.0÷4.00＝1.25(m)と求められる。

問７　①　レベル11では，20mを5.33秒で走らないといけない。よって，このときの平均の速さは毎秒，20÷5.33＝$\frac{20}{5.33}$(m)となり，最大の速さは平均の速さの２倍だから，$\frac{20}{5.33}\times2$＝7.50…より，毎秒7.5mの速さが必要となる。　②　折り返し点をスタートしてから最大の速さ(毎秒7.5m)になるまでの時間は，5.33÷２＝$\frac{5.33}{2}$(秒)なので，スピードアップのペースは，$7.5\div\frac{5.33}{2}$＝2.81…より，１秒間あたり毎秒2.8mと求められる。　③　Ａさんが走れる速さの最大値は毎秒7.7mで，毎秒7.5mより速いので，最大の速さは足りている。しかし，Ａさんのスピードアップのペースの最大値は１秒間あたり毎秒2.5mで，毎秒2.8mよりおそいので，スピードアップのペースが足りず，Ａさんは100回をクリアできない。

国　語　＜第２回試験＞（45分）＜満点：100点＞

解　答

一　下記を参照のこと。　二　**問１**　摩擦や　**問２**　（例）「かわいそう」で「けなげ」な弱者には優しくするが，そのイメージをハミ出す弱者には冷たくする態度。　**問３**　対照　**問４**　(a)　社会　(b)　（例）　社会の側が，障害者にハンディキャップをもたらす要素を取り除く　**問５**　手話　**問６**　エ　**問７**　イ，カ　三　**問１**　（例）　交通事故にあい，陸上部で活動できないほど足にケガをしているから。　**問２**　**ア**　山岸良太　**イ**　宮本正也　**ウ**　町田圭祐　**問３**　放送部への勧誘(に対する返事。)　**問４**　エ　**問５**　おうむ　**問６**　ウ　**問７**　高校では部　**問８**　ア　**問９**　（例）　本当は望んでいないことをいかにも望んでいるかのような言い方をしているから。

●漢字の書き取り

一　①　尊厳　②　歴訪　③　採用　④　雑貨店　⑤　危険　⑥　貯蔵　⑦　拝借　⑧　模様　⑨　遺産　⑩　読破

解　説

一　**漢字の書き取り**

①　尊くおごそかであること。　②　次々にいろいろな土地や人を訪ねること。　③　適当だと思われるものをとり上げて用いること。　④　日常生活に必要なこまごました物を売る店。　⑤　危ないこと。　⑥　たくわえ，ためておくこと。　⑦　借りることをへりくだっていう語。　⑧　装飾(そうしょく)としてほどこす絵や形。　⑨　前代の人が残したもの。　⑩　書物を最後まで読み通すこと。

二　**出典は渡辺一史(わたなべかずふみ)の『なぜ人と人は支え合うのか　「障害」から考える』による。**筆者は，障害者と健常者がともに生きていくためには，「障害」のとらえ方からまず変えていくべきだと述べている。

問１　本文のはじめに，「障害者と健常者が『ともに生きる社会』とか，『共生社会』というものをイメージする」とき，「思いやりにあふれた〝やさしい社会〟を思い浮(う)かべ」がちだが，実際はどうかといえば，「摩擦(まさつ)や衝突(しょうとつ)，葛藤(かっとう)といったストレス的な要素がむしろ増える」と述べられている。

問２　ぼう線②の前に「こうした」とあるので，直前に注目する。「私たちの社会は，『かわいそうな障害者』や『分相応で控(ひか)えめな弱者』に対しては，とてもやさしい」が，社会に対し毅然(きぜん)と主張する障害者や，弱者の枠(わく)をハミ出すような側面が見えると，「平然と冷たくなる」と説明されている。

問３　続く部分で紹介されている「障害の医学モデル」と「障害の社会モデル」という二つの考え方は大きくちがっているので，二つのもののちがいがきわだっているようすを表す「対照(的)」があてはまる。

問４　ぼう線③に続く部分に注目する。「車いすに乗っている人」の例があげられた後，「障害者に『障害』をもたらしているのは」その人の病気やケガなどを「考慮(こうりょ)することなく営まれている社会のせいともいえる」とまとめられている。その「障害の社会モデル」について，後で「社会の側が，障害者にハンディキャップをもたらす要素を積極的に取り除いていくべきだ」という発想につながると述べられている。

問５　「目が見えない」人が習得することでコミュニケーションに役立つものとして「点字」があげられているので，「耳が聞こえない」人の場合として「手話」があてはまる。

問６　直前であげられた「車いすに乗っている人」でも「エレベーターが完備され，道に段差が少なければ」障害が軽減されるという例と同じように，ア，イ，ウは，「社会や環境(かんきょう)」が整うことで，「障害が『障害』でなくな」る例と言える。エは，「声が小さ」いというのは「障害」ではないので，合わない。

問７　ぼう線②の直後の段落で，「マスメディアでは〜『かわいそうな障害者』像や『困難に負けず，けなげに努力する障害者』像がアピールされがち」だが，それは「もし障害者が，『かわいそう』で『けなげ』といったイメージをハミ出すと，同情や共感を呼ぶことが難しく」なるからではないかと述べられているので，イが合う。また，本文の最後に「これまでの福祉(ふくし)観や障害観というのが，あまりに医学モデル偏重(へんちょう)で考えられすぎてきた」が，「努力して障害を克服(こくふく)すべきなのは，障害者本人というよりは，まずは社会の側である，という視点でものごとを考えてみることが大切」だと述べられているので，カが合う。

三　**出典は湊(みなと)かなえの『ブロードキャスト』による。**「僕(ぼく)」は良太(りょうた)と同じ高校に入学するが，いっしょに陸上部に入ることはできなくなってしまった。そんなとき，同じ中学から来た宮本(みやもと)が，「僕」を放送部に誘(さそ)う。

問１　本文の中ほどに，「僕」が，交通事故にあって足をケガしたことが書かれている。そして，良太が「僕」の前で陸上の話をしないように気をつかっていることなどから，「僕」は以前陸上部に入っていたが，足のケガのために，陸上部で活動できなくなっていることがわかる。

問２　**ア**　陸上部に入っているのは良太で，「僕」と良太がいっしょにいるところに宮本がやってきて「山岸(やまぎし)くんも久しぶりだね」と声をかけているので，良太の苗字(みょうじ)は「山岸」である。　**イ**　脚本(きゃくほん)を書きたいと言い，「僕」のことも放送部に勧誘(かんゆう)しているのは宮本である。宮本は，「ちなみに，俺(おれ)の名前は正也(まさや)ね」と言っている。　**ウ**　「僕」は，「いい声」だからと宮本から放送部に勧誘され，良太も「圭祐(けいすけ)はいい声だと思ってるよ」と言っている。宮本が「僕」に話しかけてくる場面で「あー，町田(まちだ)！」と呼んでいることから苗字は「町田」であることがわかる。

問３　「愛の告白」について，宮本は「俺さ，今，町田を部活勧誘中なんだよ」と言っている。「僕」も良太に「宮本から，放送部に誘われたんだ」と説明している。宮本はその返事を聞こうと，「僕」に話しかけてきたのである。

問４　少し前で宮本は，椅子(いす)運びを手伝うことを「僕」が「一番嫌(いや)がりそうなこと」だと言っている。それを聞いて，良太は自分より宮本のほうが「僕」の気持ちを理解していることに顔を曇(くも)らせている。それに加えて，もし「僕」と宮本は付き合いもほとんどないと知ったら，宮本が理解していた「僕」の気持ちを自分は理解していなかったことに，良太がショックを受けるだろうと「僕」は考えたのである。

問５　「おうむ返し」は，相手の発した言葉をそのまま返すこと。

問６　良太は「僕」に「ごめん」と謝っているが，良太のその言葉は，「僕」に対する「罪悪感」からくるものだと考えられる。しかし，「僕」の交通事故について良太には何の責任もないのだから，事故にあった「僕」をかわいそうだと思ったとしても，「良太が謝ることなど何もない」のである。よって，ウがふさわしい。

問７　「僕」は「見学に行ってから，決めようかな」と言っているが，「考えてくれた？」という宮本の言葉に対して「いや，それが……」と返事を言いよどんだ場面では「高校では部活をやらない」という「僕」の本音が書かれている。

問８　つい「陸上のことを話して」しまい「ゴメン」と謝る良太に対して，「僕」は明るくふるまい，声を「褒めてもらえて」「嬉しかった」ことを伝えようとしたのだが，最後に「陸上，がんばれよ」と言葉をかけたことによって，かえって良太と距離ができてしまったため，その言葉を後悔したと考えられる。

問９　「卑屈」は，いじけて，必要以上にへりくだるようす。ぼう線①の後に「ケガ人扱いされるのが嫌で，本気で断った」とあるように，「僕」はケガ人扱いされて椅子運びを手伝われるのが嫌なのに，「宮本も，僕の椅子運びを手伝いにきてくれたのか？」と，まるで手伝ってほしいかのような言い方をした自分を「卑屈」だと感じたのである。よって，「本当は椅子運びを手伝ってほしくないのに，手伝ってほしいような言い方をしたから」のようにまとめられる。

2022年度　富士見中学校

〔電　話〕　(03)3999－２１３６
〔所在地〕　〒176－0023　東京都練馬区中村北４－８－26
〔交　通〕　西武池袋線 ―「中村橋駅」より徒歩３分

【算　数】〈算数１教科試験〉（60分）〈満点：100点〉

（注意）(1)　説明を必要とする問いには，答えだけでなく考え方も書きなさい。
　　　　(2)　円周率が必要な場合には3.14として計算しなさい。

1　右の図の長方形ABCDにおいて，点PはAから，点QはBから同時に出発し，点Pは辺ADを毎秒３cmの速さで，点Qは辺BCを毎秒２cmの速さで何度も往復します。

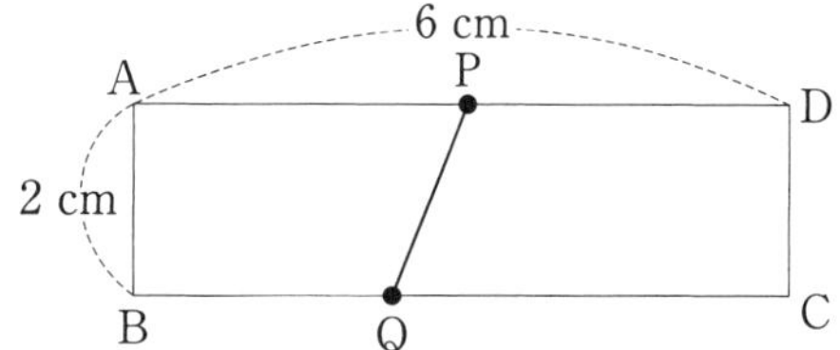

　右のグラフは２点P，Qが出発してからの時間と図形ABQP（四角形または三角形）の面積の関係を表したものの一部です。

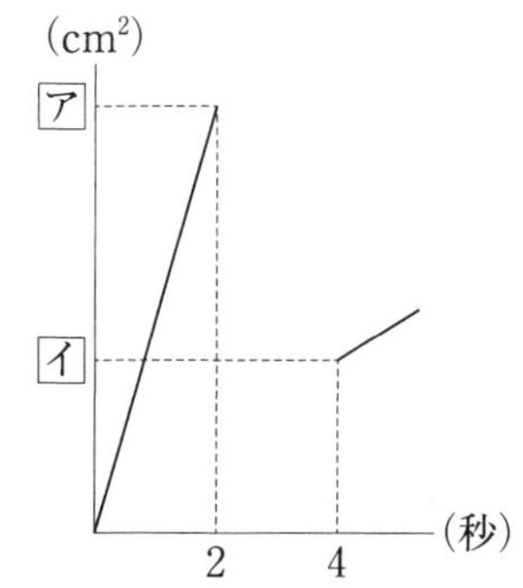

（１）　ア と イ に当てはまる数を求めなさい。

（２）　出発して２秒後から４秒後までのグラフを，以下の①～⑤から選びなさい。

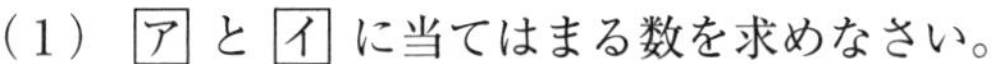

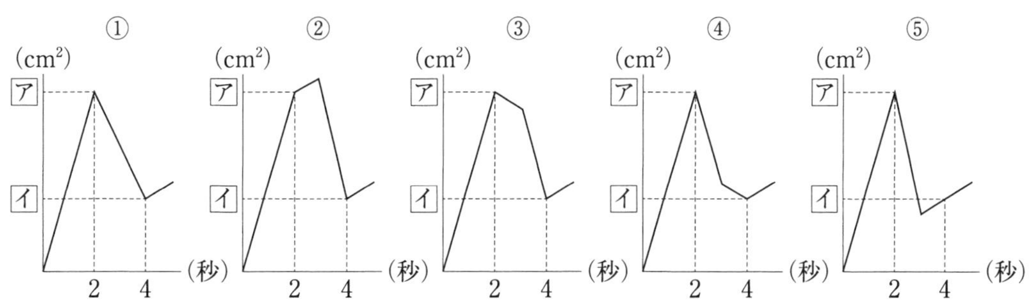

（３）　出発してから再び面積が0 cm² になることはありえますか。ありえるとすれば出発して何秒後か求め，ありえないとすれば，その理由を答えなさい。

（４）　出発してから面積が12 cm² になることはありえますか。ありえるとすれば，初めて面積が12 cm² になるのは出発して何秒後か求め，ありえないとすれば，その理由を答えなさい。

下の図の長方形ABCD，BEFCにおいて，点PはAから，点QはBから，点RはEから同時に出発し，点Pは辺ADを毎秒３cmの速さで，点Qは辺BCを毎秒２cmの速さで，点Rは辺EFを毎秒１cmの速さで何度も往復します。

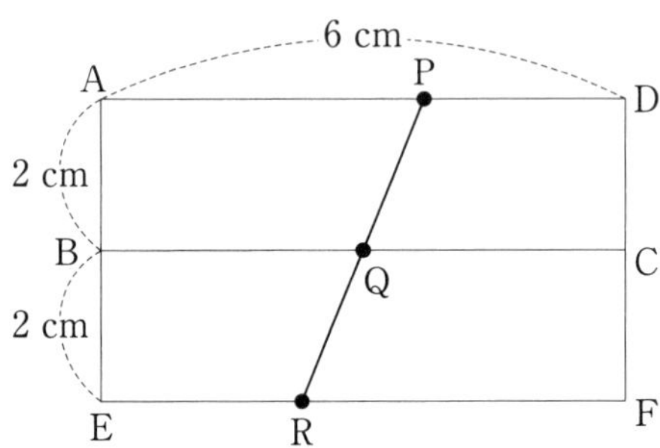

下のグラフは３点P，Q，Rが出発してからの時間と図形ABQP（四角形または三角形）と図形BERQ（四角形または三角形）の面積の和の関係を表したものの一部です。

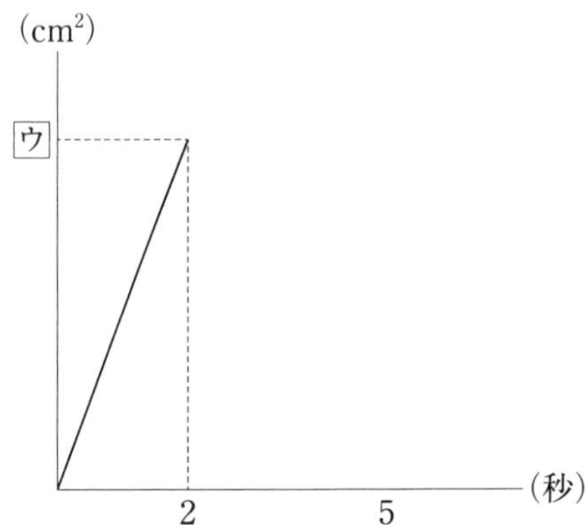

（５） ウ に当てはまる数を求めなさい。

（６） 出発して２秒後から５秒後までのグラフを解答用紙にかきなさい。

（７） 下の文の中の エ と オ に当てはまる数を求めなさい。

出発してから15秒後までの間で，面積がもっとも速く減少するのは エ 秒後から オ 秒後の間である。

2 ふみさんと山崎先生の会話文を読んで，問いに答えなさい。

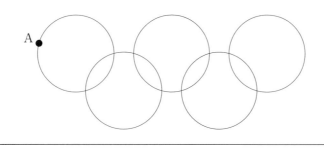

チャレンジ問題　一筆書きについて考えてみよう。
※一筆書きとは，「ペンを一度も紙から離さずに，１つの辺を２回以上通ることなく図形を描くこと」を意味します。点は何度通っても構いません。

次の図形を点Ａから一筆書きする方法は全部で何通りありますか。

ふみさん「先生，この問題がよく分からないのでヒントをいただけないでしょうか？」

山崎先生「いきなり５つの円の一筆書きを考えるのは難しいので，まずは円が１つのときを考えてみましょう。では，ふみさん。【図１】のときは一筆書きをする方法は何通りだと思いますか？」

ふみさん「［①］通りです。」

山崎先生「正解です。では，【図２】のときは何通りでしょう？」

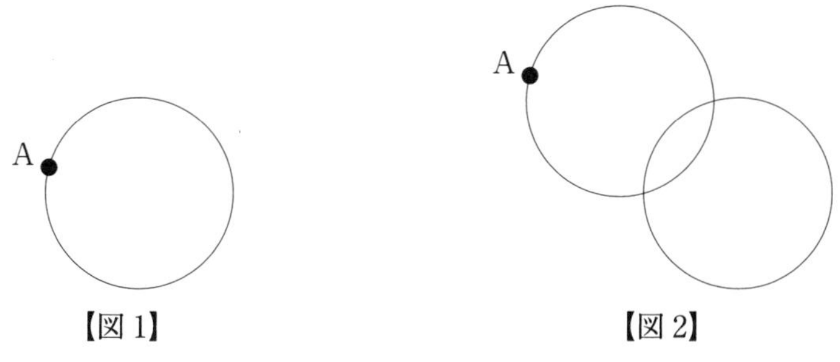

【図１】　　　　【図２】

ふみさん「えーと…。こうやって描く場合とああやって描く場合と…。」

山崎先生「ふみさん，全部描くのは大変ですよ。工夫して考えてみましょうか。例えば次の【図３】のように点を設定し，辺にも名前をつけてみましょう。」

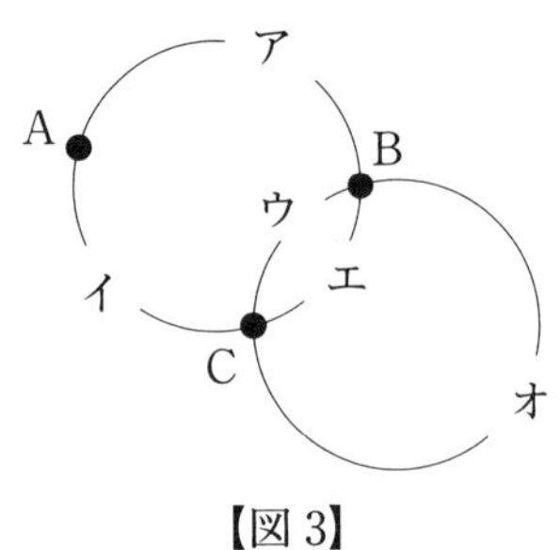

【図3】

ふみさん　「少し見やすくなりました！ア，イ，ウ，エ，オの辺をそれぞれ1回ずつ通れば良いのですね。最初にアを通ったとしたら，次に通る辺の選び方は［　②　］通り。すると，その次に通る辺の選び方は［　③　］通りで，あとは自動的に決まってしまうから，最初にアを通って一筆書きをする方法は［　④　］通りでしょうか？」

山崎先生　「正解です。最初にイを通る場合も同じ考え方ができるから…。」

ふみさん　「あっ，忘れてた！では，点Aから一筆書きをする方法は［　⑤　］通りですね！」

山崎先生　「正解です。ちなみに，少し脱線（だっせん）しますが，【図3】のときに点Bから一筆書きをする方法は全部で何通りあるか分かりますか？」

ふみさん　「同じ考え方でできるのかな…。［　⑥　］通りですか？」

山崎先生　「正解です。工夫して解く方法がよく理解できているようですね。では，次は【図4】のように円が3つあるときの場合を考えてみましょう。」

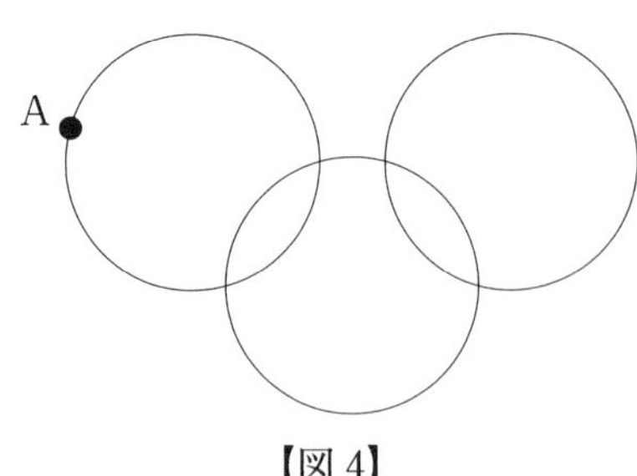

【図4】

ふみさん　「先ほどと同じように辺に名前をつけてみようかな。………。辺の数が多くて考えづらいな。円が5つになったら辺の数もかなり多くなってしまうだろうし。上手く解く方法はないかな？」

山崎先生　「では少しヒントをあげましょう。次の【図５】を見てください。【図５】は【図４】の一部の点と辺に名前をつけたものです。では，質問。点Ｂからオ′を通って点Ｃへ進む方法は何通りだと思いますか？」

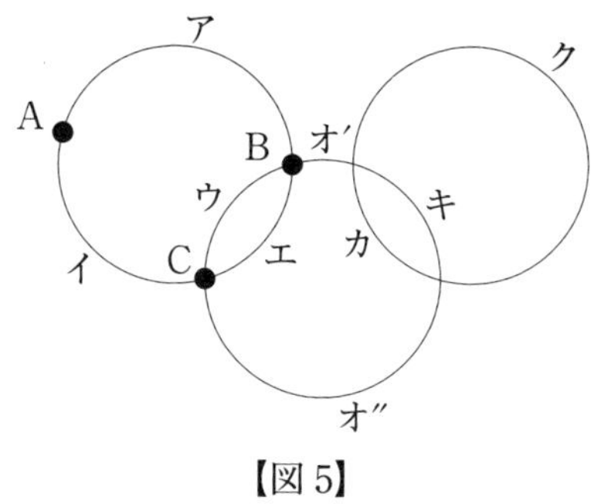

【図５】

ふみさん　「えーと…。オ′→カ→オ″の場合と…。」

山崎先生　「ふみさん，ちょっとまって！オ′→カ→オ″と進んだ場合，キとクを通ることはもうできませんよね？つまり，オ′を通ったら必ずカ，キ，クの３辺を通ってからオ″に進む必要がありますよ。」

ふみさん　「なるほど！ということは，点Ｂからオ′を通って点Ｃへ進む方法は［⑦］通りですか？」

山崎先生　「その通りです。今度は【図３】と【図５】をよく見てください。【図５】は【図３】の辺オにカ，キ，クが加わったものとして考えることできます。また，【図３】でア→ウ→エ→オ→イと進むことは【図５】でア→ウ→エ→オ′→…→オ″→イと進むことと同じです。」

ふみさん　「そうか！オ′→…→オ″と進む方法が［⑦］通りといえて，【図３】を点Ａから一筆書きをする方法が［⑤］通りだから，【図４】を点Ａから一筆書きする方法は［⑧］通りですね。」

山崎先生　「よくできました，その通りです。円が３つのときの考え方が分かれば，円が４つのとき，５つのときも同じように考えられますよ。」

ふみさん　「先生，ありがとうございます！あとは自分で考えてみたいと思います。」

（１）　会話文中の［①］～［⑧］に当てはまる数を答えなさい。

（２）　チャレンジ問題の答えを求めなさい。また，考え方や途中(とちゅう)の式も書きなさい。

3 土地に建物を建てる場合には，その面積や体積に様々な制限があります。この問題では，以下のような制限を考えることとします。（実際の法令で定められているその他の制限は考えないものとします。）ただし，建物の面積とは，建物を上空から見たときの面積とします。

・建ぺい率 60 % …… 建物の面積の上限は，土地の面積の 60 % とする。例えば，100 m^2 の土地に建てられる建物の面積の上限は 60 m^2 となる。

・高さ制限 10 m …… 建物の高さの上限は 10 m とする。

・道路斜線制限 ……【図 1】のように，前面道路（土地と接する道路）の土地と反対側の端から，水平距離と高さの比が 4：5 となるように，土地の方向に向かって斜線を引く。建物が斜線よりも上にはみ出てはならない。

・北側斜線制限 ……【図 2】のように，土地の北側の端の 5 m 上空から，水平距離と高さの比が 4：5 となるように，南側に向かって斜線を引く。建物が斜線よりも上にはみ出てはならない。

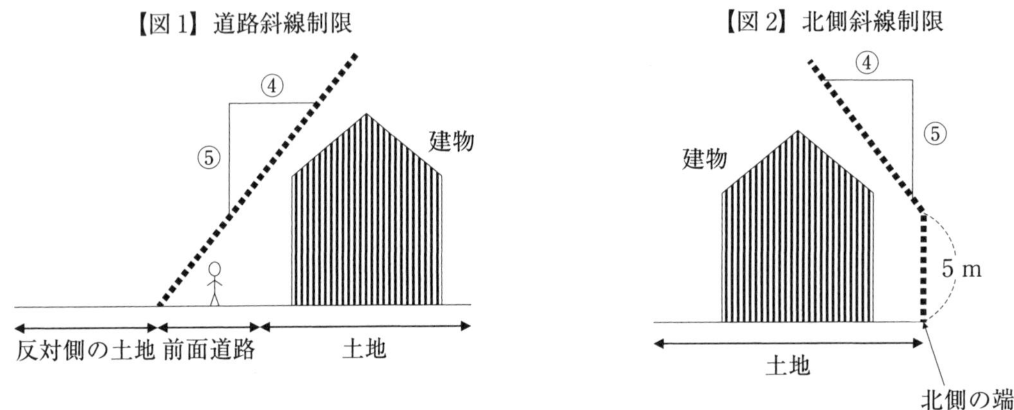

さて，建ぺい率 60 %，高さ制限 10 m の地域に，次の【図 3】のような長方形の土地があります。また，建物の南側には幅 4 m の前面道路があります。このとき，次の問いに答えなさい。

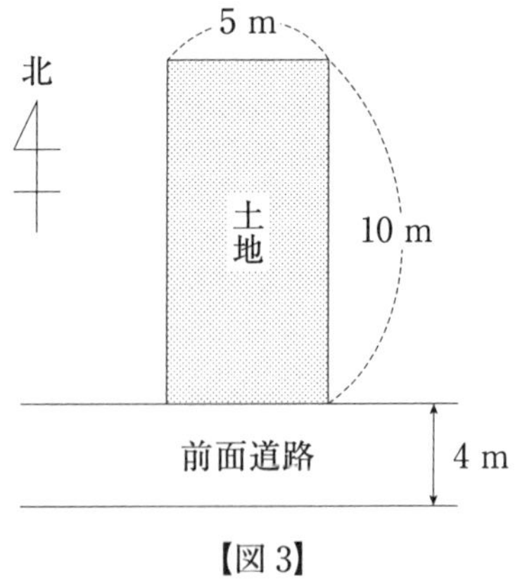

【図 3】

（1） 建ぺい率と高さ制限を考え，できるだけ体積が大きい建物を建てるとき，その建物の体積を求めなさい。ただし，道路斜線制限と北側斜線制限は考えないものとします。

（2） 高さ制限，道路斜線制限，北側斜線制限を考えるとき，建物を建てることができる空間の体積を求めなさい。ただし，建ぺい率は考えないものとします。

（3） 建ぺい率，高さ制限，道路斜線制限，北側斜線制限を考えます。次のア～ウのうち，建てることができる建物には○を，建てることができない建物には×を書きなさい。ただし，▭の面が地面に接しているものとします。

ア

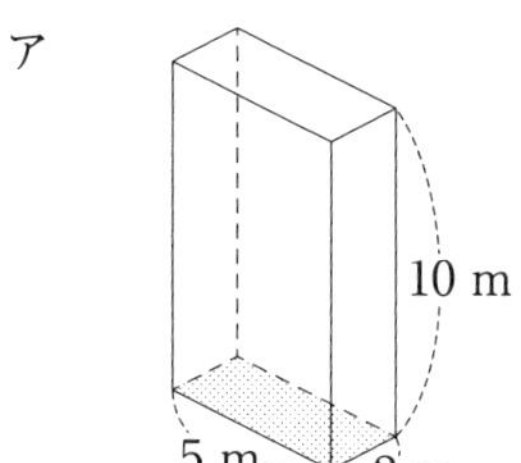

縦が５m，横が２m，高さが10 mの直方体

イ

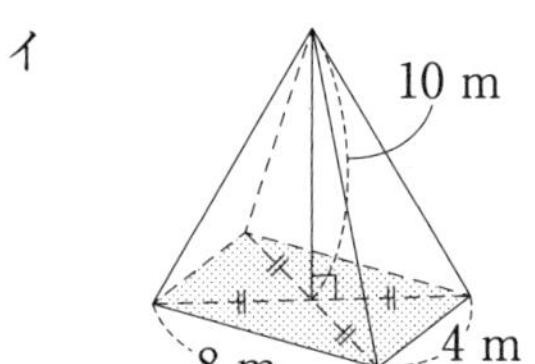

２辺が８m，４mの長方形を底面とする，高さが10 mの四角すい

ウ

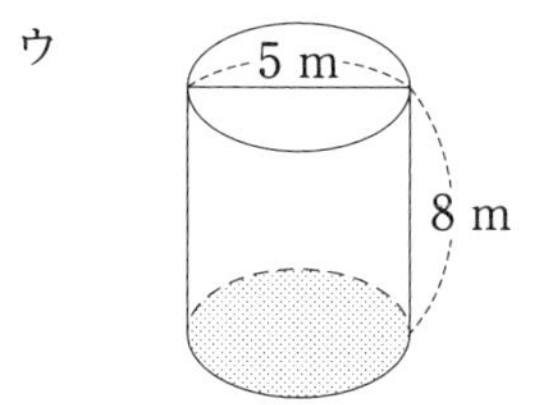

直径が５mの円を底面とする，高さが８mの円柱

（4） 建ぺい率，高さ制限，道路斜線制限，北側斜線制限を考えるとき，体積が240 m^3 以上の建物を建てることができますか。具体的な理由（考え方や途中の式）をつけて答えなさい。

2022年度

富士見中学校　▶解　答

※　編集上の都合により，算数１教科試験の解説は省略させていただきました。

算　数　＜算数１教科試験＞（60分）＜満点：100点＞

解　答

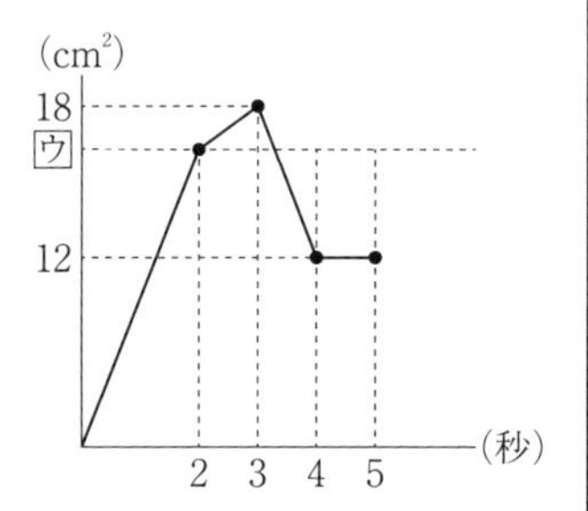

[1] (1) ア　10　　イ　4　　(2) ③　　(3)（例）　12秒後　(4)（例）　点PがDにくるのは偶数秒後（2，6，10，…）で，点QがCにくるのは奇数秒後（3，9，15，…）だから，面積が12cm²になることはありえない。　(5) 16　　(6) 右の図　(7) エ　10　　オ　12　[2] (1) ①　2　　②　3　　③　2　　④　6　　⑤　12　　⑥　24　　⑦　6　　⑧　72　　(2) 2592通り　[3] (1) 300m³　　(2) 400m³　　(3) ア　○　イ　×　　ウ　○　　(4) できる

2021年度　富士見中学校

〔電　話〕(03) 3999－２１３６
〔所在地〕〒176-0023　東京都練馬区中村北４－８－26
〔交　通〕西武池袋線―「中村橋駅」より徒歩３分

【算　数】〈第１回試験〉(45分)〈満点：100点〉

(注意) (1) **4** には説明を必要とする問いがあります。答えだけでなく考え方も書いてください。
(2) 円周率が必要な場合には3.14として計算しなさい。

1　次の□に当てはまる数を求めなさい。

(1) $\left(2\frac{1}{6}-0.125\right)\div1\frac{3}{4}\times\left(\frac{7}{20}+0.25\right)=\square$

(2) $1\div\{1-1\div(1+20\times\square)\}=1\frac{1}{2020}$

(3) ３つのおもりがあり，軽い順にＡ，Ｂ，Ｃとします。これらのおもりを２つずつ合計した重さは46g，61g，75gでした。Ａのおもりは□gです。

(4) 姉と妹がじゃんけんをして，１回ごとに勝った方が５個，負けた方が３個のあめを母からもらいます。何回かのじゃんけんをしたところ，姉が□回勝ったので，姉が39個，妹が33個のあめをもっていました。

(5) 80mの道のはしからはしまで11本の桜の木を等しい間隔(かんかく)で植え，桜の木と桜の木の間には２mおきにつつじの木を植えることにします。このとき，つつじの木は□本必要になります。

(6) ある容器に水を入れて満水にするのに，Ａ管だけを使うと５時間かかり，Ｂ管だけを使うと３時間かかります。はじめＡ管だけで１時間，続けてＡ，Ｂ両方で１時間入れ，最後にＢ管だけで□分水を入れると，満水になります。

(7) 下の【図１】の正方形の各辺を３cm，９cm，３cmに分ける点があります。これらの点を図のようにつなげると▨の４つの部分の面積の和は□cm^2になります。

(8) 下の【図２】の台形を，直線 l の周りに１回転してできる立体の体積は□cm^3です。

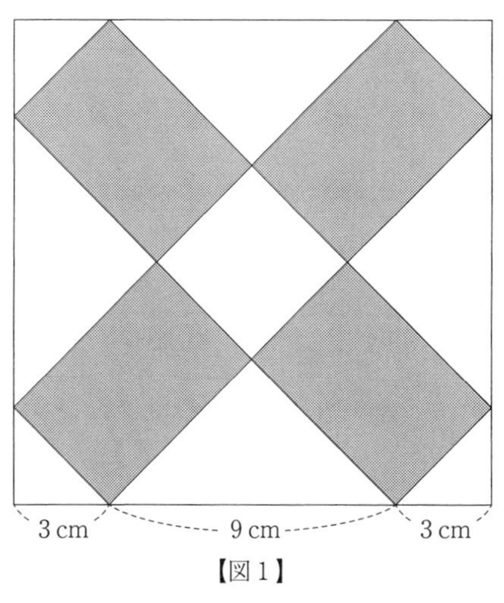

【図１】

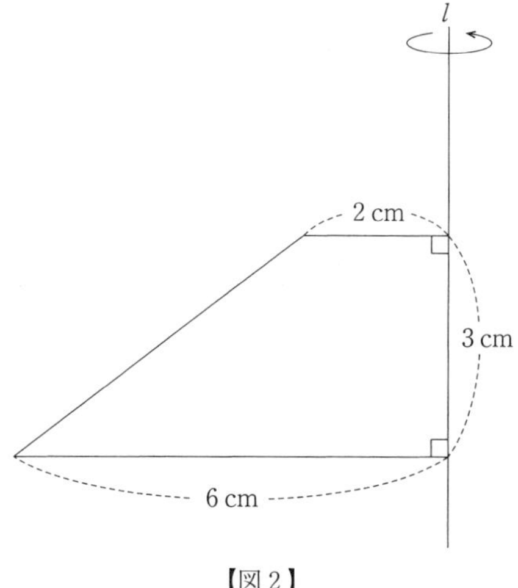

【図２】

2　〔A〕 ひろこさんとよしえさんは学校を出発して1.2km離(はな)れた市役所に行き，住民票を発行してもらった後，学校にもどってくる予定です。

ひろこさんが出発した後，３分後によしえさんが出発したところ，市役所の手前300mのところでひろこさんを追いこしました。２人とも市役所では住民票の発行に10分かかりました。よしえさんが学校についたとき，ひろこさんは学校の手前300mのところを歩いていました。このとき，次の問いに答えなさい。ただし，２人が歩く速さは一定とします。

(1)　ひろこさんとよしえさんの歩く速さの比はいくらですか。

(2)　ひろこさんは学校を出発して何分後に学校にもどってきますか。

〔B〕 次の問いに答えなさい。

(1)　右の【図１】において，四角形ABCDは１辺の長さが17cmである正方形です。AB，BC，CD，DA上に点P，Q，R，Sがあり，AP，BQ，CR，DSの長さはすべて５cmです。このとき，四角形PQRSは正方形になります。四角形PQRSの面積を求めなさい。

(2)　上の(1)の解答から，下の【図２】の直角三角形の［ア］の長さが求まります。［ア］の長さを求めなさい。

(3)　(1)，(2)の考え方を使って下の【図３】のような直角三角形の［イ］の長さを求めなさい。

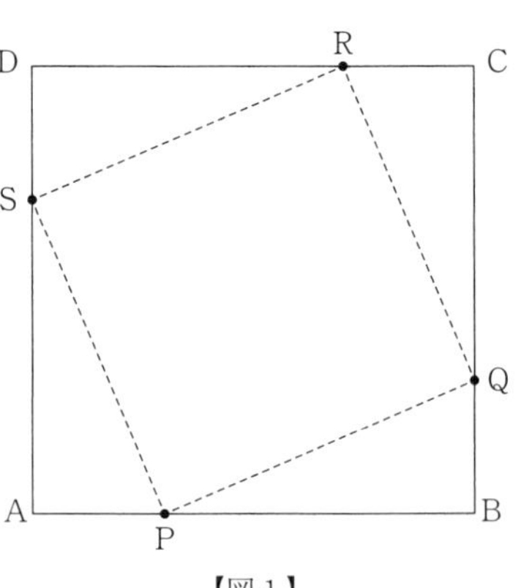

【図１】

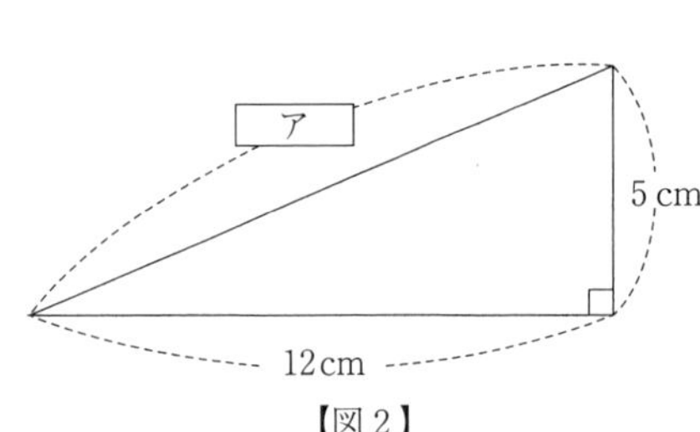

【図２】

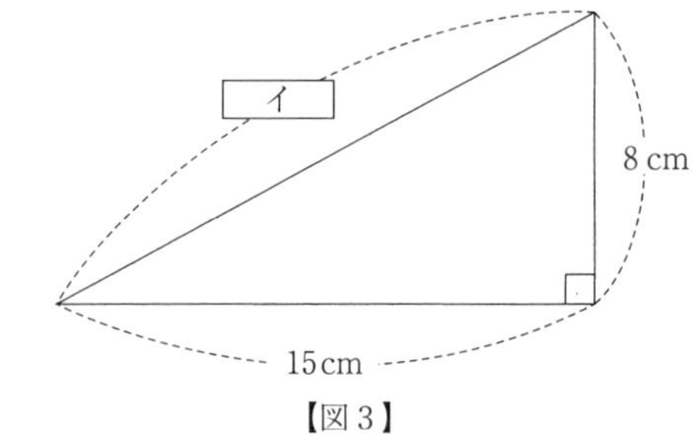

【図３】

3　次の図のようにある規則にしたがって数が並んでいます。a段目の左からb番目の数を$(a,\ b)$と表します。例えば(3，2)＝５です。あとの問いに答えなさい。

（１段目）　1　3
（２段目）　1　4　3
（３段目）　1　5　7　3
（４段目）　1　6　12　10　3
（５段目）　1　………　3
⋮

(1)　(5，3)で表される数を求めなさい。

(2)　(25，25)で表される数を求めなさい。

(3)　(1，1)＋(2，2)＋(3，3)＋(4，4)＋…＋(25，25)を求めなさい。

(4)　ある段の数のすべての和が2048となります。この段は何段目ですか。

(5)　(16，3)で表される数を求めなさい。

4 【図１】のような内側に高さが異なる階段がついた水そうがあります。はじめ毎分 6000 cm³ の水を入れ，水そうの底から測った高さが 40 cm となったところで，水面の上昇（じょうしょう）速度が変わらないように，１分間あたりに入れる水の量を変えました。水を入れ始めてからの時間と，水そうの底から測った水面までの高さをグラフで表すと【図２】のようになります。このとき，下の問いに答えなさい。

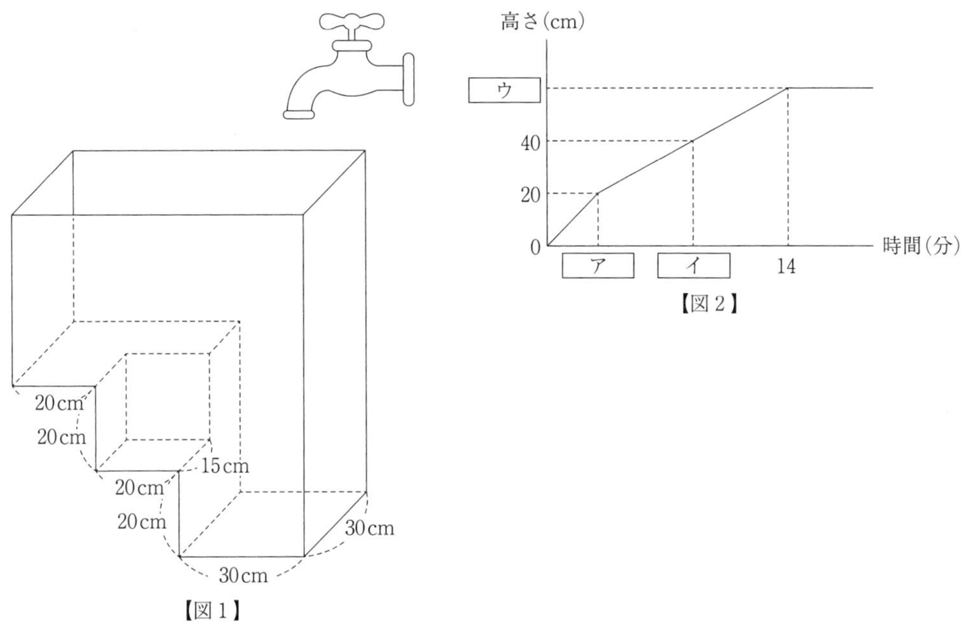

【図１】　【図２】

(1) ア，イ，ウ に入る数を求めなさい。

(2) 水そうの底から測った高さが 40 cm 以降の１分間あたりに入れる水の量を求めなさい。

(3) 初めから 92400 cm³ の水を入れたときの水そうの底から測った高さを求めなさい。考え方や途中（とちゅう）の式も書きなさい。

【社　会】〈第１回試験〉（35分）〈満点：60点〉

1　**次の文章を読んで，あとの問いに答えなさい。**

傷みやすい(1)**食品**を年単位という長期間にわたって(2)**保存可能にする**ために，缶詰(かんづめ)に加工するという方法があります。缶詰にすることで何年も保存できることから，(3)**災害**時の非常食として準備している人もいるのではないでしょうか。

缶詰は，いつごろ誕生したのでしょうか。日本缶詰びん詰レトルト食品協会によると，密閉したのち，加熱殺菌(さっきん)をおこなって保存を長期可能にする缶詰の原理は，(4)**フランス**人のニコラ・アペールによって，(5)**1804年**に考え出されました。このような食品保存の技術が発達した背景として，(6)**戦争**をあげることができます。当時のフランス(7)**政府**は軍隊で使う食料の保存方法として，アペールの発明した技術を使用しました。

現在販売(はんばい)されている缶詰のかたちは，(8)**イギリス**で1810年に発明されました。その後(9)**アメリカ**で缶詰の生産が本格化し，特に(10)**軍用**食料として(11)**需要**(じゅよう)が増えていきました。

日本での缶詰製造は，(12)**1871年**に(13)**長崎県**でフランス人の指導を受けて，イワシの油漬(あぶらづけ)缶詰をつくったのがはじまりといわれています。1877年には，(14)**北海道**で，缶詰の生産が本格的にはじまりました。工場が誕生して間もないころは，サケの缶詰を中心に生産していましたが，少しずつ缶詰にする食品が増えていき，現在ではさまざまな缶詰を生産しています。

日本各地のスーパーマーケットの缶詰売り場をのぞいてみると，(15)**各地方**にご当地缶詰がたくさん存在していることがわかります。例えば(16)**石川県**や福井県には，「たらの子味付」という缶詰があります。これは，この地方の伝統食のひとつで，マダラという魚の卵を甘辛く煮たものを缶詰にしたものです。また，(17)**愛媛県**を中心に「(18)**江戸**ッ子煮(えどっこに)」という缶詰が販売されています。この缶詰は，しらたき・大豆・たけのこ・牛肉などをカレー風味のしょうゆで味付けしたもので，長く販売が続いている缶詰です。そのほか，(19)**静岡県**では(20)**うなぎ**のかば焼きの缶詰，青森県ではリンゴジャムの缶詰などが生産され，販売されています。このほかにも全国にたくさんのご当地缶詰が存在していることでしょう。皆さんもぜひ旅行先のスーパーマーケットをのぞいてみてください。

問１　下線部(1)について，次のクラッカーの食品表示と栄養成分表示の例をみて，あとの問いに答えなさい。

クラッカーの食品表示と栄養成分表示の例

名称	クラッカー
原材料名	小麦粉(米国産)，ごま，クリーム(乳成分含(ふく)む)，植物油脂(ゆし)，イースト，食塩
添加物	乳化剤(ざい)(大豆由来)
内容量	400g(80g×５袋(ふくろ))
賞味期限	2021年10月10日
保存方法	直射日光・高温多湿を避(さ)けて保存してください。
販売者	◇◇◇株式会社 東京都練馬区〇〇〇〇〇〇
製造所	株式会社△△△△ 埼玉県所沢市●●●●●●

栄養成分表示：100ｇあたり

熱量	320kcal
タンパク質	10ｇ
脂質(ししつ)	20ｇ
炭水化物	60ｇ
ナトリウム	400mg

食塩相当量　１ｇ

(1)　食物の三大栄養素のうち，米や小麦の主成分となっているものは何ですか。栄養成分表示のなかから１つ選び，答えなさい。

(2)　消費者が安心して食品を購入したり，食べたりするときに食品表示や栄養成分表示を参考にする場合があります。食品表示と栄養成分表示の例から読み取れることとして正しいものはどれですか。次から１つ選び，記号で答えなさい。

ア．クラッカー１袋(ふくろ)あたりのカロリーは320kcalである。

イ．原材料すべての原産地を確認することができる。

ウ．販売者と製造所が違う企業(きぎょう)であることがわかる。

エ．乳成分にアレルギーがある人も安全に食べることができる。

問２　下線部(2)について，牛乳を加工し傷みにくくした食品のひとつに蘇(そ)という食べ物があります。この蘇は飛鳥時代には存在していたようです。飛鳥時代のできごとを年代の古いものからならべて記号で答えなさい。

ア．厩戸皇子(聖徳太子)が摂政となった。

イ．天智天皇の後継ぎをめぐって，壬申の乱がおきた。

ウ．女性天皇である推古天皇が即位した。

エ．小野妹子が遣隋使として派遣された。

問３　下線部(3)について，災害時の避難(ひなん)行動についてのべた文として正しいものはどれですか。次から１つ選び，記号で答えなさい。ただし，**ア～ウの文がすべてまちがっている場合は，エと答えなさい**。

ア．洪水がおきたとき，家の周りに水が流れこんできていたので，家の上の階ではなく，急いで避難所へ移動した。

イ．海から近く標高が低い場所に住んでいるが，過去に発生した津波の高さを参考につくった防潮堤があるので，大地震のあとも家で様子をうかがっていた。

ウ．豪雨(ごうう)が続き，河川の水位が上昇(じょうしょう)していたため避難していたが，天気が回復したのですぐに家に戻った。

問４　下線部(4)について，発電には各国の特徴(とくちょう)に合わせてさまざまな方法があり，フランスでは原子力発電の割合が高くなっています。現在の日本では火力発電をはじめさまざまな発電方法を取り入れています。次の地形図は日本国内のあるエネルギーを用いた発電所周辺のものです。この地形図内の発電所でおこなっている発電方法は何ですか。答えなさい。

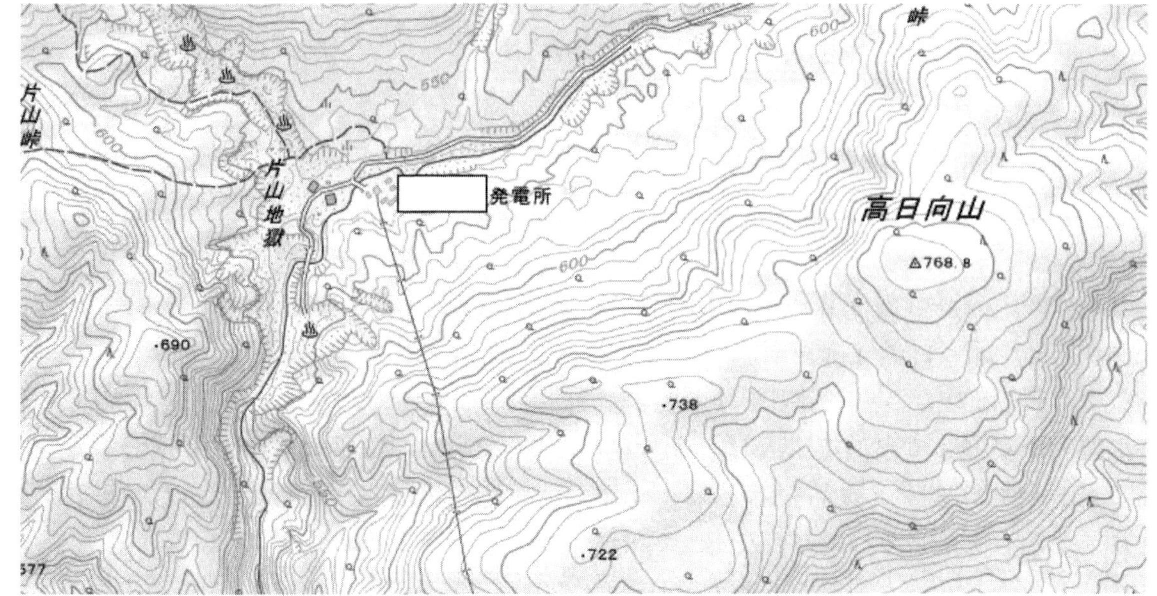

地理院地図より作成

問５　下線部(5)について，1804年に生まれ，日本に来航する外国船に対する江戸幕府の対応と鎖国政策を批判して処罰（しょばつ）された人物はだれですか。次から１人選び，記号で答えなさい。

ア．杉田玄白　　イ．高野長英　　ウ．近松門左衛門　　エ．平賀源内

問６　下線部(6)について，日本国憲法には戦争放棄（ほうき）について書かれている条文があります。その条文は憲法第何条ですか。数字を答えなさい。

問７　下線部(7)について，国の行政権を担う内閣の仕事についてのべた文として**まちがっているもの**はどれですか。次から１つ選び，記号で答えなさい。

ア．外国と交渉（こうしょう）して条約を結ぶ。　　イ．法律を制定して政治をおこなう。

ウ．予算案を作成して国会に提出する。　　エ．最高裁判所の長官を指名する。

問８　下線部(8)について，イギリスには本初子午線が通っており，時刻の世界的な基準となっています。日本が４月２日の午前11時だったときのイギリスの日時として正しいものはどれですか。次から１つ選び，記号で答えなさい。

ア．４月１日の午前２時　　イ．４月１日の午後８時

ウ．４月２日の午前２時　　エ．４月２日の午後８時

問９　下線部(9)について，あとの問いに答えなさい。

(1)　かつては，日米間の輸出入のバランスの不つり合いによって，国同士の関係が悪くなることがありました。これを何といいますか。答えなさい。

(2)　日本各地にアメリカ軍の施設を置くことを認めた条約を何といいますか。漢字で答えなさい。

問10　下線部(10)について，1950年ころ，日本では軍用物資の注文が増え，多くの会社の経営状況が好転しました。この背景となるできごととして正しいものはどれですか。次から１つ選び，記号で答えなさい。

ア．ベトナム戦争　　イ．朝鮮戦争

ウ．アジア・太平洋戦争　　エ．湾岸戦争

問11　下線部⑾について，次の文章は需要と供給の関係についての生徒の会話文とグラフです。生徒たちが会話しているときにみているグラフとして正しいものはどれですか。下から１つ選び，記号で答えなさい。

松子さん：需要と供給を社会の授業で習ったけど，みんなは理解できた？
竹子さん：うーん。考えれば考えるほどわからなくなっちゃったよね。
梅子さん：そういえば，需要曲線というのは，みんなの買いたい気持ちをあらわしたものだと先生がいっていたよね。
松子さん：ということは，価格が高いと多くの人の買いたい気持ちが弱くなるから，買うのをひかえることになって，世の中で必要とされている量が少なくなるって考えられるね。
菊子さん：たとえば竹子さんが購入するプリンの価格と数量の関係を考えると価格が1000円なら１つだけ購入しようと思い，500円だと２個購入しようと考えるということがグラフから読み取れるね。
　供給はなんていっていたかな？
竹子さん：供給は売りたい側の気持ちっていっていたよ。
　だから，価格が安いと売りたい気持ちが弱くなって，売る数が少なくなるってことだよね。
菊子さん：どうせ売るなら，価格が高いときにたくさん売りたいもんね。
　図をみると，価格が200円のときは１個しか売りたくないけれども，価格が1000円のときは６個売りたいという気持ちがあらわれているね。

ア．
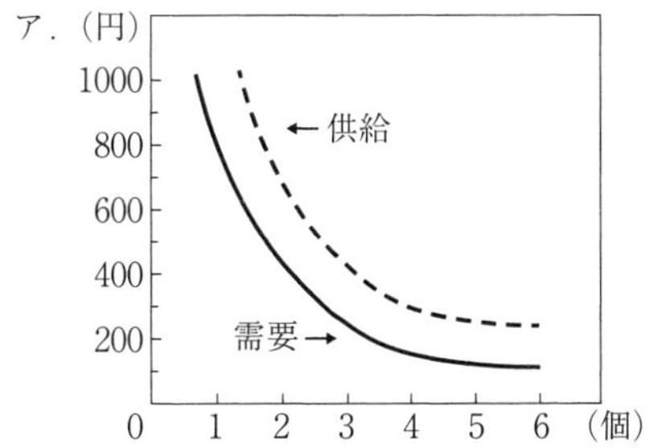

イ．
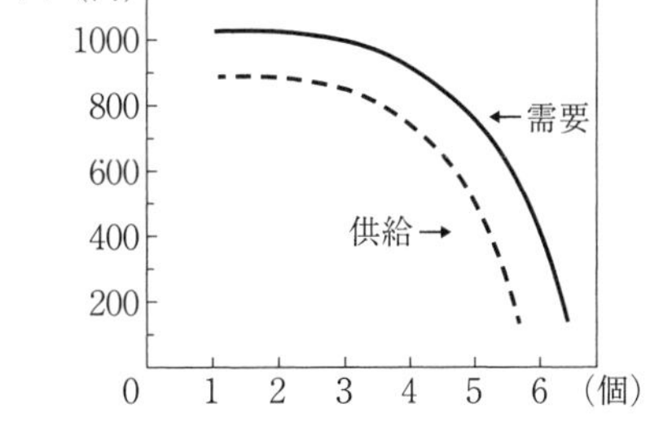

ウ．
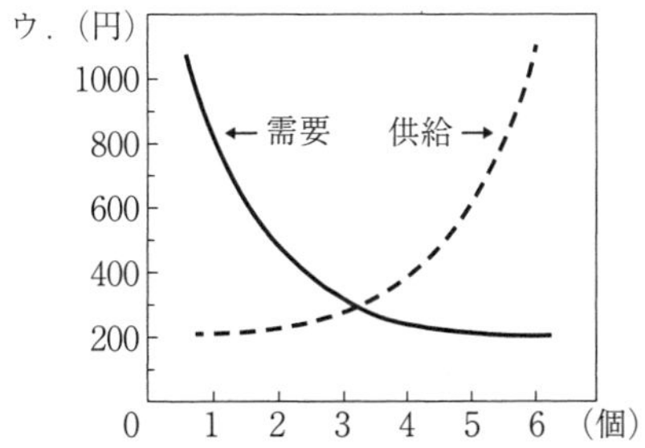

エ．
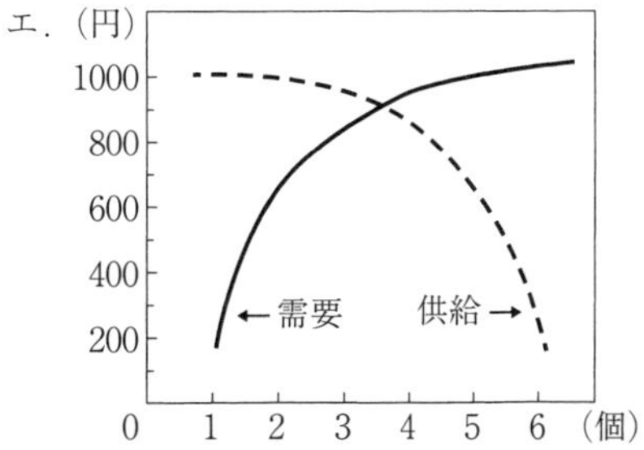

問12　下線部⑿について，明治新政府は1871年に藩を府や県に置きかえました。また，政府の任命した府知事や県令に府や県をおさめさせることにより，中央集権国家のしくみをつくりました。このことを何といいますか。漢字で答えなさい。

問13　下線部⒀について，長崎県にある世界遺産についてのべた文として正しいものはどれですか。次から２つ選び，記号で答えなさい。

ア．「原爆ドーム」は，二度と同じ悲劇をおこさないようにするため，負の世界遺産という意味合いをもって登録されている。

イ．軍艦島(端島)は，「明治日本の産業革命遺産 製鉄・製鋼，造船，石炭産業」を構成する場所として世界遺産に登録されている。

ウ．県内に複数あるキリスト教の教会などが「潜伏キリシタン関連遺産」として登録されている。

エ．吉野ヶ里遺跡は，「百舌鳥・古市古墳群ー古代日本の墳墓群ー」として登録されている。

問14　下線部⒁について，次の表は，北海道，新潟県，長野県，熊本県の農業に関する指標をしめしたものです。このうち，北海道の指標として正しいものはどれですか。次から１つ選び，記号で答えなさい。

	農家総数(百戸)	各道県の耕地に占める田の割合(%)	各道県に占める耕地の割合(%)	収穫量(千ｔ)	
				米	トマト
ア	584	60.4	15.1	176	128
イ	444	19.4	14.6	515	62
ウ	785	88.7	13.5	628	12
エ	1048	49.5	7.9	199	18

農家総数は2015年，収穫量は2017年，それ以外は2018年
『データブック オブ・ザ・ワールド 2020』により作成

問15　下線部⒂について，次のグラフは，日本の地域別耕地利用率をしめしたものです。耕地利用率は「１年間で作物を栽培した面積÷耕地の面積」で求めることができます。グラフでは九州地方だけが100%をこえています。どのように耕地を利用すると，耕地利用率は100%をこえますか。簡単に説明しなさい。

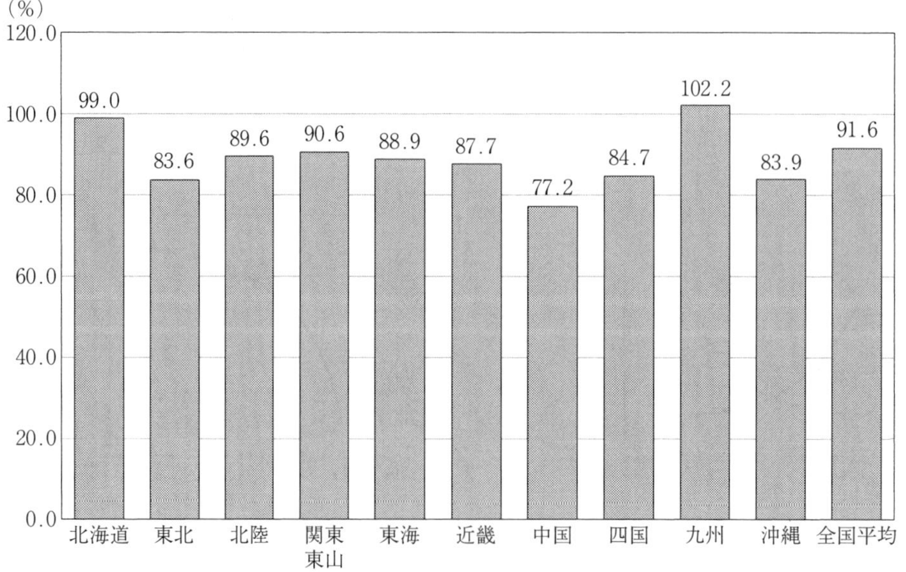

関東・東山とは関東地方に山梨県と長野県をふくんでいるものです。
九州農政局ホームページ「統計で見る九州農業の概要」より作成

問16　下線部⒃について，1488年に加賀国(現在の石川県)で，浄土真宗の信者たちが中心となって反乱をおこしました。この反乱を何といいますか。漢字で答えなさい。

問17　下線部⒄について，夏目漱石の小説の代表作のひとつに愛媛県を舞台にしたものがあります。作品と愛媛県の県庁所在地の組み合わせとして正しいものはどれですか。次から１つ選び，記号で答えなさい。

	作品	県庁所在地
ア	坊っちゃん	松江市
イ	銀河鉄道の夜	松江市
ウ	学問のすゝめ	松江市
エ	坊っちゃん	高松市
オ	銀河鉄道の夜	高松市
カ	学問のすゝめ	高松市
キ	坊っちゃん	松山市
ク	銀河鉄道の夜	松山市
ケ	学問のすゝめ	松山市

問18　下線部⒅について，江戸幕府が大名に守らせる決まりの一部をしめしたものはどれですか。次から１つ選び，記号で答えなさい。

ア．

・学問と武芸にはげむこと。
・毎年四月中に参勤すること。
・新しく城を築くことは禁止する。修理も届け出ること。
・大きな船をつくってはならない。

イ．

・寄合に二度欠席したものは，罰金を払うこと。
・村の森で苗木を切った者は，罰金を払うこと。
・犬を飼ってはならない。

ウ．

・キリスト教はいままでどおり禁止とする。
・外国人に暴行してはならない。
・大人数で要求したり，村から逃げたり，一揆をおこしてはならない。

エ．

・地頭は荘園の年貢をさしおさえたとき，定め以上のものは主(あるじ)へ返さなくてはいけない。
・武士が20年以上その土地を支配していれば，その支配を認める。

問19　下線部⒆について，2020年６月に静岡県知事が南アルプスの地下を横切るリニア中央新幹線のトンネル工事を認めないことを発表しました。工事の影響(えいきょう)でこの地域を水源とする河川の水量が減少することへの対応が不十分であることがその理由です。水量が減少すると心配されている河川として正しいものはどれですか。次から１つ選び，記号で答えなさい。

ア．天竜川　　イ．木曽川　　ウ．大井川　　エ．四万十川

問20　下線部⒇について，日本で生産されるうなぎのほとんどが養殖業(ようしょくぎょう)によるものです。次の表は，のり類，かき，うなぎ，ます類の養殖生産量上位５位までの都道府県をしめしたものです。このうち，かきをしめしているものとして正しいものはどれですか。次から１つ選び，

記号で答えなさい。

	1位	2位	3位	4位	5位
ア	広島県	宮城県	岡山県	兵庫県	岩手県
イ	佐賀県	兵庫県	福岡県	熊本県	宮城県
ウ	長野県	静岡県	山梨県	岐阜県	福島県
エ	鹿児島県	愛知県	宮崎県	静岡県	高知県

『データブック オブ・ザ・ワールド 2020』により作成

2 **次の文章を読んで，あとの問いに答えなさい。**

私たちは，(1)**衣食住**の支えとなる恵(めぐ)みをあたえてくれる地球で暮らしています。地球は生活に必要な原材料はもちろん，それらを(2)**加工**したり，より豊かに暮らすための機器を動かしたりする動力源となる石炭や石油，天然ガスなどもあたえてくれます。ただし，これらの資源は限りあるもので，今後，掘(ほ)りつくされてしまうのではないかと心配されています。また，地球があたえてくれた資源を燃料として使い続けてきたことで，(3)**二酸化炭素が多く排出(はいしゅつ)され**，地球温暖化の原因にもなっています。このことは，地球環境(かんきょう)全体に対して，さまざまな問題を生じさせています。

地球全体の環境問題については，スウェーデンの環境活動家であるグレタ・トゥーンベリさんが，16歳(さい)だったときに，(4)**国連**気候行動サミット2019で「あなたたちは私たちを裏切っています」と各国の指導者たちを非難し，警告を発する演説をしてニュースになりました。気候変動対策のような地球全体の問題は，ひとつの国で解決できるものではありません。(5)**国際的な枠組(わくぐ)み**のなかで，地球市民として人類ばかりでなく，地球上で生きるすべての動植物にも思いをめぐらせながら，解決をめざさなければなりません。

私たちが暮らす(6)**四方を海に囲まれた日本**でも，(7)**公害防止の視点だけでなく，自然環境の保全や，循環型社会を形成しようという目標のもとで環境問題が議論されています**。地球は恵みをあたえるばかりでなく，(8)**自然現象**として地震(じしん)や豪雨(ごうう)，異常な高温，そして未知のウィルスの流行などによる(9)**感染症(しょう)**といった(10)**災害**ももたらします。私たちに襲(おそ)いかかる災害は，人類が工夫を重ねてつくりあげてきた社会の仕組みをあっという間に壊(こわ)してしまうこともしばしばです。それでも私たちは，身近な人たちと協力して自分たちの命を守り，国や(11)**地方公共団体**も力をあわせながら復旧につとめ，同じ災害による被害(ひがい)を減らすために知恵(ちえ)をめぐらしながら，さまざまな技術を投入して安全安心を築く努力を続けていくのです。

問１　下線部(1)について，あとの問いに答えなさい。

(1)　次の文は，古代から衣料素材として利用されてきた糸や布についてのべたものです。年代の古いものからならべて記号で答えなさい。

ア．『吾妻鏡(あづまかがみ)』には，源頼朝が絹糸や越後上布(じょうふ)を天皇にさし上げたという記述(きじゅつ)がある。

イ．上杉謙信は，せんいを糸にしたものを特権的に取り引きする座を通じて，大きな利益をあげた。

ウ．『魏志(ぎし)』倭人伝には，稲や麻を植え，養蚕をおこない，布を織っているとの記述がある。

エ．租・庸・調などの税制において，調として麻や麻布が諸国から都におさめられた。

(2)　奈良時代の天皇が出した命令のなかに，「今年の夏は雨が少なく田んぼの作物が育たないので，小麦やそばを栽培し蓄えよ」というものがあります。このころの農民の苦しい生活の様子は，山上憶良が「貧窮問答歌(ひんきゅうもんどうか)」に残しています。この「貧窮問答歌」がおさめられている歌集は何ですか。漢字で答えなさい。

(3)　戦国大名の多くが，国を豊かにし，軍事力を強めることにつとめ，交通の便のよいところに城を築いて城下町をつくりました。織田信長が琵琶湖のほとりに築いた大きな城を何といいますか。漢字で答えなさい。

問２　下線部(2)について，次の文章は金属工業についてのべたものです。文章を読んで，あとの問いに答えなさい。

> 金属工業には，(A)**鉄鋼業**のほかに銅やアルミニウムなど鉄以外の素材をあつかう非鉄金属工業があります。また，(B)**自転車産業や刃物産業のように高い金属加工技術を伝統的に受けついで発達した産業**もあります。

(1)　下線部(A)について，製鉄工場のある都市は臨海地帯に集中しています。製鉄所と同じように臨海地帯に工場が集中しているものとして正しいものはどれですか。次から**２つ**選び，記号で答えなさい。

ア．精密機械工業　　イ．石油化学工業　　ウ．セメント工業

エ．造船業　　オ．電気機器・電子工業

(2)　下線部(B)について，これらの加工技術は，16世紀後半から大阪府の堺や滋賀県の国友など，限られた地域で生産されていたものをつくる技術が受けつがれたものです。堺・国友などで生産されていたものが各地に広まると城のつくりや戦い方も変化しました。16世紀後半に堺や国友で生産されていたものとは何ですか。答えなさい。

問３　下線部(3)について，地表の熱を吸収して地球上にとどめておく性質がある気体のことを温室効果ガスといい，たとえば二酸化炭素があげられます。次の文章はバイオエタノールを使うことと二酸化炭素の排出量の関係について説明したものです。空らんにあてはまる語句の組み合わせとして正しいものはどれですか。下から１つ選び，記号で答えなさい。

> バイオエタノールの原料であるトウモロコシやさとうきびなどの植物は，成長するときに二酸化炭素を（　A　）する。この二酸化炭素の量は，バイオエタノールを燃料として燃やしたときに発生する二酸化炭素の量と同じだと考えられ，環境への負担が小さい燃料とされている。このサイクルをくりかえせば，二酸化炭素の量は（　　B　　）ことになる。

ア．Ａ：吸収　Ｂ：変化する　　イ．Ａ：吸収　Ｂ：変化しない

ウ．Ａ：排出　Ｂ：変化する　　エ．Ａ：排出　Ｂ：変化しない

問４　下線部(4)について，国際連合のしくみについてのべた文として**まちがっているもの**はどれですか。次から１つ選び，記号で答えなさい。

ア．安全保障理事会は世界の平和と安全を守るための仕事をする国際連合の中心機関で，５か国の常任理事国と10か国の非常任理事国で構成されている。

イ．国連教育科学文化機関（ユネスコ）は生活環境が悪化している国の子どもたちに薬品・食

料・施設などを提供することで支援している。

ウ．世界保健機関(WHO)は健康を守り，増進することを目的として活動し，感染症予防，風土病や公害病への対策もおこなっている。

エ．全加盟国で構成される国連の中心的な機関である総会は，各国が一票の投票権をあたえられて参加し，重要事項以外のことは，過半数の賛成で決定する。

問５　下線部**(5)**について，ヨーロッパで第一次世界大戦がおこったとき，日本は日露戦争の前から締結していたある国との同盟を理由に，連合国側として参戦しました。このある国とはどこですか。次から１つ選び，記号で答えなさい。

ア．フランス　　イ．ドイツ

ウ．イギリス　　エ．アメリカ

問６　下線部**(6)**について，江戸時代の日本ではいわゆる鎖国がおこなわれていたといわれますが，完全に外との関係を閉ざしてはいませんでした。この時代に交易や使節の往来などの関係があったところとその窓口になっていたところの組み合わせとして**まちがっているもの**はどれですか。次から１つ選び，記号で答えなさい。

	関係があったところ	窓口になっていたところ
ア	蝦夷地	松前
イ	オランダ	長崎
ウ	中国	博多
エ	朝鮮	対馬
オ	琉球	薩摩

問７　下線部**(7)**について，次の文章中の空らんにあてはまる語句は何ですか。それぞれ漢字で答えなさい。

　公害は，企業の生産がおこなわれるなかで発生する産業公害，都市への人口集中によって都市生活のなかから発生する都市公害，人々の日常生活のなかから生じる生活公害などがあります。(　**A**　)期には工業生産を優先した結果，産業公害が大きな社会問題となりました。四大公害は裁判にまで発展し，いずれも患者側が勝訴しました。産業公害では，(　**B**　)者と(　**C**　)者が明確で，(　**B**　)地域も限定されています。しかし，大気汚染や水質汚濁のような公害は都市に人が集中することによって生じる問題で，私たちの日常生活が原因のひとつとなります。つまり，私たち自らが(　**C**　)者でもあり，(　**B**　)者にもなります。それらが地球規模の問題にもつながって，環境問題としてあつかわれるようになりました。こうした環境問題の解決には世界各国の協力と同時に，私たち一人ひとりが環境に負担をかけない行動を選択していかなければなりません。

問８　下線部**(8)**について，東京から南に約1000km離れたところに西之島(にしのしま)があります。西之島の近くで2013年に40年ぶりに海底火山の大噴火がおこって新しい島ができ，やがて西之島と合体しました。その後くりかえされた噴火によって翌年には西之島の面積は10倍にまで広がり，今なお，噴火がおこるたびに成長し続けています。このことについて，あとの問いに答えなさい。

(1) 西之島をふくむ島々をまとめて何といいますか。次から１つ選び，記号で答えなさい。

ア．奄美諸島　　イ．隠岐諸島

ウ．小笠原諸島　　エ．南西諸島

(2) 西之島の面積が10倍になった結果として，日本が水産資源をとったり，鉱物資源開発をしたりする権利をもつ範囲がおよそ100km^{2}拡大しました。沿岸国がこうした権利をもつ海域のことを何といいますか。答えなさい。

問９　下線部(9)について，次の表は明治時代から昭和時代初期までの日本の衛生についての政策をしめしたものです。この表をみて，あとの問いに答えなさい。

時期	衛生についての政策
A　明治時代初期	コレラを中心とする海外から流入した感染症対策に重点がおかれた。
B　明治時代中期	結核の流行などの感染症対策が問題となりはじめた。
C　昭和時代初期	結核への対策とともに，人口増加と国民の体力向上をおしすすめる政策がおこなわれた。

(1) 表中のAの時期，コレラの感染拡大が問題となるなか，士族の反乱が続けておこりました。その最後の戦いを何といいますか。漢字で答えなさい。

(2) 表中のBの時期について，あとの問いに答えなさい。

① この時期は，工場労働者の間に結核が流行したことが問題となりました。工場労働者のなかでも，特にせんい産業の女子労働者が結核にかかる例が多くみられました。せんい産業で働く女工の間で結核が流行したのはなぜですか。次の[女工の平均的な暮らし]から読み取り，説明しなさい。

[女工の平均的な暮らし]

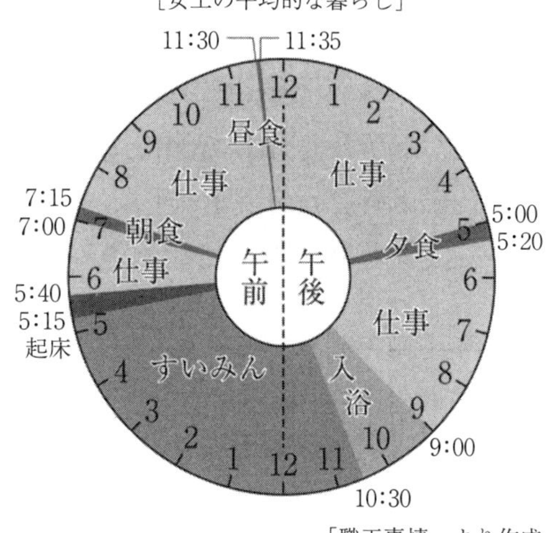

「職工事情」より作成

② この時期，ドイツ留学中に破傷風の血清療法（りょうほう）を発見し，のちに，香港（ほんこん）で流行した感染症の原因調査をしてペスト菌（きん）を発見した人物はだれですか。次から１人選び，記号で答えなさい。

ア．北里柴三郎（きたざとしばさぶろう）　　イ．新渡戸稲造（にとべいなぞう）

ウ．野口英世　　エ．福沢諭吉（ふくざわゆきち）

(3) 表中のCの時期について，人口増加と国民の体力向上や伝染病予防などの政策をおこなうために，1938(昭和13)年に内務省から分離して新たな役所が誕生しました。戦後は医療，保健，社会保障を担当したこの役所を何といいますか。次から１つ選び，記号で答えなさい。

ア．大蔵省　　イ．厚生省

ウ．総務省　　エ．労働省

問10　下線部(10)について，日本列島には特定の自然災害がおこりやすい地域があります。発生する自然災害とその災害がおこりやすい地域の雨温図の組み合わせとして正しいものはどれですか。下から１つ選び，記号で答えなさい。

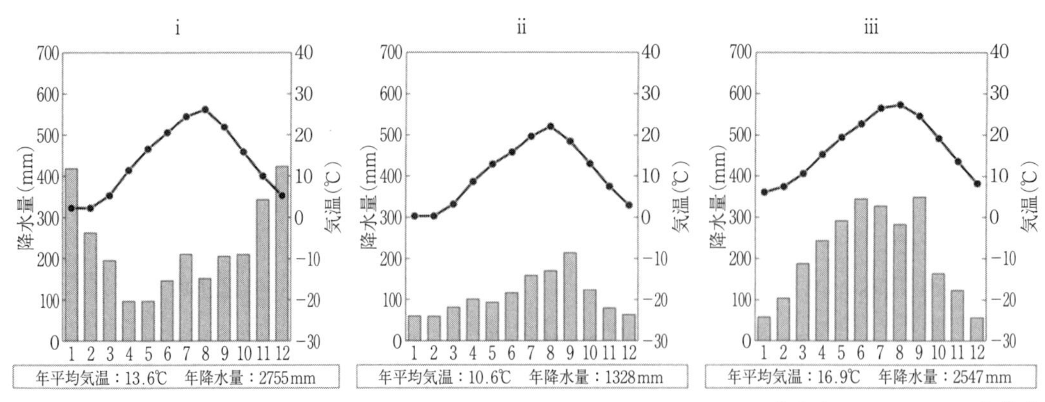

気象庁ホームページより作成

	やませによる冷害	台風による風水害	大雪による雪害
ア	i	ii	iii
イ	i	iii	ii
ウ	ii	i	iii
エ	ii	iii	i
オ	iii	i	ii
カ	iii	ii	i

問11　下線部(11)について，あとの問いに答えなさい。

(1)　地方公共団体の仕事として**まちがっているもの**はどれですか。次から１つ選び，記号で答えなさい。

ア．警察の業務　　　イ．電気の供給

ウ．公立学校の運営　エ．戸籍(こせき)の管理

(2)　地方自治において，住民は一定の署名を集めれば，条例の制定や改廃(かいはい)，議会の解散，首長や議員の解職を求める権利が認められています。この権利のことを何といいますか。漢字で答えなさい。

【理　科】〈第１回試験〉（35分）〈満点：60点〉

1　**植物の葉が茎にどのようについているのかには，ある法則があります。この葉のつき方を葉序（ようじょ）とよびます。富士子さんは夏休みにさまざまな植物の葉序を調べてみることにしました。以下は高校生のお姉さんと，富士子さんとの会話です。**

お姉さん　植物の茎と葉がついている部分を節（せつ）というのよ。例えばアジサイの葉は１つの節に葉が２枚ずつ向かい合ってついているでしょう。このような葉のつき方は［　ア　］というのよ。あそこにあるヤブツバキの葉は１つの節に１枚の葉しかついていないわね。こちらは葉が茎に互（たが）い違（ちが）いについているから，互生（ごせい）というのよ。他にも，茎を取りまくように１つの節に３枚以上の葉がつくものを輪生（りんせい）というんですって。

［　ア　］

互生

輪生

図１

富士子　どの植物も，$_a$上から見ると，葉が重ならないようになっているね。それから，アジサイもヤブツバキも葉脈が網（あみ）の目のようになっていて，とてもきれい。$_b$イネやトウモロコシのような植物の葉脈と全然違うわ。

お姉さん　植物は動物とはまた違った美しさがあるわよね。今日は植物の葉序について規則性を探ってみましょうか。先ほどのアジサイをよく見てみると，１つの節ごとに２枚の葉が向き合ってついていて，次の節についている葉は約90度ずれているわね。

富士子　本当だ。ちゃんと規則的にずれている！

お姉さん　実はアジサイのような葉序はめずらしいのよ。多くの植物では，ヤブツバキのように１つの節ごとに１枚ずつ葉がついているんですって。富士子，これを見て！　高校の生物の先生からいただいた資料（図２）なんだけれど，これを使って葉序が互生になっている植物の規則性について確認できそうよ。

富士子　ブナの葉では０番目の葉の真上に［　イ　］番目の葉があるから，［　イ　］枚で茎の周りを１回転しているね。だから，葉は次の節と葉の角度で［　ウ　］度ずつずれていることが分かるわ。

お姉さん　そうね，サクラとホウセンカの葉はどうかしら。

富士子　ブナと同じように考えると，サクラの葉は［　エ　］枚で茎の周りを２回転しているから，葉は次の節と葉の角度で［　オ　］度ずつずれていて，ホウセンカの葉は［　カ　］枚で茎の周りを３回転しているから，葉は次の節と葉の角度で［　キ　］度ずつずれているってことよね。

お姉さん　高校の先生によると，$\text{葉序}=\dfrac{\text{回転数}}{\text{葉の数}}$ という分数であらわすことができるんですって。

ブナ，サクラ，ホウセンカでこの分数を並べると，$\dfrac{1}{\boxed{\text{イ}}}$　$\dfrac{2}{\boxed{\text{エ}}}$　$\dfrac{3}{\boxed{\text{カ}}}$ となるわね。

【さまざまな植物の葉序の模式図】

一番下の節についている葉を0として順番に数字をつけていくと，葉がついている場所は，茎の周りをらせん状に回転していることが分かります。また，●はこちらから見える位置をあらわし，○はこちらから見て茎の裏側になる位置をあらわしています。また，数字の横に➡がある節は，ちょうど正面に葉がついていることを示しています。

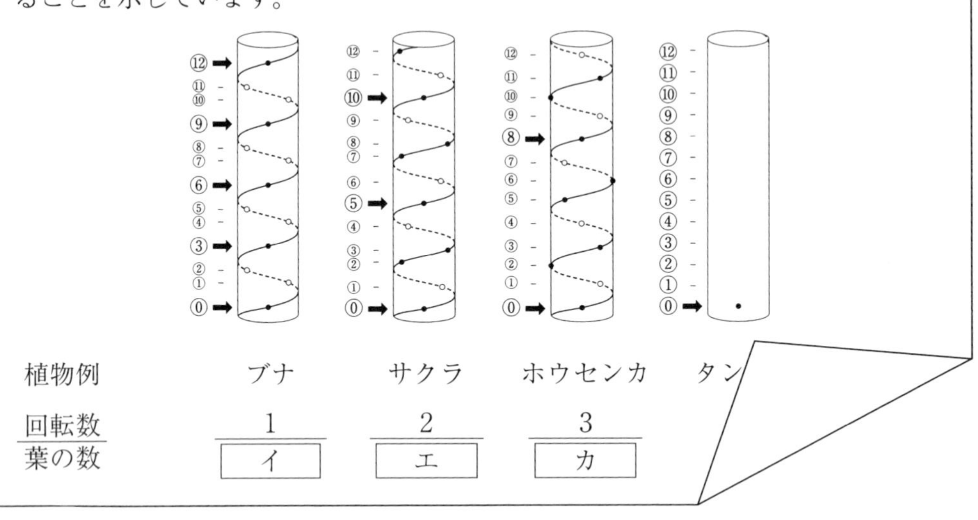

図2

お姉さん　あら？　一番右の模式図には，らせんが描かれていないわ。

富士子　　お姉ちゃん！　私，この並んだ分数を見ていてひらめいたんだけど，もしかしてこの次にくる $\frac{回転数}{葉の数}$ って $\frac{5}{13}$ じゃない？

お姉さん　わぁ！　その通りよ。13枚の葉で5回転している植物の代表的なものはタンポポなんですって。本当にそうなっているかどうか，後でタンポポの葉を確認してみましょう。

富士子　　うーん。面白くなってきた。この規則性で考えると，$\frac{5}{13}$ の次はきっと $\frac{\boxed{ク}}{\boxed{ケ}}$ ね。このような葉のつき方になっている植物はあるのかしら。さっそく探しに行ってみようっと！

問1　図1と文中の ア に入る語句を答えなさい。

問2　下線部aについて，植物がそのように葉をつける理由を説明しなさい。

問3　下線部bについて，イネやトウモロコシがもつ葉脈の名称を答えなさい。また，葉脈の様子が分かるように，解答らんに葉の図を描きなさい。

問4　 イ ～ ケ に入る数字を答えなさい。

問5　図3は，ホウセンカの葉序を上から見た場合の模式図です。葉の先端に書かれている数字は，下から数えて何番目かをあ

図3

らわしています。9枚の葉のうち，番号が書かれていないすべての葉に数字を書きこみなさい。ただし，一番下の節についている葉を0番目とします。

2 **富士子さんは，密度(g/cm³)が1cm³あたりの重さ(g)を表す数値であり，密度の大きいものほど沈み，密度の小さいものほど浮くことを習いました。次のⅠ・Ⅱは富士子さんがおこなった自由研究です。**

Ⅰ　まずは，濃さによる水溶液の密度のちがいに着目し，カラフルな水の層を作りました。

用意するもの

絵の具(黄・赤・青)	食塩	水　割りばし
ペットボトル	紙コップ3つ	電子天秤

操作

1．紙コップAに，水100gと食塩20gを入れて，割りばしでしっかりと混ぜる。(注1)すべて溶けたら，黄色の絵の具を入れて色を付ける。

2．紙コップBに，水100gと食塩10gを入れて，割りばしでしっかりと混ぜる。(注1)すべて溶けたら，赤色の絵の具を入れて色を付ける。

3．紙コップCに，水100gと食塩1gを入れて，割りばしでしっかりと混ぜる。(注1)すべて溶けたら，青色の絵の具を入れて色を付ける。

4．食塩水の濃さは，［　①　］ので，ペットボトルに入れる時に，［　②　］の順にゆっくり入れると，カラフルな水の層が完成する(図1)。

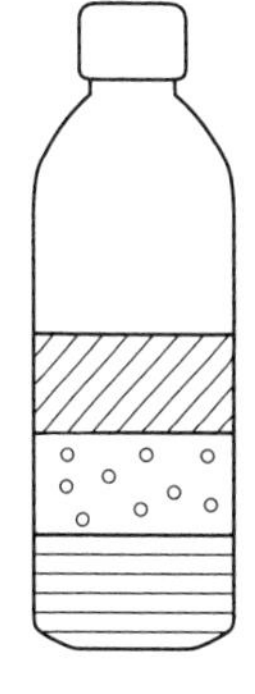

図1

(注1)　食塩水の濃さと密度は，絵の具を入れることによって変わらないものとします。

問1　紙コップAの食塩水の濃さ(%)を答えなさい。ただし，割り切れない場合は小数第2位を四捨五入し，小数第1位まででで答えなさい。

問2　［①］に入る文章を，次の中から1つ選び，記号で答えなさい。

ア．紙コップAに入っている食塩水が最も薄く，紙コップB，Cの順に濃くなっていく
イ．紙コップAに入っている食塩水が最も薄く，紙コップC，Bの順に濃くなっていく
ウ．紙コップBに入っている食塩水が最も薄く，紙コップA，Cの順に濃くなっていく
エ．紙コップBに入っている食塩水が最も薄く，紙コップC，Aの順に濃くなっていく
オ．紙コップCに入っている食塩水が最も薄く，紙コップA，Bの順に濃くなっていく
カ．紙コップCに入っている食塩水が最も薄く，紙コップB，Aの順に濃くなっていく

問3　［②］に入る文章を，次の中から選び，記号で答えなさい。

ア．紙コップA→紙コップB→紙コップC
イ．紙コップA→紙コップC→紙コップB
ウ．紙コップB→紙コップA→紙コップC
エ．紙コップB→紙コップC→紙コップA
オ．紙コップC→紙コップA→紙コップB
カ．紙コップC→紙コップB→紙コップA

Ⅱ　次に，温度による水の密度のちがいに着目し，簡易温度計を作りました。

用意するもの

(注２)フタのあるガラスビン５つ	ビーズ	水
水そう５つ	温度計	ペットボトル

(注２)　フタのあるガラスビンはすべて同じ大きさ・重さとします。

操作

1．５つの水そうに，それぞれ10℃，15℃，20℃，25℃，30℃の水を入れる。

2．空のガラスビンにビーズを入れ，ふたをする(図２)。

3．10℃の水が入った水そうの中央にガラスビンを入れ，中で手を放しても動かないようにビーズの量を調整する(図３)。このとき調整したものをガラスビンＤとする。

4．同じようにして，15℃の水が入った水そうで調整したものはガラスビンＥ，20℃はガラスビンＦ，25℃はガラスビンＧ，30℃はガラスビンＨとする。

5．これらの操作で調整した５つのガラスビンＤ～Ｈすべてを水の入ったペットボトルに入れると，簡易温度計が完成する(図４)。

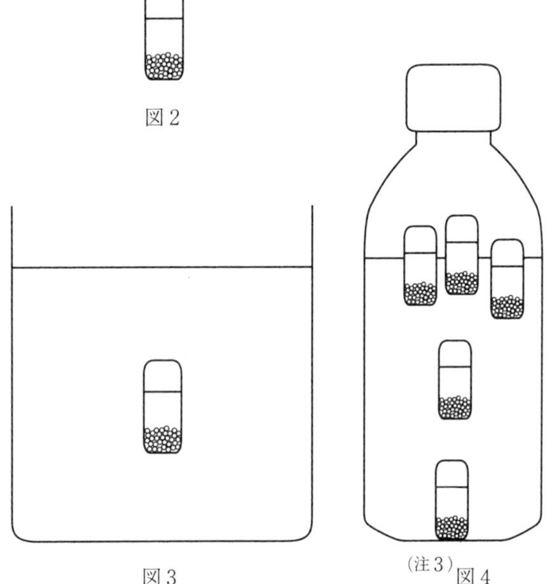
図２

図３

(注３)図４

(注３)　実際のガラスビンに入っているビーズの量は，それぞれ異なります。

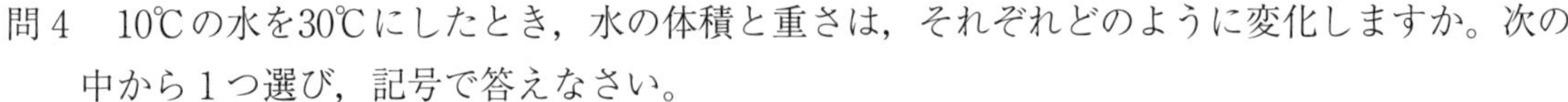
問４　10℃の水を30℃にしたとき，水の体積と重さは，それぞれどのように変化しますか。次の中から１つ選び，記号で答えなさい。

	体積	重さ
ア	小さくなる	小さくなる
イ	小さくなる	変化しない
ウ	小さくなる	大きくなる
エ	変化しない	小さくなる
オ	変化しない	変化しない
カ	変化しない	大きくなる
キ	大きくなる	小さくなる
ク	大きくなる	変化しない
ケ	大きくなる	大きくなる

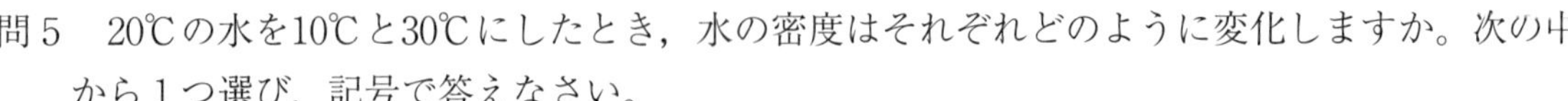
問５　20℃の水を10℃と30℃にしたとき，水の密度はそれぞれどのように変化しますか。次の中から１つ選び，記号で答えなさい。

	10℃にしたときの密度	30℃にしたときの密度
ア	小さくなる	小さくなる
イ	小さくなる	変化しない
ウ	小さくなる	大きくなる
エ	変化しない	小さくなる
オ	変化しない	変化しない
カ	変化しない	大きくなる
キ	大きくなる	小さくなる
ク	大きくなる	変化しない
ケ	大きくなる	大きくなる

問6　ビーズの入ったガラスビンD～Hのうち，密度が最も大きいものはどれですか。D～Hから1つ選び，記号で答えなさい。

問7　室温が23℃のとき，ガラスビンD～Hのうち，ペットボトルの底に沈んでいるものはどれですか。D～Hからすべて選び，記号で答えなさい。ただし，室温と水温は同じものとします。

問8　簡易温度計が図4のようになったとき，室温は約何℃と考えられますか。整数で答えなさい。ただし，室温と水温は同じものとします。

問9　お風呂のお湯は放置すると上の方と下の方で温度が異なります。温度が低いのは上の方と下の方，どちらですか。また，なぜそうなるかを「温度」，「密度」という語句を使って説明しなさい。

3　**富士子さんは，地球温暖化と雨量の増加について先生と話をしています。以下の問いに答えなさい。**

富士子　先生，ニュースで地球温暖化と雨量の増加が関係しているのではないかということを聞いたのですが…。
　数日間で，1か月分の雨が降ったなんてニュースもありました。

先生　富士子さん，身の回りの自然現象に興味をもっていて，すごいですね。

富士子　なぜ，気温が高くなることと，雨量が増えることに関係があるのですか？

先生　それは，今まで学習したことでちゃんと説明がつきますよ。一緒に考えてみましょう。

富士子　はい，お願いします。

先生　まず，空気中には水蒸気がふくまれています。気温の変化によって空気中にふくむことのできる水蒸気の量はどうなりますか。

富士子　気温が高くなれば，ふくむことができる水蒸気の量も多くなります。

先生　その通り。ある気温で1 m^3 の空気がふくむことのできる水蒸気の限度量を「ほう和水蒸気量」といいます。この図(図1)を見てください。ほう和水蒸気量は，気温が高くなるほど大きくなります。雨量の変化の主な要因は気温の変化に伴(ともな)う，ほう和水蒸気量の変化ですが，海水の温度も影響(えいきょう)します。また，地球全体の風の流れなどさまざまな条件が関係して，雨量が増えると考えられています。

富士子　なるほど！　さまざまな影響があるけれど，地球温暖化で気温が高くなると，海水温にも影響が出て，主に海から蒸発する水分が空気中にたくさんふくまれていく。その結果，雨の量も多くなるということなんですね。

ますます気象に興味がわいてきました。もう少し，いろいろな情報を集めて，自分なりにまとめてみたいと思います。

先生　その探究心，すばらしいですね。学校にある［　　］も使って，長期的なデータを集めるのもいいと思いますよ。

富士子　ありがとうございます。

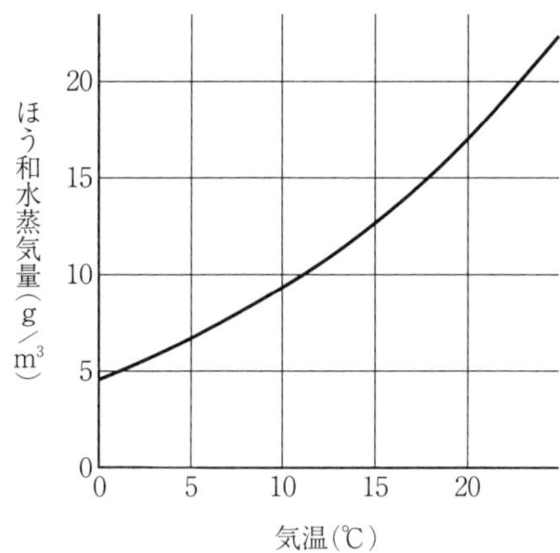

気温(℃)	0	1	2	3	4	5	6	7	8	9	10
ほう和水蒸気量(g/m³)	4.8	5.2	5.6	6.0	6.4	6.8	7.3	7.8	8.3	8.8	9.4
気温(℃)	11	12	13	14	15	16	17	18	19	20	21
ほう和水蒸気量(g/m³)	10.0	10.7	11.4	12.1	12.8	13.6	14.5	15.4	16.3	17.3	18.3
気温(℃)	22	23	24	25	26	27	28	29	30	31	32
ほう和水蒸気量(g/m³)	19.4	20.6	21.8	23.1	24.4	25.8	27.2	28.8	30.4	32.1	33.8

図１

問１　富士子さんと先生の会話の［　　］に当てはまる装置を表しているのが図２です。この装置の名前を漢字で答えなさい。

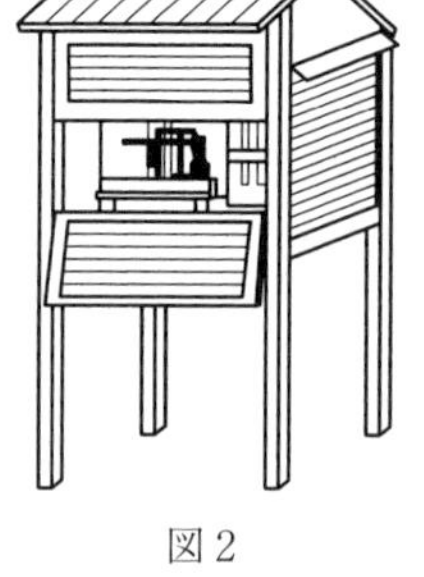
図２

問２　図２の装置のとびらは，ふつうどの方角についていますか。

問３　図２の装置はふつう白色にぬられています。その理由として正しいものを次の中から１つ選び，記号で答えなさい。

ア．風通しがよくなるため

イ．うす暗い朝や夕方でも目立ち，見つけやすくするため

ウ．カラスが屋根に止まらないようにするため

エ．太陽の熱を吸収しにくくするため

問４　気象庁は大雨によって，災害が発生するおそれのあるときに「大雨注意報」を，重大な災害が発生するおそれのあるときに「大雨警報」を発表します。台風や集中豪(ごう)雨(う)により数十年に一度の大雨が予測される場合に発表される警報を何といいますか。

問５　雲のでき方について述べた次の文章中の［ A ］～［ D ］に当てはまる語句や値の組み合わせとして正しいものを下の中から１つ選び，記号で答えなさい。

雲は［ A ］気流のあるところにできます。上空ほど気圧が［ B ］ので，上空に持ち

上げられた空気はどんどん膨張して温度が下がります。上空に持ち上げられた空気は100m上がるごとに約［ C ］℃下がります。気温が［ D ］以下になると，水蒸気が水のつぶとなります。さらに温度が下がると，氷のつぶになります。このように，水や氷のつぶとなって，上空にうかんでいるのが雲です。

	A	B	C	D
ア	上昇	低い	0.6	ろ点
イ	下降	高い	10	ふっ点
ウ	上昇	低い	6	ろ点
エ	下降	高い	6	ふっ点
オ	上昇	高い	10	ろ点
カ	下降	低い	0.6	ふっ点

問6　水のつぶの直径が0.5mm以上のものを「雨」といいます。雲やきりは，もっと小さな水のつぶでできています。ふつうの雨は直径が1～2mmくらいの大きさですが，強い雨のときは大きいもので直径が5～7mmくらいにもなります。4mm程度の大きさの雨のつぶが，空から降ってくる途中の雨のつぶの形を図で表しなさい。

空気の湿りの度合いを示すものを湿度といい，1m³の空気中にふくまれている水蒸気量が，その気温のほう和水蒸気量の何％に当たるかで表します。湿度は，下の式を用いて求めることができます。なお，各気温における，ほう和水蒸気量の値は図1を参考にしなさい。

【湿度を求める計算式】

$$湿度(\%)=\frac{空気1\,m^3中の水蒸気量(g/m^3)}{その気温でのほう和水蒸気量(g/m^3)}\times 100$$

問7　ある部屋Aの容積は100m³です。室温が21℃のとき湿度が70％でした。この部屋Aの室内の水蒸気量は何gですか。

問8　ある部屋Bの容積は90m³です。室内の気温が31℃のとき，金属容器にくみ置きした水と温度計を入れ，かき混ぜながら少しずつ氷水を入れていくと水温が22℃になったときに，金属容器の表面に水滴があらわれました。この部屋Bの湿度は何％ですか。割り切れない場合は，小数第2位を四捨五入し，小数第1位までで答えなさい。

問9　別の日に，外部と空気の出入りが完全にしゃ断された部屋Bにおいて午前7時の気温は20℃，ろ点は17℃，午後3時の気温は30℃，ろ点は17℃でした。午前7時と比べて，午後3時の空気1m³中の水蒸気量と湿度は，それぞれどのようになっていると考えられますか。簡単に説明しなさい。

問10　図3の実線――は，ある部屋Cを閉めきって，空気の出入りがないようにしたときの部屋の温度変化を表したものです。この部屋の湿度の変化を示すグラフはどれですか。図3のア～エから1つ選び，記号で答えなさい。

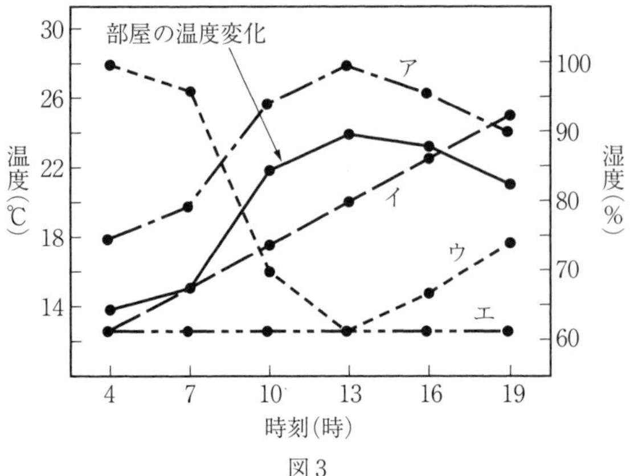

図３

4　**Ⅰ～Ⅲの文章を読み，以下の問いに答えなさい。**

Ⅰ　磁石の性質について調べるために，次のような実験を行いました。

問１　図１のように，棒磁石を発泡(ぽう)スチロールの板の上に置き，水にうかべました。南を指して止まるのは何極ですか。

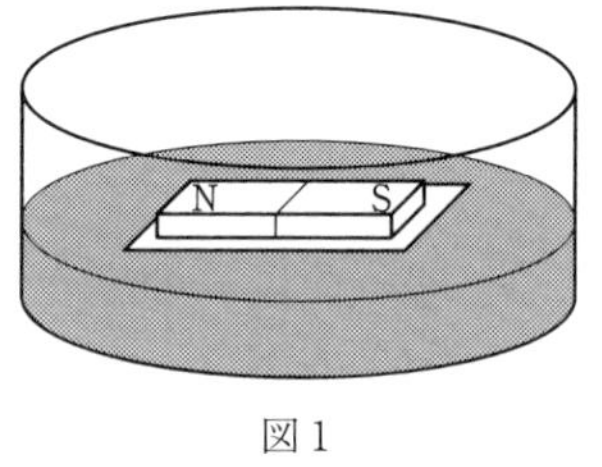

図１

問２　地球を大きな磁石に例えると，北極は何極ですか。

問３　図２のように棒磁石を中央よりＮ極に近い位置で切断しました。切断面Ｘは何極になりますか。正しいものを下の中から１つ選び，記号で答えなさい。

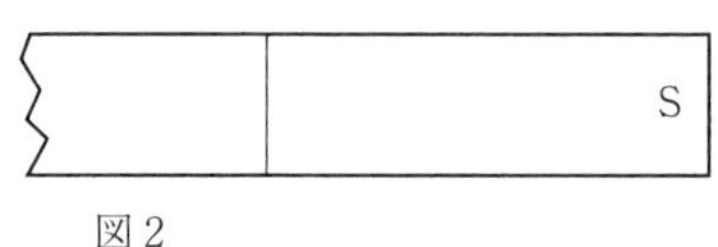

図２

ア．Ｎ極

イ．Ｓ極

ウ．Ｎ極の場合もＳ極の場合もある

問４　図３のように鉄の針に棒磁石のＮ極を当て，一方向にこすりつけると，針は磁石になりました。針の先Ｙは何極になりますか。

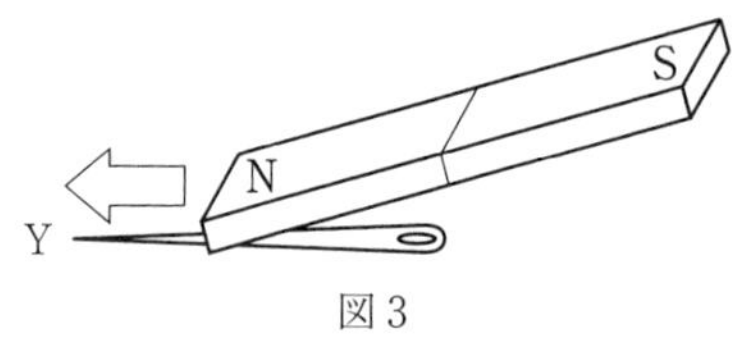

図３

問５　図４のように棒磁石の近くに方位磁針を置き，棒磁石の周りを時計回りに１周させました。このとき方位磁針の針はどのような動きをしますか。正しいものを次の中から１つ選び，記号で答えなさい。

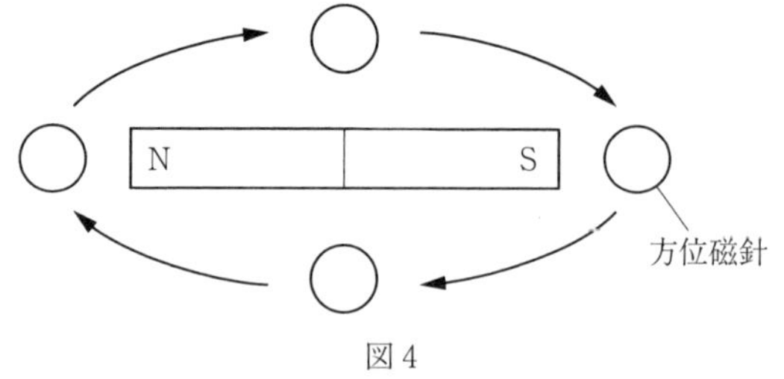

図４

ア．時計回りに１周する

イ．時計回りに２周する

ウ．反時計回りに１周する

エ．反時計回りに２周する

オ．とちゅうで回転の向きが逆になる

Ⅱ　図５のようにＳ極を上にして，棒磁石Ａをはかりの上に置いたところ，はかりは100ｇを示しました。その後，図６のように棒磁石Ｂを真上から近づけ，磁石どうしの距離(きょり)とはかりの値を調べたところ，表１のような結果となりました。

図５　図６

表１

磁石どうしの距離(cm)	8	6	4	2
はかりの値(ｇ)	106.25	111.11	125	200

問６　上から近づけた棒磁石Ｂの下側は何極ですか。理由も答えなさい。

問７　磁石どうしの距離を10cmにすると，はかりの値は何ｇになりますか。

問８　上から近づけるものを棒磁石ではなく鉄の棒にした場合，はかりの値はどのようになりますか。次の中から正しいものを１つ選び，記号で答えなさい。また，そのようになる理由も答えなさい。

ア．100ｇより大きくなる

イ．100ｇより小さくなる

ウ．100ｇのままである

エ．100ｇより大きくなる場合も，小さくなる場合もある

Ⅲ　あるばねに，いろいろな重さのおもりをつるしてばねの長さを調べたところ，表２のようになりました。ただし，ばねのおもさは考えないものとします。

表２

おもりの重さ(ｇ)	0	20	40	60	80
ばねの長さ(cm)	10	11	12	13	14

問９　このばねに棒磁石Ｂをつけ，図７のように，はかりにのせた棒磁石Ａに近づけました。棒磁石が止まるように，ばねをつるす高さを調整したところ，はかりの値が75ｇとなりまし

た。このとき，はかりにのせた棒磁石Ａの上のはしから，ばねの上のはしまでの長さは何cmになりますか。ただし，棒磁石Ａ，ＢはⅡで使用したものと同じもので，棒磁石Ｂのおもさは100g，長さは10cmとします。

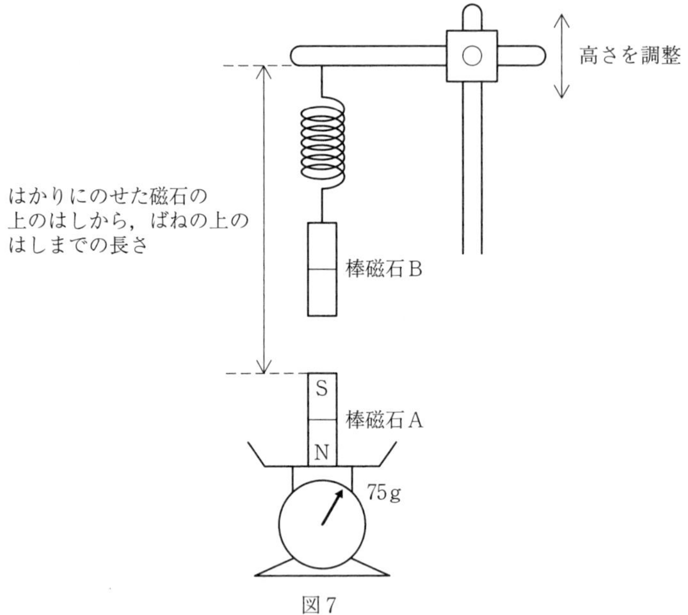

図７

イ　しおりの描いた絵はありふれた絵であるのに、夕暮れの鮮やかさや涼やかに吹き抜ける風の心地よさが現実のように感じられるもので心を奪われている。

ウ　人から後ろ指を指される美術部に所属する一方で、自分の描きたいものを描き、それが先輩や先生から認められているしおりに強烈な嫉妬を感じている。

エ　魅力的な構図と色使いで涼やかな印象を与える絵に衝撃を受けたが、それが実はしおりの描いたものであったことに驚き、それを受け入れられずにいる。

問９　――⑤「十年後、二十年後、きらきらした場所にいるのは、私じゃない。しおりのほうだ」とありますが、なぜ葉子はしおりに対してこのような思いを持ったのですか。二人の対照的なあり方が分かるように、次の文の空欄 Ⅰ ・ Ⅱ に適切な内容を指定された字数で答えなさい。

自分が Ⅰ （三十字以内） ときに、しおりは Ⅱ （三十字以内） から。

任感。

ウ　話しかけることができたのに、それができなかったという恥ずかしさ。

エ　友達を欲しがるしおりに、手助けできなかったという罪悪感。

c「忍び笑い」

ア　感情をむきだしにして笑うこと。

イ　他人を見下すように笑うこと。

ウ　人に分からないように笑うこと。

エ　周りをおどすように笑うこと。

問4　空欄 X ・ Y ・ Z にあてはまる語句として最も適切なものをそれぞれあとの中から選び、記号で答えなさい。

X

ア　声がかかる　イ　息が合う

ウ　あいづちを打てる　エ　顔を合わせる

Y

ア　きびす　イ　脚　ウ　へそ　エ　視線

Z

ア　たどたどしく　イ　しらじらしく

ウ　そらぞらしく　エ　ずうずうしく

問5　――②「日陰」とありますが、それはどのような世界ですか。次の文の空欄 Ⅰ ・ Ⅱ にあてはまるように指定された字数の語句を本文から抜き出して答えなさい。

> Ⅰ（十三字）がおらず、 Ⅱ（十九字）てクラスに一人で過ごす子が属す世界。

問6　――1「きらきら」・2「正面の壁沿いに置かれた木製の棚」・3「両わきの田んぼには水が張られて、鏡のように空を映し込んでいる」・4「しおりは歩きつづけていたんだ。ひとりでも、ひとりきりでも」に関係があるものとして最も適切なものをそれぞれ次の中から選び、記号で答えなさい。（ただし、同じものは二度使わないこと。）

ア　擬人法　イ　直喩　ウ　擬音語　エ　倒置法

オ　体言止め　カ　隠喩　キ　対句　ク　擬態語

問7　――③「みんなと一緒にいるのに、なぜか、ひとりぼっちでいるような感覚になる」とありますが、葉子はなぜこのような気持ちになったのですか。その説明として最も適切なものを次の中から選び、記号で答えなさい。

ア　しおりのおかげで絵を描くことが好きになったのに、絵を趣味にしている人がみんなの中におらず、孤独を感じているから。

イ　周りの子が染谷先生に好意を抱いて夢中になっているが、葉子はそうした雰囲気に戸惑い、ついていくことができないから。

ウ　本来はアニメや漫画のキャラを熱く語ることができるしおりのような友達が欲しかったのに、現実はそうなっていないから。

エ　みんなの理想の高さに比べ、自分がまだ子供であることを実感してしまい、周囲の空気に合わせるのに疲れてしまったから。

オ　大人の男性を恋愛対象とすることで、自分の属す集団の価値を高めようとするみんなに対して、あきれはててしまったから。

問8　――④「嘘だ、ともう一度、私は思う」とありますが、このときの葉子の気持ちを説明したものとして最も適切なものを次の中から選び、記号で答えなさい。

ア　中学に入ってからしおり以外の友達と親しくしてしおりに声をかけられない自分に、しおりの上手な絵を見る資格はないのだと自分で自分を責めている。

し」

「だよねえ。やっぱ部活は、運動部一択かなあ」

ひそひそと交わされるその声を聞きながら、あの時私はくちびるをかみしめて、ぎゅっとひざを抱えていた。まるで自分がしくじったみたいに、耳たぶが熱かった。

美術部に入りたい。ずっと、そう思っていた。

だけどそうしたら、私もあの先輩のようにみんなに笑われてしまうんだろうか。せっかく、やっと周りに溶け込めそうになっているのに、また、小学校のころに逆戻りしちゃうんだろうか……。そう思ったら、心がすくんだ。

私は結局、美術部には入らなかった。

だけど他にやりたい部活もなくて、今でも帰宅部のままだ。大丈夫、部活じゃなくても絵は描ける。最初はそんなふうに思っていたけど、授業や宿題に追われるうち、どんどん絵を描くことは減っていた。なのにその間にも、4しおりは歩きつづけていたんだ。ひとりでも、ひとりきりでも。

たまらなくなって、私はぎゅっと目をつぶった。

――⑤十年後、二十年後、きらきらした場所にいるのは、私じゃない。しおりのほうだ。

問1 〜〜〜A〜E「――（ダッシュ記号）」の説明として最も適切なものを次の中から選び、記号で答えなさい。

ア 〜〜〜Aのダッシュ記号は、長い時間経過があったことを示す。

イ 〜〜〜Bのダッシュ記号は、人物の言葉や思いの省略を示す。

ウ 〜〜〜Cのダッシュ記号は、想像上の世界から現実への転換を示す。

エ 〜〜〜Dのダッシュ記号は、過去の発言の引用であることを示す。

オ 〜〜〜Eのダッシュ記号は、人物の心情や考えの変化を示す。

問2 ――①「頬をこわばらせた」とありますが、しおりはなぜ頬をこわばらせたと考えられますか。その説明として最も適切なものを次の中から選び、記号で答えなさい。

ア 小学校の頃に比べ、ずいぶん大人っぽい葉子の服装を見て、似合っていないと感じたから。

イ 葉子の雰囲気が変わったのを察して、もう同じ世界では生きていけないことを悟ったから。

ウ いつもとは違う葉子の姿を見慣れておらず、どうしても危険な気配を感じてしまったから。

エ 中学入学をきっかけに葉子だけが大人びていることに負い目を感じ、さみしく思ったから。

オ 中学の入学式で緊張して落ち着かなかったので、葉子の雰囲気の変わり方に困惑したから。

問3 ――a「高揚感」・b「後ろめたい」・c「忍び笑い」の説明として最も適切なものをそれぞれあとの中から選び、記号で答えなさい。

a 「高揚感」

ア すでに姉に容姿を認められたという安心感。

イ 友達ができそうな見た目になれたという自信。

ウ やっと中学生らしい格好になれたというときめき。

エ しおりに制服姿をはやくほめられたいという期待感。

b 「後ろめたい」

ア 周りの子が離れていくのが怖くて、しおりに関われないやましさ。

イ 小学校の時から仲良しなので、声をかけるべきだという責

朱里とりっちゃんも便乗して盛り上がる中、私はなんとなくその空気についていけず、ただぎこちないほほえみを浮かべていた。グループのみんなはもれなく恋バナ好きだけど、正直なところ、私は、恋とかってよく分からない。小学生の時はアニメや漫画のキャラについてあれだけ熱心にしおりと語れたのに、中学生になって対象が現実の男の人になったとたん、気おくれするようになってしまった。

――ダメだなあ、私。いつまでも、ひとりだけ子どもっぽくて……。

朱里たちと一緒にいると、ときどき、今みたいにさみしくなる瞬間がある。③みんなと一緒にいるのに、なぜか、ひとりぼっちでいるような感覚になる。

ふう、と小さく息を吐いて、私は欄干に背中を預ける。そのまま美術室のほうにぼんやりと目をやって、そしてふと視線をとめた。2正面の壁沿いに置かれた木製の棚。その上にキャンバスが数枚立てかけてあるのが見えたからだった。

もしかして、美術部の？　気づいた瞬間、心臓が小さく音を立てて鳴った。

もっと近くで見てみたい。そう思った。

「あの……私、先に中入ってるね」

一応声をかけたけれど、サッカーに釘づけの朱里たちからは、いっこうに返事がない。迷ったものの、いいや、と思い直して、私はひとり、そっとその場を後にした。

彫刻刀の傷跡の残る机の間を横切って、つきあたりの棚の前で足を止める。キャンバスは、全部で六枚あった。静物画、抽象画、部員同士を描いた人物画もある。どれも上手ではあったけど、私の目は、その中の一枚に釘づけになっていた。

それは風景画だった。

キャンバスの真ん中にまっすぐ延びるのは、小砂利が散らばる一本道。3両わきの田んぼには水が張られて、鏡のように空を映し込んでいる。その上に広がる本物の空は、水色とオレンジが混じり合った、淡い夕暮れの色をしていた。

ありふれた景色。なのにその絵だけ、なぜかぴかりと光って見えた。夕暮れの涼やかな風が足元を吹き抜けたような気がして、胸がどきどきする。だれの絵なんだろう？　これだけ上手なら三年生の先輩か、もしかすると、先生が描いたものかもしれない。

気がつくと、キャンバスに手を伸ばしていた。

そうっと裏返し、木枠のすみっこに鉛筆で走り書きされたサインを見つける。

と、同時に、息が止まった。

E嘘。

そこにあったのは、まぎれもなく、しおりの名前だった。

④嘘だ、ともう一度、私は思う。

チャイムが鳴って、私はあわててキャンバスを元の場所に戻す。耳をすますと、廊下をばたばたと走る、たくさんの足音が近づいてくるのが聞こえた。

だけど私はその場から動くことができず、呆然と立ち尽くしていた。

思い出すのは、中学に入って間もないころの、ひとつの記憶。

「なんかさー、美術部って超地味じゃない？」

入学式から五日目に開かれた、部活動紹介。私の後ろの列に座った女子たちがそう言って、C忍び笑いをもらしてた。その時壇上には、キャンバスをひしと胸に抱えて、耳を真っ赤にして、［Z］紹介文を読み上げる美術部の男子の先輩の姿があった。

「あの先輩もオタクっぽいしさー。あたし、無理。ていうかダサい

んだか夢か冗談(じょうだん)みたい、と私は思った。だって見た目が変わっただけで、周りの反応がこんなにもちがうなんて。こんなにも、世界がやさしくなるなんてＣ〰〰。

休み時間を一緒に過ごす友達ができた。

慣れない恋(こい)バナやおしゃれ談義にも、笑顔で［　Ｘ　］ようになった。

もうだれも、私を指さして笑ったりしないし、バカにすることだってない。みんなと同じタイミングで笑ったり驚(おどろ)いたりさえしていれば、日々は平和に過ぎていく。それはもう、思わず感動するぐらい、毎日は、格段に過ごしやすくなっていた。

だけど……しおりのほうは、そうじゃなかったんだ。

一年生のころ、廊下(ろうか)の端(はし)の教室の中に、ひとりうつむいているしおりの姿をよく見かけた。

そんな時、しおりの机には、決まってスケッチブックが開かれていた。まるでそれが、一種のお守りか何かみたいに。周りのおしゃべりや笑い声から切り離(はな)されて、黙々(もくもく)と鉛筆(えんぴつ)を走らせるしおりの横顔は、遠くから見てもひどく目立った。

話しかけなきゃ。手をふらなきゃ。「しおり！」って笑顔で呼びかけるだけでいい。そうしたら、しおりはほっとした顔になって、手をふり返してくれるだろう——。

そう分かっていたのに、いざとなると、私はしおりに声をかけることができなかった。いたたまれなくて、ｂ後ろめたい。罪悪感はいつだってあったのに、いつしか私は、しおりの教室の前を足早に横切るようになっていた。

理由はひとつ。しおりに話しかけることで、自分も「そっち側」だって他の子たちに思われるのが、私は、怖(こわ)かったんだ。

「日向(ひなた)」と「②日陰(ひかげ)」の境界線Ｄ〰〰——それが、私たちをくっきりと分ける。

そのことに、早くからしおりも気づいていたんだろう。廊下やトイレですれちがう時、しおりはもう、私のほうを見ようとはしなかった。かたくなにうつむいたまま、すばやく［　Ｙ　］を返し、そっと背中を向ける。

ケンカをしたわけでも、お互いを嫌(きら)いになったわけでもない。なのに、私たちはそうやってどんどん離れていって、一年ぶりに同じクラスになった今、もう「おはよう」や「バイバイ」さえ交(か)わさない。まるで最初から、赤の他人だったみたいに。

ドアを開けると、宙にほこりが１きらきら舞(ま)って、絵の具のにおいが鼻先をかすめた。

うちの中学校の美術室は校舎の最上階の南向きにあるから、他のどの教室よりも空が近い。特にグラウンドを見下ろせるベランダは、絶好の日向ぼっこスポットだ。

「わ、あそこ、染谷(そめたに)先生発見！」

隣(となり)で芙美(ふみ)の華(はな)やいだ声がして、私はグラウンドに目をやった。

視線の先では、数学の染谷先生が、クラスの男子数人とサッカーボールを蹴(け)って遊んでる。スーツで砂けむりを散らして駆け回る先生は、今年入ったばかりの新任とあって、「教師」というよりは、「大学生のお兄さん」みたいに見える。

「やーっ！　かっこいい！　ていうか笑顔、かわいすぎ！」

さっきから手すりに身を乗り出して黄色い声を上げてる芙美は、このところ染谷先生にすっかり夢中だ。先生の姿を見かけるたびに、ほっぺたを染めてはしゃいでる。

「ほんとだ。ソメ先、けっこううまいじゃん、サッカー」

「よかったねー、芙美！　こんなアリーナで拝めてさ」

問10　本文の内容にあてはまるものを、次のア～カの中から二つ選び、記号で答えなさい。

ア　蟬は〈土の精〉だという考え方と、蟬は機械のようなものだという考え方とは、「その死を悲しまない」という点では共通している。

イ　「蟬が壊れた」という言葉に疑問を投げかけた学生も、「蚊が壊れた」という言葉であれば受け入れて納得してくれたはずである。

ウ　いかなる昆虫であってもひとつの生命には違いないので、その死は「壊れる」ではなく「死ぬ」という言葉で表現すべきだ。

エ　あらゆるものに魂は宿るので、昆虫はもちろん、石ころなどの物質をも生命のひとつと捉えて大切に扱わなければならない。

オ　昆虫が命の危険にさらされていたら何が何でも助けてあげるのが、あらゆる生物と共に生きる人間としての責任である。

カ　さまざまな生物たちとのやりとりが失われがちなために、現代に生きる人間は心が貧しくなってしまっている。

三

次の文章は、水野瑠見『十四歳日和』の一節です。本文は、小学校の頃から絵を描くという共通の趣味を通じて仲よしの葉子としおりが、中学校の入学式前に待ち合わせるところから始まります。これを読んで、あとの問いに答えなさい。

「そのカッコなら、すぐに友達くらいできるよ。自信持って行ってきな！」

入学式の朝、お姉ちゃんにどしんと背中をたたかれて家を出た。この姿を見たら、しおりはなんて言ってくれるだろう？　似合ってるね、いい感じだよってほめてくれるだろうか A——そう思うと、胸がどきどきして、自然と早足になっていた。

待ち合わせは、中学校の校門の前。七分咲きの桜の下に、ワンサイズ大きく見えるしおりの制服姿を見つけた時、私は迷わず、まっすぐに走っていった。

「しおり！」

名前を呼ぶと、落ち着かなげに足元ばかり見ていたしおりが、ほっとしたように顔を上げた。でも……笑みが浮かんだのは一瞬だった。駆け寄ってきた私を見るなり、しおりがはっと①頰をこわばらせたからだった。

「なんか、雰囲気変わった？　葉子っぽくないっていうか……」

「……変、かな？」

遠慮がちなしおりの言葉に、さっきまでの a 高揚感がみるみるしぼんで、私は顔をくもらせた。すると、あわてたようにしおりがぶんぶんと首を横にふった。

「全然！　変じゃない。かわいいよ、すごく。だけど B——」

言いよどんだ後、「……ごめん、見なれてないからだね。きっと」と、しおりは自分に言い聞かせるようにつぶやいて、小さく笑った。

なぜか、とてもさみしそうに。

今になって思えば、あの時しおりは、すべてをさとっていたのかもしれない。

あの後、初めてのクラス発表で、お互いがばらけてしまうことも。

そして、私たちの距離が、やがて開いていってしまうことも。

中学校生活は、小学校のころとはまるで別物だった。

「ねえねえ、名前、なんていうの？」

「葉子ちゃん、よかったらこっちおいでよ。一緒にしゃべろう」

そんなふうにクラスの子たちが気さくに声をかけてくれるたび、な

（金森修『動物に魂はあるのか　生命を見つめる哲学』より）

※収斂する…ひとつにまとまる。

※〈哲学〉…考え方。

※一瞥…ちらっと見ること。

※博論審査…大学院生にとっての卒業試験のようなもの。筆者は大学の教員で、学生を審査する立場。

※内包している…含んでいる。

問１　空欄[X]にあてはまる四字熟語として最も適切なものを次の中から選び、記号で答えなさい。（なお、空欄[X]は本文中に二か所あり、両方とも同じものが入る。）

ア　大義名分　　イ　喜怒哀楽　　ウ　疑心暗鬼

エ　不平不満　　オ　一喜一憂

問２　――①「『蟬が壊れた』と述べてもいいのだ」とありますが、それはなぜですか。その説明として最も適切なものを次の中から選び、記号で答えなさい。

ア　蟬は〈土の精〉として土に戻るだけだから。

イ　蟬が動かなくなることの比喩表現だから。

ウ　蟬は機械のようなものに過ぎないから。

エ　蟬の死を直視するのは辛いことだから。

オ　蟬に対する嫌悪感を隠すことはできないから。

問３　空欄[Y]にあてはまる語として最も適切なものを次の中から選び、記号で答えなさい。

ア　ゆらゆら　　イ　のろのろ　　ウ　くよくよ

エ　はらはら　　オ　くらくら

問４　――②「醜さを感じる」とありますが、それはなぜですか。三十五字以上四十字以内で答えなさい。

問５　――③「理屈にあっているようでいても、どこか醜さを感じさせる言葉」とありますが、

(1)　その例文として最も適切なものを次の中から選び、記号で答えなさい。

ア　風が泣いている。　　イ　石ころが砕ける。

ウ　猫を修理する。　　エ　体が動かない。

オ　金魚を世話する。

(2)　(1)で答えた言葉を、(例)にならって「醜さを感じさせない言葉」に自分で考えて改めなさい。（なお、解答は訂正後のみを記すこと。）

(例)　[訂正前]　蟬が壊れた　→　[訂正後]　蟬が死んだ

問６　――④「『蚊には蚊のかけがえのない命が……』といえない」とありますが、それはなぜですか。二十字以内で答えなさい。

問７　空欄〔Ｉ〕・〔Ⅱ〕にあてはまる語として最も適切なものをそれぞれ次の中から選び、記号で答えなさい。（ただし、同じものは二度使わないこと。）

ア　だが　　イ　つまり　　ウ　だから

エ　あるいは　　オ　なぜなら　　カ　ところで

問８　空欄[Z]にあてはまる語として最も適切なものを次の中から選び、記号で答えなさい。

ア　害虫　　イ　生物　　ウ　機械　　エ　妖精　　オ　成虫

問９　空欄[a]・[b]・[c]にあてはまる言葉の組み合わせとして最も適切なものを次の中から選び、記号で答えなさい。

ア　a…われわれ人間　　b…石ころ　　c…〈ミミズの命〉

イ　a…われわれ人間　　b…〈ミミズの命〉　　c…石ころ

ウ　a…石ころ　　b…〈ミミズの命〉　　c…われわれ人間

エ　a…〈ミミズの命〉　　b…石ころ　　c…われわれ人間

オ　a…〈ミミズの命〉　　b…われわれ人間　　c…石ころ

安眠を妨げる厄介な代物にすぎないという、私の好悪が関係している。蟬や蚊自体の中から出てくるものというよりも、人間からみた視点の存在が効いている。ツクツクボウシのリズミカルな鳴き声は耳に心地よくても、夜中に耳元で騒ぐ蚊の羽音は腹立たしいだけだ。道に転がり、死にかかってはいるがまだ生きている蟬を見かけたら、私はそれを樹の幹に戻してやる。〔 Ⅰ 〕、部屋の中で蚊を見つけたら、迷うことなく叩きつぶす。〈人間の勝手さ〉から、なかなか抜けきれない。

いずれにしろ、「蟬が壊れた」などという、不謹慎な言葉を授業中に聞かされた学生の皆さん、ご免なさい。そういえば、この言葉を発した途端、大声で叫んでいた女子学生がいたっけ。あれは彼女なりの精一杯の異議申し立てだったのだろう。ご免なさい。

と、ここまで書いてきて、また性懲りもなく、私は次のような自問をする羽目になる。「蟬は壊れた」が我ながら酷い言葉だとするなら、蟬は助けても蚊は殺すわけだから、蚊を殺す時、私は「蚊を壊した」といっても構わないのだろうか、と。

アメリカの哲学者ネーゲルには『コウモリであるとはどのようなことか』（一九七九）という本があるが、彼に即して述べるなら〈コウモリであること〉がどのようなことかさえ、到底分かりそうもない人間に、〈蚊であること〉がどのようなことかなど、まず絶対に分かりそうもない。にもかかわらず、蚊が人の肌の上に着地し、後ろ足を挙げながら素早く針を突き刺す様などは、一種の巧みさと完成した感じをわれわれに与える。それに、とにかく蚊と人間とではどれほど体の造りが違っていたとしても、われわれは直観的にそれが［ Z ］だということを理解する。だから、部屋の中の蚊を殺す私でも、「蚊を壊した」とはいえないのだ。蚊は、蚊なりの姿形で生きているというのは明らかだからだ。蚊は壊れるのではなく、死ぬのである。（中略）

雨上がりの朝、道にさまよい出ているミミズを見つけたら、私ならどうするだろうか。急いでいる時は※一瞥を与えながらも、そのまま通り過ぎる。それほど急いでいない時には、それを素手で捕まえ草むらに放り投げてやる。ヌルッとしていて、指先で慌てたように動くそれは気持ちがいいとはいえないし、助けてやろうとしているのに捕食者に捕まるのと区別できないせいか、やたらに騒ぐのが煩わしいが、とにかく助けてやる。〈ミミズの命〉といえども、ただの石ころほどの価値しかないとはいえず、数日後に干からびた死骸を見ると憐れに思うだろうから、時間がある時には助ける。他方、もし急いでいるなら、死骸になっても仕方がないと考えるだろう。〔 Ⅱ 〕例えば※博論審査で急いでいるような時、審査対象の学生は何日も前から胃がキリキリ痛むような緊張を味わい、その日のために必死で準備をしてくるはずだから、たかがミミズのために所定の時刻に遅れるわけにはいかないからだ（仮にミミズを拾い上げるのには二〇秒もかからないとしても、急いでいる時はその一瞬が重みをもつように感じられる、そういうものなのだ）。

このことは二つの判断を※内包している。第一に、［ a ］は［ b ］よりは貴重だという判断。第二に、しかしそれは、［ c ］よりは重要ではないという判断である。（中略）通勤時間の何気ない一齣の中で、或る二つの行動が分岐する可能性をもつ時、そこにはこのように、同じ命を抱えた存在同士として、一瞬の軽重の価値判断がなされているものなのだ。われわれ人間は、人間以外の本当に数多くの〈命の形〉に囲まれて生きている。人間以外にいろいろな生物がいるからこそ、この世界は楽しく、人生もまた、その生物たちとのやりとりの中で、それ相応の楽しさを刻み込む。五七歳の私は、いままでに道端にひっくり返った蟬を二、三匹助けたことがある。そんな些細なことが、人生の中でそれなりに満足を与える逸話になっている。

二〇二一年度　富士見中学校

【国　語】〈第一回試験〉（四五分）〈満点：一〇〇点〉

（注意）句読点等は字数に数えて解答してください。

一　次の傍線部のカタカナを漢字に直しなさい。

① 彼の無実を証明するためにベンゴする。
② おやつはレイゾウコに入れてある。
③ サガクを支払う。
④ ヒミツを守る。
⑤ 学級委員をツトめる。
⑥ 唯一の女性大臣としてコウイッテンの輝きを放つ。
⑦ 自慢の作品です。どうぞごランください。
⑧ 視力の低下が著しくガンカを受診したい。
⑨ 志望校に合格した友人をシュクフクする。
⑩ 彼女の優秀さはグンを抜いている。

二　次の文章を読んで、あとの問いに答えなさい。（作問の都合上、本文の一部や小見出しは省略してあります。）

少し前、こんなことを考えていた。夏になると聞こえてくる蟬の声。蟬は実は〈土の精〉ではなかろうか（ちょうどクラゲが〈水の精〉であるように）。普段、人々に踏みしだかれているだけの土が、夏のごく短い間だけほんの一瞬、羽と声をもらい、楽しげに飛び回って、やがては元の土に戻っていく。だから夏の終わりに仰向けになって死んでいる蟬を見ても、それほど悲しむ必要はない。彼らはまた元の土に戻るだけなのだ、と。

実は、もう五、六年ほど前になるだろうか。私はいま述べたこととはずいぶん違う方向性の話を学生に何度かしたことがある。昆虫が恐らくは［　X　］などはもたないだろうからという推定の下に、彼ら昆虫はほとんど機械のようなもの、神様が創ったロボットのようなものなのだから「蟬が死んだ」ではなく、①「蟬が壊れた」と述べてもいいのだ、と。こんな言葉を二年ほどの間、授業中何度か口にした。同じ死に行く蟬について、最初の話と二番目の話は、どちらも死そのものを悲しまないという意味では※収斂するようにみえるが、事実上は、その背後の※〈哲学〉はまるで正反対のものだ。私自身の中に、動物一般についてはともかく、昆虫の命についてほとんど正反対の方向をもつ発想が混在していたということになる。（中略）

その二つの方向性の中で［　Y　］していた私も、現在ではどちらかというと前者の方に振れているらしい。というのも『蟬が壊れた』といってもいい」という言葉について、私は、自分が口にした言葉であるにもかかわらず、徐々に②醜さを感じるようになり、言い続ける気がしなくなったからだ。③理屈にあっているようでいても、どこか醜さを感じさせる言葉というものがある。きっとこの言葉もそうなのだ。恐らく昆虫に［　X　］などはないだろう。それはいまでもそう思っている。だが、だからといって「蟬が壊れた」はない。蟬は蟬なりの仕方で死ぬ、つまり静かに土に還っていくのである。蟬には蟬なりのかけがえのない命がある。命を前にした時、やはり私自身、命をもつ一個の生物として、それなりの敬意を払う必要がある。それを外すから醜い言葉になる。

ただ、ここで④「蚊には蚊のかけがえのない命が……」といえないところが辛い。いえない根拠には、蟬は夏の賑やかな使者だが、蚊は

2021年度

富士見中学校

▶解説と解答

算　数　＜第１回試験＞（45分）＜満点：100点＞

解　答

1 (1) $\frac{7}{10}$　(2) 101　(3) 16 g　(4) 6回　(5) 30本　(6) 48分　(7) 108cm²　(8) 163.28cm³　2〔A〕(1) 4：5　(2) 50分後　〔B〕(1) 169cm²　(2) 13cm　(3) 17cm　3 (1) 18　(2) 73　(3) 925　(4) 10段目　(5) 150　4 (1) ア 3　イ 7　ウ 75　(2) 10500cm³　(3) 64cm

解　説

1 四則計算，逆算，消去算，つるかめ算，植木算，仕事算，面積，体積

(1) $\left(2\frac{1}{6}-0.125\right)\div1\frac{3}{4}\times\left(\frac{7}{20}+0.25\right)=\left(\frac{13}{6}-\frac{1}{8}\right)\div\frac{7}{4}\times\left(\frac{7}{20}+\frac{1}{4}\right)=\left(\frac{52}{24}-\frac{3}{24}\right)\times\frac{4}{7}\times\left(\frac{7}{20}+\frac{5}{20}\right)=\frac{49}{24}\times\frac{4}{7}\times\frac{12}{20}=\frac{7}{10}$

(2) $1\div\{1-1\div(1+20\times\square)\}=1\frac{1}{2020}$より，$1-1\div(1+20\times\square)=1\div1\frac{1}{2020}=1\div\frac{2021}{2020}=1\times\frac{2020}{2021}=\frac{2020}{2021}$，$1\div(1+20\times\square)=1-\frac{2020}{2021}=\frac{2021}{2021}-\frac{2020}{2021}=\frac{1}{2021}$，$1+20\times\square=1\div\frac{1}{2021}=1\times\frac{2021}{1}=2021$，$20\times\square=2021-1=2020$　よって，$\square=2020\div20=101$

(3) A，B，Cの重さをそれぞれⒶ，Ⓑ，Ⓒとすると，２つずつ合計した重さは軽い順に(Ⓐ＋Ⓑ)，(Ⓐ＋Ⓒ)，(Ⓑ＋Ⓒ)なので，右の図１のようになる。図１の３つの式をすべてたすと，Ⓐ＋Ⓐ＋Ⓑ＋Ⓑ＋Ⓒ＋Ⓒ＝(Ⓐ＋Ⓑ＋Ⓒ)×２＝46＋61＋75＝182(g)より，Ⓐ＋Ⓑ＋Ⓒ＝182÷２＝91(g)とわかる。よって，Ⓐ＝(Ⓐ＋Ⓑ＋Ⓒ)－(Ⓑ＋Ⓒ)＝91－75＝16(g)と求められる。

図１
Ⓐ＋Ⓑ　　＝46(g)
Ⓐ＋　　Ⓒ＝61(g)
　　Ⓑ＋Ⓒ＝75(g)

(4) １回じゃんけんするごとに合わせて，５＋３＝８(個)もらい，何回かじゃんけんをしたところ，合わせて，39＋33＝72(個)もらったから，じゃんけんをした回数は，72÷８＝９(回)とわかる。もし，９回とも姉が負けたとすると，姉がもらう個数は，３×９＝27(個)となり，実際よりも，39－27＝12(個)少なくなる。負けた回数が１回減って勝った回数が１回増えるごとに，もらう個数は，５－３＝２(個)ずつ増えるから，姉の勝った回数は，12÷２＝６(回)とわかる。

(5) 80mの道のはしからはしまで桜を11本植えると，桜と桜の間は，11－１＝10(か所)できるので，桜と桜の間隔(かんかく)は，80÷10＝８(m)になる。よって，桜と桜の間１か所につつじを２mおきに植えると，２mの間隔は，８÷２＝４(か所)できるから，桜と桜の間１か所に植えるつつじの本数は，４－１＝３(本)となる。したがって，植えるつつじの本数は全部で，３×10＝30(本)とわかる。

(6) 容器の満水の量を１とすると，１時間に，A管だけでは，$1\div5=\frac{1}{5}$，B管だけでは，$1\div3=\frac{1}{3}$の水を入れることができる。よって，はじめA管だけで１時間，続けてA，B両方で１時間入れると，$\frac{1}{5}\times1+\left(\frac{1}{5}+\frac{1}{3}\right)\times1=\frac{1}{5}+\frac{8}{15}=\frac{11}{15}$の水が入るので，満水まであと，$1-\frac{11}{15}=\frac{4}{15}$となる。

したがって，Ｂ管だけであと，$\frac{4}{15}\div\frac{1}{3}=\frac{4}{5}$(時間)，つまり，$60\times\frac{4}{5}=48$(分)入れると満水になる。

(7)　右の図２で，正方形ABCDの１辺の長さは，３＋９＋３＝15(cm)なので，その面積は，15×15＝225(cm²)である。また，㋐，㋑，㋒，㋓の部分はすべて，等しい辺が３cmの直角二等辺三角形だから，その面積の和は，３×３÷２×４＝18(cm²)となり，㋕，㋖，㋗，㋘の部分は，合わせると１辺が９cmの正方形になるから，その面積の和は，９×９＝81(cm²)である。さらに，タとチの長さの和は，㋕，㋖，㋗，㋘を合わせてできた正方形の１辺の長さと等しく，９cmとなるので，正方形㋚の対角線の長さは，15－９＝６(cm)，その面積は，６×６÷２＝18(cm²)とわかる。よって，かげをつけた部分の面積の和は，225－18－81－18＝108(cm²)と求められる。

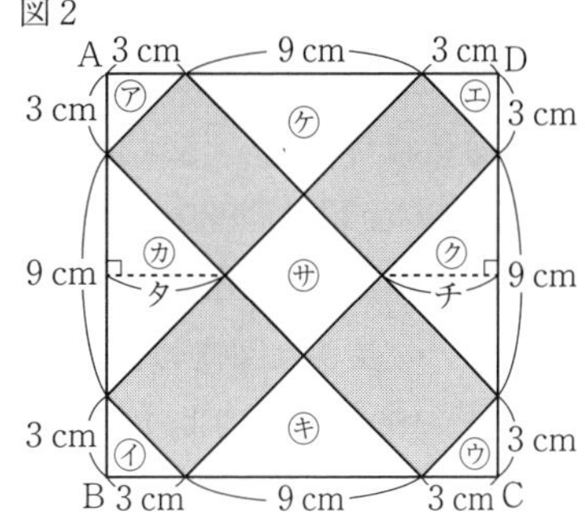

(8)　１回転してできる立体は，右の図３のような立体で，これは円すいから円すいを切り取った立体とみることができる。図３で，三角形PADと三角形PBCは相似だから，PD：PC＝AD：BC＝２：６＝１：３となる。よって，PD：DC＝１：(３－１)＝１：２より，PDの長さは，$3\times\frac{1}{2}=\frac{3}{2}$(cm)とわかる。したがって，この立体は，底面の半径が６cmで高さが，$\frac{3}{2}+3=\frac{9}{2}$(cm)の円すいから，底面の半径が２cmで高さが$\frac{3}{2}$cmの円すいを切り取った立体だから，体積は，$6\times6\times3.14\times\frac{9}{2}\div3-2\times2\times3.14\times\frac{3}{2}\div3=54\times3.14-2\times3.14=(54-2)\times3.14=52\times3.14=163.28$(cm³)と求められる。

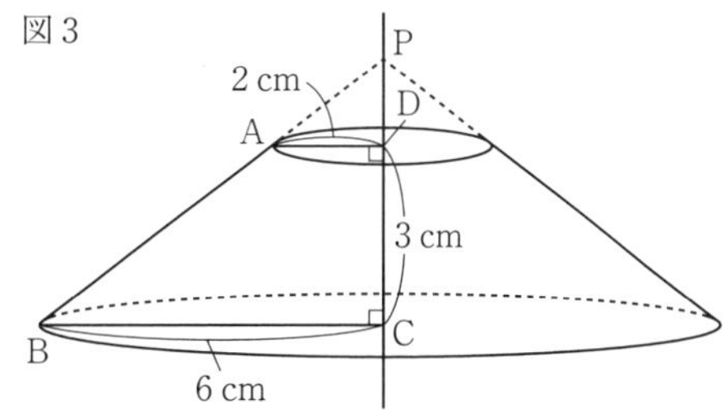

2　速さと比，面積，長さ

〔Ａ〕 (1)　２人が進んだようすは右の図①のように表せる。また，よしえさんがひろこさんを追いこした地点をＰ地点，よしえさんが学校についたときにひろこさんが歩いていた地点をＱ地点とすると，よしえさんがひろこさんを追いこしてから，よしえさんが学校につくまでの間に，ひろこさんは，Ｐ地点→市役所→Ｑ地点と進み，よしえさんは，Ｐ地点→市役所→学校と進んだことになる。この間に進んだ道のりは，ひろこさんが，300＋(1200－300)＝1200(m)，よしえさんが，300＋1200＝1500(m)であり，２人が市役所にいた時間はどちらも10分で同じだから，ひろこさんが1200m進むのにかかる時間と，よしえさんが1500m進むのにかかる時間は同じとわかる。よって，ひろこさんとよしえさんの速さの比は，1200：1500＝４：５と求められる。　(2)　(1)より，ひろこさんとよしえさんが学校からＰ地点まで進むのにかかる時間の比は，$\frac{1}{4}:\frac{1}{5}=5:4$であり，その差は３分だから，比の１にあたる時間は，３÷(５－４)＝３(分)となる。よって，ひろこさんは学校からＰ地点まで，1200－300＝900(m)進むのに，３×５＝15(分)かかるから，ひろこさんの速さは分速，900÷15＝60(m)とわかる。したがって，ひろこさんは，学校と市役所の間を進むのに，1200÷60＝20(分)かかるので，学校を出発してから，20＋10＋20＝50(分後)に学校にもどってくる。

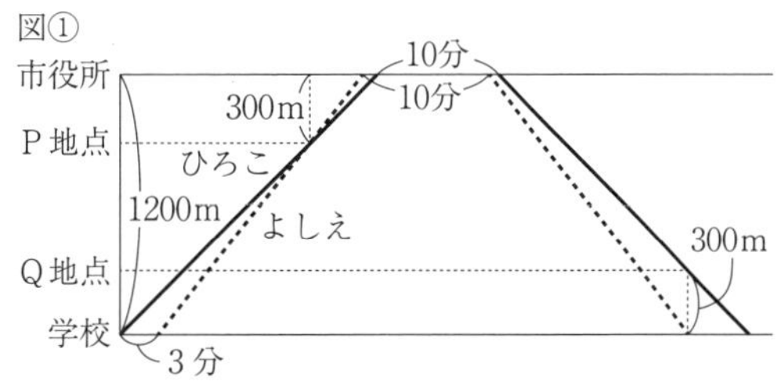

〔B〕 (1) 右の図②で，正方形ABCDの面積は，17×17＝289(cm²)である。また，PB，QC，RD，SAの長さはすべて，17－５＝12(cm)だから，三角形ASP，三角形BPQ，三角形CQR，三角形DRSの面積はすべて，５×12÷２＝30(cm²)となる。よって，四角形PQRSの面積は，289－30×４＝169(cm²)と求められる。 (2) 問題文中の【図２】の直角三角形は図②の三角形ASPと合同だから，アの長さは図②の正方形PQRSの１辺の長さと等しくなる。よって，169＝13×13より，アの長さは13cmとわかる。 (3) 右の図③のように，１辺の長さが，８＋15＝23(cm)の正方形の辺上に点を４つとり，それらを結ぶと，４つの直角三角形はすべて問題文中の【図３】の直角三角形と合同になる。図③で，外側の正方形の面積は，23×23＝529(cm²)，直角三角形１つの面積は，８×15÷２＝60(cm²)だから，内側の正方形の面積は，529－60×４＝289(cm²)となる。よって，289＝17×17より，内側の正方形の１辺の長さ，つまり，【図３】のイの長さは17cmとわかる。

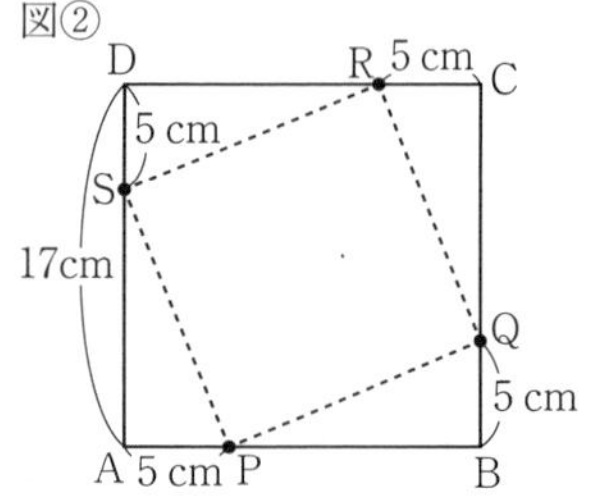

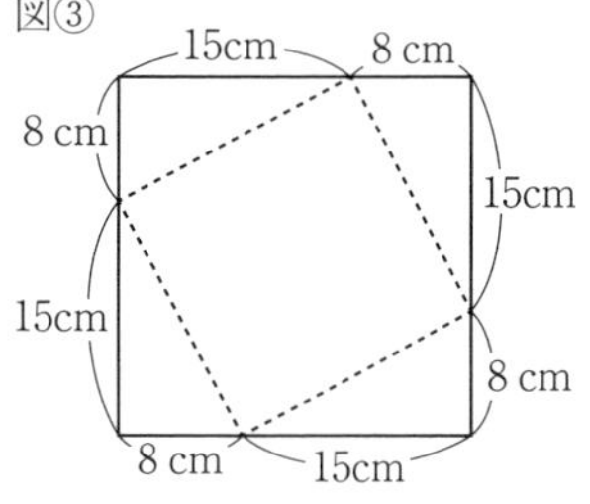

3 数列

(1) 右の図で，各段の左端(はし)には１，右端には３が並び，それ以外のところには，左上の数と右上の数の和が並んでいる(例えば，４段目にある12は，左上の５と右上の７の和となっている)。よって，５段目の左から３番目(図のア)の数は，６＋12＝18だから，(５，３)＝18である。

(１段目)　1　3
(２段目)　1　4　3
(３段目)　1　5　7　3
(４段目)　1　6　12　10　3
(５段目)　1　□　ア　□　□　3
⋮

(2) 各段に並ぶ数の個数はそれぞれの段の番号より１大きいから，25段目には，25＋１＝26(個)の数が並ぶ。よって，(25，25)は25段目の右から２番目の数である。上の図で，各段の右から２番目の数は，１段目から順に１，４，７，10，…のように，１から始まり，３ずつ増えているから，25段目の右から２番目の数は，１に３を，25－１＝24(回)たした数となる。したがって，(25，25)は，１＋３×24＝73と求められる。

(3) (１，１)，(２，２)，(３，３)，(４，４)，…はすべて各段の右から２番目の数である。よって，(１，１)＋(２，２)＋(３，３)＋(４，４)＋…＋(25，25)＝１＋４＋７＋10＋…＋73＝(１＋73)×25÷２＝925となる。

(4) 各段のすべての数の和は，１段目が，１＋３＝４，２段目が，１＋４＋３＝８，３段目が，１＋５＋７＋３＝16，４段目が，１＋６＋12＋10＋３＝32だから，４×２＝８，８×２＝16，16×２＝32，…のように，下の段のすべての数の和は上の段のすべての数の和の２倍になることがわかる。また，2048÷４＝512，512＝２×２×２×２×２×２×２×２×２より，2048は４に２を９回かけた数だから，すべての数の和が2048となる段は，１段目より９個下の段の，１＋９＝10(段目)とわかる。

(5) 左から３番目の数は，２段目では３，３段目では７，４段目では12，５段目では18で，これらはそれぞれ，３，３＋４＝７，３＋４＋５＝12，３＋４＋５＋６＝18と表せる。よって，各段の左から３番目の数は，３から順に整数を，その段の番号より１大きい数までたした数になる。したがって，16段目の左から３番目の数，つまり，(16，３)は，３＋４＋５＋…＋17＝(３＋17)×15÷２＝150と求められる。

4 **グラフ―水の深さと体積**

(1) 右の図で，水面の高さが20cmになるとき，入った水の体積は，底面がＡの部分で高さが20cmの直方体の体積と等しいから，30×30×20＝18000(cm³)である。よって，アの時間，つまり，高さが20cmになる時間は，18000÷6000＝３(分)とわかる。次に，高さが40cmになるとき，入った水の体積は，底面がＡの部分で高さが40cmの直方体と，底面がＢの部分で高さが20cmの直方体の体積の和と等しいから，30×30×40＋15×20×20＝36000＋6000＝42000(cm³)となる。よって，イの時間，つまり，高さが40cmになる時間は，42000÷6000＝７(分)となる。また，ア分後(３分後)からイ分後(７分後)までの水面の上昇(じょうしょう)速度は，１分間あたり，(40－20)÷(７－３)＝20÷４＝５(cm)で，イ分後(７分後)から14分後までの上昇速度もこれと同じなので，７分後から14分後までの，14－７＝７(分間)で水面の高さは，５×７＝35(cm)上昇する。したがって，ウの高さ，つまり，14分後の水面の高さは，40＋35＝75(cm)とわかる。

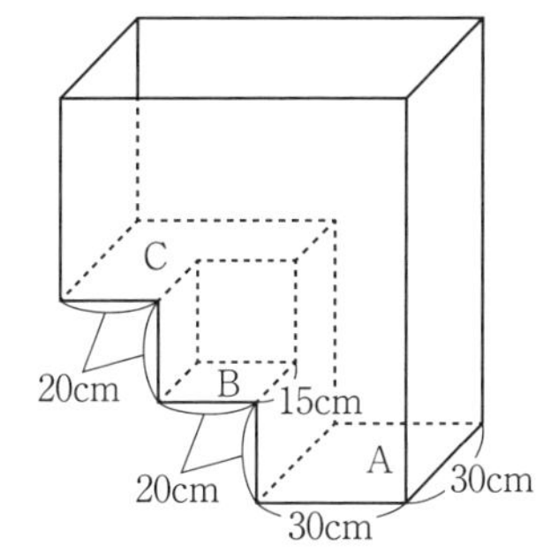

(2) 水そうの底から測った高さが40cm以降，つまり，７分後以降，水面の高さは１分間あたり５cmの割合で上昇する。このとき，水が入る部分の底面積は，図のＡ，Ｂ，Ｃの部分の面積の和となるので，30×30＋30×(20＋20)＝900＋1200＝2100(cm²)である。よって，このときの１分間あたりに入れる水の量は，2100×５＝10500(cm³)と求められる。

(3) 高さ40cmより下の部分に入る水の体積は42000cm³だから，92400cm³の水を入れると，高さ40cmより上の部分には，92400－42000＝50400(cm³)の水が入る。高さ40cmより上の部分の底面積は(2)より，2100cm²なので，40cmより上の部分の高さは，50400÷2100＝24(cm)となる。よって，水そうの底から測った高さは，40＋24＝64(cm)になる。

社　会　<第１回試験>（35分）<満点：60点>

解　答

1 **問１** (1) 炭水化物　(2) ウ　**問２** ウ→ア→エ→イ　**問３** エ　**問４** 地熱(発電)　**問５** イ　**問６** (第)９(九)(条)　**問７** イ　**問８** ウ　**問９** (1) 貿易摩擦　(2) 日米安全保障条約　**問10** イ　**問11** ウ　**問12** 廃藩置県　**問13** イ，ウ　**問14** イ　**問15** (例) 二毛作を行っているから。(年に２回以上耕地を使い，作物の栽培を行っているから。)　**問16** (加賀の)一向一揆　**問17** キ　**問18** ア　**問19** ウ　**問20** ア

2 **問１** (1) ウ→エ→ア→イ　(2) 万葉集　(3) 安土城　**問２** (1) イ，エ　(2) 火縄銃　**問３** イ　**問４** イ　**問５** ウ　**問６** ウ　**問７** **A** 高度経済成長　**B** 被害　**C** 加害　**問８** (1) ウ　(2) 排他的経済水域　**問９** (1) 西南戦争　(2) ① (例) 女工たちは，短い食事時間以外は，休まず長時間労働をさせられていたから。　② ア

(3) イ　問10 エ　問11 (1) イ　(2) 直接請求権

解　説

1 缶詰を題材とした問題

問１ (1) 炭水化物はおもにエネルギー源となる栄養素で，米や小麦の主成分となっている。食物の栄養素は，そのはたらきや性質から，糖質(炭水化物)，脂質，タンパク質，無機質，ビタミンの５つに分けられ，このうち，糖質・脂質・タンパク質は三大栄養素とよばれる。　(2) ア カロリーは「栄養成分表示」の「熱量」にあたる。100ｇあたりの熱量が320kcalなのだから，１袋(80ｇ)あたりでは，320÷100×80＝256より，256kcalとなる。　イ 小麦粉をのぞく原材料の原産地についての表示はない。　ウ 「販売者」と「製造所」の欄には，それぞれ異なる企業名が書かれているので，正しい。　エ クリームには乳成分がふくまれている。

問２ アは593年，イは672年，ウは592年，エは607年(最初に派遣された年)のできごとなので，年代の古いものから順にウ→ア→エ→イとなる。厩戸皇子(聖徳太子)は，おばにあたる推古天皇が即位した翌年に摂政となり，蘇我馬子らと協力して天皇中心の国づくりを進めた。

問３ ア 家の周りに水が流れこんできているときに外へ出るのは危険である。　イ 過去に発生した津波よりも高い津波が発生する可能性があるため，津波の危険があるときは，すぐに高台などへ避難するべきである。　ウ 天気が回復してもしばらくは水位が下がらず，洪水が起こるおそれもある。したがって，すぐには家に戻らず，安全な場所にいたほうがよい。

問４ 地熱発電は，火山や温泉(♨)などがある地域の地中深くから得られた高温・高圧の水蒸気で直接タービンを回して電気を起こすもので，発電所は火山活動のさかんな東北地方や九州地方の山間部に多く立地している。なお，地形図中にある高日向山は，宮城県北西部に位置している。

問５ 高野長英(1804～50年)は陸奥水沢藩(岩手県)出身の医者・蘭学者で，シーボルトが長崎に開いた鳴滝塾で学んだ。1837年，日本人漂流民をともなって浦賀(神奈川県)に来航したアメリカ商船モリソン号が，異国船打払令にもとづいて撃退されるというモリソン号事件が起こると，翌38年，長英は『戊戌夢物語』を著して幕府の事件への対応と鎖国政策を批判した。これに対して幕府は，1839年の蛮社の獄で長英らを処罰した。

問６ 日本国憲法第９条では，日本国憲法の三大原則の１つである平和主義がかかげられ，１項では戦争放棄や武力行使の禁止，２項では戦力の不保持と国の交戦権の否認が規定されている。

問７ 行政権を行使し，法律にもとづいて政治を行うのは内閣の仕事だが，法律を制定するのは国会の仕事なので，イがまちがっている。

問８ 地球は１日で１回転するので，360(度)÷24(時間)＝15(度)より，経度15度につき１時間の時差が生じることになる。本初子午線(０度の経線)を標準時子午線とするイギリスと，兵庫県明石市などを通る東経135度の経線を標準時子午線としている日本との経度の差は135度で，135÷15＝９より，日本とイギリスの時差は９時間とわかる。日本はイギリスよりも東に位置し，イギリスよりも時刻が進んでいることから，日本が４月２日午前11時のとき，イギリスはその９時間前の４月２日午前２時である。

問９ (1) 一方の国の輸出(輸入)量ともう一方の国の輸出(輸入)量に大きな差があることから生じる，貿易に関する関係国間の対立を貿易摩擦という。　(2) 1951年，日本はサンフランシスコ平和条約を結んで独立を回復すると同時に，アメリカ(合衆国)との間で日米安全保障条約を結んだ。この条約で日本は，アメリカ軍が日本国内に駐留し，軍事基地を使用することを認めた。

問10　1950年に朝鮮民主主義人民共和国(北朝鮮)と大韓民国(韓国)との間で朝鮮戦争が始まると，日本にいたアメリカ軍は，韓国を支援する国連軍の中心として朝鮮半島に出撃した。このとき，アメリカが大量の軍用物資を日本に注文したことから，日本は産業が活性化し，特需景気とよばれる好景気をむかえた。

問11　需要曲線は「価格が1000円なら1つ」「500円だと2個」，供給曲線は「価格が200円のときは1個」「価格が1000円のときは6個」と書かれているので，需要曲線は右下がり，供給曲線は右上がりというウのグラフになる。一般に，需要と供給の関係を表す需給曲線はこの形になる。

問12　1871年，明治政府は中央集権国家のしくみをつくるために廃藩置県を行い，藩を廃止して全国に3府302県(のちに72県)を置いた。そして，府には府知事を，県には県令を派遣し，地方の政治にあたらせた。

問13　ア　「原爆ドーム」は広島県にある。　イ　軍艦島(端島)について正しく述べている。　ウ　長崎市にある大浦天主堂などは，「長崎と天草地方の潜伏キリシタン関連遺産」として2018年に世界文化遺産に登録された。よって，正しい。　エ　吉野ヶ里遺跡は佐賀県にある弥生時代の環濠集落跡で，世界遺産には登録されていない。2019年に世界文化遺産に登録された「百舌鳥・古市古墳群」は，大阪府にある。

問14　北海道は米の収穫量が新潟県についで全国第2位だが，畑作や畜産もさかんなため，耕地に占める田の割合は低い。よって，イがあてはまる。なお，トマトの収穫量が多いアは，トマトの収穫量が全国第1位の熊本県，米の収穫量が最も多いウは新潟県である。エは長野県で，山がちなため，県に占める耕地の割合が低い。統計資料は『データブック　オブ・ザ・ワールド』2020年版などによる(以下同じ)。

問15　耕地利用率が100％をこえるということは，ある範囲の耕地で1年に2回，あるいは2種類の作物を栽培したことになる。このように，1年に1つの耕地で同じ作物を2回つくることを二期作，1年に1つの耕地で2種類の作物をつくることを二毛作という。九州では，米を収穫したあとの耕地で麦をつくる二毛作が行われている地域があるため，耕地利用率が100％をこえている。

問16　1488年，浄土真宗(一向宗)の信者たちが加賀国(石川県)の守護であった富樫氏を追放し，その後約100年にわたって自治を行った。これを加賀の一向一揆という。

問17　愛媛県の県庁所在地は松山市で，夏目漱石の代表作『坊ちゃん』の舞台となったことや，道後温泉があることで知られる。なお，松江市は島根県，高松市は香川県の県庁所在地で，『銀河鉄道の夜』は宮沢賢治，『学問のすゝめ』は福沢諭吉の作品。

問18　1615年，江戸幕府の第2代将軍徳川秀忠の名で，大名を統制するための決まりとして武家諸法度が出され，大名に対し，武芸や学問にはげむこと，許可なく大名家どうしで結婚してはならないことなどが定められた。また，この法令は将軍の代がわりごとに改定が加えられ，第3代将軍徳川家光が1635年に出したものでは，アにあるように参勤交代や大船建造の禁止などが盛りこまれた。なお，イは室町時代の惣掟，ウは1868年に出された五榜の掲示，エは1232年に出された御成敗式目。

問19　大井川は赤石山脈(南アルプス)を水源として静岡県中部を南に流れ，駿河湾に注ぐ。2021年現在，リニア中央新幹線は品川（東京都）－名古屋（愛知県）間で計画が進められているが，できるだけ直線的なルートにするため，南アルプスの地下などを横切ることになっている。これが大井川の水量に影響をおよぼすとして，静岡県知事は工事への反対を表明した。なお，アの天竜川は長野県・愛知県・静岡県，イの木曽川は長野県・岐阜県・愛知県・三重県，エの四万十川は高知県を流れる川。

問20　かきの養殖は瀬戸内海に面する広島県が生産量第１位で，全国の約60％を占めている。生産量の上位には，同じように瀬戸内海に面する岡山県・兵庫県や，リアス海岸である三陸海岸が広がる宮城県・岩手県が入る。なお，イはのり類，ウはます類，エはうなぎの養殖生産量。

2　**地球環境や自然災害を題材にした問題**

問１　(1)　源頼朝は鎌倉時代，上杉謙信は戦国時代の人物で，『魏志』倭人伝は弥生時代の日本について書かれた中国の歴史書である。また，奈良時代には律令制度にもとづき，租・庸・調などの税が徴収された。よって，年代の古い順にウ→エ→ア→イとなる。　(2)「貧窮問答歌」は，山上憶良が奈良時代の農民のつらく貧しい暮らしのようすを詠んだ長歌で，『万葉集』におさめられている。『万葉集』は８世紀後半に成立した現存する最古の歌集で，収録された約4500首の詠み手には，天皇から農民までさまざまな身分の人がふくまれている。　(3)　織田信長は，交通の便のよい琵琶湖（滋賀県）のほとりに五層七重の天守閣を持つ安土城を築き，岐阜から本拠地を移して天下統一事業を進めた。安土城は1579年にほぼ完成したが，1582年の本能寺の変で織田信長が亡くなったあと，焼失した。

問２　(1)　石油化学工業は，原料の原油を輸入するのに便利で，大規模なコンビナートを造成しやすい臨海地帯に工場が集中している。また，船をつくる造船業の工場も，臨海地帯につくられる。なお，精密機械工業や電気機器・電子工業など，組み立て型の工業を行う工場は，内陸にも多く分布している。また，セメント工場は原料となる石灰石の産地の周辺に多い。　(2)　1543年，ポルトガル人を乗せた中国船が鹿児島県の種子島に流れ着き，日本に火縄銃（鉄砲）が伝えられた。当時は戦国時代であったことから，新兵器として急速に普及し，戦法や築城法に変化をもたらすとともに，堺（大阪府）や国友（滋賀県），根来（和歌山県）などで生産されるようになった。

問３　バイオエタノールは，原料であるトウモロコシやさとうきびなどが成長するときに吸収する二酸化炭素の量と，燃料として燃やしたときに排出する二酸化炭素の量が同じであることから，二酸化炭素の量を増加させない燃料とみなされている。

問４　イはユネスコではなく，国連児童基金（ユニセフ）について述べた文である。

問５　1914年に第一次世界大戦が起こると，日本は1902年に結んだ日英同盟を理由として連合国側で参戦し，ドイツの根拠地であった中国の山東半島やドイツ領の南洋諸島などを占領した。

問６　江戸時代の鎖国中も，オランダ・清（中国）との貿易が続けられた長崎，琉球（王国）を支配下に置いていた薩摩（鹿児島県），朝鮮と交易していた対馬（長崎県），蝦夷地のアイヌを支配下に置いていた松前（北海道）は，「４つの窓口」として開かれていた。

問７　**A**　1950年代後半から，日本は高度経済成長とよばれるめざましい経済発展をとげ，重化学工業を中心に工業化が進んだ。一方で，大気汚染や水質汚濁，地盤沈下，騒音などの公害問題も全国各地で発生した。　**B**，**C**　産業公害では，企業や工場などが加害者となる。これらのあった地域が被害地域になり，そこに暮らしていた人々が被害者となる。

問８ (1)　西之島は，本州南方の太平洋上に位置する小笠原諸島の１つで，2013年に起こった海底火山の噴火によって，近くに新島ができた。その後も噴火が続いて新島は西之島とつながり，西之島の一部とされたことで，西之島の面積は大きく広がった。なお，アの奄美諸島は鹿児島県，イの隠岐諸島は島根県，エの南西諸島は鹿児島県・沖縄県に属する。　(2)　排他的経済水域は，領海をのぞく沿岸から200海里(約370km)以内の水域で，沿岸国に水産資源をとったり鉱物資源を開発したりする権利が認められている。

問９ (1)　1877年，鹿児島の不平士族は，征韓論が受け入れられずに政府を去り，故郷の鹿児島にもどっていた西郷隆盛をおし立てて西南戦争を起こした。士族の反乱として最大かつ最後のものとなった西南戦争は明治政府軍の勝利に終わり，これ以降，政府に対する抵抗は言論が中心となった。

(2)　①　女工たちは，食事・入浴・すいみんの時間以外はすべて労働させられ，その時間は14時間以上と非常に長い。このような過酷な労働環境が，女工の間に結核を流行させたと考えられる。

②　北里柴三郎は明治時代後半にドイツへと留学し，細菌学の権威・コッホのもとで研究を行っていた。このとき破傷風の血清療法を発見し，世界的に知られる細菌学者となった。また，1894年に明治政府の命令を受けて香港へおもむき，ペスト菌を発見した。　(3)　戦後，伝染病予防，医療，保健，社会保障などの仕事は厚生省が担当していた。厚生省は2001年の中央省庁再編のさいに労働省と統合され，厚生労働省となった。

問10　i　冬の降水量が多い日本海側の気候に属する新潟県上越市高田の雨温図なので，「大雪による雪害」があてはまる。　ii　夏の降水量が多い太平洋側の気候の特徴を示しており，年平均気温が低いことから，東北地方のものだと判断できる。やませは東北地方の太平洋側で初夏〜盛夏にかけて吹くしめった北東風で，これが長く続くと日照不足などによって農作物が不作となる冷害が起こる。雨温図は岩手県宮古市のものである。　iii　夏の降水量が多い太平洋側の気候の特徴を示しており，梅雨と台風の時期の降水量が特に多いので，「台風による風水害」となる。雨温図は高知市のものである。

問11 (1)　地方公共団体の仕事には，道路や上下水道の整備・管理，ごみの収集・処理，公立学校の建設・運営，戸籍の管理，警察，消防などがあるが，電気の供給は民間企業が行っている。

(2)　地方自治では，有権者が一定数の署名を集めることで，直接地方の政治に参加することができる。これを直接請求権といい，条例の制定と改廃，監査には有権者の50分の１以上の署名が，議会の解散や首長・議員の解職には原則として有権者の３分の１以上の署名が必要となる。

理　科　＜第１回試験＞(35分)＜満点：60点＞

解　答

1 **問１**　対生　**問２**　(例)　すべての葉に光が当たり，光合成できるようにするため。

問３　**名称**…平行脈　**図**…解説の図①を参照のこと。　**問４**　**イ**　3　**ウ**　120　**エ**　5　**オ**　144　**カ**　8　**キ**　135　**ク**　8　**ケ**　21　**問５**　解説の図②を参照のこと。

2 **問１**　16.7％　**問２**　カ　**問３**　ア　**問４**　ク　**問５**　キ　**問６**　D　**問７**　D，E，F　**問８**　約15℃　**問９**　(温度が低いのは)下(の方である。)／(例)　温度が低い

ほど体積が小さくなるため密度が大きくなり，下へいく。　**3** **問１**　百葉箱　**問２**　北　**問３**　エ　**問４**　大雨特別警報　**問５**　ア　**問６**　(例)　解説の図を参照のこと。　**問７**　1281ｇ　**問８**　60.4％　**問９**　**水蒸気量**…変わらない。　**湿度**…下がる。　**問10**　ウ　**4** **問１**　Ｓ極　**問２**　Ｓ極　**問３**　イ　**問４**　Ｓ極　**問５**　イ　**問６**　Ｓ極／**理由**…(例)　磁石どうしが反発しているから。　**問７**　104ｇ　**問８**　イ／**理由**…(例)　磁石と鉄の棒が引き合うから。　**問９**　30.25cm

解説

1 植物の葉のつき方についての問題

問１　１つの節に２枚の葉が向かい合ってついている。このような葉のつき方を対生という。

問２　上から見て葉が重なっていると，下の方の葉には日光が当たりにくく，光合成を十分に行うことができないので，葉が重ならないようにして，それぞれの葉に光が十分に当たるようにしている。

問３　イネやトウモロコシといった単子葉類の葉では，それぞれの葉脈が平行に走っている。これを平行脈といい，右の図①のように描(か)ける。

図①

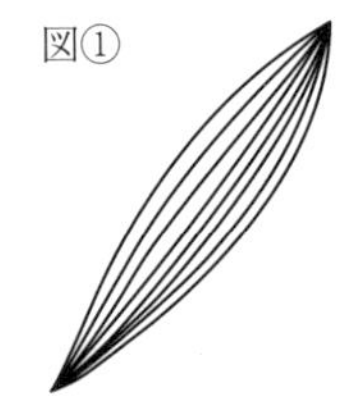

問４　**イ，ウ**　図２で，ブナの葉では０番目の葉の真上に３番目の葉があり，そこまでに茎(くき)の周りを１回転(360度)している。よって，葉は次の節と葉の角度で，360÷３＝120(度)ずれている。　**エ，オ**　サクラの葉では０番目の葉の真上にある５番目の葉までに茎の周りを２回転しているので，葉は次の節と葉の角度で，360×２÷５＝144(度)ずれている。　**カ，キ**　ホウセンカの葉では０番目の葉の真上にある８番目の葉までに茎の周りを３回転しているので，葉は次の節と葉の角度で，360×３÷８＝135(度)ずれている。

ク，ケ　$\frac{1}{3}$，$\frac{2}{5}$，$\frac{3}{8}$，$\frac{5}{13}$という分数の並びを見ると，分母も分子も前２つの数の和となっている。よって，$\frac{5}{13}$の次は，$\frac{3+5}{8+13}=\frac{8}{21}$と考えられる。

問５　ホウセンカの葉がついている場所を下の方からたどったらせん状の線は，上から見て反時計回りに回っている。よって，上から見て，０番目の葉から反時計回りに135度回ったところに１番目の葉があり，以降も反時計回りに135度回るたびに次の葉がある。よって，右の図②のようになる。

図②

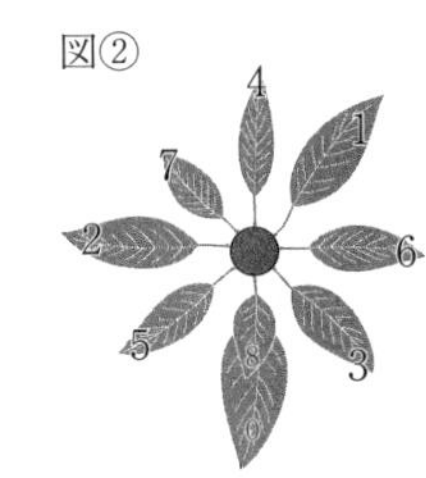

2 密度とものの浮(う)き沈(しず)みについての問題

問１　100ｇの水に20ｇの食塩を溶(と)かしたときの濃(こ)さは，20÷(100＋20)×100＝16.66…より，16.7％と求められる。

問２　水が同じ量なので，溶かした食塩の量が多いものほど濃さが濃い。

問３　薄(うす)い食塩水を入れた後に濃い食塩水を入れると，濃い食塩水は薄い食塩水よりも密度が大きく，薄い食塩水の下に沈もうとするので，両方の食塩水が混ざりやすい。逆に，濃い食塩水を入れた後に薄い食塩水を入れると，薄い食塩水が濃い食塩水の上にとどまるため，両方の食塩水が混ざりにくく，別々の層をつくりやすい。したがって，濃さが濃い順に入れていくとよい。なお，長い時間放置しておくと，食塩水は混ざって濃さが均一になる。

問４　水は，４℃以上のとき，温度が高くなると体積が大きくなる。ただし，温度変化によって体積が増減しても，重さが変化することはない。

問５　温度が高くなると，体積が大きくなるものの重さは変化しないので，密度は小さくなる。逆に，温度が低くなると，体積が小さくなるものの重さは変化しないので，密度は大きくなる。

問６　操作の３では，ガラスビンの密度を水そうの水の密度と同じになるようにしている。つまり，ガラスビンＤの密度は10℃の水の密度と同じである。同様に，ガラスビンＥ～Ｈの密度はそれぞれ15℃，20℃，25℃，30℃の水の密度と同じなので，ガラスビンＤの密度が最も大きい。

問７　10℃，15℃，20℃の水と密度が同じガラスビンＤ，Ｅ，Ｆは，23℃の水よりも密度が大きいため底に沈む。

問８　図４では，密度が最も大きいガラスビンＤだけが沈み，次に密度が大きいガラスビンＥが水中にただよった状態になっていると考えられる。したがって，室温は約15℃といえる。

問９　温度が高くて密度が小さい水は上の方に，温度が低くて密度が大きい水は下の方にいくので，放置したお風呂のお湯は上の方が温度が高く，下の方は温度が低い。

３　気象，湿度についての問題

問１　気温や湿度などを計測するための器具が入った，図２のような装置を百葉箱という。

問２　百葉箱のとびらは，中に直射日光が差しこんで温度計などに影響が出ないように，北向きに開くようについている。

問３　百葉箱が太陽の熱を吸収すると，中があたたまってしまって気温などが正しく計測できないので，百葉箱は太陽の熱を反射しやすい白色にぬられている。

問４　数十年に一度の大雨が予想され，これによって起こる自然災害に対して最大級の警戒を要する場合には，大雨特別警報が発表される。

問５　気圧は上空にいくほど低いので，湿った空気が上昇すると，膨張して，100m上昇するごとに温度が約0.6℃ずつ下がっていく。ある一定の温度まで下がると，空気中の水蒸気がそのままではいられなくなって細かい水てきや氷の粒に変化して雲ができる。このときの気温をろ点という。

問６　上空から落ちてくる比較的大きな雨粒は，本来は球形であるが，空気抵抗を受けるため，下の方が平べったくなり，右の図のような形となっているものが多い。

問７　図１より，室温が21℃のときのほう和水蒸気量は18.3ｇ/m^{3}で，湿度が70％なので，室内の水蒸気量は１m^{3}あたり，18.3×0.7＝12.81（ｇ）である。したがって，部屋Ａ全体の水蒸気量は，12.81×100＝1281（ｇ）である。

問８　金属容器の表面に水滴がついた温度がろ点で，この気温のときに空気中の水蒸気がほう和する。つまり，部屋Ｂの空気１m^{3}あたりにふくまれる水蒸気量は，気温が22℃のときのほう和水蒸気量と等しく19.4ｇである。したがって，気温が31℃のときのほう和水蒸気量は32.1ｇなので，湿度は，19.4÷32.1×100＝60.43…より，60.4％と求められる。

問９　ろ点が変化していないので，空気１m^{3}中の水蒸気量は変わっていない。また，図１より，気温が高いほどほう和水蒸気量は大きくなるので，空気中の水蒸気量が変わらない場合，気温が高くなるほど湿度は下がり，気温が低くなるほど湿度は上がる。

問10　空気の出入りがないので，部屋Ｃの空気中の水蒸気量は変わらないと考えられる。よって，気温が高くなっていくときは湿度が下がっていき，気温が低くなっていくときは湿度が上がっていくので，湿度のグラフとしてはウが選べる。

４　磁石についての問題

問１　自由に動けるようにした棒磁石は，Ｎ極が北，Ｓ極が南を向いて静止する。

問２　磁石のＮ極が北を向くのは，地球を大きな一つの磁石にたとえたとき，北極付近にＳ極があるからである。

問３　図２のように棒磁石を２つに切断すると，その２つとも磁石の性質をもち，Ｎ極の反対側にあたる切断面ＸはＳ極になっている。

問４　図３のようなこすり方の場合，棒磁石のＮ極が針からはなれる側(つまり針の先Ｙ)がＳ極となる。

問５　図４で，方位磁針が棒磁石の右側にあるとき，磁針のＮ極は左を向く。これを下側に動かしていくと，磁針のＮ極は時計回りに回転し，磁石の下側にきたときに右を向くので，ここまでで磁針は時計回りに半周していることになる。このように，方位磁針が棒磁石の周りを時計回りに$\frac{1}{4}$周すると，磁針は時計回りに半周するから，方位磁針が１周したときには，磁針は時計回りに２周する。

問６　磁石どうしの距離(きょり)を近づけるほどはかりの値が大きくなっているのは，棒磁石ＡのＳ極が棒磁石Ｂの下側にあるＳ極と反発し合うことによって，棒磁石Ａが下方向におされているからである。

問７　棒磁石Ａの重さは100ｇなので，２つの棒磁石が反発し合う力の大きさは，磁石どうしの距離が２cmのときが，200－100＝100(ｇ)，４cmのときが，125－100＝25(ｇ)，６cmのときが，111.11－100＝11.11(ｇ)$\left(\text{これはおよそ}\frac{100}{9}\right)$である。このことから，磁石どうしの距離を□倍にすると，反発し合う力の大きさは$\frac{1}{\square\times\square}$倍になっていることがわかる。したがって，磁石どうしの距離を２cmの５倍の10cmにしたときは，反発し合う力の大きさが，$100\times\frac{1}{5\times5}=4$(ｇ)となるので，はかりの値は，100＋４＝104(ｇ)を示す。

問８　棒磁石Ｂのかわりに鉄の棒を近づけたときは，棒磁石Ａが鉄に引きつけられて上向きの力がはたらくため，はかりの値は100ｇよりも小さくなる。

問９　棒磁石Ａには，100－75＝25(ｇ)の力が上向きにはたらいている。これは２つの棒磁石が引き合っているためであり，このことから磁石どうしの距離は４cmとわかる(この距離のときに，磁石どうしが引き合ったり反発し合ったりする力が25ｇとなる)。また，棒磁石Ｂをつけたばねは，もとの長さが10cmで，20ｇあたり１cmのびる。ここでは，100＋25＝125(ｇ)の重さがかかっているから，$1\times\frac{125}{20}=6.25$(cm)のびて，10＋6.25＝16.25(cm)になる。以上のことから，求める長さは，16.25＋10＋４＝30.25(cm)となる。

国　語　<第１回試験>（45分）<満点：100点>

解　答

□一 下記を参照のこと。　□二 **問１**　イ　**問２**　ウ　**問３**　ア　**問４**　(例)　自分自身が一個の生物として，かけがえのない命に対する敬意を欠いているから。　**問５**　(1)　ウ　(2)　猫を治す　**問６**　(例)　蚊は人間にとって不快な生き物だから。　**問７**　Ⅰ　ア　Ⅱ　オ　**問８**　イ　**問９**　エ　**問10**　ア，ウ　□三 **問１**　イ　**問２**　イ　**問３**　ａ　エ　ｂ　ア　ｃ　ウ　**問４**　Ｘ　ウ　Ｙ　ア　Ｚ　ア　**問５**　Ⅰ　休み時間を一緒

に過ごす友達　Ⅱ 周りのおしゃべりや笑い声から切り離され　**問6**　**1** ク　**2** オ　**3** イ　**4** エ　**問7** イ　**問8** エ　**問9** Ⅰ（例）仲間はずれを恐れて絵を描くことから離れてしまっている　Ⅱ（例）周囲の目を気にすることなく，趣味である絵を描き続けている

●漢字の書き取り

一 ① 弁護　② 冷蔵庫　③ 差額　④ 秘密　⑤ 務(める)　⑥ 紅一点　⑦（ご)覧　⑧ 眼科　⑨ 祝福　⑩ 群

解説

一 漢字の書き取り

① だれかをかばうために事情を説明すること。　② 内部を冷やし，飲食物を低温で保存するための電化製品。　③ ある金額からほかのある金額を引いたときの残りの金額。　④ ほかの人に知られないようにすること。　⑤ 音読みは「ム」で，「勤務」などの熟語がある。　⑥ たくさんの男性の中に一人だけいる女性。　⑦「ご覧ください」は「見てください」の尊敬語。　⑧ 目の病気の治療(ちりょう)などを行う診療(しんりょう)科。　⑨ 幸福を喜び祝うこと。　⑩「群を抜(ぬ)く」は，多くのものの中で特に優(すぐ)れていること。

二 出典は金森修(かなもりおさむ)の『動物に魂(たましい)はあるのか　生命を見つめる哲学(てつがく)』による。筆者は，「『蟬(せみ)が死んだ』ではなく，『蟬が壊(こわ)れた』と述べてもいい」という考え方についていろいろな自問をする中で，人間が数多くの「命の形」に囲まれて生きていること，それにより人生が楽しくなっていることを実感している。

問1 喜び，怒(いか)り，悲しみ，楽しみといったさまざまな感情を表す「喜怒哀楽(きどあいらく)」があてはまる。

問2 直前の部分に注目すると，「彼(かれ)ら昆虫(こんちゅう)はほとんど機械のようなもの，神様が創(つく)ったロボットのようなものなのだから」とあり，これが「『蟬が死んだ』ではなく，『蟬が壊れた』と述べてもいい」理由になっている。よって，ウが合う。

問3 筆者が自分自身の中にある「昆虫の命についてほとんど正反対の方向をもつ発想」の間でゆれるようすを表す言葉なので，アがふさわしい。

問4 ぼう線②の段落の後半に注目する。「蟬には蟬なりのかけがえのない命がある」ので，「命を前にした時」には「命をもつ一個の生物として，それなりの敬意を払(はら)う必要がある」のに「それを外すから醜(みにく)い言葉になる」と述べられている。ここから，「命をもつ一個の生物として，かけがえのない命に対する敬意を払っていないから」のようにまとめられる。

問5 ⑴ 問４でみたように，「醜さを感じさせる」理由は，生物に対する敬意がないからである。したがって，生物である「猫(ねこ)」に対して「修理する」という機械に対するような表現を用いているウがあてはまる。　⑵「修理する」は機械などの壊れた部分を直すことなので，生物の場合は「治す」とするのがよい。

問6 続く部分に注目すると，「いえない根拠(こんきょ)」として「蚊(か)は安眠(あんみん)を妨(さまた)げる厄介(やっかい)な代物にすぎない」と書かれている。このように，蚊は人間にとっていやなものだということが理由である。

問7 Ⅰ「道に転がり，死にかかってはいるがまだ生きている蟬を見かけたら，私はそれを樹(き)の幹に戻(もど)してやる」けれど，「部屋の中で蚊を見つけたら，迷うことなく叩(たた)きつぶす」と述べている

ので，前のことがらに対し，後のことがらが対立する関係にあることを表す「だが」があてはまる。　Ⅱ　空らんⅡの文の最後に注目すると，「～からだ」とあるように，この文は直前の「もし急いでいるなら，死骸になっても仕方がないと考える」の理由になっているので，理由を説明するときに用いる「なぜなら」がふさわしい。

問８　直後の文に注目すると，「蚊を殺す」私でも「『蚊を壊した』とはいえない」，「蚊なりの姿形で生きている」とあるので，イが合う。

問９　a～c　前の段落のミミズを見つけた時の話を受けての説明なので，前の段落の内容から考える。「それほど急いでいない時」には，「〈ミミズの命〉」でも「ただの石ころほどの価値」しかないとはいえず，ミミズを助けてやるとあるので，筆者は，「〈ミミズの命〉」は「石ころ」より貴重だと考えていることがわかる。しかし，「博論審査で急いでいるような時」には，「審査対象の学生」のことを考えると「たかがミミズのために」時刻に遅れるわけにはいかず，そのまま通り過ぎるとあるので，「われわれ人間」のほうが「〈ミミズの命〉」より重要であると考えていることがわかる。よって，エがふさわしい。

問10　二番目の段落に注目すると，「死に行く蟬について」の二つの話は「どちらも死そのものを悲しまないという意味では収斂するようにみえる」と述べているので，アが合う。また，問８でみたように，空らんＺの段落の最後に，蚊は「生きている」ので「壊れるのではなく，死ぬ」とあるので，ウがこれと合う。

三　**出典は水野瑠見の『十四歳日和』による。**絵を描くことが好きで仲のよかった葉子としおりだが，中学校に入ってから，しだいにはなれてしまう。新しくできた友達に囲まれ，しおりとはあいさつもしなくなった葉子は，ある日しおりの描いた絵を見つける。

問１　波線Ｂのダッシュ記号は，しおりが「だけど」の後に続く言葉を言わなかったことを表しているので，イが合う。

問２　直後にしおりが「なんか，雰囲気変わった？　葉子っぽくないっていうか……」と言い，「とてもさみしそうに」していることに注目する。これは，今まで仲よくしていた葉子の雰囲気が変わってしまい，遠いところに行ってしまったように感じてさみしくなっていると考えられるので，イがふさわしい。なお，エは「負い目を感じ」が誤り。

問３　**a**　葉子が家を出る場面に「この姿を見たら，しおりは～自然と早足になっていた」とあるように，葉子は今までとはちがう姿をしおりに見せたらほめてもらえるのではないかと期待して，気持ちが高まっていたのである。　**b**　続く部分に注目する。葉子は，「しおりに話しかけることで，自分も『そっち側』だって他の子たちに思われる」のが怖くて「しおりに声をかけることができ」ず「後ろめたい」のである。　**c**　「忍び笑い」は，他の人に分からないように声をひそめて笑うこと。

問４　**X**　「慣れない恋バナやおしゃれ談義」に対する葉子の行動を表す言葉があてはまる。二つ後の文に，「みんなと同じタイミングで笑ったり驚いたりさえしていれば」とあることから，ウがふさわしい。　**Y**　直後に「背中を向ける」とあるので，“ひき返す”という意味になるように「きびす」を入れる。　**Z**　「耳を真っ赤にし」ながら「紹介文を読み上げる美術部の男子の先輩」のようすを表す言葉なので，アが合う。

問５　Ⅰ，Ⅱ　「日陰」は直前の「そっち側」と同じで，しおりのような立場を表す言葉である。

しおりが休み時間にもひとりでいるのは，葉子のように「休み時間を一緒に過ごす友達」がいないからである。そして，そのようすは「周りのおしゃべりや笑い声から切り離されて」いると表現されている。

問６　**１**「きらきら」は宙にほこりが舞うようすを表しているので，ものごとのようすをいかにもそれらしく表した言葉である「擬態語」があてはまる。　**２**　文が「棚」という名詞で終わっているので，文末を体言(名詞)で止めることによって余韻を生み，印象を深める技法である「体言止め」がふさわしい。　**３**　田んぼに張られた水が空を映しているようすを「鏡のように」と表現している。よって，「ようだ(な)」「みたい」などを用いてたとえる「直喩」があてはまる。

４　ふつうなら「ひとりでも，ひとりきりでも，しおりは歩きつづけていたんだ」となる文の，語順を入れかえている。これは，語順を入れかえることで意味を強めたり語調を整えたりする「倒置法」である。

問７　染谷先生に夢中になって盛り上がる友達の中で，「なんとなくその空気についていけず」，ぎこちなく笑っていたとある。また，「グループのみんなはもれなく恋バナ好き」だが，「私は，恋とかってよく分から」ず「気おくれする」と感じている。このように，葉子は友達と一緒にいながらも，自分だけがその世界になじめていなくてさみしいのだとわかるので，イがふさわしい。

問８　直前に「息が止まった」とあることから，葉子がとても驚いていることが読み取れる。「なぜかぴかりと光って見え」，「これだけ上手なら三年生の先輩か，もしかすると，先生が描いたものかもしれない」とまで感じた絵が，自分のよく知っているしおりのものだとわかり，信じられない気持ちになっているのである。

問９　Ⅰ，Ⅱ　葉子もしおりも絵を描くことが好きだったが，「みんなに笑われてしまうんだろうか」と考え，仲間はずれになることを心配した葉子は美術部に入らず，絵もあまり描かなくなっていた。一方，しおりは周囲の目を気にせずしっかりと自分の好きな絵を描きつづけていた。葉子は，自分は「日向」にいてしおりがいるのは「日陰」だと思っていたが，本当に「きらきらした場所」に向かっているのは自分ではなくしおりだと感じたのである。

Dr.福井の
入試に勝つ！脳とからだのウルトラ科学

試験場でアガらない秘けつ

キミたちの多くは，今まで何度か模擬試験（たとえば合不合判定テストや首都圏模試）を受けていて，大勢のライバルに囲まれながらテストを受ける雰囲気を味わっているだろう。しかし，模擬試験と本番とでは雰囲気がまったくちがう。そういうところでも緊張しない性格ならば問題ないが，入試独特の雰囲気に飲みこまれてアガってしまうと，実力を出せなくなってしまう。

試験場でアガらないためには，試験を突破するぞという意気ごみを持つこと。つまり，気合いを入れることだ。たとえば，中学の校門前にはあちこちの塾の先生が激励（げきれい）のために立っている。もし，キミが通った塾の先生を見つけたら，「がんばります！」とあいさつをしよう。そうすれば先生は必ずはげましてくれる。これだけでもかなり気合いが入るはずだ。ちなみに，ヤル気が出るのは，TRHホルモンという物質の作用によるもので，十分な睡眠をとる，運動する（特に歩く），ガムをかむことなどで出されやすい。

試験開始の直前になってもアガっているときは，腹式呼吸が効果的だ。目を閉じ，おなかをふくらませるようにしながら，ゆっくりと大きく息を吸う。ここでは「ゆっくり」「大きく」がポイントだ。そして，ゆっくりと息をはく。これをくり返し何回も行うと，ノルアドレナリンという悪いホルモンが減っていくので，アガりを解消することができる。

よく「手のひらに“人”の字を書いて飲みこむことを3回行う」とアガらないというが，そのようなおまじないを信じて実行し，自分に暗示をかけてもいいだろう。要は，入試に対するさまざまな不安な気持ちを消し去って，試験に集中できるようなくふうをこらせばいいのだ。

Dr.福井（福井一成（ふくいかずしげ））…医学博士。開成中・高から東大・文Ⅱに入学後，再受験して翌年東大・理Ⅲに合格。同大医学部卒。さまざまな勉強法や脳科学に関する著書多数。

Memo

Memo

出題ベスト10シリーズ

①国語読解ベスト10

②漢字合格の2790題

③計算合格の820題

④図形問題ベスト10

■過去の入試問題から出題例の多い問題を選んで編集・構成。受験関係者の間でも好評です！

有名中学入試問題集

●男子校編

●女子校編

■中学入試の全容をさぐる!!
■首都圏の中学を中心に、全国有名中学の最新入試問題を収録!!

※表紙は昨年度のものです。

算数の過去問25年分

■筑波大学附属駒場
■麻布
■開成

○名門３校に絶対合格したいという気持ちに応えるため過去問実績No.1の声の教育社が出した答えです。

都立中高一貫校 適性検査問題集

■都立一貫校と同じ検査形式で学べる！

●自己採点のしにくい作文には「採点ガイド」を掲載。
●保護者向けのページも充実。
●私立中学の適性検査型・思考力試験対策にもおすすめ！

当社発行物の無断使用は固くお断りいたします。御使用の前はまずご相談ください。

当社発行物には500点余の首都圏中・高過去問をはじめ、6点の学校案内、そのほかいくつかの情報誌などがございます。その多くが年度版で、限られたスタッフが来るべき受験シーズン前に余裕を持って受験生へ届けられるよう、日夜作業にあたり出版を重ねております。

最近、通塾生ご父母や塾内部からの告発によって、いくつかの塾が許諾なしに当社過去問を複写（コピー）し生徒に配布、授業等にも使用していることが発覚し、その一部が紛争、係争に至っております。過去問には原著作者や管理団体、代行出版等のほか、当社に著作権がございます。当社としましては、著作権侵害の発覚に対しては著作権を有するこれらの著作権関係者にその事実を開示して、マスコミにリリースする場合や法的な措置を取る場合がございます。その事例としましては、毎年当社過去問の発行を待って自由にシステム化使用していたＡ塾、個別教室でコピーを生徒に解かせ指導していたＢ塾、冊子化していたＣ社、生徒の希望によって書籍の過去問代わりにコピーを配布していたＤ塾などがあります。

当社発行物の全部もしくは一部を無断使用することは固くお断りいたします。

当社コンテンツの中にはリーズナブルな設定で紙面の利用を許諾している塾もたくさんございますので、ご希望の方は、お気軽にご相談くださいますようお願いします。同時に、当社発行物を無断で使用している会社などにつきましての情報もお寄せいただければ幸いです。

株式会社 声の教育社

スーパー過去問の **解説執筆・解答作成スタッフ（在宅）募集！** ※募集要項の詳細は、10月に弊社ホームページ上に掲載します。

2025年度用

■編集人 声の教育社・編集部
■発行所 株式会社 声の教育社
〒162-0814 東京都新宿区新小川町8-15
☎03-5261-5061(代) FAX03-5261-5062
https://www.koenokyoikusha.co.jp

※本書の内容についての一切の責任は当社にあります。内容・解説・解答・その他は当社ホームページよりお問い合わせ下さい。

カコを追いかけ ミライをつかめ

「今の説明、もう一回」を何度でも

web過去問

ストリーミング配信による入試問題の解説動画

もっと古いカコモンないの？

カコ過去問

「さらにカコの」過去問をHPに掲載（DL）

声の教育社

詳しくはこちらから

ストリーミング配信による入試問題の解説動画

2025年度用web過去問　ラインナップ

■ 男子・女子・共学(全動画) 見放題
36,080円(税込)

■ 男子・共学 見放題
29,480円(税込)

■ 女子・共学 見放題
28,490円(税込)

● 中学受験「声教web過去問(過去問プラス・過去問ライブ)」(算数・社会・理科・国語)

3〜5年間 **24校**

過去問プラス

麻布中学校	桜蔭中学校	開成中学校	慶應義塾中等部	渋谷教育学園渋谷中学校
女子学院中学校	筑波大学附属駒場中学校	豊島岡女子学園中学校	広尾学園中学校	三田国際学園中学校
早稲田中学校	浅野中学校	慶應義塾普通部	聖光学院中学校	市川中学校
渋谷教育学園幕張中学校	栄東中学校			

過去問ライブ

栄光学園中学校	サレジオ学院中学校	中央大学附属横浜中学校	桐蔭学園中等教育学校	東京都市大学付属中学校
フェリス女学院中学校	法政大学第二中学校			

● 中学受験「オンライン過去問塾」(算数・社会・理科)

3〜5年間 **50校以上**

地域	学校	地域	学校	地域	学校	地域	学校	地域	学校
東京	青山学院中等部	東京	国学院大学久我山中学校	東京	明治大学付属明治中学校	千葉	芝浦工業大学柏中学校	埼玉	栄東中学校
東京	麻布中学校	東京	渋谷教育学園渋谷中学校	東京	早稲田中学校	千葉	渋谷教育学園幕張中学校	埼玉	淑徳与野中学校
東京	跡見学園中学校	東京	城北中学校	東京	都立中高一貫校 共同作成問題	千葉	昭和学院秀英中学校	埼玉	西武学園文理中学校
東京	江戸川女子中学校	東京	女子学院中学校	東京	都立大泉高校附属中学校	千葉	専修大学松戸中学校	埼玉	獨協埼玉中学校
東京	桜蔭中学校	東京	巣鴨中学校	東京	都立白鷗高校附属中学校	千葉	東邦大学付属東邦中学校	埼玉	立教新座中学校
東京	鷗友学園女子中学校	東京	桐朋中学校	東京	都立両国高校附属中学校	千葉	千葉日本大学第一中学校	茨城	江戸川学園取手中学校
東京	大妻中学校	東京	豊島岡女子学園中学校	神奈川	神奈川大学附属中学校	千葉	東海大学付属浦安中等部	茨城	土浦日本大学中等教育学校
東京	海城中学校	東京	日本大学第三中学校	神奈川	桐光学園中学校	千葉	麗澤中学校	茨城	茗溪学園中学校
東京	開成中学校	東京	雙葉中学校	神奈川	県立相模原・平塚中等教育学校	千葉	県立千葉・東葛飾中学校		
東京	開智日本橋中学校	東京	本郷中学校	神奈川	市立南高校附属中学校	千葉	市立稲毛国際中等教育学校		
東京	吉祥女子中学校	東京	三輪田学園中学校	千葉	市川中学校	埼玉	浦和明の星女子中学校		
東京	共立女子中学校	東京	武蔵中学校	千葉	国府台女子学院中学部	埼玉	開智中学校		

web過去問 

過去問が動画化！
声の教育社の編集者や中高受験のプロ講師など、
過去問を知りつくしたスタッフが動画で解説します。

Q どこで購入できますか？
A 声の教育社のHPでお買い求めいただけます。

Q 受講にあたり、テキストは必要ですか？
A 基本的には過去問題集がお手元にあることを前提としたコンテンツとなっております。

Q 全問解説ですか？
A 「オンライン過去問塾」シリーズは基本的に全問解説ですが、国語の解説はございません。「声教web過去問」シリーズは合格のカギとなる問題をピックアップして解説するもので、全問解説ではございません。なお、「声教web過去問」と「オンライン過去問塾」のいずれでも取り上げられている学校がありますが、授業は別の講師によるもので、同一のコンテンツではございません。

Q 動画はいつまで視聴できますか？
A ご購入年度2月末までご視聴いただけます。
複数年視聴するためには年度が変わるたびに購入が必要となります。

よくある解答用紙のご質問

01

実物のサイズにできない

拡大率にしたがってコピーすると，「解答欄」が実物大になります。配点などを含むため，用紙は実物よりも大きくなることがあります。

02

A3用紙に収まらない

拡大率164％以上の解答用紙は実物のサイズ（「出題傾向＆対策」をご覧ください）が大きいために，Ａ３に収まらない場合があります。

03

拡大率が書かれていない

複数ページにわたる解答用紙は，いずれかのページに拡大率を記載しています。どこにも表記がない場合は，正確な拡大率が不明です。

04

１ページに２つある

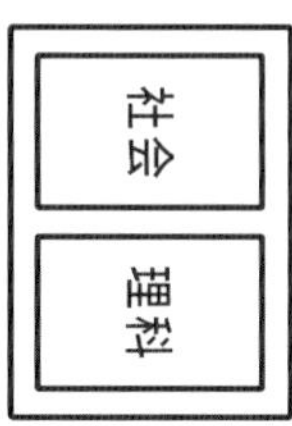

１ページに２つ解答用紙が掲載されている場合は，正確な拡大率が不明です。ほかの試験回の同じ教科をご参考になさってください。

富士見中学校

【別冊】入試問題解答用紙編

禁無断転載

解答用紙は本体からていねいに抜きとり、別冊としてご使用ください。

※　実際の解答欄の大きさで練習するには、指定の倍率で拡大コピーしてください。なお、ページの上下に小社作成の見出しや配点を記載しているため、コピー後の用紙サイズが実物の解答用紙と異なる場合があります。

●入試結果表

— は非公表

年度	回	項目	国語	算数	社会	理科	4科合計	合格者
2024	第１回	配点(満点)	100	100	60	60	320	最高点
		合格者平均点	70.1	69.1	42.7	40.8	222.7	267
		受験者平均点	—	—	—	—	—	最低点
		キミの得点						203
	第２回	配点(満点)	100	100	60	60	320	最高点
		合格者平均点	73.2	75.2	36.9	42.3	227.6	273
		受験者平均点	—	—	—	—	—	最低点
		キミの得点						205
	算数１教科	配点(満点)		100				最高点
		合格者平均点		72.3				100
		受験者平均点		—				最低点
		キミの得点						59
2023	第１回	配点(満点)	100	100	60	60	320	最高点
		合格者平均点	58.5	69.8	39.6	44.0	211.9	269
		受験者平均点	—	—	—	—	—	最低点
		キミの得点						192
	第２回	配点(満点)	100	100	60	60	320	最高点
		合格者平均点	64.6	80.1	37.7	38.7	221.1	279
		受験者平均点	—	—	—	—	—	最低点
		キミの得点						199
	算数１教科	配点(満点)		100				最高点
		合格者平均点		60.8				91
		受験者平均点		—				最低点
		キミの得点						47
2022	第１回	配点(満点)	100	100	60	60	320	最高点
		合格者平均点	66.3	55.3	35.7	35.6	192.9	237
		受験者平均点	—	—	—	—	—	最低点
		キミの得点						170
	第２回	配点(満点)	100	100	60	60	320	最高点
		合格者平均点	64.1	61.4	43.2	31.9	200.6	277
		受験者平均点	—	—	—	—	—	最低点
		キミの得点						178
	算数１教科	配点(満点)		100				最高点
		合格者平均点		65.7				86
		受験者平均点		—				最低点
		キミの得点						54
2021	第１回	配点(満点)	100	100	60	60	320	最高点
		合格者平均点	70.7	60.5	43.9	27.1	202.2	254
		受験者平均点	—	—	—	—	—	最低点
		キミの得点						181

※　表中のデータは学校公表のものです。ただし、４科合計は各教科の平均点を合計したものなので、目安としてご覧ください。

声の教育社

２０２４年度　富士見中学校

算数解答用紙　第１回

番号		氏名		評点	／100

1

(1)		(2)		(3)	円	(4)	%
(5)	円	(6)	度	(7)	cm^3	(8)	cm^3

2

〔A〕(1)	cm^2	(2)	cm^2	(3)	cm		
〔B〕(1)		(2)	[1] [2] [3]			(3)	

3

(1)	個	(2)	個	(3)	円	(4)	個

4

(1)	秒	(2)	順番	かかった時間 秒
(3)	答え　走者順　　　　,　　　秒後			
(4)				

（注）この解答用紙は実物を縮小してあります。Ｂ５→Ｂ４(141%)に拡大コピーすると、ほぼ実物大の解答欄になります。

〔算　数〕100点(推定配点)

1～4　各４点×25＜4の(2)の順番，(3)，(4)は完答＞

2024年度　　富士見中学校

社会解答用紙　第1回

番号		氏名		評点	／60

1

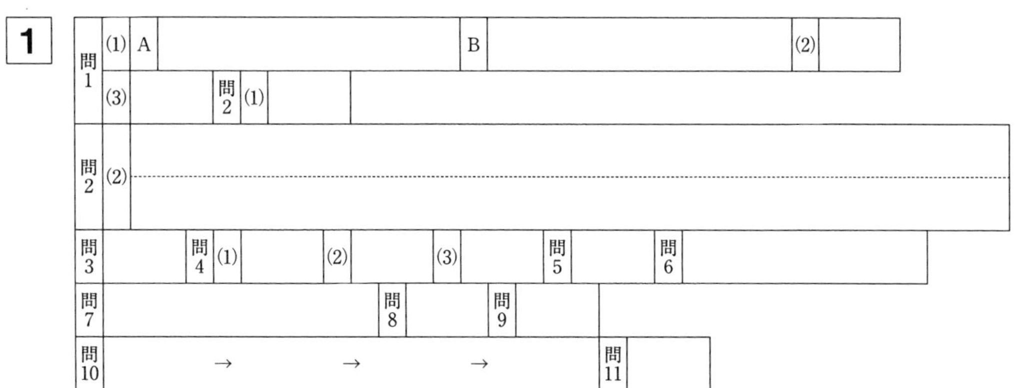

問1 (1) A B (2)
(3)
問2 (1)
問2 (2)
問3
問4 (1) (2) (3)
問5
問6
問7
問8
問9
問10 → → →
問11

2

問1	(1)	
	(2)	
問2	(1)	(2)
問3	(1)	(2)
問4	(1)	(2)
問5		
問6	(1)	(2) (3)
問7	(1)	(2)
問8	(1)	(2) (3) 裁判
問9	(1)	(2)
問10		

（注）この解答用紙は実物を縮小してあります。B５→A３(163%)に拡大コピーすると、ほぼ実物大の解答欄になります。

〔社　会〕60点(推定配点)

1 問1 (1) 各2点×2 (2), (3) 各1点×2 問2 (1) 1点 (2) 2点 問3 2点 問4 各1点×3 問5～問11 各2点×7＜問10は完答＞ 2 問1 各2点×2 問2 (1) 2点 (2) 1点 問3 各2点×2 問4 (1) 2点 (2) 1点 問5 2点 問6 (1) 1点 (2), (3) 各2点×2 問7, 問8 各1点×5 問9 各2点×2 問10 各1点×2

２０２４年度　富士見中学校

理科解答用紙　第１回

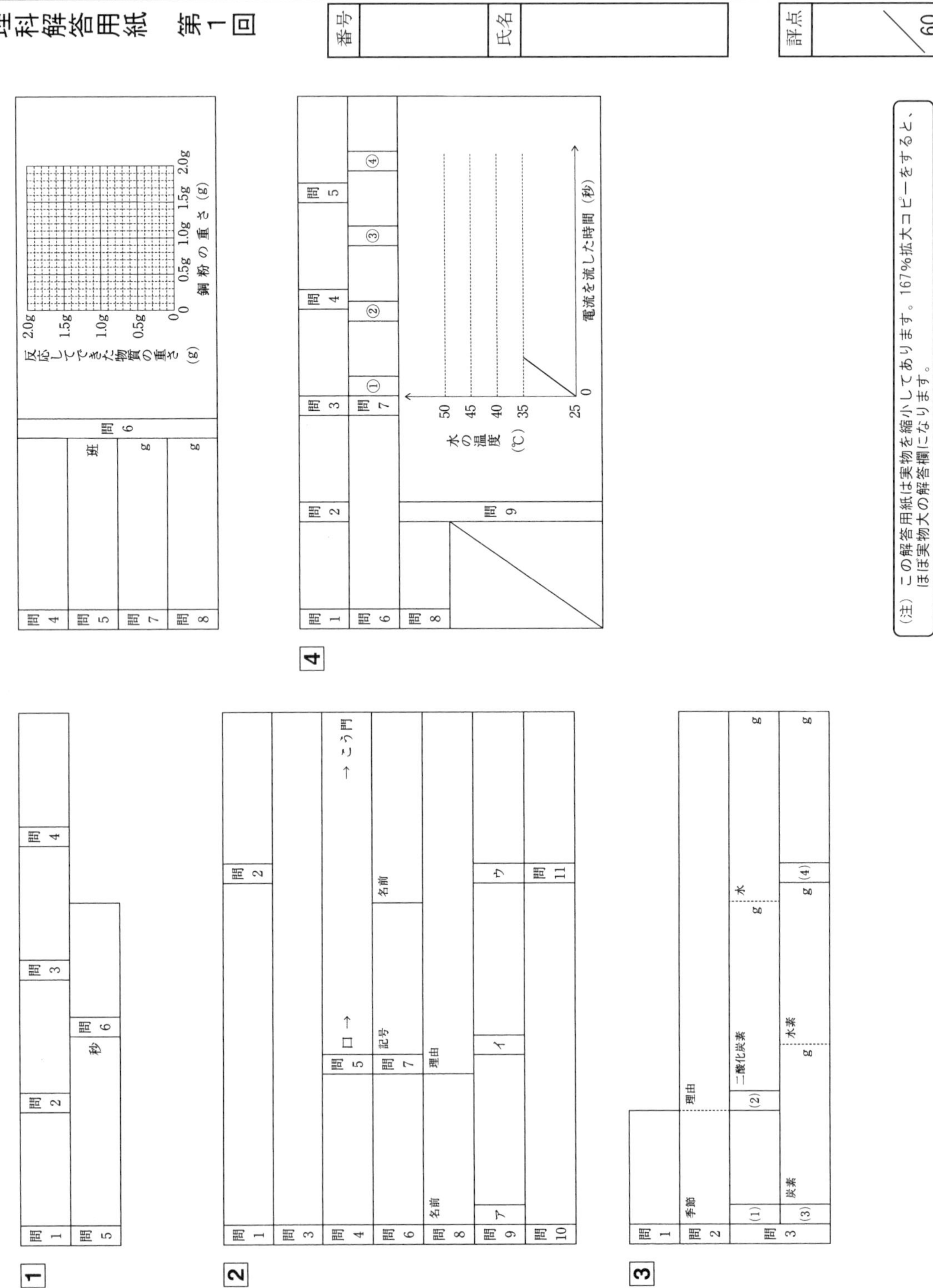

〔理　科〕60点(推定配点)

1　各２点×６　2　問１～問10　各１点×14<問５は完答>　問11　２点　3　問１～問３　各２点×６<問２，問３の(2)，(3)は完答>　問４，問５　各１点×２　問６　２点　問７，問８　各１点×２　4　問１～問４　各１点×４　問５～問９　各２点×５<問６，問７は完答>

２０２４年度　富士見中学校

国語解答用紙　第一回

番号　　氏名　　評点　／100

一

①	②	③	④	⑤
大往生	枚挙	アッカン	ゲキヤク	テッキン

⑥	⑦	⑧	⑨	⑩
キュウユウ	コウシン	リョウケイ	フッコウ	アンケン

二

問1

問2 a b　問3 A B

問4 A B　問5　問6 1 2 3 4

問7　問8 X Y　問9

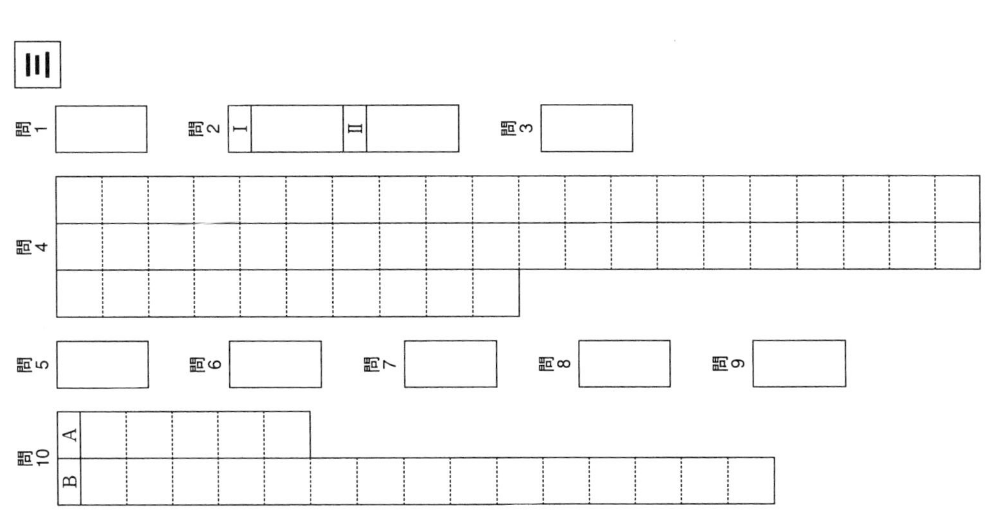

(注) この解答用紙は実物を縮小してあります。Ｂ５→Ａ３(163%)に拡大コピーすると、ほぼ実物大の解答欄になります。

〔国　語〕100点(推定配点)

一　各２点×10　二　問１　７点　問２～問４　各２点×６　問５　３点　問６　各２点×４　問７　３点　問８，問９　各２点×４　三　問１　３点　問２　各２点×２　問３　３点　問４　８点　問５～問10　各３点×７

２０２４年度　富士見中学校

算数解答用紙　第２回

番号		氏名	

評点	／100

1

(1)		(2)		(3)	%	(4)	個
(5)	本	(6)	度	(7)	cm^2	(8)	cm^3

2

〔A〕(1)		(2)		(3)	個			
〔B〕(1)	毎秒　cm	(2)	cm	(3)	ア	イ	(4)	秒後

3

(1)	日目	(2)	番から　番
(3)	日目	(4)	番から　番

4

(1)	体積　cm^3	表面積　cm^2	(2)	cm	cm	(3)	cm^2
(4)	答え　㋐　回，㋒　回						

（注）この解答用紙は実物を縮小してあります。Ｂ５→Ａ４（141％）に拡大コピーすると，ほぼ実物大の解答欄になります。

〔算　数〕100点（推定配点）

1～4　各４点×25＜2の〔Ｂ〕の(3)，4の(4)は完答＞

2024年度　富士見中学校

社会解答用紙　第2回

番号		氏名		評点	／60

1

問1　問2 (1)

問2 (2)
(ヨーロッパでは)
(一方、アジアやアフリカでは)

問3 (1)
(2)　問4 (1)　(2)　(3)　問5

問6　問7　問8　問9　→　→　→

問10

問11

問12

問13

問14　→　→　→

問15 (1)　→　→　→　→　(2)

2

問1 (1)　(2)　問2　問3　問4　問5

問6　問7 (1)　→　→　→

問7 (2)

問8　問9　問10　問11

問12

問13

（注）この解答用紙は実物を縮小してあります。Ｂ５→Ａ３（163%）に拡大コピーすると、ほぼ実物大の解答欄になります。

〔社　会〕60点(推定配点)

1　問1　1点　問2　(1)　1点　(2)　各2点×2　問3　各2点×2　問4～問8　各1点×7　問9～問15　各2点×8<問9，問14は完答，問15は各々完答>　2　問1，問2　各2点×3　問3～問5　各1点×3　問6～問13　各2点×9<問6，問7の(1)は完答>

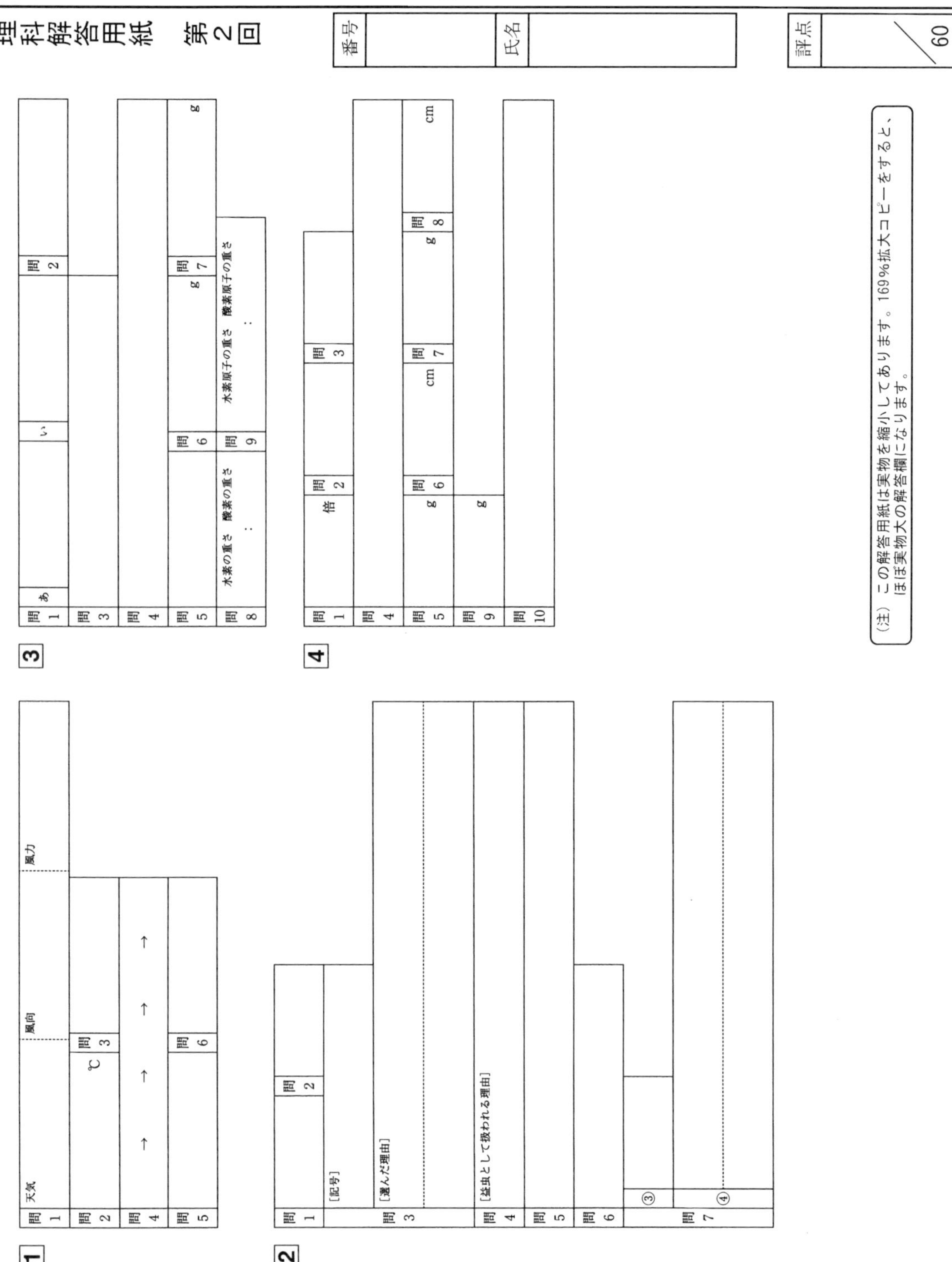

〔理 科〕60点(推定配点)

1 各2点×6<問1, 問4は完答> 2 問1, 問2 各1点×2 問3 記号…1点, 選んだ理由…2点 問4～問6 各2点×3<問6は完答> 問7 ③ 1点 ④ 2点 3 問1, 問2 各1点×3 問3, 問4 各2点×2<問3は完答> 問5 1点 問6～問9 各2点×4 4 問1 2点 問2, 問3 各1点×2 問4～問10 各2点×7

２０２４年度　富士見中学校

国語解答用紙　第二回

番号　氏名　評点 /100

一

①食傷　②奮う　③イサイ　④ケッセイ　⑤ササツ
⑥シンキイッテン　⑦ジョウキセン　⑧ヒダイ　⑨ゲンカク　⑩ビョウシン

二

問1　問2　問3
問4　初め　終わり
問5　Ⅰ　Ⅱ　Ⅲ
問6　20
問7　問8　問9　A　B　C　D　E

三

問1
問2
問3　③　⑤
問4
問5　A　B　C　D　E　F　問6
問7　問8

（注）この解答用紙は実物を縮小してあります。Ｂ５→Ａ３（163%）に拡大コピーすると、ほぼ実物大の解答欄になります。

〔国　語〕100点(推定配点)

一　各２点×10　二　問１～問４　各３点×４　問５　各２点×３　問６　４点　問７　各２点×２　問８　３点　問９　各２点×５　三　問１　５点　問２　８点　問３　各２点×２　問４　３点　問５　各２点×６　問６～問８　各３点×３

２０２４年度　富士見中学校

算数解答用紙　算数１教科

番号		氏名		評点	/100

3

(1)	a	b	c
(2)	内周の長さ　m	外周の長さ　m	
(3)	内周率	外周率	
(4)	答え　個		
(5)	内周率	外周率	
(6)	内周率	外周率	
(7)	①	②	③

(注)　この解答用紙は実物を縮小してあります。208%拡大コピーをすると、ほぼ実物大の解答欄になります。

1

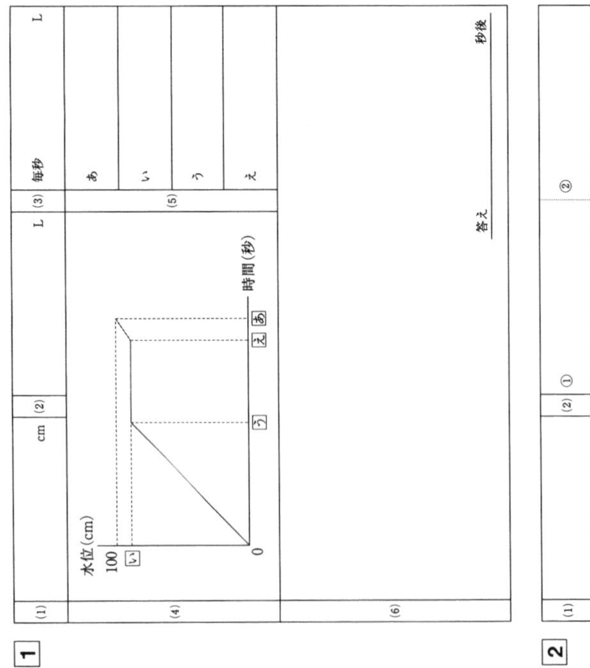

2

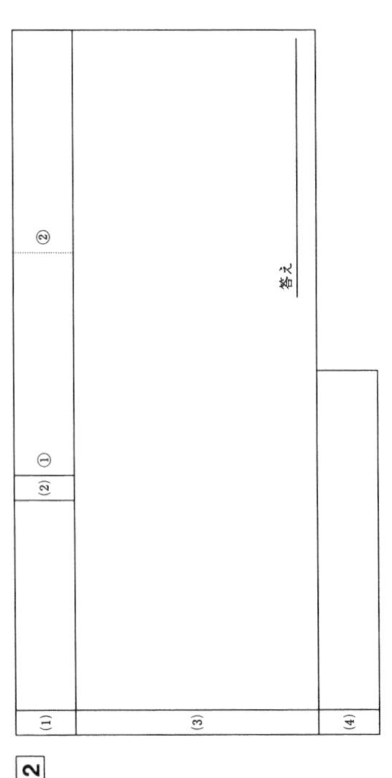

〔算　数〕100点(推定配点)

1　(1)～(3)　各５点×３　(4)，(5)　各４点×５　(6)　５点　**2**　(1)　５点　(2)　各３点×２　(3)，(4)　各５点×２　**3**　(1)　５点<完答>　(2)，(3)　各３点×４　(4)　５点　(5)，(6)　各３点×４　(7)　５点<完答>

２０２３年度　　　富士見中学校

算数解答用紙　第１回

番号		氏名	

評点	／100

1

(1)		(2)		(3)	点	(4)	通り
(5)	年後	(6)	度	(7)	cm^2	(8)	cm

2

〔A〕(1)①		(1)②	cm^3	(2)	cm^3	(3)	cm^3
〔B〕(1)	時　分	(2)	分速　m	(3)	時　分		

3

ア		イ		ウ		エ	
オ		カ					

4

(1)	3枚目	8枚目	(2)①	枚目	(2)②	枚目
(3)	答え　枚					

〔算　数〕100点(推定配点)

1～4　各４点×25<4の(1)は完答>

(注) この解答用紙は実物を縮小してあります。Ｂ５→Ｂ４(141%)に拡大コピーすると、ほぼ実物大の解答欄になります。

２０２３年度　富士見中学校

社会解答用紙　第１回

番号		氏名		評点	／60

1

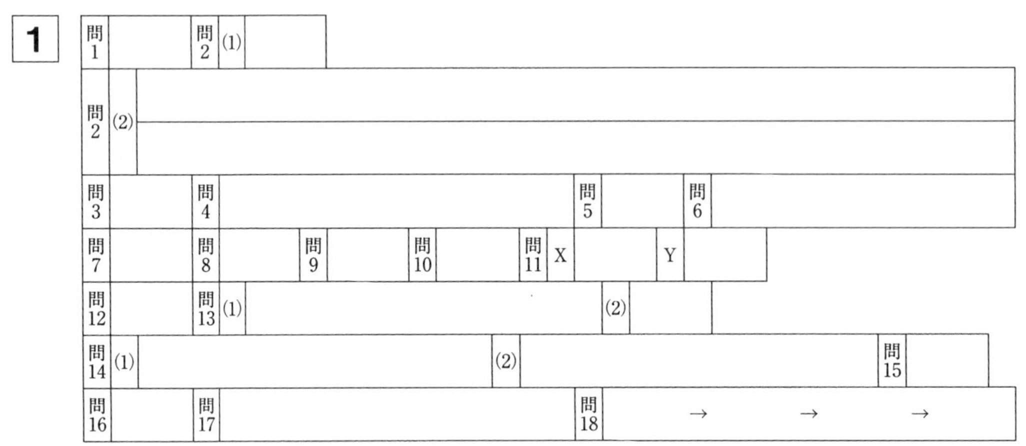

2

問1 (1) (2)　問2　問3　問4

問5　問6　問7 (1) (2)

問8　どこの船か　中国船　・　ポルトガル船

問9

問10 (1) (2)

問11　問12　問13　問14

（注）この解答用紙は実物を縮小してあります。Ｂ５→Ａ３（163%）に拡大コピーすると、ほぼ実物大の解答欄になります。

〔社　会〕60点（推定配点）

1　問１　１点　問２　各２点×２　問３～問13　各１点×13　問14～問18　各２点×６<問18は完答>

2　問１～問４　各１点×５　問５～問７　各２点×４　問８　３点　問９～問14　各２点×７

２０２３年度　富士見中学校

理科解答用紙　第１回

番号　氏名　評点　／60

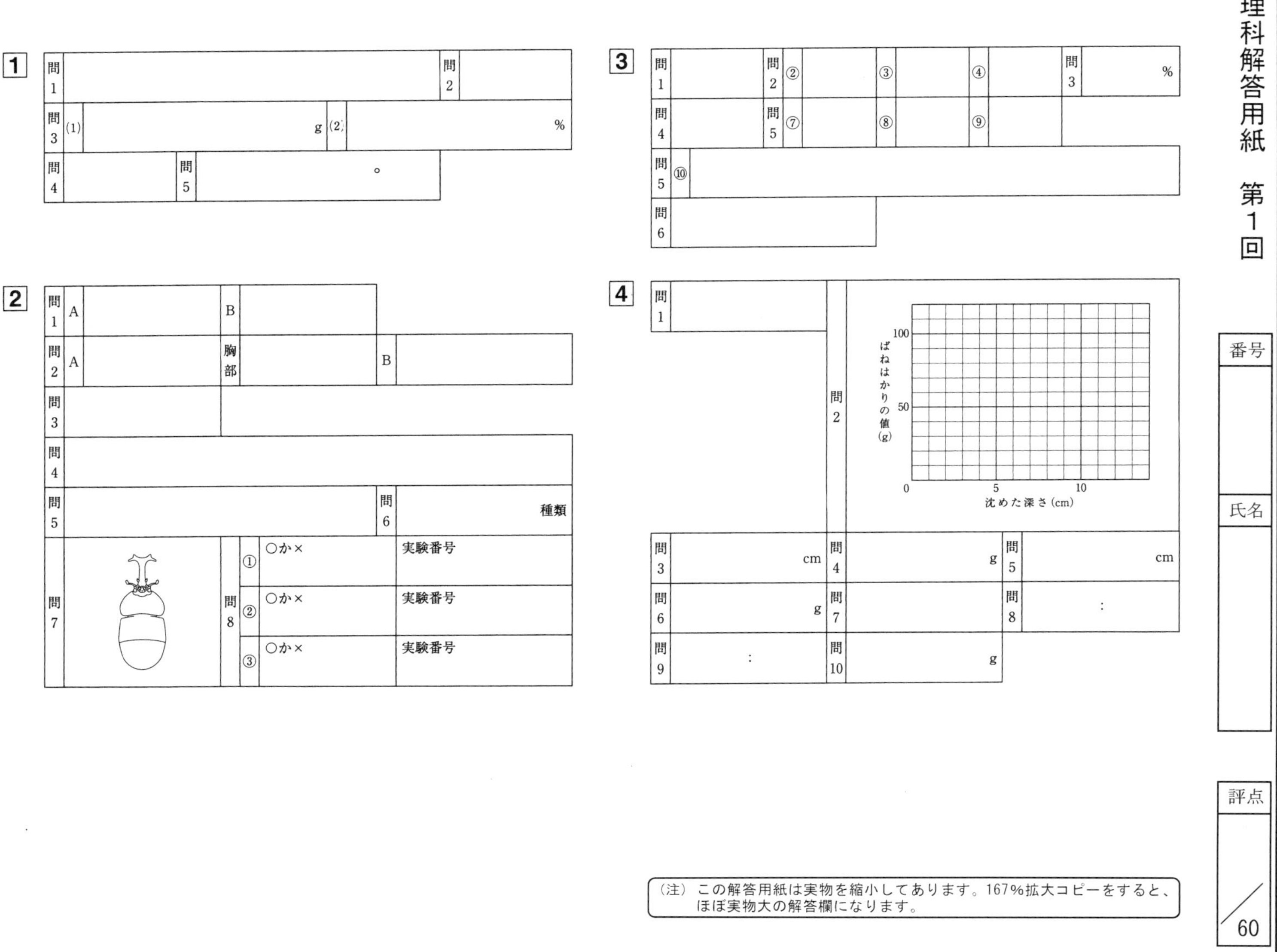

（注）この解答用紙は実物を縮小してあります。167%拡大コピーをすると、ほぼ実物大の解答欄になります。

〔理　科〕60点(推定配点)

1　各２点×６　2　問１～問７　各２点×７<問１，問２は完答>　問８　各１点×３<各々完答>　3　問１～問４　各２点×４<問２は完答>　問５　⑦～⑨　各１点×３　⑩　２点　問６　２点<完答>　4　問１　１点　問２　２点　問３～問５　各１点×３　問６～問10　各２点×５

二〇二三年度　富士見中学校

国語解答用紙　第一回

番号　氏名　評点 /100

一

① ジュンビ　② ドウソウ　③ フンマツ　④ ヨネン　⑤ ホンショウ
⑥ キフジン　⑦ ウラジ　⑧ キショウ　⑨ シンドウ　⑩ メバえる

二

問1 ～

問2 A B

問3　問4　問5 Ⅰ Ⅱ　問6　問7

問8

問9

三

問1 A B

問2 (1) (2) (3)

問3　問4

問5

問6

問7　問8

(注) この解答用紙は実物を縮小してあります。B5→A3(163%)に拡大コピーすると、ほぼ実物大の解答欄になります。

〔国　語〕100点(推定配点)

一 各2点×10　二 問1～問7 各3点×9　問8 7点　問9 各3点×2　三 問1 各3点×2　問2 (1) 4点 (2), (3) 各3点×2　問3, 問4 各3点×2　問5 4点　問6 8点　問7, 問8 各3点×2

２０２３年度　富士見中学校

算数解答用紙　第２回

番号		氏名		評点	／100

1

(1)		(2)		(3)	円	(4)	個
(5)	回	(6)	度	(7)	cm	(8)	cm^3

2

〔A〕(1)	cm	(2)	cm	(3)	段
〔B〕(1)	Aさん　：　Bさん	(2)	km		

3

(1)		(2)		(3)	A	B
(4)		(5)				

4

(1)		(2)	イ　cm	ウ　cm	(3)	cm
(4)	答え　cm^2					

（注）この解答用紙は実物を縮小してあります。Ｂ５→Ｂ４(141%)に拡大コピーすると、ほぼ実物大の解答欄になります。

〔算　数〕100点(推定配点)

1　各５点×８　2〜4　各４点×15＜3の(3)は完答＞

2023年度　富士見中学校

社会解答用紙　第2回

番号		氏名		評点	／60

1

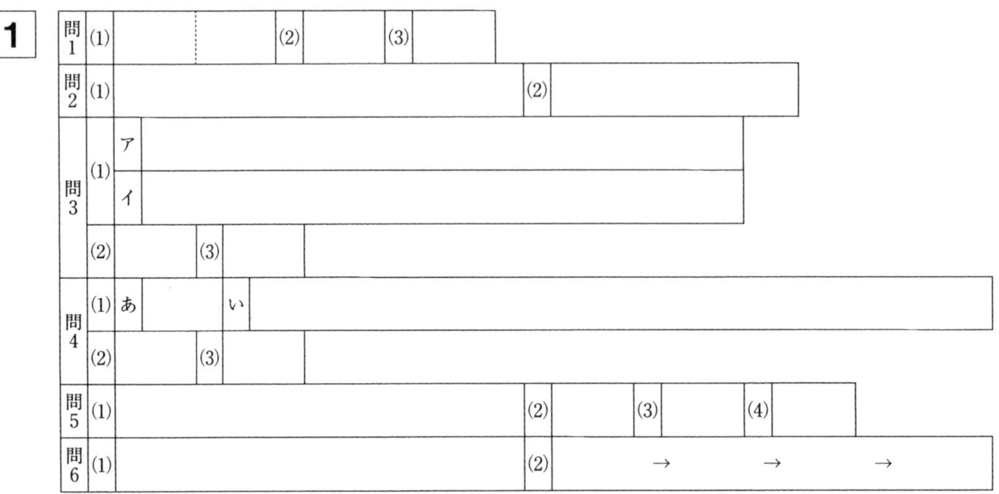

問1 (1) (2) (3)
問2 (1) (2)
問3 (1) ア イ (2) (3)
問4 (1) あ い (2) (3)
問5 (1) (2) (3) (4)
問6 (1) (2) → → →

2

問1		問2		問3					
問4	僧寺		尼寺		問5		問6		問7
問8		問9							
問10	(1)								
	(2)								
	(3)								
問11	(1) → → →		(2)		問12				
問13	(1)		(2)						

（注）この解答用紙は実物を縮小してあります。Ｂ５→Ａ３（163%）に拡大コピーすると、ほぼ実物大の解答欄になります。

〔社　会〕60点（推定配点）

1　問1～問4　各2点×12＜問1の(1)，問3の(1)は完答＞　問5，問6　各1点×6＜問6の(2)は完答＞　2　問1～問7　各1点×8　問8，問9　各2点×2　問10　(1)　2点　(2)，(3)　各3点×2　問11～問13　各2点×5＜問11の(1)は完答＞

2023年度　富士見中学校

理科解答用紙　第2回

番号		氏名		評点	/60

1

問1	
問2	m
問3	
問4	
問5	座
問6	

2

問1	
問2	と
問3	
問4	エ　オ　カ
問5	%
問6	%
問7	%
問8	%

3

問1	
問2	g
問3	
問4	
問5	
問6	気体の発生量(mL) 1.0 2.0 3.0 4.0 ／ 時間(秒) 0 100 200 300
問7	秒
問8	A

4

問1	
問2	
問3	
問4	
問5	
問6	秒後
問7	m
問8	秒間
問9	

（注）この解答用紙は実物を縮小してあります。B５→A３（163%）に拡大コピーすると、ほぼ実物大の解答欄になります。

〔理　科〕60点(推定配点)

1～3　各２点×22<2の問２，問４は完答>　4　問１，問２　各１点×２　問３～問９　各２点×７

二〇二三年度　富士見中学校

国語解答用紙　第二回

番号　　氏名　　評点　／100

一

①イチモクサン　②シュウトクブツ　③タイボウ　④セイライ　⑤フキョウ

⑥ノホウズ　⑦ジキュウジソク　⑧コガイ　⑨シュキ　⑩コウラク

二

問1　A　B　C　D

問2　(1)

(2)　世界の人口が増えるにつれ油の消費が増え、　　から。

問3　問4　①　②　③　⑤　⑥　問5

問6　ア　イ　ウ　エ　問7　問8　問9　問10

三

問1

問2

問3　将　馬　問4　問5

問6　　と思わないと、今の生活がつらすぎるということ。　問7

問8

問9

（注）この解答用紙は実物を縮小してあります。B5→A3（163%）に拡大コピーすると、ほぼ実物大の解答欄になります。

〔国　語〕100点(推定配点)

一　各2点×10　二　問1　各2点×4　問2　(1)　3点　(2)　5点　問3～問5　各3点×3<問4は完答>　問6　各1点×4　問7　2点　問8～問10　各3点×3　三　問1　7点　問2　5点　問3，問4　各3点×2<問3は完答>　問5　2点　問6　6点　問7　3点　問8　8点　問9　3点

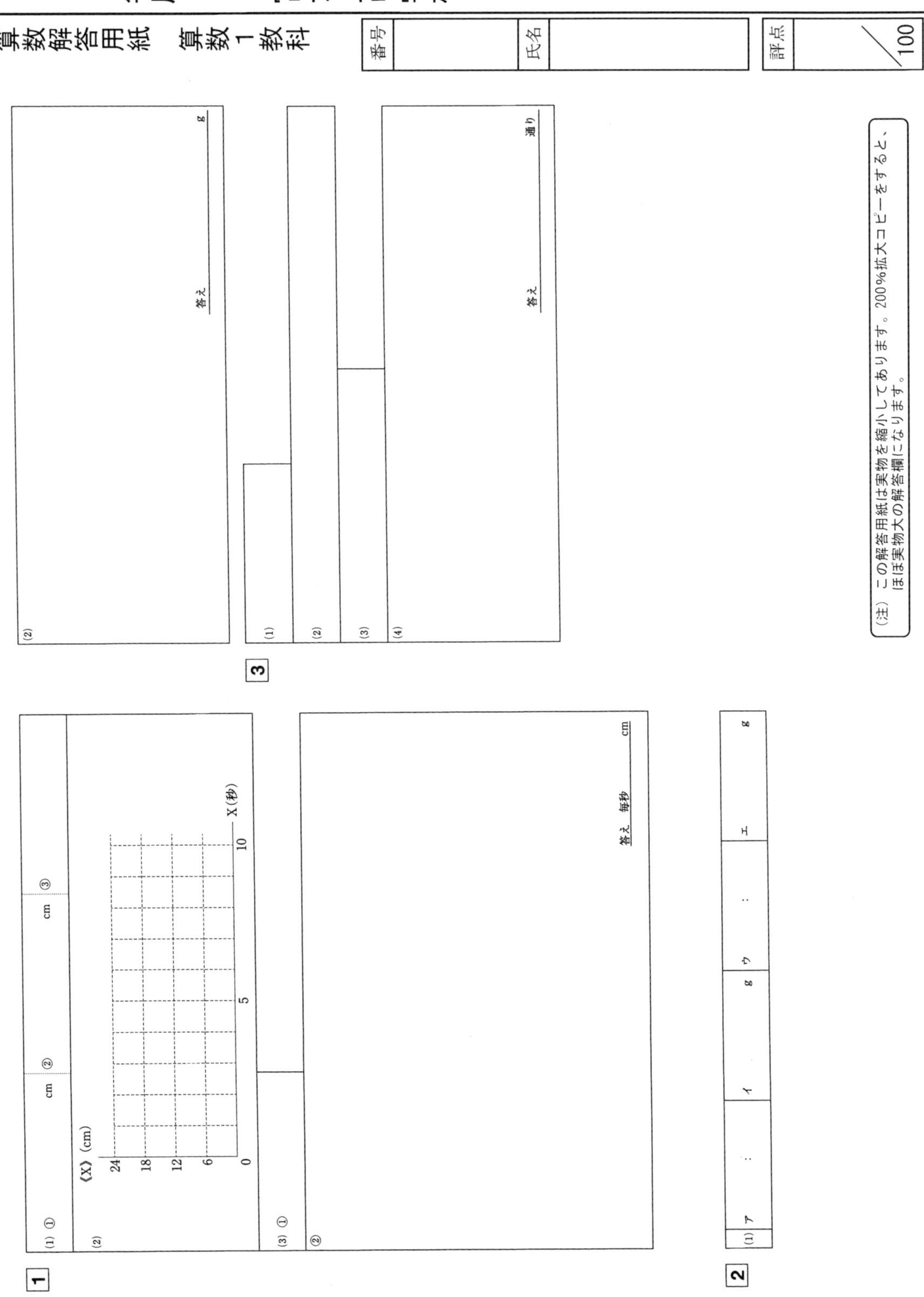

〔算　数〕100点(推定配点)

1 (1), (2) 各６点×4 (3) ① ６点 ② ８点 2 (1) 各６点×4 (2) ８点 3 (1)〜(3) 各７点×3<(3)は完答> (4) ９点

２０２２年度　富士見中学校

算数解答用紙　第１回

番号		氏名		評点	／100

1

(1)		(2)		(3)	g	(4)	分間
(5)	通り	(6)	円	(7)	cm²	(8)	cm³

2

〔A〕(1)		(2)		(3)	
〔B〕(1)	冊	(2)	冊	(3)	

3

(1)	立方体の個数　個	立方体の１辺の長さ　cm	(2)	cm²	(3)	cm²
(4)	赤　：　青　：　緑					

4

(1)	分速　m	ア	(2)	あ	い	う
(3)	分速　m	(4)				
(5)	答え　Aさん　：　Bさん					

（注）この解答用紙は実物を縮小してあります。Ｂ５→Ｂ４（141％）に拡大コピーすると、ほぼ実物大の解答欄になります。

〔算　数〕100点(推定配点)

1　各５点×８　2～4　各４点×15＜3の(1)，4の(1)，(2)は完答＞

2022年度　富士見中学校

社会解答用紙　第1回

番号		氏名		評点	／60

1

問1		問2	(1)		(2)		問3		問4	(1)		(2)	
問5													
問6		問7		問8									
問9	(1)												
	(2)		問10		問11								
問12	(1)	→ → →	(2)		問13								
問14	(1)		(2)										

2

問1		問2		問3		問4		問5	
問6									
問7									
問8	(1)								
	(2)								
問9		問10	場所	記号		問11			
問12	(1)		(2)		問13		問14	問15	
問16	→ → →	問17	(1)		(2)				

（注）この解答用紙は実物を縮小してあります。B５→A３（163%）に拡大コピーすると、ほぼ実物大の解答欄になります。

〔社　会〕60点（推定配点）

1　問１～問４　各１点×６　問５～問13　各２点×11<問12の(1)は完答>　問14　各１点×２　2　問１～問５　各１点×５　問６～問13　各２点×10<問10は完答>　問14～問17　各１点×５<問16は完答>

２０２２年度　富士見中学校

理科解答用紙　第１回

番号		氏名		評点	/60

3

問1	km/秒	問2	km/秒		
問3	時　分　秒	問4	km	問5	km
問6	km	問7	時　分　秒		

4

問1	g	問2	g	問3	g
問4		問5		問6	Hz
問7		問8	g		

（注）この解答用紙は実物を縮小してあります。Ｂ５→Ａ３（163％）に拡大コピーすると、ほぼ実物大の解答欄になります。

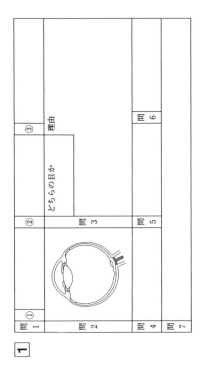

1

問1	①	②	③
問2		問3	どちらの目か　理由
問4		問5	問6
問7			

2

問1	E	F	G	問2	
問3		問4	(1)		
問4	(2)	(3)	① cm³	② cm³	
問5					

〔理　科〕60点(推定配点)

1　問１　各１点×３　問２～問７　各２点×６<問３，問６は完答>　2　問１～問３　各１点×５<問２は完答>　問４，問５　各２点×５　3，4　各２点×15

二〇二二年度　富士見中学校

国語解答用紙　第一回

番号		氏名		評点	/100

一

① ヨウリョウ	② ショメイ	③ ヨウサン	④ チュウセイ	⑤ ケッパク
⑥ シキンセキ	⑦ コメダワラ	⑧ オビ	⑨ ツト　める	⑩ イトナ　む

二

問1 I　II　III　IV　問2　問3　問4

問5　問6

問7 1　2

問8　問9　問10 A　B　C

三

問1　問2　問3　問4

問5

問6　問7

問8 1　2

問9

（注）この解答用紙は実物を縮小してあります。B5→A3（163%）に拡大コピーすると、ほぼ実物大の解答欄になります。

〔国　語〕100点（推定配点）

一　各2点×10　二　問1～問6　各2点×9　問7　1　4点　2　6点　問8，問9　各3点×2　問10　各2点×3　三　問1～問4　各3点×4　問5　8点　問6　4点　問7　3点　問8　1　4点　2　6点　問9　3点

２０２２年度　　富士見中学校

算数解答用紙　第２回

番号		氏名		評点	／100

1

(1)		(2)		(3)		(4)	Aさん　Bさん ：
(5)	本	(6)	度	(7)	cm^2	(8)	cm^3

2

〔A〕(1)	秒後	(2)	秒後	(3)	回
〔B〕(1)		(2)	番目	(3)	

3

(1)		(2)	OH　cm	HF　cm	FO　cm
(3)	答え　cm^2				
(4)	cm^2	(5)	cm^2		

4

ア		イ		ウ		エ	
オ		カ		キ		ク	

（注）この解答用紙は実物を縮小してあります。Ｂ５→Ｂ４（141%）に拡大コピーすると、ほぼ実物大の解答欄になります。

〔算　数〕100点（推定配点）

1, 2　各４点×14　3　各４点×５＜(2)は完答＞　4　各３点×８

２０２２年度　　富士見中学校

社会解答用紙　第２回

番号		氏名	

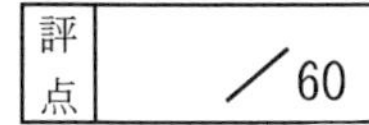

1

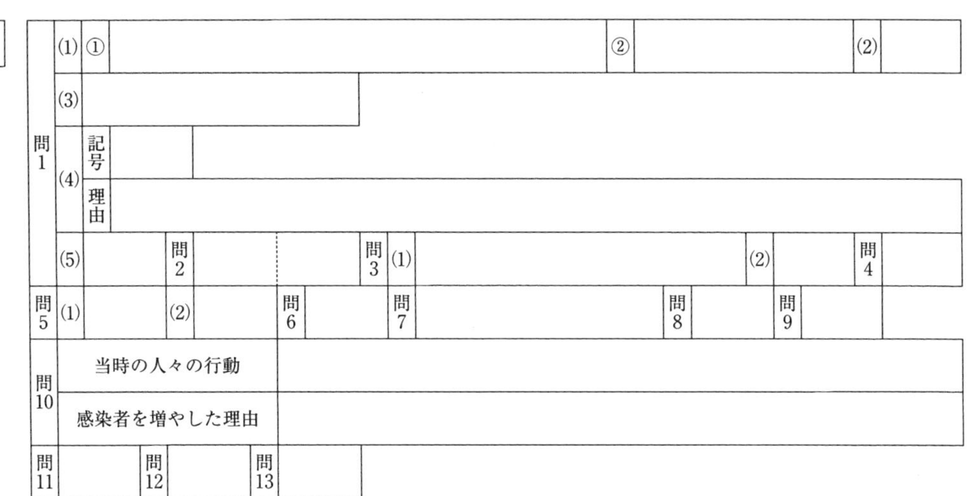

問1 (1) ① ② (2)
(3)
(4) 記号 理由
(5) 問2 問3 (1) (2) 問4
問5 (1) (2) 問6 問7 問8 問9
問10 当時の人々の行動
感染者を増やした理由
問11 問12 問13

2

問1 (1)
(2) 問2 (1) (2)
問3 (1) ① ②
(2) ①
②
問4 問5 問6 問7
問8 (1)
(2) 問9 (1) (2) 問10
問11 問12 問13 問14 (1)
問14 (2) → → →

（注）この解答用紙は実物を縮小してあります。Ｂ５→Ａ３（163％）に拡大コピーすると、ほぼ実物大の解答欄になります。

〔社　会〕60点（推定配点）

1　問１～問６　各１点×14＜問２は完答＞　問７～問13　各２点×８　2　問１～問３　各２点×８　問４～問14　各１点×14＜問10，問14の(2)は完答＞

２０２２年度　富士見中学校

理科解答用紙　第２回

番号　　氏名　　評点 ／60

1

問1　　問2

問3　　問4

問5　　問6

問7　ケージを横から見た図

問8

問9

2

問1　　%

問2　　g/cm^3

問3

問4　　g

問5　　g

問6

問7　　cm^3

問8　　g/cm^3

3

問1

問2

問3

問4　　→　　→

問5

問6　　m

問7　3番目　　6番目

問8

4

問1　毎秒　　m　毎時　　km

問2

問3

問4

問5　毎秒　　m

問6　毎秒　　m

問7　①　②　③

（注）この解答用紙は実物を縮小してあります。Ｂ５→Ａ３（163%）に拡大コピーすると、ほぼ実物大の解答欄になります。

〔理　科〕60点(推定配点)

1　問1～問3　各1点×3　問4～問9　各2点×6<問9は完答>　2　問1　1点　問2～問8　各2点×7　3　問1　1点　問2～問8　各2点×7<問4, 問7は完答>　4　問1～問4　各1点×5　問5～問7　各2点×5

二〇二三年度　富士見中学校

国語解答用紙　第二回

番号　氏名　評点　／100

一

① ソンゲン　② レキホウ　③ サイヨウ　④ ザッカテン　⑤ キケン

⑥ チョゾウ　⑦ ハイシャク　⑧ モヨウ　⑨ イサン　⑩ ドクハ

二

問1

問2

問3　問4 (a)

問4 (b)

問5　問6　問7

三

問1

問2 ア　イ　ウ

問3　10　に対する返事。

問4　問5　問6　問7　問8

問9

（注）この解答用紙は実物を縮小してあります。B5→A3（163%）に拡大コピーすると、ほぼ実物大の解答欄になります。

〔国　語〕100点（推定配点）

一　各2点×10　二　問1　4点　問2　9点　問3　2点　問4　(a)　4点　(b)　7点　問5～問7　各4点×3<問7は完答>　三　問1　7点　問2～問8　各3点×9　問9　8点

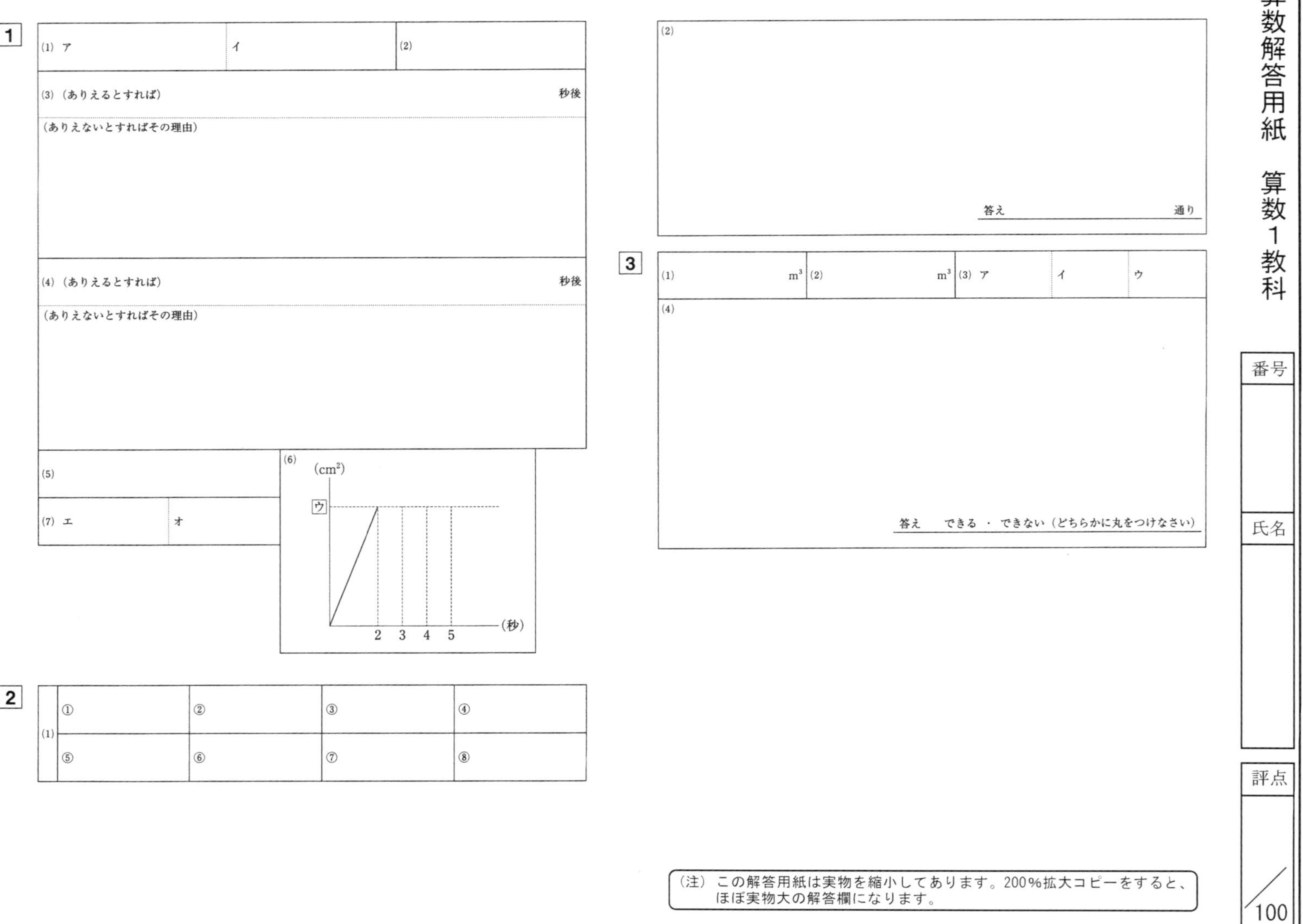

２０２２年度　富士見中学校
算数解答用紙　算数１教科
番号
氏名
評点
/100
1
(1) ア
イ
(2)
(3)（ありえるとすれば）
秒後
（ありえないとすればその理由）
(4)（ありえるとすれば）
秒後
（ありえないとすればその理由）
(5)
(6)
(cm²)
ウ
2 3 4 5
(秒)
(7) エ
オ
2
(1)
①
②
③
④
⑤
⑥
⑦
⑧
(2)
答え　通り
3
(1)　m³
(2)　m³
(3) ア
イ
ウ
(4)
答え　できる ・ できない（どちらかに丸をつけなさい）
（注）この解答用紙は実物を縮小してあります。200%拡大コピーをすると、ほぼ実物大の解答欄になります。

〔算　数〕100点(推定配点)

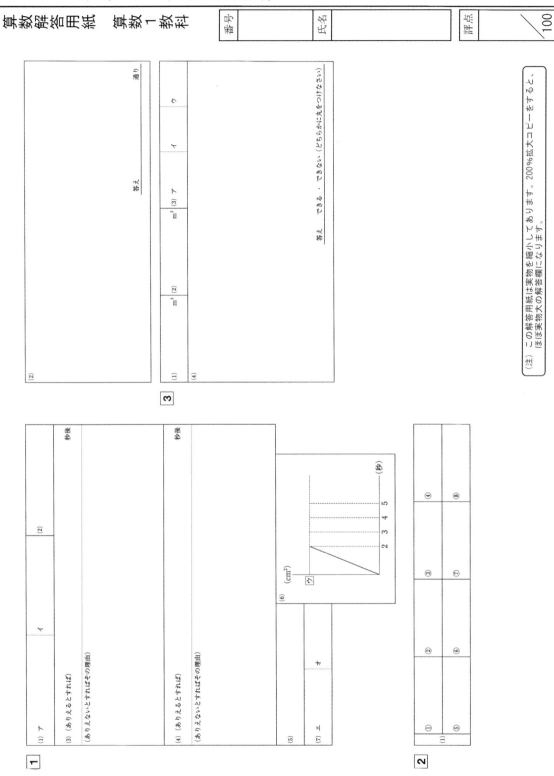

1　各４点×8＜(7)は完答＞　2　(1)　各４点×8　(2)　7点　3　(1), (2)　各５点×2　(3)　各４点×3　(4)　7点

２０２１年度　　富士見中学校

算数解答用紙　第１回

番号		氏名		評点	／100

1

(1)		(2)		(3)	g	(4)	回
(5)	本	(6)	分	(7)	cm²	(8)	cm³

2

[A](1)	ひろこ　よしえ :	(2)	分後		
[B](1)	cm²	(2)	cm	(3)	cm

3

(1)		(2)		(3)		(4)	段目
(5)							

4

(1)	ア	イ	ウ	(2)	cm³
(3)	答え　　　cm				

（注）この解答用紙は実物を縮小してあります。Ｂ５→Ｂ４(141%)に拡大コピーすると、ほぼ実物大の解答欄になります。

〔算　数〕100点(推定配点)

1　各５点×８　2～4　各４点×15

２０２１年度　富士見中学校

社会解答用紙　第１回

番号		氏名		評点	／60

1

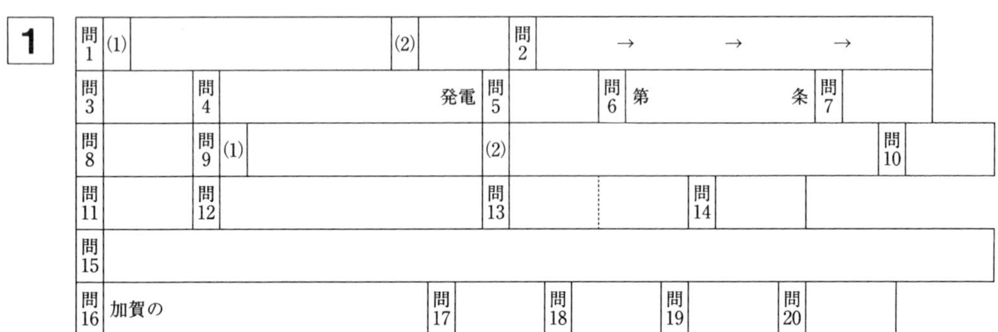

問1 (1) (2) 問2 → → →
問3 問4 発電 問5 問6 第 条 問7
問8 問9 (1) (2) 問10
問11 問12 問13 問14
問15
問16 加賀の 問17 問18 問19 問20

2

問1 (1) → → → (2) (3)
問2 (1) (2) 問3 問4 問5
問6 問7 A B C
問8 (1) (2)
問9 (1)
(2) ①
② (3)
問10 問11 (1) (2)

（注）この解答用紙は実物を縮小してあります。Ｂ５→Ａ３（163%）に拡大コピーすると、ほぼ実物大の解答欄になります。

〔社　会〕60点(推定配点)

1　問1～問12　各1点×14＜問2は完答＞　問13～問20　各2点×8＜問13は完答＞　2　問1～問7　各1点×12＜問1の(1)，問2の(1)は完答＞　問8～問11　各2点×9

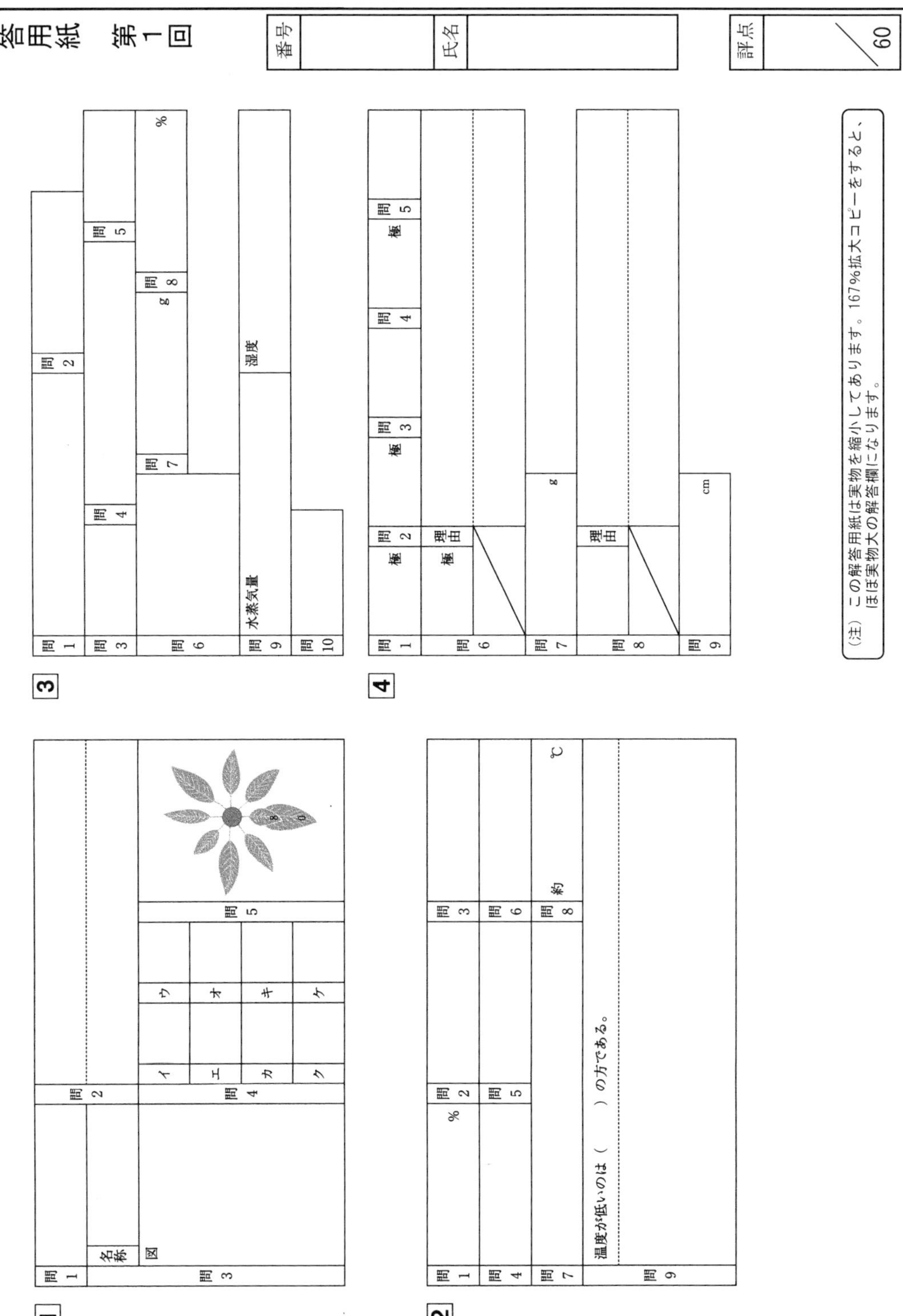

〔理　科〕60点(推定配点)

1 問1　1点　問2　2点　問3　名称…1点，図…2点　問4　イ～キ　各1点×6　ク・ケ　1点　問5　2点　2 問1～問3　各1点×3　問4～問9　各2点×6<問7，問9は完答>　3 問1～問7　各1点×7　問8～問10　各2点×4　4 問1～問6　各1点×7　問7～問9　各2点×4

二〇二二年度　富士見中学校

国語解答用紙　第一回

番号		氏名		評点	/100

一

①	ベンゴ	②	レイゾウコ
③	サガク	④	ヒミツ
⑤	ツトめる	⑥	コウイッテン
⑦	ごラン	⑧	ガンカ
⑨	シュクフク	⑩	ゲン

二

問1　問2　問3

問4　35

問5　(1)　(2)

問6

問7　I　II

問8　問9

問10

三

問1

問2

問3　a　b　c

問4　X　Y　Z

問5　I　II

問6　1　2　3　4

問7　問8

問9　I　II

(注) この解答用紙は実物を縮小してあります。B5→A3(163%)に拡大コピーすると、ほぼ実物大の解答欄になります。

〔国　語〕100点(推定配点)

一　各2点×10　二　問1～問3　各2点×3　問4　6点　問5　(1)　2点　(2)　4点　問6　4点　問7～問10　各2点×6　三　問1～問4　各2点×8　問5　各4点×2　問6～問8　各2点×6　問9　各5点×2

大人に聞く前に解決できる!!

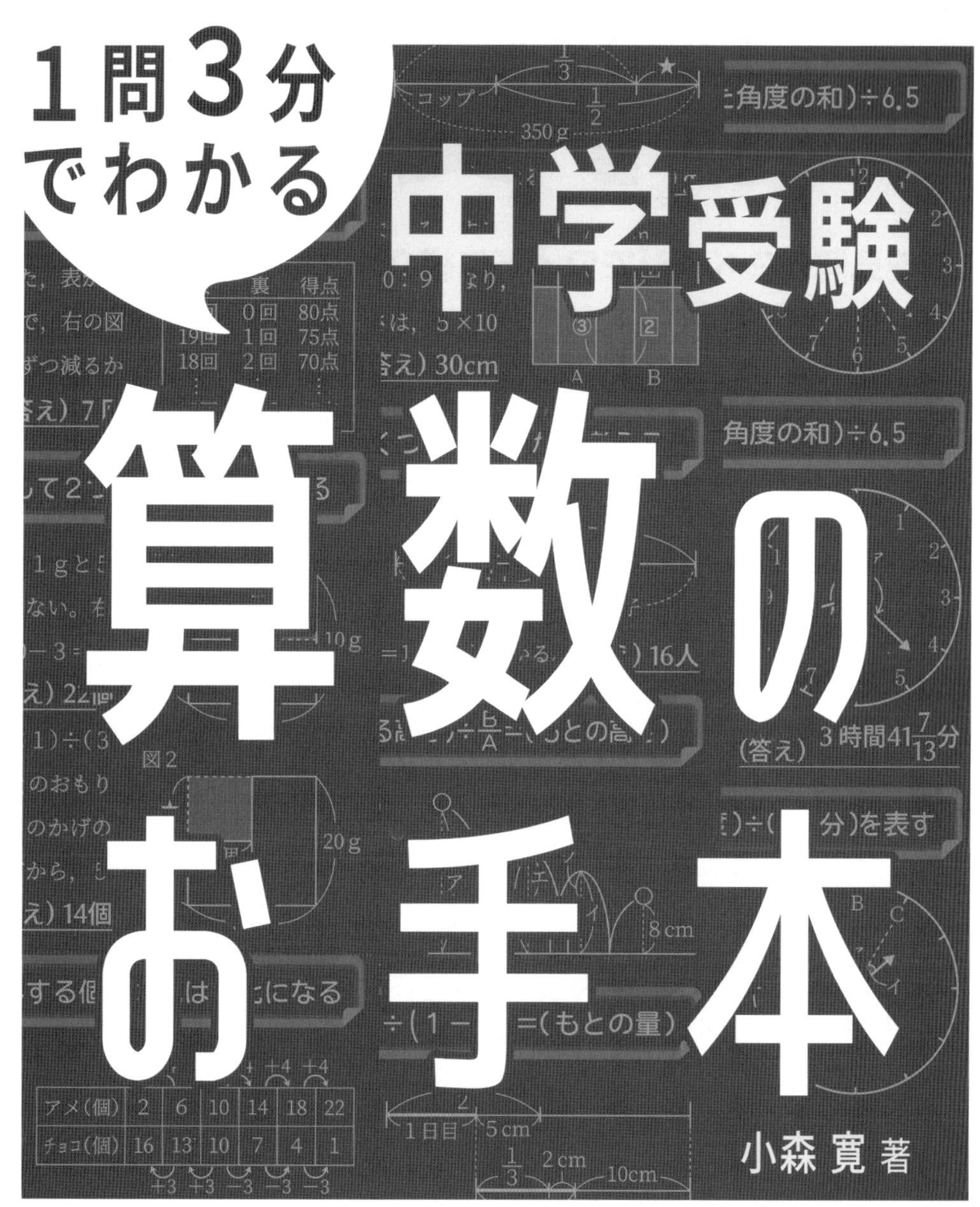

計算と文章題400問の解法・公式集

声の教育社

基本から応用まで全受験生対応!!

定価1980円（税込）

東京都／神奈川県／千葉県／埼玉県／茨城県／栃木県ほか

2025年度用
声の教育社版

中学受験案内

首都圏版
東京・神奈川・千葉・埼玉・茨城・栃木 ほか
中学受験案内 2025年度用
私立・国公立中学 353 校のスクール情報を徹底リサーチ！
声の教育社

■全校を見開き2ページでワイドに紹介！

■中学～高校までの授業内容をはじめ部活や行事など、6年間の学校生活を凝縮！

■偏差値・併願校から学費・卒業後の進路まで、知っておきたい情報が満載！

私立・国公立353校掲載

Ⅰ 首都圏（東京・神奈川・千葉・埼玉・その他）の私立・国公立中学校の受験情報を掲載。

合格情報
近年の倍率推移・偏差値による合格分布予想グラフ・入試ホット情報ほか

学校情報
授業、部活、特色、ICT機器の活用、併設大学への内部進学状況と併設高校からの主な大学進学実績ほか

入試ガイド
募集人員、試験科目、試験日、願書受付期間、合格発表日、学費ほか

Ⅱ 資　料

(1)私立・国公立中学の合格基準一覧表（四谷大塚、首都圏模試、サピックス）

(2)主要中学早わかりマップ

(3)各校の制服カラー写真

(4)奨学金・特待生制度，帰国生受け入れ校，部活動一覧

Ⅲ 大学進学資料

(1)併設高校の主要大学合格状況一覧

(2)併設・系列大学への内部進学状況と条件

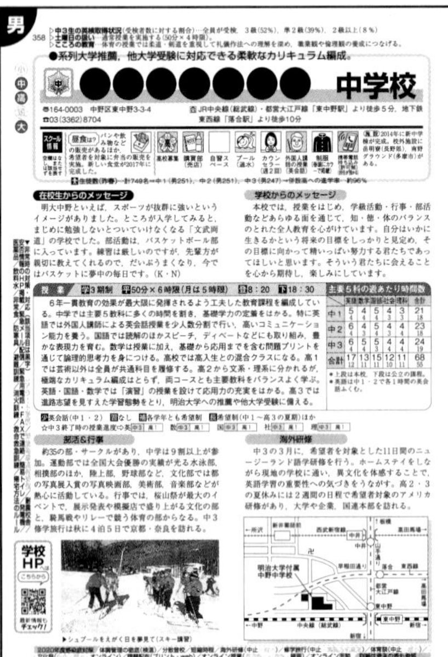

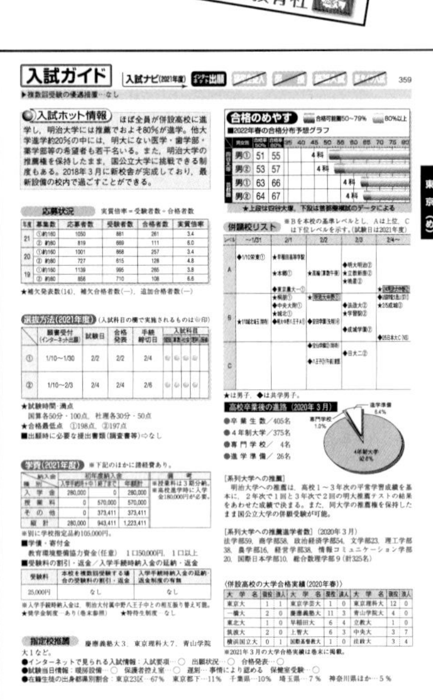

志望校・併願校をこの１冊で選ぶ！決める!!

過去問で君の夢を応援します

声の教育社

〒162-0814　東京都新宿区新小川町8-15
TEL.03-5261-5061　FAX.03-5261-5062
https://www.koenokyoikusha.co.jp